CCER/CMRC“中国经济观察”系列（第二辑）

把脉中国
开放宏观经济

卢　锋◎编

北京大学出版社
PEKING UNIVERSITY PRESS

图书在版编目(CIP)数据

把脉中国开放宏观经济/卢锋编. —北京:北京大学出版社,2015.10
(CCER/CMRC“中国经济观察”系列)
ISBN 978-7-301-25362-5

Ⅰ. ①把… Ⅱ. ①卢… Ⅲ. ①中国经济—宏观经济分析—文集 Ⅳ. ①F123.16-53

中国版本图书馆 CIP 数据核字(2015)第 005484 号

书　　名	把脉中国开放宏观经济 BAMAI ZHONGGUO KAIFANG HONGGUAN JINGJI
著作责任者	卢　锋　编
责 任 编 辑	王　晶
标 准 书 号	ISBN 978-7-301-25362-5
出 版 发 行	北京大学出版社
地　　址	北京市海淀区成府路 205 号　100871
网　　址	http://www.pup.cn
电 子 信 箱	em@pup.cn　　QQ:552063295
新 浪 微 博	@北京大学出版社　@北京大学出版社经管图书
电　　话	邮购部 62752015　发行部 62750672　编辑部 62752926
印 刷 者	北京宏伟双华印刷有限公司
经 销 者	新华书店
	787 毫米×1092 毫米　16 开本　29.25 印张　659 千字
	2015 年 10 月第 1 版　2015 年 10 月第 1 次印刷
定　　价	76.00 元

序

印象是2005年年初的某个宴请场合，我和宋国青教授相邻坐在远离主宾席的陪桌，席间得以随意交谈。其时国青教授在某家著名财经机构兼职做宏观经济研究已有七八年，正考虑调整工作状态将更多时间投入到北京大学中国经济研究中心(CCER)的科研教学工作中。席间他主动向我提及，就国际大宗商品市场与宏观经济问题一起合作做些研究。

我知道，此前中心领导曾征询国青教授的意见，能否把研究重心更多地转向CCER。我个人作为国青教授的忠实读者也向他表示过，如果他能用更多的时间在CCER主持课题研究，我个人非常乐意参与并协助。这次国青教授主动建议，不管是他深思熟虑的想法，还是席间的闲言散语，我自然不会轻易放过。于是产生了举办"中国经济观察"季度报告会的设想，以便让国青教授定期回来报告他对宏观经济的研究成果。

想法初成后借一次谈话机会请教了周其仁教授和胡大源教授的意见，二位都很赞同并予以鼓励，认为这项活动有助于加强CCER的宏观经济研究，而且对CCER主办的北京大学国际MBA项目也有积极的支持作用。其仁教授表态会积极参与，又语出惊人地要求"不办则已，要办就要准备办十年"，一句话定下这项工作十年为期的时间表。我当时接答其仁教授：只要你和国青持续参加，我保证坚持做十年协调服务的"跑龙套"工作。随后向中心领导汇报，时任中心主任的林毅夫教授极为赞赏，不仅表态中心将提供必要支持，还承诺尽可能亲自参与这项工作。当时主持中心日常工作的常务副主任李玲教授也积极支持这项计划。

"中国经济观察"季度报告会通常在每年2月、4月、7月和10月下旬的第一个周六下午召开，从一点半开始到六点或稍迟结束。上半场主要讨论经过选择的经济改革发展的重大热点问题，下半场主要讨论当前宏观经济形势和政策，上下半场会各安排半小时左右的听众与嘉宾的问答互动。2005年4月下旬举办"中国经济观察"第1次季度报告会，同年7月下旬第2次报告会增添了邀请宏观经济分析特约机构提供短期宏观经济指标预测的"朗润预测"项目，特约参与机构从最初不到十家增加到后来的三十多家。

这项工作至今已持续开展十多年，达到了其仁教授当年"十年为期"的要求。与北京各类财经报告会比较，"中国经济观察"季度报告会有一些特点。如主讲嘉宾以CCER教授为骨干，同时外请不同领域的专家，在演讲内容和风格上具有一定程度的CCER朗润园的风格。在具体操办方式上，坚持上述简单的设计架构。由于这个项目持续关注和分析我国经济改革发展的重大问题，十年间已成为观察认识转型期中国经济的一个特殊课堂，也成为很多北京大学学子和其他有心听众学习经济学方法的一个特殊课堂。

每次报告会后，我们将报告内容先整理成快报于次日在网站发布，后续整理演讲全文结集印发或上网发布，历次报告会快报与全文报道都在CCER网页上有完整保留。

“朗润预测”结果也是每次都在网站发布，现已成为研究中国宏观经济预测的数据库资料，甚至有CCER研究生和国外研究生以此作为学位论文的研究对象。报告会前后历时十多年，得到北京大学同学和各界朋友的广泛支持，一直保持人气旺盛的场面，以至于有时不得不设置三个视听设备连接场地以满足听众的需要。报告会得到了媒体朋友的大力支持，不少场次的报告会内容被几十家甚至更多媒体报道转载。

去年是CCER成立二十周年，在北京大学国家发展研究院（NSD）领导姚洋教授、胡大源教授的鼓励和支持下，我们把截至2013年10月共35次报告会的精华内容结集出版。经与北京大学出版社责任编辑的多次协商，最后决定在精挑细选的基础上编辑四册各自相对独立同时相映成趣的系列专辑。第一辑《见证经济追赶大时代》，收录了历次报告会快报以及历次“朗润预测”数据，已在2014年4月出版。第二辑《把脉中国开放宏观经济》，收录了有关宏观经济形势的分析内容；第三辑《透视中国改革发展热点》与第四辑《纵论开放经济与全球化》，分别收录了相关主题的报告内容，现在一并出版。

首先要感谢国青教授的十年辛苦，他孜孜不倦的投入是这个项目能够坚持十年的基本前提条件之一。除了一次提交书面发言外，国青教授坚持在每次季度报告会上做压轴演讲，成为这个项目最具代表性的主讲嘉宾。感谢CCER与NSD历届领导林毅夫教授、周其仁教授、姚洋教授、胡大源教授、李玲教授、巫和懋教授等人的大力支持，不仅在场地和其他方面优先满足，还亲自参加报告会发表演讲。毅夫教授、其仁教授是参加报告会演讲次数最多的两位嘉宾，他们的精彩演讲成为历次报告会的重要“卖点”。要特别感谢CCER第一任常务副主任、先后担任央行行长助理和副行长的易纲教授，他在百忙之中先后八次莅临报告会并发表高质量的演讲，受到参会同学和听众的热烈欢迎。不少外请嘉宾不止一次参与报告会，感谢他们的大力支持和精彩演讲。还要感谢先后参与“朗润预测”项目的三十几家宏观经济分析特约机构，它们的积极参加与支持使得“朗润预测”项目得以持续、顺利地实施。

感谢十年来支持这项工作的广大听众。由于座位有限，有时长达五个小时的报告会结束时，仍有一些听众在后面站立聆听演讲和参与讨论，一起分享会场不时爆发的欢声笑语。感谢该项目的工作人员唐杰、刘鎏、李远芳、陈建奇、姜志霄、张杰平等人，他们在不同时期参与报告会的组织和联络工作，对这项工作的持续开展发挥了不可或缺的作用。感谢CCER简报小组的很多研究生参与整理报告会快报和演讲全文，使得历次报告会能够留下完整、系统的文字记录。感谢很多北京大学和其他高校的同学志愿承担历次会务工作。还要专门致谢CCER的行政人员、保洁人员、后勤人员，他们在邢惠清女士、高娟女士的领导下密切配合，为几十次报告会的顺利举办提供了保障服务。这次出版的报告会系列的三本书，感谢姜志霄、张杰平协助校读文稿。最后要特别感谢北京大学出版社林君秀女士、刘京女士的支持与努力，使这套专辑系列最终得以出版。

卢锋

2015年9月于北京大学朗润园

目 录

1 2005年通胀与通缩之辨

2 2006年总需求走强

3 2007年新通胀标本

4 2008年应对外部危机冲击

5 2009年总需求V形回升

6 2010年四万亿刺激收效之后

7　2011年经济增速减缓

8　2012年经济增速下行破八

9　2013年习李新政初年经济形势

1　2005 年通胀与通缩之辨

2005 年一季度宏观经济分析*

宋国青

北京大学中国经济研究中心教授

一、工业生产较严重偏热

经过季节调整后,2005 年一季度规模以上企业工业增加值比上个季度增长 5.1%,折合年率 22.0%。这是该指标 1995 年一季度以来的最高值。正常的季度环比增长率是 3 点几,超过 4 就是比较高了,现在已经超过 5,显示工业生产回升得非常厉害。用三个月增长率这个指标可以得出同样的结论。3 月的月度数比去年 12 月增长 6.0%,折合年率为 26.1%,而正常情况下应该不超过 15%。从工业情况可以推断,季节调整后 GDP 的环比增长率也是非常高的,估计在 3.0%,折合年率 12.6% 以上。需要注意的是,这里采用的是环比增长率,而统计报告中列出的是和上年同期相比的增长率。同比增长率体现了过去 12 个月的累积,不太能反映最近的情况。在经济平缓增长的时候两者的差别不是太大,但在经济拐弯的时候同比增长率就会有比较大的误差。环比增长率中,单个月增长率虽然能反映最近的情况,但影响因素太多,三个月增长率是比较好的折中。

2005 年一季度工业生产明显过热,但我非常不想用过热这个词,因为它不能将轻微过热和严重过热很好地区分开来。我还是稍微斟酌一下,用了一个“较严重偏热”,并对偏热的程度做出数量上的度量。生产偏热或者偏冷的程度就是实际生产水平对其趋势的偏差,知道了正常水平,就可以判断现在是否偏高,偏高多少,偏高百分之几。根据作者自制的季节调整后工业增加值季度指数,2005 年一季度该指数对于趋势的偏差是 2.7%。与此相比,1988 年经济过热时的偏差是 6% 左右,1994 年经济过热时的偏差是 5% 左右,而 2004 年一季度的对应数字还不到 2%。因此,2005 年一季度的工业生产比 2004 年一季度的热度更高,但只略微超过 1994 年三季度的一半,用“较严重偏热”来概括比较合适。用不严格的语言说,如果将 1990 年以来的最大“热度”看成 100 度,将正常看成 0 度,那么按上述估计,2005 年一季度工业生产的温度大约为 50—60 度,GDP 的温度

* 中国经济观察第 1 次季度报告会(2005 年 4 月 23 日)。

在40度左右。

2005年一季度的工业生产比2004年一季度的热度更高，是不是意味着今年需要采取比去年更严厉的宏观调控手段？问题没有这么简单，因为它有一些结构性的变化，短线向上涨得很快。我对今年一季度比去年一季度更过热这个说法是有保留的。

二、通货膨胀出现反弹

最近一波通货膨胀率的上涨是从2003年的10月开始的。当时国庆长假一过完，期货市场上主要品种连续三个涨停板、这在历史上也很少见。2003年11月至2004年4月的6个月间，季节调整后工业品出厂价格指数累计上涨5.7%，折合年率为11.7%。在此之后，平均增速下降至前段期间的一半以下，尤其是2004年11月至2005年2月间并没有上升。但是，2005年3月却发生逆转，季节调整后的指数比上月增加1.2%，折合年率为15.1%。所以说，通货膨胀出现反弹。

工业品出厂价格变化的大部分是由其中的生产资料价格变化引起的，消费资料价格的变化幅度相对小得多。从2004年5月开始，季节调整后消费资料的价格一路下跌，直到年底，在此后的3个月轻微上升。1999年以来，工业品出厂价格中消费资料价格与生产资料价格的图形正如一把张口的剪刀，且剪刀口有不断扩大的趋势（见图1）。两者的比例（消费资料为分子）在2005年3月比1999年1月下降了22.1%。这一点对于估计未来的通货膨胀情况有重要的意义。

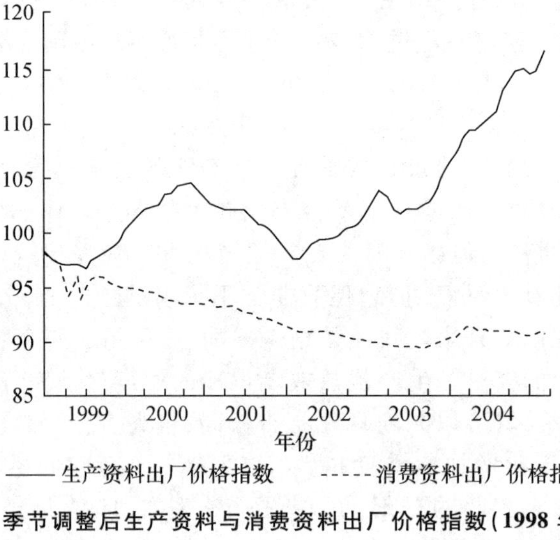

图1　季节调整后生产资料与消费资料出厂价格指数（1998年为100）

三、贸易顺差大增

2005年一季度，货物贸易顺差达到168.3亿美元，相对于去年一季度的84.3亿美元的贸易逆差，增加了252.6亿美元，约2091亿元人民币。2005年一季度剔除价格因素后的 GDP 增长率是 9.5%，即 GDP 的增量约 2 500—2 600 亿元人民币，其中贸易顺差增量占 GDP 增量的 80%，而投资、消费、政府支出的增量只占 GDP 增量的 20%。

2005 年一季度的货物贸易情况特别引人注目，是由于两个原因：第一，2004 年一季度出现了多年未见的贸易逆差，而 2005 年一季度恢复到大额顺差；第二，在出口同比增长率持平的情况下，进口的同比增长率从 2004 年四季度的 30.5% 突然降到 2005 年一季度的 12.2%。贸易顺差如果按照这个速度接着涨，估计结果是中国工人赚足钱，世界工人都休息。

贸易顺差为什么大幅度增加？有三个可能的解释。第一，存货大幅度变化，其中主要是石油和金属材料存货的变化。要么是今年大减库存，要么是去年大加库存，从而导致今年一季度的石油和金属材料进口相比去年同期大幅减少，贸易顺差大增。

第二，人民币真实汇率双重下降。按照一般使用的消费者价格指数来度量，人民币对主要贸易伙伴货币的实际汇率自 2004 年 9 月开始出现了一波猛烈的下降（见图 2）。其实这里发生了两件相对独立的事情，一是美元猛烈下跌，钉住美元的人民币也随之贬值；二是中国通货膨胀率相对于美国下降，相对于美元，人民币实际上也在贬值。自 2003 年 10 月开始，中国的 CPI 通货膨胀率总的来说高于美国，持续到 2004 年 8 月。在后来的几个月，随着中国实行宏观调控、控制总需求，中国 CPI 绝对下降。在名义汇率不变的情

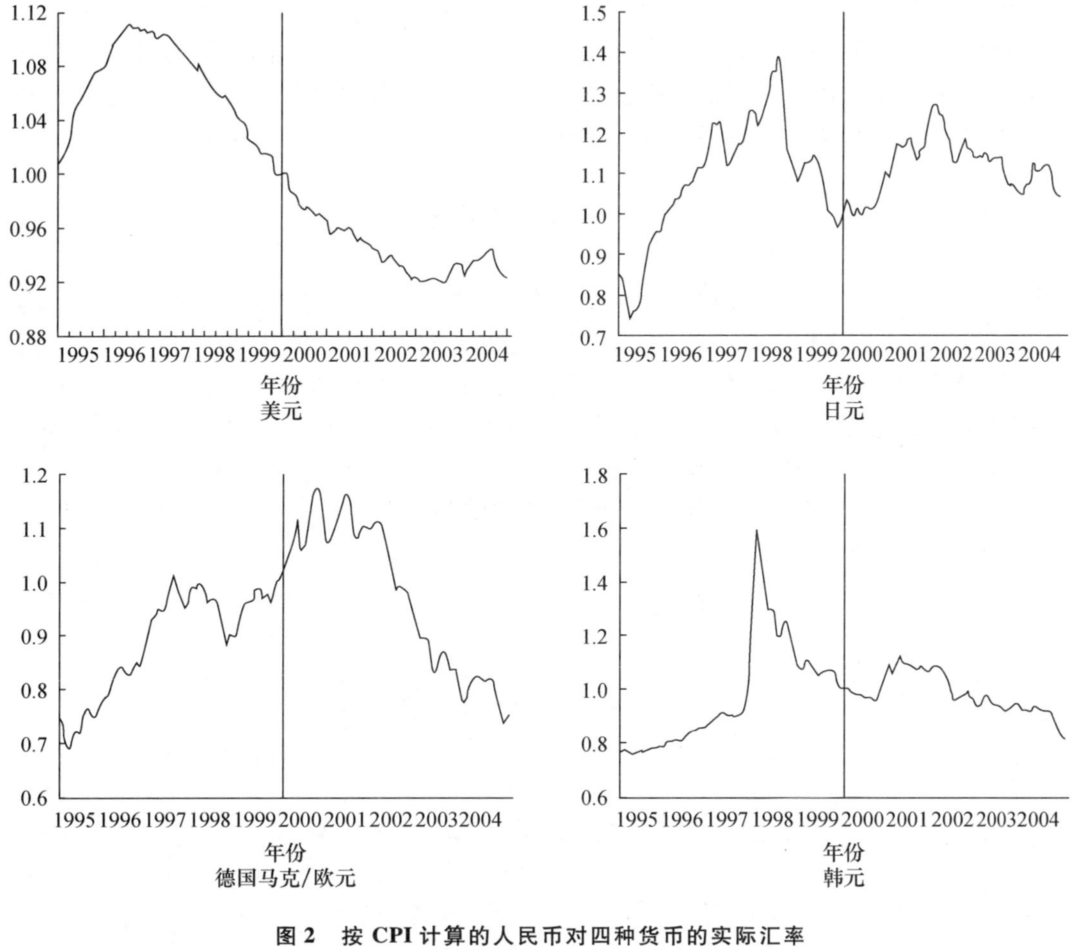

图 2　按 CPI 计算的人民币对四种货币的实际汇率

况下，相对价格的变化直接影响贸易需求，导致内需相对于外需疲软，从而推动了出口。宏观调控以来，经济没有经历大起大落，就是因为国内需求压下来以后，出口上去了。这说明在比较短的时间内，贸易可能起到平稳总需求的作用。但是，在内需猛烈波动的情况下，靠贸易来平稳总需求必然引起贸易的剧烈波动。对于像中国这样的货物贸易大国来说，贸易的猛烈波动将产生对自己非常不利的贸易价格变化。中国进口的时候商品就涨价，中国出口的时候商品就降价。

上面的实际汇率是通过CPI指数来计算的，但CPI指数存在一些问题。CPI指数包含服务的价格，它可能不能完全反映可贸易商品的价格变化情况。如果CPI的相对变化是由不可贸易的服务的比价变化引起的，那么对于短期的贸易没有太大的直接影响。如何把服务这一块切掉从而将中国商品和美国商品的价格相比较，是我正在考虑的问题。初步的发现是，商品价格指数的变化比CPI指数的变化更显著，中国的价格相对于美国的跌幅更大一些，这个现象不仅现在存在，而且会是比较长期的。

第三，生产资料价格上涨、消费资料价格相对下降。考虑商品价格指数的变化仍然漏掉了非常重要的信息。在过去几年，美国乃至全球和中国一样，都出现了图1那样的情况。生产资料中许多产品特别是石油和铜等金属材料的国际价格相当接近“一个价格”的假设，中国和国际的生产资料的价格上涨幅度差不多。从多方面信息来看，中国的剪刀口更大一些，即消费资料价格相对下降的幅度更大。由于中国出口货物中消费资料比重相对较大，随着消费资料价格的相对下降，出口快速增加；而中国进口货物中生产资料比重相对较大，随着生产资料价格上涨，进口相对减少。结果是贸易顺差扩大。

四、消费和投资

贸易顺差解释了今年一季度GDP同比增量的80%，投资和消费部分对于GDP增量的贡献相对很小。固定资产投资和消费的环比增长率，最早可能从2004年年初就开始下降，从5月开始已经非常低并且继续下降。在这个过程中，顺差猛烈增长。可能在2004年10月前后，顺差的增加超过了投资的相对下降，此后总需求的环比增长率开始回升。如果去年年底以来贸易顺差没有猛烈增长，现在应当是相当明显的通货紧缩了。

在考虑固定资产投资的环比增长率时，数据的问题非常严重。从图3可以看出，各

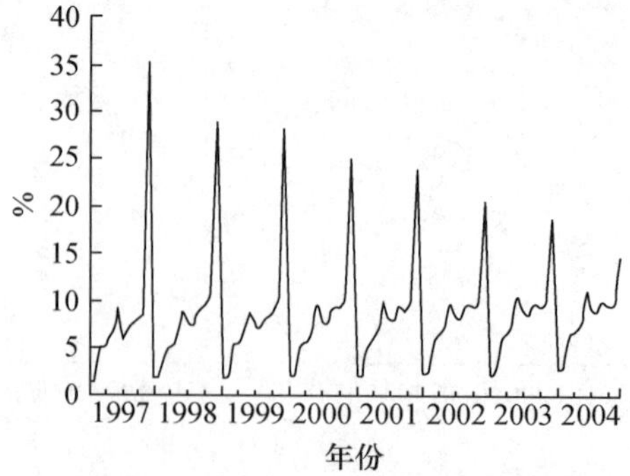

图3 各月固定资产投资占年度的比例

月的固定资产投资占年度投资的比例中,12 月的比例奇高无比,这是因为统计局把很大的误差都放到年末。数据方面的问题导致环比增长率难以计算,需要做很多数据调整工作。当然这个现象也在改进,图 3 显示,从 1997—2004 年,各年度前 8 个月尤其是前 2 个月的比例一直在上升,而 12 月的比例在下降,越到后面各月的数字越均匀。但这一调整又使同比增长率失去了可比性。因此,投资数据基本上没有太大的价值。

五、货币增长

这里用的仍然是三个月增长率这个概念。图 4 显示,通货膨胀率的变化,已经非常清楚地提前几个月通过货币的变化体现出来了,货币 M2 对 CPI 通货膨胀的预测作用是无与伦比的。只根据 M2 一个指标来预测短期的通货膨胀率,达不到 90 分也能达到 60 分。

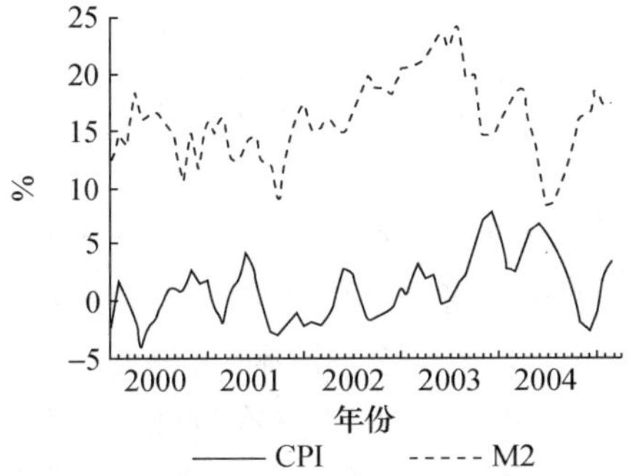

图 4 季节调整后 M2 和 CPI 的三个月增长年率

2005 年一季度季节调整后货币增长率增长 17%,这和 3% 左右的通货膨胀率是适应的,其不能支持更高的通货膨胀率,而货币增长率低于 15% 就会造成通货紧缩。现在的利率水平按照 3% 的通货膨胀率是严重偏低的,银行会积极放贷,造成货币供应量冲高。但是,以中国 M2 的短期稳定性和央行现在的数据处理能力,M2 增长年率超过 20% 可以被发现于萌芽状态。另一方面,控制 M2 的增长率,至少是在抑制的方向上,无论价格手段还是行政手段,不应当对其有效性存在疑问。所以,中国至少在今后一段比较长的时期内,出现高于 5% 的 CPI 通货膨胀率并且持续几个月,如果不是决策层的主观选择或者体制问题,就是受非常偶然事件影响的结果,其概率是很小的。

中国经济过热的风险*

哈继铭

中金公司首席经济学家

一、全面过热

对2005年第一季度宏观经济的解读，我的观点和宋老师的差不太多，但是我所强调的一点就是怎么来定义这次过热或者偏热。去年一季度经济增长速度很快，超过9.5%，那时候大家都说是结构性过热，因为贸易上是赤字，消费也没有这一次增长得那么旺，只有投资增长得非常快，速度达到43%。在这一次过热，投资增长速度变成了25.3%，消费数据没有提供，但是用社会商品零售总额计算其增长率也近14%，净出口是166亿美元。如果上次是结构性过热，那这次是不是总体过热呢？实际上是总体过热。GDP各个分量的涨幅都比去年快很多，而且是整体快速增长，增幅大于对我国潜在增长率9%的乐观估计。所以，我对这次过热的定义就不光是过热，还是全面过热。政策含义很明显，如果说结构性过热需要用行政手段或者部门手段来调整的话，全面过热就需要用总量的、宏观的手段进行调控。

二、通货膨胀与CPI

CPI不能真正代表中国通货膨胀的压力，已经没有多大的参考价值，一个原因就是油、电、煤、运这些公用设施的价格实际上都是被管住的。国际油价拼命在涨，而国内的油价并没有跟着涨。电价也没怎么涨。这些隐性通胀都没有反映到CPI当中去。我们不知道CPI里面这些商品的权重，也许这些商品对CPI的直接影响不大，但其间接影响是很明显的。如果说工厂用电和农民用电的价格都上去了，那粮价和工业产品价格都有向上的压力。

CPI失效的另一个体现是，假如把房价放到CPI里面去，而不是像现在这样把租房价

---

* 中国经济观察第1次季度报告会（2005年4月23日）。

格放进去的话,CPI 将达到5%以上。当然这并不是说应该把房价放进去,因为国际惯例是不放进去的。为什么说要放进去呢?我是要强调衡量通货膨胀不能仅看CPI,还有其他的价格更为重要。比如说GDP平减指数,它不仅包括消费的价格,还包括GDP其他构成部分的价格,涵盖的范围更广泛。2005年一季度,GDP平减指数上升5.6%,比CPI高得多。

另外一个不能只看CPI的原因是CPI代表消费行为,而消费行为在我们国民经济总体活动当中所占的比重只不过是50%多一点,而其他国家都是占到70%—80%。即便和20世纪70、80年代处于经济腾飞时期的日本和韩国相比,中国现在的消费率都要低得多。所以只看CPI来决定所有的宏观政策的话,肯定是太狭隘了。

针对CPI的预测也没有太大意思。政府已经决定将CPI控制在4%以下,又能够用各种手段实现这样的目标,所以没有必要预测CPI。对于投资者而言很有意义的一件事是,中国什么时候提高成品油价,什么时候提高电价。这些直接关系到公司的盈利和股价。在西方社会,从油价多少、电价多少来推测CPI是多少;但在中国,关系正好反过来。如果CPI到4%,中国政府有关部门就不会调高油价,以将CPI控制在目标范围;如果CPI到2%,有关部门就会调高油价,而不用担心CPI超过目标范围。在中国,宏观经济师是非常吃香的,因为可以从宏观预测微观。

三、利率是不是有必要上涨

有人觉得在中国利率根本不起作用,因为企业都是预算软约束。我认为这个观点用在20年前可能还是对的,但现在已经不适用了。现在私人经济成分在整个经济成分当中所占的比重越来越大。尽管有些国有企业还是软约束,但是他们对利润还是很敏感的,即便是地方政府对于利润也是敏感的,而利率变化会导致利息支出的变化进而导致利润的变化。对于中国消费者来说,他们面临的预算是世界上最硬的,对于价格非常敏感。所以说涨利率在中国绝对是有用的。只要通过利率将需求方面控制住,房地产需求不那么大,尤其是虚假的需求不那么大,钢铁水泥的价格自然而然都会降下来。

中国现在的利率即便是用CPI来算也是负的。中国老百姓的储蓄愿望非常强,在负利率的情况下,他们在选择储蓄工具的时候就非常地谨慎。放在银行里,存款利息是负的,老百姓觉得不合算;在股票很吃香的时候也有人选择将储蓄用于投资股票,但有了股票之后现在吃什么都不香了。现在最能够保值的就是买房子,将来吃得香不香还不知道,至少现在还很好。这里面隐含了很大的风险,这个不是对房地产的真实需求,而是对储蓄的需求被低利率逼成了对房地产的需求,是一种扭曲的需求。大家都把那么多鸡蛋放在房地产这个篮子里面。将来房价一旦下跌的话,不只是老百姓,银行业也会受到冲击。

四、汇 率 改 革

有些海外的经济学家,包括美国的经济学家,认为人民币应该升值20%—30%。我可以打个赌,如果人民币升值20%—30%,过不了多长时间还得贬值20%—30%。人民币没有被严重地低估,这是我的一个主要结论。一个国家的货币在什么条件下,才具有持续升值的基本面的支持呢?就是这个国家的失业率一定是比较低的。实际汇率就是非贸易品与贸易品之间比价变化的结果。一个国家在开放之后经济不断地发展,之所以汇率有持续地往上走的压力,是因为首先贸易品部门开放之后,劳动生产率不断提高。在劳动力供应比较紧张的情况下,贸易品部门的工资不断上涨,然后就蔓延到非贸易品部门,非贸易品部门的工资上涨导致非贸易品价格上涨。由于贸易品是跟国际接轨的,贸易品的价格可以假设为不变,那么非贸易品价格相对于贸易品价格来说就不断地上涨,在名义汇率不变的前提下,实际汇率不断地上升,这就是Balassa-Samuelson效应。中国现在失业率是多少呢?官方数据是4%,有些人估计失业率达到8%到10%。而日本、新加坡在货币升值的时候的失业率只有2%左右,非常低。

中国经常账户是有一定的盈余的,去年和前年大概都占GDP的2%—3%,今年一季度的贸易顺差突然上去了,我算了一下,占GDP的4.4%。这显示人民币存在一定程度低估,有必要进行汇率制度改革。但这种改革应该是一种比较小幅的汇率水平的调整,最重要的还是汇率形成机制的改革。正是因为人民币汇率基本钉住美元,所以利率政策不能运用自如。当有外资流入的时候,央行发票据来进行对冲,又要注意不能将利率提得很高,以免增加资本流入。前几天格林斯潘在美国听证会上谈到人民币汇率的困境,他说的情况是非常有道理的。

我认为汇率制度改革是一件迫在眉睫的事情,早改要比晚改好,不然的话,压力会越来越大,到那个时候再调整的话,好的机会都被耽误掉了。至于调整汇率的方式,我认为应该是小幅的升值。此外还有两个选择,一个就是依然钉住美元,可能不一定是死钉着,也可能是爬行式地钉着,另一个选择就是钉住一篮子货币。两种选择各有利弊,我个人是比较倾向于钉住一篮子货币,这样有很多的好处。如果美元继续贬值,钉住一篮子货币的人民币就会对美元升值,但对其他货币贬值。人民币应该对日元贬值,因为中国对日本是有贸易逆差的;人民币也应该对美元升值,因为中国对美国是有巨大的贸易顺差的。虽然人民币是钉住的,但是每天看到的价格都在变化,这是过渡时期比较可取的政策选择。

五、中国经济的风险

我认为中国经济是全面过热,政府应该会采取进一步的调控政策,而且这种调控政策应该是价格的、总量的调控政策。尽管有这样的调整,中国经济依然隐含一些风险,这个风险说穿了就是美元将来的走势。现在美元是在不断贬值,已经贬了两三年了。美元是不是会一直贬下去呢,我觉得至少目前还是会继续贬下去。然而美国利率在不断地提高,格林斯潘也谈到要把美国的财政赤字减下去,同时欧洲和日本的经济非常糟糕,这些都是造成美元升值的压力。从历史情况看,1994年的时候,美国利率一年内加了300个基点,1995年美元开始反弹。美国今年可能也要上升300个基点,没有人知道美元什么时候会反弹,但不能排除这种可能性。尤其是欧元区经济越来越不好,总有一天大家会想这个问题，凭什么一个欧元值 1.5 美元，它不值啊。

我们要防范什么风险？这可以从历史中找到答案。1995 年当时美元一反弹，所有的亚洲股票都下跌。我们现在的经济是不是也像那个时候同样过热呢？这个问题是值得大家思考的。有人说中国存在资本管制，钱进来容易出去难，实际这是徒有虚名。看看 1998 年的情况，那一年人民币有贬值压力，一年中流出的外汇占总外汇储备的 45%。今天的中国经济外汇管制更松，全球化程度更高，钱要想流走的话，看来不会比那个时候难。

六、房地产泡沫

中国房地产行业到底有没有泡沫？通常大家采用的是房价和收入的比例这个指标。全世界大概是在 5 倍左右，即五年的收入就可以买到房子，而中国很多城市的房价收入比例都超过 10 倍，即要十几年才能买到房子。但是也有人反对这个观点，他们说上海这种地方是全国、全世界最有钱的人去买的，他们看中这个地方会发展，所以不能拿当地人的收入来计算。我想这两种观点都有他们的道理，但我采用另外一些指标。这些指标不管你是有钱人还是穷人，只要你是理性的人，你都会在买房的时候考虑它们。一个指标就是所谓的有效融资成本。它包括两部分，一个是你买房子的时候你需要付利息，同时你在付首付的时候有利息的损失，而租房子当然要交租金。利息和租金这两个变量之间要做一个对比。另一个指标就是月供和租金之间的比例。在前个指标说明买房子还是比租房子合算的情况下，还会有人因为不符合第二个指标而买不起房子，因为他们可能付不起月供，月供代表利息和本金的支出。

1997 年当中国香港地区的这两个指标分别达到 2.5 和 2.2 倍的时候，香港的房地产泡沫就破灭了，而且一跌就是七年，跌幅近 70%。根据香港的这个经验，我们看一下中国的情况。中金公司派了 10 个人到全国 20 个城市调查 361 个商品房楼盘的信息，包括租金、价格、按揭贷款。根据这些调查得到的数据，如果看全国的情况，大家会觉得中国房地产没有什么泡沫，两个指标略大于一，即成本略高于租金。但是如果将杭州、天津、上海、南京、无锡这五个排在前面的城市单独来看的话，情况就不一样了，相应的指标都在 1.5—2.0 之间。可能有人会说这个方法没有考虑到，买房子的人在买房成本高于租金成本时也仍然会买，因为他估计房子将来会升值。这种反驳是错的。现在买房成本已经高于租金成本了，如果将来房价还要涨，租金房价比就会继续往下走，这个时候泡沫破不破？如果还不破，以后租金房价比会进一步地下降。要使泡沫不破灭，今年的涨幅要比去年的大，明年要比今年大，这可能吗？泡沫破灭只不过是早晚的事情。

我们对高档、中档、低档房都做了分析，试图发现是所有的房子都有泡沫还是只有高档房有泡沫。我们分析了两组数据，一组是被调查的所有 19 个城市作为整体，另一组是将泡沫比较大的五个城市剔除剩下 14 个泡沫比较小或者是没泡沫的城市，然后计算了房价和收入之间的关系。对于高档房，两组数据中房价和收入的相关系数分别是 0.62 和 0.65，这说明不管包括还是不包括五个存在泡沫的城市，房价和收入的相关系数都是比较接近的，所以说高档房在其他的 14 个城市里面也有一定的泡沫成分。而对于中低档房，不包括五个泡沫城市时的房价和收入的相关系数要比包括五个泡沫城市时大得多，就是说中低档房在这14个城市泡沫成分并不是很大。

综合起来看，那五个城市（基本上就是长三角地区）的所有形式的房子都是有泡沫的，而在其他城市房地产泡沫集中在高端市场。

2005 年下半年宏观经济走势*

林毅夫

北京大学中国经济研究中心主任、教授

北京大学中国经济研究中心之所以举办"CCER 中国经济观察",就是要把它当作中心成立十周年之后走上新台阶、对社会作出新贡献的主要载体。我们一定会尽最大的力量把它做好。

一、通货紧缩难以避免

中国 1998—2002 年物价指数持续下降,出现经济学定义上的通货紧缩。2003—2004 年从表象上看似乎走出通货紧缩,因为 2003 年的零售物价指数的增长率是 -0.1%,而 2004 年就变成 2.8%。但是如果进行进一步的分析,就可以发现通货紧缩背后的原因并未消除。

零售物价指数中的商品有 16 类。2003 年物价上涨的商品只有 4 类:金银珠宝、印刷品、食品和燃料。其中金银珠宝价格上涨是因为 1998 年以后利率太低,不少居民改持金银珠宝保值。印刷品价格上涨幅度较小,而且在价格指数中所占比重非常小,所以影响不大。比较有影响的两类商品是食品和燃料。食品价格上涨是连续几年农产品减产造成的,农产品供不应求。燃料价格上涨的原因有两点:一是城市里现代电器尤其是空调增加得非常多,二是 2003 年时高耗能行业投资加快,对电力的需求增加。再加上国际石油价格上涨,就导致了燃料价格上涨。其他 12 类商品主要是制造类产品,他们的价格都在持续下降。

2004 年价格上涨的商品除了上面 4 类又增加了饮料和建材 2 类。饮料价格上涨是因为饮料以农产品作为原料,农产品价格上涨导致饮料成本上升,进而推动饮料价格上涨。建材价格上涨是因为 2003 年和 2004 年投资过热,建材需求增加。重要的是其他 10 类产品价格持续下降。

---

* 中国经济观察第 2 次季度报告会(2005 年 7 月 30 日)。

燃料、能源是上游产品，其价格上涨已经持续一年多。按照一般判断，燃料、能源的价格上涨应该会传导到其他产品。但是我们没有看到这种传导机制，其主要原因是供大于求即生产能力全面过剩的问题没有得到解决。

2005年上半年各类商品的价格走势延续了2004年的格局。以后会如何变化？如果原来价格上涨的商品出现价格上涨幅度趋缓甚至下降，那么就会陷入通货紧缩。2004年以来价格上涨的6类产品中，金银珠宝和印刷品的价格可能还会继续上涨，但是这两类商品在商品零售价格指数中占的比重非常小，所以影响不大。农产品方面，2004年农业大丰收，粮食产量增加了770亿斤，是有史以来最高的单年度增长。2005年上半年农产品尤其是粮食还在继续增长。历史经验表明，只要农产品产量连续两年增加，那农产品的价格就会面临下滑压力。我估计2005年农产品加上食品的价格顶多会持平并很有可能下降。上游的农产品价格下降还会造成下游的饮料价格下降。建材方面，其价格一定会下降。一方面是因为宏观调控取得成果，投资增长有所降低；另一方面是因为2003—2004年的建材行业投资现在形成生产能力。这样建材需求增长的速度要比供给慢很多，建材价格一定会下降。燃料方面，从国内需求看，有导致价格向上或向下两种因素。对电气用品的需求特别是对空调的需求还将会增加，但是高耗能行业的开工肯定会放缓，同时，国内在电力等方面的供给能力会增加很多，因此我预计国内的燃料需求和供给趋于平衡。在国际上，油价应该会维持在高位，但仅仅是维持，而不是继续上涨。即使国内会通过价格调整来消化高价位的油价，即使2005年燃料价格的上涨幅度高一点，但是独木不成林，难以抵消其他15类商品的价格下降。我判断2005年下半年特别是第四季度和2006年第一季度商品零售物价指数会出现负值即通货紧缩。

二、通货紧缩下经济仍会高增长

中国出现通货紧缩并不像国外出现通货紧缩那么可怕。国外只要出现通货紧缩，国民经济一定会是负增长、零增长或者接近零的增长率，造成失业等很多问题。中国不会出现这种现象，最主要的原因就是通货紧缩的形成机制不一样。国外的通货紧缩是由于泡沫经济破灭导致的财富效应引发消费需求下降，生产能力过剩，进而投资下降，经济出现负增长。不论是在1998年还是明年，中国的通货紧缩都不是因为泡沫经济破灭造成的，而是因为前期投资过热，投资增加的幅度比消费需求增加的幅度更快，生产能力过剩，进而价格下降。中国的通货紧缩过程中没有财富效应，消费需求增长基本上不变。1998—2002年消费增长年均6.6%，而1978—1998年消费年均增长7.1%，通货紧缩时期的消费增长率仅比历史平均水平下降了0.5%。2005年消费将继续增长，而且相比1998年，还有几个利好因素，比如2004年城市和农村的收入增长都比较快，城市人均可支配收入增长7.7%，农村人均纯收入增长6.8%，后一个数字是1997年以来最高的。2005年上半年，收入增长仍然维持高速，在城市是9.5%，在农村是12.5%。由此可以预计，2005年和2006年的消费增长将维持在7%甚至会更高一点。

投资方面，通货紧缩意味着生产能力全面过剩，这对于民间投资会有一定影响。但是中国处于发展中阶段和转型阶段，具有三个方面的有利因素：第一，中国处于工业化早期，产业升级、进口替代的空间非常大；第二，每个产业的内部调整的空间也非常大；第三，地方政府对投资非常积极。由此我判断2005年的投资增长率至少达到20%，2006年的投资增长率至少15%。

如果2005年的消费增长率是7%，投资增长率20%，那么经济增长率将达到9%甚至更高一点。如果2005年消费增长7%，投资增长15%，那么经济增长也不会低于8%。因此，尽管出现通货紧缩苗头，我对国民经济健康、快速、稳定增长仍然很有信心。

三、通货紧缩的解决之道

通货紧缩长期持续下去对经济不利，应当解决，但是也要避免"一放就活，一活就乱"，尤其是不能通过放弃贷款审批应有的审慎原则来刺激投资需求的增长。2005年上半年，新开工的投资项目是八万多个，比去年同期增加了1.2万个，仅6月就同比增加了2.4万个，新开工项目集中在6月。同样，2005年上半年，人民币贷款只同比多增240亿，增加得不多，但6月同比多增1 832亿，6月的贷款增加非常快。6月人民币贷款增加4 653亿，而4月1 420亿，5月1 078亿，也就是说6月的贷款增加是5月的4.3倍，是4月的3.3倍，存在突击放款的现象，而这些贷款都是用来支持投资的。尤其是6月贷款增加4 653亿，而改革开放二十多年以来单月贷款增加超过4 000亿的只有两个月份：2003年6月和今年6月，2003年6月是投资高度过热的时候。如果用贷款支持投资、启动市场，容易造成盲目投资、重复建设，导致生产能力过剩情况更加严重的后果。

解决问题的最好办法是启动存量需求。最大的存量需求在农村。限制农村消费的因素主要有两个：一个是收入，一个是基础设施。其中收入是主要原因，但基础设施建设同样重要。我的建议就是，利用通货紧缩时期需求相对于供给不足的状况，解决农村消费不足的结构问题。具体的措施就是推动社会主义新农村的建设运动，将为了应对通货紧缩而采取的积极财政政策向农村倾斜，多投资一些和生活、商业流通、文化有关的基础设施，改善农村的生活条件。这会带来三方面的好处：第一是启动农村实际上已经有的购买力，消化现在的生产能力；第二是增加农民就业，从而增加农民收入，形成良性循环；第三是缩小城乡差距。

除了上述措施，从长期来看，增加农民收入才能真正增加农民的消费需求。增加农民收入最重要的问题是要解决劳动力转移的问题。这牵涉到增长模式的转变，还是应该多发展劳动密集型产业。对于劳动密集型产业的限制有市场准入和金融两个方面。现在市场准入的限制少了，但是金融方面的制约还是相当多的，应该多发展能为劳动密集型的中小企业提供融资服务的中小型金融机构，尤其是地区性中小型金融机构。

四、人民币汇率改革

7月21日，政府实行新的汇率政策，一方面人民币兑美元的汇率从8.27到8.11，人民币升值2%，幅度很小；一方面"恢复"有管理的浮动制度并"参考"而不是"钉住"一篮子货币。这次汇率改革是否能够达到政府所期望的目的，即人民币汇率不再成为一个很大的国际政治问题或经济问题，关键在于中国能否不像20世纪80年代中期的日本和我国台湾地区那样进入短期内快速、连续升值阶段，而是像1994—1997年的那样小幅度的、长期的缓慢升值，当然，这取决于能否打消国际货币投机的压力。如果能够打消货币投机的压力，这次汇率政策改革就是成功的。

中国1994年推行了汇率并轨，实行有管理的浮动汇率制度。当时是8.7元人民币兑1美元。到1997年时，就逐步升值到8.27左右，四年时间升值5%。在最新的这次汇率政策改革之后，汇率能不能延续这种根据贸易、价格对比等实际情形而逐渐小幅调整的模式？为了回答这个问题，必须先解释人民币为什么会成为一个国际上关注的问题。关于人民币汇率问题有两个层次，一个是汇率管理体制，一个是汇率水平。汇率管理体制方面，中国本来在1994年之后实行的就是有管理的浮动汇率制度，但在1997年东亚金融危机以后亚洲多数国家和地区的货币贬值，国际上的投机力量也预期中国人民币会随之贬值，但中国作为一个大国毅然承诺不贬值，因此人民币汇率就固定在有管理浮动的低限。2002年以后，国际投机力量又预期人民币要升值，而中国政府同样没有屈从这样的压力，人民币汇率就固定在有管理浮动的上限。因此，只要投机的压力消失，人民币汇率自然就会恢复到原来的有管理的浮动。

1999年以后的贬值压力来自于东亚金融危机，而这次的升值投机有政治上和商业上两方面的原因。政治上，日本政府最早提出人民币币值低估，输出通货紧缩，造成日本经济困难。实际上中国的出口产品在国际上比重是很低的，即使全部白送也不会变成国际上通货紧缩的来源。后来美国政府给中国施压，他们认为，人民币币值低估给美国带来贸易赤字，造成失业率增加。但是人民币升值既不会解决美国贸易赤字的问题，也不会增加美国就业，因为中国和美国生产的不是同类产品，中国卖给美国的是美国没有比较优势因而不会生产的劳动力密集型产品。这些都是政治上的升值压力。商业上，人民币升值压力没有真正的经济基础。中国各个年份的贸易顺差是1996年122亿美元，1997年404亿美元，1998年435亿美元，1999年292亿美元，2000年242亿美元，2001年226亿美元，2002年305亿美元，2003年255亿美元，2004年319亿美元。可以看出，国际上投机人民币贬值的时候恰好是中国贸易顺差比较大的时候，而投机升值时是贸易顺差相对较小的时候。这说明不管是投机人民币贬值还是升值，原因不在于人民币偏离的均衡汇率。如果采用顺差相对于GDP的比例，形势将更加明显。我不敢说现在的人民币汇率就是均衡汇率，但从贸易顺差占GDP的比例很小的现象来判断现在的汇率和均衡汇率的差距应该不大。

既然如此，为什么国际金融界还会投机人民币升值？表面原因是国际上有一大笔热钱。东亚金融危机之前，这笔热钱流到东南亚，造成股市泡沫、房地产泡沫。东亚金融危机之后，泡沫破灭，国际热钱流回美国，助长了互联网泡沫。互联网泡沫破灭后，这些热钱又要寻找新的出路。中国这几年经济增长一枝独秀，成为一个诱人的目标。但更重要的原因是，根据过去经验，只要美国政府对哪个国家的汇率施压，哪个国家的货币就会在短时间内巨幅升值，使得国际炒家认为机会难得。

如果现在的汇率低估了20%—30%，大幅升值对中国经济终究有利。但是有研究认为现在的汇率即使低估，顶多也只有2%—3%，不会超过5%。在币值低估2%—5%的情况下升值15%—20%对中国经济必然不利,并且对美国也是不利的。这和日本在20世纪80年代的情况不同,日元升值对于美国是有利的,因为当时日本的发展水平和美国比较接近,他们的产品和美国产品是在同一个水平上的竞争,然而中国和美国完全是互补的:中国人均收入1 300美元,美国3.6万美元;中国的产品主要是劳动密集型的,中国生产的产品美国不生产,中国对美贸易顺差很大是原来东亚国家和地区出口到美国的产品转移到中国生产,中国并没有挤占美国产品的空间。人民币升值以后,美国不是以比较高的价格继续从中国进口就是必须从其他国家进口这些产品,而其他国家的产品比中国现在的价格贵。不管是前者或是后者,美国贸易赤字会更大。

美国过去对于中国施压是因为选举的需要,将中国当作泡沫经济破灭以后经济疲软的替罪羊。我相信,美国政府主要负责人了解人民币升值对于美国是不利的。经过中美双方的充分沟通,加上美国现在没有马上面临的选举压力,我想美国政府目前并不会对人民币施加压力。由于国际上的人民币投机没有真正的经济基础,只要美国政府不施压,国际上对人民币的投机就会在赚不到钱的状况下自讨没趣地走开。由于中国资本账户不开放,投机人民币的交易成本特别高。投机人民币需要通过代理人以隐蔽的方式进行,每年需要付出5%左右的手续费。在有管理的浮动利率制度下,按照经济发展的正常状况,我估计人民币每年仅升值1%—2%。只要人民币不巨幅升值,投机者就是亏本的。在人民币大幅升值对美国不利的情况下,美国政府不至于搬石头砸自己的脚,人民币投机的压力就会消失,中国就会恢复1994年开始的有管理的浮动汇率制度,并根据贸易、经济情况进行适当的小幅度的升值或贬值。

中短期中国经济问题*

王　建

中国宏观经济学会常务副秘书长

一、2005 年上半年经济形势特点

今年以来出现一场关于宏观经济形势的辩论，20 多位学者对经济是否会趋冷的问题进行激辩，而在 2003 年的时候讨论的问题是是否过热。时隔仅仅一年，两场讨论的性质完全不同，原因在于大家讲话是根据不同的数据。

现在主张防热的人会说投资增长了 25%，跟去年相比只有二三个百分点的差别；消费也比去年高，上半年社会消费品零售总额实际增长速度比去年同期高 1.8 个百分点；出口的增长和去年差不多，去年 33%，今年 32%。经过去年那么大力度的宏观调控来压缩需求，到现在为止需求仍很旺盛。6 月表现得更严重，今年上半年投资增长了 25%，6 月增长了 28.8%，增长得很猛。这些数据显示防热任务很严重。

主张防冷的人会举出 CPI 指数。CPI 从去年四季度有开始走低的趋势，到今年月月走低，特别是到二季度以后，4 月和 5 月连续两个月 1.8%，6 月为 1.6%，不断下行。企业效益也不好，去年企业利润增幅 40% 以上，现在 15% 左右，同时下游产业出现大面积亏损或者利润负增长。还有货币指标，从去年 6 月开始 M1 和 M2 增长速度持平，之后 M2 增长速度开始快于 M1 增长。两个速度的差距逐渐加大，到今年上半年 M1 和 M2 的增速相差四个百分点，这说明流通和交易中的大量货币转为定期存款，使得 M1 增长减速，M2 增速相对较高，也就是说货币在从经济活动中退出。

使用的数据不同，得出的结论也不同，但经济不会是既热又冷。对此只有一个合理的解释，就是今年上半年经济的特点，是需求仍然在高水平上增长，但供给增长的速度比需求增长的还要快，仍然是供过于求，企业的效益指标转差。下半年三、四季度的增长速度会掉下来这样的判断是站不住脚的，因为只要需求增长的速度还很高，经济的增长速度就掉不下来。但由于供给的增长快于需求的增长，下半年的效益指标会更差。

---

* 中国经济观察第 2 次季度报告会（2005 年 7 月 30 日）。

二、2006 年 GDP 增长速度略低

如果上述判断能够站得住脚,那么估计今年 9.5% 的增长速度是没有问题的。明年的速度会比今年低一点,大概低一个百分点。这可以从需求的三大构成来分析。

先看投资。最近这一轮投资始于 2003 年,主要由重工业投资带动。投资有一个规律:开始应该是土建,然后是设备的安装、调试和试生产,最后是形成生产能力。依照过去的经验,土建占总投资的比重为70%,设备占 30%,但是重工业投资中设备的比重要大一些,大概是土建占60%,设备占40%。重工业平均建设周期大概是五年,今年恰是这轮投资的中期阶段,即土建阶段基本完成,以后主要就是安装、调试设备和试生产了。由于设备在重工业投资中的比重是40%,设备和土建是 4∶6 即 2∶3 的比例,如果投资前期例如今年投资增长了 25%,那么明年投资的增长速度应该在 25% 的 2/3 即 18% 左右,还是很高。如果明年投资增长 18% 的话,那么明年的经济增长应该是接近 9%,因为去年全社会固定资产投资占 GDP 的比重即投资率已经到了 51%。但是我们不太能够相信统计局的数据,因为上半年出口增速在 30% 以上,投资在 25% 以上,消费在 13%,GDP 增长怎么会是 9% 呢?

再看消费。中国的农村市场是非常重要的,历年都是如果上一年农民的收入增加,下一年消费市场就好。去年农村政策好,天又帮忙,人也努力,出现了量价齐涨的情况,农民增收,所以今年农村市场活跃,前六个月消费增长的速度都在 10% 以上。但是今年的情况有些变化。今年农产品继续增收,夏粮已经增收 512 万吨,估计秋粮也会增加。2004 年的播种面积已经增加了 2 000 万亩,今年又增加了 3 000 万亩,所以今年粮食肯定是比去年还要多。在中国,粮食多一点粮价就往下掉,粮食少一点粮价就涨得厉害,所以今年农产品价格上涨速度不会像去年那样,事实上粮价已经进入负增长,其他农产品、食品价格也是缓慢增长。由此估计农民的纯收入增长速度也就是 5%,低于去年。如果社会商品零售额增幅在今年达到 12% 以上,那么在明年应该是 10% 左右。

最后看出口。这里有两个因素影响,一是世界经济可能会有问题。去年是世界经济增长的一个高峰,全球增长了 5.1%。各国在去年年底作预测时对今年和明年的预测比较高,但是今年年初以来油价达到 60 美元,日本经济突然减速,欧盟最近把全年增长率预测从 1.6% 调到 1.3%,美国摆脱不了双赤字而且不断加息。二是人民币升值,也会影响出口。

从需求方面看,明年投资、消费和出口的情况都会比今年要差一些,今年的 GDP 增长率在 9.3% 和 9.5% 之间,估计明年的增长率是 8.5%。

三、生产过剩将会很严重,汇率调整不合时宜

目前中国经济的最大问题是生产过剩。今年以来供给的增长水平高出需求,就表明这个问题在显现。不过今年保九、明年保八都没问题,有可能出问题的是 2007 年,要有所警惕,因为 2007 年是本轮投资高峰的终点,到那个时候就会形成大量生产能力。虽然

今年四季度就可能出现比较明显的通货紧缩，但是生产过剩还是要到2007年。

本轮投资的特点之一是规模非常大。大概算一下，如果2002年到2007年投资的平均增长率是20%的话，那么这一轮投资的总额是35万亿人民币，大概等于七五、八五、九五和十五前两年的总和，是从1986年到2002年这16年投资的总和。

另一个重要特点是投资的主体发生变化。以往的投资，包括1992年邓小平南方讲话引起的投资高潮都是以国有部门为主体的。但这一次投资的主体发生易位。2004年投资的65%是非国有部门投资的，今年一季度非国有部门的比重进一步上升到71%。这个变化必然会造成投资的投入产出比大大提高。很多的案例说明，国有单位投入产出比远远低于非国有部门的。例如李书福的吉利汽车产量10万辆只需要十几亿的投资，而国有企业100亿也做不成。

如果总量很大，投入产出比又很高，这一次释放出的生产能力有多大还真的难以估计。现在已经有了生产过剩的征兆。比如这几年上的水泥项目太多了，水泥价格下降，全国生产水泥的4 400多个企业中已经有1 900多个在今年一季度处于亏损和微利的边缘，电解铝的情况也是如此。煤炭产量去年增加了2亿吨，今年估计还会继续增加2亿吨，而煤炭需求只增加1.8亿吨，所以煤炭紧张的局面在今年可能出现全面缓解，并有略微的过剩，明年将会出现过剩。现在电力还在拉闸限电，但根据发改委的统计，我国在建的发电能力很大。中国今年新增的装机容量有8 000万千瓦，而英国总装机容量也就是8 000万千瓦，中国一年新增的是一个英国的总需求量。到2010年全国总装机容量将是9.4万亿千瓦，而美国在2003年的总装机容量不过是7.7万亿千瓦，那时中国发电能力就是世界第一，电力一定会过剩。

实际上过剩从90年代初已经很严重，工业品中的消费品已经是全面过剩。由于这一轮对汽车和住宅的需求拉起来了对钢材、水泥、电解铝等基础产业的需求，大量社会资本向这些基础产业流入，而投资本身又大量消耗基础材料，比如工业部门中对钢材需求最大的就是钢铁工业本身，所以投资造成了为解决短缺而增加新短缺的现象。投资高峰过去了，就什么也不短缺了，过剩情况就出现了。

过去在投资高峰中，也有很多项目是不适销对路和没有效益的，例如根据八五期间发改委的统计，450多个重点建设项目投产后有1/3是好的，1/3亏损，1/3处在微利和亏损的边界。但是这些项目是国有企业、中央政府或者地方政府投资的，投资资金是从国家银行来的，所以在面临经营问题时银行继续提供资金以维持企业不倒闭、银行没有坏账。这是国有体制把投资问题掩盖了起来。但最新一轮投资是非国有部门作为投资主体，仍然需要从银行贷款，有数据表明近三年非国有部门贷款的比重是42%，也就是说非国有企业获得了将近三万亿贷款。如果非国有企业投资出现问题，产品卖不出去，还不了贷款，那么问题如何解决呢？还要政府出钱来维持企业在微利或者亏损情况下继续运转吗？不让企业倒闭是不可能的，企业倒闭了就会牵涉到银行体系，就可能通过银行体系使生产过剩向全社会蔓延，这正是发达国家历史上所发生的生产过剩危机。

现在把问题说得严重一点，有助于早一点想到怎么去解决这些问题。过去宏观经济管理都是对付短缺，没有面临过过剩的问题，这完全是新的课题。生产过剩的根本原因是收入分配不合理，收入差距导致了相对过剩，当然应该从解决收入分配差距着手来解决生产过剩。但解决收入差距绝非一两天的事情,需要相当长的时间,而两年后就要面对生产过剩的问题,缓不济急。在收入分配差距不解决的情况下,出口是一个重要的解决方法,所以我不同意现在提升汇率。如果是受到了巨大的外部压力而提升汇率那也没有办法,但如果继续调整,就有问题了。有人分析出七八条人民币升值对中国有利的说法,我是不同意的。解决人民币汇率问题的成熟条件应该是中国的收入分配状况得到了大体上的改善,出现了从投资主导型增长向消费主导型增长转变的趋势。

通货紧缩来临,还是放松货币化解*

袁钢明

清华大学中国与世界经济研究中心研究员

关于当前的宏观经济形势,出现了一些争论。在一个月以前的一次讨论会上,2005年上半年的统计数据还未公布,很多人都认为可能出现通货紧缩,也有很多人不认为会出现通货紧缩,但没有人认为经济已经下滑,因为无论是GDP、工业增加值、出口还是投资、消费的增长率都比较高。价格指数连续几个月下落,是大家都看到的事实。人们争论的焦点不是中国经济是不是已经放缓,而是价格下落是不是表明经济出了问题,会不会出现通货紧缩。在统计局公布上半年最新统计数据之后,出现一种新的观点,认为目前一切正常,调控适当,各种指标都在正常范围内。

我所在的清华大学中国与世界经济研究中心采用数学模型对今年的主要经济指标进行了预测。预测模型计算出来的结果和我根据传统分析方法和实感得出的结果很接近。模型预测第二季度GDP增速是9.8%,高于后来所公布的9.5%;预测第二季度的CPI为0.8%,比公布的数据低。我非常认可计算机模型作出这样的预测结果,即经济增长速度很高、物价很低。我自己根据多种数据分析得出的结论是,真实的经济增长速度比公布的数据高,因为工业增加值特别是投资品增加值增速一直在上升,煤电油运一直很紧张,投资、GDP增速应该也在上升,并没有被调控下来;3月以后钢铁等投资品价格大幅度下降,货币紧缩措施已经持续一年,紧缩效果开始从价格下落变化中表现出来,价格下落趋势可能还会进一步加重。模型预测今年下半年GDP增速先上升然后减缓,第三季度为10.07%,第四季度为8.06%,CPI将变为负数,第三、第四季度分别为-0.89%、-0.62%。对于预测模型计算出来的一些细致的数值特别是小数点以后的数值,我们不必细究,模型预测的大致态势是,当前经济增长速度比公布数据高,而CPI下落幅度大于政府设定的调控目标。我认为模型作出的这一趋势性预测大致上是合理的。如果货币政策等宏观调控政策不变,到年底很可能出现模型预测的结果。

从最新公布的上半年数据来看,消费价格涨幅连续大幅度下落,从2005年2月的

---

* 中国经济观察第2次季度报告会(2005年7月30日)。

3.9%下落到6月的1.6%。我认为这样的下落幅度超出了正常范围,会对经济增长态势产生损伤性影响。相反的观点认为消费价格指数的这种下落是在正常范围之内,因为政府调控目标就是要让消费价格涨幅降到2%以下。但是,我没有听说过政府对今年的物价调控设定了这样低的目标。政府年初设定的目标物价涨幅调控目标是4%。物价涨幅大幅度下落到4%之下以后,有关权威部门说政府内定的调控目标实际上是3%,意思是价格实际下落离政府调控目标并不很远。我认为,价格涨幅下落幅度大不大,跟价格水平适当不适当有关,价格涨幅从5%的较高水平下落到3%的适当水平,下落2个百分点的幅度不算大,但是从3%的适当水平下落到2%以下的过低水平,下降1个多百分点的幅度就是过大,如果从1%或0%的低水平下落零点几个百分点,也是很大的下落幅度,也很危险。价格指数从前几个月的适当水平上大幅度下落,我认为,价格的这种下落出乎意料,大幅度地落到了调控目标以下,是紧缩过度的不良后果。

看一下近两年来消费价格指数变化曲线会发现消费价格总指数和粮食、食品价格同步涨落,粮食、食品价格涨落支配着消费价格总指数的变动。粮食、食品价格上涨是支撑最近两年消费价格总指数上涨的主要因素,而最近几个月消费价格总指数下落主要是粮食、食品价格下落造成的。6月,粮食价格指数从年初上涨10%以上下落到了-1.1%,变成了负数,食品价格也从几个月前上涨10%左右下降到2.3%。同时,居住价格上涨5.8%,但阻止不住消费价格总指数因食品价格下落所造成的下落。

6月零售物价指数和去年同月相比下降0.5%,零售物价中的粮食和食品价格指数为-1%和2.3%,农业生产资料、燃料价格上涨幅度较高,为10%和14.7%,零售物价总指数受粮食和食品价格变化影响而下落,农业生产资料、燃料价格上升的影响不大。零售物价指数剔除食品价格后剩下的非食品价格指数下落到0.9%。日本经常采用剔除生鲜食品的消费价格指数。如果不剔除生鲜食品,日本的消费价格总指数已经转负为正,消除了通货紧缩;如果剔除掉生鲜食品价格,日本的消费价格总指数就是负数,还没有摆脱通货紧缩。中国的非食品价格指数可以和日本、美国所使用的剔除食品价格后的消费价格指数进行比较。中国的非食品价格指数落到了零附近,表明中国经济已经邻近通货紧缩。

上面谈到的消费价格指数和零售价格指数都是终端价格。有的人会说,作为投入品的生产资料价格、原材料价格还在上涨,在投资很热的情况下,前端价格的上涨最终会将终端价格推上去。究竟会不会这样?在2004年10月以前,生产资料价格、原材料价格上涨得很高,消费价格、零售价格也上涨得很高,看起来消费价格和零售价格好像是被生产资料价格和原材料价格上涨推高起来的。但前面已经说到,消费价格和零售价格实际上是被粮食和食品价格上涨推高起来的,不是被生产资料价格和原材料价格上涨推升起来的。2004年10月以后情况变了,消费价格和零售价格先行下落,引发生产资料价格和原材料价格随后下落。现在消费价格、零售价格指数已经下落到1%附近,6月工业品中生活资料价格已经变为-0.3%,把涨得很高的生产资料价格、原材料价格拉了下来。比如生产资料价格涨幅在前五个月里还是逐月上升的,从7.1%上涨到8.2%,到了6月就开始下落了,从8.2%下落到7.2%。原材料价格涨幅自2004年11月起一直连续下落,从14.2%下落到9%。由于消费价格和零售价格等终端价格连续下落,工业品、投资品等前端价格涨幅也开始下落。煤炭、冶金、化学等工业投资品价格上涨幅度很高，食品、纺织、建材等价格上涨幅度也较高，但它们自2004年10月以后都开始下落。2005年，主要工业品价格指数下落，只有冶金价格略有上升，但总体上大幅度低于去年年底，而且冶金价格中的普通钢材价格暴跌，普通线材从每吨4 000元降到每吨2 000元。

近两年宏观经济热度较高，是因为两类价格上涨较高，对推动经济热度上升起了主要作用。一是粮食价格上升，二是房地产价格上涨。粮食价格上涨后，农民收入增加，带动了消费，粮食和食品价格上升也表明食品消费需求上升。食品消费在中国居民消费中占有重要地位。近两年居民饮食消费特别是户外饮食消费水平提高，是支持食品价格上升的重要原因。这和日本经济高速增长时代居民户外饮食水平大幅度提高的情形相类似。现在粮食价格和食品价格下落，影响农民收入从较快增长变成较慢增长，也可能表明与城乡居民收入有关的食品消费需求正在减弱。

房地产价格上涨是近两年投资和经济升温的主要因素。钢铁、水泥、化工、建材等投资品价格上涨及相关产业投资高速增长，都跟房地产价格上涨有关。现在房地产价格涨幅下落，房地产高热降温。我认为这一变化是合理的，因为经济高速增长不能全寄托在房地产高热上，房地产高热降温有利于经济稳定健康地增长。从年初到6月，商品房价格涨幅从13.5%下落到10.1%，房地产投资增速从27%下落到23.5%。不过房地产降温的调控难度很大，不能不降温，也不能降温过猛。当前房地产降温，是不是难免伤及无辜、拉低正常的消费？

价格下降对工业企业效益造成不利影响。今年年初以来，企业亏损增长速度急速上升，从11.2%上升到59.3%，和价格下落的走势正好相反。反过来，企业利润增长速度大幅度下落，从38.1%下落到19.1%，这和价格下落有明显关系。这期间，销售收入增长速度变化不大，利润和亏损发生剧烈变化，企业效益大幅度下降，都是价格下落的变化所引起的。此外，产成品资金增长速度也在下落。如果销售收入快速增长，那么产成品资金下落是产品需求提高、销售顺畅的表现。目前销售收入增速平缓，产成品资金下落不表明产品销售顺畅，而是表明企业资金紧张。我们从实际调研中得知，最近很多企业资金紧张，不得不降价出售产品。

各种指标都表明，当前价格下落与企业资金紧张有关。货币、贷款的松紧变化对企业资金及价格变动影响很大。从去年4月底实施货币和信贷紧缩措施以来，广义货币M2增长速度从19.1%下落到14%左右，贷款增长速度从20%下落到13%左右。货币和贷款增长速度这样大幅度的下降在改革开放的历史上是很少见的。从1978—2004年，货币量年平均增长约22%，而在1998—2002年期间货币量平均增长降低到约15%，低于二十多年来的平均水平。1978—2004年GDP平均增长9.5%，CPI平均5.6%，失业率平均2.9%，而1998—2002年期间GDP平均增速下落到7.7%，CPI下落到平均-0.4%，失业率上升到3.4%。事实证明1998—2002年15%的货币量增长率低于合理水平。

改革开放20多年来GDP增长率的平均值是9.5%，最近两年的增长率正好和历史平均值吻合，价格上涨率略低于历史平均值，应该说近两年经济增长和价格上涨水平的搭配状况非常合理。有人认为这样的经济增长率和价格上涨率太高了，要把它压下来，从而把货币增长率从20%压低到15%以下。但这样的货币增长率对应的是1997—2002

年较低的 GDP 增长率，价格指数为负的通货紧缩和难以承受的失业率。

从近十年和近两年情况来看，如果货币量增长率降落到 15% 以下，会造成通货紧缩；如果上升到 20% 以上，经济过热的风险较大。那么，是不是可以将货币增长率定在 15% 和 20% 之间呢？本来 2004 年年初政府将货币增长率的目标定在了 17%，但到了 5 月就变成了 13%。货币增长率下降到 15% 以下，很容易出现通货紧缩。令人欣慰的是，从 6 月开始，人民银行放松了货币和贷款。6 月广义货币 M2 增长率已经从 5 月的 14.6% 上升到 15.7%，贷款增长率从 12.4% 上升到 13.3%。但是，货币和贷款放松的程度还不够，M2 增长率还不到 17%。狭义货币 M1 和流动资金短期贷款的增加，对缓解企业资金紧张具有实质意义，但 M1 增长率才只有 11.3%，流动资金短期贷款增长率不到 1%。货币和贷款略有放松，价格下落的态势可能会略有减缓，但货币和贷款放松得不够到位，货币和贷款增长率还没有上升到较多超出 15% 的较高位置上，通货紧缩压力增大的局面还不能得到扭转。

在判断目前宏观经济走势时，有人以投资和生产增长为主要依据，我特别注重以价格变动为主要依据。投资数据是各级政府报上来的，存在着朝向中央政府调控指令靠拢的人为意向，生产数据也有这种可能性，而价格数据是统计局根据抽样调查得出的，数据所表达的情况比较真实客观。在投资和生产增长数据可能不太真实的情况下，我们应该更相信价格数据。如果价格指数往上走，意味着市场需求增强，经济热度上升。现在价格指数全面下落，表明需求已经明显减弱，还将影响企业生产增长速度下落。当前，经济增长速度和投资增长速度很高，价格指数向下滑落，两种指标变动方向相反。根据不同的指标作判断，会得出完全相反的结论。到底应该以哪一种指标为依据？我认为，以经济增长和投资增长为依据，作出经济增长仍然很热的判断，是不可靠的。以价格指数变动作为判断经济走势的主要依据，可以观察到市场需求、企业动向、政策效应等机制性变动态势，并可以根据市场变化动向及其与政策调控的互动机制观察来宏观经济走势，应该更有道理。现在粮食价格、工业生活资料价格等几个重要的价格指数已经掉进了负数区，商品零售价格和非食品消费价格下落到了 1% 以下。价格指数下落到零或 1% 以下，是经济下落到通货紧缩或临近通货紧缩的最重要证据。如果目前过度紧缩的货币政策及相关调控措施保持不变，价格指数将继续下落，到今年年底和明年年初价格很可能变成负数，落入通货紧缩将确定无疑。如果调整货币政策及相关调控措施，放松货币和信贷，把货币和信贷增长速度提高到 17% 左右，就可以改变经济走势，将通货紧缩的压力化解掉。

经济增长速度趋缓*

宋国青

北京大学中国经济研究中心教授

一、基数效应导致同比意义上的高增长低通胀现象

按照与上年同期相比的度量数据,2005 年二季度的主要宏观指标表现出高增长低通胀的特点。这个情况主要是由于上年同期经济活动指标的比较异常的表现引起的。2004 年上半年主要指标的变化比较剧烈,部分是由于 2003 年的货币供给的剧烈波动,部分是由于 2004 年 4 月开始了一轮猛烈的宏观调控。具体结果是,在 2004 年二季度,生产水平、投资水平和贸易顺差水平相对较低,货币数量增长极慢,而价格上升较快。这些情况使得 2005 年二季度的同比增长率表现出了相反的变化,生产增长率、投资增长率和贸易顺差增长率比较高甚至特别高,货币增长率上升,而通货膨胀率下降。

在经济剧烈波动的时候,同比增长率指标可能引起很大的误解。从月度变化来说,经济增长率实际上在快速下降,很多指标的表现都与同比指标显示的情况差别很大。

二、贸易顺差同比大幅增加,环比微升,增长过分依赖顺差

2005 年宏观经济最突出的特点是贸易顺差在同比的意义上猛烈增加。2004 年上半年的货物贸易记录为逆差 68.2 亿美元,占 GDP 的 -1.0%;2005 年上半年实现了 398.3 亿美元的顺差,占 GDP 的 4.8%。一里一外,货物贸易顺差的增量为 466.5 亿美元,占 GDP 的比例上升了 5.8%。按名义额计算,顺差增量占 GDP 增量的 44.7%;按可比价格计算,顺差增量的贡献要大得多。

季度和半年度的有关数据包含很大的季节性因素,难以比较。一个办法是通过预测全年数据来比较,另一个办法是对有关数据作季节调整。我现在的预测是,2005 年全年的货物贸易顺差将达到 1 111.7 亿美元,比上年的 319.5 亿美元增加 792.2 亿美元,或

---

* 中国经济观察第 2 次季度报告会(2005 年 7 月 30 日)。

2.48 倍。表面看起来,这个预测偏高,但是这里已经包含了下半年的出口同比增长率比上半年下降而进口同比增长率比上半年上升的预测。如果下半年的两个同比增长率与上半年相同,则全年的贸易顺差将达到 1 461 亿美元。这个情况主要是由季节因素引起的。剔除季节因素后,2005 年上半年的货物贸易顺差已然达到了 520 亿美元,占剔除季节因素后名义 GDP 的 5.7%,全年的这一比例预测为 5.9%。除此之外的历史最高纪录是 1997 年的 4.5%。

从顺差增量的角度看,情况更加清楚。上半年的顺差同比增量为 466.5 亿美元,全年增量预测为 792.2 亿美元,意味着下半年的同比增量只有 329.7 亿美元。也许这个预测略有保守,但是无论 2.48 倍的增长率还是 1 112 亿美元的绝对数都让人在继续增加预测值方面感到难以入手。进一步考虑,明年的顺差比今年还能大幅度或者较大幅度增加吗?

月度的变化情况不支持顺差将会继续较大幅度增加的期望。从图 1 可以看出,剔除季节因素后的顺差在 2004 年后三个季度和 2005 年一季度猛烈上升,2005 年二季度比上季略微下降。考虑到美元升值和人民币升值的影响,后面两个季度的预测值也难以太高。从月度数据看,剔除季节因素后的货物贸易顺差在今年头两个月达到高峰,后面基本走平或者微升。这个情况和美元走强关系密切。

将现在的情况与 1993—1998 年的情况作比较是有一定意义的。直接可比的情况是,宏观调控发生的背景是内需过强导致了贸易逆差(相对于长期的持续顺差而言),而调控的结果是贸易顺差立即上升。进一步看,货物贸易顺差占 GDP 的比例在 1993—1997 年平均每年上升 1.6 个百分点,而现在一年就上升 4 个百分点。这一点的主要原因并不是这一次调控比上一次更猛烈,而是进出口总额占 GDP 的比例上升了,作为进出口差额的贸易盈余对内需的变化具有了更大的弹性。

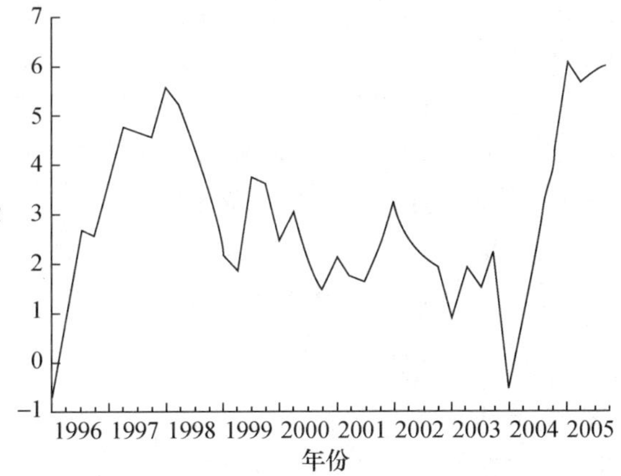

图 1　季节调整后货物贸易顺差占 GDP 比例(最后两个季度为预测值)

虽然不能说 1993—1997 年中国贸易顺差的增加是引起东南亚金融危机的原因,但是在其他特定情况下,两者是有密切关系的。这些特定情况的大部分在今天已经不再存在,但是一个大国贸易盈余的迅速变化总会引起这样那样的变化,最后产生反向的抑制力量。这个变化的形式在上一次是东南亚金融危机。在危机发生以后,中国的贸易顺差迅速下降,成为通货紧缩的一个重要原因。

从中国的角度看，货物贸易顺差占 GDP 的比例从 1997 年的 4.5% 上升到 2005 年的 5.9%（预测数）或许并不特别厉害。但是，因为中国 GDP 的增长速度远高于全球，按全球 GDP 算中国贸易顺差比重的上升就更加突出了。另外，发达经济的大部分是相对比较稳定的服务业，制造业比例小，正常吸收贸易逆差的弹性并不是很大。

最后，贸易统计方面还有口径等问题。国际收支平衡表上的贸易顺差比海关统计的贸易顺差还要大一些，还有列在“误差与遗漏”项目中的一部分也可能是经常项目的顺差。对贸易统计数据的一个疑虑是，出口可能存在高估的问题。这些难以确定的情况都增加了分析结果的不确定性。不过，从月度数据变化等情况看，作者倾向于相信，贸易方面的统计误差不至于影响贸易顺差大幅度增加的结论。

由贸易顺差大幅度增长带动的正常甚至较高的经济增长速度隐含着巨大的风险，它意味着内需相当疲软。从现在的月环比情况看，对贸易顺差继续大幅增长的担心并不是一个简单的风险意义上的担心，实际发生的情况是猛烈增长已经受阻。

三、工业环比增长率剧烈波动，目前已下降到通货紧缩边缘

在过去 18 个月，工业增加值（规模以上工业，下同）的环比增长率经历了自该指标月度统计公布以来的最猛烈波动。除个别月份可能与春节因素的消除不准确有关外，过去六年的最低和最高的三个月增长率出现在 2004 年的 6 月和 2005 年的 2 月或者 3 月（2 月可能有春节因素消除不准确的影响）。正因为月度波动过于猛烈，季度平均数的变化要小很多，而同比增长率指标显示的季度波动更小。至于 GDP 的同比增长率看起来更平稳，则有更多的其他情况。问题是，这些只是偶然或者巧合，现在没有迹象显示工业环比增长率将会再次猛烈向上以保持 2006 年的同比增长率的平稳。

按与上年同期相比的度量，二季度的 GDP 增长率和工业增长率分别为 9.5% 和 16.5%，其中 6 月的工业增长率为 16.8%，都是很高的。按图 2 的数据，剔除季节和春节因素后，工业增加值在 3 月比上年 12 月增长了 5.6%（年率 24.5%），而 6 月比 3 月只增长了 2.9%（年率 12.0%），其中 6 月比 5 月增长 0.9%（年率 11.8%）。月环比增长率与同比增长率的这样大的差别，是不太多见的。

12% 这样一个工业增长率，对应的 GDP 增长率约为 8.0%。这样的情况应当说已经到了通货紧缩的边缘。

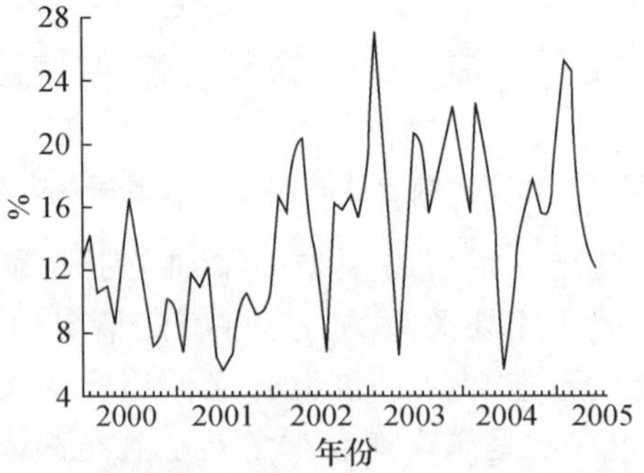

图 2　剔除季节和春节因素后工业增加值三个月增长年率

四、价格环比滞后性上升,同比下降是基数问题

消除季节因素后的消费价格指数还沉浸于一季度的景气中,继续温和上升,目前的环比升幅折年率为3%左右,甚至可以说非常理想。同比增长率的下降主要是由于去年的基数变化。事实上,根据去年11月以前的变化情况大致上可以估计到今年CPI的同比变化率走势为U形,三季度达到谷底,因为去年三季度是高点。

到目前为止,M2仍然是预测CPI的最好指标。在上次的报告中对这一点有所讨论。三个月以前,一个比较流行的观点认为上下游产品价格的传导机制对于CPI的决定具有重要的意义。在那个时候,较多依据上游产品价格的变化来预测CPI导致了对二季度CPI的较高预测,而较多依据M2情况来预测CPI产生了较低的估计。在作出二季度预测的同时,我还写过一篇题为"货币为王"的文章专门讨论这个问题。二季度的CPI表现看来更支持M2起决定作用的看法。

剔除季节因素后工业品出厂价格在4—5月还有较大幅度的上升,6月已经转变为微幅上升。从目前重要商品的价格情况看,后面几个月的工业品出厂价格在剔除季节因素后可能是持平甚至下降的。现在的初步预测是,明年三季度的工业品出厂价格同比变化为负数。

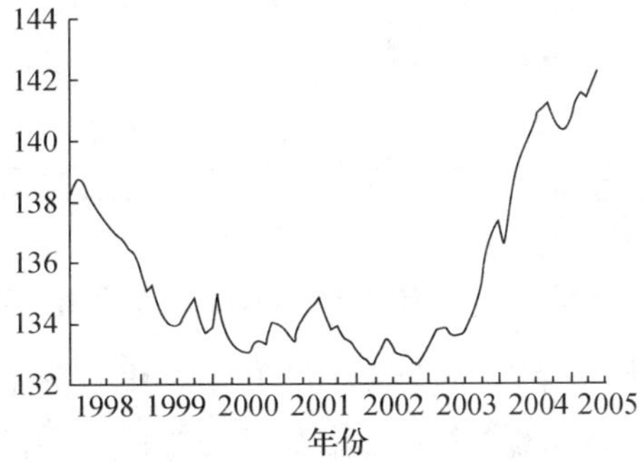

图3　剔除季节和春节因素后的CPI(定基指数,1994年1月为100)

在目前的相对价格水平和总需求不强的情况下,可能将出现一个生产资料价格(石油价格除外)相对于消费价格下降的时期。进一步考虑,如果是温和调整的话,这个时期可能会持续好几年。但是,这样的估计并不一定意味着预计消费价格下跌。理想的情况是消费价格温和上升,最好能达到3%左右的通货膨胀率,而生产资料价格基本持平,包括一些波动。这样的过程也是可以实现比价复归的。在总需求增长比较平稳的情况下可以将这样的情况作为基础预测。

五、货币供给同比阴转多云,环比连续10个月晴天

如果说上面的消息都是看淡总需求的消息的话,这里是一条不看淡的消息。不考虑下面要讨论的问题,单就过去10个月的M2情况来说,可以期待非常理想的总需求增长

率。从 1999 年下半年到目前为止(这段时间基准利率大致稳定),宏观经济的景气情况包括宏观调控的效果集中反映在 M2 的变化中。如图 4 所示,2004 年 4 月开始的宏观调控将 M2 的环比增长率打到了多年来的最低纪录。可以确信,那样的调控多坚持半年,现在就可以看到最严重的通货紧缩了。从 M2 的月环比数据看,最严厉的紧缩发生在 2004 年 5—8 月四个月,大约在 8 月中就开始明显松动,9 月的 M2 环比增长率恢复到比较高的水平。从那时以来,M2 的环比增长在相当理想的范围内小幅波动。后来发生的一系列情况,在很大程度上是 2004 年"百日调控"的直接和间接结果。

在很多时候,说环比增长率较高,相当于说一段时间后同比增长率会上升。在过去好几个月,M2 的环比增长年率大致上在 16% 以上波动,这意味着同比增长会逐步上升到 16% 以上(因为 6 月 M2 环比较高,现在可以看到将近 17%)。因为基数问题,在百日调控的一年以后,M2 的同比增长率上升。这主要不是由于同比增长率的分子变化,而是由于分母变化。对于这件事情,起个名字叫"百日调控周年效应"。对于理解环比增长率与同比增长率的关系,M2 的百日调控周年效应是一个典型的例子。

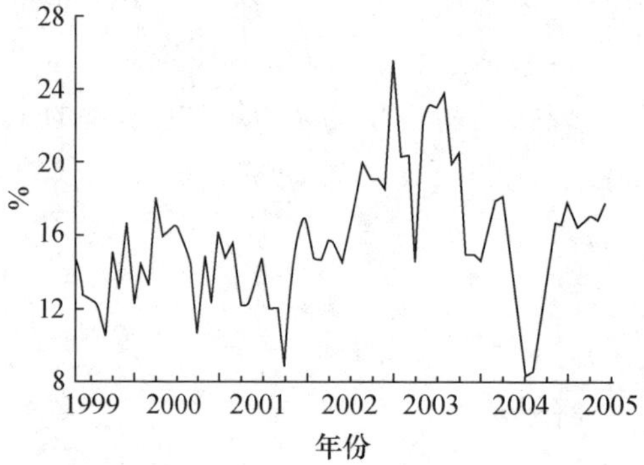

图 4　剔除季节和春节因素后 M2 的三个月增长年率①

从过去六年的平均增长率来看,现在的 M2 几乎是多一分嫌肥,少一分嫌瘦。这样说不是夸张。如果说过去 10 个月的 M2 环比增长率还嫌低的话,就有百日调控多此一举的疑问,因为在百日调控前几个月的 M2 环比增长率平均不比现在高。如果说现在的 M2 环比增长率嫌高的话,那么目前主要价格指数环比上升率趋缓甚至欲跌的现象需要一个说法。这里引出了一个 M2 流通速度(M2 与总需求的比例)是否稳定的问题。单从货币生成的角度看,目前的主要问题是,在信贷受到抑制的情况下,更多依靠购买外汇增加的货币与信贷形成的货币是否完全等效,还有通过多发少发央票形成的对货币的调节是否充分有效。至于重要行政性控制对投资形成的约束具体怎样把握,更是需要斟酌的。

总的来说,在把握 M2 与总需求的关系方面,基本的依据仍然是历史数据,但是需要心存疑虑,保持警惕。在目前的情况下,我自己的想法是主要看 M2,但是打一点小的折扣。

---

① 因为 M2 数据的调整,用不同方法衔接数据再作调整会得到不同的结果。这里的计算结果与央行报告的结果在其他月份都基本一致,只有 6 月有较大差别。对于此处的调整方法不同意的读者可以忽略掉图中最后一个数据。

六、总需求迷雾

上面的讨论没有提到投资的统计数据，因为这里包含着关键的疑问。在前文中已经提到，货物贸易顺差增量占 GDP 增量的一个很大的比例。用另一个算法，考虑内需和外需，前者包括固定资产投资和存货投资再加上总消费，后者为货物贸易顺差（略去服务贸易顺差，这部分的增量很小）。

2005 年上半年，名义 GDP 即总需求的增长率为 14.7%，实际 GDP 增长 9.5%，由此得到的 GDP 价格指数同比升幅为 4.7%。从总需求中减掉贸易顺差（加上逆差）得到的内需，在上半年的同比增长率为 8.4%，按 GDP 价格指数缩减后得到的实际增长率只有 3.5%。粗略估计，消费一项的增长就可以使内需的实际增长率达到这样的水平（这些算法均没有考虑不同部分价格的不同变化）。如果其他数据都准确的话，整个投资（包括固定资产投资和存货投资）的实际同比增长率应当是零左右。

这个问题在一季度的数据中就非常明显。在上次报告中，对一季度数据的分析多少强调了存货投资的可能变化。因为一季度一些重要商品尤其是原油的进口在同比的意义上猛减，而消费不可能如此变化，因此怀疑石油及其制品等存货在同比的意义上有较大变化。也是出于这个考虑，对二季度的进口作了一个较高的事后被证明偏差很大的预测。从现在的情况看，存货投资的变化可能不是非常大的，这样的话就需要仔细考虑各项需求的变化和统计数据的误差问题。

GDP 数据、贸易数据、固定资产投资数据甚至消费数据和价格数据都可能有误差。但是，考虑到与历史数据的比较等情况，我现在倾向于认为，固定资产投资的名义同比增长率和实际同比增长率可能都相当低。二季度的 28.0% 的城镇固定资产投资同比增长率显得很高，多少是因为去年基数低，但这一点的影响不很大。

更值得关心的问题是，二季度与一季度相比，尤其是 6 月与前几个月相比，投资的增长情况是怎样的。遗憾的是，由于固定资产投资数据本身的问题，包括在 2004 年将月度统计口径从原来的规模以上投资改为现在的城镇投资，使得构造月度的固定资产投资定基比指数有很大的困难，比较准确的季节调整几乎无从考虑。感觉上，6 月的固定资产投资与前几个月相比增长率比较高，但是疑问也很大，只能等待进一步的数据。

现在的问题是，顺差的环比增长已经大幅度下降了，消费很难有特别表现，主要的希望是固定资产投资的环比增长率能够冲上来弥补。从货币方面的情况看，还是有相当大的希望。本来是可以比较乐观的，但是房地产销售的不景气构成了对总需求的一个非常大的威胁。对于短期的总需求而言，房价的波动肯定有影响，但这样的影响比起销售疲软的影响来说是次一位的。房地产销售的持续疲软必然引起投资的疲软，后果可能是很严重的。正是由于这一点考虑，我现在认为后面几个月总需求比较疲软因此经济进一步趋冷的可能性更大一些。由于上面提到的统计数据方面的许多情况，现在还只能在可能性的意义上讨论问题，不排除相反的情况。

七、简短结语

第一,对总需求环比增长率的下一步走向略为看低,不排除总需求在一段时期比较疲软甚至出现轻微通货紧缩的可能,但不认为这种可能性很大。

第二,通货紧缩不是必然的。通货紧缩和通货膨胀在一定意义上是货币问题。中国在1997年开始出现通货紧缩,从内需的角度看主要是企业自有资本水平太低,导致“银行惜贷”。在过去几年,企业利润大幅度增长,外资也持续高速增长,使企业自有资本达到了很高的水平。另外还有目前的利率水平很低(1997—1998年错误地保持了高利率)。在这些情况下,只要适当放松控制,最多略加刺激,就可以保持投资需求的平稳增长。

第三,如果现在就开始采取比较积极的刺激投资的政策,基本可以保持总需求的平稳增长。由于对形势看法的分歧,可能出现刺激政策出台比较晚或力度不够的情况,这是导致一段时期总需求可能比较疲软的原因。即使出现了这样的情况,相信不会持续太长的时间,大概几个月到半年,不会超过一年。一旦总需求疲软的情况比较明显,刺激政策就会跟上去。

第四,从政策方面考虑,尤其是注意到汇率问题,总需求宁可偏强,不可偏弱。在贸易和房地产投资方面存在很大不确定性的情况下,对经济景气趋冷的可能性宁可高估不可低估。即使货币指标的预测性有一些不很确定的地方,也可以对以后一段时间的总需求情况给出相当好的预示。2003年下半年到2004年一季度出现了总需求过强的情况,一个重要原因是2003年“非典”时期货币猛烈增长。这是很特殊的情况。在M2的环比增长率不超过20%的情况下,即使出现一段时间总需求偏强的情况,也可以在发现以后采取温和的调控措施降温,使年度的CPI通货膨胀率不高于3.5%。

中国宏观经济展望*

梁　红

高盛(亚洲)有限责任公司中国首席经济学家

一、当前经济形势

对中国经济近年来有很多悲观的看法,但高盛公司一直比较乐观,现在还是没有改变。中国经济基本面上很强,走势也不错。如果中国经济有问题,最大的问题出在汇率上。而且这个问题越来越急迫,积累的问题也越来越严重。

今年前三个季度的 GDP 增长率保持在 9.4%—9.5%。学界讨论很多的软着陆或硬着陆都没有出现。但如果从内需对名义 GDP 的贡献率来看,宏观经济经历了一个比较大的波动,从去年一季度高于 100% 降到今年一季度 40%,自此以后就开始触底回升。这个回升主要有两点原因。一方面是总需求的高增长,不论这种需求是外需主导还是内需主导,强劲的外需会很快传导到内需。也就是说,大量的贸易顺差会支持投资和消费需求的增长。另一方面,是央行宽松的货币政策。在 7 月央行汇率调整前的 3 个月中,央行对冲操作发生了明显减速,基础货币发行快速增加。如果没有央行悄悄放松货币政策,我们今天讨论中国经济的信心会少一点,乐观的程度也会低一点。

在上一次的"CCER 中国经济观察"报告会上,很多老师和同行都谈到了通货紧缩的问题。如宋国青老师所说,货币发行量的增加对总需求有支撑作用。根据近期的中国 M2 增长速度,不仅通缩不是一个问题,还会有轻微的通胀压力。我们也认为中国经济的基本面非常强,如果宏观调控政策对总需求调控适当,真实经济就会有良好的反映。

另一个关于经济基本面的争论点是企业利润率。二季度大家对中国经济持有非常悲观的看法,认为企业的利润受到很大伤害,企业利润增长率快速下降。实际上从周期来看,净利润率仍处在高位。央行放松货币的政策也反映在企业利润的恢复上,利润环比增长率也在二季度后大幅反弹,并且净利润率也有所回升。即使只考虑下游(剔除上游的油、煤及矿产),回升的趋势也基本不变。

* 中国经济观察第 3 次季度报告会(2005 年 10 月 29 日)。

此外，对于中国经济，经常有一些流行的看法经不起推敲。比如关于通货膨胀和利润率有一个很受欢迎的看法是，如果生产资料价格的增长幅度超过CPI的增长程度，企业利润就会受到挤压，这种增长模式就会不可持续，宏观经济就会掉头。然而，如果对历史数据进行一个简单的分析，用PPI的通胀率减去CPI的通胀率代表利润空间受挤压的程度，同利润增长率放在一起，就会发现他们二者的正相关关系，这种正相关关系同样也适用于下游的利润增长变化。这就是说“企业利润率”受挤压程度越高，企业的利润增长率越快，似乎很不合逻辑。这说明PPI和CPI通胀率的剪刀差与利润增长之间的关系远非想当然的那样。中国企业的利润率更多地受到宏观因素和总需求的影响。当总需求增加时，企业利润率明显增加，而不必从供给方面担心中国经济。

第三季度统计数据公布后，高盛公司上调了GDP增长的预测（今年9.4%、明年9%）。上调预测的原因之一是中国经济基本面良好，但更重要原因是我们认为中国宏观政策的取向发生了重要的变化。去年4月中国经济过热时，政策制定者和社会普遍认为主要问题是内需，尤其投资过热，而外需即出口和FDI的需求增长正常，政策导向是紧缩和控制投资。一年多的弯路付出了不少代价，所幸在没有受到根本性伤害的情况下，政策导向转向了另一个方面。在6月、7月汇率调整过程中，关于是否需要调整汇率以及对内需和外需两者应该调整谁和支持谁的基本判断产生了根本的变化。所以现在的观点都是支持内需，寻找各种政策增加内需，比如放松货币政策、调整税收政策、转变房地产政策取向等。

2003年9月在中心和很多学者讨论汇率的时候，除了宋国青老师以外，大家基本上都觉得汇率不是问题，问题在别的地方。现在终于达成共识认为汇率应该调整，而剩下的争论是，汇率调整是中期还是短期问题，应该早调还是晚调，应该快调还是慢调。我希望大家总结一下在这场讨论中是什么地方错了，以便未来不再犯同样的错误。

二、汇率讨论中的误区

关于汇率的讨论，在理论上和实践上都有很多争论。其中一个问题是人民币能不能升值，中国可不可以承受升值，会不会得所谓的日本病。

让我们离开理论上的探讨而看一下实际的情况。过去的两三年里，加拿大、英国、澳大利亚等发达的市场化经济国家，汇率升值50%—60%，经济一样欣欣向荣。如果说它们的情况不适用于中国，那让我们来看看印度。印度同样是人口多底子薄的发展中国家，人均GDP只是中国的一半。它的名义汇率在过去三年里小幅持续升值大约15%左右，无须经历中国式的“宏观调控”，经济增长依然快速平稳，内需强劲。而且印度的贸易逆差和经常项目逆差逐步扩大，外汇储备增长明显减速，股票市场连创历史新高。

我在高盛公司有这样的感受，新兴市场在国际上都说自己的国家好，以求吸引投资人投资自己国家的股票。和印度相比，中国的股价常常被压得很厉害。即使不看A股，H股最近是4 700点，尚未回到2003年年底的水平。虽然中国公司盈利很好，去年是40%的增长，今年20%，但H股2004年的P/E只有13倍，印度却为19倍左右。撇开印度的公司治理比中国好等其他因素，中印股价之间的巨大估值差异在相当程度上反映了投资人对中国宏观经济政策的风险溢价。印度卢比几年内升值了15%—16%，难道人民币不能承受这样幅度的升值吗？印度的结构性问题不比中国少，印度能做到本币升值的同时保持经济增长，中国就没有理由做不到。

过去两年政策判断的另一个失误，就是没有看到人民币升值的压力是结构性的。这种升值的压力来自两方面的原因。一方面是，中国经济在过去五年里发展很好，未来五年里依然看好，这样的经济增长给人民币本身带来了升值的压力。另一方面是，即使没有人民币自身升值的压力，美元也有贬值的压力。过去几年里欧洲经济并不好，日本经济也是刚开始有起色，但是欧元升值了50%左右，这说明了美元自身的问题。

如果把经常项目赤字作为衡量标准，1985年美国经常项目赤字占GDP比例大约3.5%，那时美元加权汇率贬值38%才纠正了其贸易赤字。今天美国经常项目赤字占GDP约6.5%。即使全世界其他国家允许美国长期保持占GDP达3%的经常项目赤字，这个赤字仍需要下调3%。如果参照历史数据，美元加权汇率至少需要贬值30%。而美元加权汇率到今天为止仅仅贬值了12%，主要是欧元、加币和一些小国货币的升值。

人民币加权汇率不但没有升值，还跟着美元从2002年开始一起贬值。这一进一出产生了很大差别，2003年我们估计人民币低估了10%，现在保守的估计也有20%。对于这样严重程度的低估，以中国现在人民币汇改后的爬行速度来升值，仍然会有很大问题。

所以人民币升值的压力是挥之不去的，并不是挺过一天、一个月或者一个季度，问题就会得到解决，因为两方面的因素都是中期的。一方面美元有贬值的压力，并且是难以避免的。另一方面中国经济体本身增长动力很强，人民币自身所欠下的升值。假如一个完全外需主导型的经济结构持续发展10—20年而不升值，升值的压力会一次性爆发，也就是所谓日本病。相对于在10—20年内每年升值5%—6%的另一个选择，是在10—15年以后一次性升值200%—300%，那样国民财富的损失会大得多，经济的承受力也会差得多，所以在这个意义上讲，人民币早升比晚升好，快升比慢升好。

三、汇率低估的后果

一个后果就是外汇储备的剧增。如果说去年外汇储备增量来自“热钱”，今年则都是来自“冷钱”，也就是贸易项目下的顺差和FDI。最近几年GDP增长基本保持在8%—9%，基本账户盈余也就是贸易项目和资本项目的盈余每年增长超过GDP的增长。在这样的结构下明年会怎样？有人说热钱会减少，或者贸易顺差会下降。如果宏观经济越搞越好，明年达到9%以上的增长，而且没有宏观调控，那么贸易项目顺差确实会减少，但是那些看好中国经济未来的资金还会进来。宋国青老师在文章中做了一个预测，估计在GDP达到2.5万亿美元或者3万亿美元之前外汇储备可能先到了。

外汇储备其实是中国人借给美国人的坏债。为什么我们对于美国经常项目赤字达到6.5%—7%的水平非常担心，因为它需要不断地借新债还旧债，因为我们必须不断为美国提供融资才能支持这个体系不断运作。这些债最后能换到什么？中国的外汇储备和2002年相比，名义上翻了近三倍。但是用2002年的金价计算，外汇储备仅增长了不到一倍，以油价计算，外汇储备的增长还不到三分之一，剩下的百分之一百多是已经损失了的国民财富。

现在最重要的问题是如何使外汇储备的增长速度降下来。现在已经很难把已有的外汇储备进行多样化,换成其他资产。商务部和外汇管理局都清楚,我们现在买什么什么贵,也就说我们基本上不可能在目前的情形下顺价出售这些外汇。这些已有损失是沉没成本,正是我们过去两年宏观政策调控失误的后果。如果吃亏之后真的明白了,也算是买了一个教训。这个教训就是如果汇率严重低估,也就是一个宏观价格明显错配,会有非常严重的后果。而且错误的时间越长,造成的后果也越严重。

所以说现在应该尽快认真考虑放开汇率,而不用担心放开汇率后中国真实经济会变得很差。不管是发达国家还是发展中国家的经验都证明,真实经济可以应对汇率升值。而让真实经济不好应对的是行政调控,另一个让私营企业或真实经济无法很快自我调整的是宏观价格的错配,这种错配往往要一段时间之后才能通过经济结构的错配表现出来。

除了国民财富的损失和经济结构的错配,汇率低估的另一个后果是经济增长过分依赖于外需。美国经济的未来看上去很弱,很多市场上的讨论已经不太关注中国经济是硬着陆还是软着陆,现在最关心的是美国经济是硬着陆还是软着陆,以及美国经济积累的内部矛盾会以什么样的形式爆发。如果美国经济软着陆,尚可以给中国经济留出足够时间调整不均衡,逐渐减少对外需的依赖和增加内需。如果美国经济快速下落,中国作为一个本可以不依赖于美国就可以快速增长的经济体,在美国经济快速下滑的时候一定会受到很大影响。

油价是一个突出的问题。虽然发改委的观点不错,认为中国对油的依赖度很低,能源进口占 GDP 大约 2%。但是如果油价持续上涨,把美国经济和欧洲经济拉下去,那么我们的外需从哪里来？很多人说油价上涨是炒作的原因,很难持续上涨,但从历史上看,如果油田的开工率超过 90%,价格就是会直线上升。高盛曾说过“一百美元油价”。从真实价格看,相对美国人的收入,一百美元的油价才相当于历史上最高油价的水平,才高到足以能将需求“杀”下来。美国需求的降低对于中国则意味着外需的减弱。我们目前估计的油价,今年剩下几个月平均 67 美元,明年平均 68 美元。

四、汇率调整的配套政策

短期内,较为宽松的货币政策和适当财政政策的支持是汇率调整所必需的配套政策,对企业的减税、两税合并、增值税改革都是支持内需的积极做法。此外,对于投资的看法,包括对房地产投资的看法,都需要进一步改变。如果没有投资的快速增长,不可能有消费的长期持续增长。与投资相关的是融资,包括中国资本市场的改革和银行的改革。从长期的角度,需要考虑如何启动农村消费的问题,以及如何让农民分享土地升值的利益。

需要提醒的是,在实施汇率调整和支持经济发展的短期政策时,要避免产生新的中长期的问题。宏观调控以前,中国的整个收益率曲线在美国之上。现在美国不断升息、中国发行大量基础货币把利息压下来之后,中国的收益率曲线在美国的下面,短端大约低 200 个基点，长端低 150 个基点左右。如果这是短期的周期性政策，问题不大。因为去年调控过头，今年放一放也没有关系。但是如果把它作为长期政策就会有问题。中国的发展比美国快，投资回报率比美国高，风险也比美国高，长期利率不应该大幅度地低于美国。如果这个现象持续下去，经济结构会产生很大的扭曲。日本 20 世纪 80 年代出现的问题，很大程度上是因为 60、70 年代没有升值，80 年代为了减少升值的压力，把自己的收益率曲线和利率控制在美国和其他贸易伙伴国之下造成的。这样会造成投资特别是房地产投资的过热。

拓展内需　提升消费*

张曙光

北京天则经济研究所学术委员会主席、研究员

在讲这个题目之前先讲两点，首先，今年的统计数据表明，当前中国经济确实不错，但数据本身值得研究。前三季度国内 GDP 的增长率为 9.4%，增长大概不到 10 000 亿元，净出口是 664 亿美元，折合 5 000 多亿人民币。当然现在还不能这样计算，因为支出法和生产法不一样，如果从支出法来看，净出口占 GDP 增量的一半以上。其次，在今年前三季度 27 个省市的统计数据中，没有一个省市的 GDP 增速在 10% 以下，GDP 增速在 12% 以上的有 14 个省，最高的达 21.9%。这些数据的问题是，从 1997 年以来，GDP 增速低的时候数据被人为夸大，增速高的时候数据被人为压低。

有些人认为今年会出现通货紧缩，但实际上今年的消费价格指数（CPI）绝对不会是负增长，第四季度的消费价格指数可能还要比前三季度高，因为去年第四季度的消费价格指数比较低，而且去年水、电、煤气等一些要出台的提价办法还没有出台，这些办法今年将会出台。不过，当前消费价格指数的统计和国内的消费结构完全脱节，食品在消费价格指数中所占的权重为 1/3 左右，而今年的食品价格和去年的差距有 26 个百分点，去年粮食价格上涨，今年粮食价格下跌，这些问题都需要考虑，并做出相应的调整。

汇率问题我不想讲，因为在《经济研究》今年第五期上我发表了一篇关于人民币升值的收益成本分析问题的文章。这一次人民币升值 2.1% 没有解决问题，人民币升值的压力还存在，所以人民币还需要升值。当然，根据现在的观察，人民币今年不可能升值，但明年需要考虑人民币升值的问题。这确实是一个重要问题。

一、当前中国经济的两个突出问题及原因

当前中国虽然国内经济增长的情况不错，但是有两大问题。第一个问题是，结构矛盾严重，最突出的是外需过旺，内需不足；投资强劲，消费不足。最近 20 年来，消费支出

---

* 中国经济观察第 3 次季度报告会（2005 年 10 月 29 日）。

在支出法计算的GDP结构里所占比例一直在下降,20世纪80年代占65%,90年代占60%,2003年下降到55.5%,投资的增长速度是消费的两倍。这表明,现在的经济增长主要是靠投资来拉动,生产出的产品大量出口。第二个问题是经济增长主要靠高投资、高消耗。这种靠高投资、高消耗和高顺差支撑的经济面临着很大的潜在危险,是难以持久的。

这些问题的出现,不能仅仅从外部找原因,也要考虑内部原因。内需和外需之间、投资和消费之间出现这种不平衡的状况,有以下四个方面的原因:第一个原因是经济增长和社会发展不协调,特别是教育、医疗、就业、住房和社会保障的改革和发展严重滞后,造成居民收入预期不稳,而支出预期增加。第二个原因是城乡和区域发展失衡,收入差距扩大,投资西部的资金流向东部,城市的繁荣以农村的衰退和边缘化为代价。第三个原因是内外政策的扭曲,包括投资政策、税收政策、金融政策等,重外资外贸、轻内资内贸,造成依赖外资,挤压内资发展。第四个原因是政府收入与居民收入增长失衡。从1997年到2004年,政府财政收入增长了204.7%,城市居民的可支配收入增长了82.6%,农村居民的人均纯收入只增长了40.5%。正是预期收入不稳,支出增加,加上收入差距扩大这些因素导致了现在的内需不足的状况。

二、调整政府收入和居民收入关系

"十一五规划"提出:"推动经济增长,改善人民生活始终是中国的中心任务。"这一句话很好。按照目前的增长速度来看,我国的经济总量到2010年翻一番不成问题,但是落实"改善人民生活"这句话是一个非常重要的问题,可以从两个方面来谈。

首先,应该从调整政府收入和居民收入来入手,把政府的职能从以经济增长为主转向以社会发展为主。这几年政府财政收入年均增长速度在20%以上,超过居民人均收入和GDP的增长速度;从政府财政收入占GDP的比例看,1995年和1996年所占比例最低,这两年财政收入占GDP的10.2%,财政支出占GDP的11.7%;到2004年财政收入提高到GDP的19.3%,财政支出提高到GDP的20.7%,所占比重几乎增加了一倍。

政府财政收入的增长主要是依靠税收的增长,而税收来自企业和个人的缴纳,所以税收的快速增长其实是一个紧缩性的因素。如果把政府财政收入的增长与经济建设支出联系起来,财政收入来自所有企业的交纳,而国家经济建设的支出又主要投入到国有企业,所以这个紧缩实际上是对非国有企业的紧缩,而有利于国有企业的扩张。

现在,这种用高投资支撑的高增长经济带来最显著的效果是政府收入的迅速增加。所以,需要考虑加快财政体制改革的问题,改革的方向主要是减税。财政部前几年对于内外资企业所得税并轨的建议不积极,担心会减少税收,今年很积极,因为现在税收收入已经增加得很快了;但是商务部反对,结果高层把这项决策推迟。经过二十多年的发展,中国的投资环境已经有很大改善,商务部却依然反对这项改革,实际是从本部门的利益出发。我国增值税转型的试点已在东北试行了一年多,情况已经很清楚,应该尽快在全国推开。这两项改革明年能否实施,是对政府的一大考验。

其次,个人所得税改革方案7月27日在国务院常务会议通过,9月27日人大举行了首次听证会,10 月 28 日公布把个人所得税的起征点从现在的 800 元提高到 1 600 元。听证会是一个进步,个人所得税的起征点提高也是一个好事,但是我们对起征点的问题讨论过多,而忽略了所得税中的扣除问题。现在的个人所得税是以个人而不是家庭为单位征税。例如,对于一个双职工没有人口需要抚养的家庭,和另一个是双职工但要抚养两三个人的家庭,这两个家庭的人均税收负担有很大的差距,为什么不考虑这种情况,而只在起征点是 1 500 元还是 1 600 元的问题上吵了个不亦乐乎? 税法设计如果以调节收入分配和实施公平原则为出发,就应该更加关注家庭人均税收负担的问题,但这个问题根本没有被提出来。当前的个人所得税设计主要是为政府着想,一是为了增加政府的收入;二是为了使得政府征收更加方便,因为按家庭人均税收负担征税会增加政府税收征管的工作量,所以才出现当前的问题。从增加居民收入的角度来看,减税是一个很重要的方面,但个人所得税的设计需要重新考虑。

三、调整政府支出

政府的财政支出也有不少问题,同样需要进一步改革。当前政府财政支出中所占比例最大的三项分别是:经济建设支出,社会文教支出和政府的行政经费支出。以 2003 年的统计数据看,政府经济建设的支出占总支出的 30% 多,虽然这个比例在近年来有所降低,但它说明当前我国经济建设中政府主导的色彩还非常浓,政府主导的成分需要进一步减少。2003 年社会文教支出占政府支出的 26.2%,政府行政经费支出占 19%,从 1995 年到 2003 年,社会文教支出年平均增长 17%,慢于其他支出的增长速度,8 年来在总支出比例中上升不到一个百分点;增长最快的是行政经费,年平均增长率达 21.4%,8 年来在总支比例中上升了 4.4 个百分点。2004 年和 2005 年情况一样,这说明政府的职能和行为依然是扭曲的。

现在从中央到地方的各级政府都把经济增长而不是社会发展作为自己的首要任务。政府远远没有承担起自己在基础教育、公共卫生、就业、廉租屋建设及社会保障等方面的责任。以最近讨论的“医疗改革失败”为例,有人把失败的原因归咎于市场化,我不这样认为。医疗改革之所以失败,最重要的一点是政府放弃了自己在公共医疗方面应该承担的责任,把不该市场化的东西推给了市场,这才是问题的原因所在。又如,尽管这几年教育经费可能增长得很快,但是教育经费主要增长在高等教育方面,而基础教育的投入过低。基础教育中由中央财政支出的比例仅占总支出的 2%,地方省市占 11%,其他全部是县乡两级支出,而百分之六七十地方的县乡两级财政是赤字,所以所谓的“义务教育”的经费实际上还是由老百姓自己承担,政府并没有承担起自己的责任。如果政府能解决这些问题,居民的收入和支出的预期都会稳定,消费就会增长起来。

总之,如果政府一方面使老百姓的收入增长得快一点,一方面在社会发展方面的支出增加一些,增加基础教育、医疗方面的支出,就会对活跃内需起到重要作用。

四、调整内外资经济的关系

怎么调整内外经济的关系？一方面要改变现行的片面强调经济增长的政策，而最主要的一方面是要让国人增加收入，积累财富。这几年内外经济的发展确实是严重失衡的，我国贸易出口增长很快。如果按照目前的速度计算，明年将面临一个非常大的问题。明年由于汇率上升和贸易摩擦增加所带来的影响，出口增速可能会减缓，而进口增速可能会增加。如果进出口增速都达到20%或者25%，明年的贸易顺差将达到1 160亿至1 200亿美元。今年我国的贸易顺差已经接近1 000亿美元，如果明年超过1 000亿美元，世界其他国家将难以承受。我在有关汇率的文章里指出，一个发展中国家应该是投资和贸易的双缺口，但我国从1993年以来都是双剩余，而且剩余越来越多。这是短期汇率上升压力的一个重要来源。内外经济失衡的问题已经是一个非常严重的问题。

虽然中国的贸易增长很快，但贸易增长只带动了GDP的增长，而没有带动福利的增加。究其原因，因为国内能源价格比较低，外资和外贸需要消耗大量的能源和原材料，造成了国内能源和原材料的负担，也增加了环境成本，同时国内劳动力成本比较低廉。虽然中国出口量很大，但是所得的利益太少。根据国务院政策研究室调查，国内某鞋厂为沃尔玛公司生产童鞋，一双鞋在美国最高卖到24.99美元，最低可以卖到14.99美元，但国内的鞋厂每双只得到2美元。有人估算表明，通过价格低估等途径，中国每年对外资和外贸的补贴达10 000亿元人民币。双剩余意味着外国使用了我国积累的资本，实际上来投资的外国人使用的不是外国资本，而是中国的资本。

从这个角度来看，需要改变现行的重商主义政策。首先要改变“出口不能少、外汇不能少、引资不能少”的重商主义观念。其次要取消那些超国民待遇的激励导向政策，包括出口退税、贷款贴息、税收优惠以及零地价、低地价政策等。虽然，重商主义政策在发展中国家发展的初期是适用的，中国二十多年的发展也证明了这一点，但是，任何一个政策的长期实施都会出现问题。此外，在城乡关系上，调整和取消对农民的一系列歧视性政策，在人口迁徙、劳动就业、教育医疗和社会保障等方面，实施与城市大致平等的政策。

另一方面，我国现在对外资开放很快，特别是在金融领域的开放更快，但是这些领域同时也应该向内资开放。只向外资开放而不向内资开放的政策值得质疑。引用一些数据：到目前为止，有外资参股的国内银行有15家，合资的基金公司有19家，其中2004年以来成立的有11家，外资参股和控股的保险公司有19家，据不完全统计，今年以来中国金融机构预计出让的股权总标的超过200亿美元。中国银行业问题那么多，外资为什么还要进入？因为外资投资国内的金融机构有着丰厚的回报。以汇丰银行参股交通银行为例，据交行今年上半年年报披露，交行上半年净利润46.05亿元，税前利润68.84亿元，按此估计汇丰银行可以分得20亿元收入，汇丰银行的投资五年就可以收回；摩根士丹利和高盛分别以3 500万美元投资平安保险11年时间，共获利9.7亿元；比利时富通基金管理公司累计投资国内金融业4 900万元，据外方董事估计五年后可以管理资产千亿元，每年分红可以超过六亿元。外资正在快速进入中国市场。

但是，与此同时，目前政府对内资民营金融机构采取限制的态度。例如限制新设立银行的牌照发放，只批准了政府支持的渤海银行。最近几年，徐滇庆教授一直在呼吁成立民间银行，但至今没有一家民间银行成立。现在温州民间游资有5 000亿，其中用来炒房、炒油、炒煤的有2 000亿，温州有一些企业家想进行一点创新，来利用这笔资金。去年浙江有9家大型民营企业成立了中瑞财团，组建中瑞财团有两个目的，第一个目的是想将来这9家股东企业作为集团的控股公司；第二个目的是要搭建一个金融平台，其中4家企业办了一家银行，想发展证券和信托业务。但中瑞财团没有得到有关部门的支持，相反受到了很多限制，银监会立即发出通知，要求各家银行向这9家企业贷款要谨慎，工行立即停止了对中瑞的授信协议。中瑞财团成立以后投资的两个项目，一个是蓄能抽水电站，另一个是环境污水处理项目，都被叫停。我们采取这个态度是不应该的。

通过中瑞财团这件事，把政府对内外资的态度做一个比较，可以发现一些问题。尽管有关方面表示银行业对民营企业是开放的，民营企业完全可以进入甚至购买商业银行，例如西安商业银行，深圳发展银行都可以购买，但是民营企业却不愿意进入，主要原因是民营企业的经营环境和投资环境太差。政府对外资企业进入限制很少，反而有众多优惠，但是对民营企业进入却采取控制的态度，所以民营企业不愿意进入，而想自己创办一家新的银行。民营企业并不怕外资竞争，有很多例子可以证明，甚至连汽车行业都可以看到，民营企业不怕外资的进入，就怕政策的管制。我们需要思考，如果不支持民营企业，开放以后谁来和外资竞争？国有汽车行业合资以后，利用国外的图纸和模具进行生产，没有研发新产品的动力，政府放松了对汽车业的限制，民营企业进入以后，面对竞争，吉利和奇瑞必须开发自己的产品。国有商业银行现在依赖不断增加的居民储蓄，日子好过，从1997年到2003年我国居民储蓄增长了1.2倍，2004年超过了12万亿人民币，今年将超过14万亿人民币。银行有源源不断的资金供给，日子很好过。但是现在银行储蓄增长很快，而贷款增长比较慢，目前已经积累存贷差九万多亿。当2007年外资银行全面进入国内金融市场从事人民币业务的时候，肯定会发生老百姓的存款向外资银行转移的现象，到那时国内银行业的日子就会开始不好过。总之，对外开放是应该的，但是对内的开放也应该同步推进，特别是在金融行业。

如果政府能够在居民与政府收入方面，以及在内外经济关系方面做出一些调整的话，将有利于中国经济的发展。

2　2006年总需求走强

总需求走强*

宋国青

北京大学中国经济研究中心教授

一、全球经济强劲增长

2005 年头两个月，规模以上工业增加值猛烈增长，此后的增长率直线下降，到年中已经降到了年初的一半；下半年出现了温和回升，年底达到了比较正常的水平。这样的变化过程，和全球的情况大致相同。

不过其他一些主要国家的工业生产在 2005 年四季度出现了非常猛烈的增长，图 1 列出了几个主要国家工业生产指数。OECD 的工业生产指数增长率在 2004 年达到了 4.0% 这样一个相当高的水平，在 2005 年前两个季度下降到 1.9%（比上季增长折年率），而 11 月比上月增长了 14.5%（年率）。日本的增长特别引人注目。在 11 月和 12 月两个月，日本工业生产指数的增长率平均为 19.6%（年率），远远超过了中国。中国月度数据报告中所指的工业是规模以上工业（图 2），全部工业生产的增长率要比规模以上工业生产的增长率低很多。

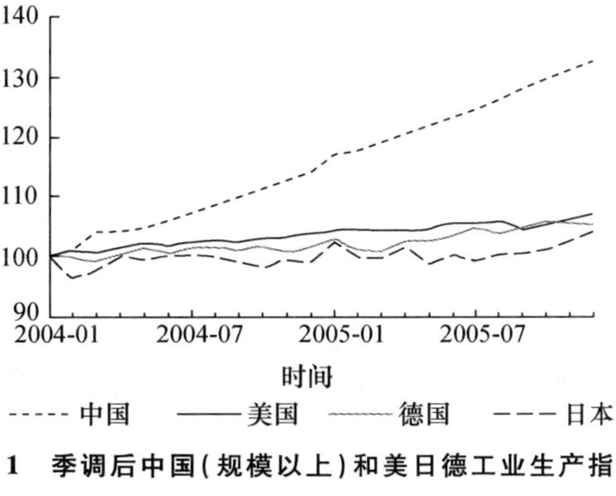

图 1　季调后中国（规模以上）和美日德工业生产指数

* 中国经济观察第 4 次季度报告会（2006 年 2 月 11 日）。

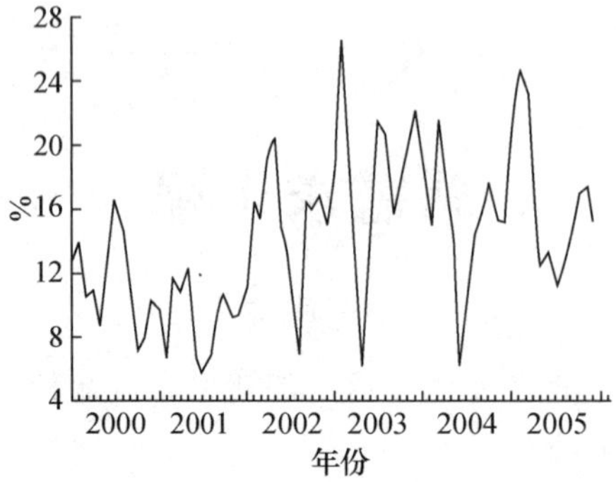

图 2　季调后中国工业增加值三个月增长年率

作为全球工业生产猛烈增长的一个结果，有色金属材料和其他一些工业原材料价格从 2005 年 11 月中旬开始大幅上升。在这以前，相当普遍的预期是这些价格将要下降。事实上，铜等有色金属材料价格的绝对水平已经显著偏高，下降是早晚的事情。但在短期内，在库存总水平还比较低的情况下，需求的强劲增长仍然能够大幅度推升价格。

二、汇率变化引起经济调整

从 2002 年年初到 2004 年年底，美元一路贬值。到了 2005 年，这样的趋势发生了逆转，美元开始回升，日元和欧元大幅度贬值。由于日本的通货膨胀率比美国低，按消费价格指数调整以后，日元对美元的真实汇率更是大幅度下降。美元本身的升值和人民币对美元的升值使人民币对主要货币的汇率在 2005 年内出现了相当大幅度的上升，与此前三年的贬值形成了十分显著的对比。

汇率变化对真实经济的影响是复杂的。最简单的假设是中性，即没有影响。2003 年以来，尽管美元汇率有较大波动，美国的真实经济增长率仍然是比较平稳的。2003•年的增长率比较高，引起通货膨胀率上升，随后的加息使经济增长率略为降低。从生产能力发挥和经济平稳的角度看，美国真实经济的表现与汇率的变化关系不大。

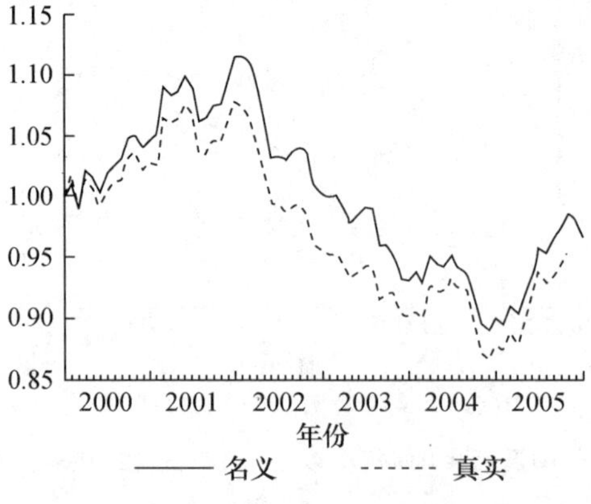

图 3　人民币对主要货币加权平均名义和真实汇率指数

汇率变化对贸易的影响可以是相当大的,它可以导致也可以不导致对总需求和真实经济的影响。在中国,本币升值引起了出口和贸易顺差增长率的大幅度下降,但对总需求和真实经济的影响很小。在2005年上半年,出口增长速度下降,总需求和工业增长速度也下降。到下半年,投资的增长率回升,弥补了贸易顺差下降的缺口。所以,内需和外需是可以互相补充的。就中国2005年的情况来说,上半年总需求和真实经济增长率的下降本来是可以避免的,只是预期方面有一些问题,在二季度仍然采取抑制总需求的政策。不过在通货膨胀率迅速下降的情况下,政策方面很快发生了变化,下半年的总需求就回升了。

在韩国,本币贬值和经济增长率上升导致了2005年年末到2006年年初的通货膨胀率上升,随后开始加息。如果能较早预测到这样的结果,就可以更早加息以防止真实经济和通货膨胀率的波动。这样的预测偏差不只发生在货币当局,也发生在市场参与者中,这可以从韩币汇率的表现中看出来。

这些例子说明,如果没有预测偏差,宏观经济管理可以保持总需求的平稳增长,使真实经济比较平稳,从而使汇率变化对真实经济基本没有影响,但次一级的小影响包括经济结构调整的影响可能是存在的。另外,管理当局可能有宁可调控落后也不愿意超前的倾向。在过去多年,美联储调息采取了多次小幅变化的策略,使市场产生了加息或者降息周期的预期。其实,利率调整应当是依据当前信息"一步到位",使对未来利率变化的预期是零。如果预期到稍晚还要加息或者降息,那就说明当时的利率不是最好的。管理当局的这种倾向导致了货币政策调整的滞后。在这样的情况下,汇率变化可以对总需求因而真实经济产生一定的影响。

但是这些只是对个别国家而言的。对全球来说,在考虑权重的意义上,汇率上升的经济和下降的经济总是一半对一半,因为汇率本来就是相对的。如果汇率变化对经济的影响是对称的,即贬值刺激总需求而升值抑制总需求,那么汇率变化对全球经济的影响就是中性的。所以,用汇率的变化来解释2005年四季度全球经济的强劲上升,需要另外的理由。

从图1可以看出,相对于其他国家而言,中国的工业生产指数特别平稳。除个别月份外,一般的月度变化很难直观看出来。由于这个原因,看中国工业的变化,要看季度的或者几个月的增长率。对于美日德而言,由于相对波动很大,指数本身已经相当清楚显示出了变化,做出月环比变化的图来反而很难看。这个情况不是最近两年才有的,过去多年一直如此。再一点是,自2004年年中到2005年年初,投资一直处于受抑制状态,政策一放松后投资很快就起来了。所以,即使升值对短期经济活动的影响是负面的,在中国2005年的情况下,这个影响也很小。

日本经济有独特之处。日本现在和中国2002年的情况很相似。在这两个时间之前,两国经济处于总需求和生产能力利用不足的状况,一方面是内需疲软,另一方面是本币升值导致出口相对不景气。在2002年,人民币随美元贬值,中国的出口开始快速增长,不仅直接推动了总需求,更由于总需求改善而带动了投资,使内需的增长率也迅速上升。现在,本币贬值对日本经济起着同样的作用。

总需求不足本来是一种病态,它使实际生产水平低于正常的生产能力。在这样的情况下，需求的增长可以引起真实经济活动的增加。如果实际生产水平已经达到了正常，再增加总需求将更多引起通货膨胀率的上升，短期的生产水平上升只属于兴奋剂效果。中国从2002年年初开始，经济增长率迅速上升，一直到2003年上半年，通货膨胀率并没有显著上升。后来出现了较高的通货膨胀，是因为2003年上半年货币供给和总需求过快增长。从中国的经验来看，日本经济出现一段时间的高增长是很有可能的。

三、目前的经济景气情况

人民币在2002年到2004年间的贬值使得这三年的货物出口额猛烈增长。2004年12月的出口额相当于2001年12月的2.6倍，36个月的平均年增长率达到了37.6%。剔除价格变化因素后，出口实物量的年增长率达到了33.4%。这肯定是令人震惊的增长率，也是“中国制造”这个流行词的实质内容。

相比之下，2005年12月的出口额只比上年同期增长了18.2%。从37.6%到18.2%这样一个变化，如果伴随着1999年或者2001年那样的很低的内需增长率，现在就是非常猛烈的通货紧缩了。从工业生产和价格指数的情况看，总需求增长率在下半年应当是回升的。

这里用了“应当”一词，因为从直接的数据中难以得出总需求回升的结论。消费在2005年内是稳定增长的，即使有波动也很小。货物贸易顺差额在前六个月略有上升，在后六个月下降了，四季度的顺差额明显低于此前两个季度的顺差额（见图4）。如果总需求增长率在下半年回升了，那就很可能是固定资产投资增长率在下半年猛烈回升。由于固定资产投资月度数据的一些问题，难以简单从该数据本身得出结论。另一个间接的支持是货币数量的高速增长，M2的环比增长率在2005年内是逐渐上升的。

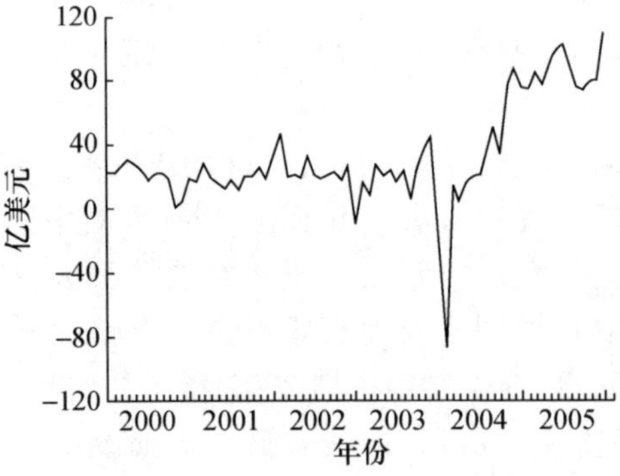

图4　季节调整后货物贸易顺差

最新的数据是，2006年1月的出口额猛烈增长。这里可能有一些特殊因素的影响，但应当也有国际经济走强的贡献。从短期的角度看，总需求可能正在从略为偏弱走向偏强。本来，总需求稍为强一点问题不大，但是在进口原料价格非常高的情况下，总需求偏强导致进口过快增长是很不合算的。

四、汇率与利率

自2005年8月以来，人民币保持了缓慢的升值步调，结果是人民币将继续缓慢升值成了明确的预期。本来这是有问题的，因为预期的升值导致套汇。另一方面的情况是，中国的利率显著低于美国。从利率平价的角度看，利率的差别和爬行的本币升值方式是协调的，而且看起来决策方面对这样的情况是满意的。这里的问题是，汇率锁住了利率。利率本来是管总需求的，现在要管汇率，在一定情况下可能导致麻烦。

中国的真实投资报酬率应当是比较高的，至少也不会低于美国。如果美国的利率和投资报酬率是均衡的，中国就很难平衡。目前中国的存贷款利差比较大，商业银行按理说应当有很强的放贷意愿，企业更有借钱投资的冲动，本来是平衡不了的。暂时的均衡可能在一定程度上与要求商业银行提高资本充足率和行政控制有关。但这毕竟不是长久之计。

一个现实的问题是，在总需求可能偏强的情况下，本来现在就应当考虑加息。如果利率不动，或者现在用行政手段来抑制贷款，或者等到通货膨胀率显著上升以后再搞宏观调控，总是要靠行政性管理来平衡。另一方面的情况是，在总需求可能偏强的情况下，可以加快本币升值的速度。在这个方面有所得，即使在调控手段方面有所失，也是一个折中。

中国宏观经济形势*

余永定

中国人民银行货币政策委员会委员、社科院世经政所所长

一、两个关键问题

中国经济增长速度很高,平均9.6%左右,通货膨胀也不是很高。但是中国经济有个非常鲜明的特点,就是波动很大,高的时候非常高,低的时候非常低。比如物价可以高到超过20%,低的时候是负增长。我认为改革开放之后中国经济经历了三个周期。

对于中国经济决策者来讲,他们非常关注的是经济增长速度和通货膨胀的关系。教科书上说经济增长速度高、通货膨胀就可能高。在过去十几年中,教科书上的说法基本符合中国的实际情况,特别是在1988—1989年和1993—1995年这两个时期特别明显。唯一不太肯定的是,当经济增长速度比较高之后,究竟需要多长时间通货膨胀就可以上去?通过计量回归可以发现,滞后时间大概是四到五个季度。但是现在这种滞后关系不是很清楚了。这样就给决策者出了一个难题,让他们更难判断经济运行到底处在什么状况。事后诸葛亮非常容易,但是对未来发展形势的预测是极为困难的,甚至是不可能的。经济学家只能尽量做得好一些,但是不能保证不犯错误。

对于2006年的经济前景,我比较关心的是两个问题。第一个问题是中国经济增长到底能维持在什么水平上。现在大家对这个问题还不是太担心。2004年政府曾经提出当年的经济增长速度目标是7%。尽管这种提法有其特定背景,即当时的经济过热,但我当时认为这种提法是比较令人担心的。中国是一个人口众多的国家,因而需要给城市新增劳动力和农村转移人口创造相当数量的就业机会。如果中国不能使经济增长速度保持在9%左右,其政治后果是非常严重的。

第二个问题是通货膨胀率。一个国家只有创造了一个很稳定的物价环境,也就是大家对物价上涨的预期是非常稳定的,企业家才能进行正常投资,居民才不会产生一些不合理的消费行为,经济才可能顺利增长。20世纪80年代初期,美国出现比较严重的通货

* 中国经济观察第5次季度报告会(2006年4月30日)。

膨胀,当时的美联储主席沃尔克采取了坚决的反通胀政策,尽管付出了很高的代价,最终还是把美国的通货膨胀率降下来,为格林斯潘当美联储主席期间的经济增长打下了很好的基础。人们往往记得格林斯潘,不记得沃尔克,而且认为沃尔克的政策不太成功,这不是很公正的。如果没有当年的沃尔克,就没有后来的格林斯潘。总之,将通货膨胀率维持在一个比较低的水平是非常重要的。在中国,通货膨胀率不宜超过5%,最好不超过3%。

中国以前最多只能维持两年的高增长和低通胀,到了第三年情况就发生变化。然而在2002年以后,中国经济一直维持比较高的增长速度,通货膨胀也没有失去控制。此外,中央银行货币供应量的增长速度是比较高的,特别是最近M2增长速度是18.8%,已经相当明显地超过了预定的水平。货币经济学上讲,货币的增长速度应该大致等于经济的增长速度,这样的话通货膨胀才能够得到控制。但是中国这二十多年来,货币增长速度基本上是经济增长速度的两倍以上,到现在M2对GDP的比率(180%)是全世界最高的。在这种情况下中国居然没有出现严重的通货膨胀,是怎么回事?一方面可以感到高兴,一方面又必须小心,这个问题出在哪儿?

除了以上两个问题,对于2006年的经济前景,我还关心资产泡沫,特别是房价上涨问题,关心资源配置问题。在西方宏观经济学一般不谈资源配置。但是中国依然处于过渡阶段,情况非常特殊。我们谈论宏观经济的时候,不得不考虑传统宏观经济理论不考虑的问题,比较突出的就是资源配置问题。如何让稀缺资源得到合理的配置,中国在这方面解决得并不太好。

二、经济增长前景分析方法

分析经济增长前景有两个基本分析方法,一个是从长期入手,一个是从短期入手。长期增长趋势有各种各样的模型,其中最简单的就是哈罗德-多马模型。哈罗德-多马模型假设劳动力供给是充分的,只考虑资本供给约束的影响,这样经济增长速度等于投资率除以资本产出率。与此相对照,美国等发达国家主要受劳动力约束,在分析经济增长潜力的时候主要考虑劳动生产率提高的速度和劳动力增长的速度。比如美国前几年经常讨论当前这么高的增长速度是否合理。美联储认为这种增长速度是合理的、美国所能承受的、不会引起问题的,因为美国劳动生产率增长速度由历史上的2%上升到当前的2.5%或者3.5%,同时美国劳动力的增长速度为1%。这是美国的分析方法,对中国不太适用。除了上面两种模型之外,第三种长期增长模型就是标准的、建立在新古典经济学增长理论基础上的Growth Accounting模型。它可分析各个要素在经济中所占的比重及其对经济增长的贡献度。这是在研究中国长期增长潜力的时候应用比较广泛的方法。

现在大家主要关心的不是长期增长趋势,而是短期经济增长潜力。分析短期经济增长潜力时,应该主要考虑需求方。假设有充分的生产能力,那么经济增长到底会怎么样?这时候要做的就是把总需求分解成各个构成部分,然后考虑各个构成部分的增长情况。具体公式是:GDP增长速度=消费增长贡献+投资增长贡献+政府增长贡献+净出口增长贡献，即 $n=\frac{\Delta C}{C}\frac{C}{Y}+\frac{\Delta I}{I}\frac{I}{Y}+\frac{\Delta G}{G}\frac{G}{Y}+\frac{\Delta(X-M)}{X-M}\frac{(X-M)}{Y}$。

运用上述总需求分解方法比较容易分析经济增长到底前景如何，会出什么问题。根据国家统计局的报告，2005 年中国经济增长速度是 9.9%，其中投资的贡献率是 48.8%，消费是 33.3%，净出口是 17.9%。这是国家最权威的说法。但是许多投行报告特别强调，2005 年经济增长的动力主要是两个，第一个是固定资产投资增长速度非常高，第二个是净出口增长速度非常高。他们几乎都认为净出口的贡献实际上占了 1/3 左右，这跟国家统计局的分析有些不一样。分析中国宏观经济的时候有一个基本的困难，就是数据不完备。还有些数据跟国际的统计方法不匹配，不能直接比较，比如中国在统计最终消费时并没有把政府消费单独列出。此外，经济普查后很多数据需要做很大调整，数据之间还不配套。所以在分析中出现了一系列由数字引起的问题。

三、出人意料的 2006 年一季度经济形势

许多经济学家在 2005 年年末对 2006 年经济形势的估计基本是这样的：经济增长速度有所下降，特别是投资的增长速度由于产能过剩和利润率下降而下降；净出口的速度肯定会下降，尽管下降幅度不确定。虽然有这些不利因素，2006 年的经济前景还会很好，一个最重要的理由是中国的财政状况很好，必要时可以使用扩张性的财政政策。

固定资产投资和净出口的变动非常值得关注，是因为这两个因素在 2005 年构成推动中国经济增长的两大动力。需要注意的是，一般提到的固定资产投资增长速度是名义值，而 GDP 增长速度是实际值。政府部门也有固定资产投资的实际增长速度数据，只是没有公布。我希望公布这个数据，否则会导致对形势的误判。比如 2004 年固定资产投资名义增长速度是 26.7%，后来又有所调整，但内部人士说，其实际增长速度不超过 15%。

根据传统的经验，应该大致有这么一个关系：如果企业利润的增长速度下降，固定资产的增长速度也往往下降，进而引发 GDP 增长速度下降。2005 年中国利润率增长幅度下降比较明显，亏损企业亏损面很广，亏损量也比较大。从这样一些数字来看，应该有理由认为投资增长的势头会减弱，2006 年的固定资产投资增长速度应该不超过 2005 年。另一方面，2005 年一直到现在，产能过剩非常严重。这也应该使固定资产投资增长速度下降。

至于净出口的变动趋势，如果今年的贸易顺差和 2005 年一样也是 1 200 亿美元，那么净出口增长速度为零，净出口对 GDP 增长贡献就为零。仅仅这一个因素，就可以使中国经济增长速度出现一个明显下降（根据大多数投行的观点，2005 年净出口对于经济增长的贡献是 3.3 个百分点左右）。从历史上看，中国净出口增长速度变化非常大，最高达到 200%，最低是负的 380%。还有一个特点是，当某一年净出口增长速度非常高的时候，下一年的净出口增长速度就会有明显的下降。

财政状况良好使中国有非常大的政策空间，一旦其他政策失效、经济增长下降，还可以用财政政策来刺激经济增长。从 1998 年开始曾进行过历时几年的辩论，辩论焦点就

是中国是否应该实行积极财政政策。一种观点认为,虽然中国的债务余额占 GDP 比例比较低,但是如果把各种或然债务考虑进去,中国债务占 GDP 比例就会非常高。这种观点并不正确,因为从动态的观点来看,一时一地债务比过高的问题并不大。如果中国能把每年财政赤字保持在占 GDP 的 3% 左右,经济增长速度能够保持在 9% 左右,那么中国债务占 GDP 比例不会太高,从长期来看大概只有 40%,所以中国可以实行积极财政政策来刺激经济增长。实际也是这样,由于经济保持了高速增长,中国的财政状况好转了,到目前债务占 GDP 比例不到 20%,而且有进一步下降的趋势。

和 2005 年年末对 2006 年经济形势的估计相比,2006 年一季度经济表现有些出人意料。第一,经济增长速度比去年高;第二,固定资产投资增长速度也比去年高;第三,贸易顺差的增长速度比去年同期高很多。其他有中国特色的数据,比如在建项目、新开工项目,也比去年要高。这说明预测的假设前提和推导可能有问题。经济的发展往往不是按照逻辑发展的,我们要用自己的思想适应中国的实际,而不是让中国经济发展实际来印证自己的逻辑。

目前的一个最重要问题是:2006 年第一季度这些看来反常的指标是暂时性的,还是反映了趋势性的变化?我倾向于认为 2006 年的基本形势和在 2005 年年底所做的判断相比是没有太大变化的。倘若如此,怎么解释那些出人意料之处呢?为什么在利润率增长速度下降比较严重、产能过剩比较严重的情况下,固定资产投资增长还那么强劲?我认为要考虑其他因素,特别是非经济因素。今年是“十一五规划”的第一年,传统上这一年在各个地方都是一个大干快上的时期。同时,明年省级政府要换届了,这个时候各个省的省长都有一种多投资的冲动。另外,银行去年出于上市考虑而采取比较谨慎的做法,原来计划要放的贷款没有放。一到 2006 年就把积压的贷款放出来,造成了贷款和货币增长速度过高。是不是就是因为这些因素呢?现在虽然不能得出非常肯定的结论,但是我觉得这些因素肯定在起作用。现在需要做的是进一步的更为细致的分析,从不同的部门、不同的地区来看待这个问题,经过各种各样的分析,找出造成现在投资反弹的真正原因。至于净出口,就更难以判断,因为世界经济形势是不稳定的,国际收支不平衡非常严重,而且在进一步恶化。美元的变动、西方国家的房地产泡沫破灭等都会使世界经济发生大的波动,会对中国的出口造成不利的影响。到底情况如何,我认为目前难以判断。

四、宏观经济政策的组合问题

现在应该考虑中国宏观经济政策的组合问题。我主张货币政策要从紧,与此同时,财政要做好准备,一旦需要就可以实行扩张性的财政政策。经济增长不能主要用货币政策来推动,而要主要用财政政策来推动。不过,尽管目前政府财力还比较宽裕,但无论是银行注资还是新农村建设,每走出去一步都要非常谨慎,否则又会浪费很多金钱。如果财政都用光了,中国就没有办法了。从这个意义上来说,中央采取了对财政政策非常谨慎的态度是非常对的。另一方面,中国的货币政策目标太多,包括经济增长速度、通货膨胀、汇率稳定等。让中央银行同时负责很多相互矛盾的目标,货币政策就会失去有效性。此外,中央银行的独立性还有待加强,否则难免造成一些信号上的混乱。比如升息或升值需要国务院的批准。在国务院批准之前，中央银行可能会说不会升息或升值，甚至解释为什么不应该升息或升值；在国务院批准之后，中央银行立即实施升息或升值。公众可能会感到十分突然。中央银行应该给企业、给民众一个非常稳定的预期。虽然需要由国务院协调各种各样的利益关系，但是中央银行的独立性应该得到加强。

2006 年中国经济前景将会很好，我对中国经济的发展前景是非常乐观的。这是个学习的结果。在 20 世纪 80 年代，我总是预言中国经济会出问题，但中国经济却一直在不断发展。所以我学会了乐观，也希望大家对中国经济前景持比较乐观的态度。

紧缩货币势在必行*

宋国青

北京大学中国经济研究中心教授

一、投资同比高增长的基础:内需替代外需

2006年一季度,全社会固定资产投资比上年同期增长了27.7%;2005年一季度的对应增长率为22.8%。只根据这些数据而认为目前投资增长率太高、需要紧缩的看法是不能成立的。

一方面,真实GDP的同比增长率为10.2%,最多微微偏高。现在GDP的中期潜在增长率应当高于9.0%。由于煤、电、运等瓶颈环节的生产能力在过去两年有了很大改善,当前GDP的短期潜在增长率还要高一些,可能在9.5%—10.0%。这就是说,2006年全年的GDP增长率达到10.0%不嫌高。另一方面,消费价格指数和工业品出厂价格指数分别比上年同期上升了1.2%和2.9%,前者明显偏低,后者略为偏高。从保持经济平稳增长的角度看,消费价格指数更为重要一些,所以总的同比通货膨胀率稍为偏弱。从这些情况来看,总需求的同比增长率是比较合适甚至稍微偏低的,肯定不是明显偏高。至于实际增长率稍高而通货膨胀率稍低的问题,是短期波动中的不同步现象。如果能将总需求的同比增长率保持在现在的水平上,实际经济增长率和通货膨胀率会逐渐协调起来。

表1　2006年一季度GDP及主要成分增量估计

	2004/1	2005/1	2006/1
国内生产总值名义值(亿元人民币)(1)	32 085①	37 894②	43 313
实际增长率(%)(2)		9.9	10.2
消费价格指数同比增长率(%)(3)		2.8	1.2

* 中国经济观察第5次季度报告会(2006年4月30日)。

（续表）

	2004/1	2005/1	2006/1
工业品出厂价格指数同比增长率（%）(4)		5.6	2.9
国内生产总值名义同比增长率（%）		18.1	14.3
国内生产总值同比名义增量（亿元人民币）		5 809	5 419
货物贸易顺差同比名义增量（亿元人民币）		2 108（255 亿美元）	469（63 亿美元）
消费品零售额名义增量(亿元人民币)		1 821③	1 934③
其他和误差名义增量(亿元人民币)		1 880	3 016

注：① 根据 2004 年 GDP 三个产业增加值修正比例和原报告的一季度三个产业数据推算。
② 根据(1)(2)(3)(4)的其他数据推算。
③ 根据 2005 年一季度绝对数和 2005 年一季度增长率及 2006 年一季度增长率推算。

按照表 1 的估计,2006 年一季度的总需求同比增长率比 2005 年一季度有相当大幅度的下降。造成这种固定资产投资同比增长率上升而总需求同比增长率下降的一个原因是贸易顺差增量的变化。在 2005 年一季度,货物贸易顺差名义额比上年同期增加了 255 亿美元或 2 108 亿元,而 2006 年一季度的同比增量为 63 亿美元或 469 亿元(考虑了汇率的变化)。这里的差额是 1 639 亿元,相当于 2005 年一季度全社会固定资产投资额 1.09 万亿元的 15.0%。按这样的数据,通过多增加投资来替代贸易顺差增量的下降,投资的增长率可以高出 15.0 个百分点。不过分季度的投资数据和 GDP 数据可能不是匹配的。考虑到这样的情况,按保守的估计,如果完全通过增加固定资产投资来替代贸易顺差增量的大幅度下降,那么 2006 年一季度的固定资产投资同比增长率应当比 2005 年一季度高出 10 个百分点左右,但实际才高出 4.9 个百分点。2006 年一季度的固定资产投资同比增长率远远不高,所以总需求名义增长率甚至绝对增量都下降。

另一个原因是 2006 年头两个月的投资增长率偏低,可能有技术上的特别情况。3 月的投资增长率比较正常。3 月当月城镇固定资产投资的同比增长率为 32.7%,上年 3 月的对应增长率为 26.0%,两者相差 6.7 个百分点。

这里的讨论是针对投资同比增长率太高的说法的,其他项目也都可用同比增长率作比较。但同比增长率本身难以反映短期内的变化情况。现在的问题是,如果总需求的同比增长率能够保持在一季度的水平上或者再稍高一点,就不存在总需求增长率过高的问题,目前的变化趋势并不是这样。

二、总需求的短期变化:环比增长率上升

为了分析短期的总需求变化情况,笔者根据工业增加值、消费价格指数及工业品出厂价格指数做出了一个“近似总需求指数”。把这个指数和总需求(即名义 GDP)进行对比,二者在中长期平均增长率方面是不一致的,但是在短期增长率的变化方向上相当一

致。在短期意义上前个指数名称使用了“近似”一词，也是对两者不加区别。从 2000 年到现在，名义 GDP 的平均增长率比较理想，因此近似总需求指数的平均增长率也比较合适。根据近似总需求在这几年的表现做出的“趋势”包含了比较理想这个意思，因此是预测未来一段时间总需求情况的基础，正是在这个意义上使用了“趋势”这个词。

本来应当考虑名义 GDP 的变化，但是 GDP 没有月度统计，更重要的是前不久对年度 GDP 统计数据进行了修正而季度的修正尚未给出，使得名义 GDP 的历史可比性存在问题。“近似总需求指数”的做法是，首先对规模以上工业增加值和消费价格指数以及工业品出厂价格指数分别作季节调整，然后将调整后的工业增加值和两个价格指数的加权均值相乘得出目标指数。价格指数的权重可以通过对过去的两个价格指数和 GDP 隐含价格指数的分析而得出，这里取消费价格指数的权重为 2/3。

从 2002 年年初到 2004 年年初，总需求的增长率总的来说高于其趋势，2004 年内两者基本上是平行的。到 2005 年头几个月，主要由于出口的增长，总需求增长率相当高，然后很快降低到低于趋势。从 2005 年年底到现在，总需求增长率再次高于趋势。应当注意的是，在过去 12 个月即从 2005 年 3 月到 2006 年 3 月，总需求的月环比增长率先低后高。尽管与上年同期相比的平均增长率并不高，总需求在过去几个月的增长率比其同比增长率高多了。

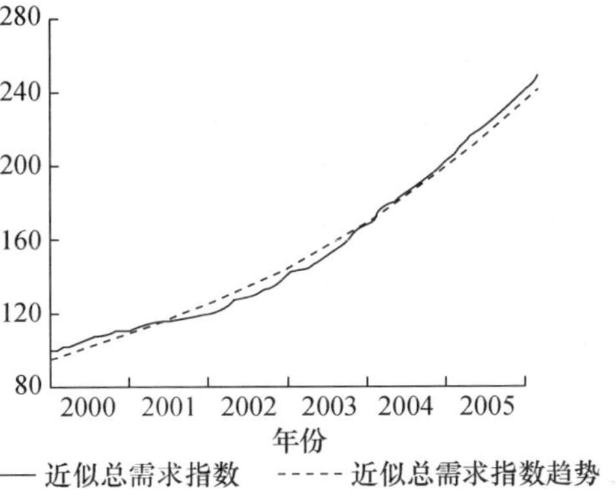

图 1　近似总需求指数及其趋势

总需求环比增长率在过去几个月的上升是由于实际生产增长率的快速上升，价格指数（剔除季节因素后）实际上接近于零增长。这样的情况与 2002 年相当。在总需求增长率变化的时候，实际生产增长率的变化在先，通货膨胀率的变化在后。另外的情况是生产能力的变化。如前所述，由于过去两年短线生产能力的提高，总的生产能力在短期的增长率可能是相当高的。不过对此难以作出定量的估计，所以不很清楚总需求增长率的上升在多长时间内会传导到通货膨胀率上来。可以肯定的是，即使总需求的环比增长率保持在目前水平上不再上升，环比的通货膨胀率也会在未来几个月内赶上来。

三、总需求决定：M2 是根本，汇率也很重要

决定总需求的最主要因素当然是 M2，不过出口方面的情况有独立于 M2 的意义。简

单说来，对外贸易也需要货币，因此与 M2 对应的需求应当是包括内需、外需在内的总需求。不过从过去几年的情况看，出口和净出口方面的需求信息不能完全反映在 M2 中。

简单说来，真实汇率应当完全决定了净出口。真实汇率的本来含义是国内外的价格比例，国外价格相对于国内价格上升应当引起净出口的增加。有两个重要因素使得这个逻辑与实际存在一些偏差。首先，不同商品和服务对于国内外比价变化的反应不一样，简单的说法是区分可贸易商品与不可贸易商品，进一步还可以考虑不同类别商品对国内外价格变化的弹性。问题是不同商品的价格变化可能差别很大甚至方向相反，而相应的价格指数统计总的来说是比较缺乏的，尤其是中国的细分类的价格指数比较缺乏，与主要贸易伙伴的可比性不很强。另一个因素是所谓的“价格黏性”，需求的短期变化并不是同时作用到实际贸易量和价格两个方面。

尽管如此，汇率还是表现出了对于净出口需求的很强的指示意义，这是可以直接验证的。可以看到的是，从 2005 年年初到 11 月，人民币有相当大幅度的升值，后来开始贬值。前者对出口需求是个抑制，后者则是刺激。自 2005 年四季度到现在，世界经济增长非常强劲，尤其是在中国近邻的日本和韩国等地方经济增长率非常高。因为上面提到的两个原因，真实汇率没有很好反映中国外需的这个变化。如果能将真实汇率没有反映出的外需信息分离出来并对真实汇率加以调整，那么调整后的结果应当是，2005 年四季度到现在，外需增长非常强，此前是相对走弱的。

虽然 M2 的同比增长率在 2005 年下半年比上半年大幅度上升，但这个变化的一大半是由基数的变化引起的。M2 的环比增长率在 2005 年上半年和更早些时候就是比较高的，下半年只是稍微再上升了一点。仅仅 M2 的环比增长率不能解释 2005 年二到三季度总需求环比增长率的下降，后者是现在主要价格指数同比增长率下降的原因。在 M2 的基础上，即使加上不能完全反映外需信息的汇率，对总需求变化的解释也会好得多。不过在总需求决定中，M2 仍然是主要的，其权重估计在 80% 左右。

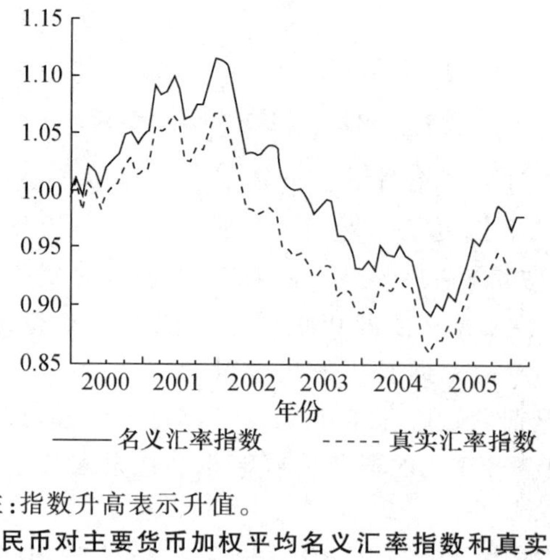

注：指数升高表示升值。

图 2　人民币对主要货币加权平均名义汇率指数和真实汇率指数

四、贷款和货币的供求:利率显著偏低

在2005年,作为外汇储备占款大幅度增加的一个结果,季节调整后M2的环比增长率大幅度高于贷款的相应增长率,就是“宽货币、紧信贷”。但是在过去几个月,情况发生了明显的变化。目前,贷款的环比增长率非常高,而M2的环比增长率甚至下降了。在这个过程中,外汇占款没有明显的变化。产生这个情况的原因,既有央行票据发行的增加,也可能有数据口径方面的变化。

贷款高速增长的基本原因是利率太低。目前,中国的真实利率远低于其他主要国家。虽然当前的消费价格通货膨胀率比较低,但这是不合意的,社会预期的通货膨胀率也是比较高的。从预期通货膨胀率的角度看,利率显著偏低。

在资本流动不完全开放的情况下,国内利率可以比国际低一些,在考虑到汇率的变化预期时更是这样。但这只是从国际资本流动的角度看问题的结果,而利率的基本功能是平衡国内贷款和投资的均衡。衡量一个国家利率水平高低的最主要的依据不是国际比较,而是国内的真实投资报酬率。关于中国目前的投资报酬率,可以作出更细致的分析,而简单的考虑是国际比较。虽然不能因为中国经济增长率显著高于外国就认为中国的投资报酬率也显著高于外国,但是更没有理由认为中国的投资报酬率比他国低很多。除了一定的交易成本外,利率和投资报酬率应当是一致的,投资报酬率很高而利率很低必然导致过高的投资需求。在短期,这个不平衡的表现是贷款需求的过快增长。本来2005年也是这样,只是提高银行资本充足率的要求抑制了银行的贷款意愿。随着资本充足率的上升,银行扩大贷款是很自然的。

在这样的情况下,如果基本不动存款利率,就只能靠其他方式来平衡。第一类方式是行政调控包括央行的窗口指导,第二类方式是提高存款准备金率或者类似手段,第三类是单边提高贷款利率即继续扩大存贷款利差。这里没有提增发央行票据,是因为,如果只是将央票发行给商业银行,在导致商业银行存贷款比例上升方面,其效果等于提高存款准备金率;如果将央票发行到商业银行以外的机构甚至个人,其效果是很值得怀疑的。对这些机构和个人来说,央票和债券以及银行存款等是可以替代的,只要改一下M2的定义或者另外定义一个包括央票的M3,什么事情都没有。其他的办法如大幅度提高超额准备金的利率,央行不愿意采取,这里用不着考虑。

认为存款准备金率变动是猛药的看法肯定是有问题的。因为准备金率是个连续变量,在准备金率变化的效果小到微不足道与大到非常猛烈之间,总有一个既不太小也不太大的幅度。提高存款准备金率的问题不在这里而在于人为增大了存贷款利差。提高准备金率有效的前提是超额储备的利率比较低。在这样的情况下,商业银行要通过提高贷款的利率来补超额储备的损失。

人为增大存贷款利差就是增加交易成本。很多抑制总需求办法的一个重要结果是人为增大交易成本,如同通过在公路上挖坑的办法来减慢车辆行驶速度一样。与其这样做,还不如直接征收贷款税或者存款税,而相比更好的办法是征收投资税,尽管增加投资税本身是一个很糟的办法。

五、存款利率很重要

合适的存款利率是保持宏观经济平衡和提高微观经济效率的一个很重要的杠杆，人为增大银行存贷款利差会导致很多方面的歪曲，这里只简单谈论有关住房和大商品价格方面的问题。

除土地供给等因素外，房地产价格主要是由存款利率决定的。首先，老房子基本没有贷款，有的正在归还贷款。所以大部分居民住房是居民的自有住房，而自有住房的机会成本是存款利率。就是说，如果存款利率比较高，一部分家庭会考虑少买房，或者买了新房卖掉老房，就是多存钱少存房，只买新房不卖老房的倾向导致了住房供求的严重问题。因为新房和老房的比价是比较稳定的，如果老房的价格很低，新房的价格就高不了多少。

这个问题是有历史经验的。中国在过去好几年，粮食产量都比较低，说明全社会在挖存粮，也说明在1978年到1998年之间，全社会存粮大量增加。导致农民大量增加存粮的基本原因是存款利率相对于通货膨胀率太低。现在，粮食的重要性下降了，城市住房的重要性上升了，过去的农民存粮正在演变为今天的居民存房，这是消费者和小生产者对抗利率剥夺的一个结果。

同样的情况表现为大商品存货。利率偏低导致存房、存货的机会成本偏低和存货量增加，推升了住房和大商品的价格。在20世纪70年代，美国利率相对于通货膨胀率太低，导致全球商品价格大涨。

对提高存款利率的一个担心是，中国提高存款利率后容易引起更多的套汇热钱的进入。这个情况是可能的，但在数量上问题不大。如果中国提高存款利率一个百分点，多进来的热钱到底有多少？具体数量很难估计，但是中国亏的只是现在和未来的汇率差，而且还要减掉利差。这样的损失总额，与存款利率偏低导致的损失相比，其实很小。当然，如果提高汇率，就什么事情也没有了。

2006年上半年宏观经济形势：治理措施和宏观理论思考*

林毅夫

北京大学中国经济研究中心主任、教授

今年上半年，我国经济总体情况良好，保持平稳较快发展的势头，但是出现了投资、信贷、外贸顺差增长过快的情形：1—6月固定资产投资和去年同期相比增长了29.8%，其中城镇固定资产投资增长31.3%；广义货币供应量M2增长18.4%，前6个月金融机构人民币贷款增加2.15万亿元，占全年贷款增长目标的86%；外贸顺差持续增长，1—6月累计达614亿美元，比去年同期增加218亿美元，5、6月就分别实现顺差130亿和145美元。投资、信贷、外贸顺差增长过快三个问题高度相关，其中投资增长过快是这三个问题的核心问题。本文将说明这些问题给国民经济带来的不利影响，探讨其产生的原因以及有效的调控措施，并对适合我国当前产能过剩凸显情况下的宏观经济理论进行一些思考。

一、投资、信贷、外贸顺差增长过快带来的影响

上述投资、信贷、外贸顺差三个问题高度相关，以下将首先从投资增长过快为切入点来分析这些问题可能带来的影响。

（一）当前投资增长过快的后果不在于通胀的压力而是产能过剩的恶化

投资在没有建成前是需求，投资增长过快在一般情况下会产生通货膨胀的压力，但是，目前我国国民经济中多数制造业产能过剩的情形仍然凸显，即使投资增长过快，导致跟投资相关的某些产品的价格上涨较快，但是那些产能过剩行业的产品的价格还会继续下降。因此，和2003年、2004年、2005年的情形一样，国民经济中一边热，一边冷，两相抵消，居民消费价格指数和商品零售物价指数仍然会在低位徘徊，通货膨胀的数字不会太

* 中国经济观察第6次季度报告会（2006年7月29日）。

高。所以,当前投资增长过快带来的主要问题不在于通胀压力,而是,等投资建成后变成产能,会使现在已经凸显的产能过剩问题更加严重。

(二) 对外经济不平衡反映的是国内产能过剩

我国今年消费增长非常迅速,1—6 月社会消费品零售总额 36 448 亿元,比去年同期增长 13.3%,扣除物价因素,实际增长 12.4%。但是,在多数产业产能过剩的状况下,国内的需求仍然相对不足,于是反映为对外的不平衡。今年前 6 个月外贸顺差持续增加,5、6 月的经常账户出现了 130 亿和 145 亿美元的巨额盈余,一再创历史新高,反映的就是这个问题。

(三) 外贸顺差扩大导致国内外经济更加不平衡

今年 3 月底,我国的外汇储备已经达到 8 751 亿美元,超过日本成为世界第一。在这种状况下,外贸盈余继续增加,其结果将是:(1) 人民币升值的压力加大,并引发对人民币升值的投机,有些外资的进入,例如外商在房地产上的投资具有投机性,使资本账户有更大的盈余,这又会增加外汇储备,进一步加大人民币升值的压力,形成恶性循环;(2) 我国在国际上的贸易摩擦,以及遭遇反倾销的情形会越来越多,对外经济环境恶化;(3) 外汇占款大量投放,银行可用于贷款的资金增加,对投资增长过快起到了火上浇油的作用。

(四) 宏观调控面临两难选择

在产能过剩的情况下,宏观调控政策将面临很多两难选择:(1) 按市场经济的一般规律,控制投资增长过快的常规方法是提高利率,增加投资的成本。但是,在产能过剩的情况下,提高储蓄利率会降低消费需求,使产能过剩的情形更难摆脱。可是,如果只提高贷款利率而不提高储蓄利率就会扩大利差,使银行有更大的增加贷款的冲动,结果,和控制贷款以抑制投资增长的愿望相违。(2) 产能过剩情况下,国内需求相对不足,外贸出口和贸易顺差会增加,使人民币升值的压力上升。但是,升值固然可以减少出口、增加进口,使国际收支平衡,降低升值压力,可是出口减少、进口增加将使产能过剩的情形更趋严重。

(五) 房地产业表现异常

当前,固定资产投资增长过快不仅表现在制造业方面,房地产业也有同样的现象。针对这几年房地产业投资增长过快的情形,去年 3 月国务院出台了"国八条",2005 年房地产业投资增长 20.5%,比 2004 年的增长率下降 5.3 个百分点,今年 1—5 月则有所回升,比去年同期又增长了 21.8%。虽然近年来房地产业投资保持高速增长,房地产的供给增加较速,但是却表现出一些异常的现象:根据国家统计局公布的 5 月国房景气指数显示,截至今年 5 月底,全国商品房空置面积 1.22 亿平方米,比去年同期增长 17.8%,空置商品住宅 6 728 万平方米,增长 15.9%。按理,供给增加如此之多,空置面积不断增大,房地产的价格应该会下跌,但是,1—5 月,全国商品房平均销售价格同比上涨 8.9%,商品住宅的销售价格则上涨11.3%。商品住宅的价格不仅已经很高,而且,还在不断上涨,新建楼盘又以高档大户型居多,使得现在城市一般居民对商品住宅的需求跟现在的供给之间存在结构和支付能力上的双重矛盾。

二、当前投资、信贷、外贸顺差增长过快的原因

对症下药才能药到病除,上述投资、信贷、外贸顺差增长过快,既有我国当前发展阶段正常的原因,也有改革不到位的体制性和政策性的根源。

(一) 导致当前投资、信贷增长较快的正常、合理因素

第一,我国正处于工业化的早期,即使产能过剩,产业结构和技术升级的空间都还非常大,因此,高投资回报率的机会很多。而且,从日本、韩国、新加坡、中国台湾、中国香港等东亚经济体的发展历程来看,在快速工业化的过程中,人均收入增长很快,居民和企业的储蓄倾向都会很高。在既有投资机会又有充足资金的状况下,投资增长自然比较快。这是我国缩小和发达国家产业、技术、收入水平差距的一个重要机制。

第二,改革开放以来,我国制造业的基础大为加强,尤其分布在我国沿海珠三角、长三角的制造业已经形成了许多很有竞争力的产业群聚,使得大批以出口为导向的外资将产业转移到我国来,作为出口基地;同时,我国巨大的国内市场,也吸引了大量以进入到我国国内市场为目的的外国直接投资。这些外资的进入不仅使我国的投资和经济增长率进一步提高,而且,也提升了我国的外贸出口竞争力和进口替代的速度,加大了外贸盈余和外汇储备的积累。

第三,在经济快速增长、人均收入水平不断提高的情况下,对房地产的需求增加,因此,较快的房地产业的投资增长也有其合理性的一面。

上述因素对于我国国民经济的长期发展都是属于有利的一面,在解决当前经济中出现的问题时,不应该妨碍这些正常、合理因素。

(二) 现存的体制性和政策性问题

在当前产能过剩已经凸显的情况下,投资、信贷、外贸顺差增长过快,投资领域过度集中,也反映了现存体制和政策中的一些问题,主要表现在以下四个方面。

第一,银行业过于集中。我国的金融体系以银行业为主,而银行业务则集中于四大国有商业银行。其结果是:(1) 中小企业,包括服务业,很难从银行得到贷款。中小企业和服务业总体来讲资金回报率最高,又最能够增加就业机会。一般情况下,中小企业发展比较好的国家和地区,就业机会较多,收入分配较平均,居民的消费倾向较高。但是,在我国目前的状况下,中小企业发展相对不足,减少了就业机会,扩大了收入分配的不平均,使居民的储蓄倾向提高,在其他投资机会有限的情况下,更多的储蓄资金进入大银行。(2) 大银行先天就比较倾向于大项目,而且在国有商业银行上市所带来的较高的资本充足率和市场竞争压力下,银行更加重视追求利润,目前利差又很大,所以大银行给大项目和大企业提供贷款融资的积极性就更高了。从改革开放以来,在每一个发展阶段,

好的大项目通常轮番出现，并且比较集中，投资就往往轮番集中在少数几个行业，例如，汽车、房地产、建材、能源等。

第二，地方政府的行为。GDP增长率对地方政府官员政绩的重要性和现行的生产型增值税，使得地方政府无论从政绩的考虑还是从财政收入的考虑，都有激励去鼓励投资。为此，地方政府竞相以各种办法来刺激投资，除"两免三减"等税收优惠外，最明显的例子就是压低土地的价格，有些地方为吸引外商投资，免费提供土地，甚至负责把厂房盖好。对每个地方政府来说，这些投资都直接、间接是有利的，但对整个国民经济来说，有很多就是重复投资、过度投资。

第三，外资、外贸政策。我国在改革开放初期既缺资金，又缺外汇，是一个典型的"双缺口"发展中经济。1978—1990年的12年间，有9年进口大于出口，贸易出现逆差。为了弥补外汇缺口，在1985年我国政府采取了出口退税政策以鼓励出口。1998年亚洲金融危机期间，我国坚持人民币不贬值，为了增强企业的出口竞争力，又再次强化了这个政策。现在外汇缺口已经不存在了，1991—2005年的15年间，只有1993年出现进口大于出口，其他14年都有外贸盈余，但是，仍然沿用外汇缺口时代鼓励出口的退税政策。同样，在改革开放初期，为了填补资金缺口，我国在20世纪80年代初期，采取了鼓励外商直接投资的政策，给外资企业很多政策优惠，包括税收"两免三减"，所得税只有国内同类企业的一半等，这些政策发挥了许多积极的作用，使我国成为除了美国之外吸引外资最多的国家。结果，从1994年开始，我国经常账户和资本账户年年都出现巨额双顺差，到今年3月底我国的外汇储备达到8 751亿美元，成为世界第一，预计到今年年底将达到10 000亿美元。

这种国际收支的结构性失衡加大了人民币投机的压力，由于我国的资本账户尚未开放，人民币不能自由兑换，为了投机人民币升值，经营外贸的企业可以以低报进口产品价格、高报出口产品价格的方式，合法将由此获得的外贸盈余兑换成人民币，这可能是去年我国经常账户顺差达到1 020亿美元，以及今年1—6月实现顺差614亿美元的重要原因。

第四，房地产投机需求。我国房地产业投资连续多年保持20%—30%的增长，供给增加很快，空置面积很多，而价格却依然持续上升，而且楼盘还以一般市民无力购买的大户型为主。投资增长过快跟有些地方政府为了经营城市而将房地产作为支柱产业，并且压低地价来吸引开发商等政策有关。照理在供给快速增加的情况下，房地产价格不会不断上涨，出现这种异常现象和国内、国外的投机性需求有关：(1) 我国有钱的人，在县城里赚了钱，就要到市里买房；在市里赚了钱，就要到省会城市买房；在省里赚了钱，就要到北京、上海买房。这样的购房习惯反映了我国经济、教育、文化、基础设施的水平和政治权力的高低成正比，这些外来户中也有相当大的比例把购房作为投资，买来的房子空着没人住，属于投机性需求的成分。(2) 我国是全世界对外国人进入本国房地产市场最开放的发展中国家。1998年前实行内销房和外销房分开，1998年之后由于产能过剩和通货紧缩，这个界限就被取消了，外国人的购房投资成为资本账户尚未开放情况下的一个漏洞。有些外资为了投机人民币升值，他们将外汇换成人民币合法投资房地产。一方面增加我国的外汇储备和人民币的升值压力，另一方面抬高房地产的价格。等待人民币升值以后，这些投机资本再从房地产套现，设法换成外汇，来双双获利。这种国内和国际投机需求购买的房地产自然以有利于投机的大户型为对象，房地产的价格不断被哄抬高，开发商也就不愿意建造一般市民有能力购买而利润微薄的小户型住宅。

三、政策选择

当前我国的生产、金融、外贸都处在一个比较宽松的环境，应该利用这个有利时机，解决经济中存在的一些结构性、体制性问题。但是，长期问题的解决需要有一个过程，因此，也有必要同时采取一些短期的措施，长短结合以保持经济平稳较快的发展。

（一）控制投资和信贷增长过快

在一般市场经济中，政府主要依靠利率政策来调节投资和信贷行为，而利率政策起作用的前提是银行体系具备良好、规范的信贷行为，并且，经济体系中供需大致平衡。目前，我国银行信贷行为的微观基础有待加强，多数产业也存在产能过剩。因此，为抑制当前过快的投资和信贷增长，央行采取的定向票据和提高准备金率以减少银行过度充足的流动性，同时，运用窗口指导，加强银行在贷款时对贷款企业的行业准入和贷款条件的审查和要求。这些是在当前条件下的必要短期调控手段，视情况还可以再加强这些措施。

（二）降低银行贷款过度集中于大企业和少数行业

短期内应该要求商业银行遵照有关政策，加大对中小企业贷款的支持力度。从长期来讲，关键在于大力发展地区性中小银行，降低我国的银行集中度。地区性中小银行可以比较好地支持地区性中小企业的发展，有利于投资多样化、增加就业、改进收入分配、降低储蓄倾向、扩大内需。今年3月人代会通过的《中华人民共和国国民经济和社会发展第十一个五年规划纲要》和近几年的党中央和国务院的一号文件都已经明确提出要发展地区性中小金融机构，包括地区中小银行。当前的要务是从试点入手尽快将这个政策落到实处。

（三）减少地方政府的投资冲动

从短期来看，最好的办法是：(1) 管住地根，控制土地开发的总量；(2) 加强“招拍挂”的政策，增加土地供给的透明度，并使地价向市场价格回归。从长期来看，必要的政策措施包括：(1) 改生产型增值税为消费型增值税，降低地方政府为税收而过度刺激投资的积极性；(2) 禁止地方政府用税收减免等方式创造不公平的市场竞争环境，用不符合国民待遇原则的政策吸引投资；(3) 改变地方政府官员的考核指标，消除GDP崇拜，按照科学发展观重新拟定地方政府官员的评价体系。

（四）改革在“双缺口”条件下形成的外资、外贸政策

改革开放初期采取的吸引外资、鼓励出口的政策曾经发挥了很好的历史作用，但是，现在已经到了应该进行必要改革的时机：(1) 实行“两税合一”，取消外资企业的税收优

惠,统一内外资企业的所得税税率和税收政策,按 WTO 的原则实行国民待遇;(2) 降低、甚至取消出口退税率。出口退税虽然是 WTO 框架内所允许的政策,发达国家也普遍采用,但是,目前我国外贸顺差过大,人民币币值也没有高估的情形,可以根据不同行业的情形,先降低后取消,将来有必要时再考虑恢复。

(五) 抑制房地产投机需求

随着经济快速发展,人民收入水平提高,商业活动量增加,不管商品住宅还是商业营业用房的需求都会大幅增加,所以,从房地产使用需求的角度来看,应该支持房地产业成为我国国民经济的支柱产业之一。但是,对于房地产的投机需求如果不进行抑制,不仅多数居民和企业正常的使用需求因为价格过高无力支付而得不到满足,而且,还可能出现房地产的泡沫和金融危机。为了抑制投机需求,除了"国八条"、"国六条"和建设部等九部门的"十五条"提出的增加小户型住房的供给、提高按揭的首付比例、五年内转售必须缴纳营业税外,还可以考虑:(1) 征收物业税,房地产的业主按面积每年付税;(2) 征收房地产转手交易时的资本获益税。征收资本获益税有利于抑制房地产的投机,而且,房地产的涨价是整个社会经济发展的结果,并非业主自己的功劳,因此,在转手交易时把房地产涨价收益的一大部分回馈给社会,用来支持地方公共事业,是一个一石数鸟的政策。

四、产能过剩条件下的宏观理论思考

按照新古典宏观经济理论包括理性预期理论,针对投资增长过快和外贸顺差过大,有效的治理措施应该是提高利率、汇率,让市场价格发挥更大的杠杆作用来取得投资和外贸的均衡。这是国外许多宏观经济学者的主张,国内也有不少学者支持这种看法。这种新古典理论政策主张的前提是经济基本均衡。在相对均衡的条件下,如果投资增长过快,会导致经济过热,提高贷款利率会增加投资成本,投资就会减少,同时,提高储蓄利率会使消费减少,当投资和消费减少,经济就会降温,均衡就可以重新恢复。同样的道理,如果贸易顺差很大,外汇放款过多,银行可贷资金增加,利率下降,投资和消费上升,导致经济不均衡,在这种情况下,提高汇率,出口就会减少,进口就会增加,顺差就会下降,经济就会恢复均衡。这种利率和汇率政策的作用是靠价格在边际上调整投资、消费和进出口行为来达到的。

可是,如果经济存在严重的结构失调,上述依靠价格来进行边际调整的主张,就不能产生使经济恢复均衡的预期效果。以我国为例,如前所述,由于产能过剩的存在,试图以提高利率和汇率来抑制投资和减少外贸顺差的意图都会使产能更为过剩而出现两难的选择。在发达国家也是同样的道理,当产能全面过剩时,由于缺乏好的投资机会,降低贷款利率不见得能刺激投资;同时由于产能过剩,企业破产或开工不足,导致就业预期变坏,降低储蓄利率也不见得会刺激消费。其实,凯恩斯主义的宏观经济理论就是在 20 世纪 30 年代出现经济大萧条,供给全面大于需求的严重结构失衡的条件下产生的。

从凯恩斯主义我们学习到,当国民经济中存在严重的结构失调时要使国民经济恢复均衡,政府对市场的直接干预就是不可或缺的。但是,即使凯恩斯主义也不完全适用于我国当前的情况,因为凯恩斯主义宏观理论的前提是投资和消费需求严重不足,造成结构失衡,而我国的实际情况是投资增长过快,造成产能严重过剩,可是投资和消费需求都不疲软。所以,凯恩斯主义宏观经济理论的政策建议是以政府的财政政策刺激投资和消费需求,来推动国民经济的增长和经济均衡的恢复。我国要解决的问题是控制投资过热,避免产能过剩的恶化,并启动内需使国民经济恢复均衡。

经济理论来自于经济现象,我国当前这种产能过剩和投资冲动并存的宏观现象过去不曾出现过,因此,也没有完全适用于我国情况的现成理论可以作为宏观政策的参考。但是,任何经济现象都可以用经济理论来解释,现在没有合适的理论,正说明这是进行理论创新的大好机会。结合我国当前发展阶段以及转型时期地方政府、银行和企业行为特征来研究宏观政策问题,不仅能对我国经济的转型和发展作贡献,而且也能对宏观经济理论的发展作贡献。

中国投资率太低*

宋国青

北京大学中国经济研究中心教授

一、消费率的波动与趋势

将居民消费占 GDP 比例的变化区别为趋势性变化和围绕趋势的波动可以说明很多问题。图 1 中的趋势是一个很简单的估计。相对于趋势而言,居民消费比例有两次大的波动,一次是 1992—1995 年的低水平,另一次是 1999—2001 年的高水平。在前一个时期,总需求增长率和投资率很高,通货膨胀率也很高;在后一个时期,总需求增长率和投资率相对很低,发生了通货紧缩。这也表明,投资率和总需求增长率有很强的正相关关系,因此消费率和总需求增长率之间就有负相关关系。因为这个原因,在一些分析尤其是多年以前的分析中,投资率太高与总需求增长过快或者经济过热几乎是同义语。

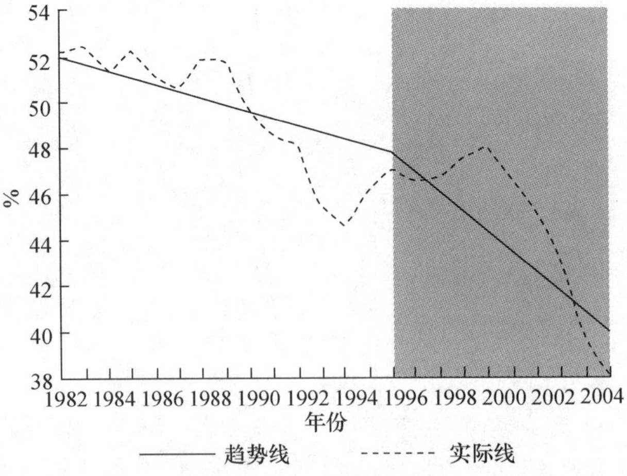

图 1　居民消费占 GDP 的比例及其趋势

* 中国经济观察第 6 次季度报告会(2006 年 7 月 29 日)。

虽然投资率较高与总需求增长率较高之间有很高的相关性,但两者并不是一回事。一个显著的例子是1988年的情况,那时发生了被称为“抢购”的现象。更准确地说,1988年的居民消费倾向有一个猛烈的短期的上升,消费增长对总需求增长的贡献相对更大一些。再一个情况是,即使投资和消费的增长率稳定,净出口的大的波动也可以引起总需求的波动,2006年上半年的总需求高增长在很大程度上来自贸易顺差的大幅度增长。

以总需求管理为中心的短期宏观经济政策可以显著改变投资率、消费率的波动过程,但是对趋势的影响可能是很小的。如果名义投资的增长率长期偏高,名义消费需求的增长率会发生适应性变化,最后赶上投资的增长,剩下的就是纯粹的通货膨胀。名义投资的增长率长期太低会导致相反的变化,最后仍然是消费率、投资率向各自的趋势回归。如果总需求管理政策是要而且能够做到保持总需求的平稳增长,那就更改变不了投资率和消费率的趋势。

需要说明的一点是,本文讨论的主要是投资率和消费率的趋势而不是围绕趋势的波动,所以与短期的总需求增长率的高低无关。特别地,“投资率太低”的意思是目前的投资率趋势偏低,这与当前的总需求增长率是高是低或者经济是否过热没有关系。

二、收入分配结构的变化引起了总支出结构的变化

居民消费倾向一直在下降,最近几年的下降速度或许有所减缓,居民消费占GDP比例下降更快的原因在于可支配收入份额的变化。在1979—1993年,居民可支配收入占GDP的比例快速上升,部分抵消了消费倾向下降的影响。1998年以来,居民可支配收入的比例不升反降,加上消费倾向的下降,使得消费份额猛烈下降。因为缺乏与GDP平衡表一致的居民可支配收入统计数据,图2将财政收入占GDP的比例和居民消费占GDP比例的趋势放在一起比较,想说明的是,财政收入份额的变化导致了居民可支配收入份额的相反变化,后者引起了居民消费份额的变化。这是一个很简化因而不准确的说法,实际情况要更复杂一些。

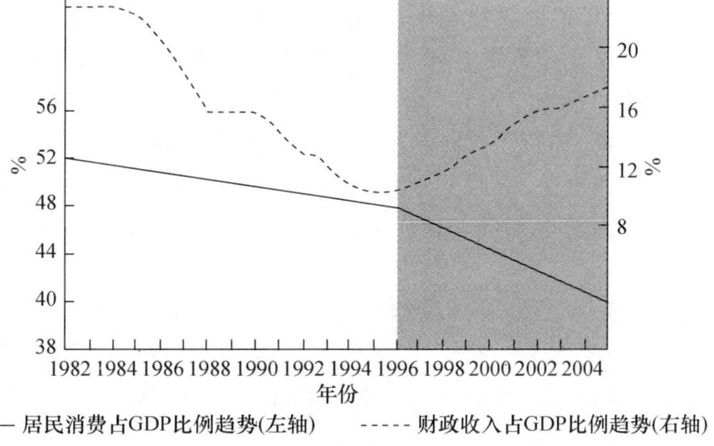

图2 财政收入占GDP比例和居民消费占GDP比例的趋势

在 1979—1993 年，作为“减税让利”的结果，财政收入的份额大幅度下降，企业未分配利润占 GDP 的比例也大幅度下降。1994 年实行了新的税制，后来又进一步从严治税，导致财政收入份额发生了大反转。企业未分配利润占 GDP 比例的变化一方面受有关政策的影响，另一方面受市场情况的影响，从下降到上升的转折发生在 1999 年。这些变化使 1980 年以来居民可支配收入占 GDP 的比例走出了一个颠倒的“U”字，目前仍在快速下降。

在 1998 年到 2005 年的 7 年中，财政收入占生产法 GDP 的比例从 11.7% 上升到了 17.4%，规模以上工业企业利润占生产法 GDP 的比例从 1.7% 上升到了 7.9%，两者合计上升了 11.9 个百分点（其中有一些重复计算）。由于财政收入增加的一部分用于转移支付和非国有企业利润的一部分分配给了个人，另外还有财政赤字的变化，个人可支配收入占 GDP 的份额没有同幅度地下降，但还是有相当大幅度的下降。

收入分配结构在相当大程度上取决于政策。给定收入分配结构，总支出的结构基本上被决定了。就是说，政策对于家庭的消费倾向很难有明显的影响。缩小收入差别的一些政策在促进社会和谐方面有重要作用，但是对于提高整体的居民消费倾向基本上是无效的。比如说城乡的消费倾向，从有关的统计数字中看不出有多大差别。即使农村的消费倾向稍微高一些，也可能是别的因素作用的结果。一个可能起作用的因素是，农村人口相对于城市人口，老年人和小孩的比例比较高，这一点就可以引起城乡平均消费倾向的差别了。很小一部分收入极高的群体中的一部分人可能因为怕“露富”而不敢太多消费，或者不在国内消费。除此之外，消费倾向和穷富没有必然的关系。

看来增大居民消费份额的唯一办法是减税。考虑这个问题，应当将国家财政的盈亏和国有企业尤其大型国有企业的未分配利润放在一起看。即使在保持财政收支状况不变的情况下，减税也有很大余地，比如将资源性国有企业利润的一部分收缴财政用于减税。其实做不做这个转化并不重要，只要国有企业的利润放在账上，财政账上出现赤字并没有什么问题，整体上仍然是平衡的。

给定目前的收入分配结构，包括财政收入和国有企业利润份额继续上升的趋势，扩大居民消费的想法看来只是一厢情愿。消费想扩大而不能扩大，投资能扩大而不想扩大，剩下的就只有净出口了。这样说来，给定收入分配结构，扩大内需几乎等价于提高投资率；反过来说就是，压低投资率几乎等价于压内需。现在的宏观经济政策是朝着后一个方向走。由此来看，“投资率过高”是目前政策的最重要的假定。对于认为中国应当抑制贸易顺差的看法来说，必须明确回答投资率是高是低的问题。我在过去几年就汇率和贸易顺差问题谈过一些看法，有时候也使用扩大内需的说法，指的就是扩大投资。其中的假定就是投资率不高甚至太低。现在将这个意思直接说出来，只是为了更加明确，并没有太多新意。

下面的讨论假定现在的收入分配结构不变。如果通过减税和类似措施增加了居民可支配收入的份额，情况就不一样了。如果居民收入的份额继续快速下降，累积下来是有一些问题。无论如何，维持这样的趋势是很难理解的，希望发生一些变化。

三、投资的边际报酬率

如前所述，这篇文章本来没有太多新意。现在谈论这个题目的原因是新的企业利润数据提供了更多的信息。2006 年二季度，规模以上工业企业利润总额比上年同期增长了 33.2%，其中后两个月增长了 37.5%。新的数据可以帮助确定一个重要的情况，就是 2005 年 6—10 月（图 3 阴影部分）的利润水平达到了一个局部的低点。在这段时期的前后，剔除季节因素后消费价格指数和工业品出厂价格指数（定基比指数）有所下降，其中钢材价格明显下降，可以认为是一个短暂的轻微通货紧缩时期。这个情况对于估计利润的趋势很重要。

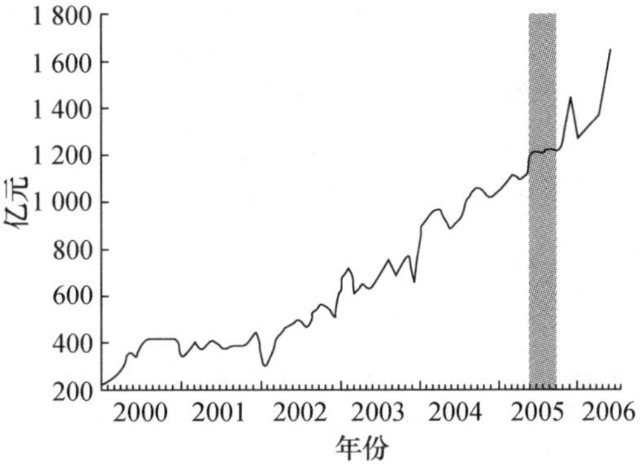

图 3　季节调整后规模以上工业企业利润额

图 4 的净资产收益率等于报告的年度利润总额与上年末净资产（资产合计减负债合计）的比例。这个收益率在 1999 年为 5.8%，2005 年上升到 18.0%。在 2005 年，国有和国有控股企业的净资产收益率为 15.6%，其他为 20.6%，后者比前者高出 5 个百分点。特别提到这一点的原因是，过去两年资源类企业尤其石油开采企业的利润因为产品价格的上升而大幅度上升。但是，这些企业基本上是国有企业。这说明，国有企业中一部分企业的利润率到现在还非常低甚至亏损。这里还有退休职工安排等历史遗留问题，在此基础上计算的利润率并不完全反映当前的盈利情况。资源价格的相对上升对非国有工业企业的利润总的来说是不利的。另外，作为资源的净进口国，资源价格的相对上升对全部企业（包括非工业企业）利润是不利的。

经济景气状况对企业利润的影响是巨大的。按会计方法计算的固定资产折旧是一个定数，已经发生的贷款的本息在贷款归还以前也是定数，还有工资在短期的弹性不大，这些构成了固定成本或者半固定成本，与当前的生产和销售情况无关或者关系较弱。所以，1999 年到 2005 年净资产收益率的猛烈增长绝对不代表趋势，2005 年的收益率绝对水平也不代表当前的趋势水平。需要考虑的是趋势，因此需要剔除宏观经济景气变化对投资收益率的影响。剔除过程肯定有相当大的不确定性。

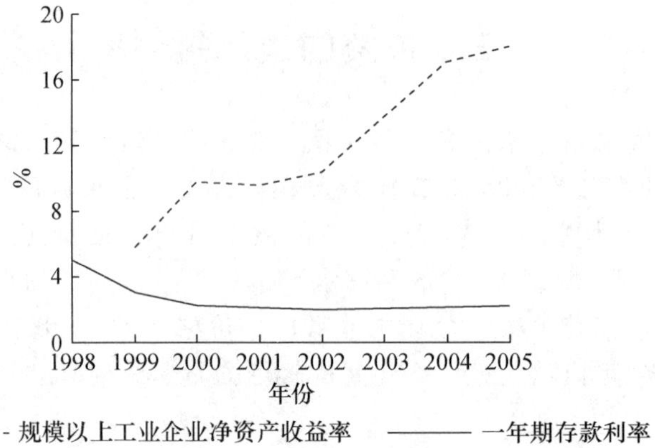

图4　规模以上工业企业净资产收益率与一年期存款利率

剔除波动因素影响的一个简单办法是计算有关变量在一段时间的平均值,列出表1数据的意图就是这样。现在这个口径的工业企业资产和利润情况的统计开始于1998年,按上年末净资产计算的收益率只能开始于1999年。首先,从有关价格指数的数据看,1999—2005年的平均通货膨胀率低于一般认为的适度通货膨胀率,也低于同期一些国家如美国的通货膨胀率。

表1　1999—2005年一些指标的年率均值

指标名称	年平均值(%)
① 规模以上工业企业净资产收益率	12.1
② 工业品出厂价格指数上升率	1.4
③ 消费价格指数上升率	0.8
④ 推前2年的一年期贷款基准利率	6.5
⑤ 推前2年的一年期存款基准利率	3.4
⑥ 推前1年的一年期贷款基准利率	5.9
⑦ 推前1年的一年期存款基准利率	2.6

计算真实利率涉及的一个情况是贷款的平均年龄。对固定利率贷款来说,名义利率是贷款发生时的利率,有关的通货膨胀率是从贷款发生到归还期间的平均通货膨胀率。因为这个原因,表1分别列出了推前1年和2年的有关利率,可能用推前2年的有关利率比较接近实际。这样考虑的话,过去7年平均下来,存贷款的实际发生的真实利率都显著高于长期的平均值,也显著高于均衡值。这样看的话,12.1%的净资产收益率平均值只有低估没有高估。

总资产收益率(利润利息之和与总资产的比例)比净资产收益率要低很多。不过要计算投资的社会报酬率,还要加上一部分税收,包括直接税和间接税,同时要减去政府服务的成本。考虑到这些和其他一些情况,与12.1%的净资产收益率对应的投资的社会边际报酬率大约在8%—10%,很不可能低于7%。进一步考虑到国有和非国有企业的显著区别,非国有工业企业的投资报酬率是相当可观的。

这些是过去7年发生的事情，而需要注意的是未来的情况。这里要考虑投资的预期报酬率，一个估计方法是估计当前的利润趋势和实际利润率高于趋势的程度，就是剔除宏观经济波动和其他一些异常因素对利润的影响。通过对历史数据的分析可以得到一些参数。从历史情况看，生产过热或过冷的程度（实际生产水平偏离潜在生产水平的幅度）、通货膨胀率、利率以及工业品出厂价格指数与消费价格指数的比例是影响工业利润波动的最主要因素。这几个方面的情况本身是高度相关的，但也有一定程度的独立性。下面提到1994年前后的情况，只是为了对比的简单和叙述的方便。

1990年以来，工业生产过热程度最大的年度是1994年。这一年，乡和乡以上独立核算工业企业利润占增加值的比例达到了12.2%，到了冷热比较适中的1997年，该比例下降到了8.6%，跌去了3.8个百分点或31.1%。这一点充分说明，工业利润对经济景气的弹性非常大。

不过现在经济偏热的程度比1994年轻得多。作为比较，可以取1992年和2003年作为两个时段的比较期，因为这两年的景气情况相当接近。1994年比1992年，全部工业增加值名义额平均每年增长38.7%，而2005年相对于2003年的增长率平均为17.8%。减掉13%—14%的正常增长率以后，两个时期增长率偏高的程度差别巨大，2005年的偏差甚至可以忽略。单从消费价格指数的角度看，2005年不存在经济过热的问题，说有点偏冷都是可以的，但是工业品出厂价格指数的上升幅度比较高，并且工业品出厂价格指数与消费价格指数的比例高于其长期趋势。从这些角度考虑，仍然可以认为2005年的工业利润比较明显高于趋势。1994年的实际利润水平大约比趋势高30%，2005年的偏高程度应当不大于10%。注意这里说的经济景气导致的利润偏高，已经部分包括了名义利率偏低引起的利润偏高。

从18%的净资产收益率中扣掉10%，还有16%强。就算再减掉利率偏低因素的影响，均衡的净资产收益率的趋势水平可能在13%左右。按上面的算法，与这一净资产收益率对应的投资的社会边际报酬率在9%—11%。从中再扣掉1.5%的消费价格通货膨胀率还有7.5%—9.5%，简单说就是8%左右，是真实的社会投资报酬率。

这里的估算是非常简单的，也无法排除主观因素的影响，因而误差可能比较大。因为这个原因，上面的考虑偏于保守，将18%的收益率七扣八扣调到8%，应当是比较充分了。即使仍然有高估，从下面的讨论中也可以看到，除了颠覆性的结果外，一般的能够想象到的高估误差对最后的结论没有影响。

四、消费、投资和净出口的效率比较

假定政府消费是给定的，考虑社会产品在居民消费、国内投资和净出口之间分配。这样的优化问题在逻辑上是简单的，就是边际平衡原则。

考虑国内投资与净出口之间的资源分配，简单比较两者的期望收益率就可以了。增加外汇储备的未来收益率取决于储备资产的按外币计算的收益率和汇率的变化。显然，外汇储备大幅度增加过程中的汇率不是均衡汇率，对于一个外汇储备数一数二的大国来说更是这样。作为投资过程来说，现在增加的外汇要在未来换成本币时才算一个全过程,没有卖出去的外汇相当于生产企业的产成品存货的增加。就是说,等到未来的外汇储备水平比现在还低的时候,才能说现在增加的外汇卖掉了,那时的汇率才是可以用来计算外汇储备收益率的汇率。退一步说,至少也要等到外汇储备与GDP的比例在未来什么时候下降到现在的水平以下,那时的汇率才可以说是相对于现在的均衡汇率。这样考虑的话,现在增加外汇储备的期望收益率按人民币真实价值计算的话非常可能是负的。对这点的估计可能有很大的不确定性和主观性,但是现在的现实是汇率基本持平伴随着央行的大量购买。

考虑投资和居民消费之间的资源分配时,需要比较的是居民愿意接受的储蓄利率与投资的期望报酬率。现在的一年期存款利率税前为2.25%,税后不到2.0%。虽然现在的消费价格指数的同比增长率比较低,环比增长率则是比较高的,预期的通货膨胀率大概与税前的存款利率相当。这样的话,预期的税后真实利率仍然是负的。

当然,如果继续提高投资率,投资的期望报酬率会有所下降,但是在真实报酬率较大幅度下降以前还有很大的空间。这样说并不是要去准确计算均衡的利率水平和投资率,而是说,在现在的情况下,提高利率尤其是存款利率,同时放松对信贷和投资的行政控制,让市场即消费者和投资者来决定社会的投资率(至少是在更大程度上)并没有什么问题。不过,在利率不是远远偏离均衡水平的情况下,居民消费倾向对于利率的弹性相当小,放开不放开利率和信贷投资控制对投资率的影响即使有也会非常小,就算完全放开了投资率也高不了多少。对投资率有很大影响的是汇率和其他影响贸易顺差因素的变化。

通货膨胀问题*

高善文

光大证券首席经济学家

一、中美生产资料价格指数高度同步的启示

图1是1980年至今每个年份的中国工业品出厂价格指数和美国生产资料(中间品)价格指数。很容易看出,1995年是一个重要的分水岭。1995年以前,两个价格指数并不是特别相关;而1996年以后,两个价格指数表现出高度的同步趋势。对于这种转变的解释是,中国经济当时发生了两个重大变化:一是1994年中国统一了汇率;二是1996年中国放开了经常账户。在高度稳定的固定汇率制度与高度开放的贸易体系下,根据简单的"一价定律",中美两国贸易品价格同步波动就很好理解。1996年至今年6月的月度数据同样显示中美生产资料价格指数呈现出非常明显的同步变化。

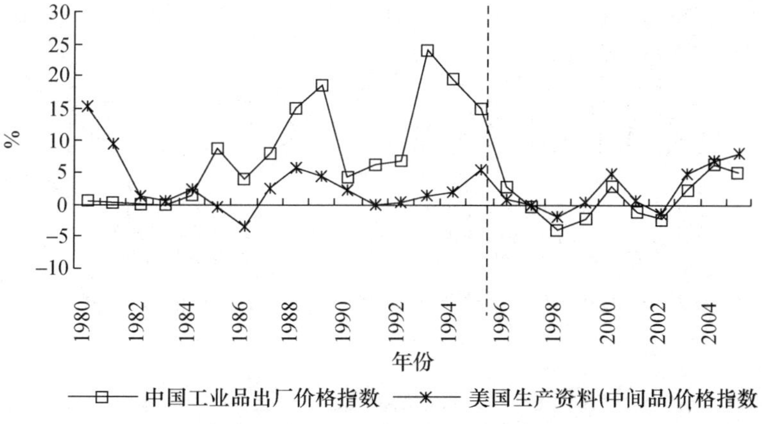

图1 1980年以来中美生产价格指数比较

中美生产资料价格指数年度、月度数据的高度同步带给我们最重要的启示是:中国

* 中国经济观察第6次季度报告会(2006年7月29日)。

的通货膨胀，至少是中国贸易品的通货膨胀，必须放在全球经济供求平衡以及全球主要经济体的货币政策松紧状况的背景下加以研究与判断。如果说中国国内的宏观调控政策（包括货币政策）能够对中国贸易品价格走向产生方向性影响的话，那么，这种影响也必须能影响全球贸易品的供求平衡。中国国内的宏观调控政策如果无法影响全球经济的供求平衡，那也很难影响自身贸易品的通货膨胀水平。有很强的证据显示，尽管在某些时候、在某些地点，中国可能作为一个大国对于重要生产资料价格具有较明显的影响力，但是对于PPI这种包含上万种、甚至十万种商品的总体价格指数而言，在绝大多数条件下，中国仍然只是一个价格接受者，在很大程度上不具有影响价格变化方向的能力。单纯指望中国的宏观调控政策来控制中国PPI走势在很大程度上是不现实的，除非世界其他国家的中央银行都来配合中国的宏观调控政策。

通过考察美国、欧元区及日本生产资料价格指数的变化情况可以看出，这三个经济体的生产资料价格指数同步化趋势也很突出，但是同步程度明显弱于中美两国。一个简单的解释就是：欧元与日元汇率高度浮动。浮动汇率干扰了价格形成过程，使得上述三个经济体的生产资料价格指数即使在趋势上保持一致，但在程度上也会存在某种差异。这种解释可以用一个简单的办法加以验证，即以各自工业品产量为权重，将上述三个经济体的生产资料价格指数加权，计算出一个综合价格指数。这个综合价格指数应该已经剔除了汇率影响。然后计算美国生产价格指数与这个综合价格指数的差异。理论上，这个差异就代表了美元汇率的变化。图2显示，基于过去十年的月度数据，上述理论的解释力还是令人满意的。

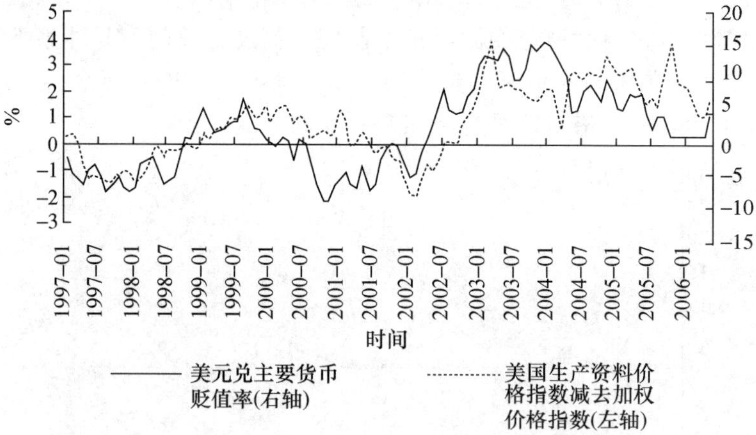

图2　美元贬值与美国生产资料价格指数对加权价格指数的偏离

二、OECD工业增长决定美国生产资料价格指数

美国的生产资料价格指数也是在全球经济范围内形成的。美国PPI变化的驱动因素大致分为三个：石油或其他主要大宗商品价格变化、OECD国家工业增长率的波动及美元汇率变化。其中OECD国家工业增长率的波动是最为主导性的因素。其他因素尽管

在某些时候、某些地点在边际上能够产生一定影响，但在大多数条件下，不具有影响价格变化方向的能力。

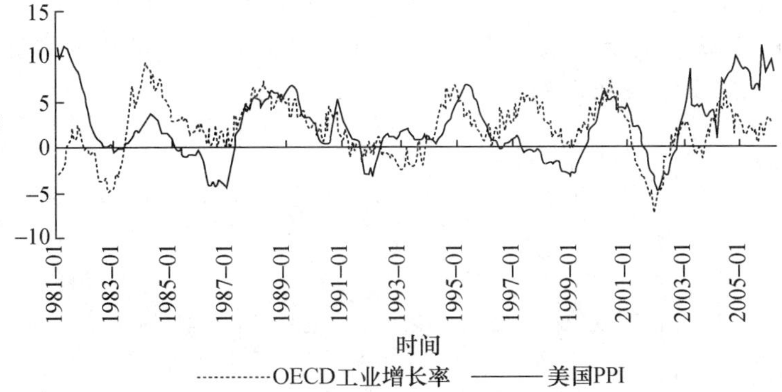

图 3　美国 PPI 与 OECD 工业增长率

下列时期的经济表现就突出证明了这一点。1999 年，对于中国宏观经济的预测都比较悲观。但是 2000 年的经济形势，无论从通货膨胀还是从经济增长率来看，都比人们事前预期的要好得多。对此我的解释是，1999 年至 2000 年，OECD 国家工业增长率突然加速，月度增长率曾经一度高达 7%，而其长期平均增长率还不到 3%。与 OECD 国家工业增长率突然加速相对应，美国 PPI 在 1999 年触底后在 2000 年快速爬升，由此带动中国生产资料价格指数的上升，导致中国出口增加、企业利润恢复、固定资产投资反弹甚至包括消费增长。

2001 年，随着纳斯达克泡沫崩溃以及全球主要经济体经济收缩，OECD 国家工业增长率下滑至负值区间。与之对应，美国与全球 PPI 急速下跌。这影响了中国的生产价格指数和贸易、经济增长方面的表现。上述逻辑对于 1997 年至 1999 年中国通货紧缩时期同样适用，当时美国生产资料价格指数同样经历了明显的下滑。

从 2002 年底到 2004 年，OECD 国家工业增长自 2001 年的谷底逐渐恢复并稳步向上爬升。美国 PPI 总体上也维持了一个逐步上升的趋势。期间发生了伊拉克战争，由此导致的石油价格冲击对 OECD 国家工业恢复过程产生了比较明显的负面影响。当时国内对于 PPI 下降的解释是 SARS 的影响。SARS 结束后，PPI 果然快速上升。其实 SARS 只是影响了中国乃至亚洲一小部分国家与地区，对于包括 26 个国家的 OECD 的工业增长而言，SARS 的影响可能比人们预计的要小得多。更为合理的解释应是在此期间 OECD 国家工业增长的波动。从 2004 年四季度一直到今年 4 月，中国和美国的 PPI 经历了一个持续下跌的过程，中国工业企业利润大幅度萎缩。这也是因为 OECD 国家工业增长出现了较明显的下滑。

三、宏观层面价格水平的决定机制

下面考察中国更一般意义上的通货膨胀问题，而不仅仅是工业品出厂价格指数。图 4显示的是 1981 年至今的中国 GDP 平减指数（该平减指数在趋势与拐点上与 PPI 是高度一致的)和我们所能收集到的包括用零售价格指数替代的中国食品价格指数同比涨幅。图4的一个明显特征是,中国食品价格与中国GDP平减指数在趋势及拐点附近具有高度一致性。这一结论似乎是非常奇怪的,因为中国的粮食价格不是由中国的农业政策、粮食作物的丰歉所决定。很难想象这些对于粮价的外部扰动因素会与中国经济的"冷暖"、与中国GDP平减指数的波动同步。

图4　中国GDP平减指数与食品价格指数

正如前文所述,中国的PPI实际上是与美国的PPI高度同步的,是全球经济波动的一部分。图5表明,即使在月度频率下,中国食品价格指数在波动方向及拐点方面与PPI具有比较明显的一致性。这种一致性与年度数据的一致性是能够相互验证的。食品价格指数与GDP平减指数波动、与全球经济"冷暖"波动的一致性是非常重要的。瓦尔拉斯定律告诉我们,微观层面的供求关系只能确定商品间的相对价格。但在宏观层面上,需要研究的是很多商品的总体名义价格水平以及这个总体名义价格水平的变化。

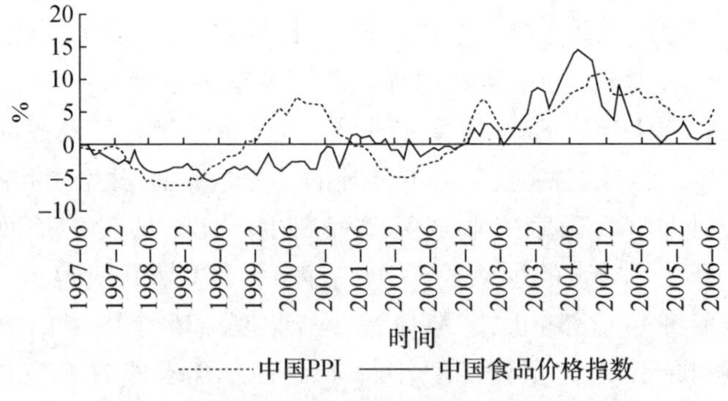

图5　中国月度PPI与食品价格指数

宏观层面上的绝对价格水平是如何决定的?我个人的理解是,宏观层面上的绝对价格水平依赖于整个经济体系的"名义锚"。对于主要经济体而言,这个"名义锚"指的是中央银行货币政策的可信度与公信力。如果中央银行通过长期的历史积累,包括法律授予的独立性,能够获得货币政策方面的公信力,那么通货膨胀预期是很难嵌入经济主体的定价行为之中的,通货膨胀的短期波动主要由经济"冷暖"来决定,而"名义锚"是高度稳定的。要获得货币政策的公信力,至少有两种办法:一是像日本银行或英格兰银行那样,直接将中央银行独立出来;二是固定汇率,例如在欧元启动以前意大利与法国将本国货币与德国马克挂钩,德国中央银行的公信力在全球范围内是毋庸置疑的,通过固定汇率,意大利与法国“进口”了德国中央银行的公信力,进而使得整个经济体系的“名义锚”高度稳定。

从实际数据以及朴素的经济直觉来看,中国经济的“名义锚”实际上也是汇率。过去十多年间,中国人民银行非常成功地将人民币汇率锁定于美元汇率,所以中国也“进口”了美国货币政策的公信力。中国食品价格指数的涨落(尤其是食品中的鲜菜、粮食以及猪肉等商品都是有高度弹性的)随着 PPI 价格指数一起涨落,就像股票市场中每一次“牛市”行情都有一个“领涨”板块。在“领涨”板块的带动下,其他与之毫无关系的股票价格也会随之上涨,因为某一支股票的合理价格取决于它相对于其他股票的价格。“领涨”板块由于重组或者利润恢复等原因而上涨,使得其他股票变得相对便宜。“相对便宜”本身就构成了这些股票上涨的理由。在这个层面上也能够看到“名义锚”的作用。

对于日本或者美国而言,服务业占经济的比重相当大,通货膨胀主要取决于劳动力供求关系;中国的贸易是高度开放的,而且中国贸易品占产出的比重非常高,远远高于日本、西欧以及美国的贸易品占产出的比重。在此背景下才能解释如下现象:OECD 国家工业增长波动很大程度上决定了美国 PPI 波动,美国 PPI 波动决定了中国 PPI 波动,中国 PPI 波动决定了中国 CPI 乃至中国粮食、食品价格指数的波动,进而决定了中国整个经济体系的通货膨胀表现。

在此过程中,可能存在如下反馈机制:中国国内的政策在某些时候、某些地点影响了美国 PPI 的走向。这种情形在历史上的确发生过,但我认为它仅仅是个案。2003 年,OECD 国家工业增长恢复。在此背景下,中国工业也加速增长,进口大幅度上升,出口下降,贸易顺差萎缩。这说明,如果将中国“剥离”出全球经济体系,中国当年的贸易顺差比其长期历史平均值低得多,即中国向全球经济体系提供需求。由于中国向全球经济体系提供需求,2003 年中国国内需求对于美国 PPI 的上涨可能产生了比较大的影响。2004 年中国经历了比较严厉的宏观调控,当年工业增长率明显下滑,货币供应量萎缩。按理说,中国的 PPI 以及食品价格指数也应该出现比较大的下跌,但实际结果是逆势上升。主要原因在于,那段时期 OECD 国家工业增长和美国 PPI 仍然在高歌猛进。中国国内发生的如此严厉的宏观调控政策对于美国的 PPI 并没有产生方向性的影响。

2005 年,中国工业增长率乃至 GDP 增长率是比较高的,但 PPI 经历了较大的下滑。这是因为 OECD 国家工业增长也经历了下滑,全球 PPI 下滑带动了中国 PPI 的下滑。2005 年尽管全球工业增长出现了比较明显的减缓,中国的外部需求实际上是在萎缩,但中国的贸易顺差仍显著增长,增长趋势一直持续到今年上半年。这说明,2005 年中国巨大的贸易顺差主要来自于中国国内供给能力的释放,即中国的总供给曲线在这段时期内经历了比较明显的右移。今年国内供给能力的释放过程仍然没有结束,而外部需求又出现显著增长。自 2005 年四季度以来,OECD 国家的工业增长率在比较低的水平上出现了恢复态势,这会带动中国的出口上升,导致中国贸易顺差加大。正是基于上述判断,我在 2005 年对于今年贸易顺差的预测是 1 400 亿美元,而多数预测是 800 亿美元左右。今年下半年的贸易顺差更是可以用八个字来概括:“没有最高,只有更高”。

四、微观层面的证据

接下来看一下微观层面的情况。同上述宏观层面上的分析相一致,中国钢材价格指数与全球钢材价格指数的波动也基本同步,但有两点重要差异:一是 2002 年、2003 年中国经济较热时,中国钢材价格指数始终高于全球钢材价格指数;二是最近情形正好相反,即全球钢材价格指数高于中国钢材价格指数,而且全球钢材价格指数反弹的起点大致领先于中国一个季度左右。

上述差异意味着什么呢?意味着中国与全球钢材价格指数的驱动因素是不同的。2002 年、2003 年中国钢材净进口量显著增长,这说明中国钢材价格指数的上升是由于国内需求增加所导致,国内需求首先带动国内钢材价格,并通过净进口带动全球钢材价格。今年年初以来的情况正好相反。今年全球钢材价格指数高于并领先于中国钢材价格指数的上涨,同时中国钢材净出口呈现前所未有的增长,这意味着,今年钢材价格指数受到全球经济增长的拉动。

这种全球经济增长对国内价格的拉动作用,已经不仅体现于钢材价格、电解铝价格、水泥价格。从过去两个多月的数据来看,实际上这种影响已经比较明显地反映于中国的 PPI 之中。这绝不意味着中国政府有能力影响 PPI 或 CPI 乃至食品价格指数的走势,因为夸张一点说中国货币政策的决策权在美联储,而不在北京。即使美国总统布什也没有能力影响美联储主席伯南克的货币政策。在此背景下,中国的通货膨胀即使在某些时候、某些地点与中国国内的供求平衡有微弱联系,但在绝大多数情形下,国内价格水平与国内的供求平衡是两个相互独立的事件。这也就意味着,国内经济增长率可以非常高,但通货膨胀率却很低(例如 2005 年至今的情况);也可以经济增长率很低但通货膨胀率却很快上升(例如 2000 年时的情况)。这种组合并不违背基本的经济原则。

五、产能过剩的全球视角

通过仔细观察今年以来中国与全球钢材产量的情况可以发现,尽管今年全球钢材需求显著增长并拉动了全球钢材价格指数的上涨,但全球钢材新增产量的 70% 来自于中国。如果我们考察一季度或者 1 至 4 月的数据,这一比例更高达 90% 。由于中国钢材新增产量占全球新增产量的 90% ,只要全球经济略微增长(今年全球经济增长并不算特别强)就已经将全球及中国的钢材价格指数拉起来。这意味着考察中国的产能过剩问题时,必须将其置于全球经济供求平衡的背景下,而不能将中国作为一个封闭经济来对待。上述结论在钢材这一品种上已经得到比较明显的验证,而在电解铝上体现得更加生动。

我们有比较明显的微观层面的证据表明,中国这些行业产能过剩在一定程度上是全球产能向中国转移的结果。换言之,为什么今年中国钢材产量增长如此之巨,而全球其他地区的产量却不增长呢?因为全球其他地区钢铁行业没有投资。进一步地追问,为什么他们不投资呢?因为他们把资本都投向了中国。这是生产全球化、贸易全球化与经济全球化的自然结果。这一点在电解铝行业上尤其明显。去年乃至更早一些时候,中国电解铝全行业亏损,产能过剩问题非常严重。但去年下半年形势突然发生了逆转。为什么呢? 主要是因为出口大量增长,因为欧洲的电解铝厂在关闭。中国电解铝行业的产能过剩是在欧洲、日本乃至北美电解铝行业产能负增长的背景下实现的。从封闭经济角度考虑,中国人均电解铝产量相当大,这似乎不能完全通过国内需求来吸收;但是如果将其置于全球经济供求平衡以及全球生产过程转移这一大背景下,至少现在看来中国的产能过剩似乎并不是一个太大的问题。

当前宏观经济形势*

樊 纲

国民经济研究所所长

一、宏观经济基本稳定下来

对于第三季度的经济下滑，有人认为来得比较突然，但一定程度上这也是预料之中的，因为尽管今年上半年投资增长了30%，但经济并没有明显过热的趋势，有一些可能导致过热的因素，也很快得到了缓解。原因在于：

（1）很多部门仍然存在一定的过剩生产能力，也就是说，2003年、2004年高增长特别是投资高增长所产生的一些生产能力现在被证明是过剩的。这个趋势在去年下半年非常明显，今年上半年实际上仍在继续。尽管它被其他一些部门的投资增长掩盖了，但产能过剩问题还是存在的。包括钢铁、水泥、重型机械、电力、纺织在内12个部门中存在不同程度的过剩。在讨论经济趋势时，以下几个指标容易被忽视：首先，产业投资增长并不快，这一轮投资增长还是由地方政府的基础设施投资所推动。有相当大一部分产业的投资出现增长速度下滑，沿海有的省份投资增长速度下降到10%以下，甚至有的月份负增长。相比之下，2003年、2004年的高增长最初是由政府投资带动的，然后因为生产资料短缺从而推动各个部门开始高投资；但在今年上半年增长中，消费品和服务业部门增长更快一些，生产资料部门增长速度都放缓。其次，上半年贸易顺差继续了去年的走势，表明国内需求并不旺盛。进口增长比较缓慢，达到21%、22%，比去年略微高一点，而出口则继续了去年30%的增速，因此出现大量外贸顺差，这是国内需求并不旺盛的表现。最后，从经济周期角度看，2003—2004年高增长阶段之后还没有出现低谷，这不符合经济周期的原理，过剩生产能力还是需要消化。经济政策制定得好，可以适当地熨平波动，但不能完全消除。总的来讲，周期是一定存在的，过热之后肯定有调整，这也是导致经济放缓的一个因素。

---

* 中国经济观察第7次季度报告会（2006年10月29日）。

（2）政策因素。年初的投资高增长有两大原因：首先是地方政府的投资冲动。去年全国范围内的换届基本结束，新官到任，开始新规划，不可避免地产生投资冲动。其次是银行今年第一季度的突击放款，一季度贷款增长额相当于全年计划贷款增长额的50%以上。其中一个制度原因是银行改革导致银行行为模式改变。银行为了在年底之前收回贷款，实现利润和资本充足率目标，急于在年初把贷款投放出去，从而导致放款量急剧上升。

紧接着出台了两项政策，其中一个是土地政策，严格控制地方政府的投资项目。这一轮控制的速度相当快，结果是导致投资增速的回落，这可以体现在“新开工项目的计划投资总额”这个指标上。在投资过热的时候，它会非常高，会在50%以上，但最近几个季度一直在下滑，9月为11%。当然这个数字波动非常大，因为它是地方政府上报的，有些可能已经施工了但是没报，政策严的时候就报的少，政策宽的时候就报的多，这里有政策博弈的因素。尽管如此，这个指标还是非常有指示意义的。另一个政策措施是央行针对突击放款（当然也有其他诸如货币发行过多、外汇储备过多等原因）所采取的紧缩措施，包括两次提高准备金率、提高利率的措施。可以认为，这次调控政策已经见效，见效的突出表现是抑制住了基础设施建设的公共投资总额，整体的投资增长速度就会随之放缓，经济增长速度也就开始放缓。

未来这种调整的趋势还会继续。投资放缓后，需求相对抑制住了，而过剩生产能力更会起到抑制投资的作用。但到目前为止增长速度还是比较快的，投资增长速度仍然在20%以上，现在说总需求不足、应该扩大内需仍为时过早。从政策角度看，还需要先观察一段时间再进行决策，原来的政策还要实行，但目前经济缓和下调的趋势也表明不宜再出台新的政策（为抵消外汇增长而采取的新的“对冲”政策即适当减少流动性的政策除外）。其他方面的紧缩性因素可能会使下调趋势持续更长一段时间。如果经济下滑进一步明显，那确实要早一点调整政策。政策调整应该要早，等到经济增长速度下滑到8%以下再调整政策就晚了。

二、解决外部不平衡：从多方面进行调节

众所周知，中国现在面临一个新的大问题，即外部不平衡问题。中国的外部不平衡问题和其他发展中国家不一样。其他发展中国家的外部不平衡问题是外汇储备太少，而中国现在是外汇储备太多。也许此时此刻，外汇储备正在突破一万亿美元的大关。经常项目顺差的总额并不重要，重要的是它和GDP的比例关系。今年年底很有可能出现的情况是，美国的经常项目逆差达到GDP的7%，我国的经常项目顺差达到GDP的7%。而且这种趋势还没有逆转的迹象。明年出口可能会继续强劲，进口仍然较低，仍有可能像今年一样增加两三千亿美元的外汇储备，后年也许还会继续。外汇储备增长何时结束是值得研究的大问题。钱多了不一定是好事。经济学原理告诉我们，不均衡总是不好的，不管是短缺还是过剩，所以我们要仔细研究顺差过大可能带来的风险。

明年是亚洲金融危机十周年。亚洲金融危机之前，大家通过拉美国家的教训知道，财政赤字和通货膨胀会导致经济危机。控制住这两个指标之后，经济基本上不会出大问

题。后来的东南亚各国对这两个指标控制得都比较好，财政赤字和通货膨胀率都比较低，但是忽视了其他两个问题，结果也出现了金融危机：一是财产泡沫，包括股市泡沫和房产泡沫；二是在国内条件还不具备的情况下过早开放金融市场、允许资本自由流动所导致的风险。日本、中国香港是典型的财产泡沫，泰国、印尼主要问题是金融市场过早开放。韩国虽然没有开放股权投资，但对短期商业债务的监管很少。于是我们从亚洲金融危机的教训中知道要防范这两方面的风险。

因此，总的来说，我们在防范以上各种风险方面目前都没有大的问题。比如说，我国的财政赤字和通货膨胀现在都很低。中国是世界上财政赤字最低的国家之一，政府债务占 GDP 比例也是最低的国家之一，大概在 17% 左右。相比之下，欧盟成员国加入欧元的条件是财政赤字占 GDP 的比例小于 3%，或者政府债务占 GDP 比例不超过 60%。日本现在政府债务占 GDP 比例是 160%。我国通货膨胀上半年有上升的趋势，但后来又缓解下来。此外金融还没有全部开放，还有很多资本控制；股市还没有起来，房市泡沫刚要起来，大家很敏感，又把它压住了。

但现在中国出了一个新的问题，即长期、大额双顺差（经常项目顺差和资本项目顺差）导致的外汇储备大幅增加。通常认为如此巨额的外汇储备风险会来自美元大幅贬值。但是如果当前的有管理的小幅浮动汇率制度不变，美元贬值时人民币也贬值，那么尽管我们相对于欧元也大幅贬值，但美元资产短期内也不会出现大的损失。这种策略可能导致中国对欧元区的外贸顺差大幅增长，新的不平衡又会出现，也会有风险，但这个风险在资本账户基本封闭的情况下似乎也不是很大。

尽管如此，我们仍然需要研究双顺差的问题，因为真正的危机往往是我们任何人没有想到的危机，是迄今为止我们的知识所不能预见的问题。人民币汇率确实有低估的问题，汇率仍然需要调整，对此我也同意。过去十年劳动生产率每年提升 12% 左右，而工资的年增长速度大约为 10%，每年有一两个百分点的差额。有人说一两个百分点不是问题，但考虑到这工资增长速度只是对正式职工的统计，并未涵盖农民工的工资，而农民工的工资多年来是不上涨的。但是调整汇率既不能解决美国的贸易逆差问题，也解决不了中国高额储备的问题，因为一旦人民币升值，虽然经常项目的顺差可能减少，但投资于中国高增长的外国投资并不会减少，而投机于人民币升值的资本还会急剧上升，外汇储备最终还会上涨，不能根本解决问题。

因此解决这个问题，需要各方面的配套措施，包括如何管理资本账户、如何实现贸易平衡、如何实现自身的调整等。这也就是说，我们的眼界要放得宽一些，去思考更多的可调节变量，由多个部门一起来解决。

比如，在存在大量贸易顺差的情况下，我们可以选择普及农民工社保来缓解出口产品成本过低的矛盾。我们不愿意大幅度升值，是因为怕大幅升值对国内企业的成本造成很大冲击，使企业的竞争力下降，担心出口贸易的订单跑到其他诸如孟加拉、越南等国家（如果他们的汇率不是跟中国一起变的话）。而且，更重要的是，汇率问题从根本上是美元本位的国际金融体系的问题，是美元发放过多的问题（60% 美元在美国之外流通），是美国的问题。我们不能太多调整汇率，否则就变成世界上最穷的人去给最富的人所造成的问题埋单。但我们的确可以在劳动成本上做文章，即涉及当前建设和谐社会、缩小收入差距、三农问题、农民工问题的农民工社保问题。目前农民工社保的覆盖率非常低，社保体系是地方化的，不能在全国流动。因此，与其更多地调整汇率，不如扩大社保范围。通过此项措施提高劳动成本，既有利于解决社会差距拉大的问题，又有利于解决我们当前的外部不平衡问题，一箭双雕。

再比如，在资本账户下，企业境外融资是这几年增长最快的项目，最近工商银行又创造了世界最大的IPO，筹进来一大笔美元，而我们已经有巨大的外汇储备。我并不是反对境外上市，境外上市可以借助境外市场的制度来监管我们的企业，但境外上市的比例可以适当减小，可以更多地考虑如何利用国内储蓄。此外，还可以鼓励借款形式的资本流出，可以想办法鼓励外国人到中国来发行债务。让他们把我们的美元用到国外去。对于制度不健全的发展中国家，资本流入的最好方式是直接投资，而最理想的、风险最小的资本流出形式首先是借款。

3　2007 年新通胀标本

当前宏观经济金融形势和货币政策分析*

易　纲

中国人民银行行长助理

一、劳动生产率和全要素生产率迅速提高

从 1978 年到 2006 年中国 GDP 平均增长 9.7%，其中过去四年经济增长速度都在 10% 以上。在这个过程中中国的劳动生产率特别是制造业的劳动生产率快速增长，中国的全要素生产率（TFP）显著提高。

劳动生产率在美国可以精确到小时，在中国可以精确到年。以 1978 年为不变价，将 1978—2005 年的 GDP 除以当年就业人数，就得出各年的劳动生产率。劳动生产率在 1978 年约为 1 000 元/人，而在 2005 年接近 6 000 元/人，每年增长速度约在 8%—10% 之间，增长比较快。1990 年劳动生产率之所以大幅下降，是因为人口统计从原来的三合一方法改为人口普查，人口数量有了大量增加。

全要素生产率在 1978—2005 年也有明显增长。全要素生产率是采用柯布-道格拉斯生产函数时劳动投入和资本投入所不能解释的那部分残差。很多文献对经济整体的全要素生产率做了分析，也有人对一些产业比如工业、规模以上企业等做了全要素生产率分析。图 1 报告的是我和人民银行研究局同事计算的 TFP 增长率和 TFP 指数。这个研究是比较保守的，计算出的 TFP 偏低，最近几年大概每年增长 1%，而不少研究认为 TFP 增长率可以达到 2%、3% 甚至 6%。估算结果的差异来源于对资本形成和资本折旧的不同处理。在我们的研究中，最近几年 TFP 只有 1% 的增长，原因就是这几年投资和资本形成增长非常快，被资本解释的那部分产出很多，所以残差就少。

全要素生产率是个非常重要的概念，但对此也有不同的看法。1993 年前后克鲁格曼写了《亚洲无奇迹》，认为亚洲的全要素生产率增长很慢，亚洲人不会创新。几年后亚洲发生金融危机，有人就因此说克鲁格曼预测到了亚洲金融危机。本文强调劳动生产率和全要素生产率，因为这和实际汇率及竞争力有关，中国最近几年的经济形势、宏观政策、

* 中国经济观察第 8 次季度报告会（2007 年 2 月 4 日）。

贸易顺差、外汇储备等现象的最重要、最基本的解释变量就是劳动生产率和全要素生产率。

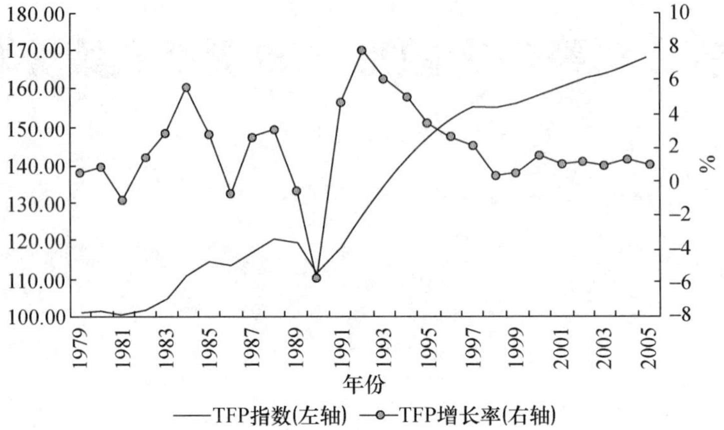

图 1　中国 TFP 指数和 TFP 增长率(1979—2005)

二、流动性是否过剩?

1998—2002 年中国面临通货紧缩的压力,这几年 CPI 增长率是负值。货币当局要想办法投放基础货币、放松银根。1998 年法定存款准备金率从 13% 降到 8%,一下降低了 5 个百分点,这实际上是对银根的一个巨大的放松,是反通缩的措施。不过当时没什么人注意,媒体也没有炒作。1999 年法定存款准备金率又从 8% 降到了 6%。1998 年和 1999 年外汇储备的增长率很低,只有 3.65% 和 6.69%,也就是通过购买外汇放出的基础货币是比较少的,放松银根和反通缩主要是通过降低法定存款准备金率和降低利率来进行的。直到 2002 年,通过外汇储备来投放基础货币都是有利于反通缩的。

2003 年以来情况发生了变化。2003 年 4 月是"非典"非常猖獗的时候,伊拉克战争对中国经济的影响也很不确定。当时谁也没有想到,"非典"可以迅速结束。尽管有这些因素,至少在那个时候货币当局就已经发现,流动性还是偏多了,所以开始用央行票据的方式收回流动性。同时当年 8 月 23 日央行宣布提高准备金率一个百分点。从 2003 年到 2006 年,外汇储备共增加 7 800 亿美元,放出基础货币大约 64 000 亿人民币。同期央行五次提高法定存款准备金率共计三个百分点,收回流动性约一万亿元人民币。2006 年年底央行票据余额为三万亿元。也就是说在放出的 64 000 亿人民币的流动性中,通过存款准备金率的提高收回了一万亿的流动性,通过央行票据收回了三万亿的流动性。尽管央行票据流动性也很强,但不管怎样,市场上的总流动性上减少了三万亿。此外,每年经济增长要求货币供应量增加,这需要投放约 5 000 亿元基础货币,四年要求投放两万亿的基础货币。通过以上分析可以发现,流动性目前还是偏松,还需要加大力度收回流动性,但流动性没有想象的那么大。

三、近年来中国为什么这么“火”？

近年来中国这么“火”是因为以下原因：社会主义市场经济体制初步确立；科学发展观和建设和谐社会；依法治国、保护产权、《物权法》即将出台；建设资源节约型、环境友好型社会。所有这些都起到稳定预期、提高信心的作用，从而改变世界对中国产品、不动产、人力资源的价值评估，中国的东西正在变得越来越值钱。

十几年前北京城区一套三室一厅房子只值30万，现在值150万。房子还是那套房子，怎么解释这个现象？十年前要卖房子很困难，很少人有房产证，很多房子的产权不清。分了公房后为了卖公房，要跑房管局和单位开证明，要跑若干个机关盖十来个章。公务员对于机关工作是十分熟悉的，也要跑一个月才能把所有的手续办下来。给定这样的产权和交易成本，房子就值30万。十年后的今天，卖房子完全可以委托一个中介，可以等到中介把卖房款打到我的银行账户之后才付给中介手续费，自己不用去跑一个月、盖十个章。目前约84%的城市居民有自己的住房，大多数城市居民拿到了房产证，而且一手房、二手房的交易规则越来越清晰，交易成本大幅下降，产权得到了保护，所以人们就有稳定的预期。这些进步和改变使十年前值30万的一套房子现在的价值大大提高了。

不仅仅在这个方面，在很多方面如中国的法制建设、依法治国都有了重要的进步。正是这些进步改变了世界对中国的看法和印象。一个东西值多少钱在很大程度上取决于人们觉得值多少钱，取决于世界对中国的印象和概念。如果中国的形象在不断变好，那么中国的东西就变得越来越值钱。中国的商品、能源、不动产、劳动力都物美价廉，那么全世界的需求就高，就会出现不平衡。

我感觉市场已经对这种不均衡做出调整，主要方式是两种：一是涨价，二是人民币升值。过去十年除了CPI上涨较慢外，多数资产和要素价格上涨较快。没有一个国家像中国这样经济充满活力，动态调整得这么快。工资作为最重要的要素价格在快速上涨。1990年一个普通干部月工资就是一百多块钱，同样的人同样的职务现在大约拿5 000元。中国城里人的工资年均上涨约10.5%，而美国、欧洲的工资上涨率只有2%，所以中国的工资上涨率是非常快的。如果工资价格上涨速度和劳动生产率、全要素生产率相匹配，那么汇率可以不升值，这就是蒙代尔、麦金农、斯堪的纳维亚模型所建议的。除了工资价格，原材料、大宗商品、铜、石油的价格也大幅上涨，房地产价格也大幅上涨。一个城市居民的购买力相对于房地产来说和相对于CPI来说的变化是非常不一样的。一个城市家庭通过买一套房可以马上从一个净储蓄家庭变成一个净负债家庭。所以房地产价格的上涨对中国城市居民购买力是一个很重要的影响因素。这都说明面对上述不均衡市场已经做出了调整，在资产价格大幅上涨后，目前的中国相对几年以前的中国更加接近均衡点。

现在我们还在转轨过程中，目前最大的问题是环境污染问题、人口素质问题、法治精神不强问题、不尊重别人问题。如果国民素质再提高，环境污染治理得更好，那么中国的东西就会比现在更值钱。我们现在有了很大进步，但还差得远。

严格执法等于涨价，这体现在环境治理、整顿市场秩序、提高劳动标准等方面。

环境治理意味着价格上涨。中国的投资很多,但资本回报还很高,目前在20%左右。在资本回报的估算方面,北京大学中国经济研究中心的卢锋教授、宋国青教授和清华大学的白重恩教授、钱颖一教授已经做了比较深入的研究,有了比较明确的认识。在这么高的投资回报率下,怎么会不大量投资呢?但是中国的高投资回报率是在造成了大量的负外部性下取得的,很多的企业特别是制造业企业都没有达到排放标准,最终这些社会成本要由政府和纳税人埋单。

整顿市场秩序也意味着价格上涨。中国有个顽症是公路超载。三分之二的恶性交通事故和公路超载有关。一辆十吨的卡车经过改装可以拉五十吨,但在关键的时候改装后的卡车刹车闸可能失灵。如果打击公路超载,意味着运费要涨。中国的公路和桥梁设计的寿命是十五年,但实际上我们的公路桥梁几年就得翻修。超载车对公路和桥梁的损害相当于正常车的两百多倍到三百多倍。按这个计算,设计寿命为十五年的公路桥梁两三年就坏一点都不奇怪。

我们要提高劳动标准,实行最低工资制,不拖欠农民工工资,制定最长工作时间和最少休息时间的要求,建立社会保障体系。所有这些都会增加成本。成本的增加意味着要么利润减少,要么涨价。

四、对汇率问题的思考

在看待中国经济时可以有很多的角度。解决国际收支不平衡时需要采取扩大内需、增加进口、实行“走出去”战略等综合措施,而不能单纯依靠货币升值。随着贸易多元化和国际货币间汇率波动的加剧,看待人民币币值需要从对美元的汇率转向实际有效汇率(即一篮子汇率)的视角。

图2是国际清算银行计算的1994年以来的人民币名义有效汇率和实际有效汇率。其中“名义”是指不考虑通货膨胀,“有效”是指一篮子汇率。曲线向上走意味着人民币升值、向下走意味着人民币贬值。1994年中国进行汇率改革,合并了市场调剂汇率和官方

图2　人民币名义有效汇率和实际有效汇率指数(1994—2006)

汇率,形成了一个统一的汇率,并在事实上是钉住美元的。那段时间美元处于强势,人民币跟着美元也走强。1994—2001年,人民币实际有效汇率和名义有效汇率都是上升的,大约升值了30%。2002年以后美元走软,钉住美元的人民币也跟着走软,一直到2005年年初。在2005年7月,中国又实行了汇率改革,之后人民币实际有效汇率和名义有效汇率总体上都在走强。据国际清算银行测算,2006年年末人民币名义和实际有效汇率指数分别为97.18和93.51,比2005年7月汇改前上升了3.7%和4.8%。这个一篮子汇率包括了52个国家,涵盖了我国贸易量的绝大部分。

据美国学者计算,由于中国向美国出口物美价廉的商品,中国每年补贴每个美国家庭500美元,每年补贴美国约400亿美元。也就是说,如果美国不从中国进口而从第二便宜的进口国进口,要多花400亿美元。中国购买美国国债等资产使美国长期利率降低了20—25个基点,降低了美国住房抵押贷款利率的水平。粗略估算,利率的下降使美国家庭总共少付200—400亿美元的利息。两项加总,2005年中国每年对美国补贴约为600—800亿美元。但是美欧日对中国的压力越来越大,我们这种策略不但没有得到好报,反而受到了越来越多、越来越激烈的批评。

下面我们看看其他国家面临和我们相似压力时情况如何。首先看日本。在1985年9月15日《广场协议》时,230日元兑一美元;到了1987年2月22日卢浮宫会议时,140日元兑一美元。日本用了两年多时间完成了汇率的大幅升值。有人说,日本在这过程中犯了很多错误。我认为,尽管日本的货币政策在一些小地方有失误,但总体来说还是使日本国民的福利最大化了。《广场协议》和《卢浮宫协议》之间也是德国马克大幅升值的时期。有人说处理升值问题最好的就是德国,德国没有发生大面积的资产泡沫。我们可以从德国的经验中学到很多东西。新台币也是用了大约两年多的时间从大约40新台币/美元升值到26新台币/美元。台湾地区有许多做法我们也需要认真研究。

总之,看待人民币汇率问题还是应该用一篮子视角。很多事实际上是和货币升值等价的,比如保护环境、提高劳动标准、加大社保力度、严格执法。这些都意味着提高成本、降低竞争力、减少利润,使得经济向均衡位置靠拢。但是这些都是慢变量,不是一朝一夕就能做好的事,而通常认为汇率是个快变量。所以在经济分析中我们要把价格变量和其他实质变量、快变量和慢变量这些工具的组合运用好。中国是幸运的,有很多历史经验可以借鉴,比如日本、德国、中国台湾地区的经验。我相信通过不断的研究,我们对这些问题的认识会更加深刻,使中国未来在宏观经济政策和其他经济政策上犯错误的概率上进一步降低,使中国的经济有一个光明的前景。

警惕要素红利的逆转
——从宏观角度看未来投资方向*

诸建芳

中信建投证券首席宏观分析师

“要素红利”严格来讲不是一个比较规范的学术性说法，但是目前在证券市场里有“人口红利”、“资源红利”这些说法，所以我也将这些提法概括为“要素红利”这样一个概念。目前市场里也有很多人在从这个角度探讨问题，主要在做的是两件事情：一是解释现在的市场繁荣，二是寻找未来的投资方向。我今天也谈一下这方面的观点。

目前主要存在三种思路。

第一种思路是从人口红利出发，推演出资产价格的提升，从中得出结论说目前还是存在比较多的投资机会，其中还涉及一些具体行业方面的分析。这种思路可以从两条路径展开。一条路径是从人口红利推演出储蓄率很高，资金流动性过剩，比较充沛的资金供应直接对市场产生影响，提升各种资产（房地产、金融服务等）的价格。另一条路径是高储蓄率导致资金比较充裕，利率水平比较低，从而刺激投资增长，带动经济增长，提升企业业绩水平，最终提高资产价格。换言之，上述两条路径一个是从资金面展开研究，一个是从企业业绩提升方面进行分析。

第二种思路是人口红利导致储蓄过剩，从而资金的充裕引起资产价格的重估。这就是说在市场上有很多的资金追逐各种各样的资产，使各种资产的价值得到重估，使得债市、股市、房地产市场等出现繁荣。

最后一种思路是从巨额外汇储备开始进行的经济分析。巨额外汇储备引发 ODI（对外直接投资），通过对外直接投资带动出口，把中国国内的产能引向国外，保持中国行业或者经济的景气。从他们的整个逻辑来看，其实这种分析思路也可以追溯到人口红利上面去。我根据他们的报告进行量化分析。数据显示，考虑 GDP 增长与汇率变动因素之后，到 2010 年 ODI 的增量占 GDP 的比重可能也只有 2% 左右，ODI 累积的存量占 GDP 的比重也大致在 9% 或者 10% 的水平。整体上来说还是比较小的状态，对整个经济拉动还

---

* 中国经济观察第 9 次季度报告会（2007 年 4 月 28 日）。

是存在一定问题。

我个人认为,除了股改等制度性因素之外,当前市场的繁荣主要来自两大因素:一个是流动性因素,另一个是企业高盈利水平。

前面三种思路总体上蕴含了一个人口红利的概念,即从人口出生的非稳态性来看,某一个阶段劳动力人口会有一个增长,从而导致比较高的储蓄率。的确,由人口变化所引起的劳动年龄人口比例提高、抚养率降低、储蓄率上升、资本供应增加、利率水平较低,会从资金供应和企业盈利水平两个方面对市场构成积极影响。除了人口红利因素以外,我认为还有两个因素对现在企业盈利水平提高产生了比较大的作用:人工成本红利和资源红利。所谓人工成本红利,是指由工资、工资性福利偏低所形成的企业盈利提升。资源红利是指由土地、水、能源等资源价格偏低和以环境污染、安全事故为代价获得的企业盈利提升。我没有做很具体的量化分析,但是从数据和现象可以看出上述情况的存在。

可以从工资的增长和劳动生产率的提高来考察人工成本红利。图1展示了劳动生产率和工资收入变动情况。最近几年,两者的增长都比较快,但是相对而言,劳动生产率的提升更明显,呈现向上的趋势,而工资增长基本稳定,二者形成了一个剪刀差。这意味着在过去几年中,企业单位产品的人工成本其实是下降的。这还仅仅是直接的工资状况。如果考虑到工资性的福利等情况,可能问题更加突出。工资的增长赶不上劳动生产率的提高,就意味着一部分劳动生产率的提高已经转化成企业的利润。

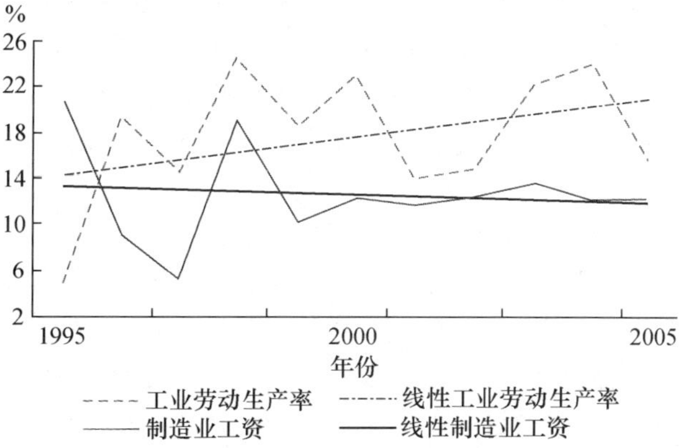

图1　中国工业、制造业劳动生产率与工资

资料来源:国家统计局,**CEIC**,中信建投证券研究所。

从经济总量来看大体上也存在这样一种现象。从上世纪80年代末到2000年这样一段时间里面,劳动者报酬所占的份额大体上都在50%左右,其中稍微有一点波动,但总体还是比较稳定的。企业和政府所占的份额变动也不是很大。但从2000年到2005年,发生了比较大的变化。总体上看,这五年当中,劳动者报酬所占份额下降了10个百分点,相应地,企业盈利上升了10.5个百分点。这正是前面所讲的工资增长和劳动生产率提高之间的不匹配所导致的宏观性效果。目前的消费不足从根本上是因为收入分配格局的变化。

上面讲的是人工成本红利,下面看一下资源红利的情况。由于价格的扭曲,企业没有为高能耗付出应有的代价。这其实是资源红利转化为了企业利润。从单位产出能耗的国际比较来看,总体上来说中国的能耗还是比较高的。我国的能耗大致相当于日本的6.4倍,美国的3.9倍,印尼的1.1倍,印度的0.8倍,即中国比印度略好一点,比印尼略差一点。另外还可以从高污染的代价来看。从统计数据也可以看出,中国的污染物排放距离政府目标的差距是比较大的。这种成本企业没有承担,但其实已经转嫁给社会,转嫁给未来。现在付出的环境代价以后肯定是要偿还的,只不过是在时间方面做了一个腾挪,实际上把未来的东西透支掉了,转化成了现期的利润。从安全环境来看,也存在这样的情况。现在生产安全事故非常多,如在2005年,每天接近有两千起的事故发生,死亡人数接近每天350人。例如煤炭行业,事故的数量和上升非常之快,跟近年煤炭价格上升与需求旺盛有很大关系。生产企业没有提供足够的安全的生产条件,大量超负荷地运转,才引起这么高的事故发生率。这种少投入或者没有支付足够安全成本的情况也转化成企业的盈利。在正常的情况下,企业是不允许这样做的。

上述人工成本红利、资源红利可以部分解释当前企业利润水平高的情况。如果上述状况能持续下去,那么企业的盈利水平还能保持在比较高的状态,不会出现比较大的变动。但是从目前政策走向、执政理念或者社会要求来看,我认为今后几年内这种状况会有一种逆转性的变化,即要素红利的格局会有一个大的转变。

目前的主流理念是和谐社会、科学发展观、可持续发展、以人为本、城乡协调发展、区域协调发展等,而现实是收入差距扩大、地区差距扩大、城乡差距扩大、高能耗、高物耗、高污染等。这两者之间存在很大的反差。在和谐社会、科学发展观、可持续发展、以人为本的理念下,高污染、高能耗和高物耗这些情况都不能长期存在。从政策的取向看,这些状况都是未来必须要扭转的,而且会逐步落实到具体的政策上面去。这样要素红利的格局就会发生变化。

首先人工成本会进行一定的重估。我认为主要有两个影响因素。一个是“十一五”期间,就是未来五年当中,劳动力格局会发生一些变化。这里我引用了蔡昉教授关于劳动力市场供求的研究。他对未来劳动力供求有三种估计:乐观估计、中性估计和保守估计。如果以中性估计来看的话,大体上到2007年的时候,劳动力的供需达到基本上的平衡,然后劳动力会出现供不应求的状态。这种劳动力市场结构的变动,对工资上升是比较有利的。另一个因素是,政府已经意识到初次分配中劳动者报酬偏低。因此,从经济工作会议或者两会等比较重要的文件当中,都可以看出国家有意在初次分配当中提高劳动者报酬的比例。具体可能会采取下面的措施,比如制定、执行最低劳动工资线,并逐步推高。这些对于工资的上升也会有积极的作用。

第二是要素价格的重估。“十一五”规划中对资源和环境提出了硬性指标,比如单位能耗要降低20%,这意味着每年要下降4%或者更多。这个指标还在省区之间进行了细化分解,各个省区都有自己降低能耗的指标。最近国务院已经召开多次相关会议,一些政策也在制定。我想这方面政策的执行力度可能会加强,资源的价格会逐步提高。实际上,这也是很现实的。如果水电的价格没有达到一定程度,大家可能不会想到去节约水电。只有在价格上升到对成本产生一种压力,企业才会去降低能耗,通过装备的更新或者技术的提高来解决这些问题。

综合上面人工成本的变化和要素价格重估带来的影响,我想可以引申出几个趋势性变化:

第一个是产业整合的加速。从去年到现在,产业政策上已经有了非常多的调整,涉及大约十几个行业。比如钢铁行业,整个行业开始整合。宝钢收购八一钢铁、京唐钢铁联合公司的兴建实际上都显示企业在降低能耗、降低物耗方面采取的措施。水泥行业也是这样。不久前,国家三部委公布60家国家重点扶持水泥企业名单,并且要在这个基础上进行企业的兼并重组。其他行业也有相类似的案例,以后可能还会更多。这样做的结果是资源向龙头企业或者潜在的龙头企业集中。从景气程度来看的话,那些行业龙头或者潜在的行业龙头的景气会提升。同时,有些企业可能会被兼并或者被边缘化,最后消失掉。

第二个趋势发生在装备行业。我将之概括成产业消费升级。这意味着整个产业里面各个行业都有一种装备上的更新和技术上的提升。因为不这样做的话,很难实现前面提到的资源、能源的节约和经济的可持续增长。在这种背景下,各个行业可能会有技术方面的升级。技术的升级最后要落实到一个载体上面,其实就是装备的更新。这个推理延伸下去,就是装备行业在要素价格重估这个大的背景下,景气方面会得到大的提升。

第三个趋势是在消费领域,特别是服务消费领域,景气可能会得到明显的提升。主要的支撑因素有四点:

(1) 劳动力供求格局改变,劳动力价格重估,劳动报酬提高,为消费需求增长、消费结构升级奠定了物质基础。

(2) 城市化的消费潜力。与国际比较,中国城市化水平还是比较低的。从当前的趋势来看,城市化会加速或者稳固提升。城乡之间的消费水平相差很大的数量级也保证城市化可以有力增强消费。

(3) 社会保障制度的替代效应。现在国家已经对社会保障有了更进一步的重视。比如医疗改革,原来走的是市场化的改革路线,医疗机构要以赢利为目的,对居民的影响一是预期的更加悲观,二是实际支出的增加,最终会压制居民的消费支出。现在政府开始强调医疗的公益性,政府在这方面要承担更大的责任。这对居民的实际支出和预期方面的改善都会有很大的帮助。

(4) 消费服务领域更加看好。目前城乡居民消费结构的变动处于加速的状态。恩格尔系数显著下降,居住、医疗保健、交通通信、文教娱乐服务等方面的支出比重提高。尽管已经有很大的改善,但是与国际进行比较的话,中国目前的消费结构还是比较低级的一种状态。在食品、衣着方面,中国的消费比重还是比较高的,在居住、其他商品和服务方面的消费比重还比较低。从韩国的经验来看,从20世纪70年代到90年代,在恩格尔系数下降的过程当中,消费结构也在发生变化。最初商品类消费、服务类消费增长都很快,后来商品类消费增长的速度在减缓,服务类消费的增长保持着比较快的状态。这就是所谓的消费升级,也是我看好消费服务领域的原因。

综合前面所讲的内容,我认为在政策或者理念的推动下,要素红利格局会发生逆转,要素价格重估不可避免。随着要素红利的逐步削弱或消失,可能对整体利润水平产生不利的影响。在这个过程中,也会发生一些结构性变化。有些行业或者领域的景气程度不会下降,反而会提升。从投资的角度来看的话,下列行业会存在比较多的投资机会:一是行业龙头,二是装备制造行业,三是消费领域,尤其是消费服务领域。

内外失衡条件下的政策选择*

林毅夫

北京大学中国经济研究中心主任、教授

今年上半年,中国宏观经济保持了2003年以来的平稳较快增长势头。GDP增长11.5%,粮食再获丰收,城乡居民收入增长较快,财政增收较多。尽管有些小变化,当前宏观经济形势与去年相比没有太大差异,与前年相比也大致相同。当前存在的问题与过去几年也相似:投资、货币、信贷增长过快,外贸顺差和外汇积累过多,环境与资源压力大等。

经济政策一般分两种类型:一种是"扬汤止沸",一种是"釜底抽薪"。所谓"扬汤止沸"是指短期措施,也就是运用货币、财政政策以及法律、行政手段来治理问题,防止情况恶化,争取情况好转。比如,对投资增长过速采取"有保有压",对外贸出口过大采取减少出口退税,这些措施可以阻止问题向更坏的方向发展。但上述问题是这几年一再出现的问题,需要找出问题背后的根本原因,从体制上、结构上采取长效的治本办法以"釜底抽薪"。

一、当前经济中的内外失衡问题

目前经济中内外失衡的问题主要体现在几个方面。

一是投资增长过热,消费相对不足。投资自2003年以来一直增长过快,每年投资增速大概在25%左右,今年上半年甚至超过了25%。消费相对不足,2001年消费占国内生产总值的60.1%,2006年降低到50%。

二是投资集中于某些产业的"潮涌"现象。近几年,我国不仅投资增长过快,并且经常集中在少数几行业。比如在2003—2004年,投资集中在汽车、建材、房地产等行业,以后集中在有色金属、电力等行业。投资增长过快、消费相对不足本来就会导致产能相对过剩。投资又相对集中在几个行业,这些行业的产能过剩情况将会更加严重。

* 中国经济观察第10次季度报告会(2007年7月29日)。

三是资本账户和经常账户“双盈余”。这是一个老问题。自1994年以来,我国资本账户和经常账户都是盈余,这与一般发展中国家的情形不太一样。最近几年,双盈余的增长速度更快。尤其是今年上半年,外贸顺差就达1 125.3亿美元。资本账户方面外来直接投资很多,去年达到735.2亿美元,估计今年会超过此数。

四是城乡差距扩大。改革开放初期,我国城乡收入差距是2.6∶1, 1984年缩小到1.8∶1,现在扩大到3.3∶1。城乡收入差距在国际上的平均水平是1.8∶1,我国是全世界城乡收入差距最大的国家,并且这个差距还在继续扩大。

五是收入分配恶化。改革开放前,由于平均主义,城市内部和农村内部的收入都是相对平均的,收入分配差距主要集中在城乡之间。改革开放以来,让一部分人先富起来的政策导致收入分配逐渐恶化。基尼系数现在已超过0.45,虽然这些年政府对低收入者提供了低保,但是收入分配不均的情况并未好转。

六是资源、环境压力巨大。关于这个问题有着广泛的讨论。去年我国国内生产总值占全世界5.5%,能源使用占全世界15%,钢材使用占全世界30%,水泥使用占全世界54%。此外环境事件时有发生,今年太湖蓝藻问题的爆发,再度敲起了警钟。

上述所有问题同时存在,有些问题是其他问题的原因。比如收入分配差距过大,财富集中在少数富人手里,而富人消费倾向较小,消费必然相对不足,富人消费不多,更多的财富用于投资,投资过热的情况也就难以消除。投资过热,产能增加快,国内消费又相对不足,必然会增加出口,外贸顺差就会扩大。如果只是根据这些问题的表面现象来进行治理,那么这些问题很可能还会继续存在。所以我们要找到这些相关问题背后的原因。

二、原因之一:改革不到位

我认为内外失衡的原因可以分为两类,其中之一是改革不到位。我国实行的是渐进式改革,过渡时期会出现市场制度和计划遗留制度并存的局面。以下三方面需要在下个阶段下大力气改革。

一是金融结构。我国金融结构以银行为主,而且银行当中还是以四大国有银行为主。在这样一种金融结构之下,劳动密集型中小企业难以得到贷款,发展受到限制,劳动力就业机会减少,减慢农村大量劳动力转移到城市的速度,城乡二元经济结构难以消除,城乡收入差距扩大。由于较穷的人的主要收入来源是劳动力报酬,就业机会较少导致工资增长速度比较慢、收入差距越来越大。最明显的例证是以劳动密集型中小企业为主体的服务业在国内生产总值中的比重在2006年只有39.5%,比上一年的40%还低,而世界上同等发展程度国家的平均水平是53%,比我国高了13.5个百分点。可以想象我们少了多少就业机会。而且,由于就业机会相对不足,城市中也会有待业失业者。

高度集中的金融结构还对利率产生了抑制作用。虽然经过几轮贷款利率上调,我国贷款利率也不过7%左右,而在其他同样发展程度的国家,银行贷款利率至少应该是10%。这样导致了两个效果:一方面能够借到钱的企业一般都是相对较富有的,它们的投资是得到补贴的;另一方面存款利率受到抑制,目前只有2%或3%,而国外存贷利差只在1%左右，在贷款利率10%的情况下存款利率就接近9%，由于储蓄者是相对较穷的人，低储蓄利率相当于给贷款者和银行的补贴。这样就使得收入差距和城乡差距越来越大。

二是资源税费。改革开放以前资源基本上都是国有，由国有矿产企业开采，再以极低价格卖给重工业，这是补贴重工业发展的一种方式。改革之后引入市场竞争，允许民营、三资企业进入资源开采业，但是为了补贴国有矿产企业退休工人、冗员等社会负担，国家征收的资源税和资源开发补偿费是极低的，两者相加平均1.8%。上世纪90年代矿产资源价格和国际接轨了，而资源税费仍然维持原有水平。对于没有退休工人、冗员等社会负担的民营、三资企业，采矿成为一个暴利行业，加大了收入分配差距，导致很多寻租和贪污腐败现象的出现。

最后是行政垄断改革不到位。虽然我国正向市场经济过渡，仍有不少行业维持行政垄断，比如能源、电力、金融等行业。垄断产生垄断利润。即使垄断者是国有企业，其内部收入分配也极端不平均，成为收入分配恶化的原因之一。再加上这些行业并不完全国有，民营企业、外资企业也可以进入，高垄断利润滋生寻租现象，导致收入分配恶化和社会风气败坏。

三、原因之二：快速发展中国家的问题

除了改革不到位，内外失衡问题还和现在的发展阶段有关。首先，投资增长过快、消费相对不足与我国发展阶段有关。我国仍是发展中国家，即使不少行业产能过剩，也存在很多产业升级空间。由于资金相对丰富和投资机会较多，投资增长就非常快。不仅国内企业投资快速增长，外资也大量进入。改革开放30年为制造业发展打下良好基础，吸引大量劳动力密集型外资企业将生产转移到中国，将中国作为出口基地；国内由于收入快速增长而形成巨大市场，也吸引大量外资企业为进入中国市场而到中国投资和生产。这是投资过快增长的一个原因，和目前发展阶段有关。

其次，"潮涌现象"也与我国的发展阶段有关。一般而言，发达国家产业处于世界产业链前沿，企业对下一阶段具有竞争优势的产业不会达成共识。每个企业根据自己的判断进行投资，大量企业投资失败，少数企业投资成功，产业升级由少数成功企业带动。只在某些特定情况下，发达国家企业有可能形成下一阶段优势产业的共识。比如上世纪90年代美国的互联网产业和20年代美国的汽车产业，投资也曾出现潮涌现象，结果同样是产能严重过剩，大量企业破产。在快速发展的发展中国家，产业升级基本上沿发达国家走过的道路逐级而上，当经济发展水平提高、产业需要升级时，什么产业符合下一阶段比较优势有迹可寻，企业间容易形成共识。同时我国银行业很集中，银行也会同时看好那些产业。这样既有投资需求，又有资金供给，结果投资特别容易集中在少数行业，建成后出现产能过剩，国内消化不了，一方面，导致出口增加，另一方面，有些企业无法获得预期盈利，投资不能收回成为银行呆坏账的根源。

"双盈余"与前面提到的投资过热、潮涌现象、产能过剩、国内消费相对不足有关，也与当前发展阶段有关。我国改革开放初期既缺资金又缺外汇，是标准的"双缺口"发展中

经济。政府从20世纪80年代开始制定吸引外资、鼓励出口的优惠政策。吸引外资可以弥补我国资金和技术的不足，这在当时是对的。90年代末资金和外汇已不再是发展限制因素，但是这些优惠政策直到今年才有所改变。经常账户的盈余除了国内的原因之外，也有国外原因。美国经常账户赤字占GDP比重从1992年不到1%增加到去年7%。美国经济规模占全世界30%左右，由于美国国内只消费不储蓄以及政府财政赤字，其他与美国贸易关系密切的国家必然表现为巨额贸易盈余。比如日本在相当长的一段时间内一直是全世界外汇储备最多的国家，但是日本的外汇储备一直到1994年才是1 000亿美元，现在将近一万亿美元。德国也是类似情况。

最后，资源和环境问题也与我国的发展阶段有关。我国正处于以制造业为主的工业化阶段，经济发展必然伴随能源资源大量使用和污染物排放的增加。同时，资源和环境问题也和改革不到位有关。比如能源资源价格不合理，企业缺乏内在动力节约能源和资源使用；法律环境缺失，对未达标企业惩罚力度不够，有些企业即使安装了减排设备也不愿意运转，因为维持环保设备运转的成本要高于不运转而被处罚的成本；地方干部升迁主要与GDP增长相联系，资源节约和环境改善过去在干部考核中不占重要地位，一些地方干部对能源资源和环境要求都睁一只眼闭一只眼。

四、政策建议

当前经济中内外失衡问题是由改革不到位和当前发展阶段两方面因素造成的。这些问题如果不从根本解决，虽然可以用扬汤止沸的办法来缓解，但只要力度不够，问题又会重新出现。当前我国正处于改革开放以来最好的一段时期，而且这种较为宽松的时期将会长时间持续下去。我们应当利用这段时期，从根本上解决这些体制性和发展阶段的问题。

（1）在改革不到位的问题上，首先，应当按照今年金融工作会议所提出的改善金融结构的精神，多发展一些地方性的中小金融机构，包括地方性中小银行、农村银行、小额信贷、中小企业担保等，支持劳动力密集型中小型企业的发展，以便多提供就业机会、提高工资报酬、缩小收入分配差距、较快消除城乡二元结构。大银行对中小企业授信是一个进步，但从实践上看总不如地区性中小金融机构的支持作用大。

其次，资源税费应该调高到合理水平。既然现在行业准入和价格已经放开，那么就应当调整资源税费，使得资源行业成为一个正常利润行业，而不是现在的暴利行业。最后，对于垄断行业，能够放开准入的就要放开；如果确实不能放开，则要加强对其价格、成本、收益分配的监管。

（2）关于发展阶段问题，应该修订外资法和出口退税法，这已得到实现。对于潮涌现象，由于发展中国家在产业升级过程中容易对投资热点行业达成共识，所以政府应该利用总量信息上的优势，及时公布各行业投资情况，并科学制定行业准入条件，对产业升级进行指导。

“双盈余”问题现象可能会长期存在，而使人民币不断面临升值压力。但“双盈余”有国内和国外双重原因，不能单纯通过人民币升值得到解决，所以应当保持人民币稳定升值的预期。中国台湾地区和日本的货币在20世纪80年代中期曾升值40%左右,但因为内部产业结构的问题仍未解决,“双盈余”现象依旧存在。因此,我们不能因为有“双盈余”就让人民币大幅升值,而是应当保持小幅度的、主动的、可控的、灵活的升值方式。

关于资源和环境问题,首先,应该把资源的价格提高到合理水平,对于环境的要求应该有比较高的标准,违规惩罚的力度和执行的强度应该足够高以便使守法成本低于违法成本。其次,应该按照科学发展观的要求制定干部考核和升迁的指标,使得地方官员施政时不仅追求GDP增长,也关心环境改善。

货币过快增长引起通货膨胀*

宋国青

北京大学中国经济研究中心教授

从主要经济指标的情况看，可以认为二季度出现了全局经济偏热的情况；在现在的通货膨胀中，货币过快增长和猪肉供给紧张都有贡献。即使目前经济偏热的幅度还不大，在进一步的紧缩政策出台不及时或者力度不够的情况下，按目前的趋势也会很快走向严重偏热，剔除肉类价格变化以后的通货膨胀率会继续上升。

一、工业生产显著加速

季节调整后规模以上工业增加值在二季度尤其5月和6月高速增长，如图1所示。发电量的变化情况与工业生产的变化情况很一致。由于一季度的工业环比增长率已经相当高，二季度的进一步加速就使生产水平迅速提高。可能2006年四季度的生产水平

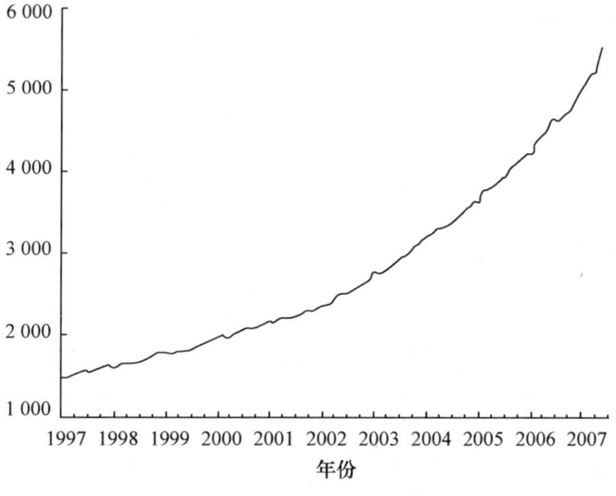

图1　季调后规模以上工业增加值指数

---

* 中国经济观察第10次季度报告会(2007年7月29日)。

相对于潜在生产水平略为偏低,2007 年一季度大致适当,到二季度就偏高了。

在生产水平偏热或者偏冷幅度不大的情况下,只根据产量数据很难估计生产水平偏离正常的幅度甚至方向。如果假定潜在生产水平的增长是稳定的,而现在的生产水平没有大幅度偏高,那么 2004 年的经济不仅不偏热,而且还偏冷。这样就解释不了 2004 年总体通货膨胀率相当高的情况。

对 2003—2004 年情况的一个解释是,那时存在着明显的供给瓶颈。2003 年以来的投资大幅度增加了瓶颈部门的生产能力,使得总的生产能力迅速提高。这个解释的一个含义是,潜在生产能力的增长率可能是相当不平稳的。在这样的情况下根据一般方法来估计潜在生产能力会产生明显的偏差,而且各种方法对于端点的估计通常是有很大偏差的。

一种有影响的看法认为,现在没有出现 2003—2004 年那样的"煤电油运"紧张的情况,其他方面也没有显著的短线,所以经济没有过热。这个看法将过热和存在明显的瓶颈两件事情在一定程度上等同起来,是有问题的。

由此来说,就生产数据本身来判断现在的生产水平是偏高还是偏低,不能给出清楚的结论。能够得出的是这样一个结果,二季度的工业生产增长速度显著超过了潜在生产能力的可以想象的增长速度。保持这个速度,即时现在还没有偏热(但不严重偏冷),也会很快达到严重偏热。

6 月的规模以上工业增加值比上年同月增长了 19.4%。虽然这个增长率是多年来的最高水平(除去春节移动因素的影响),但与 17% 左右的正常增长率相比还不算非常高,根据这个数字还不能得出工业生产增长率大幅度上升的结论。按季调后数据算,如图 2 所示,规模以上工业增加值在 2006 年下半年增长了 4.5%(年率 9.1%),2007 年上半年增长了 14.1%(年率 30.1%),其中 6 月一个月增长了 3.5%(年率 50.3%)。一年增长 19.4% 不算异常,但是半年增长 14.1% 肯定大幅度高于正常水平。在发电量的图形(图 3)上也能看到这个情况,2006 年下半年的增长率相当低,而 2007 年上半年异常高。

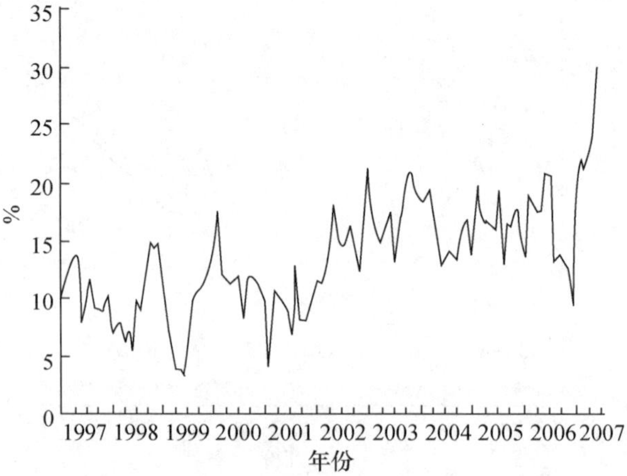

图 2　季调后工业增加值六个月增长年率

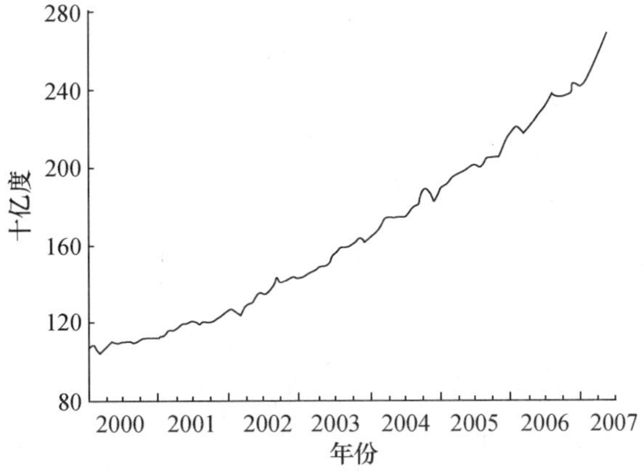

图3　季调后发电量

二、总需求增长加速:关于投资的三个情况

认为目前经济没有过热或者明显偏热的一个依据是,固定资产投资的增长率相对不算很高。2004年一季度月报口径的固定资产投资同比增长率为43.6%,其中头两个月达到了53.0%。这是当时决策层认为经济严重过热因而实行严厉宏观调控的主要依据。后来的情况表明过热程度并不像开始调控时设想的那么严重。2007年6月的固定资产投资同比增长率为28.5%,整个二季度的同比增长率更低一些。从这个指标来看,现在的需求增长率即使偏高一点,偏高的幅度也远低于2004年一季度,何况2004年一季度也没有偏高得很厉害。这样的对比是不合适的,有三个方面的情况需要考虑。

(1)月度和季度的固定资产投资同比增长率存在着明显的"前高后低"现象,即一季度尤其头两个月的投资增长率比较高而四季度尤其12月的增长率比较低。对通常的宏观经济数据而言,较长时期平均的各月同比增长率应当是相同的。如果有比较小的差别,一般就解释为季节因素的变化,因为同比增长率本身已经剔除了不变的季节因素。月度投资数据中的"前高后低"现象,应当主要是统计方面的原因引起的一种歪曲。这个情况可以从各月投资占全年的比例中看出来。图4显示的比例,是根据报告数据计算的,实际发生的投资过程应当不是这样的。关键的问题是,各月的比例从非常不合理朝着比较合理的水平变化,这本来是个改进的过程,但由此计算的同比增长率是不可比的。一季度比例不断上升而12月比例不断下降的过程,在同比增长率上就表现为"前高后低"现象。由此来看,2004年一季度的投资高增长包含了夸大的成分。

(2)同比增长率本身的问题。即使2004年一季度的投资同比增长率真的达到了43.6%这样一个多年最高水平,也不能就此认为那时的环比增长率也很高。从图1和图2的工业生产情况和图3的发电量情况来看,2004年一季度的工业生产环比增长率比2003年四季度还低一些。另外,主要价格指数的环比增长率也是2003年四季度比2004年一季度更高或者相当。这样可以认为,在2003—2004年,总需求环比增长率最高的时

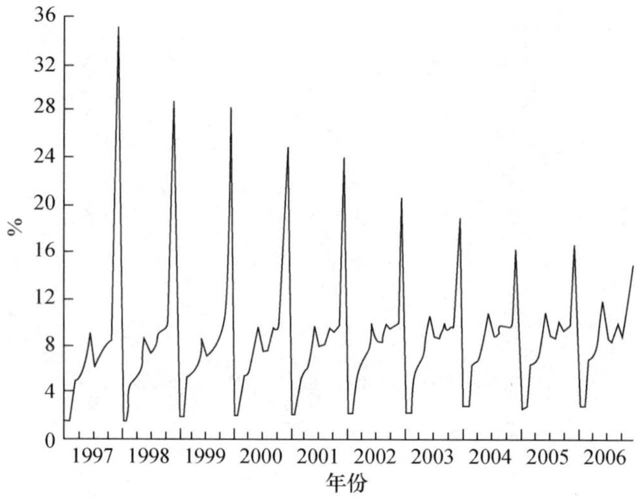

图 4　各月固定资产投资(月报口径)占全年的比例

候是 2003 年四季度而不是 2004 年一季度。

就最近的情况来说,无论生产增长率还是通货膨胀率,2007 年上半年都显著高于 2006 年下半年。这样,二季度的总需求环比增长率其实大幅度高于其同比增长率。考虑到贸易顺差和消费增长率比较平稳的情况,引起总需求环比增长率大幅度上升的原因就是投资需求环比增长率的大幅度上升了。

回头看图 2 所示的工业增加值六个月增长年率。这里的情况是,2006 年下半年的工业生产增长率显著低于正常水平,而 2007 年上半年显著高于正常水平。上面分析的结论是,固定资产投资的情况大致就是这样的,并且是工业生产增长率变化的原因。

(3) 贸易顺差变化的影响。2004 年一季度,货物贸易顺差同比下降(逆差增加),对名义 GDP 同比增长率的贡献是 -2.3 个百分点。2007 年二季度,货物贸易顺差按人民币计算同比增长 65.6%,对名义 GDP 同比增长率的贡献为 4.1 个百分点。两相比较一里一外算,货物贸易顺差对名义的 GDP 贡献增加了 6.4 个百分点。按 42% 的固定资本形成总额占 GDP 比例算,GDP 的 6.3% 相当于固定资本形成总额的 15.2%。就是说,给定贸易顺差的这个情况,假定消费和存货投资的增长率相同,现在的固定资产投资增长率比 2004 年一季度低 15.2 个百分点就能达到同样的总需求增长率。

由于上面提到的投资数据的问题,实际的月度投资情况很难估计,真实环比增长率的估计也很难。另外,由于年度 GDP 数据的修正和其他一些问题,根据季度 GDP 数据估计总需求也有很大偏差,而且季度数据难以反映月度的变化情况。所以这里是根据生产和价格数据来推测总需求的变化情况,再根据贸易顺差和消费的情况推测投资。从生产和价格指数的情况看,现在的总需求增长率无论同比环比都与 2003—2004 年的最高水平接近,单看投资增长率不能说明总需求的变化情况,而且投资数据本身和同比增长率这个度量方法都存在很多问题。

用简单的逻辑来说,工业生产环比增长率大幅度上升到多年来最高水平这一点,只能用总需求增长率的上升来解释，而不能用猪肉短缺这样的供给结构问题来解释。如前所述，供给结构的问题在2003—2004年也存在，那时是煤电油运，现在是猪肉。

三、进口价格涨幅迅速下降和贸易条件改善

如图5所示，按季调后数据，货物贸易顺差占名义GDP的比例在2006年前三个季度大幅度上升，在此后的三个季度上升速度减缓。这一点说明，2007年上半年特别是二季度的总需求增长加速，与贸易顺差的变化没有关系。这是上面推测投资需求回升的依据。

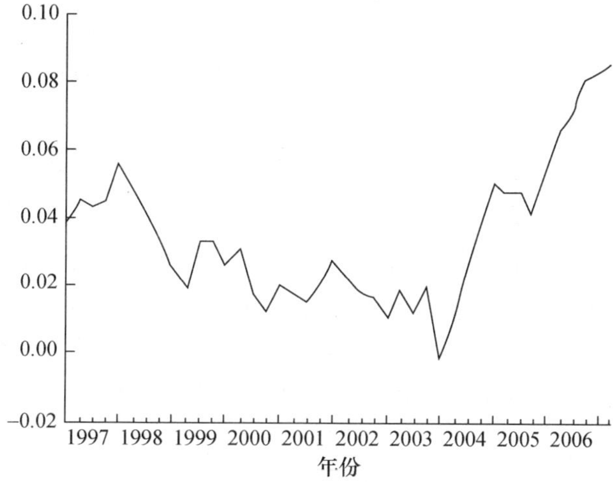

图5　季调后货物贸易顺差（海关口径）占GDP比例

值得注意的是，现在贸易顺差的基数已经很大，特别是与2004年一季度的逆差相比更现突出。在这样的情况下，贸易顺差已经成为总需求的一个很大的部分。在基数已经很大的基础上继续高速增长，顺差增量对GDP增长的贡献日益增大。在这样的情况下，单看内需尤其只看投资的增长情况就会低估总需求的增长率。这一点是上面提到的比较投资增长率应当注意的三个情况之一。

货物进出口价格指数的相对变化是贸易方面的一个重要情况。如图6所示，在2002年到2004年，贸易条件迅速恶化，2004年年中以来略有改善，其中2007年上半年明显改善。这一点本身是2004年年中以来顺差额高速增长的一个重要原因。按不变价格计算，顺差的增长率要低一些，实物量顺差的增长对真实GDP增长的贡献也要小一些。上面考虑总需求，是从名义量的角度看顺差。

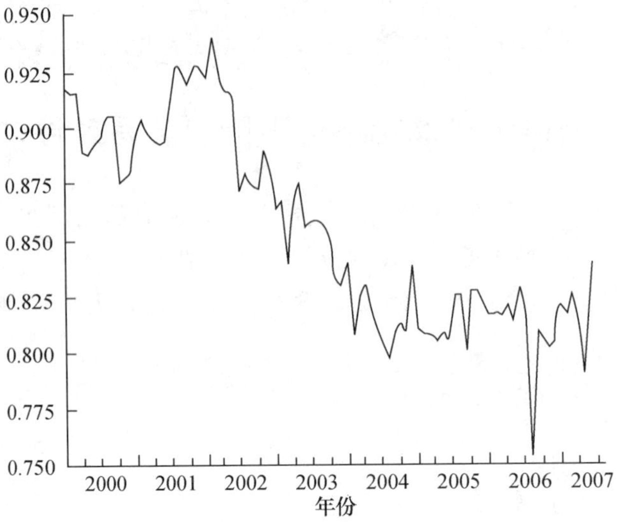

图 6　季调后货物贸易条件(出口和进口价格指数的比例)

导致贸易条件变化的最主要原因是人民币真实有效汇率和国内国际相对生产效率的变化,其次是能源和原材料国际价格的变化。在 2002 年到 2004 年,能源和原材料的国际价格大幅度上升,后来涨幅趋缓。这个情况从进口价格指数的变化中可以更清楚地看出来。如图 7 所示,在 2003—2004 年,进口价格大幅度上升。2004 年的大部分月份,进口价格指数的同比涨幅在 10%—15% 之间。2005 年以来,按美元计算的进口价格指数涨幅已经趋缓。另外由于人民币对美元升值,按人民币计算的进口价格指数基本没有上升。

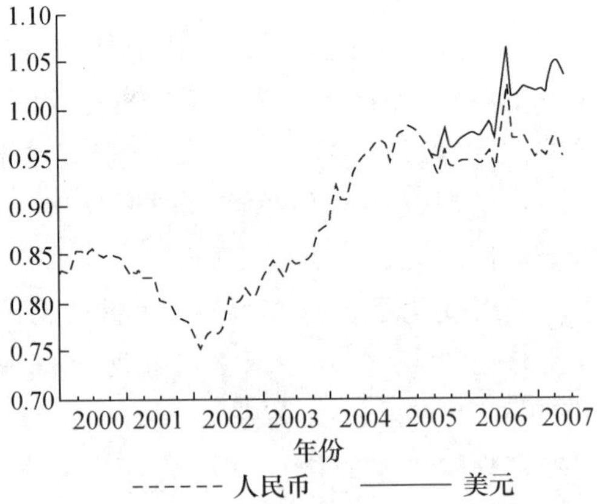

图 7　季调后按美元和人民币计算的货物进口价格指数

就价格总指数来说,认为国际价格上升是导致目前国内通货膨胀率偏高一个重要原因的看法是没有道理的。如果国内通货膨胀率真的在相当大程度上受国际通货膨胀率的影响,那么可以说 2002 年到 2004 年的国内通货膨胀在很大程度是从国际上传进来的,而这个因素在 2005 年以来已经无足轻重,甚至可以说是一个紧缩性因素。这样说是将国际价格看成外生的,没有考虑中国对国际价格的影响。

有看法认为国际粮食价格的上升对目前国内食品价格的上升有重要作用。就粮食来说,现在中国进出口的数量本身不大,而且由于交易成本高和进出口数量控制,国内外粮价可以也确实有很大的差别,在短期内两者的变化方向也可以不同。事实上,2007 年上半年国内粮价升幅并不大,较大幅度上升发生在 2006 年特别是年底。

四、主要价格指数环比升幅增大

尽管工业品出厂价格指数的同比增长率相当低而且在过去几个月不断下降,环比的升幅在二季度还是明显增大了,如图 8 所示。引起这种环比上升而同比不变甚至下降现象的原因是上年同月的环比升幅很大。不过与 2003 年年底到 2004 年的情况相比,2007 年二季度工业品出厂价格的环比升幅要小得多,这在很大程度上是由于进口价格指数升幅变小。从更长时间的数据看,生产资料价格与按人民币计算的进口价格的关系十分密切。在 2004 年,生产资料价格同比涨幅最高达到了 10.9%,全年平均为 7.8%,2007 年 6 月只有 2.5%。

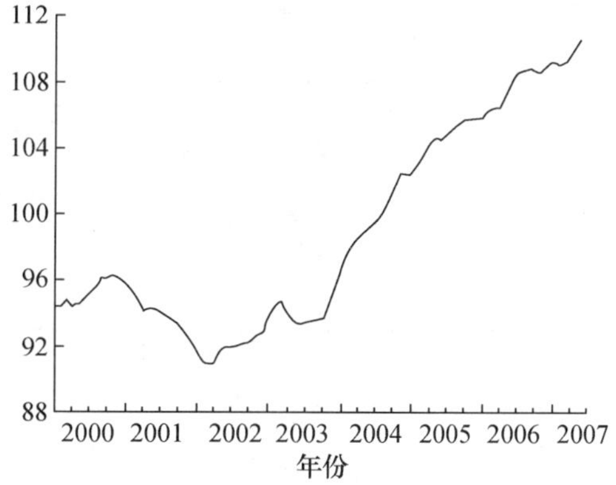

图 8　季调后工业品出厂价格指数

生活资料价格的情况正相反,2004 年的最高同比涨幅为 1.8%,全年平均 1.2%,2007 年 6 月则达到了 2.5%,也是多年来的最高水平。剔除食品以后的生活资料价格涨幅可能已经超过了 2004 年的最高水平。

由于直接报告的消费价格中非食品部分的序列很短,不能做更多分析,这里按估计的不变权重推算非食品消费价格指数。推算的这个指数在季节调整以后(见图 9)显示出与工业品出厂价格指数很相近的环比变化情况。权重的小的估计误差对结果的影响一般不大,长期的估计误差对于估算的指数在短期的环比变化也没有显著影响。但这个指数毕竟是估计的,考虑到这一点可以说,2007 年上半年尤其二季度的非食品消费价格指数的环比升幅很可能显著上升了。

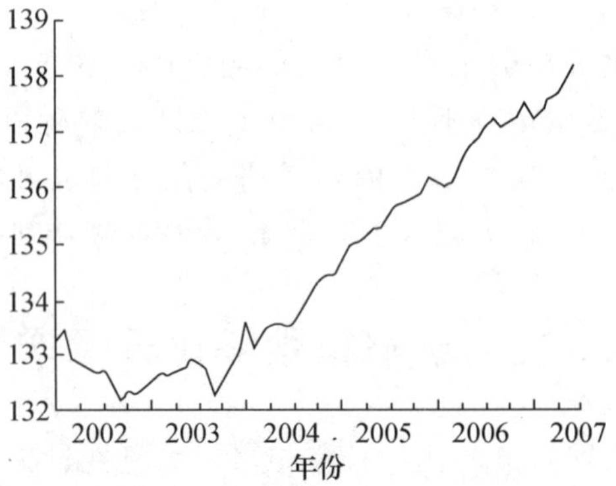

图 9　估算的季调后非食品消费价格指数

为了进一步确定非食品消费价格的变化情况,表 1 列出了另一种推算的结果。按此,非食品消费价格在 2006 年下半年的环比上升率按年率算为 0.7%,2007 年上半年达到了 1.7%,其中二季度约为 2.0%(表中未列出)。无论 1.7% 还是 2.0%,看起来都不高。不过同样的情况发生在 2004 年。2004 年全年的消费价格指数比上年上升了 3.9%,其中食品价格上升了 9.9%。按这两个数据和食品消费占 1/3 的权重推算,非食品价格的升幅还不到 1.0%。

表 1　季调后消费价格指数上升率　　单位:%

	2006 年下半年	2007 年上半年	2006 下半年到 2007 上半年 即 2007 年 6 月同比
居民消费价格指数	1.9 (3.8)	2.5(5.0)	4.4
食品部分	5.0(10.3)	5.9(12.1)	11.3
非食品部分(推算)	0.4(0.7)	0.8(1.7)	1.0

注:先对消费价格指数和其中的食品价格指数分别做季节调整并计算半年增长率,再按 32.7% 的食品权重推算非食品的相应增长率。这个权重是根据公布数据估算的。对半年增长率,括号内的数字是相应的年率。

五、货币供给情况和其他

我在另外的文章中讨论过货币方面的一些情况。要点是,由于没有包含在 M2 中的一部分"货币"在 2006 年以来高速增长,而这部分"货币"对于总需求的影响和 M2 对总需求的影响至少是接近的,M2 这个指标对于说明和预测总需求与过去不一样,按照过去的 M2 与通货膨胀率及其他数据来估计总需求在现在的情况下会产生低估总需求增长率的结果。

对这样的情况,可以用别的语言来表述,比如说 M2 的流通速度加快了。说到这个程度,两种说法是等价的,因此其区别是没有意义的。但是进一步从定量分析和预测的角度看,两种表述并不一样。用一个更为广泛的货币概念,将没有包括在 M2 中的"货币"也包括进去,在数量上是可以把握的。事实上,由于这个更广泛货币在 2007 年上半年的同比增长率大约比 M2 的同比增长率高 2—3 个百分点,可以简单在根据 M2 预测的消费价格通货膨胀率上加2—3个百分点，结果是5%或者略高一点。如果用货币流通速度加快的说法来分析，首先就很难从预测的角度说明为什么M2的流通速度现在会加快，它会不会或者在什么时候相对减慢，更难给出定量的预测结果。其实可以用更狭义的货币指标如M1和M0流通速度的变化来说明总需求的变化。如果货币流通速度不是可以在一定程度上预测的，它就只是一个定义，用它来说明总需求是同义反复。

因为数据的问题，更广义货币的季节调整等分析很难做，到目前为止只能根据同比增长率来做一些估计，这方面有一些问题。在更进一步的分析中，考虑更广义货币的具体结构可能也有助益。

最后将一些主要论点和逻辑总结一下。首先，由于工业品出厂价格指数和非食品消费价格指数环比增长率的上升，目前通货膨胀率上升的原因包括总需求增长率的“主动增加”，这是由于更广义货币增长率的上升。猪肉供给下降导致的肉价上升和消费增加可以说是“被动的”。但是不能将食品价格的上升包括肉类价格的上升完全归因于供给问题。在1988年以来的通货膨胀率上升过程中，食品价格的涨幅都高于消费价格指数，其中有很多方面的原因。本文题目强调货币供给方面的原因，是针对强调食品价格上升导致通货膨胀率上升的看法的，并不排除猪肉价格上升对于通货膨胀率的贡献。另外，从工业生产的情况看，总需求增长率“主动增加”更为明显，显然不能用猪肉供给方面的情况来解释工业生产增长加速的情况。不过，全局经济明显偏热看法的依据并不是生产增长率的上升，而是通货膨胀率的变化情况。

中国经济形势分析与预测*

汪同三

中国社科院数量经济与技术经济研究所所长

中国社会科学院每年要做两次预测，一次是4月的春季预测，一次是10月的秋季预测。今年的秋季预测我们刚刚做完。今天讲讲我们在这次预测过程中对几个重要变量的考虑。

实际上，经济预测仍然是一个科学加艺术的过程。如果严格根据模型计算的结果来预测，那还是有所欠缺的。用模型或类似方法所做的预测，其根本原则还是用过去预测未来，而未来与过去总是有差别的。虽然我们总是在试图寻找不仅能解释过去也能适应未来的普遍规律，但总是处在认识过程中，总是看到相对真理，还达不到绝对真理的境界。因此，我们的预测仍然是科学加艺术的方法。可能在以教学为主的机构，预测更侧重科学；而在实际研究部门，就需要更好地将科学和艺术结合起来。

挪威经济学家特里夫·哈维默（Trygve Haavelmo）直到80多岁才获得诺贝尔奖，他的成果是在20世纪40、50年代做出的，而直到80年代才获奖是因为人们对其成果的认识有一个过程。他对经济计量学的贡献在于将概率论的思想引入到经济模型和经济预测中来。预测三季度GDP增长率为11.5%，这是一个简单的说法，科学的说法是三季度有90%或更高的概率GDP增长率为11.5%，或者说增长率位于11.4%—11.6%这样一个置信区间。如果只是简单地报了一个数字并和最终结果相符，那十有八九是"蒙"上的。因此，在经济计量模型的预测中我们要有概率意识。

在这个思想指导下，我们更应该关注的不是预测的绝对值，而是看有没有转折点。有转折点是一种质的预测，没有转折点也是一种质的预测。首先必须在质的预测上把握住，然后才是量的预测。举个例子，去年的经济增长为11%，今年实际增长11.2%，预测10.9%和11.5%有本质的区别，虽然在绝对误差上二者是一样的，都是0.3%。后者对趋势的判断是正确的，而前者的趋势判断是错误的。在这个例子中，预测11.6%都比预测10.9%要好，因为前者对趋势的判断是正确的，尽管绝对误差大于后者。

---

* 中国经济观察第11次季度报告会（2007年10月28日）。

下面看一下今年我们预测过程中考虑的几个主要变量。首先是对GDP的预测，这是宏观经济最重要的一个预测指标。从2003年以来我国GDP增长始终在10%或10%以上。这样一个好势头已经使我们研究所连续四年犯错误。2003年是一个特殊的年份，第一季度出现过热苗头，第二季度出现非典，第三、四季度出现粮食价格上涨等过热现象，到2003年年底中央经济工作会议时，胡锦涛主席和温家宝总理讲中国要开始新一轮的宏观调控，在当时这样做是合适的。我们在做2004年预测时，根据会议精神，认为会出现经济减速，2004年经济增长率将低于2003年。但当2004年统计结果出来时我们发现错了。2004年年底中央会议的精神还是要继续完善和加强宏观调控，那我们就认为2005年应该比2004年低一点。到2005年统计数据发表时，我们发现又错了。同样的错误也发生在2006年。这三次的错误都是方向性的错误，是比较严重的。到了今年年初的时候，有两派意见在交锋。一种意见认为经济增长率会向下走，因为10.7%已经很高，还有一种意见认为我们不要再继续犯错误了。我同意后一种意见，于是我们预测2007年经济增长率为10.9%，比2006年高。但是只过了半年，统计局发布的数据表明我们又错了。上半年已经达到11.5%，最近报的前三个季度的数据是11.5%，无论第四季度如何降低都不会低于11%。我们已经连续五年犯错误，只是今年这一次不是方向性的错误，而是程度性的错误。

在今年9、10月预测2008年经济增长的时候遇到同样的问题：到底增长率会继续提高还是有所下降。我们的预测是不到11%。但是我们的底气并不足，我们只能说经济“应该”有一个向下的转折点了，即经济增长率不能比11.5%再高了。究竟明年最终的结果如何还要看统计局的数据。不确定性因素太多，导致现在很难判断。不过我们的“2008年经济增长率比2007年低一点”观点还是得到了比较多数人的认可，特别是宏观经济管理部门认为2008年经济增长率应该会比2007年低一到两个百分点。大家知道，中央每年定的经济增长率目标是7%—8%，但实际远远高于这个水平，从而面临批评：预期指标没有用，根本实现不了，与其说瞎话，不如实事求是，将指标定为10%或11%。但这样的话，各级政府就会层层加码，中央定10%，到市县里可能就会达到15%。所以管理部门设想明年经济增长率会比今年低一两个百分点很不容易，比较切合实际。

接下来讲一下关于投资的预测。从2003年开始新一轮宏观调控以来，投资的增长速度确实是在逐年下降，从2003年的27%到2004年的26%、2005年的25%以及2006年的24%。政策取向在这期间是没有变化的，一直认为投资增长过快，应该降下来。所以我们预测2008年投资增长应该继续下降，但不能忽视另一种可能。数据显示前三季度全社会固定资产投资增长速度已经是25.7%。对这个数字有两种不同的解释：一种认为这已经高于2006年的24%，出现了反弹；另一种解释比如国家统计局发言人李晓超认为25.7%低于去年同期的增幅。投资到底是否出现反弹仍然存在疑问。此外，十七大刚刚结束，按照政治周期理论，2008年投资又会增长。总的来讲，我们相信从2003年开始的投资水平下降趋势将有很大的概率得以保持。

再看关于消费的预测。2003年以来宏观调控的一个主要目标是扩大消费。这样一个目标已经部分实现了，2003年以来消费增长速度在不断增加。我们面临的一个问题就是选择什么指标来衡量消费，因为直接去统计居民或全社会的消费是很困难的，目前还做不到准确的直接统计。现在有两个可供选择的指标。一个就是社会消费品零售额。它的局限性在于政府消费也在其中,一些生产资料的购买也在其中,再者它不反映服务方面的消费。另一个指标是居民入户调查的消费额。它能比较全面地反映居民消费的情况,但是它的准确度不够,可能样本太小,不具有代表性。我们通常所说的消费实际上是社会消费品零售总额。现在的问题是今年前三季度这两个指标在变动方向上是相反的。社会消费品零售额在扣除价格因素后实际上是下降的,而入户调查的消费数据又是上升的,这就给我们预测消费提出了难题。

再接下来谈谈价格。CPI 现在是一个热点问题。从今年上半年的情况来看,CPI 处于一个上升阶段。在改革开放的三十年历史中,我们的价格上升有两种类型:一种是在 20 世纪 80 年代中后期和 90 年代前期和中期出现的、一旦上升就会出现连续上升的类型;另一种是我们进入到 21 世纪所遇到的价格上升后立即伴随下降并下降很多的类型。我们现在要做的是判断当前我们所面临的是哪一种类型。

2003—2004 年的价格上升确实正如卢锋教授所分析的是由粮食因素所造成的。最初的发现是北京市街头的烧饼价格上升了,由此继续追问,发现是粮食价格上升了,粮食生产和消费的缺口越来越大。造成这种境况的原因在于 20 世纪 90 年代以来我们的粮食播种面积和粮食产量在下降。当时对于问题的判断比较准确,所以从 2004 年开始采取了非常积极的措施去促进粮食生产:(1) 取消农业税,长达 1600 年的农民种田要纳粮的历史在 2006 年结束了;(2) 设立最低粮食收购保护价,朱镕基总理与温家宝总理对粮食的政策不一样,前者认为粮食是最重要的商品,应该统购统销,私人不能参与粮食流通,而温家宝总理放开了粮食流通,为了应对粮价波动,政府设立了一个粮食最低收购保护价,当市场价格低于这个水平的话,国家粮库敞开收购;(3) 给农民种粮进行直接补贴,不但如此,因为种粮而购买良种和农业机具的都给予补贴。这样三个措施使得农业增长自 2004 年开始一直维持比较高的速度,从之前的不到 3% 上升到之后的 5% 以上。

回到刚才的 CPI 问题,这些措施导致 CPI 迅速回落,而且降到一个很低的水平,只有 1% 多一点。而今年前三个季度的 CPI 为 4.1%,整年的 CPI 估计不会有太大变化。我们现在的问题是:今后的 CPI 会不会上升,或者 CPI 会不会降低到类似 2005—2006 年那样的低水平?对这个问题的回答要看现在存在不存在通货膨胀的因素(或者说物价上涨的因素)。虽然这一次的价格上涨是由于猪肉引起的,基本上也还是属于农业的问题,但我们要注意这背后至少还隐藏着五个可能引起价格上涨的因素。(1) 成本推动因素。2006 年以前我们的生产资料价格指数 PPI 一直是明显高于 CPI 的,它会有一个传导过程,尽管如何传导、在什么程度上传导以及什么时候传导我们并不是很清楚。另外一个成本推动因素是职工工资,数据显示职工工资的增加是比较明显的。(2) 需求拉动因素,主要表现为货币供给问题、流动性过剩问题。流动性多了,必然引发更多的需求。在 2006 年以前,居民收入增长速度一直低于经济增长速度,这是中国投资消费比例失调的根本性原因。今年上半年,城乡居民收入有了较大幅度的增加,城市居民收入增长开始快于 GDP 增长,而农村居民收入增长和 GDP 已经很接近。从长期看,这有助于我们改变投资需求比例失调的问题,但短期内会加大需求拉动的通胀压力。(3) 经济增长特别是投资增长太快。我们可以回忆一下,20 世纪 80、90 年代出现的两次经济过热,其前奏都是经济增长过快,特别是投资增长过快。现在我们面临同样的问题。今年年初发改委定的 CPI 的 3% 指标是和经济增长的 8% 指标相匹配的,现在经济增长已经达到 11.5%,那么 3% 的目标肯定达不到了。(4) 节能减排的要求,"十一五"规划要求单位 GDP 能耗降低 20%,主要污染物排放要减 10%。这个任务在 2006 年完成得很不理想,2007 年开始实行很多强硬的措施,并且取得了一定成效。从长期看,这是好的,但短期内这使得成本上升,从而推动价格上升。(5) 国际市场上的石油、谷物等价格的影响。比如石油价格已经飙升到九十多美元一桶,而这在两年前是很难想象的。这些主要商品价格的变动都会对国内 CPI 产生影响。这些因素都使得我们对于 2008 年通胀的预测充满变数。

最后讲一下顺差。2005 年和 2006 年顺差在明显上升,2007 年达到 2 500 亿美元的顺差已经不是什么悬念,2008 年这个数字是否还会增加?我们社科院财贸研究所所长裴长洪有一套理论认为贸易顺差会长期持续下去,而且会增加。根据他的判断,2008 年的贸易顺差很可能突破 2 600 亿美元。我们现在的认识已经变为顺差大小已经不是问题,而是如何保证由外贸顺差产生的高额外汇储备保值增值,因此成立了国投。也就是说在达成外汇顺差持续增加的共识之上,我们的关注点已经发生变化。

居民收入较快增长的含义*

宋国青

北京大学中国经济研究中心教授

2007年中国经济的一个重要情况是工资和居民收入较快增长。在前三个季度,城镇居民人均名义可支配收入的增长率相当于名义GDP的增长率。同时,农民收入的增长率也相当高。考虑到人口的增长,居民可支配总收入的增长率可能略高于名义GDP的增长率。这样的情况是多年少有的。如果主要的变化不是短暂而是有一定持续性的,就会对未来宏观经济的很多方面产生重要的影响。

一、居民收入的变化情况

根据国民经济核算资金流量表的数据,如图1所示,在1997—2006年的10年中,居民可支配总收入占国民可支配总收入的比例持续下降,2004年的这一比例比1996年下降了11.5个百分点。不过资金流量表只有年度数据,而且公布的时间很晚,目前的最新数据是2004年的。

比较及时和频率较高的数据是城乡家庭收入调查的数据。因为一些情况,根据家庭收入和人口计算的居民收入与国民收入核算的居民收入有相当大的差别(见图2说明),不过两者的短期波动情况还是有较高相关性的。从图2的情况和有关工业企业利润以及财政收支的数据推测,居民可支配总收入占国民可支配总收入的比例在2005和2006两年仍然较快下降,2007年可能没有下降甚至略有上升。

政府部门可支配总收入比例的变化在很大程度上是由收入分配政策决定的,企业利润和居民收入的比例在更大程度上由市场决定。不过可支配收入是经过再分配的结果,其中国有企业的利润分配也是由政策决定的。目前,国有企业的利润基本上留在企业,其他企业利润的大部分也没有分配。在居民收入中,除了所得税的比例迅速上升外,其他转移支付形成的净收入的比例也比较小。所以企业可支配收入与居民可支配收入比

---

* 中国经济观察第11次季度报告会(2007年10月28日)。

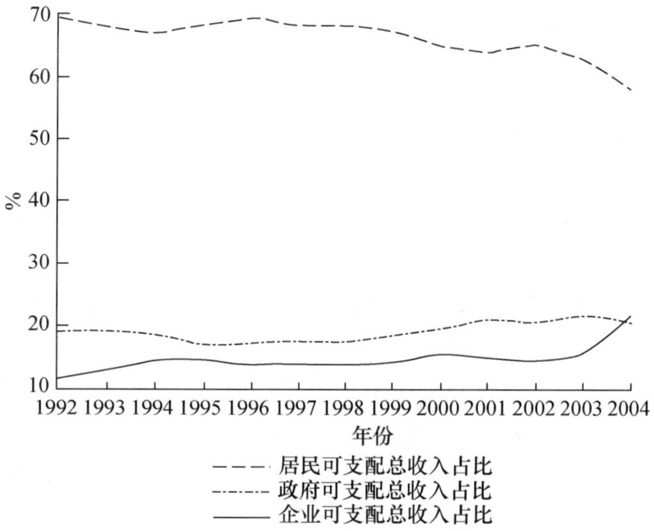

图 1　居民、企业和政府部门可支配总收入占国民可支配总收入的比例

注:企业包括非金融企业部门和金融机构部门。从国民可支配总收入的数据看,1992—2003 年的数据与 GDP 数据调整前的数据一致,2004 年的数据与 GDP 调整后的数据一致,因此 2004 年的比例或与以前有不可比之处。工业企业利润数据支持 2004 年企业利润占比大幅度增加的结论。

资料来源:根据《中国统计年鉴》(各年)的资金流量表(实物交易)计算。

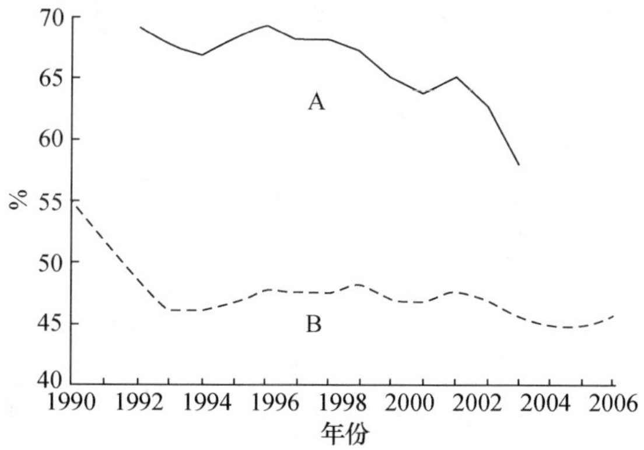

图 2　居民收入与国民总收入的比例

注:A = 图 1 中的居民收入比例;B = 100 ×(城镇居民人均可支配收入 × 年中城镇人口 + 农村居民人均纯收入 × 年中乡村人口)/GDP,其中 2007 年的比例是根据前三个季度的有关居民收入数据估计的。

A 与 B 差别的主要原因是:(1)A 的居民可支配总收入是包含了固定资产折旧的,B 不包含,两者的分母基本一致;(2)国民收入核算的收入概念与家庭调查的收入概念不一致;(3)收入调查中的城乡人口概念与人口统计中的城乡人口概念不一致,收入调查中 2001 年前为农业与非农业人口,此处未做调整;(4)被调查者在家庭收入调查中有明显的低报收入倾向。

例的变化接近于企业利润和居民工资性收入(包括小业主的经营性收入)比例的变化。这样,在对企业利润和居民收入的粗略分析中,可以不考虑再分配的影响。

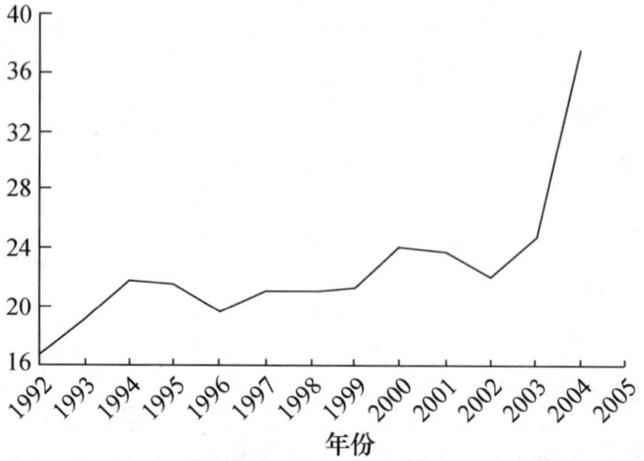

图 3　企业部门可支配总收入/居民可支配总收入的比例(%)

数据说明:注意 2004 年的数据情况,参见图 1 数据说明。

二、农民收入与农产品价格

在居民收入决定中,农产品相对价格起着十分重要的作用。农产品比价对居民收入的影响作用可以区别为两个层次,一是对农民相对收入的影响,二是对城乡居民收入总水平的影响。

农产品相对价格可以用不同价格指数的比例来度量,这里原则上用农产品生产价格指数和工业品生产价格指数的比例,其他价格指数也是可以考虑的。但城乡居民收入的比例只能用家庭收入调查的数据,这里的一个问题是农村居民农业收入和非农业收入的比例有较大的变化。

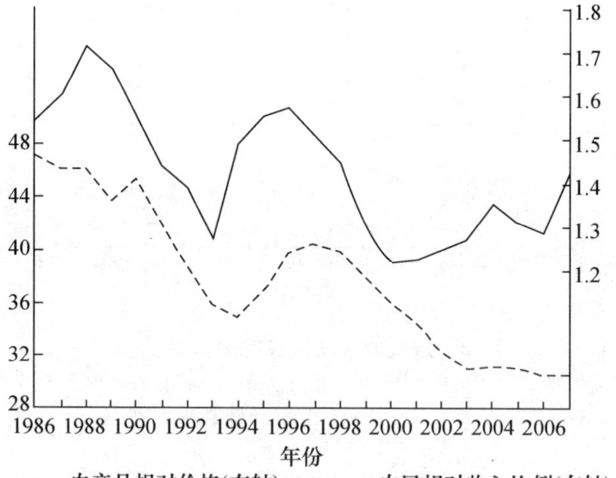

图 4　农民收入与城镇居民收入的比例和农产品比价

注:农产品比价 = 农产品价格指数/工业品出厂价格指数,农产品价格指数 2000 年和以前为农产品收购价格指数,2001 年起为农产品生产价格指数,2001 年的衔接是按作者估计的一个变化做出的。收入比例 = 农村居民人均纯收入/城镇居民人均可支配收入。2007 年的数据是根据目前公布的有关数据估计的。

图 5 的情况看起来很有意思。第一，农产品比价的变化领先于农民相对收入的变化，前者对后者有明显的决定作用。这里的时间差受更多因素的影响，难以简单描述。第二，在 1998 年以前，收入比的变化对价格比的变化几乎是一对一的，农产品相对价格上升一个百分点，农民相对收入也大约上升一个百分点。1998 年以后的弹性变小了。几个方面的因素都可能对这个弹性发生影响。首先，如果比价的变化比较快，其引起农民转移速度变化再导致收入比例变化这个方面的影响就比较弱，收入比例的变化主要受比价变化的直接影响。在 1998 年以前，农产品比价的变化相对比较快。再者，农村居民收入中非农业收入的比例持续上升，农产品比价变化对农民收入的影响相对变小。其他因素的影响有时候也是重要的，如 2007 年农产品比价大幅度上升，但政府部门的职工工资也大幅度提高了。

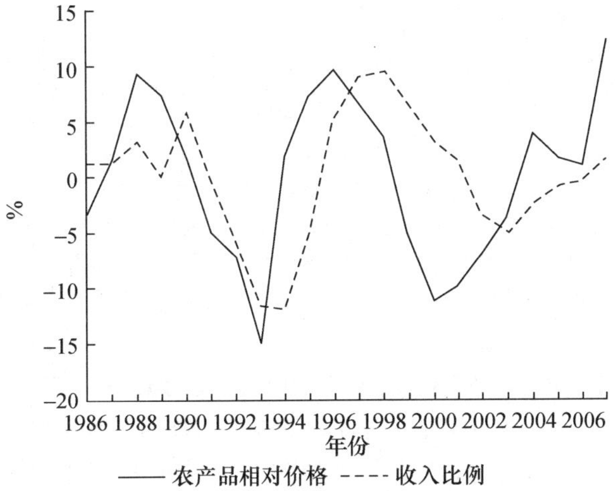

图 5　收入比例和农产品比价对各自对数线性趋势的偏差

农产品相对价格的变化是值得注意的。从长期来看，农产品价格与工业品价格的比例可能有轻微的下降趋势。在图 6 中，1979 年的农产品收购价格显著偏低，那时对主要农产品实行低价统购统销。在 1978 年到 2005 年期间，农产品的平均收购价格提高了。其实从当时的供求情况看，农产品价格有下降的倾向，图 6 中的以农贸市场粮价为基础的真实粮价的变化反映了这个倾向。图 6 中两个价格的变化在 1985 年以后基本相同，而在此前是相反的，其原因是收购价格与市场价格的变化方向相反。

1986 年的农产品比价应当接近于当时的均衡水平，2007 年的比价也差不多。比较这两个年度的比价还有一个考虑是农业制度改革在 1984 年基本完成，1986 年已经比较稳定了。在农业就业比例大幅度下降和耕地减少的情况下，农产品相对价格能够有所下降，至少是不上升，说明农业生产效率的提高速度是非常高的。现在，除了能源问题可能导致农产品用于替代能源外，没有看到有特别的因素能够导致农产品比价的长期上升。

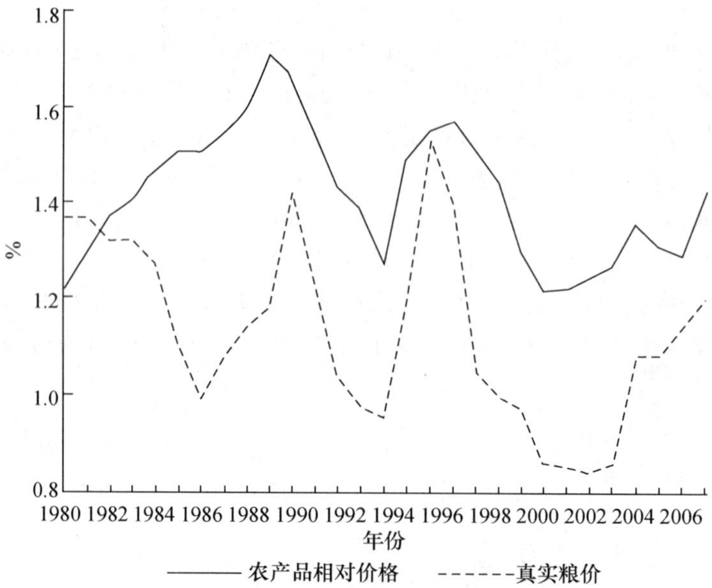

图 6　农产品比价与真实粮价

注:真实粮价为粮食价格指数和消费价格指数的比例,其中粮食价格指数为作者根据不同粮食价格指数的序列做成,2000 年以前为农贸市场粮食价格,因为来源不同,这个价格序列有小的偏差,但大的变化没有问题。农产品相对价格就是图 4 中的农产品价格指数与工业品出厂价格指数的比例。

在 1986—2007 年,农产品相对价格经历了 3 次大的波动。其中前 2 次主要是由于粮食价格在短期内大幅度上升。在 1988 年和 1994—1995 年,通货膨胀率大幅度高于名义利率,导致农民增加存粮,引起粮食价格猛烈上升。2004 年以来粮食价格的上升更多是因为 2003 年的粮食价格太低。在 2000 年以前,全社会存粮太多,后来国营粮食购销部门和农民都减小库存,导致粮价大跌,在存粮下降到一个很低的水平以后,粮价本身有上升的倾向。

通货膨胀率大幅度高于利率并导致农民大规模增加存粮的情况,政府用不合适的价格大量收购粮食导致库存猛烈增加的情况,都是非常不正常的。可以认为由此引起的农产品价格波动倾向于消失,但是能源价格的变化可能成为未来农产品价格波动的推动力。

农产品价格不仅直接影响农民收入,而且进一步影响城镇的工资水平。在城乡收入差别扩大的时候,会有更多农民进城就业,使城乡收入比例向其长期趋势回归。对于非熟练工人来说,除了就业转移成本之外,务农收入可以理解为城镇就业的机会成本。在 1997—2003 年,因为农产品比价大幅度下降,非熟练工人的工资很少增长,有些地方有农民工 10 年工资不上升的说法。

在短期内,熟练工人工资水平与农产品价格的关系比较弱。但是在较长时期,这个差别就比较小了。除了“干中学”引起人力资本的增加之外,工资差别的扩大还引起受教育需求的增加。1999 年起高校扩招引起此后高校学生数量的大幅度增长,从一个方面看是教育政策的变化,从另一个方面看也有城乡收入差别扩大和城镇工资差别扩大的影响。所以,农产品比价的下降也会引起受教育需求的增加。

在1997—2002年,农产品比价大幅度下降,工资和利润的比例并没有很大变化,原因是这期间同时发生了通货紧缩和工业上下游产品比价的下降。这个变化对利润不利而相对有利于工资。

三、上下游比价与工资利润比

2004年以来,农产品相对价格上升,但工资利润比不但没有上升,反而大幅度下降。引起这个变化的原因主要在工业内部。说明这个变化的一个比较好但仍然不全面的指标是工业上下游产品的比价,这里指工业品出厂价格中的生产资料价格和生活资料价格的比例(见图7),以生产资料价格作为分子。

生产资料和生活资料比价与利润工资比有很高相关性的一个原因是宏观经济短期波动的影响。至少到2006年为止,短期经济波动的主要动因是固定资产投资的波动。投资增长率加快的时候,生产资料价格率先上升,同时整个经济活动水平提高。在这个过程中,因为生产能力利用率提高,固定资产折旧相对变小,同时工资黏性使工资水平上升滞后。就利润的计算而言,还有一个情况是,贷款的成本主要是固定的名义利率。在经济出乎意料扩张的时候,原来的利率总是偏低的。这些情况最后导致利润工资比的大幅度上升。不过,在中国的情况下,还有一个因素是利率调整不及时,在经济扩张的过程中真实利率一直偏低,这使利润更高。

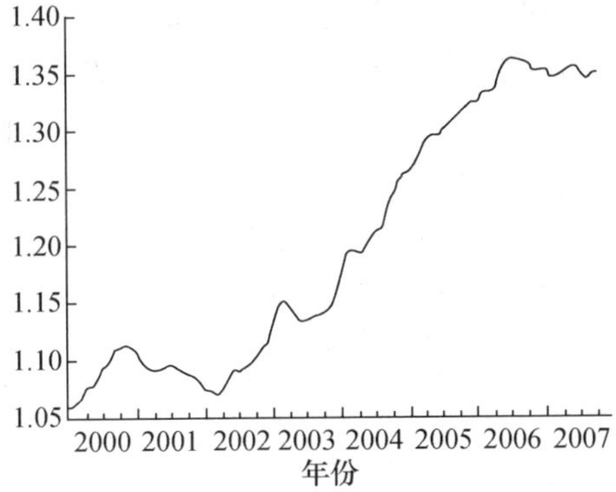

图7 季调后生产资料和生活资料比价

这一次宏观经济扩张从2002年算起怎么也不能说是短期波动了,利润工资比到2006年一直上升的主要原因有以下两点:一是生产资料相对价格的持续上升,二是真实利率持续偏低。真实利率偏低对利润的显著贡献可能会持续到2009年,因为有一些中长期贷款的利率也是固定的。而比价变化的效果从2006年中起发生了变化。

上下游相对价格变化对利润工资比的影响可以用不同的词语描述。一个简单的表述是,将生产要素中的资本分解为自然资源和通过投资形成的资本,因此将统计中的利润分解为资源的租金和投资的利润。在上游产品价格上升时,资源的边际贡献增加了,租金上升,使得统计上的利润增加。具体说,石油价格上升使得作为资源的油田升值,石油开采业统计利润的增加可以理解为相当大一部分来自油田租金的增加。事实上,最近几年地价大幅度上升，原来企业买地的成本很低，很多用地是无偿划拨的。如果按重置成本评估企业资产，大部分企业的市场价值会大幅度高于账面价值，按市场价值计算的投资报酬率并不很高。

从资本市场价值和重置成本（托宾 q）的角度说，当出乎意料的变化导致资本存量低于理想水平的时候，资本市场价值高于重置成本，这也是推动投资增长的动力。事实上，现在的全球经济活动水平远远高于过去比如说 2001 年预测的现在的水平。在更早的时候，中国的宏观调控就在抑制那时看来的"长线"部门的生产能力，包括能源、铁路、电力和金属冶炼等。等到后来发现预测错误的时候，原来的"长线"一下子变成了短线甚至瓶颈。这件事情与上下游比价问题的关系是，上游生产的投资周期相对比较长，2002 年以前的投资不足导致以后几年上游的生产能力一直低于理想水平。

从 2006 年年中到现在，上下游比价出现了下降的趋势。尽管在未来几年大幅度的下降不一定发生，但是如 2002 年到 2006 年年中那样大幅度上升的情况应当是不会发生的。这是全球范围的变化。国内比价的变化在一方面取决于全球的比价变化，另一方面取决于人民币汇率。如果人民币持续升值，因为上游产品的可贸易性比较强，上游产品的国内价格的上升幅度将低于国际价格的上升幅度。

四、简单的总结

引起 2007 年居民收入上升较快的其他因素还有：政府部门的工资水平较快提高，股票大涨引起了一些部门工资的快速增长。这些变化是暂时的，而农产品相对价格和上下游比价的变化可能是中期的趋势，这会导致利润工资比的变化。因为利率的原因，利润工资比的下降会有滞后。不过短期经济景气的影响很重要。目前全球经济在相对不景气的方向上发展，对于利润是不利的。

最后一点是，这里说的农产品比价和上下游比价以及工资利润比都是比例或者真实价格，对通货膨胀没有直接含义。这些比价的变化与成本推动通货膨胀的逻辑毫无关系。

4　2008年应对外部危机冲击

通货膨胀与价格管制：谨防一错再错*

周其仁

北京大学中国经济研究中心教授

最近的情况是，在通胀指数继续走高的形势下，一方面货币供给的增长速度依然很快，一方面政府实施了临时价格干预措施。具体看，2008 年 1 月 CPI 同比增 7.1%，PPI 增 6.1%，而广义货币供应量 M2 增 18.94%，人民币贷款增 16.74%，而银行的外汇贷款增加 42.59%。这是在宣布从紧的货币政策之后发生的，容易使人认为“从紧政策”还有灵活余地。

也是在 2008 年 1 月，政府宣布“对部分重要商品及服务实行临时价格干预措施”。到 1 月底，全国 31 省市全部实施了临时价格干预。这个事情也不是那样大，因为只是临时性措施，还不是价格冻结。无非就是提价要报批，不过对于敏感的商品，不那么容易批准就是了。

这两件事看来都不大，还是小问题。但是组合到一起，小问题有变成大问题的危险。一方面，货币政策的实际动向没有充分体现从紧的决心；另一方面，对市场的相对价格又实施了某种程度的管制。这样“松货币供给，紧价格干预”的政策组合，不是一个好的组合。

在认识上，很多人还是把货币总量引起的价格总水平上涨，与相对物价变动混为一谈。近几年来，“结构性”思维一直流行，从“结构性过热”、“结构性房地产泡沫”、“结构性股市泡沫”，一直到最近的“结构性物价上涨”。经济生活里永远有结构性问题，但不能因此忽略对总量形势的观察和判断。比如以“结构性物价上涨”的角度看问题，会认为无非就是一部分物价在涨，只要对症下药，管住了这部分物价就可以解决问题。这是价格管制措施的思想根源。

价格管制会有什么效果呢？标准的分析说，偏离市场供求决定的价格管制会产生不平衡的“缺口”。一般而言，政府管制的价格水平如果高于市场供求价，比如市价 10 元的商品，政府出于某种原因认为偏低了，非规定要 15 元才可以成交，那么这种商品的需求

---

* 中国经济观察第 12 次季度报告会（2008 年 2 月 24 日）。

量就要减少，供给量就增加，于是出现供过于求的“缺口”。反过来，如果管制价格低于市价，就出现供不应求，因为此时需求变大、供给变小。

这个分析的好处是简明，让大家直观地了解对市场价格施加管制的后果。缺点是，现实的物价管制有许多具体形式，比如有些管制措施并没有直接干预价格，只是限制市场中人们的某些行为，或限制市场合约的非价格条款，等等。这些看起来不是价管的办法，最后也要影响到价格走势。这要求我们在观察现象时，作变通的处理。

今天我们简要讨论几种商品的价格管制及其效果。第一个是电力。电是非常基础的商品，生产生活都离不开的。但是电的矛盾有多年了，主要在定价机制方面，发电用煤的价格已经放开，但电价还由政府管制。市场煤价一直在变，可是政府决定的电价就远不能灵敏反映市场的供求。2004 年国家发改委有一个煤电价格联动方案，规定如果市场电煤的价格上升超过 5%，其中 30% 由发电公司自己消化，70% 由国家调高电价来补。但是这个方案一直没有执行，使得这几年煤电之间的矛盾年年都成为一个大问题。

2007 年以来的情况是电煤的价格大幅上升。比如浙江绍兴的电煤要 820 元/吨，广州更高达 1 000 元/吨。在这个情况下维持电价不变，发电就没有积极性，政府把发电作为政治任务来部署，问题是可以坚持多久？煤与电的矛盾早就存在，本来也要解决，无奈通胀一来，为了抑制物价上涨，政府更不敢同意提电价，这势必使电的供不应求更加严重。

煤价固然是市场供求决定的，但其中也存在非价格管制的影响。年前我在山西听到反映，随着矿难的升级，关闭小煤矿的行动也升级。过去已经把 10 万吨以下的煤矿都关了，后来关 20 万吨以下的。去年洪洞煤矿特大矿难导致 105 人遇难，结果要求 30 万吨以下的煤矿全部关闭。矿难当然必须坚决治理，许多小煤矿的安全设施差，出事故的风险高，所以关闭也是一项重要政策。但是事情有另外一面，中小煤矿对煤炭供给量在边际上的影响很大。30 万吨以下的煤矿中，也有安全设施达到标准、在过去各类检查中也办齐了许可证明的。一道命令说关就关了，也许安全的风险减小了，但对生产的影响就过大。这里不讨论矿难治理政策，只是说明，煤价虽然是市场形成的，但其中也有类似价格下限管制的影响。

第二是粮食。迄今为止，全国市场粮价上涨的幅度较低，差不多是所有农产品中价格上涨幅度最低的。2008 年 1 月的价格指数，肉禽升 41.2%，猪肉 58.8%，鲜菜 13.7%，而粮食只有 5.7%。粮价涨幅最低，是因为连年粮食丰收，粮库充裕，而从去年下半年后，国家粮库向市场大量拍卖粮食，压住了市场粮价的上升。这当然很重要，因为粮价的影响大，如果粮价像猪肉那样涨，对整个 CPI 的冲击就更大了。

但是，这样的粮价态势，对未来粮食生产也有某种不利的影响。因为政府靠大手拍卖库存，与对粮价实行上限价格管制的效果是一样的。但是，政府对待别的农产品如食用油、猪肉等，没有同等的调控手段。反映到市场相对价格上，就是粮价偏低，成为一个“低谷”。这对来年的粮食生产，不是刺激的信号。加上政府对粮食生产的投入品如化肥、农药，也不是靠卖库存压价，所以这些投入品价格涨得远比粮价凶。南方下雪的时候，我们在浙江衢州访问 1 000 亩规模的种粮大户，前几年他们一亩地的净利达 300—400 元，去年就减到 100 元以内。这预示 2008 年继续增产粮食的经济诱因不足。

更重要的是，考虑粮食问题不仅要考虑生产，还要考虑一旦农民的通胀预期起来以后，就是多生产了粮食，也不一定愿意多卖。农民通过惜售来对付通胀，因为晚一点卖，预期的价格还要上升。在这种情况下，粮食就成为农民达到货币保值的手段。不可看轻了，每家农民少卖几袋、多存几袋粮食，加到一起对全国市场的影响就不得了。

以上提到的电力和粮食，直接间接都是上限价格管制，就是政府不准东西卖得贵，效果是抑制生产，减少生产和供给的意愿。同时，经济生活里还有实施下限价格管制——就是不许东西卖得便宜——的情况。这里分析的第三个例子是劳力，已经开始出现不许劳动力市价过低的管制倾向。

大家知道，我国的劳动力市场是开放竞争的。不过，也已经有了最低工资的管制。就是各地政府根据当地的生活水平，规定了人工的最低工资标准。经济分析说，只要规定的最低工资与市场供求决定的水准间相差不远，最低工资对劳动力供需的影响就不那么大，因为政府管制的价格靠近市价水平，没有严重偏离，等于为劳力市场提供了一个标准合同。有时候劳务的供需双方，要发现价格也很麻烦，干脆按照最低工资起薪，事实上还节约了一些交易费用。这是前几年很多地方的情况。

但是通胀指数上涨、特别是对工人生活影响极大的食品价格飞涨之后，新问题就出现了。有的地方最低工资的调整跟不上物价的变化，企业如果还是按过去规定的最低薪水付薪水，工人就不干，因为他们的收入赶不上食品这类“打工成本”的上涨幅度，最低工资等于变成了劳务的上限价格管制，有打击劳动供给的效果。另外一些地方，大幅提升最低工资来应对通胀压力，试图在通胀条件下维持下限价格管制。还有一些地方，已经提出要不要把通胀指数与最低工资挂钩，也就是对最低工资作通胀指数化的处理，使之可以自动反映通胀的变化。这后两种情况，等于对劳务实行下限价管，理论上会造成供大于求的后果，值得我们认真观察。

当下反应比较强烈的，是国家对劳动力市场的非价格管制，特别是从2008年1月生效的新劳动合同法。最近差不多家家都在谈，且受影响的不仅是“企业”，还包括所有“用人单位”。这个法案涉及的面很宽，需要专门讨论。这里只讨论它与通胀形势的关联。以最近了解的一个情况为例，港口一周七天都有船来，所以每天（包括周六和周日）都需要人工装卸。如果法例规定凡假日工作一定要加薪，那装卸的人工成本就高了。这样法定的条款，虽不是直接定价，但等于是一种非价格管制，人为提升人工成本。类似地，强化就业保障以及对劳动合同的法定干预，也有类似效果。

人们容易认为，通过法律干预人为提升劳动报酬的办法，对劳动者有利。但是仔细分析，对劳动关系的价格和非价格干预，除了有利于劳动者的一面，也还有不利的一面。因为劳动者固然可以依法提升劳动收入、改善劳动条件、增加就业保障，但由于这些立法限制相当于一种价格的下限管制，它在提升人工价格的同时，有减少对劳力需求的效果。这就意味着就业空间因此减少。这两面并存的正负效果，究竟孰轻孰重，要看具体环境。我国的情况是，虽然出现了局部地区“民工荒”，但每年新增就业的压力还是很大的。有报道说去年毕业的500万大学生，尚有100万还没找到工作。今年从“用人单位”的态度看，招工更犹豫。本来日趋激烈的产业重组、升级和调整就已经带来相当规模劳动力的转岗和下岗。在这种情况下，在有岗位工人的利益提升与不得就业之门而入的工人利益之间，要有更谨慎的平衡考虑。从南方的情况看，因为市场变动带来的就业压力已经很大，加上新法规对就业量可能的影响，2008 年增加就业的形势无法让人乐观。

第四是土地。这个问题我们在过去的“CCER 中国经济观察”上讨论过几次。去年政府宣布城镇居民不得购买农村的小产权房。这个政策的含义是什么？我们不妨问，农民为什么要把小产权房卖给城里人？原因无非是城里人出价高一点。所以，不准出售就限制了小产权房的卖家即农村人的利益。再问城里人为什么要买小产权房？原因无非价格相对便宜一些，政策不准城里人买，等于要他们买贵的，损害了城里人的利益。中国人不是农村人就是城里人，禁止小产权房卖给城里人的政策同时损害了城乡两个方面，所以从根本上我认为这不是一个好政策。当然这也许只是暂时的“叫停”，因为目前情况比较乱。农民土地一到流转的环节，非要“集体”出面不可。而集体制——正如过去几十年的经验教训所显示的——并不能自动保证农民的利益。像小产权房交易这样的事，到底农民得了多少，“集体”或少数村庄权力人物又得了多少，还没有规章，叫停一下也有道理。

要讨论的是，维持国家征地和独家向市场供应建设用地的体制，实质上也是一种对土地要素实施下限价格管制的制度。它人为降低了土地供给之间的竞争，推高了地价。过去我们分析过，地价是不能决定房价的，因为房价首先由需求决定。不过给定市场对房屋的需求，地价越高，结果只有高价位的房屋需求才优先得到满足，于是观察得到的房屋成交价，就都是高价位的了。希望房价不要升得那么快，又规定土地绝不能卖得便宜，这无论如何是合不到一起来的。

上面我们讨论的四种产品，电力和粮食是产出，劳力和土地是投入的要素。很有趣，目前的情况是，对产出品实行价格的上限管制，也就是政府为了控制物价水平的过快上涨，用行政命令或法律手段限定了产出品的最高价位；同时又对投入的要素实行价格的下限管制，就是不准卖得便宜。

这样两种价格管制的结合，将有什么结果呢？我认为最明显的后果就是打击生产。这其实是不难明白的——出售之物不得低于市价，投入之物又必须高于市价，两头挤压生产者，人家还不是只好减少生产、退出生产？20 世纪 80 年代中，饲料粮价格先放开，但生猪还按政府定的低价收购，当时江苏农民就发牢骚说，“议价饲料平价猪，谁养猪谁是猪”。现在的“饲料”不但市场议价，而且非贵过市价不可，那岂不是“谁养猪谁还不如猪”了吗？

这就是为什么说小问题可能变成大问题。因为通胀和通胀预期一旦起来，即使果断地釜底抽薪，紧缩货币供应量，已经发出去的货币和已经启动的通胀预期还在市场上起作用。所以通胀一旦起来，一般不会马上下去。这个时候，鼓励生产、增加生产很重要，因为只有拿出更多的商品和服务，才能对付市场上已经偏多的货币。在这个紧要关头，不当的价格管制打击生产，无异于为通胀火上浇油。

我们从中看到一个挑战性的问题，就是在通胀的背景下，还要不要充分发挥价格机制的功能？我们注意到，去年年底的时候，发改委坚持 2008 年要提升中国的能源和资源价格，校正长久以来的价格失真。这是对的，否则什么保护环境、节能减排，统统不过喊口号而已，没有经济机制要求人们普遍如此行为。但是通胀指数高了之后，政府的第一位任务转向“摁住”物价，原定的价格改革——包括电价调整——不得不押后。

但是，我们认为物价管制不但替代不了货币管理，也永远消除不了通胀。相反，即使在通胀的情况下，也要充分发挥价格机制调节供求的作用，特别不能用不当的价管组合来打击生产，那样只会助长通胀和通胀预期，更以资源的错误配置为长远代价。此事从来知易行难，20世纪70年代初美国尼克松总统，在受“石油危机”冲击后，宣布冻结美国的石油和工资价格，可是货币过多的问题没解决，结果物价管制打击了供给，使得“短缺”更加严重——大家都增加了囤积货物的倾向，等到物价管制实在守不住，通胀指数立刻迅猛上涨。这说明，气温高的时候试图把“气温计”压住是于事无补的。瞒天不能过海，不准确的气温计，谁也不会看的，大家都凭感觉行动。

现在的困难是，人们对“从紧”的货币政策还有很大的保留，因为看到美国经济和国际市场下行的风险增加，中国的出口部门正面临严重的调整，也出现了企业搬迁、就业困难等新问题。在此压力下，货币政策更倾向于灵活的“相机处理”。另一方面，传统思路又总把通胀看成物价现象，习惯用管制物价的办法来“治理通胀”。到了物价管制的层面，再来一个投入品限制下价、产出品限制上价——所有这些因素凑到了一起，有可能有麻烦。好比一口大锅，已经烧得很热，不但不下决心撤火，还要锅下加一把柴，锅上面压一个盖。那样的话，轻则把饭烧糊，重则把锅烧炸。因此，如果说“松货币”是一错，“紧物价”就是再错。对付通货膨胀要谨防一错再错，要考虑“釜底抽薪紧货币，松动价管促生产”。

2008年经济发展趋势分析*

祝宝良

国家信息中心经济预测部副主任

2007年国民经济保持了增长较快、结构优化、效益提高、民生改善的良好态势，经济发展的方式开始转变，经济发展的潜力不断提高，经济发展的活力继续增强，国内生产总值在前四年分别增长10%、10.1%、10.4%和11.1%的基础上增长11.5%。2008年，受美国次贷危机引发世界经济增速减慢、年初冰雪灾害影响以及我国实行从紧货币政策等因素影响，我国经济将由过去五年加速增长的运行态势转变为高位趋稳、小幅回落的运行态势，继续保持持续、平稳、较快增长。

一、我国经济增长潜力不断提高

一个经济体的经济增长潜力由自然资源、资本积累、劳动力以及资本和劳动力等生产要素配置和使用效率决定。近年来，我国经济发展的潜力不断提高。连续几年经济和投资高位增长导致我国资本积累的速度快速提高，资本存量的增长速度由改革开放以来年均增长11.5%提高到2003—2007年的年均14%左右，形成了大量生产能力，大大增强我国经济增长的供给能力。自主创新能力不断提高，科技进步加快，农村劳动力不断向劳动生产率较高的非农产业转移，全要素生产率增长速度基本保持改革开放以来年均3%左右的水平。国内基础设施和重大工程建设得到明显加强，煤电油运等瓶颈制约明显缓解，充裕的国家外汇储备也增强了我国利用国外资源的回旋余地，在经济全球化背景下资源配置效率不断提升，经济增长的潜在能力不断增强。据测算，2003—2007年，我国的潜在经济增长能力分别为9.8%、10.2%、10.6%、10.8%和11%，高于改革开放28年来潜在增长率9.7%左右的平均水平。2006年和2007年，我国实际的经济增长高于潜在经济增长，但两者的差距并不大。2008年我国的潜在生产能力仍在11%左右。在潜在经济增长能力不断提高的前提下，我国实际经济增长对潜在增长的偏离程度，可

* 中国经济观察第12次季度报告会(2008年2月24日)。

以归结为宏观经济政策的调整和外部冲击对我国经济的影响。

二、世界经济增长放慢对我国经济影响不大

从影响我国经济增长的外部冲击因素看，不确定性因素明显增加，最大不确定因素是美国次贷危机影响加大、金融市场出现混乱和国际石油等初级产品价格持续上涨究竟对美国和世界经济产生多大影响。

2月9日在日本东京闭幕的西方七国财长和央行行长会议上，德国财长佩尔·施泰因布吕克表示，七国集团因美国次级抵押贷款而引起的证券相关亏损额可能会增加到4 000亿美元，这一数额大大超过了华尔街银行和其他金融机构近几周显示的1 200亿美元，也超过美联储去年预计的1 000亿美元至1 500亿美元。鉴于此，国际货币基金组织1月29日发布的《世界经济展望》调低了对世界经济的预测，把2008年全球经济增长率从2007年的4.9%降到4.1%，比2007年10月《世界经济展望》预测下调了0.3个百分点。美国经济增长为1.5%，下调了0.4个百分点；日本和欧元区分别为1.5%和1.6%，下调了0.2和0.5个百分点。美国经济尚不会衰退，诺贝尔奖获得者劳伦斯·克莱因教授也预测，2008年一、二季度美国GDP将分别增长0.6%和1.5%。

2007年，我国出口依存度大约为36%，其中对美国出口占我国出口的20%左右，世界经济减慢难免会对我国出口产生较大影响。按照我们的定量分析显示，我国出口对美日欧GDP的弹性分别为4.1，4.7和3.5，即美日欧GDP增长速度分别增加或减少1个百分点，分别将使我国对这些国家和地区的出口增速增加或减少4.1，4.7和3.5个百分点。这三大经济体经济每减速1个百分点，会导致中国经济增长降低0.8个百分点左右，影响有所减小，中国以及其他发展中大国经济与美国等发达国家经济出现了脱钩现象。世界经济的变化也可以通过外部需求的调整引导我国内部需求发生变化，缓解内外经济失衡加剧的矛盾。外部需求减少有利于抑制贸易顺差过大的矛盾，减少我国经济由偏快转为过热的风险。俄罗斯、印度等发展中国家经济强劲增长，有利于我国开拓这些国家的市场，实行贸易多元化战略，减少对欧美等发达国家的出口依赖。美元贬值会减少低附加值产品、高污染和高耗能产品的出口，有利于促进我国经济增长方式转变。出口总量减慢和出口结构调整，会通过生产要素的重新配置促进国内产业结构调整，第三产业会得到较快发展，有利于调整投资、消费、出口的比例关系，促进消费增长。

三、近期极端气候灾害对国内经济的影响有限

2008年1月中旬以来，我国南方近20个省市出现大范围降温、降雪、冻雨等恶劣天气，灾害损失达到1 111亿元。受灾害影响较大的地区是我国人口集中、经济发展水平相对较高的地区，这场突如其来的暴风雪导致受灾地区交通运输、能源供应、电力传输、通讯设施等出现不同程度的中断，工业生产、投资、消费、进出口都将会受到不同程度的影响，特别是农业包括蔬菜和肉类生产影响较大，会推动未来几个月物价上涨。在看到冰雪灾害对我国经济带来诸多负面影响的同时，也应该指出，这一影响是暂时的。从过去

的情况看，这样的自然灾害并不会导致中国经济增长的基本面和基本趋势发生改变。随着气候的逐渐转暖和灾后重建工作的有序进行，经济运行将很快步入正常轨道。预计二季度我国经济就将恢复正常增长，一些领域可能会出现报复性反弹。

要吸取 2003 年治理 SARS 冲击的经验，避免高估雪灾的负面影响。如果现在重新评估 2003 年 SARS 对经济运行的负面影响和政府为减少 SARS 冲击所采取的经济手段，可以发现，2003 年 SARS 疫情爆发后，当时对其负面影响的判断偏悲观了些，为保证经济增长势头，政府采取了一系列刺激手段。就货币政策来看，“稳健”的货币政策表现积极，人民银行全面贯彻落实国务院提出的关于一手抓防治“非典”，一手抓推动经济发展的要求，先后发布《中国人民银行关于加强非典型肺炎防治工作中金融服务的紧急通知》和《中国人民银行关于应对非典型肺炎影响全力做好当前货币信贷工作的意见》，采取了较为宽松的信贷政策，从而促使 2003 年出现信贷猛增的局面，并推动经济运行在 2004 年上半年转向“过热”。有鉴于此，我们对当前的雪灾损失也不宜估计得过于严重。

四、我国经济将由加速增长转变为高位趋稳、小幅回落

在政策因素、灾害因素、国际因素共同影响下，我国总需求强劲扩张势头会有所减弱，国民经济运行态势将由过去五年加速增长转为高位趋稳、小幅回落，GDP 增速将从 2007 年的 11.5% 回落到 2008 年的 10.5% 左右，下降 0.9 个百分点。经济增长呈现前低后快的趋势，其中一季度经济增长 10.2% 左右。

消费需求拉动作用加大。连续多年宏观经济景气较旺，新增就业人数增加较多，居民收入增长较快，消费结构升级对消费仍然会保持较强的促进作用，这些基本因素决定了 2008 年我国消费品市场销售增长率仍将保持高位。此外，2008 年奥运会在我国举行，也将会对国内市场销售产生“奥运景气”推动作用，居民物价上涨预期增强也会带动居民提前消费。预计 2008 年社会消费品零售额实际增长 12.7% 左右，比 2007 年实际增长率高出 0.3 个百分点。

投资增长基本稳定。在企业利润增长加快、设备利用率在 2007 年第四季度达到历史最高值 85.3% 的情况下，企业投资的积极性仍然高涨；企业自有资金增长较快，为企业扩大投资提供了资金保障；2007 年新开工项目增长较多，为 2008 年投资提供了增长惯性；国家加大淘汰落后产能、加快技术升级和节能减排，需要加大对先进产能和节能减排设施的投资；经济适用房、廉租房建设项目增加较多，房地产投资将继续成为带动投资增长的重要力量；政府主导的投资体制基础没有改变，政府换届会拉动投资增长。但是，2008 年投资增长也面临一些限制因素。央行频频提高利率和控制新增贷款规模，企业融资成本提高，获得贷款的难度加大。房地产市场积累了一定风险，加之美国次级贷款危机对我国起到一定的警示作用，银监会等管理部门已经加大了对房地产贷款的审查力度，提高第二套住房贷款首付比例和其他审慎贷款政策将对开发商和购房者的资金来源产生一定限制。同时，高能耗产品出口限制政策可能使这些行业供求和价格形势发生变化，不少行业投资回报预期降低。综合各方面因素分析，我们估计，2008 年固定资产投资增速仍在偏快区间运行，2008 年全社会固定资产投资名义增长 25% 左右，和 2007 年基本

持平。

外贸顺差增速有所回落。出口增速减慢。世界经济增长减慢会影响我国出口。针对中国的贸易摩擦增多,特别是炒作中国产品质量问题对2008年的出口造成负面影响。国内2007年密集出台的控制出口过快增长和调整外贸结构的政策效果在2008年进一步明确显现。人民币升值步伐有所加快,各方面生产要素成本逐步提高。这些因素的共同作用将使得2008年我国出口增速下降。进口增长基本稳定。国内需求保持较快增长态势,人民币升值和进口关税逐渐下调使国内外比价关系变化的调节作用逐渐显现。石油、农产品和其他矿产资源进口额受其价格上涨的影响将加快上涨。初步估计,2008年我国出口增长18%,进口增长20%,贸易顺差规模大约为2 900亿美元,比2007年增加280亿美元,贸易顺差的增幅由2007年的50%下降为10%。

五、成本推动型物价上涨压力加大,全年呈前高后低走势

对目前的物价上涨,存在不同的看法,一种观点认为是货币超经济供给引起的需求拉动型通货膨胀,一种观点认为是成本推进型的通货膨胀,并具有明显的结构性特征。我个人认为,这次物价上涨的原因和机理比较复杂,既有需求扩张拉动,又有成本上升推动;既有国内因素,又有国际因素;但总的看,当前我国的潜在经济增长能力和实际经济增长水平的偏离程度不大,商品市场供求总体基本平衡的格局没有改变,虽存在需求拉动型通货膨胀的市场需求条件,但物价上涨主要表现为成本推动型通货膨胀和结构型通货膨胀。一是在经济全球化深入发展和我国全面开放的条件下,我国经济同世界经济的互动日益密切,对国外市场和资源的依赖程度日益提高。我国及印度等新兴经济体的快速发展,增加了石油、农产品和其他矿产品等初级产品的需求,拉动了世界初级产品价格的上涨。同时,初级产品的金融化程度不断提高,投机炒作这些产品的金融衍生工具不断创新,地缘政治纷繁复杂,进一步推动了初级产品的价格上涨,导致我国输入型通货膨胀压力加大。二是在开放条件和国际竞争日趋激烈的条件下,我国的价格上涨,也表现为可贸易的制造业商品价格基本稳定,不可贸易商品价格上涨较快,物价上涨呈现出明显的结构性特征。这一特征和当前消费需求总体上相对不足以及消费结构不断向享受型和发展型升级结合在一起,进一步强化了物价水平变动的结构性特征。事实也正是这样,近年来,在非食品消费品价格保持相对稳定的同时,服务业、房地产等价格却在持续上升。三是农业部门比较收益低,政府没有补贴的产品(除了粮食外)生产受到影响,供给不足,表现为肉类、牛奶、蔬菜等价格上涨。

2008年,物价上涨的这种成本推动型和结构型特征仍很明显,冰雪灾害对肉类、蔬菜价格的影响将在上半年有所显现,总体上看物价上涨压力较大,同时考虑明年翘尾因素影响居民消费价格上涨3.4%左右,预计2008年全年物价前高后低,居民消费价格上涨幅度将超过5%。一是农产品价格将继续上涨。我国国内农产品价格走势受国际农产品价格的影响越来越大,2008年,世界粮食供求处于紧平衡状态,库存持续下降,美国生物能源加工快速发展,发展中国家农产品消费量不断增加,都会继续给农产品价格上涨施压。国内农产品生产成本受农业生产资料价格不断上涨的推动而上升。二是国际原油

价格仍存在上涨压力，2008年年初，国际原油期货价格突破100美元大关，2008年原油供需依然紧张，国际能源署预计2008年原油日需求量将增加140万桶，而受挪威、英国和墨西哥等成熟油田产量下降影响，非OPEC原油日产量仅增加60万桶。地缘政治、投机炒作、美元贬值也会推高国际油价。三是资源价格改革推动价格水平上升。2008年，资源价格改革步伐会逐步加快，将适时开征环境税和资源税，陆续出台水、电、油、气等资源性产品价格上调措施，全面开征污水处理费等。四是劳动力成本将进一步上升。年轻劳动力和技术工人供应趋紧，企业职工工资正常增长机制和支付保障机制基本建立，在部分地区实施农民工医疗保险、失业保险、养老保险以及住房公积金制度，劳动合同法正式实施。五是通胀预期不断加强，对物价形成支撑。当然，实施稳健的财政政策和从紧的货币政策有利于控制物价上涨势头，人民币升值步伐适度加快，会抑制输入型通货膨胀压力。对通货膨胀水平的高度关注将会使国家充分考虑到各种政策调价因素对整体通货膨胀的影响，控制各项政策措施的出台节奏和力度。

六、宏观经济政策基本取向

如果我们认定通胀主要是成本推动型的，货币政策怎么办？因为货币政策是调控需求的，用来治疗需求拉动型通胀很管用，治理成本推动型的可能就不是那么有用。再者，我们历次的通胀都是需求拉动型的，只要控工资、控贷款，物价就会下来。但是改革开放以来，我们还没有治理成本推动型通胀的经验，因此还需要我们进一步地去研究相关的政策措施。

在这种情形下，我认为，第一，从紧的货币政策不能变，但是不能说这一政策是用来防通货膨胀，而主要是防止通胀预期。第二，财政政策应该在防止成本推动型通胀上发挥作用，包括增加对居民的补贴以及对农产品进行补贴等。第三，在人民币汇率问题上，我认为应该加大人民币汇率形成机制的改革力度，促使人民币适度地升值，这对抑制输入性的通胀还是有很大作用的。

生产弱共振　需求强脱钩*

宋国青

北京大学中国经济研究中心教授

“共振”(comove)是国际经济波动研究中描述不同国家经济协同波动现象的词语，“生产弱共振”的意思是当前国际经济不景气对国内生产有影响但比较弱。“脱钩”(decouple)是高盛描述其他经济逐渐不受美国经济影响使用的词语，“需求强脱钩”的意思是当前国内总需求可以与国际经济完全无关。

下文分四节讨论。首先，最近的通货膨胀主要是货币因素，但广义货币供应量M2低估了货币增长速度。其次，当前货币政策的一个重要内容是信贷额度控制，出现的一个现象是额度外信用扩张。然后，具体说明“生产弱共振”和“需求强脱钩”。最后，比较通货膨胀不同观点和不同货币政策目标选择的政策和预测含义。

一、通货膨胀是货币现象

中国的M2增长率与通货膨胀等宏观经济变量联系紧密。过去用M2对中国经济做短期预测的效果一直很好，但2006年下半年开始出现问题。2007年5月发现货币度量存在问题①。尽管2007年通货膨胀不断上升，M2增长率并不高。图1中M2同比增长率三个月前加权移动平均与当月CPI同比增长率关系从2006年下半年开始发生变化。

作为更广义货币供应量的近似，“国外净资产和国内信贷之和(下面称为货币来源或MS)”的增长率在2006年以后明显高于M2，此前两者的增长率非常接近，如图2所示。从图1看，用MS可以很好地预测通货膨胀率。

* 中国经济观察第12次季度报告会(2008年2月24日)。

① 见宋国青2007年《货币度量有问题》一文，《财经》2007年6月25日总188期第51页。

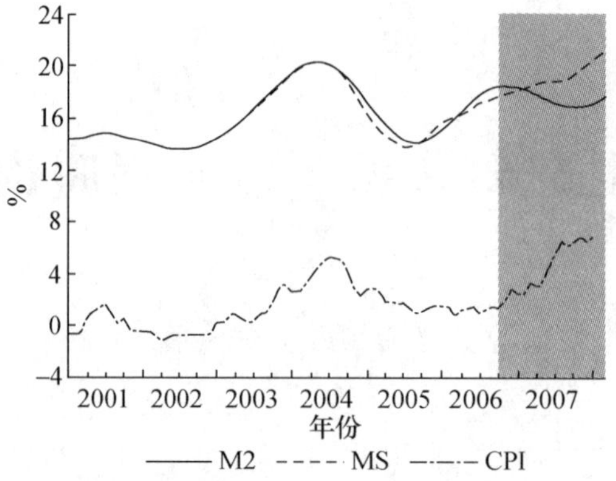

图1　三个月前货币加权移动平均和当月消费价格指数同比增长率

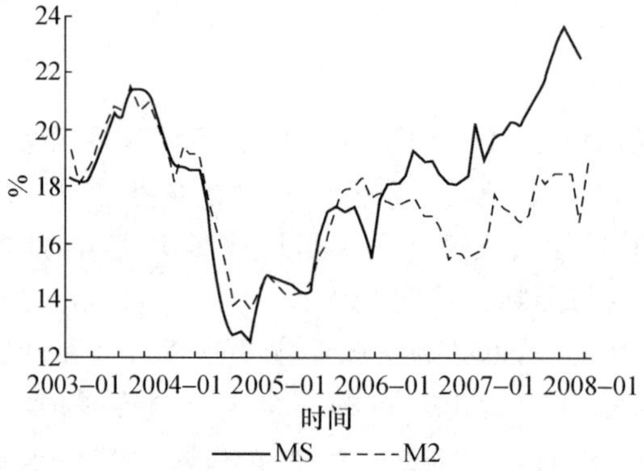

图2　M2及"国外净资产与国内信贷之和"同比增长率

去年的"通胀洪峰可能已经过去"的说法需要检讨,现在看洪峰不仅在那时没有过去,也未必在未来几个月内过去。当时的错误在于高估了政府宏观调控的决心,认为在较高通货膨胀率出现以后会采取强烈的紧缩措施。

在我过去的做法中,对通货膨胀率和其他宏观经济指标的预测包括两个部分,一是根据已经发生的货币量和利率汇率等预测未来一个短时期内的情况,二是估计下一步的政策。第一步预测往前看三个月是相当有效的,看六个月的效率低一些,但还可以,看半年以上就很差了。这一步原来主要看M2,现在改成看MS,我认为这是一个很重要的进展。第二步预测没有数量模型,主要靠经验感觉。

2006年年中以来,M2与MS增长率出现很大差别的主要原因是银行"对其他金融性公司负债"中有一部分未计入M2,这部分增长很快。2007年12月,未计入M2的"对其他金融性公司负债"比上年同期增长了69.1%,M2仅增长了16.7%,如图3所示。"对其他金融性公司负债"在2006年以来的快速增长可能和大量资金进入股市有关,此前的增长率不高,绝对数也不大,算或者不算在货币中对货币增长率影响不大。

目前货币供给支持的通货膨胀率在6%以上,雪灾和猪肉短缺等供给因素对通货膨胀有小的贡献。雪灾的影响在1月份还很小,2月份很大。从已经发生的货币供给情况看,高通胀将持续至少一段时间。如果在未来几个月没有相当猛烈的紧缩措施出台,全年的通货膨胀率将会超过6%。

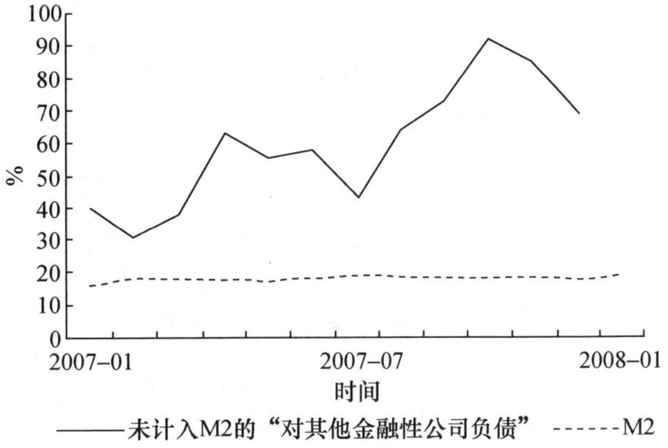

图3　未计入M2的“对其他金融性公司负债”和M2同比增长率

二、额度外信用扩张

在对人民币贷款进行额度控制的情况下，额度外信用扩张可能导致货币供给超过货币政策的目标。额度外信用扩张的一个表现是金融机构外汇贷款迅速增长。2007年1—12月，外汇存款减少77.4亿美元，其中企业外汇存款增加103.2亿美元，而外汇贷款增加537.8亿美元。2008年1月外汇贷款又比上月增加了169.0亿美元。虽然外汇贷款的绝对数不是很大，但是由于增长率非常高，说明企业和银行对增加贷款的积极性非常高，如图4所示。

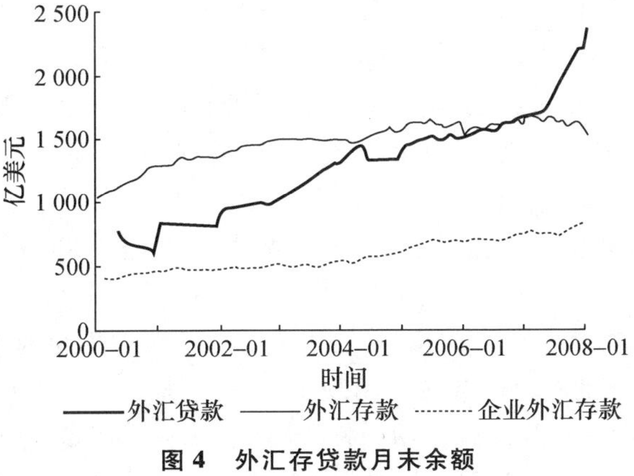

图4　外汇存贷款月末余额

额度外信用扩张的另一个表现是国内信贷增长高于贷款增长。图5显示贷款与国内信贷的差别。在2007年9—11月的3个月中，贷款增加了5 070亿元，其中11月增加874亿元；国内信贷增加了9 814亿元，其中11月3 243亿元，两者增量的差别显著增大。12月的数据出现了调整，对政府债权猛烈增长。这可能与部分外汇的计账方式发生变化有关。

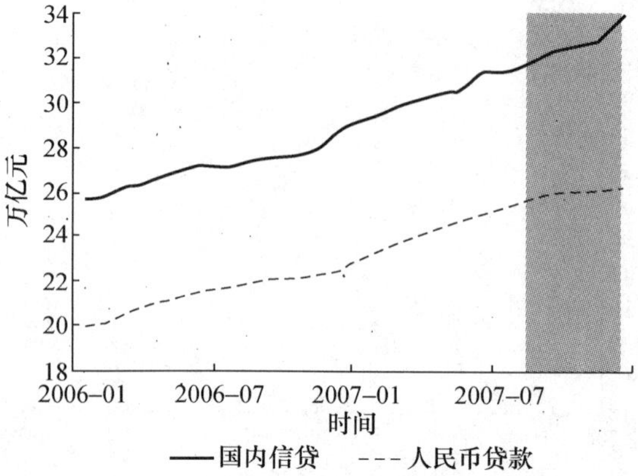

图 5　国内信贷与人民币贷款月末余额

由于企业和银行的贷款积极性很高，在 2007 年四季度紧缩信贷时发生了额度外信贷快速增加的情况。到了 2008 年开始，信贷又猛烈扩张。因为国际经济的变化和雪灾的发生，货币政策出现了一些松动。现在推测 2008 年 1—2 月的货币增长率依然很高。2007 年四季度对住房贷款实行了一些控制，其对总贷款的控制效果现在看来不大。从这些情况来看，货币供给快速增长的情况到目前为止没有任何放缓的迹象，甚至更快增长都是可能的。从目前有关政府部门的态度看，还没有出现严厉紧缩的征兆。这些情况显示通货膨胀率至少在 2008 年二季度还会相当高。

三、生产弱共振　需求强脱钩

最近国际经济再次出现不景气，引起了很多关注。另外人民币升值速度显著加快。两方面的作用可能导致出口和顺差的增长率显著下降。鉴于 2001 年国际经济不景气对中国经济形成了很大的负面影响，需要探讨国际经济不景气的影响效果。基本的看法是，由于国内经济动力的变化，此次国际经济不景气对中国经济的影响将显著小于 2001 年。

图 6 是货物出口和国内工业生产的波动情况，两者在 2000—2003 年表现为“强共振”的关系，2004 年以后“共振”关系显著减弱。

2000—2003 年国内工业生产与出口“强共振”是总需求不足时的特殊现象。由于总需求增长率偏低，在 1998—1999 年国内出现了通货紧缩。在这样的情况下，国外需求的变化起重要的作用，外需走强可以拉动内需走强，外需走弱可以引起内需走弱。在通货紧缩之中或者通货紧缩边缘，总需求的变化可以引起生产的强烈反应。

强共振的基础是货币供给对国际经济景气状况和出口的反应。在内需疲软的情况下，出口下降导致有关贷款因而货币供给下降，出口增加则导致货币供给的扩张。所以，“强共振”的前提是货币政策“失灵”，货币供给在一定程度上被出口所左右。图 7 的货币为 MS，其同比增长率与出口波动在 2000—2003 年间表现出“强共振”关系。在中国走入通货膨胀之后，货币供给不再为出口所左右。

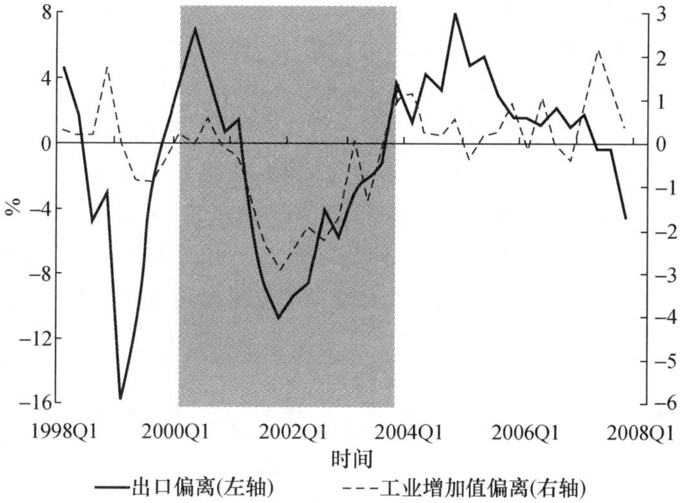

图 6　出口与工业增加值波动趋势偏离

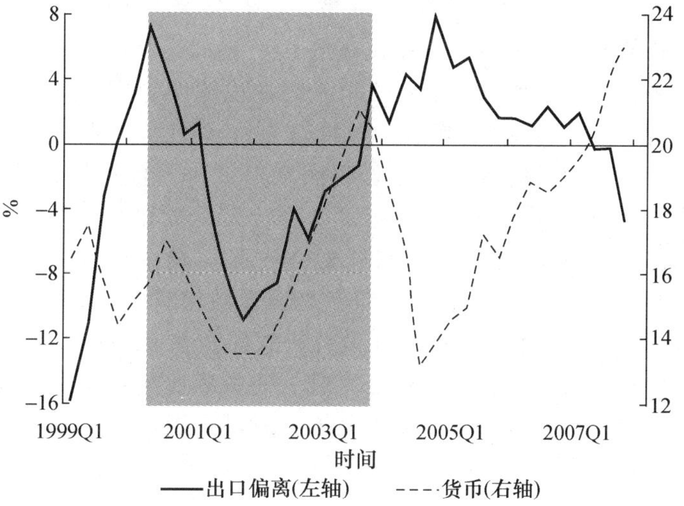

图 7　出口趋势偏离与货币(MS)同比增长率

关键的区别是，在一定其他条件下，货币政策在增加货币供给和减少货币供给两个方向上的作用是不相同的。如果通过通常的简单货币政策总可以增加货币供给，那就不会出现通货紧缩。反过来说，出现了通货紧缩，就说明货币政策在一定程度上“失灵”，达不到货币当局希望的增加货币供给的目标。在减少货币供给的方向上，货币政策的效果总是没有疑问的。无论采取提高利率的政策还是数量控制方式，需要的只是政府的决心。在这样的情况下，可以根据外需的变化情况调整货币政策，达到货币供给因而总需求独立于外需变化的结果。具体说，就是在出口景气的时候从严控制内需的增长，在出口不景气的时候相对放松对内需的控制。

尽管总需求可以独立于外需，需求结构的快速变化仍然可以对真实经济形成冲击。这是因为生产能力在不同部门之间的转移是有摩擦的。在外需迅速下降的过程中，出口商品生产部门的生产能力得不到充分利用，而供给国内的生产部门的产量受到生产能力的制约。在保持总需求平稳增长的情况下，总供给仍然可以发生波动。事实上，在2007年下半年，随出口增长率的下降，工业生产的月环比增长率下降到相当低的水平，而通货膨胀率持续上升。这样的变化将在2008年上半年在同比增长率中表现为相对的低增长和高通胀。不过这个影响不是很大的。本文题目中的"生产弱共振"就是这个意思。

不同于2000—2003年，目前国内需求和经济增长正常，外需下降可以通过扩大内需平衡。近期国际经济不景气加上人民币升值因素导致出口下降，只要稍微放松国内信贷就可以保证总需求的增加。过早考虑把"从紧"的宏观调控改为"适度"调控可能贻误通货膨胀的治理。

四、通货膨胀与货币政策目标的不同观点

现在对通货膨胀的解释有两种主要的观点。一种观点即"通货膨胀是货币现象"，钱多了就会涨价。另一种观点是"成本推动通货膨胀"。这有点类似二十年前，1988年就有很多"成本推动通货膨胀"的讨论。目前政策可能对两种意见都有所考虑，表现为对货币数量的温和控制，使通货膨胀率维持在较高的水平上。通货膨胀两种观点的政策含义是截然不同的，过多考虑后一种看法会对货币紧缩造成贻误。

对于货币政策目标也存在两种观点。一种观点强调短期中货币政策要兼顾通货膨胀目标和经济增长目标，背后的逻辑是通货膨胀在短期内对经济增长有刺激作用，或者说控制通货膨胀会导致经济增长率下降，所以货币政策需要在通货膨胀和经济增长目标之间进行权衡。另一种观点是货币政策只管通货膨胀。现在已经有很多国家的货币政策采取"通货膨胀目标制"，这样的单一目标就是货币政策只管通货膨胀，不在通货膨胀和经济增长目标之间权衡。通货膨胀和经济增长的权衡在某种程度上是利用通货膨胀的兴奋剂作用，其后果是通货膨胀预期不断上升。通货膨胀的兴奋剂效果也仅在通货膨胀出乎公众意料时管用，在通货膨胀预期上升以后就没有用了。

币值稳定是第一民生*

周其仁

北京大学中国经济研究中心教授

三月下旬的时候，我在浙江省丽水市松阳镇逛集市。有个摊主是位大娘，说在同一个地方卖了40年的豆腐。我请教现在的豆腐与以前的有什么区别？她回答，技术同样、形状同样、大小未变。我忙问价格的变化，她说同样大小的豆腐，40年前每块卖1毛2分，现在卖1块8毛。听懂了：拿豆腐作本位，人民币40年来差不多"毛"了15倍——当年可买一块豆腐的钱，40年后只可买到同样豆腐的十五分之一。

这不是小事情，因为人们的实际收入受到币值变动的深刻影响。还以上述豆腐故事为例，如果买豆腐的消费者40年来的名义收入增长不到15倍，那么他的实际收入——以豆腐本位计算的可得享受——就绝对降低了。一个以民为本的社会，在经济上最重要的事情，就是以人民的实际收入增长为本。币值稳定事关人民的实际收入，在经济政策上当然有优先地位。

影响实际收入的因素是很多的。比如大家挣来的收入，消费之余有没有可靠的银行可以存放？存款利率如何？是否有更多其他投资的可能性？那些投资的回报究竟如何？等等。不过，所有其他的影响因素，最后都要拿来与币值稳定作对照。要是通货贬值，但银行存款利率减去通胀率还是正的，那人们辛辛苦苦挣来的钱，总还有一个能保值的安稳场所可以"避难"。反过来，通胀比储蓄利率升得还急，老百姓的辛苦努力可就要打水漂了。

从浙江回来与宋国青教授谈起，他说大体算过，20世纪80年代中期以来币值变化对实际收入的影响。国青的算法，以CPI衡量币值的变动，然后记录一年期银行存款的利率，再减去为此支付的银行利息税。结果是，二十多年来人民币币值变"毛"的程度，差不多刚刚可以被税后的银行利息率抵消。这就是说，1986年的1元人民币，承受了20多年通胀指数（有正有负）的蹂躏，加上每年存银行一年期的税后利息收益，到2007年年底，其实际购买力大约略小于当年的1元。比较一下美国同期情况，国青说如果用同样的假

---

* 中国经济观察第13次季度报告会（2008年4月27日）。

设,美国现在的 1 元等于 20 多年前的 2 元!

有点意思了。这其实是选了一个币值的角度,回看 30 年改革开放。不过,此期间我国城乡居民名义收入增长幅度非常快,于是请 CCER 中国经济观察的工作人员唐杰,在国青计算的基础上,加上城乡居民的名义收入增长,以 1977 年为基期一直算到了 2007 年。唐杰算出的结果如下:从 1978 年到 2007 年,我国 CPI 每年平均增长 5.5%,利息税后一年期银行储蓄平均利率 5.6%;同期城镇居民人均收入年平均增长 13.6%,农村居民家庭人均收入增长 12.6%。

按几何平均的结果,30 年以来税后实际利率为负(-0.1%)。这就是说,人们把收入全部存银行一年期的税后利息所得,还不足以与人民币币值的贬损打个平手。过去经济学解释为什么储蓄利息一般总是正的,理由是对牺牲当前消费的行为要有点奖励,否则人们今朝有酒今朝醉,吃光用光不储蓄,投资又从何谈起?这个道理对 30 年来的中国经济依然成立。不过,那是从名义的银行储蓄利率来看才是这样的(年平均税后利率 5.6%)。考虑到币值贬损的情况,这 30 年间,要是哪位仁兄不参加储蓄,通胀带给他的损失就比较大。参加储蓄的呢?损失较小——原来对储蓄的"奖励"是少遭受一点通胀的损失!

幸亏此期间我国城乡居民人均收入增长得很快。居民收入是名义的,不过就是减去同期平均 CPI(5.5%),城乡居民的实际收入增长也分别达到年平均 8.1% 和 7.1%。此外,总有相当比例的城乡家庭在此期间的储蓄、投资收益,不低于一年期银行存款的税后利息所得,所以城乡居民实际收入的年平均增长率,应当在 10% 以上。考虑到中国人口的总规模,这样的实际收入增长当然是了不起的成就。

这也带出一个问题:如此较高的通胀、较高的存款利率,以及更高的居民名义收入增长率,难道不也是很好吗?横竖人们看重的是实际收入,只要较高的通胀率被其他更高的名义变化率所抵消,高通胀又何足惧哉?——我相信,这是当下比较流行的"较高通胀有益无害"论调的一个认知基础。

对此,我的回答是,不能只看平均数。诚然,过去三十年平均的负利率(税后利率-通胀指数)并不严重,加上平均的城乡居民的名义收入增长很快,中国人平均的实际收入增长还是相当快的。不过,那只是"平均"而言,而如我们所知道的,在全国平均数值之下,常常隐含着一些有重要含义的信息。

比如,城乡不同的家庭之间,能够得到一年期储蓄税后平均收益的情况恰恰是不平均的。有些家庭没有多少余钱用于储蓄,另外不少家庭的储蓄量大大低于平均储蓄量。仅仅这一点差别,就使得部分城乡家庭,无从充分利用储蓄的税后利息收益来"对冲"通胀带给自己的损失。同时,另外一些家庭,或储蓄高于平均水平,或得到了更高于储蓄收益的其他投资机会,他们对冲通胀的实力就强大,抵消通胀后的正收益也就更多。

在其他讨论收入分配问题的场合,笔者曾指出,要把收入差距与分配不公区分开来。不是所有收入差距都是分配不公带来的,而分配政策的重点,应当集中于转型时期的分配不公。这里,有必要发挥这一论点。我们问:通胀拉开的居民家庭之间实际收入的差距,到底"公"还是"不公"?答案是明显的,源于货币超发的通胀,给部分居民家庭带来的实际收入方面的损害,完全与这些家庭的努力与否无关,因而纯粹是无妄之灾。

其实，弗里德曼早在1988年访华的讲演中就指出过，高通胀会无端加剧收入分配方面的两极分化。这在最近一波中国的通胀中又一次得到验证：2003年以来有余力投资房地产和股市的家庭，固然享受到了资产价格飞涨的很多好处；但是对于仅能满足温饱的家庭，进入2007年下半年以后，却不得不承受食品价格飞涨的害处。无论他们之间原先的收入差距因何而起，单单通胀的经济效果就进一步拉开了他们之间的收入差距，更拉大了他们之间的财富差距。这可不是看不见的市场之手在随机分配幸运或晦气，而正是看得见的政府发放货币之手带来的收入差距的人为拉大。

再比如，近30年来我国CPI的变化有过几个高峰。经验说，高通胀一定损害居民的实际收入增长，并对收入分配造成进一步不利影响。数据显示了这一点：1985—1989年中国出现了较高的通胀，CPI年平均增长11.9%，此期间虽然城乡居民名义收入似乎增长加快，分别为16.1%和11.1%，但减去通胀因素，城乡居民的实际收入增长，分别只有4.2%和-0.8%，更要命的是，税后一年期储蓄的利息收益是负数（年平均-4.1%）——你想把钱存入银行保值吗？实际负利率要咬你一大口！

1992—1996年的情况似乎略有不同。此期间年平均CPI高达13.9%，但由于城乡居民名义收入增长很快（分别为23.3%和22.1%），他们的实际收入增长还是达到了9.4%和8.2%。可是，最高达到24%的通胀率，迫使政府下痛手调控经济。随后的6年（1997—2002年）城乡居民的名义收入增长降为8.1%和4.3%，期间CPI当然也被压了下来（平均0.1%），但居民实际收入的增长速度还是下降了很多，且城乡收入的差别几乎拉开了一倍。

这就是说，在起落很大的经济环境里，居民实际收入的增长虽然有点像坐过上山车那样刺激过瘾，但平均下来，居民实际收入的增长并不高。把1993年到2002年先通胀、后通缩的情况统算下来，这10年我国城乡居民的实际收入增长，年平均分别为8.1%和6.0%，税后储蓄利息率为-0.6%，分别低于上30年的平均状况。至于高通胀及高通胀预期带来的其他代价，包括供求行为的紊乱、市场交易费用的上升以及资源配置的浪费，还没有在上述数据中完全反映出来。

也许有人认为，较高的通胀带来收入分配方面的问题，只要政府动用库房资金，慷慨解囊，对受通胀冲击比较严重的低收入人口给予补贴，问题就不会那么严重。这里的意思是说，增加财政的民生开支，扩大政府的民生工程，就不怕高通胀。我的看法，高通胀时期政府对低收入人群施以援手，当然聊胜于无，在政治上和社会心理方面具有毫无疑义的正确性。但是，以为民生工程足以抵御高通胀的负面影响，以至于只要政府设置了民生工程，就再也不怕高通胀，甚至可以坚持所谓“高通胀、高增长”的发展模式，那就是错之毫厘、失之千里了。

容我讲三点理由，来置疑“民生开支可御通胀”的错误论调。第一，囿于信息成本和行政效率的限制，政府的民生补助标准，没有可能完全消除高通胀对每个城乡居民家庭的具体影响。举例来说，去年下半年以来CPI逐月高涨，其中食品的价格指数首当其冲，增幅最高。但是，CPI是全国的消费者物价指数，其中食品部分的比例是一个根据全国情况设定的权重数，比方说30%多。但是全国城乡居民家庭实际的食品开支比例，却各个不同。政府要补贴民生，一定开出某一个标准来行事。很明白，实际损害高于补贴标准的那部分居民家庭,还是要被通胀咬一口的。或者反过来,当物价上涨超过政府补贴时,居民主动减少有关消费,降低生活质量。这也是我在浙江一个县看到的:猪肉价格涨过一定幅度,县以下集镇的猪肉销售量锐减——因为收入最低的人群压低了猪肉消费,从每月割三回肉重新回到割一回肉。无论从货币还是实物的角度,政府补贴都不可能一一对应全额补偿居民家庭受通胀的实际损害。

第二,即便政府做得到全额补助有关居民家庭的通胀损失,大量财政补贴的发出,对抑制通胀也可能有反效果。例如,食品补贴的大量发放,可能刺激食品市场价格的进一步上涨,正如给农业生产提供的大量补贴,可能进一步拉高农用生产资料的价格一样。这当然不是说,政府不应该在高通胀时期对城乡低收入家庭和农民伸以援手。讲过了,大手补贴在政治上正确,在社会心理上需要。但是仅就抑制通胀的客观效果看,大量补贴的发出是可能推高某些商品的物价并因此强化通胀预期的。

第三,政府的民生开支经过一个时间过程执行,本身也要遭到通胀的"磨损"。比如CPI高涨起来的时候,我们可以观察到,所有原先定下的保障标准——无论紧急救助、低保、社保还是医保——统统不足以应付局面了。政府加急提高标准,但随后而至的高通胀又会把问题一而再、再而三地提上政府的紧急议事日程。一旦补贴标准的提升跟不上通胀增长的速度,民怨必起,因为他们的实际利益遭到损害。看看最近有关低保、社保在高通胀下捉襟见肘的有关报道,我认为应该引起有识者的高度留意。

这最后一点非常重要。诚如一些专家所言,中国已经步入扩大民生开支的历史新阶段。多年财政税收的超高速增长以及政府库房的充盈,要求也允许国家扩大民生福利方面的财政开支。没有理由反对扩大民生的政策方向,我尤其赞成在现有的财政开支的盘子里,缩减行政经费和政府的豪华消费,加大民生开支。不过,民生福利承诺是政府的一项债务,它绝不应该遭受高通胀的"打折"处理。要树立负责任政府的可靠形象,必须坚持低通胀的政策取向,并在低通胀环境里认真履行政府的民生福利承诺。

至于世界上有一些国家不断以高通胀侵蚀公众福利、再以福利缺口倒逼持续高通胀的教训,就更加值得正在迈向小康的中国记取。考虑到方方面面的因素,我认为中国的公共经济政策要以抑制通胀为第一要务,坚守"币值稳定是第一民生"的理念和原则。

内需猛烈增长*

宋国青

北京大学中国经济研究中心教授

今天的题目是“内需猛烈增长”，意思是和去年一季度相比，今年一季度的内需增长率很高。内容分四部分，首先讨论一季度总需求和内需增长情况，其次讨论进口额和进口价格的关系，接着讨论最近货币流通速度和货币供给情况，最后对一些观点进行总结。

一、总需求和内需

首先看总需求，图 1 和图 2 分别报告了 1996 年以来名义 GDP 和名义工业增加值同比增长率。2008 年一季度名义 GDP 同比增长 22%，3 月名义工业增加值同比增长 27.2%，均创十多年以来最高纪录。其中可能存在特殊因素，比如 2 月一部分生产可能由于雪灾推迟到 3 月实现，但总体上总需求增长强劲。

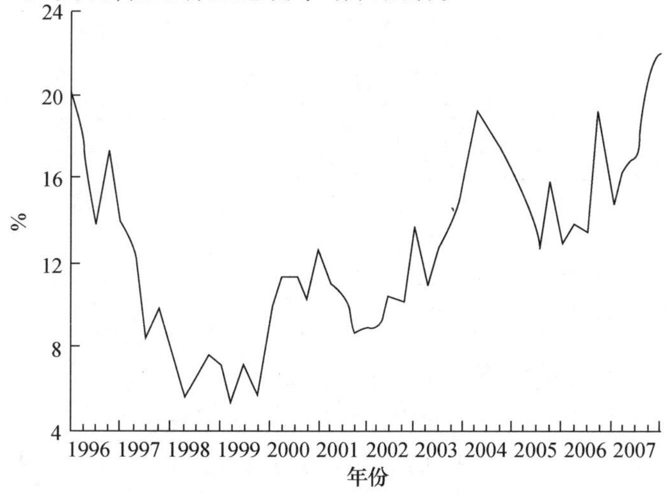

图 1　名义 GDP 同比增长率

* 中国经济观察第 13 次季度报告会（2008 年 4 月 27 日）。

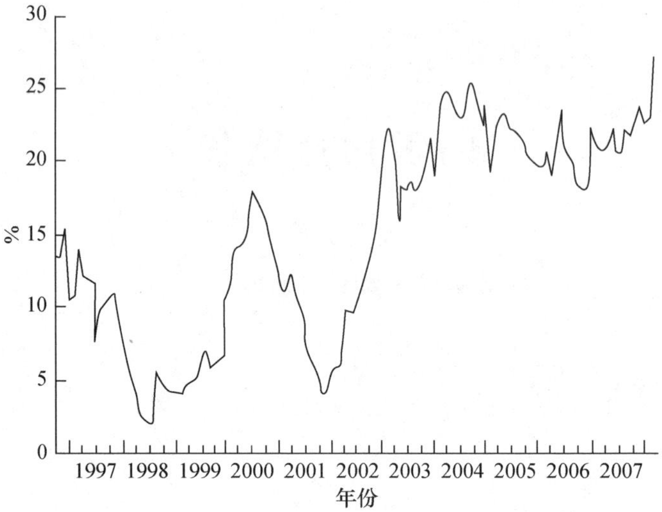

图 2　名义工业增加值同比增长率

总需求增长率大幅增长,外需增长率大幅下降,内需增长率必然大幅上升。由于月度贸易数据不包括服务贸易,严格地说是内需和服务顺差之和大幅上升,但服务贸易影响相对较小,主要是内需上升。内需中消费增长率基本与通货膨胀率变化相当,内需猛烈增长主要由投资带动。

表 1 按 GDP 支出法结构对总需求进行分解。GDP 数据根据国家统计局今年 4 月公布的 2006 年和 2007 年 GDP 数据修订做相应调整。货物顺差在海关统计数据基础上将进口额由到岸价格调整为离岸价格计算。消费支出根据社会消费品零售总额增长率推算。其他支出为货物顺差和消费支出之外的全部支出,包括服务贸易顺差、固定资产投资、存货投资和误差。根据上述 GDP、货物顺差和消费支出信息估计今年一季度其他支出同比增长率 33.7%,比去年一季度上升 24.5%。考虑服务贸易和存货投资及误差因素,今年一季度固定资产投资同比增长率至少比去年一季度上升 10%。

表 1　总需求分解

	GDP		货物顺差		消费支出		其他	
	总额（亿元）	同比增长率（%）	总额（亿元）	同比增长率（%）	总额（亿元）	同比增长率（%）	总额（亿元）	同比增长率（%）
2006Q1	43 851		2 563		24 951		16 337	
2007Q1	50 584	15.4	4 402	71.8	28 344	13.6	17 838	9.2
2008Q1	61 491	21.6	3 910	−11.2	33 729	19.0	23 852	33.7

统计局公布的一季度固定资产投资增长率同去年一季度基本一样。一个可能的解释是往年统计的投资增长率相对于固定资本形成增长率偏高,今年统计的投资增长率相对接近固定资本形成增长率。过去几年公布的固定资产投资增长率大幅度高于后来报告的支出法 GDP 中固定资本形成总额增长率,例如 2006 年全社会固定资产投资增长 23.9%,全社会固定资本形成增长 16.6%。这两个增长率的差异引起了广泛的关注。可能今年一季度的这个差比较小。

一季度顺差大幅下降而内需大幅上升，顺差下降在一定程度上受投资上升影响。顺差下降有两方面原因，一方面美国经济不景气和人民币升值导致出口下降，另一方面内需猛烈增加导致进口增长率上升。内需上升对顺差下降至少有一半贡献，其中主要是投资增长。图3报告了固定资产投资和进口同比增长率，两者相关性是很高的，说明国内投资大幅增长时进口就会大幅度增加。其中阴影所示1999—2000年进口增长率大幅度上升的情况比较特殊，原因是1998年中国发生通货紧缩因而对进口采取严厉控制，1999—2000年加入WTO前大幅削减关税、取消额度导致进口猛增。

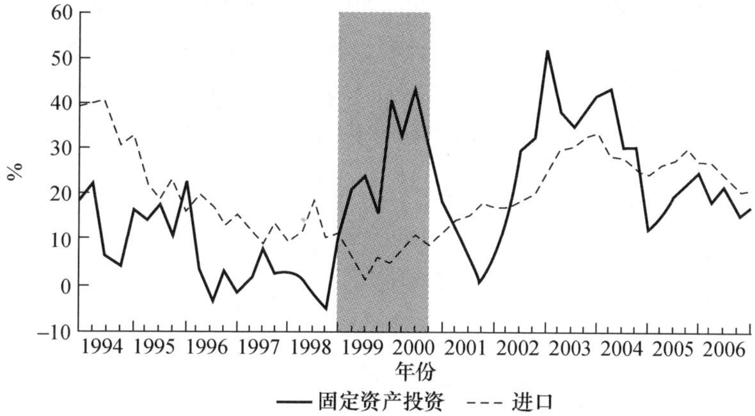

图3 固定资产投资与进口同比增长率

二、进口额和进口价格关系

目前对于通货膨胀的一个解释是"输入型通货膨胀"，认为国际价格上涨引起国内通货膨胀。"输入"通胀的前提首先是国际价格外生，而国际价格外生仅对小国成立。中国作为大国对国际价格本身有相对大的影响。根据以往经验，中国扩大进口国际价格就上涨，粮价、铜价是很好的例子。

图4报告了以美元计价的中国进口额和进口价格同比增长率，两者相关性很高。那

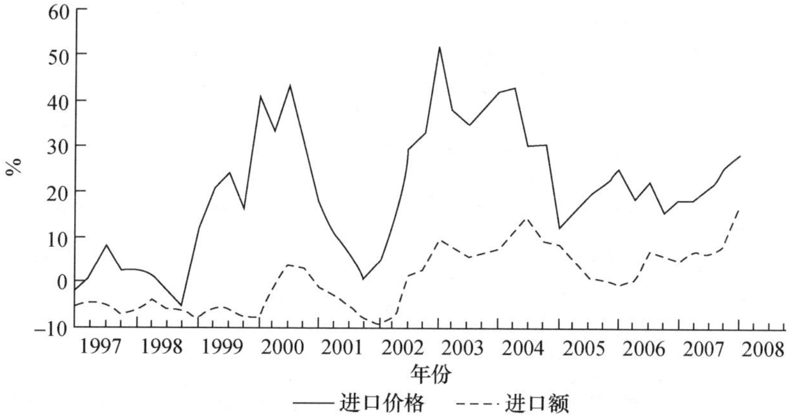

图4 进口额与进口价格同比增长率

么进口额和进口价格谁影响谁？对于两者之间因果关系可以有两个假设，一是进口商品数量刚性，进口价格上涨引起支出增加；二是对中国进口商品的供给弹性比较小，进口额增加导致进口价格上升。

从数据上验证因果关系的一个方法是看发生的先后顺序，变化在先是因，变化在后是果。但先后关系不等于因果关系，变化在先有可能预期到变化在后的要变化而抢先一步。考虑到中国进口额变化很大程度上是出乎预料的，用先后关系解释因果关系是成立的。

图5和图6利用1997年一季度至2008年一季度季调后进口额和进口价格指数季环比增长率检验进口价格和进口额的先后关系。图7显示上期进口价格与当期进口额基本不相关，图8显示上期进口额与当期进口价格正相关。在进口额和进口价格发生变动先后关系含义上，进口额变化引起进口价格变化，进口价格变化不引起进口额变化。

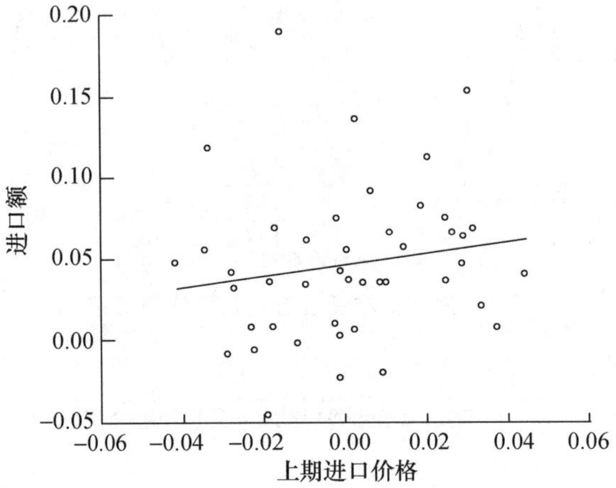

图5　进口额与上期进口价格

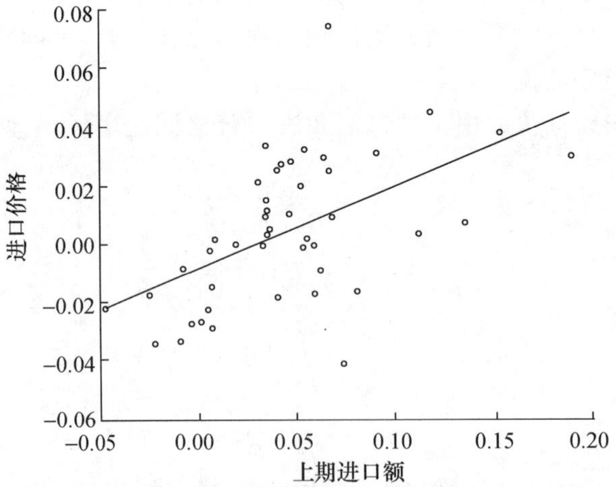

图6　进口价格与上期进口额

为何大国却没有类似关系？一个重要区别是两国稳定程度和可预期性不同。中国总需求波动比美国大得多，几年前还是通货紧缩，现在则是通货膨胀，通货膨胀率几年内

从 -3% 上升到 8% 。在短期,波动的幅度更大。这里忽略了实际波动和不可预料波动的区别。两者之间有相对大的关系。如果需求上涨能够事先预料到,生产者可以提早增加生产满足需求,所以对大国而言稳定需求具有重要意义。

即使对于小国,国际价格上升也不必然“输入”通货膨胀。国内需求是否影响国际价格与国际价格是否影响国内价格是两件事。尽管国际价格对小国而言是外生变量,国际价格向国内传导仍然面临两道阀门。首先,国际价格上涨可以通过汇率升值抵消。其次,即使汇率不变或者变化幅度小于国际通货膨胀率,如果能调节国内总支出使其稳定增长,也可以抵消国际价格上升的影响。这将引起,购买进口货物的支出增加,购买国内商品的支出就会减少,进口价格上升将带来非进口货物价格的下降。这里可能有不同商品需求弹性不同的问题,可以导致小幅度的通货膨胀输入,但总需求的影响是决定性的。

三、货币流通速度加快

货币学派解释总需求的关键在于估价货币流通速度。如果说“总需求增加是因为货币流通速度加快”,却不给出货币流通速度加快的理由,等于没有回答问题。货币流通速度确实会变,解释总需求需要说明货币流通速度的变化情况。最近总需求上升大概 80% 左右因为货币数量增加,剩下 20% 左右由货币流通速度加快引起。

2007 年下半年以来货币流通速度有所加快,表现为名义 GDP 增长率上升高于货币供应量增长率。这里可以有两个理解,一是绝对高,二是与过去的变化相比偏高。所以货币流通速度加快可以理解为绝对加快和相对加快两个层次。图 7 报告货币供应量和名义 GDP 同比增长率数据,其中货币供应量(MS) = 国外净资产 + 国内信贷。考虑到总需求对货币增长反应有一定时期滞后,图中将三个季度前货币供应量同比增长率与当期名义 GDP 相对应。最近一段时期总需求对货币变化的滞后期可能有所缩短。由于这个情况,现行不能肯定是否发生了货币流通速度绝对加快的情况,但可以肯定相对加快。

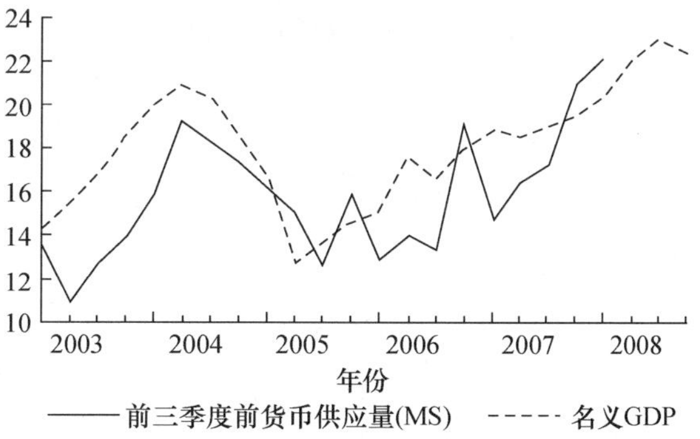

图 7 货币供应量与名义 GDP 同比增长率

速度加快。“被动消费”是指减少储蓄增加消费,致使货币存量相对减少,货币流通速度加快。如果食品价格上升确实引起储蓄率下降,食品价格上涨就可以作为独立于货币增长的引起通货膨胀的额外解释。但是,即使食品的相对价格不变,负利率也可以引起消费倾向上升甚至抢购。所以,单是消费倾向上升也不能说明问题,何况现在看不出居民消费倾向显著上升。

通货膨胀期间还有其他一些因素导致货币流通速度加快。过去发生通货膨胀时会出现民间借贷、企业间融资现象。“三角债”和其他形式的企业间拖欠在过去的负利率时期都有大规模的发生。其实这些问题在很大程度上是主动而不是被动的，是企业对付通货膨胀和负利率的工具。负利率期间，资金富余企业把钱借给资金短缺企业，有好处双方分摊。这实际上不是货币流通速度加快，而是新生成货币没有纳入货币统计。

另外，预期负利率可能引起企业和农民的存货增加，居民消费倾向上升也包括或者主要是消费者存货增加。存货是实物资产，在货币资产负利率的情况下可能发生企业和居民增加实物资产减少货币资产的情况。这样的调整表现为货币流通速度的加快。

因此货币流通速度加快在负利率期间总会出现，不能把货币流通速度加快全都归结为结构性问题。即使把货币流通速度加快全部归结于结构性问题，对于8%以上的通货膨胀率最多也只能解释2%，甚至更小。目前通货膨胀主要由货币增长率加快引起。

货币供应量的同比增长率过去4个月略有减缓，图8和图9报告货币供应量(MS)同比增长率和季环比增长年率。其中季环比增长年率2008年2月已下降至20%，但其中有很大不确定性。首先，环比增长年率对误差十分敏感。其次，企业间借贷、民间融资等体制外货币不在统计之内。另外，一些具有替代货币性质的资产不计入货币，比如股市融

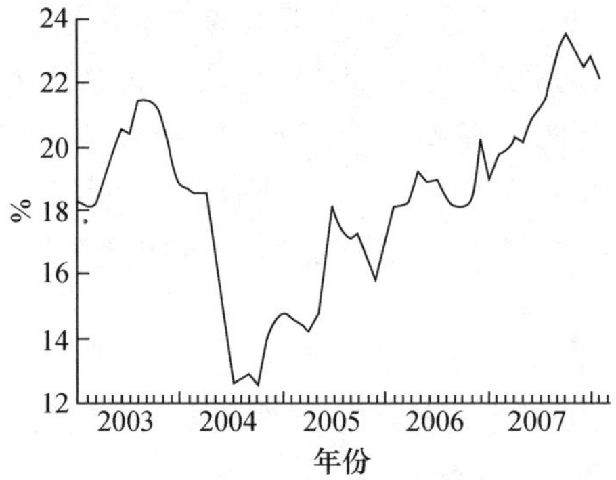

图8　货币供应量同比增长率

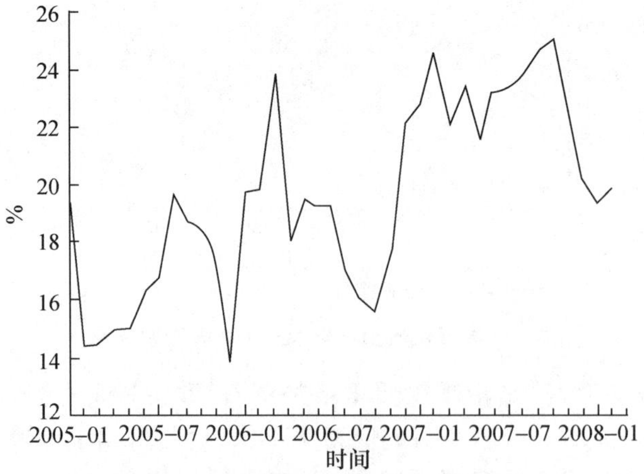

图9　货币供应量季环比增长年率

资和企业债券的增加。因此,现在只能说出现了不太稳定的下降苗头。但有苗头总比没有苗头要好。目前仍然应当坚持紧缩,即使紧缩有所过度,看到太紧了再调整政策也来得及。

四、一些观点的总结

通货膨胀的一个副产品是对粮食和一些产品实行价格控制。有的控制是直接的价格管制,有的控制则是通过调整政府掌握的存货来进行,如现在的粮食价格与政府控制出口和挖库存有很大关系。有些价格控制影响不大,有些价格控制后果十分严重。现在的粮价控制就是一个严重问题。当前国际粮食供给不足,大量进口不能想象。在这种情况下要给农民一个很强的信号赶快去种粮食,采取国内外粮价隔绝的办法对刺激粮食供给非常不利。石油价格也是如此,现在提倡节约能源,而油价却很便宜。总得让价格起一点作用。因此,要赶快治理通货膨胀,理顺相对比价,让价格正常发挥功能。

现在的好消息是3月宏观经济统计数据公布以后,领导层和主流看法稍有转变,似乎对出口不景气导致经济增长下降的担心有所减小,更倾向于从紧控制通货膨胀。我个人觉得这个好消息比货币增长率略有下降的好消息更好。只要政府决定控制通货膨胀,通货膨胀就不是太大问题。如果一会儿讲“结构性通货膨胀”,一会儿讲“输入型通货膨胀”,最后将延误通货膨胀治理。通货膨胀从去年到现在持续了很长时间,就是因为各种说法延误了,本来小病早治就没事了,拖下去就成了大病。

一季度进口价格指数同比上涨16.8%,出口价格指数上涨不到8%,按照进出口量平均值计算,贸易条件恶化导致财富损失约1 500亿元。这个变化在短期内影响的主要是企业利润,特别是在成品油价格管制的情况下,原油价格上涨造成的损失百分之百落在炼油企业身上。1—2月工业企业利润增长率偏低,3月利润同比增长率可能会相当高,但这是在短期总需求过度扩张情况下实现的,难以持续。从较长时期看,企业利润占GDP比例将趋于稳定。

张曙光老师提出的征收资源税建议很好。向石油企业收税同时要赶快给其他企业和居民减税。减税不一定是减所得税,很多人认为减税就是减所得税,认为穷人本来就没交多少所得税,减税是为富人服务。其实现在更可以减增值税,所有消费者都可以从中获益。

长期经济增长没有其他方面的太大问题,主要风险是高通胀持续时间太长。尽管看到一些有利于降低通货膨胀的好苗头,政策上仍应当继续紧缩。

成本正常化:推动通胀还是挤压利润*

沈明高

花旗集团中国区首席经济学家

生产成本的上升往往会导致相关产品价格的上升,从而推动通货膨胀。由于不同产业的市场结构不同,制造业与农产品、资源产品的价格波动特征是不一样的。我国大部分制造业处于竞争性行业,而农产品和资源类行业由于受准入的限制,竞争程度不是很高,特别是资源类行业,仍然以国有企业垄断为主。目前我国制造业面临着新一轮的成本上升,但成本上升并不必然意味着价格的上升或通胀压力的提高,更大的可能是挤压企业的利润。

一、制造业成本低估

从去年下半年以来,我国企业面临的一个新问题是成本上涨很快,其中主要是原材料价格上涨比较快。但到目前为止,生产成本的上升是成本正常化的开始,即投入品的价格从低于市场价格向市场均衡价格回归的过程。

我国经过三十年的改革,离一个完全的市场经济仍然有很大的距离。主要表现在我国依然存在政府人为的价格扭曲。虽然大多数最终产品的价格是由市场制定的,主要生产要素——劳动、土地、信贷、资源及其他大宗商品等,仍在有关部门的高度管制之中。政府扭曲投入品价格的主要目的是通过人为降低生产成本和扩大利润空间的方式,鼓励投资增长,以创造更多的就业机会。

由于信息有限,估计成本扭曲的规模并不很容易,但我们试图用一些数据说明扭曲的严重程度。这可以帮助我们理解成本扭曲消除后,市场有效决定投入品价格时制造业成本的未来走向。

(1)人工成本。价格扭曲下,中国劳动力的工资待遇过低。户籍制度将中国劳动力分为两个群体:农民和城镇工人。农民可以在城镇找工作,但在工资待遇和社会福利政

---

* 中国经济观察第12次季度报告会(2008年2月24日)。

策方面却受到区别性的待遇。今年实施的新劳动合同法要求对所有劳动者进行包括退休金、意外伤害保险、医疗保障等在内的合理劳动补偿。人工福利的平均边际成本估计约为每月 200 元人民币，占总人工成本的 20% 左右。粗略来讲，估计有 2 亿农民工工资报酬过低。根据国家统计局的数据，2006 年农村人口人均工资收入为 1 375 元人民币，总工资收入为 1 万亿元，20% 的未付福利相当于 2 028 亿元人民币。

(2) 土地成本。地方政府为吸引外来投资的典型做法是先收取土地使用权转让费，再将其部分或全部返还给投资者。若考虑到补贴以及基础设施建设成本，地方政府间争夺投资者的竞争甚至会使土地价格变为负值。从土地转让中获得的收入是地方财政收入的重要组成部分。2004 年全国土地转让收入总额估计为 6 150 亿元人民币，2006 年为 7 677 亿元，2007 年应该会超过 1 万亿元。假设企业收益占土地转让费总收入的 20%，并使用 2006 年的数字，企业总收益会达到约 1 536 亿元人民币。

(3) 大宗商品成本。中国能源与金属价格的上涨一直慢于国际市场。例如，2002 年至 2006 年，国际能源价格平均每年升高 29%，而中国燃料与能源价格指数年均只增长了 8.5%。这种差异是由政府的大力补贴造成的。基于燃料、电力、煤炭和天然气消耗计算的 2007 年中国能源总消耗价值为 2.3 万亿人民币。假设 2002 年国际市场和中国市场价格可比，到 2006 年为止，由于累积的扭曲效应，中国能源价格只为世界市场能源价格的 40% 左右，为企业大约节约了 1.57 万亿元。此外，在中国，注册国有企业可以几乎毫无成本地进行矿业开采。2005 年，中国拥有大约 150 000 处矿藏，其中只有 20 000 处通过拍卖等形式获得了商业开发权。平均资源开采费(资源税)估计只有 1.18%，大大低于 2%—8% 的国际水平。2006 年中国收缴的资源税总额为 207 亿元人民币，如果将资源税小幅上调至 3%，这笔收入会扩大至 600 亿元人民币。

(4) 资金成本。要估算利率低于市场水平的幅度，我们需要先研究其他经济体金融自由化的经验。很明显，随着越来越多的国家金融自由化，发展中国家的利率水平和动态变化会收敛于工业化国家的模式。更重要的是，有研究发现，发达国家在金融自由化之前和之后，真实贷款利率从 0.43% 升到 6.27%，而新兴经济体贷款利率从 1.98% 变为 8.83%。为了和国际经验进行比较，我们假设，过去几年中市场决定的真实利率比实际真实利率高 2 个百分点。给定 2007 年银行部门家庭存款为 16.9 万亿，如果中国存款利率处于和其他新兴市场的存款利率类似的水平上，在其他条件不变的情况下商业银行和企业的利润应会下降 3 373 亿元。

(5) 环境成本。政府估计 2004 年环境破坏带来的经济成本为 5 120 亿元人民币，占 GDP 的 3%。超过 50% 的环境污染由水污染构成，其他大部分是由空气污染造成。据估计，在现有技术下，一次性清除 2004 年释放的所有污染的直接成本超过人民币 1 万亿元，占 2004 年 GDP 的 6.8%。同时，每年的维持成本大约为人民币 2 870 亿元，几乎为 GDP 的 2%。

除上文提到的之外，一些其他的成本扭曲形式也是存在的，如免税期、出口退税等。被低估的货币可以加强中国出口商的比较优势，也可以被看作是一种隐性补贴。经过去年公司所得税标准的统一，针对外资企业的税收优惠政策被取消了，但出口退税的改革仍在进行当中。2006 年中国出口退税总规模达到 4 285 亿人民币。

综合以上的不完全估计,2007 年我国成本扭曲总规模大约为 3.8 万亿人民币,占名义 GDP 的 15.5%。这一数字大约是 2007 年年销售收入在 500 万人民币以上的工业企业的总利润的两倍。

二、为什么投入品价格改革滞后?

市场经济是通过给要素定价来有效配置资源的,这是市场经济的一个核心内容。如果中国的市场不能给资源定价,不能有效地按照“谁最有效给谁配置资源”这样的原则来配置市场资源,那么其效率损失应该是非常明显的。

我国投入品价格改革的相对落后大概有四个方面的原因。(1) 就业压力。政府每年需要创造一千万个就业机会,过去十年是如此,未来十年也会面临同样的压力。如果政府人为地压低投入品价格,企业相对来说就会获得超额利润,企业投资的意愿就会增加,投资增加了就会创造出更多的就业机会,这是一个简单地从计划经济以来都有的逻辑。在目前就业压力还没有缓解的情况下,投入品价格将面临到底是顾就业还是顾市场效率的问题。(2) 国有垄断。从 20 世纪 90 年代后期国有企业“抓大放小”到现在,国有企业基本上已经撤回到资源性、垄断性行业,国有企业的地位在一定程度上影响了投入品的价格改革。(3) 控制通胀。实际上,在 2002 年前后我国出现通缩的时候进行资源价格改革,时机是比较合适的。但当时主要的担心是投资和经济增长放缓,改革资源价格有可能使经济增长更加缓慢。因此,通缩的时候资源价格改革有压力,但在高通胀时期价格改革面临的压力更大,因为资源价格改革会推高通胀水平。所以,不论是通胀是高还是低,资源价格改革总是找不到合适的时机。(4) 产权不够清晰,产权保护乏力。产权是一个很重要的问题,如果产权不清晰,价格改革就很难到位。比如土地价格改革,如果政府要由市场来决定土地价格,那就会产生一个问题,即土地价格上涨带来的好处应该归谁,归农民,归政府,还是归企业?由于产权不明确,实际上实行的是“见者有份”的分成制政策,即土地增值收益农民得到一份,开发商得到一份,地方政府得到一份。其他资源类产品也有类似的问题。这些问题都使得我们投入品的价格改革滞后,并且现在看来很难消除。所以大宗商品和资源的价格改革还很难一步到位。

目前中国的成本正常化刚刚开始。所谓成本正常化是指主要投入品的价格将会由市场来决定,制造业将面临一个正常化的成本。这次全球范围内的大宗商品价格和农产品价格上涨,推动了国内主要投入品价格的上升,从这种意义上说,目前的成本正常化是“输入型”的,是一种被动的结果。

国内农产品和资源类商品价格上涨,符合中国投入品价格正常化的趋势。农产品价格上涨对农民有好处,有助于缓解农民和城市居民的收入差距。大宗商品比如说能源价格上升在一定程度上有助于中国的制造业提高效率,减少对瓶颈性能源的需求。所以,到目前为止,不管是农产品,还是大宗商品,其价格上升都符合成本正常化的趋势。

需要强调的是,如果到明年这些商品的价格有所下滑,政府就有可能会推动包括资源价格在内的一系列主动的价格改革,因为成本正常化的结果实质上是消费者和生产者之间的收入再分配。目前在各种支出占 GDP 的比重中,消费一直保持下降的趋势,而投资一直是向上的趋势。同时,政府拿到的纯收入也是在扩大的。因此,成本正常化涉及的不仅仅是生产者和消费者之间的收入再分配的问题,也有家庭和政府之间的再分配的问题,这两个问题都是和消费有直接关系的。如果这样的改革启动,那将是一个主动的成本正常化的过程。

如果以上判断属实,中国的投入品价格将很难出现以前的低位,所以我们把目前的价格上升称之为成本正常化的开始。当然,这个成本正常化不是一年两年就可以解决的,估计需要五到十年甚至更长的时间,到那时制造业的成本才能主要由市场来决定。

三、成本正常化后中国制造业还有没有竞争优势?

今年以来,不少韩资企业以及珠三角一些港资和台资企业开始关门歇业或者撤离中国市场,致使很多海外投资者发出疑问:中国大陆的制造业到底还有没有竞争优势?要不要把企业转移到越南、菲律宾或者印度?尽管制造业的成本面临上升压力,而且这个压力短时间内不会消失,但我们的判断是中国大陆的制造业优势还会保持下去,原因主要有以下三个方面。

1. 中国的人工成本优势还会继续保持下去

目前,中国制造业的人工成本只占12%,而美国是45%。中国与美国相比制造业劳动密集程度更高,即使中国的人工成本提高,首先我们将看到劳动力密集程度的下降,成本结构中劳动力成本的比重也不见得有很大提升。

现在很多人在讨论中国的人口红利是不是会马上消失,劳动力短缺在短期内是否会变成一个现实。我们认为这些可能性都不能排除,也许正在发生,但是人工成本上升一定会受经济发展水平的制约,不存在人工成本大幅度超越经济发展水平的跳跃式发展。这里有两个例子:一个是韩国,一个是中国台湾地区。这两个经济体1975年的人工成本都相当于美国的5%,而当时的人均GDP大约都在2000美元,跟中国大陆目前的情况基本相似。2004年韩国和台湾地区的人均GDP都达到了15000美元左右,所不同的是此时台湾地区的人工成本只是美国的25.8%,而韩国的人工成本相当于美国的50%。两者存在明显差别的原因可能是韩国政府一直支持大型企业,工会力量比较强大,使得其工资上涨较快,而台湾地区相对来说以中小企业为主。这些都不是问题的关键,关键是如果有一天中国大陆的人均GDP也达到了15000美元,中国相对于美国的人工成本大概会是多少呢?中国大陆与台湾地区、韩国的最大差别是其经济总量的大小,中国大陆具有大国的优势,因而劳动力供给相对充足。也就是说,很可能中国大陆人均GDP达到15000美元的时候,其人工成本会比台湾地区和韩国2004年的水平都要低,或者保守地说,其人工成本最多也超不过韩国的水平。那么,什么时候中国能够达到15000美元的人均GDP呢?这时的总体GDP规模应该会达到将近20万亿美元,大约是美国目前的两倍,到那时,中国很可能已经超过美国成为世界第一大经济体,这估计需要30年甚至更长的时间,即使到那时中国仍然有巨大的人工成本优势。

2. 中国制造业的规模经济优势

如何理解规模经济的优势呢?中国制造业的产业链越来越长,制造业从低端到中端的每一个部分几乎都可以在中国生产，这是大国优势的另外一个体现形式。全球能够有这么长的产业链来与中国相媲美的国家并不是很多。制造业从工业革命开始发迹于英国，二战前后转移到美国，20 世纪 60、70 年代转移到日本然后是亚洲四小龙。制造业中心在日本和亚洲四小龙停留的时间都比较短，一方面是由于其人工成本的上升较快，另一方面是因为其规模经济相对比较小，而中国大陆在这两个方面都具有比较优势。举例来说，广州一个生产高尔夫球车的厂商，其主要优势是研发时间比较短，只需要三个月的时间就可以研发出新款的高尔夫球车，而在美国可能需要六个月甚至更长的时间。这是因为在中国只要把高尔夫球车的设计完成之后，基本上可以把高尔夫球车的每一个部分分包给其他在附近的制造商，他们分工协作、制模，三个月后就可以实现组装。而在美国，尽管其设计研发比较强，但生产高尔夫球车某些部件的产业可能已经不存在了，特别是一些相对比较低端的制造业，需要从中国或其他国家进口部分零部件，进而进行组装，需要的时间至少是六个月。同样，在印度或者越南生产高尔夫球车也有相同的困难，尽管它们的人工成本比中国更低，但它们的产业链也相对比较短。这是中国制造业的一个核心优势，也就是说，我们的企业通过研发生产的时间相对来说会比较短，成本相对较低。不仅如此，规模经济还存在于信息、品牌、营销、人才培养等各个方面，而且这种优势会随着产业的壮大和发展越来越明显。

3. 中国潜在的消费市场优势

成本正常化一定程度上讲是生产者和消费者之间的收入再分配，如果家庭的工资和其他收入得以提高，消费者的消费能力就可能释放出来，现在很多为出口而生产的企业在未来的某个时候应该是为国内的市场生产，甚至到时候不用考虑为出口生产。要发挥这个优势可能需要更长的时间，但这是个巨大的潜在优势，它的力量会逐渐地显现出来。所以我们认为，中国制造业的优势在成本正常化之后，仍然会继续存在下去，有些方面甚至会更强。

四、成本上升的可能后果

从理论上讲，成本上升有两种结果，要么是推动通货膨胀，要么是挤压利润。在目前的情况下，哪种可能性更大呢？从扭曲的成本结构角度看，后一种可能性会更大一些，这和林毅夫老师的自生能力概念是一脉相承的。自生能力的一个很简单的阐述是，在成本扭曲的状况下，很多本来不该存在的企业能够获利并得以生存，成本正常化之后这些企业会面临生存的困难，或者倒闭或者被并购。当成本上升的时候，这些企业既没有降低成本的能力，也没有提升价格的能力，唯一的结果就是被淘汰出局。此外，中国很多行业还是充分竞争的，包括现在利润空间最小的纺织业，仅仅在长三角纺织企业就有成千上万家企业，这些纺织企业同时很舒服地适应成本正常化是不可能的。

在中国过去的历史中，很少有高的 PPI 转变为高的 CPI。重工业的 PPI 基本上是投入品的价格，它的涨幅可能很大，但是最终没有转成轻工业的 PPI，也没有最终转化成高的 CPI，这从一定程度上说明我们的企业在过去很长一段时间内是在消化成本的上升。但最近两个指数的同时上升是否说明 PPI 和 CPI 出现联动呢？作出这样的结论还为时尚早。有一种可能是短期内出现联动,特别是在市场预期通胀比较高的时候有这种联动的可能。但是考虑到行业的结构,考虑到目前产能总体过剩的状况,高的 PPI 同样很难转化成高的 CPI。如果推动通胀和挤压利润两种可能都存在,那么更多的应该是挤压利润,即我们必须先看到更多的企业由于出现利润挤压而消亡。

过去的历史经验告诉我们,出口增长放慢的时候,通胀的压力都是有所释放的。目前一方面成本在上涨,另一方面外需在放慢,这会使挤压利润的可能性进一步增加。

利润被挤压之后就应该可以看到新一轮的以并购为主的行业整合。行业整合会减少企业数量,当其结束的时候,相应的一些领头的行业企业可能会通过扩大了的市场份额而获得定价权,到这个时候,制造业成本的上升才可能通过提高产品价格的方式转嫁给下游企业或消费者,才有可能会引发通胀。从顺序上来说,我们看到的应该是利润挤压、行业整合,然后才是通胀这样一个过程。如果所有的企业都不倒闭,那么说成本上涨推动通胀就缺乏坚实的逻辑基础。企业都不倒闭的一种可能是成本上涨并不严重,另一种可能是企业还能够继续消化成本的上涨。

我们基本上会看到两轮的行业整合。第一轮是在未来五到十年,国内行业领头企业会发现其扩张市场份额的成本降低了。如果企业在这一阶段能够胜出,那么在下一个阶段将面临海外并购的机会,到那时人民币升值已经相当充分,海外并购的成本也将大大下降。在经历了这两轮并购之后,中国将会出现一些世界级的制造业企业。

从投资的角度来讲,如果能够成功投资这样的高成长企业,投资回报应该会远远超过目前我国名义 GDP 的增长幅度,也就是说远远超过 15%—16% 的回报。

当然,要完成中国的行业整合,也面临很多的问题,主要是行业并购很困难,这就要求调整行业法规、法律条文,并且要发展长期的融资工具。我们很难想象一个企业通过银行贷款去收购另外一个企业。虽然也可以通过发股票来融资,但是成长比较快的私营企业又不愿意这么做,因为发股票会稀释股权。因此,中国目前最迫切的是发展债券市场,特别是中长期的公司债市场,比如 10 年、20 年的公司债会为企业并购提供稳定的融资渠道。

中国宏观经济运行的不确定性及政策性风险*

龚方雄

摩根大通中国区首席经济学家

最近从上到下、从下到上对下半年经济运行都非常关注。中国经济研究中心的朗润预测也刚刚出炉,其预测结果也很明显,即下半年经济增长会下滑。作为共识的是,大家认为 CPI 最坏的情况已经过去了,CPI 将会下行。但是外部因素还非常不确定,出口型企业面临很多困境。在宏观经济政策上要做一个什么方向的调整?大家对这个问题都非常关注。我在这里讲讲我的看法。

高通货膨胀往往会引起很多政策层面上的不确定性。中国 A 股的下调与很多政策性风险以及相应的风险溢价是有关的。如果单看基本面,大家知道,我国的问题并不像越南和印度等新兴市场国家那么严重,但是 A 股从高位回调 60%,现在的动态市盈率大概为十六七倍,对盈利增长的预测仍为 20% 左右。这个盈利增长率在长期应该是能维持的。市盈率低于长期盈利增长率显然是因为风险溢价。风险主要来自政策层面上的不确定性。比如说,要不要实行宽松一些的宏观政策?对出口企业应当做什么样的引导?如何适应环保压力的加大、外部需求的减弱以及人民币升值的影响?从整体上来讲,我认为目前的政策取向是对的。我们的既定目标是要转向以内需为主的经济,在出口上强调不鼓励资源密集型或者是高污染企业的发展。这个转型当然有些痛苦,但作为长远发展战略,不应该因为一些国内外周期性因素而改变。中国下半年为了防止经济过度下滑而所要做的不应该是匆忙改变我们已经实施的深思熟虑的政策,不能因为出口企业、中小企业、劳动密集型企业出现了一些困难和问题就走回头路,还是应该从改革和发展的角度入手。

一、城市基础设施建设

出口的放缓会使与出口有关的非国有投资放缓,相应的在固定资产投资中非国有部

* 中国经济观察第 14 次季度报告会(2008 年 7 月 26 日)。

分会自然地放缓。整体来讲,目前我国还没有达到消费拉动需求、引领经济增长的程度。所以说,中国如果要靠内需带动增长、弥补外需的这部分损失,还是应该从固定资产投资这部分入手。在固定资产投资上,政府行为过去几年来一直在淡化。由于前几年外需旺盛、出口强劲,从宏观调控的角度,政府不愿与私人企业争夺投资,所以政府在固定资产投资中的比重一直在下降;同时政府税收及整体收入在上升,政府目前处于财政盈余的状态。所以现在政府所能调控的空间非常大,可做的事情非常多。

目前中国各个地方的主要城市甚至是二线城市就像大的停车场,堵车现象非常严重,这是因为最近几年汽车销售量增长得非常快。这要消耗掉多少油?既然如此,节能减排又怎么能够实现?更不要说效率方面的损失。北京的交通最近因为奥运期间汽车分单双号行驶而变得畅通许多,但这也给许多人带来了不便。

相比之下,国外发达城市的私人汽车保有量比我们高十几倍甚至几十倍,但是堵车情况并没有中国城市严重。他们乘坐公共交通,是因为公共交通系统四通八达,比如离华尔街办公楼很近的地方就有很多地铁进出口。

由此我们可以看到,我国的城市交通基础设施建设严重不足,公共交通系统还很不发达,换乘很不方便。为什么不能大力发展公共交通?发展公共交通系统不是增加产能,而是改善效率。在外部需求放缓,很多产业已经存在产能过剩的情况下,可以通过基础设施建设来保持经济稳定增长。现在就是进行基础设施建设的黄金时期。城市基础设施建设投资是很多私人部门、非国有部门不愿意做的。在私人投资放缓的情况下,这部分投资是国家立即可以进行的,不需要大幅度地改变宏观政策。这个事情要提早做好准备,不能等到下半年出口真的比预期差、私人企业因为盈利不足而减少投资、固定资产投资下降后再进行政府投资,那时经济已经出现了较大的震动。

二、资源价格与汇率

我很同意卢锋老师的观点,现在很多宏观问题都与汇率相关。对于目前的汇率体制有很多分歧,我不主张一次性大幅度升值,一次性升值最大的问题是不知道升到哪里合适。我认为维持一个渐进的进程是有必要的。其实最重要的不是汇率该怎么调整,而是其他调整该怎么进行,比如说资源价格改革。

目前我国的贸易顺差过大,不仅仅是因为人民币汇率被低估,还因为长期采取低资源价格。在资源价格以及国内很多价格体系扭曲的情况下,我们应该关注有多少贸易不平衡、外部不平衡是由汇率本身造成的,有多少是由于资源价格的扭曲造成的?我认为低资源价格是导致贸易不平衡、贸易顺差过大的主要原因。比如政府补贴中石油、中石化以便控制成品油价格,这其实是在补贴富人。富人开车最多得到了补助,SUV 虽然耗油量大但在今年上半年中国市场上销售量却增长 60% 就是明证。广大的农民和城市弱势群体并不开车,没有直接的成品油消费需求,也就享受不到成品油价格补贴。低资源价格战略还包括压低电价、压低土地价格。可以说,压低资源价格其实是在补贴全世界,让全球的通胀维持在低水平,把好处给了别人,把污染留给了自己。资源价格改革与汇率体制改革是紧密相关的。如果资源价格不理顺,怎么能够知道人民币汇率应该调整到什么程度？人民币汇率也是价格改革的一部分，所有这些价格改革应该齐头并进，走市场化路线。

反观政府最近采取了方方面面的临时性价格干预，很多做法给人的感觉就是改革和市场化在走回头路。价格控制对于中国不是什么新东西。临时性的价格干预不难实施，但在限价过程中如何保证不出现偷梁换柱、改变质量、变相涨价？如果企业、个人用“上有政策下有对策”的办法来应对，那就又要加强监管部门的监督。同时，价格控制很容易导致走私，又需要加强海关的力量……所有这些计划经济的做法都要用上才能保证价格干预的有效性。如果价格干预真的有效，那么直接的结果就是短缺经济。难道我们在短缺经济中运行的时间还少么？我们过去三十年改革不就是为了摆脱计划经济、短缺经济吗？现在中小城市大规模缺电、缺油的状况对社会稳定已经很不利。中国的发展战略其实很简单，正如邓小平所讲的，我们很多事情要在发展中解决，不要采取停下来的方法，不要采取硬性的行政干预。

资本市场会反映宏观经济运行以及方方面面的不确定性，包括国际上的风险和政策上的风险，并通过对资产价值的重新估值体现出来。由于政府行为是不能预测的，频繁出台的限价措施使得资本市场的投资人、基金经理或是分析师难以预测公司长远现金流。如果未来不确定性增加，资产的价格就要被低估。一方面证监会等金融监管部门希望股市稳定，但是另一方面又政出多门，出现了不少与资本市场发展、市场经济发展相矛盾的情况。A 股从高位下调 60% 与很多政策性风险以及相应的风险溢价有关。

我认为中国今年面临的情况并不特殊。在很多新兴市场，在那些市场行为不够发达、计划和市场并行的经济体系中，我们所面临的政策上的不确定性和风险都出现过。通胀上升的过程中，政府总是着急地使用各种干预措施来硬性限制价格，当这些措施给经济运行造成风险后，才发现这样做是不正确的。

在 20 世纪 80、90 年代，通货膨胀率高达 15%—20%，我们依然坚定地进行价格改革和价格市场化，把隐性的通胀变为显性的通胀，没有动摇改革的方向。有了当时的短痛才换来今天的物产丰富、丰衣足食。今天也应该有这样的改革魄力。现在的宏观形势远好于二十年前，改革的基础已经打好，这时候应该勇敢地推进这些滞后的改革。只要做到这些，政策性的风险会自然降低，资本市场会解决自己的问题。如果我们推迟价格改革，将会长期制约社会经济的稳定发展。

农产品价格与通货膨胀*

宋国青

北京大学中国经济研究中心教授

今天的主要内容是讨论农产品价格与通货膨胀的关系，其次讨论最近宏观经济的一些情况。

一、农产品价格与通货膨胀

过去二十多年，中国经济运行的一个现象是：通货膨胀率高时，食品价格增长率更高，农产品价格比食品价格增长更快；通货膨胀低时，食品价格增长率更低，农产品价格比食品价格增长更慢。这一关系从图1食品价格、农产品价格和CPI历史数据可以看出。换句话说，食品相对价格或农产品相对价格与通货膨胀率相关。图2报告的CPI波动与农产品相对价格波动之间具有显著正向关系。

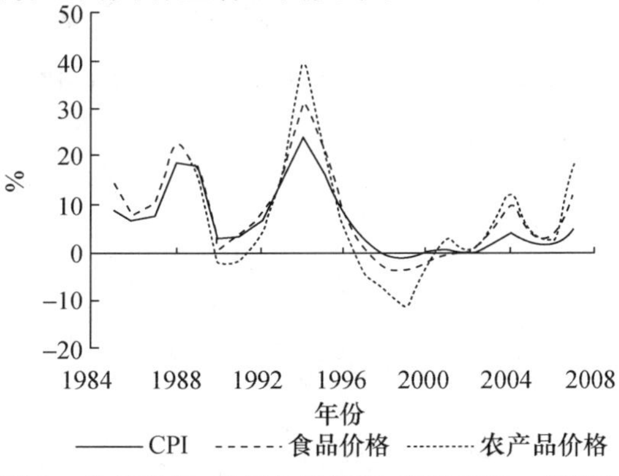

图1　食品价格、农产品价格与CPI(1985—2007)

注：食品价格1985—1993年为食品零售价格，1994—2007年为食品消费价格。农产品价格1985—1999年为农产品收购价格，2000—2007年为农产品生产价格。

资料来源：数据来自历年《中国统计年鉴》。

---

* 中国经济观察第14次季度报告会(2008年7月26日)。

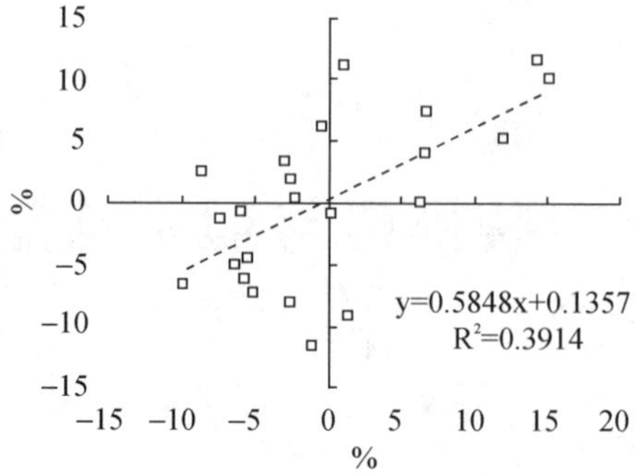

图 2　农产品相对价格波动与 CPI 波动(1985—2007)

注:农产品相对价格根据图 1 农产品价格与 CPI 计算。纵轴为农产品相对价格趋势偏离,横轴 CPI 趋势偏离。趋势偏离由变量对数值对 HP 趋势的离差乘以 100 计算。

与中国类似,美国农产品生产价格波动幅度高于 CPI,如图 3。不同的是,美国农产品相对价格与通货膨胀之间几乎不具备对应关系,图 4 中美国 CPI 波动与农产品相对价格波动几乎不相关。这一点说明,中国农产品相对价格与通货膨胀率的关系并不是普遍的规律。

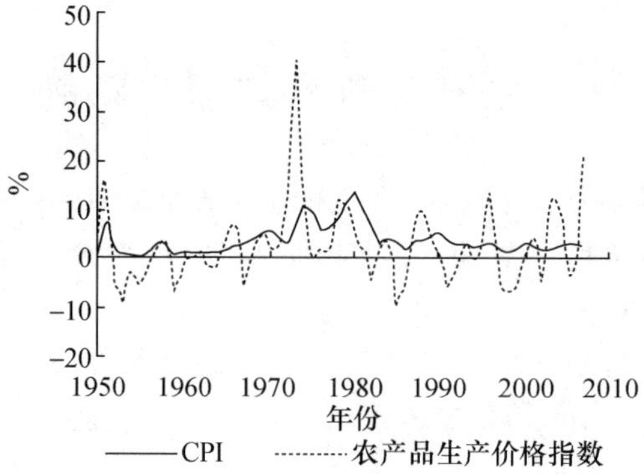

图 3　美国 CPI 与农产品生产价格指数(1950—2007)

资料来源:美国劳动统计局(BLS)。

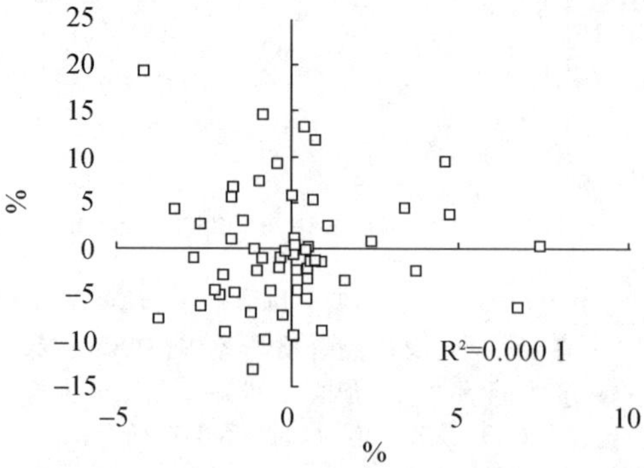

图 4　美国 CPI 波动与农产品相对价格波动(1950—2007)

注:农产品相对价格根据图 3 美国农产品生产价格与 CPI 计算。纵轴为农产品相对价格趋势偏离,横轴为 CPI 趋势偏离。

对农产品相对价格和通货膨胀高度相关的这个现象可以作出不同的解释。一是农产品价格引起通货膨胀,二是通货膨胀引起农产品相对价格上涨。

前一种解释似乎显而易见。因为剔除食品后非食品价格相当稳定,如果非食品价格保持稳定,那么食品价格或农产品价格波动必然引起 CPI 变动。问题是,农产品价格波动是由什么因素引起的?较为常见的解释是农产品价格波动与国际农产品价格涨落和国内天气变化有关。

对于国外因素的影响效果,可以通过进出口数据来考察。首先,根据农业部的计算,2007 年农产品贸易逆差 40.8 亿美元,仅占 GDP 的千分之一,因此农产品贸易对国内价格的影响极为有限。其次,2007 年农产品贸易逆差比 2006 年增长五倍。其他条件一定时,净进口增加应当导致国内价格下降。因此至少 2007 年农产品贸易对农产品价格上升应当起抑制作用,而不是推动作用。

对于天气因素,很难直接说明天气对农产品价格的影响。然而,农业劳动生产率的大的变化与 GDP 等宏观经济变量有明显的关系,说明农业生产波动的主要原因是内生的。图 5 报告农业劳动生产率及其波动,而且数据显示农业劳动生产率与农产品相对价格之间存在正向关系。因此,如果天气通过劳动生产率影响农产品相对价格,它对农产品价格的影响只是次要因素。

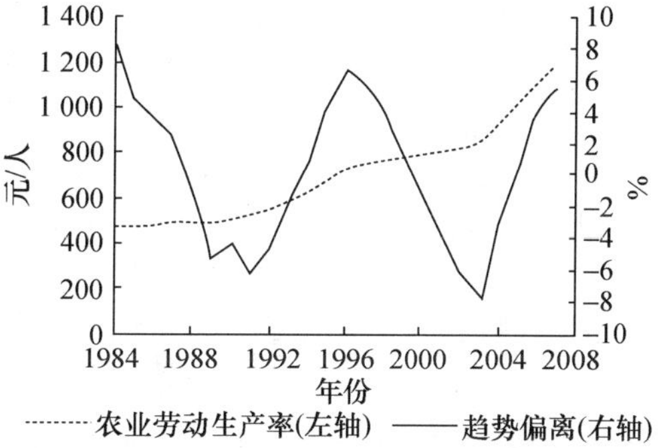

图 5　农业劳动生产率及趋势偏离

注:第一产业劳动生产率由第一产业实际增加值与农业就业计算。

资料来源:《中国统计年鉴》,并对 1990 年前后的数据做了平滑处理。

引起农产品相对价格变动的直接因素是农产品相对供求发生变化。其中需求相对稳定,农产品价格波动主要由农产品供给波动引起。国内农产品供给由国内生产、净进口和库存减小三部分构成。其中农产品净进口量很小,波动也不大,可以忽略。存货变动受利率和预期通货膨胀率即预期真实利率影响,波动相当大。事实上,在过去几年,农产品产量的增值率高于消费的增值率,尤其粮食产量连年增加,而农产品相对价格也持续上升。这里的原因是,2003 年粮食产量很低时,存货量非常大,也正是存货很多引起了减产。由此产生的供求缺口由挖库存来弥补。在连续几年挖库存以后,库存消费比例大幅度降低,由此引起了价格的上升。

关于库存的变化这里不做进一步的分析,而主要考察国内产量的变化。图 6 报告第一产业增加值指数和 GDP 指数的比例(即第一产业相对产量)及其对 HP 趋势的偏离百分比。就2007年的情况来说，尽管当年的一产增加值较快增长，但是相对于GDP的变化而言，还是要慢得多。当然，这个比例的长期趋势本身就是下降，这里说的比例下降是比长期趋势下降更快的部分。

关键的情况是，农业相对产量的更快下降不是由生产效率的变化引起的，而是由农村就业者数量的更快下降引起的。事实上，在过去几年，农业生产效率比正常增长更快，图5只给出了劳动生产率，由于土地变化不大，资本的份额很小，全要素生产率的变化与劳动生产率的大的变化大同小异。

剩下的事情是分析农业就业波动的原因，通过更进一步的分析可以形成下面的假设。首先是，在名义利率缺乏弹性的情况下，货币供给更快增长引起的总需求波动导致通货膨胀率上升，然后真实利率下降。真实利率偏低对银行资金的借贷者是一种补贴，而银行资金的绝大部分增加到了非农产业。货币供给增加和真实利率下降的过程中，补贴增加，引起非农产业投资和就业的相对增加。这个过程的最后结果是农产品相对产量下降和相对价格上升。验证这个假设涉及更多的数据分析，这里从略。

按照这个逻辑，农产品相对产量和相对价格的大的变化（尤其过去几年的变化）是名义利率黏性下货币推动的结果。货币不仅推高了总的通货膨胀率，还引起了不同部门投资报酬率因而投资和就业的相对变化，最后引起了农产品相对价格的变化。

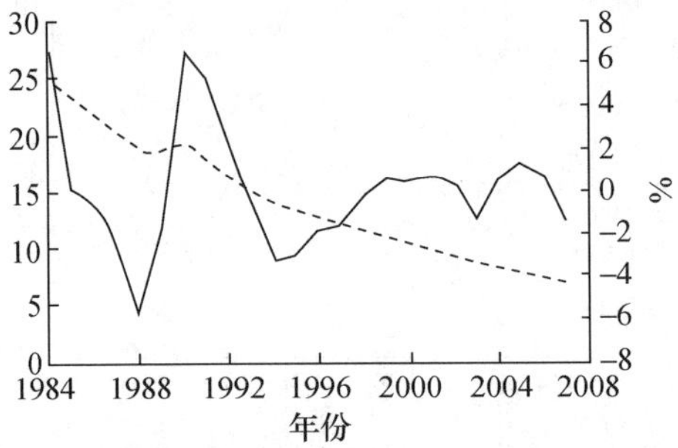

图6　第一产业相对产量及其波动（1984—2007）

注：第一产业相对产量是1978年不变价计算的第一产业增加值与1978年不变价计算的GDP的比例指数。趋势偏离由变量对数值对HP趋势的离差乘以100计算。

资料来源：《中国统计年鉴》。

对于农产品相对产量过快下降，主动的宏观调控是通过直接提高利率或者控制货币数量甚至直接控制名义投资使农业和非农部门走向平衡。从目前的农业非农业比例看，国民经济面临一次中等幅度的调整。如果采取比较缓和的宏观调控，农业和非农业达到平衡可能需要两年时间。调整期内GDP增长会低于潜在增长水平，调整初期通货膨胀率仍会偏高。如果宏观调控发生反复，农产品相对价格也会发生反复，但大的方向仍然是农业部门的相对加强。

二、当前宏观经济形势

由于去年6月基数非常高，今年6月的工业增加值同比增长率应当很低。而公布的6月同比增长为16%，仍然很高，应当是一些异常因素引起的。从发电量和主要产品产量数据看，工业生产增长速度处于较低水平。

6月城镇固定资产投资同比增长29.5%，并不能确定是实质的反弹。考虑到顺差增长率大幅下降，内需增长率应当大幅上升，才能与总需求很快增长的结果一致。所以，2008年上半年的内需增值率应当大幅度高于2007上半年。不过到具体的月度又当别论。7月以来生产资料价格趋于平稳，不支持投资短期反弹的情况。

最重要是，货币控制朝着平稳下降的方向发展。用货币数量来分析通货膨胀需要关注引起货币流通速度变化的因素。目前最重要的一个因素是“热钱”的动向。这里“热钱”主要指在国际收支平衡表中列在“转移支付”项下的外汇进入。与前几年的情况相比较，今年以来房地产需求降温，可能“热钱”中有更多的部分只是待在银行，购买房地产等实物资产的部分相对减少。如果“热钱”完全为了套利套汇，以银行存款形式存在，则不影响存在期的总需求。从货币总量的角度看，也可以说是货币流通速度减慢。另一个因素是最近股票价格大幅下跌的“财富效应”，也导致需求相对下降因此货币流通速度减慢。总体而言，现在宏观调控力度比较适中，估计通货膨胀率继续下降，也存在通货膨胀率下降过快对经济增长速度影响过大的风险和通货膨胀率居高不下甚至反弹的风险。其实，当这两种风险都存在并且大致相当的时候，总的调控力度才是比较合适的。

去年以来的房地产销售情况和1988年发生“抢购”情况很相似。当时说的“抢购”实际上没有抢到货，只是把价格抢高了。“滞销”与通胀并存，库存迅速增加。这是通货膨胀预期上升的结果。目前房地产销售缩减的一个原因就是房地产商对于宏观调控放松有预期。另一方面，前些年房地产投资增长过快，本身需要调整。后一个原因引起的调整正常，预期问题引起滞销在一定意义上不正常。对于治理通货膨胀，政策上应当坚决，如果政策摇摆不定，会把通货膨胀预期培养起来，成为货币政策最顽强的敌人。这样说不排除控制的过程可以比较温和，适当兼顾经济增长速度。

收入财富大调整*

宋国青

北京大学中国经济研究中心教授

首先讨论进出口价格和贸易条件变动对国民收入和财富的影响，分析贸易条件变动的财富效应与GDP增长的消长替代关系。其次观察通胀率和实际利率变动对居民收入的影响。最后简略讨论货币和财政政策的一些问题。

一、贸易条件与国民财富

计算贸易条件时的一个问题是：如果中国的贸易条件不变，但进出口价格同比例上涨，对中国是好事还是坏事？粗略一看，由于中国出口大于进口，出口价格上涨引起的收入增加大于进口价格上涨引起的支出增加。例如，去年出口1万亿美元，进口7 000亿美元，顺差3 000亿美元。如果今年进出口价格同时上涨20%，假定进出口数量不变，出口增加2 000亿美元，进口增加1 400亿美元，顺差名义上净增加600亿美元。

问题是由于价格上涨20%，尽管增加600亿美元顺差，今年3 600亿美元顺差只能买到去年3 000亿美元顺差买到的商品。此外，去年实现的3 000亿美元顺差，如果按照今年的价格进口商品就会亏损20%。如果今年不花掉存到以后再进口，去年3 000亿美元顺差加今年3 600亿美元未来所能够购买到的商品就取决于未来的进口价格。如果进口商品价格继续上涨，亏损就更严重。因此，进出口价格上涨时，尽管出口额比进口额增长更快，能够购买的商品数量并没有增加，而过去积攒的外汇资产价值实际在下降。

所以，在存在大量贸易顺差的情况下，单看贸易条件的变化还不完全，还要考虑价格变化引起的外汇存量的未来购买力的变化。

先看中国贸易条件变化对收入的影响。图1报告2002年以来的贸易条件。2002年1月到2006年6月间，用出口价格指数除以进口价格指数计算得到贸易条件恶化了18%，年均下降2.8%。这一因素导致中国2008年前三季度进口多支出了1.9%的GDP。

---

* 中国经济观察第15次季度报告会(2008年11月1日)。

尽管前三季度 GDP 同比增长 9.9%，扣除上述因素，实际国民收入仅增长 8%。反过来说，假设 2009 年 GDP 增长达到 8%，如果贸易条件有所改善，那么经过贸易条件调整的国民收入增长则会超过 8%。

图 1　季调后贸易条件（2002 年 1 月—2008 年 9 月，2002 年 1 月 =100）

举一个极端的例子可以更好地说明进出口价格对 GDP 和财富的影响。例如，有一个国家每年生产并出口一定量的石油。由于实际 GDP 衡量的是不变价格计算的产出，因此无论油价如何变化，其经济增长率都为零。而财富则不同，由于过去十年石油价格从十几美元上涨到最高每桶 140 美元，即使按照现在每桶六十多美元计算，该国收入可能增加了好几倍。在这样的情况下，GDP 和收入就出现了很大的差别，尽管两者在很多情况下是一致的。产油国增加的财富毫无疑问来自石油进口国。因此，对于中国这样的石油进口国而言，就有一部分财富因为石油价格上涨而转移给了石油出口国。也就是说，尽管过去几年中国 GDP 高速增长，但由于资源类商品进口价格飞涨，经济增长的好处有一部分实际上贡献给了资源出口国。

更重要的是进口价格会影响外汇资产的价值。如图 2，2002 年 1 月到 2008 年 6 月，货物进口价格上涨 64.1%，年均增长 8.6%。不考虑利息收益，2001 年年底的外汇储备在这段时期贬值 39.1%。这段时期各年增加的外汇储备均发生不同程度的贬值。拿进口价格增长 22.7% 的 2007 年 8 月至 2008 年 8 月为例，2007 年 8 月底 1.41 万亿美元外汇储备在这一年中贬值 18.5%，即 2 600 亿美元。在这 12 个月中，贸易条件恶化与进口价格上涨两方面因素导致中国损失了 3 000 多亿美元。大家平常都关注外汇储备增长多少，很少讨论由于进口价格上涨，外汇储备所能够购买的商品减少这个情况。进口价格上升对外汇储备实际价值的影响和通货膨胀对存款实际价值的影响是一样的。

即使将外汇资产利息收益计算在内，最近几年外汇资产总收益依然为负。根据国际收支平衡表，2008 年上半年国外资产收益 552 亿美元，按照 2007 年年底 2.29 万亿美元国际投资头寸计算，上半年收益率为 2.4%，其中部分原因是欧元升值，但下半年欧元发生了贬值。按去年数据计算，收益率大约为 4%。进口价格指数 2002 年至 2008 年 6 月上升 64%，年均上升 8.6%。同时考虑外汇资产收益与价格上涨损失，外汇资产净亏损约 4%。

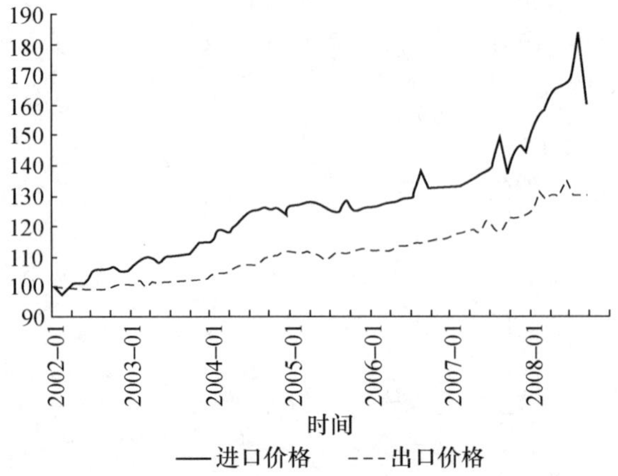

图 2　季调后进出口价格指数(2002 年 1 月—2008 年 9 月,2000 年 1 月 = 100)

现在看,外汇储备因进口价格变化损失几千亿美元,远大于 GDP 下跌两个百分点损失的几千亿人民币。当初积攒外汇储备的时候,就应当考虑外汇资产未来收益情况。最近经常讨论国内金融机构因为金融危机遭受损失。但只要金融机构持有的大多数外国金融资产是外国政府的国债而非股票等高风险资产,总的账面亏损就远比不上国际商品价格上涨引起的资产损失。

好在最近情况发生了变化,9 月进口价格下跌 10%。考虑到进出口价格指数月度波动较大,月度统计可能有偏误,10% 可能不准确。但即使进口价格下降 5%,外汇储备也相当于赚到了一年的利息。中国 8、9 两月进口 1 500 万吨原油,折年率为 1.8 亿吨。目前石油价格比最高点下跌了每桶七十多美元或每吨五百多美元,仅原油进口一项就为中国每年节省近千亿美元。

由于进口价格大幅下降,9 月顺差大幅增加。图 3 报告季调后贸易顺差数据。7—8 月顺差增长是因为进口实物量下降,反映内需已经显著疲软。估计未来贸易顺差将继续增长。特别是 2009 年顺差有望大幅增长。

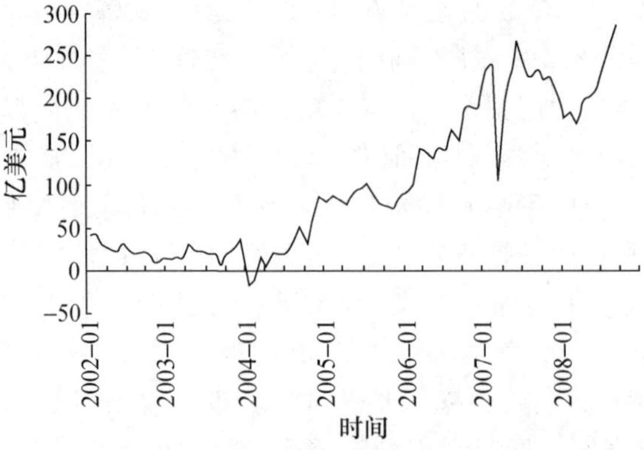

图 3　季调后贸易顺差(2002 年 1 月—2008 年 9 月)

进口价格下降的同时,中国进口量的增长速度也大幅下降。如图 4,8 月进口量同比增长率接近零,9 月进口量同比小幅增加。这从一个角度说明,中国对国际商品价格波动的贡献巨大。尽管国际商品价格最近主要受美国次贷危机影响,中国进口依然是一个重要因素。由此看来,在国际商品价格过高的时候控制进口对于抑制进口价格上涨有重要作用。

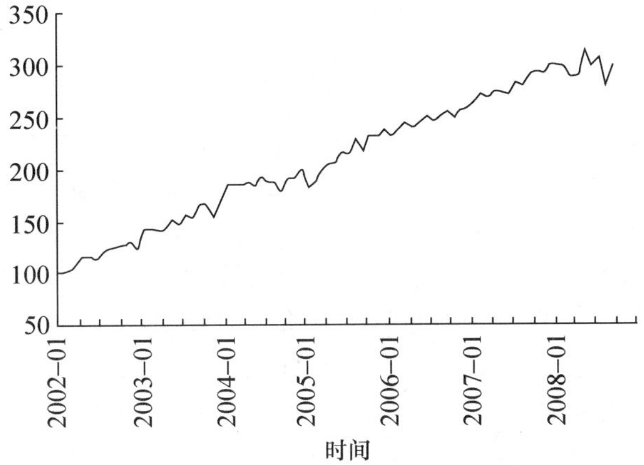

图 4　季调后进口数量(2002 年 1 月—2008 年 9 月,2002 年 1 月 =100)

考虑到中国进口数量增幅下跌和国际金融动荡,未来一段时期进口价格还将继续下降。尽管国际经济不好,在短期内会影响出口,抑制总需求和经济增长速度,但在中长期可以改善贸易条件,增加生产能力,从供给角度看这是有利因素。如果内需能够较快恢复,目前的国际经济环境变化对中国有大利。目前投资成本已经大幅度下降,扩大投资和进口大为有利。如果中国能在下一波国际通货膨胀起来之前花掉相当一部分外汇,就可以在相当程度上挽回过去几年的损失。

二、通货膨胀率和利率变化带来的收入分配效果

2008 年 9 月末居民储蓄存款 20.5 万亿元,其中定期存款 13.1 万亿元;流通中现金 3.2 万亿元。加上债券和股市保证金(包括基金保证金的一部分)等,居民债权性金融资产余额合计约 25 万亿元,其中约 44% 为无息和低息的现金与活期存款。居民债权性金融资产与年可支配净收入的比例估计约为 1.7 倍。2007 年全年平均,一年期存款利率 3.18%,居民债权性金融资产的平均利率约 2.0%。2008 年 CPI 通货膨胀率目前预测为 6.0%,由此居民 2007 年持有的债权性金融资产在 2008 年实现的真实报酬率约为 -4.0%(未扣除利息所得税)。按 1.7 的倍数算,高通胀负利率导致的居民金融资产损失相当于年可支配收入的 6.8%。按目前预测,2008 年的居民债权性金融资产在 2009 年将获得约 1%—1.5% 的正收入。2009 年和 2008 年相比较一里一外算,居民实际利息收入增加额将超过 1 万亿元,主要是因为 2008 年亏损大。

通货膨胀率和真实利率变化对于消费需求具有两个方向的作用。一方面,真实利率上升的收入效果导致消费需求扩大,另一方面具有替代效果抑制当前消费需求和资产需求。由于这次降息快,真实利率不会太高,对消费需求的抑制作用不大。此外,股价大跌的财富效应对高档消费影响更大,农村收入增长对整个消费有相当支持作用。总的来

看，未来两年居民消费实际增长速度会有所下降，但不会太差。居民住房需求在未来两年难有显著起色，这段时期关键是非住房投资。

三、货币政策和财政政策的简单讨论

目前宏观形势需要加快降息。从货币与总需求关系看，今年一季度存在严重通胀压力，到三季度通货紧缩前景就显现出来。过去几个月钢铁价格猛跌。宏观经济变动速度很快，利率一回降0.27%，十次才降2.7%，速度太慢。应当改变传统加息周期思维方式，在通货膨胀率迅速变化环境中，利率调整应尽可能一步到位。回顾1998年的通货紧缩经验，由于利率调整滞后，存款利率比企业投资税前报酬率还高，导致企业不愿投资从而引发通货紧缩。相比之下，亚洲金融危机只是次要因素。

财政政策方面有很大的空间。主要是国民收入分配中居民可支配收入占比太低，企业主要是国有企业的未分配利润占比很高，这样减税有很大空间。一个办法是将国有企业的部分利润收缴财政以支持减税，这样对财政赤字可以没有大的影响。从短期平衡的角度看，在目前总需求尤其投资需求疲软的情况下，国有企业利润交不交财政并不重要，因为企业利润的相当一部分并没有用于投资，财政可以将这部分利润实际上运用起来，走不走账并不重要。增值税对于不同收入群体大体上是中性的，应当也有可能成为削减的重点。

国内需求可以支持的中国经济增长是多少*

陈兴动

法国巴黎证券亚洲有限公司首席经济学家

最近一段时间大家研究和关注的问题比较一致。我们自己也在探讨华尔街金融风暴或说世界金融风暴发展到什么程度,对中国会产生什么影响。我很同意黄海洲先生的观点,即在全世界各个国家共同努力下,全球金融风暴的高潮可能已经过去了,但我认为金融风暴远没有结束,后续还有来头。

对这次金融风暴的原因,我补充以下几点。一是创新超过了想象。过去很多对冲基金对我们说买这种产品不用担心,因为根据他们的计算机模型这种产品失败的概率是一千年才发生一次。既然失败概率这么小,大家就不关心产品本身,只要大胆买就是了。二是最近两三年以来虚拟经济基本上是在自己玩自己,已经不再跟实体经济有联系。三是个人激励制度出了问题,从交易员到管理层都有一种追求金融资产不断膨胀、不断泡沫化的倾向。四是市场是由贪婪和恐惧两种力量推动的。格林斯潘最近在国会听证会时讲到,他所犯的一大错误就是相信市场和金融机构能够自我调节。

对于美欧等国经济的衰退,大家已经没有争论。如果说还有争论,那就是衰退能够持续多长时间,衰退的深度有多深。应该不会出现1929—1933年那种大萧条,但也不会出现V形走势。那会是什么走势?如果是U形,那底部有多长?在未来三五年会不会是L形?这是大家现在所要讨论的。从现有数据来看,美国经济第三季度已经下降了0.3%,即便这个数据也是高估的,以后需要往下调整。预计美国经济明年第一季度会下降3%—4%,第二季度和第三季度的降幅会稍微小一点,第四季度可能实现正增长,但前三季度的衰退是难以避免的。欧元区的消费者信心指数和采购经理指数(PMI)大幅度下降,从以前的经济周期数据来看,欧元区经济在未来将面临至少3—5个季度的持续下滑。日本经济已经连续三个季度出现了衰退。

中国经济在本次危机中的表现受到众多关注。这也很好理解。比如依照我的经验与判断,澳大利亚货币的升值贬值就与中国GDP增长率紧密联系。如果中国GDP增长

---

* 中国经济观察第15次季度报告会(2008年11月1日)。

率从10%涨到12%,澳大利亚元就升值20%;如果中国GDP增长率从10%下降到7%,即下跌30%,澳大利亚元就需要贬值将近30%。中国经济已具有相当程度的国际影响。

中国经济能否独善其身?我的判断是不能。现在中国经济占全球经济6.6%,每年对世界经济增长的贡献度大概是12%。中国是过去七八年这一轮经济全球化的最大赢家。在此期间,世界贸易平均增长率是14.3%(名义值),中国贸易平均增长率则为27.6%,可见中国贸易不但跟随世界贸易增长还抢占了其他国家的出口份额。如果看实际增长率,那可以发现中国出口实际增长率和世界经济增幅基本相当,在2002年达到最高值并在随后的几年保持在较高水平。

出口是中国经济增长的第一推动力。由于出口增加很快,就会推动国内制造业的投资,制造业投资会增加就业,提升消费。当前国际经济环境下,如果中国出口出现零增长怎么办?显而易见,国内的消费和投资都会受到影响,但影响程度很难准确地度量。这里以2007年数据为例试图给出一个估计。2007年净出口对GDP增长贡献度达到了19.7%,支出法GDP增长率是12.9%,生产法GDP增长率是11.9%。用这19.7%对国内消费和国内投资做统一平减,得出2007年出口零增长情况下支出法GDP增长率只有8.1%。假设支出法和生产法GDP增长率保持统一比例,那么出口零增长情况下的生产法GDP增长率只有7.5%,这是第一个估计。

第二个估计,中国经济增长的顶峰期应该是2005年,2006—2007年增长速度已经放慢,2008年处在这个周期下行区间,特别是去年年底以来,我们采取了可能是不必要的宏观调控政策,导致经济增长速度损失1到2个百分点。按照这个判断,目前中国经济内需所能支持的经济增长速度是5.5%—6.5%。如果明年经济增长目标为"保八争九",那么宏观政策需要对GDP增长贡献2—2.5个百分点。

从消费角度讲可以推动的就是农村消费和公共消费。如图1所示,从1998年以来农村消费的增长始终大大低于城市消费,而且低于公共消费,农村消费如果做得很好的话可以往上走。现在有两个现象:在国外卖的许多中国商品比国内市场还便宜,还有些中国制造的商品在国外可以买到而在国内买不到。既然可以通过退税等补贴形式卖给欧美市场,为什么不以相同的补贴卖给农村?许多浙江老板表示非常忧虑在全球经济衰退

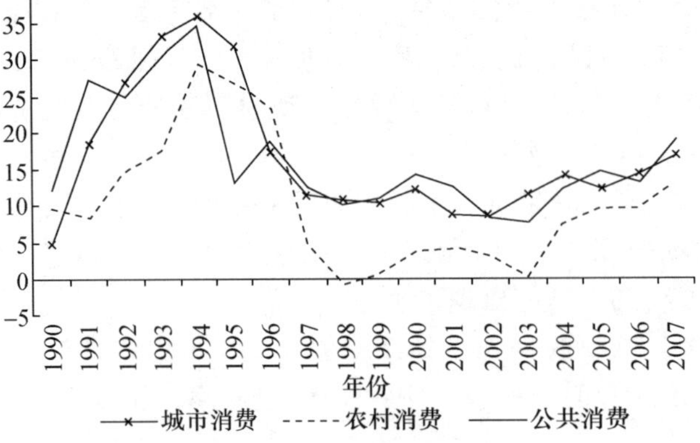

图1 国内消费增长来源

的环境下出口订单减少,他们应该如何自保?琢磨中国人需要什么、为中国人生产商品是一条很好的出路。这几年公共消费的增长跟政府财政支出的增长基本一致,但是速度较慢(见图2)。此外,城市居民储蓄率过高,需要政府政策拉动城市居民的消费。

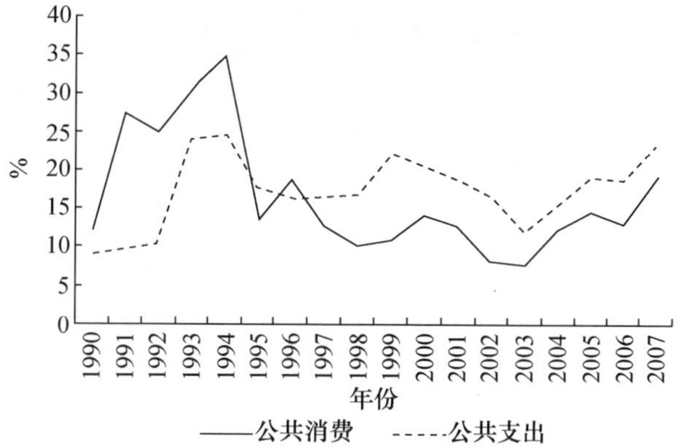

图2　公共消费增速和公共开支增速

投资方面,应该推动基础设施的投资。如图3所示,自2005年第一季度到2008年第一季度,基础设施投资的增长速度持续大幅下降,从30%下跌到10%左右,而制造业和房地产的投资增速始终保持在高位。那明年的态势如何?由于约40%的制造业投资与出口挂钩,随着明年出口增幅下降,必然会导致制造业投资下降;而目前几乎每家房地产开发商都准备在今年投资基础上大幅度下调明年的投资。所以基础设施投资更凸显其重要性。

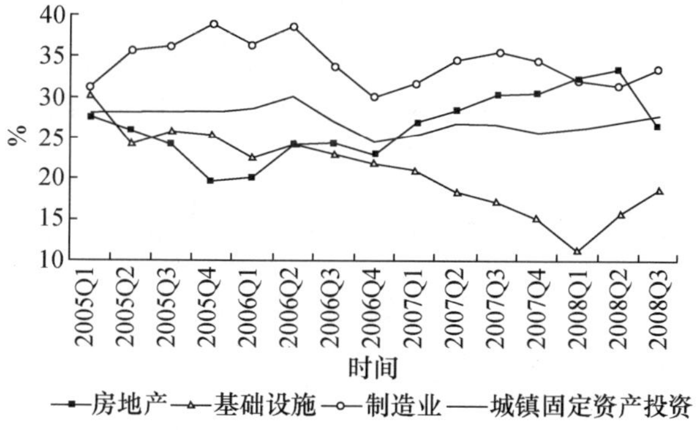

图3　投资领域的增长速度

体制政策要靠前*

周其仁

北京大学中国经济研究中心教授

今天来参加经济形势讨论的人数前所未有地多,说明经济真的遇到了不小的困难。

困难是一起来的,主要有四个方面。

第一,为给过旺的外需“让路”,近年对国内生产与投资活动,不得不执行抑制性的调控措施,这些措施累计起来逐渐产生了作用;

第二,高度的外向依赖遇到了重大转折——美国和欧洲的金融危机影响到市场信心和实体经济,需求收缩,连带影响到中国出口增长的下降;

第三,这几年国内在出现通货膨胀之前,先有一个资产价格的大幅上涨,然后市值暴跌,使相当一批家庭和企业,在资产账上缩手缩脚,面临严重的财务压力和心理调适;

最近一些公司濒临关门倒闭,并不仅仅是订单萎缩,还要加上成本压力与资产市场受到的重创,所以困难是复合的。

最后就是转型经济中尚存的价格管制和产业管制,使经济调整不那么灵敏。

一、祸 起 货 币

如何看待这些复合的困难?

外需突然下去了,与美国的经济变化有关。那就先看美国。

美国基本面很有特点。这一段媒体集中报道,金融衍生品的神奇链条怎样把次贷危机传播到了全球。不过,无论次贷还是金融衍生品,都是形式变换。在内容上,我们还要问,美国究竟哪来那么多钱的呢?你看美联储的基准利率1999年还是8%,现在降到了差不多1%——美国是用基准利率控制货币量的——基准利率这样低,这些年可真的是钱淹美国了。不过,那天量的钱可不是来自美国的储蓄。美国人的储蓄很少,除了社保、保险方面的一些积累,美国家庭储蓄率非常低;美国政府自伊拉克战争以来,债台高筑,

* 中国经济观察第15次季度报告会(2008年11月1日)。

在此次大手救市之前，美国财政赤字就高达5 000亿美元，美国国债要占到他们GDP的60%；美国公司也是大量负债，最近倒闭的大名鼎鼎的机构，个个都是高负债。加到一起，美国整体债务达到GDP的350%，其中大部分(60%)是从其他国家借来的。

为什么美国人可以过那样一种高消费、低储蓄、高负债的生活呢？怎么看，这也与美元作为世界储备货币的地位是分不开的。那的确是一种独一无二的地位：美国人印钱，全世界很多国家的家庭、公司、政府都乐于持有，特别是以美国国债的形式来持有。多年前美国一位副财长说了一句令很多人感到无奈的话："our money, your problem"(我们的钱，你们的麻烦)，夸张地反映了美元的独特地位。人们当然可以批评这是美国的霸权，更可以接受流行指控，说那是美国佬的阴谋。问题是，20世纪70年代就正式脱离了金本位的美元，为什么仍然维持了全球主要储备货币的地位？我想我们不妨考虑另外一种解释，那就是相比于更多其他国家更滥的货币，法定不可兑换的美元还是比较"硬"。从长期看，总是良币驱逐劣币，尽管这里的良币仅仅是相对"良"而已。

不过，新世纪前后在多种因素的作用下，美元不但没有变得更"硬"，反而像20世纪60年代越战后的情况类似趋向疲软。全球化使得更多的经济体持有更多的美元，而对美国来说，既然大手降息也没有引起美国国内明显的通胀，那么迫于一次次的短期压力而增加货币供给，又何乐不为呢？

问题是，在全球化的环境里，"别人的麻烦"积累起来也会变成美国的麻烦——那么容易就借回来的钱，是美国次贷和金融危机的"内容"，也真把美国的金融业给淹了。后面的一连串故事，讲到底是钱涌美国、钱淹美国的结果。现在不少人认为次贷危机祸起市场、祸起华尔街、祸起贪婪。不妨听听另外一个看法：祸起货币。费雪在1911年说过，"不可兑现的纸币几乎总是成为使用它的那个国家的一个祸根"。这是至理名言，对美国也不例外。

二、无可持续的循环

从美国以外看，今天很多国家已成为堂堂美国的债权国。不论别人，中国能借给美国的钱，可是一块一块美元挣回来的。主要就是制造业产品出口，"中国制造"越来越旺。作为一个农民占人口多数的国家，这是了不起的成就，没有改革开放，根本无从想象。问题是，当贸易顺差增长过快、中国外汇储备积累过多的时候，成就本身也构成了严峻挑战。

对内看，源源不断的顺差进入中国，迫使央行被动放出基础货币，国内货币形势就走高了。这几年这个热、那个热的，讲到底都是因为货币热。2007年中，过量的货币终于从地产热、股市疯狂冲进了CPI，这新一轮通胀可不是从天上来的。历史经验说，通胀起来的时候，非及时治理不可。这就是去年年底，从紧货币政策的由来。其实，沿海地带制造业的成本急升，在2004年后就出现了。过去订单好，还可以容忍。一旦订单骤降，水落石出，出口行当就度日艰难。弗里德曼的名言，通胀就是一种货币现象。现在看，资产价格狂涨狂落也是货币现象。只不过今日中国之货币过多，不是因为传统性的财政需要导致的货币超经济发行，而是来自于日益巨额的顺差。

对外看，中国的外汇储备多了，“储”的风险总量就上升。反正对外国持有的美元资产而言，只要美元贬损，中国持有的美元资产也就跟着贬损。在美元资产以外发现新的投资机会，当然是有的。但中国这方面的人才和知识储备，比起直线上升的外汇储备来说，远远不足。一个国家与一个家庭一样，有余钱而缺乏相应的投资能力，是祸不是福。

挑战提上了日程：这样的循环究竟还能不能持续？现在看，难以为继。钱淹美国他们受不了，次贷危机搅得天下大乱。这也说明首先是美国模式难以持续——低储蓄、高消费、高债务难以持续——不是这里出问题，就是那里出问题。转过来，中国也难免受到牵连——高度外向依赖的经济遇到国际订单下滑，连锁反应由外而内。

这里涉及汇率的分析。因为中国制造的产品，究竟能换多少美元，由汇率决定。过去主张固定汇率有个理由，就是固定汇率制度可以使实行这个制度的国家不能滥发货币，否则那个汇率就守不住。这有道理，不过需要一个前提条件，就是固定汇率的那一端挂住的美元必须是强币，如若不是——新世纪以来明显不是——固定汇率就会把美元之软输出到全球去。一旦美国模式难以为继，挂到一起的经济体也就一起有了麻烦。

有一种看法，认为是2005年开始的人民币升值，打击了中国的出口行业。这个看法没道理，因为吵得很热闹的人民币升值问题，吵来吵去只不过是名义汇率。国家控制外汇，名义汇率可以不升，但实际汇率你是控制不了的。只要名义汇率低估本币，顺差铺天盖地而来，到国内绕一圈就把生产成本顶上去了。结果殊途同归：不升名义汇率，国内市场上的人工、原材料等生产成本急升；升汇率，中国出口产品国际市价上升。唯一的差别，就是名义汇率不动（人民币不升值），出口厂家看着最后产品的美元卖价还好，大家还是纷纷冲着外需布局，等到投资的产能形成，反正沉没成本不是成本，就慢慢受可变的成本急升的煎熬吧。一些专家建议的以出口退税代替人民币升值，短期是安抚人心，长远看其实是留住了更多人。

所以，实际的人民币汇率是注定要升的。谁让中国制造业生产率的进步率升得比较快？谁让20世纪90年代中期以来的人民币比较“硬”呢？名义汇率不反映实际经济的相对情况，其他压力终究要来。这样看，人民币不是升早了、升过了，而是升晚了、升少了。结果就把外向产业、企业、部门结结实实套住了：早该离场的不离场，不该进入的还进来。

两个月前广东省的一个会上，我问了一个问题：广东是做内需起家的，当年所谓“经济北伐”，还不是广东产的商品呼呼地往北方走？那时上海、北京、沈阳、乌鲁木齐的服装商人还不是都到广东进货？可是曾几何时，广东就变成了一个纯出口基地？有统计说去年广东出口占GDP的91%，进出口占GDP的162%。那是一个相对价格（汇率）机制作用的结果。中国的企业家不是生下来就赌注发誓，非一定要做出口生意不可的，无非是汇率给的信号，出口走得顺。现在东莞很多工厂关门，我去看的时候，问当年是根据什么信号投资建起来的？就是那个十年不变的名义汇率。真的守得住也好，问题是最后还是守不住。

这留下一个重要的教训，就是市场的相对价格终究要发生作用的。大家以为可以控制住，最后还是控制不住，倒霉的是厂家。

出口过热就是这么一个过程。开始因为还没有完全走出上一轮通缩，所以出口热来得正好。可后来内需也慢慢起来了，毕竟发了那么多国债，启动了大规模的基础设施建设；特别是在通缩压力的逼迫下，推进了深层次改革，使市场体制发挥出更大的作用。外需旺、内需也旺，总需求过热就令人担心。可是名义汇率不动，外向热根本不会下去，只好内需让一让吧。一轮轮地采取调控措施，基本都是抑制性的。

压也压不住。因为每进来一美元，央行就要按名义汇率释出7—8元人民币，这个力量还在。所以从市场上看，在2007年CPI冲高起来之前，先是房地产和股市的价格狂涨。这个力量发作的时候，巨大的诱惑难挡，否则那么多家庭、企业的财产是怎么进去的？当众人追涨的价格远远脱离了基本面，甚至偶发因素也能导致市价跳水。这的确是新的现象：货币存量还在，预期一变，或者如最近流行的说法是信心没有，货币突然就没有——它们变换了形态，从积极的一下子变成消极的，趴下不动了。这样看，幸亏中国股市没有像有人预言的那样，冲到更高的点位，否则，对很多投资人就不止只是缩手缩脚，冬天就更冷了。

三、体制政策要靠前

话说汇率机制僵硬带来的贸易顺差过大、基础货币过多、资产价格和CPI的大起大落，不但给中国企业带来决策的困扰，而且影响体制政策的方向。道理简单，外需过旺就不得不压抑国内的生产和投资，这就形成了抑制性的体制政策。两年前，宋国青有一个比喻，人们怕车跑得太快，又不习惯用汇率、利率这类“刹车”，非在路上挖出一道道沟来强制降速。本来用刹车可以收放自如，可是，靠投资项目审批、土地供应、产业准入政策、环保、安全、劳动等体制性政策来调控，就没有那样灵便了。因为体制性政策很容易形成既得利益，为了限速，你放手让它设路障；等到要鼓励提速时，要撤那路障可难了。

所以，对经济下行的严重困难，我不认为仅靠松货币就可以解决问题。货币政策在应对可能的通缩方面有作用，该出手就出手。但也要看到，启动经济，还须把路修好、整平。否则，就是装满货币的车子冲了上去，也难免磕磕碰碰、颠簸不已。

经济活动的体制障碍只有针对性强的体制性政策才能扫除。在这个意义上，应对当前困难局面，体制性政策要靠前。

首当其冲的是取消临时价格干预政策，继续推进价格改革。人们总会对相对价格的变化作出反应，问题是价格体系能不能灵活地反映市场的变化。不让兰州拉面涨价是可以的，但商家被迫把拉面做细，最后消费者不会受益。要是有人以降低品质来对付物价管制，后果就更严重。所以，即使CPI、PPI高企，也没有搞价格管制的道理。现在，物价环境松动，更应明令取消所有临时价格干预措施。要知道，离开了灵活的相对价格指引，连什么是内需、什么是外需也讲不准的。要让灵活的相对价格来告诉企业和顾客，引导供求之间的调整。

进一步的价格改革，不但包括一般商品和服务，还要推向资源价格、利率和汇率。近年的一个基本教训就是政府可以控制的只是名义上的相对价格，却无论如何也控制不了实际的市场相对价格。“管住”名义变量的结果，是误导产业和企业，延误经济调整的时机，到最后还是躲不开市场调整的现实。像汇率机制这样的问题，不准备重大改革，未来还可能再次酿成大祸。

第二是减税。这是政府刺激经济的措施里已经安排了的，问题是力度可能不够。因为仅把投资活动的增值税率调低，在企业实际投资额大幅度减少的条件下，减税效果未必有估算的那么大。何况偏向投资的增值税减少，可能有歧视就业和消费的效果。建议把增值税减去若干百分点，给当下摇晃要倒的公司一个立竿见影的帮助。个人所得税方面，有人建议提高起征点到5 000元，茅于轼建议8 000元。都赞成，关键是出手要快、出拳要重。

只减税收、不减行政支出，财政的根基动摇，长远必有代价。至于政府发债搞建设和基础设施投资，是另外一回事，不能与经济困难时期政府减少行政开支混为一谈。这是说，“积极的财政政策”并不意味扩大政府本身的行政管理开支的水平，更不应该包含提升政府行政消费档次。否则，政府怎么与企业共渡难关？

第三是扩大市场准入，继续推进行政垄断部门的改革。中国的储蓄率不低，为什么大量转为对外债权，同时国内又面临巨大的就业压力？原因很多，其中与国内某些高回报投资领域的开放不够有关。前几年的“非公经济36条”，有非禁即准的规定。当前要认真落实。不但非禁即准，而且有必要审查、收缩“禁”的范围。1998年后，我国在电信、航空、金融、电力等领域有过破除行政垄断的举措，这篇文章继续做下去，可以释放巨大的能量。

第四是清理近几年的政策性法规和条例，对产业政策、市场准入、投资、安全、环保、劳动等方面诸多法规条例，作一个系统评估，该坚持的继续坚持，该放松的赶快放松。再不把那些捆着经济实体的那些抑制性绳索解开，经济调整将更加困难。

第五，这几年为了防过热，政府一直严控“土根”。现在有必要审时度势，适度扩大供地。更要按照十七届三中全会的决定，在逐步缩小征地范围的同时，规范地启动集体非经营性建设用地入市，推动城乡建设，增加国内投资和建设的机会和总量。

总之，中国目前遇到的困难有多重由来，对症下药要采取不同的措施。体制性障碍涉及经济活动的制度成本，对经济行为影响极大。在货币政策已放松、积极的财政政策已出台之际，需要体制性政策靠前，才能激励人们的创业、投资和工作意愿。否则，修成了路却没有人和车在上面跑，不可能刺激经济增长。

5　2009年总需求V形回升

2009—2010 年展望：复苏之路如何走*

王　庆

摩根斯坦利大中华区首席经济学家

在展望 2009 年和 2010 年之前，首先来回顾 2007 年年底时对 2008 年经济做出的判断。我们当时认为，2008 年的中国经济走势有几种可能。一是外部经济严重衰退和紧缩性政策措施结合在一起造成的硬着陆；二是全球经济放缓同时中国政策适时调整导致的软着陆，即输入型软着陆；三是全球经济情况较好但国内政策采取紧缩性措施实现的软着陆；四是全球经济情况较好同时中国政策紧缩力度不够造成的经济全面过热。当时认为第一种可能性只有 5%。由于摩根斯坦利是第一个预测美国经济会在 2008 年陷入衰退的华尔街投行，所以 2008 年中国出现输入型软着陆的可能性最大。在此背景下，2008 年一月我们提出了“三不”政策判断：第一，全年不会加息，第二，人民币不会大幅度升值，第三，行政性紧缩措施不会持续下去，年中就会调整。

直到 2008 年 9 月，上述判断仍是基本正确的：央行没有加息、人民币也未出现大幅升值、在 7 月已经看到政策调整的信号。但在 9 月后，中国工业生产大幅度下跌，贸易活动亦大幅萎缩，CPI 下降速度远远快于经济学家预期，上下游行业利润同时大幅下挫，经济出现硬着陆，政策出现了 180 度转向。可见，原来的判断还是比较保守的。

从 2008 年上半年学界和媒体关注通胀和经济过热，到四季度出现了经济硬着陆，中国经济在六个月内完成了一个从过热到过冷的硬着陆过程。其中的根源是什么？了解去年第四季度发生了什么对预测 2009 年经济前景是很有帮助的。

次贷危机使美国采取了危机处理式货币政策，表现为注入巨额流动性、大幅度降息和美元明显贬值。超宽松货币政策造成大宗商品价格迅速走高。以石油为例，2007 年年底石油价格 80 美元/桶，到第二季度超过 140 美元/桶。这在宏观层面和微观层面有两个直接效果。一是在宏观层面上产生通胀压力。由于很多国家都要进口大宗商品，大宗商品价格迅速走高导致通胀压力，各国的政策反应就是紧缩货币政策，比较活跃的经济活动开始放缓。现在来看，2008 年世界上很多央行货币政策都错了，只有美联储方向没有

* 中国经济观察第 16 次季度报告会（2009 年 2 月 14 日）。

错，一直在减息。二是在微观层面上大宗商品价格迅速走高会造成存货增加，这在中国尤其明显。实际上，各国企业在增加原材料存货时，都带有投机成分，他们认为大宗商品价格会保持高位或持续上涨，因而愿意多积攒一些存货。

全球包括中国的经济活动直到2008年8月只是缓慢而有序放缓。9月雷曼兄弟破产这一标志性事件成为全球危机发展过程的一个分水岭，造成“去杠杆化”的迅速加剧。贸易融资是商业银行的一个基本功能，雷曼破产造成贸易融资开始减少，这直接影响贸易活动和实体经济。另一方面，“去杠杆化”的重要含义是投资者不再冒风险，他们从各种风险投资中撤资，造成大宗商品价格泡沫破裂，引发去存货化过程，造成工业生产崩溃。石油、粮食价格快速回调又引发通缩。以上是对去年经济形势的简单回顾。

2009年中央提出经济增长保八。但摩根斯坦利预测，2009年中国GDP增长率是5.5%。很多人会说过于悲观，其实这一判断并不悲观，还是相对乐观的。根据摩根斯坦利对2009年经济的预测，全球超过三分之二的国家都会出现负增长，只有小部分国家有正增长。在这种情况下，如果中国经济增长率达到8%，意味着中国对全球经济增长的贡献率超过400%。换句话说，在这种情况下，中国经济在世界范围内绝对是一枝独秀，甚至可以说与全球经济彻底脱钩。即使按照我们的预测，中国经济增长对全球贡献率也超过200%，中美之间经济增长速度差距是8个百分点，与前几年经济增长速度相对差距相仿。现在发生的是全球危机、全球衰退，对中国经济形势判断必须在此背景下进行。

分季度来看，我们认为中国经济在2009年一、二季度同比增长率会很低，即3%—4%，但是下半年会有强劲反弹，三季度达到6%，四季度超过9.5%。这种V字形走势对应的是同比增长率。从环比上看，增长率将会经历W形调整：中国经济在去年三季度是零增长，四季度环比几乎是负增长，今年一季度、二季度就将出现环比的提升（因为贸易融资破坏和存货调整都是一个不可持续的过程，二者的修复必然伴随反弹），到第二季度之后这种反弹就会消失，环比增长率将再度放缓但仍为正。真正有意义的复苏可能出现在2009年下半年。能否出现取决于两个因素，一是经济刺激政策的效果如何，二是全球经济活动是否企稳或出现轻微复苏。

上半年经济同比增长率很糟糕的原因是出口和房地产销售表现比较弱。出口是领先于制造业投资走势的，出口表现比较弱最终会在制造业投资中显现出来，制造业投资将在未来一段时间内加速下行。房屋销售面积是领先于开工面积的，从2008年年初以来房屋销售面积一直是负增长，随后开工面积也开始出现负增长。制造业投资和房地产投资加在一起超过中国固定资产投资的50%，对经济整体举足轻重。若这两部分投资走低，那么每年两万亿的财政刺激将显得杯水车薪。这是判断上半年经济活动较弱的原因。

下半年经济活动会有明显起色。第一，目前信贷出现了较快增长。最新数据是1月信贷同比增长速度达20%，新增贷款超过了1.6万亿。由于信贷增长与投资之间有六到七个月滞后关系，现在信贷速度增长较快最终会体现在实体经济活动上。第二，我们预计全球经济会在今年三季度企稳，四季度有些微复苏。这会对中国出口形成支撑，也有利于恢复信心。大家毕竟看到了这轮调整的底，见底以后很多事情就好办了。

在各方面数据中，信贷增长速度较快是唯一的亮点，是中国下半年经济走势的希望所在，甚至有人认为中国会重现2001—2002年信贷推动的投资扩张和经济过热。但我认为不能过分乐观，因为信贷增长的过程是不可持续的。除了大家讲的短期贷款、票据融资这些原因，还有两个更基本因素。1998年中国开始刺激经济的时候信贷的确加速增长，但八九个月以后触顶后又一路下滑。2000—2001全球经济衰退过程中也出现类似现象。现在出口前景更加恶化，很难想象信贷快速增长能够持续下去。此外，约束银行信贷扩张的一个重要因素是资本充足率。即使信贷速度在未来放缓，全年达到15%到16%的增长速度仍可以预期，这本身是一个积极的信号。

关键要看财政政策。对于政府4万亿投资中有多少属于真正的财政刺激，有不同理解。我的理解就是有多少财政赤字就有多少财政刺激。两会将公布财政赤字，我的猜测是1万亿。

从短期来看有这么一个现象：经济基本面在恶化的同时，在流动性层面来讲却比较充裕。在这种情况下，我觉得很可能会出现一个波动性比较大的资本市场。流动性充裕大家有投资冲动，又不愿进行实体经济投资，只好去股市炒一把，因基本面不好股市炒作又难以持续。

这场危机的核心内容就是所谓的“去杠杆化”。“去杠杆化”可以分为五个阶段。第一阶段是金融产品的“去杠杆化”，这一过程已经结束。第二阶段是金融机构“去杠杆化”，包括投资银行、商业银行资产负债表的萎缩。第三阶段是投资者“去杠杆化”，即对冲基金、风险投资基金缩减规模，因为这些基金的相当一部分资金来自金融机构。第二、三阶段的“去杠杆化”还在进行，但已经进入到比较高级的阶段。第四阶段是英美消费者的“去杠杆化”，这一阶段才刚刚开始。第五阶段是全球经济的“去杠杆化”，或贸易保护导致的“去全球化”，目前这仍是一个风险，而非现实。从对中国的影响来看，第一阶段对中国影响很小；第二个阶段对中国贸易融资有影响，即通过进出口影响实体经济；第三阶段对中国的影响目前还比较间接，即大宗商品价格泡沫破裂导致的“去存货化”；第四阶段比较危险，如果美国消费者要增加储蓄水平，中国作为生产国，就会出现“去产能化”，我国提出的一系列行业振兴计划实际上就是中国有序的“去产能化”过程；第五阶段是“去全球化”过程，将对中国经济增长方式构成根本性威胁，资产将有向下重估的危险。

当前危机逼着中国经济增长方式发生改变，从出口投资驱动增长转到消费驱动的增长，而且有很多人呼吁这么做。但在讨论过程中大家自觉不自觉地都做了一个假设，即中国能够在保持高速经济增长前提下实现经济方式转变。这个假设是很难实现的。从理论上讲，消费活动产生的技术进步和创新是有限的，不像制造业活动中工人的学习过程、效率改进、组织改进这类活动效率提高那么快。各国历史数据显示，当一个国家采取消费推动型模式时经济增长速度就会降下来。如果中国经济真正由消费推动，我们必须习惯比较慢的（5%—6%）的增长，那么中国的股票估值水平就要有一个重新估值。目前为止这还只是一个风险，但是这个风险值得大家关注。

需求快速回升可能性增大*

宋国青

北京大学国家发展研究院教授

首先讨论最近几个月工业生产、贸易、房地产投资的变化和旱灾的影响，其次通过货币量数据讨论全球化下经济波动和宏观调控的特点，接着对最近的贷款增加进行分析，最后讨论投资报酬率和投资率。

一、工 业 生 产

如图 1 钢材产量数据所示，去年 7—10 月钢材产量出现快速下跌，11 月与 10 月基本持平，12 月出现强劲反弹。钢材产量反弹带动了整个工业反弹。过去的月度数据从未有过如此大的波动。现在看来，去年 11 月可能是这次经济波动的低谷，但还不能确定。钢材产量的反弹目前还缺乏需求方面的有力支持，不排除再下跌的可能。

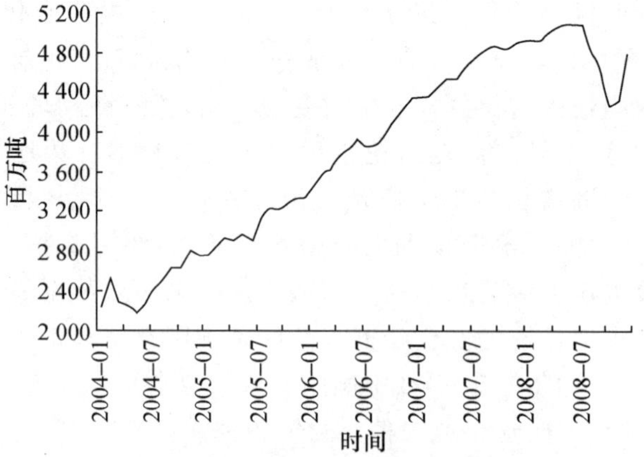

图 1　季调后规模以上工业钢材产量

* 中国经济观察第 16 次季度报告会(2009 年 2 月 14 日)。

图 2 报告季调后轻重工业增加值指数。其中,轻工业增加值去年 7—12 月基本维持在同一水平,与国内消费和出口表现基本一致。由于出口量大幅下降,国内实际消费正常增长,两者综合的结果是轻工业增长为零。重工业增加值去年 6—11 月大幅下跌,12 月回升是由钢材生产回升拉动,钢材生产以外的轻重工业在去年 12 月增长基本为零。

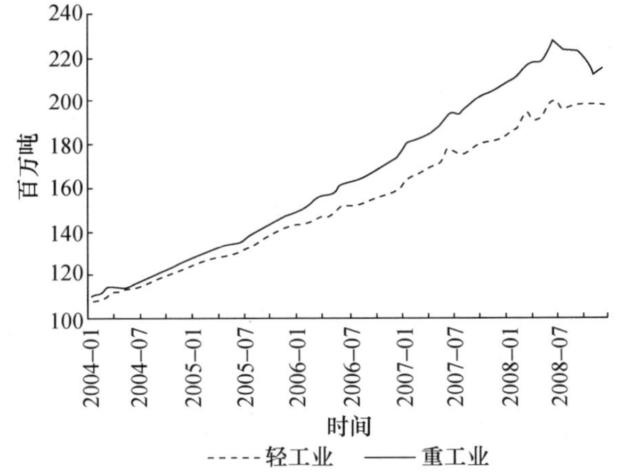

图 2 季调后轻重工业增加值指数(2003 年 =100)

图 3 报告季节春节调整后发电量及同比增长率,其中 2009 年 1 月发电量同比增长率由电网统一调度电厂发电量数据推算。剔除春节因素影响后,1 月发电量可能强劲反弹。但不同口径发电量数据可能存在一些误差,所以还存在不确定性。

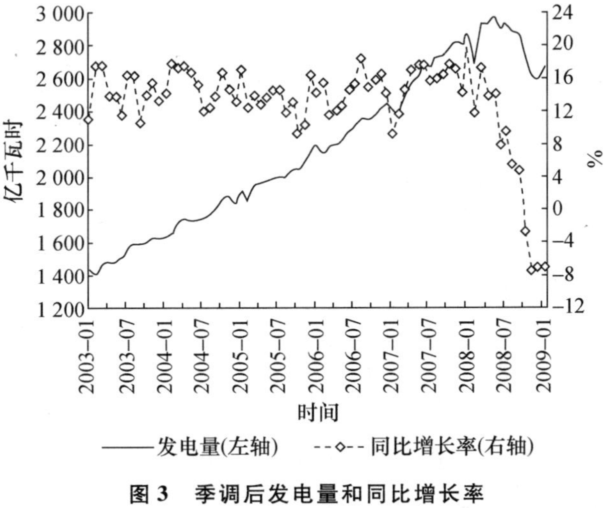

图 3 季调后发电量和同比增长率

二、进出口和顺差

2001 年 7 月至 2008 年 7 月出口额年均增长 29.1%,2008 年 7 月至 2009 年 1 月出口额下跌折年率 37.7%。预计 2009 年 7 月同比跌幅将达 25%,全年出口额下降 17%,有可能达到 20%。图 4 报告季节春节调整后货物贸易进口额和出口额,出口额由增转跌的同时,进口额由增长转变为更大幅度下跌。季节春节调整后2009年1月进口额606亿美元,比2008年7月1 069亿美元下降折年率67.9%。

由于进口比出口下跌更加猛烈,顺差出现大幅增长。图5报告季节春节调整后货物贸易顺差额,季节春节调整后1月货物贸易顺差424.6亿美元,折年率5 096亿美元。目前保守估计2009年顺差达到5 000亿美元,比上年增长70%。如果下半年内需快速增长,进口会增加,顺差会缩小。

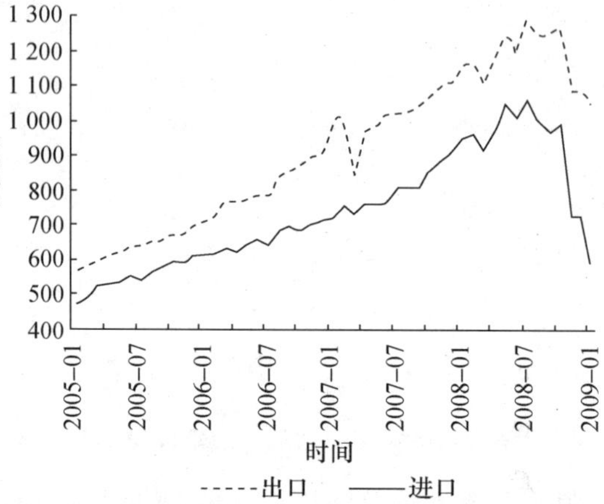

图4　季调后货物贸易进出口额

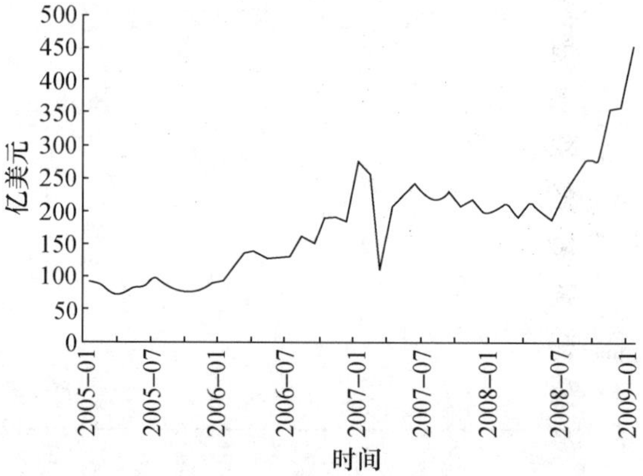

图5　季调后货物贸易顺差

顺差猛烈增长的原因是进口价格大幅下跌。图6报告季调后进出口价格,进口价格大幅下跌的同时,出口价格相对稳定。2008年12月季调后进口价格比6月下跌20.3%。

按照12月进口量计算,进口价格下跌导致当月进口少支出180亿美元。由于进口价格变化带来的收入增加效果,2009年国民收入增长率将显著高于2008年。"金融海啸"对中国的一个正面效果是石油购买花费每月节省百亿美元。油价下跌对于消费者效果不明显,因为高油价时政府通过对石油企业补贴限制了成品油价格上涨,但油价下跌为财政节省了大量本需要用于石油补贴的开支。

从数量上看,以不变价格计算的出口量下跌比进口量下跌更快。图7报告季调后进出口量指数,图8报告季调后2007年不变价格计算的顺差。尽管顺差名义额大幅增长,以不变价计算的顺差大幅下降。由于 GDP 是按可比价格计算,因此不变价顺差下降对 2008 年下半年经济增长贡献为负。

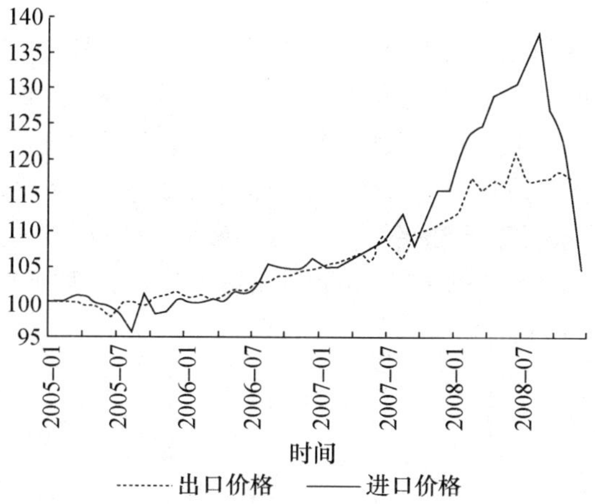

图 6　季调后进出口价格(2005 年 1 月 =100)

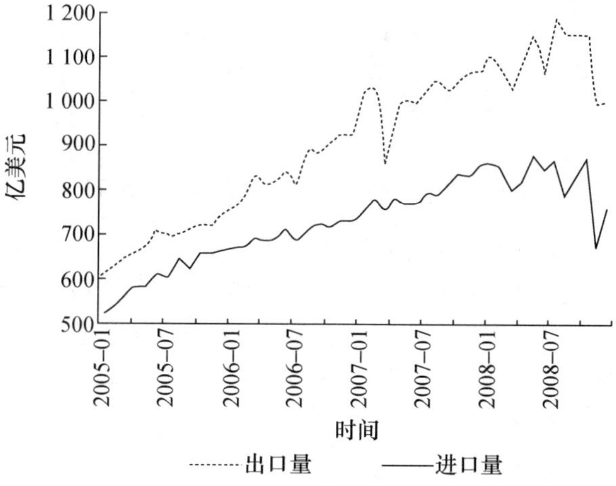

图 7　季调后进出口量指数(2007 年不变价)

图 8　季调后不变价顺差指数(2007 年不变价)

三、住房销售回暖

2008年12月商品住房销售额同比下跌14.1%，比11月38.5%的同比负增长有所回升，同比增长率回升的主要原因是基数大跌。但12月数据可能包含年报成分，因此12月统计数据存在与其余月份不一致的问题。另外住房销售额统计口径曾经发生过变化，尽管对数据做了一些平滑调整，但无法完全消除其影响。因此，12月是否出现环比回升仍然难以确定。图9报告季节和平滑调整后商品住房销售额。从过去几个月数据看，商品住房销售额趋于稳定，预计今年上半年同比增长率将出现回升。

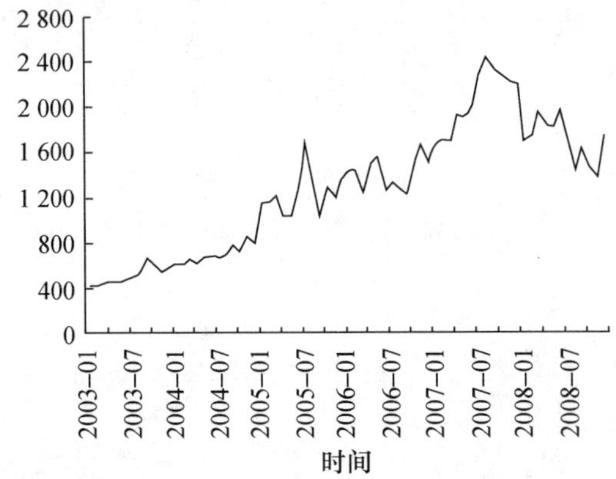

图9　季节和平滑调整后商品住房销售额

尽管住房销售有轻微回暖，由于存量房屋包括建造中房屋数量很大，住房投资在短期内仍然难见起色，但至少看到一丝曙光。需要注意的是，用月度数据计算的住房投资占全部投资比例可能过于夸大。月度投资数据包含土地转移支付，这一部分并非实际投资，而住房投资中土地所占比例更高，因此如果扣除土地因素，住房投资占全部投资比例会降低。

四、旱灾的影响

最近的冬旱和春旱对夏粮产量会有一些影响，但对全年粮食产量影响不会太大。小麦产量约占全年粮食产量20%，灌溉可以起相当大作用。从历史数据看，较大旱灾对年度粮食产量影响大约是3%。对于天气因素引起的粮食产量变化，通过农民的存粮调整可以抵消大部分影响。过去几年粮食库存减少，挤出的主要是用于应对通货膨胀的存粮，目前的存粮水平应付3%的粮食减产绰绰有余。

另外，旱灾可以增加抗旱就业，但不会增加收入。因此，以“保就业”作为目标并不总是会改善社会福利。没有收入的就业相当于上班多干活而不拿工资。“保就业”必须有前提条件，要在收入不变的前提下“保就业”，而不是就业增加的同时收入减少。与抗旱类似的是，过去几年顺差大幅增长带来就业增加，贸易条件急剧恶化却导致国民收入增长率下降。

五、全球化下的经济波动与宏观调控

从货币总量看，国内需求可以很好地解释去年以来的经济情况。更广义货币供应量M3（M2＋对其他金融性公司负债中不计入M2的部分）同比增长率于2007年7月达到最高点，之后持续下降。图10报告M3同比增长率。M3同比增长率去年三季度明显偏低，环比增长率二季度末显著偏低。M3数据比正常数据公布晚一个月，比实际数据发生晚两个月。从货币量的角度看，宏观调控在去年三季度应当进行方向性的改变。

图10　M3同比增长率

很多人认为这次国内经济不景气是国外输入的，类似于去年输入型通胀的讨论。但现在的中国是一个大国，大国间的影响至少是相互的，不会只有美国影响中国，而中国不影响美国。况且中国的原材料消费增量比美国大得多。此外，国内经济还可能通过对国际上产生一定影响，反过来再影响国内。

从过去两年情况看，美国2006年一季度开始出现住房投资和价格下跌，2007年7—8月出现次贷问题，之后似乎有所好转，2008年7—8月危机加剧。对此，一般是从次贷问题本身来作解释。但也可以从另一个角度进行解释，其中一个因素就是中国宏观调控和其他一些经济的紧缩。

美国经济之所以出现好转是因为美国出口增加，美国出口增加的一部分原因是中国进口增加，中国进口增加是因为中国内需走强。也就是说，中国内需走强对美国起到拉动作用。2006年到2008年一季度中国总需求在扩张，顺差在下降，对其他经济体起到拉动作用。尽管2006—2007年美国经济不景气，美国以外的主要经济体内需都很强劲，通货膨胀率都在上升。最后2007年年底至2008年上半年多国同时进行宏观调控，结果全球经济一同下滑。

这次经济波动和全球化有很大关系。过去苏联、东欧没有参与到全球经济中，中国只是部分参与。现在全球化程度大大提高，各国利率通过资本流动联系起来，利率一致化导致各国房价一起涨落。各国宏观调控也互相影响，同步加息和降息在一定程度上会放大波动，导致各国经济一同起落。

因此中国在制定宏观调控政策时，光考虑对内需的影响还不够，外需不能看成一个独立因素。需要考虑到中国宏观调控会引起进口下降，影响外国，外国宏观调控反过来影响中国的出口。

六、信贷额度取消后的利率一致化

货币供给主要由国内信贷和国外净资产构成。图 11 报告国内信贷与国外净资产同比增长率。过去几年，国外净资产增长远高于国内信贷增长。2008 年 12 月国外净资产同比增长 30%，国内信贷同比增长 11.7%。二者增长不一致导致国外净资产占货币比例大幅度上升。图 12 报告国外净资产占 M3 比例。

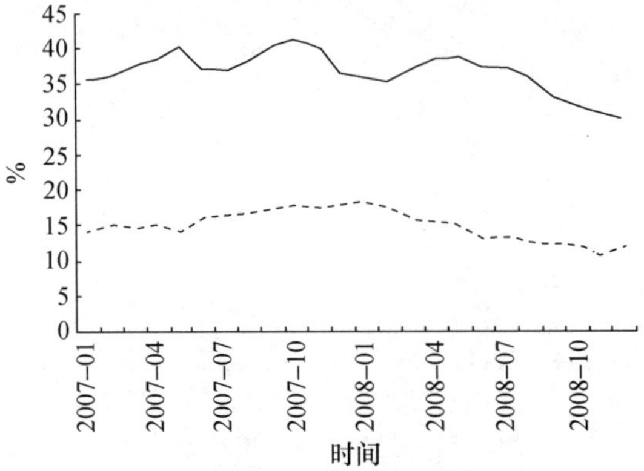

图 11 货币来源同比增长率

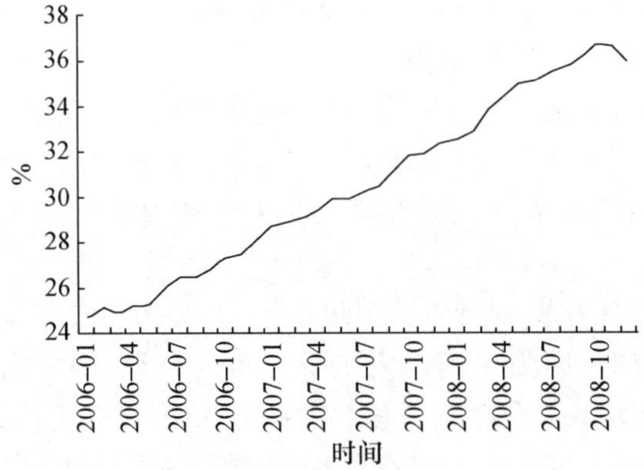

图 12 国外净资产占 M3 比例

根据商业银行资产负债表关系，忽略一些次要因素，可以推导出：

法定准备金率 + 超额准备金率 = 国外净资产/货币 + 其他/货币

因此，当国外净资产占货币比例不断上升时，总的准备金率将不断上升，法定准备金率和超额准备金率至少有一个比率上升。图 13 报告准备金率、法定准备金率和超额准备金率。2008 年 6 月最后一次上调法定准备金率以后，超额准备金率持续上升。2008 年超额准备金率从最低不到 2% 上升到 12 月超过 5%。超额准备金上升到大幅度超过银行资金周转需要以后，银行资金边际收益率就等于超额准备金利率，目前为0.72%。也就是说，银行贷出资金的机会成本是0.72%。

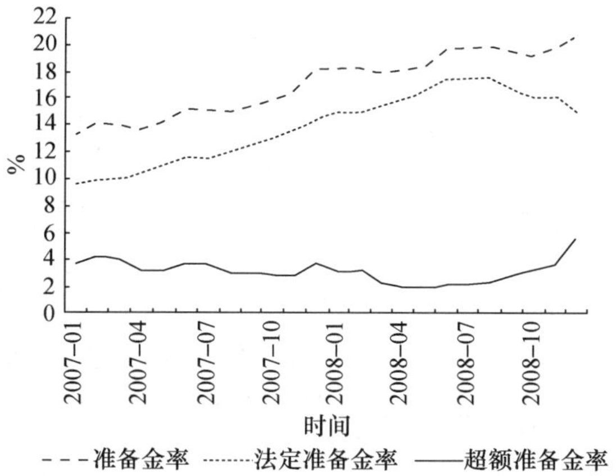

图13 准备金率

在有信贷额度约束时，企业贷款需求不能被满足。正常贷款就可以吸收银行超额准备金，不需要借助票据融资。贷款利率也可以远高于超额准备金利率。

在没有信贷额度约束时，贷款与超额准备金的利差取决于贷款需求。如果法定贷款利率下的贷款不足以吸收银行超额准备金，银行就有意愿以低于法定贷款利率的利率为企业融资。如果企业贷款需求足够低，银行间竞争将导致利率灵活的信贷工具的利率在扣除经营成本和风险贴水后等于超额准备金利率0.72%。

去年10月取消贷款额度以后，贷款大幅增长。只要企业仍然愿意以0.72%的利率贷款，只要超额准备金仍然很高，贷款就会通过介于法定贷款利率和准备金利率之间的某个利率实现。在更严重的通货紧缩情况下，0.72%的利率都不足以吸引企业贷款。现在看来，至少票据融资的贷款方式对企业有相当吸引力。

由此总结，当央行同时操控多个货币政策工具包括准备金率、信贷额度和多个利率时（美联储只钉住联邦基金利率，其余利率都由市场决定），很难将所有利率全部调节得恰到好处。尤其是采用信贷额度控制货币供应量时，所有利率调控不当可能带来的问题全被隐藏起来，银行富余资金只能在银行间市场交易。信贷额度一旦放开，银行间市场和信贷环节就打通了。最后的均衡是，在扣除经营成本和风险贴水后所有利率趋于一致。

七、贷款需求增加

今年1月新增的1.6万亿贷款中，6000多亿是票据融资，近1万亿是非票据融资。图14报告票据融资月增加额和非票据融资贷款月增加额。非票据融资中，中长期贷款和短期贷款都在大幅度增加。中长期贷款应当是和基础设施投资启动密切相关的，而短期贷款并没有套利的余地，可能在相当程度上是真实需求。尽管不能排除将融来资金转存定期存款获取利差和其他用途如进入股市的可能，也不能认为票据融资的增加都是不实在的。

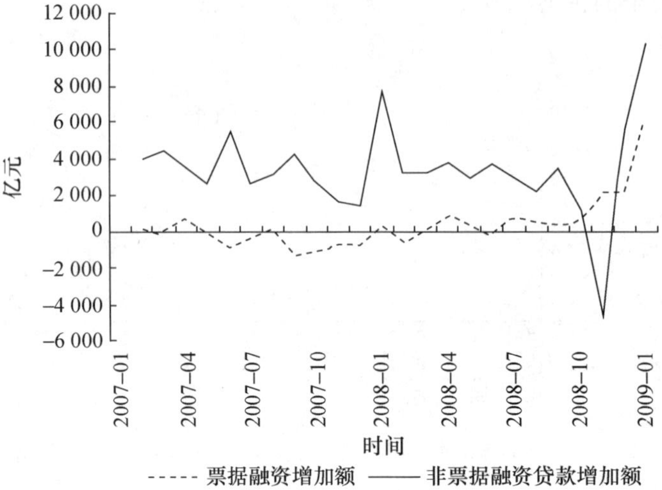

图 14　贷款月增加额

作者论及对票据融资的提法可能有不清楚的地方，现补充说明如下："不能排除将融来资金转存定期存款获取利差和进入股市的可能"并非强调票据融资多用于此，强调的是"不能认为票据融资的增加都是不实在的"。也就是说，尽管贷款增加可能存在一些问题，但主要是正面肯定的意思。

由于2009年贸易顺差猛烈增长，全年新增5万亿贷款基本可以消除通货紧缩。即使按6万亿计算，平均每月增加5 000亿。1月新增贷款远高于这一数值。2008年11月贷款减少是因为银行核销了一些呆账，由于缺少核销细节数据，没有做进一步调整。

尽管贷款增加存在不确定性，在相当程度上可能是真实需求在增长。至于会不会引起通货膨胀压力是下一步的事情，在通货膨胀高企以前有足够时间作出反应。现在的问题是防通货紧缩更重要，贷款多增长一点问题不大。总的而言，贷款增长对于短期内走出通货紧缩基本上可以看作是正面消息。

八、投资报酬率支持高投资率

2009年顺差按实物量计算下降，需要内需扩张。从预测的角度，未来居民个人收入未必能够大幅增加，经济增长可能仍依赖于投资增长。问题是投资率已经被认为过高，中国能不能进一步提高投资率？

从投资报酬率看，剔除短期影响，投资报酬率并没有下降的趋势。预计2009年规模以上工业企业净资产收益率为9%，远高于1998年3.7%的水平。图15报告企业资产净收益率，其中阴影部分2009—2010年数据为预测值。前几年投资报酬率上升过快的一个原因是资源价格猛涨，现在投资报酬率仍然很高。未来除非投资率上升到很高的水平，投资回报率才会下降。投资报酬率高的一个可能解释是人力资本提高，但这一假设的直接证据还不够。由于投资报酬率较高,加上人民币升值期望,中国可能在未来一段时期继续保持较高投资率。

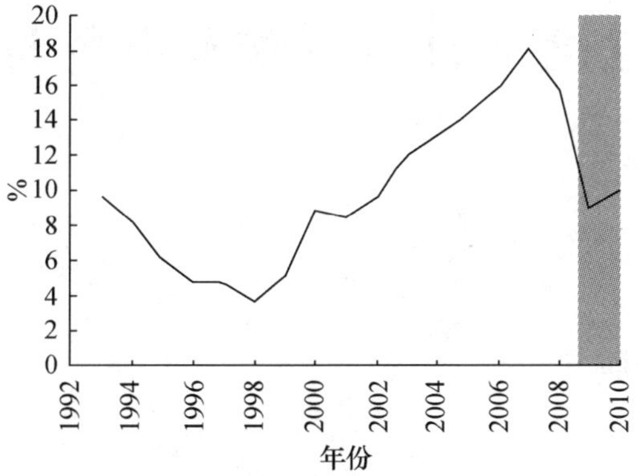

图 15　企业净资产收益率

全球金融危机下的中国资本市场与宏观经济*

梁　红

中金公司董事总经理

现在市场主要关心三个问题:一是中国经济是否已经见底?是不是最坏的时候已经过去了?二是接下来经济表现会是L形、W形、U形、还是V形?三是经济企稳是好事还是坏事?中长期能否持续?下面先给出结论,然后再讨论依据和原因:中国经济毫无疑问已经见底,经济谷底大概出现在去年12月中旬;现在经济呈现斜率大于45度角的V型反弹态势;第三个问题比较复杂,还有很多因素要再观察,短期内有很多正面消息,长期看银行系统中一些值得担心的问题开始显现。

一、金融市场表现

很多学者都在争论中国经济是不是见底了,其实股市、债市这两个有成千上万投资者用真金白银进行投票的市场也能揭示非常有价值的信息。2009年以来,在政策利好及充裕流动性推动下,A股大幅反弹,涨幅居全球之首,新开户数也在回升,绩差/小盘股领涨大市。国债收益率曲线比年初变得陡峭,长期收益率上涨很多,很多投资者开始减少债券仓位,降息预期减弱,信用利差先扬后抑,关于企业破产的担心快速降低。这些不是一个两个数据,而是一系列数据;这些也不是一天两天、一个星期两个星期的数据,而是持续有四个月了。一幅牛市的图景是非常清楚的。从市场给出的信息看,经济的走势不像处于百年不遇的危机,也没有再次探底和下一波金融风暴的迹象。

长期来看,在给定储蓄率和银行无风险利率的情况下,A股目前估值位于相对合理水平,不能说是泡沫。如图1所示,市场市盈率近期有所回升,但仍处于历史相对低位;分红收益率与无风险收益率之差仍接近历史高点。A股涨幅较大是因为前期调整较深,而且市场已经普遍开始上调盈利和经济增长预期。

与其他主要市场相比,港股估值水平处于中端,且预计2010年盈利有较好增长,具有一定吸引力。A股市场大幅上扬令A股与H股溢价水平显著攀升,港股相对价值凸显。港股市盈率与市净率水平处于历史相对低位,分红收益率与无风险利率息差创下历

* 中国经济观察第17次季度报告会(2009年4月25日)。

史新高，长期投资价值显现。

如图3所示，人民币去年年底到今年年初曾出现过贬值预期，现在贬值预期消失，开始出现轻度升值预期。资金开始流向中国，流量虽少但趋势发生逆转，因为去年有很多资金流出新兴市场、流出中国。

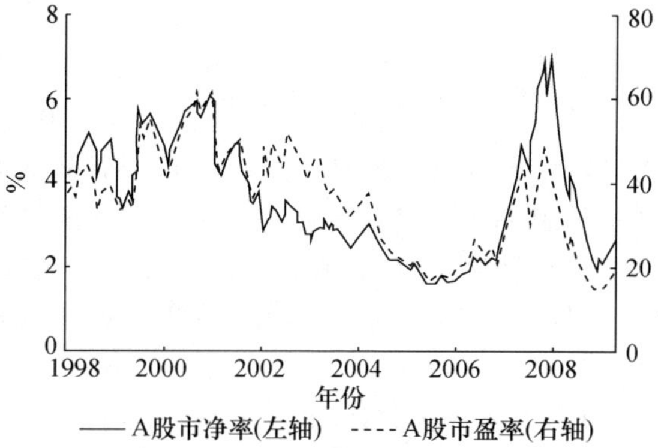

图1　A股市盈率与市净率

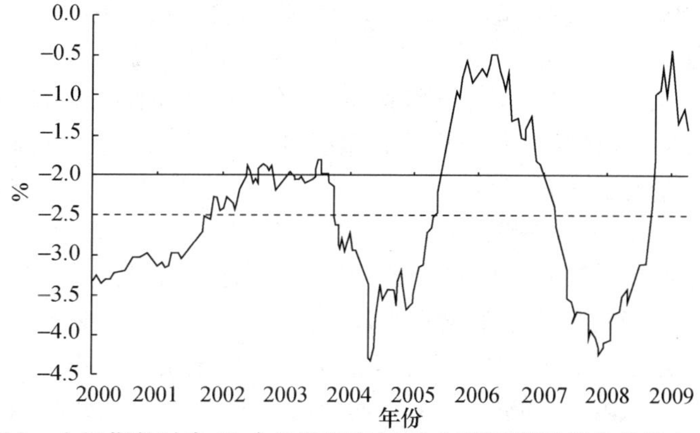

图2　上证指数过去12个月股息率与10年期国债到期收益率之差

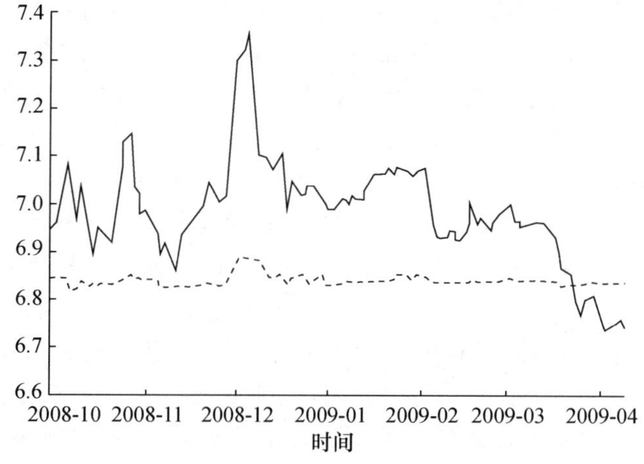

图3　人民币即期汇率与12个月远期汇率

二、经济基本面

股市与债市背后有非常强的经济基本面支撑，宏观经济数据显示经济基本面触底反弹。

我个人是从2007年10月开始对中国经济看空的，到2009年1月开始看多，而且毫不犹豫地看多。那时候只是看到了去年12月信贷量数据是7 700亿，并听说1月信贷增长得较多。当时我个人判断中国经济周期见底反转是基于对基本面的一个认知：中国的企业、家庭、政府的资产负债表都非常健康。在经济周期下滑的时候，如果没有一个足够大的力量把恶性循环的趋势掉转过来，那么所有资产负债表上的因素都没法起作用。不管什么原因，政府的劝导也好，政策主动引导也好，一旦把恶性循环的势头掉转之后，基本面上的积极因素就会和政策导向形成一个良性循环，经济开始正加速。1月做出这个判断时候争论还非常多，很多人要么讲悲观的故事、要么讲中国经济结构问题。

事实证明，中国经济在逐月回暖、逐季回暖，而且回暖的速度在加快。这里最重要的一个指标，也是中国经济中唯一的被证明有先行指数含义的指标，就是货币信贷。货币信贷只在经济周期上升的时候有比较强的先行意义，反映银行愿意贷款、企业愿意借钱，反映了经济实体的信心。但在经济下行的时候，货币信贷的先行指数意义就未必明显了，因为我国经常通过压缩银行信贷来进行紧缩，这时各个指标会一起降下来。

近期货币供给量与人民币贷款增速正是一个急剧上升的V形。货币信贷这种走势在中国近三十年历史上只出现过一次，就是1992—1993年。很多经济学家把现在跟2001—2002年比，甚至跟1997—1998年比，我认为这是找错了镜子。1992—1993年基本上是在一年之内中国经济从非常萧条到非常热，以至于政府需要宏观调控。当年中国既没有出口也没有房地产，靠的是地方的基建和老百姓的消费。所有对中国的内需没有信心的朋友都要知道，中国在1998—2001年这段时期之外的大部分时间都是在跟内需过热、通货膨胀、资源瓶颈、贸易逆差做斗争。

货币供给量还有M1和M2之分。M1和M2谁引导谁？这在今年年初争论得也挺热烈。我认为M1跟股市有直接关系，股市热了M1比例就会增加，但是从宏观总需求概念上来讲M1没有先导意义，它只是被动的二阶的调整。关于信贷中的票据融资也有很大的争议，很多人据此说信贷虚增。我认为票据融资自出现以来都是在经济恢复时非常重要，在宏观调控时最先下降。货币信贷总量对宏观形势变化是最有引导意义的，至于结构问题比如货币里面的M1和信贷里的票据融资都只是对宏观形势做出反应的同期甚至滞后变量。对于银行来说，票据融资利差不到50个基点，而中长期贷款利差是300个基点。银行采取票据融资是因为对宏观形势不清楚。当银行知道企业不会破产后，就会转向利率更高的中长期贷款。在这样一个货币供应量前面，往前看还有通缩的风险吗？如果一旦没有的话，今天我们5个百分点的贷款利率是低还是高？对于企业来说，如果未来没有通缩风险，今天5%的贷款利率就不是高了而是低了，而且随着形势发展，会有越来越多人感到它太低了。

中国过去4个月里汽车销量和房地产成交量都回暖。这是走向经济危机的经济会有的表现吗？这是一个没有内需的国家的表现吗？大家习惯看同比增长率，也没有划分先行指数、一致指数、滞后指数的概念。在这么一个拐点上，同比数字不可能那么快回升，也不可能所有宏观指标一起回升。但是谁是先行指数？这个问题需要判断清楚，否则个人资产就会配置错误，政策也不能及时调整。

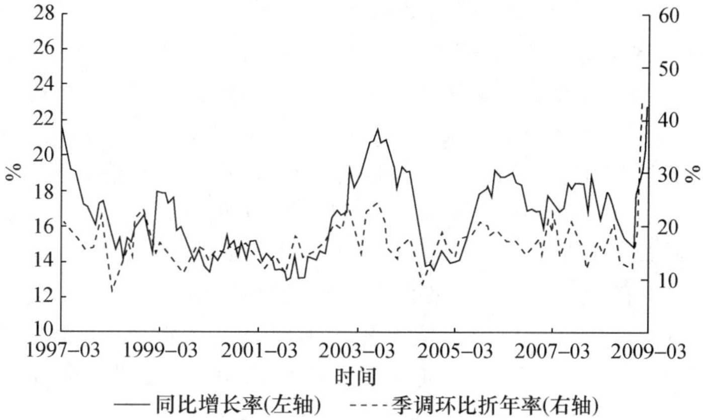

图 4　货币供给量 M2

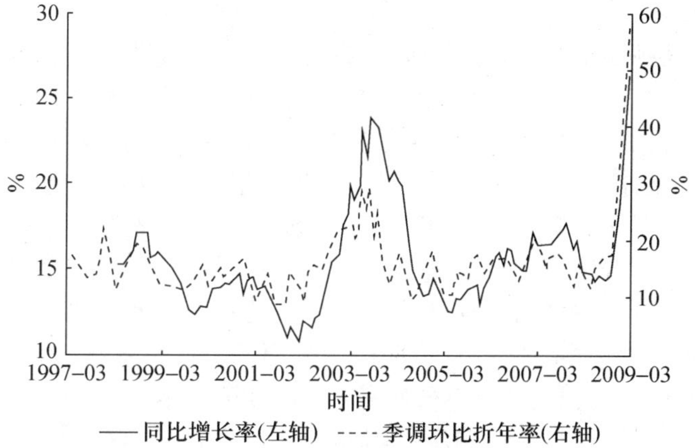

图 5　人民币贷款增速

在 1、2 月的时候我还跟同事说，中国经济是大的经济体当中唯一一个一季度明显比去年四季度好的国家，最近这话不敢说了。外围环境也有所好转。美国新屋开工量好于预期，零售增速反弹；德国领先指标和经济增长预期指数明显回升。韩国 GDP 去年四季度负增长，今年恢复到比零多一点。我们当年讲中国经济是不是能脱钩，其实全球化下没有哪个经济体能很长时间脱钩，所谓脱钩是几个月内谁带谁的问题。数据说明，我国 1、2 月的回升明显是靠自己的力量拉的。下一个问题是，我们有没有这么大的能量开始把别人也拉稳了？

在出口、消费、投资三驾马车当中，一季度的投资和消费远远高于平均 GDP 增速，这是在出口负增长 20% 的情况下做到的。如果往前看，欧美经济不再拖我们后腿，再加上货币信贷还在以惊人的速度往上冲，二、三季度的数字就显而易见了，越来越多的行业、企业会感受到经济的回暖。

三、可持续性问题

信贷货币增速不可持续这句话是肯定对的。所有V形反转都不可能永远向一个方向持续,问题是它的向上趋势是会逐渐平滑还是过度冲高后再向下落?很难想象现在靠银行、企业的自律就能让信贷的增速很快平滑下来,中国历史上信贷周期的结束从来都是靠信贷额度、宏观调控、政策指导来实现的。越早调整振荡越小,越晚做这个事情振荡就越大。今年前3个月新增贷款4.6万亿,剩下时间即使每个月新增500亿,全年也有9万亿,全年信贷将同比增长30%。这不但会让今年下半年经济很热,明年上半年经济也会很热。所有觉得通货膨胀不会来的预期都会很快被证明是错的。怎么调下来,什么时候速度放慢一点,这是短期之内市场最担心的事情。最近市场的波动体现了大家的担心。

好多朋友问这次危机百年不遇,怎么这么快就给救回来了。这需要理解过去中国经济究竟在哪里失衡?一系列出口政策使得我国不但过度依赖外需,贸易顺差和外汇储备占GDP比率非常高,而且在内需头上加了一个很大的枷锁,几乎每年实行一次宏观调控和信贷压制。过去很多学者建议通过主动调整汇率来改变增长方式,主张放开消费、放开投资,让出口降下来,但我国错过了最佳时机,外需的硬着陆在某种意义上迫使我们把内需头上的枷锁拿开。

实际上我国有很强的内需,把这个枷锁拿开以后,我自己都对如此快速而大规模的恢复感到吃惊。大家一直认为中国投资过盛,一个原因是投资和消费概念混淆。1998年房改后把购房算作投资导致所统计的消费率下降。别的国家把购房算作投资没有问题,因为他们房地产市场有几百年的历史,而我国2000年以前没有房地产市场,一旦划为消费就会影响对整体形势的判断。此外,用于医疗、教育的支出是消费还是投资也可以讨论。

短期来看,支持内需增长主要靠投资的拉动。长期来看,中国的资本深化还有很长的路要走。中国的投资回报较高,现时并不存在系统性的过度投资。尽管现在一些可贸易品部门投资可能相对过剩,非贸易品部门包括基建、公用设施建设的投资远远不足。中国人均资本存量还是美国的零头,积累资本、继续投资本身不是问题。有人说靠投资拉动的旧经济增长模式复归,这种看法是不对的。过去投资是建钢厂、电解铝厂,现在无论如何也不会向这个方向投资。

中期来看,内需的有效性和可持续性有待观察。一方面,没有股本融资,单靠加速债务融资会增大中国整个金融体系的风险,绝不可持续。如果全年信贷增量9万亿,即相当于GDP的30%,那将是非常惊人的。中国有大量储蓄,但股本融资非常少,政策上需要考虑如何让民间资本更有效地进入国内投资。另一方面,需要防止内需过热,抑制通货膨胀和资产价格膨胀的压力。对此可能有人觉得还言之过早,再过一个季度、两个季度就会更加明显。

什么是适度宽松的货币政策?现在是要给它一个定义的时候了。根据我的计算,中国经济为了保8,一个月新增5000亿贷款、一年6万亿新增贷款就足够了。适度宽松的货币政策意味着新增贷款多少万亿?要对这个"适度"做一个量化,毕竟中国是个非常大的经济体。大家可能会低估中国的消费能力和需求,而高估某些产能,都觉得通货膨胀不会很快到来。正因为这样,意外可能会出现在大家都没想过的地方。

2009 年中国经济展望*

王志浩

渣打银行中国研究部主管

一、总 体 判 断

关于中国经济,我也认为已经见底,不大可能再下降。我预测 2009 年 GDP 增长率为 6.8%,2010 年将达到 8.0%。通货膨胀在今明两年都不是突出的问题,预计 2009 年 CPI 为 0.5%,2010 年 CPI 为 1.5%。经常项目失衡仍将持续,2009 年经常项目顺差将比上年略为扩大。人民币兑美元汇率最近相对稳定,再次钉住美元,随着下半年经济回暖,人民币将重拾升势,但升值幅度不会太大。外汇储备将继续增加,预计 2009 年和 2010 年将分别达到 2.4 万亿和 2.8 万亿美元。预计央行下半年还将继续降息。具体可以参见表 1。

但我认为在未来几个季度宏观经济呈现“V”形走势的可能性比较小,比较有可能的是缓慢回升。各季度 GDP 同比实际增长率及预测请参见图 1。

表 1　今明两年宏观经济预测

	2007 年	2008 年	2009 年(预测)	2010 年(预测)
GDP(%)	11.9	9.0	6.8	8.0
CPI(%)	4.8	5.9	0.5	1.5
经常项目余额占 GDP 比重(%)	11.3	9.6	9.8	9.2
美元/人民币汇率	7.31	6.83	6.86	6.7
外汇储备(10 亿美元)	1 528	2 000	2 400	2 800
外汇储备增量(10 亿美元)	-528	-472	-400	-400
1 年期基准贷款利率(%)	7.47	5.31	4.5	4.5

* 中国经济观察第 17 次季度报告会(2009 年 4 月 25 日)。

图1　各季度 GDP 同比实际增长率及预测

资料来源:渣打银行中国研究部。

渣打中国货运指数是衡量整体工业活动活跃程度的良好指标。如图2所示,2001年和2003年货运指数走低,原因分别是经济增长放慢和SARS疫情的影响。从2004年一季度开始,货运指数一路飙升,之后运行趋于平稳,直至2008年上半年年末。2008年下半年起,货运量增速逐步放缓而后出现快速下滑。2009年2月渣打货运指数同比下降-0.41%(6个月移动平均数据下降2.9%)。我预测这种趋势在3月将得到遏制并出现回升。此外从集装箱货运量增长率来看,目前沿海港口集装箱货运量仍是负增长,内河港口集装箱货运量尽管也出现下降但总体仍处于较高水平,表明外部需求疲软而内需仍然强劲。

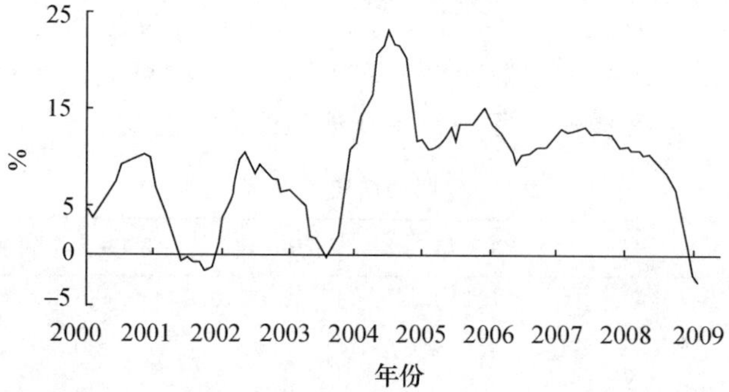

图2　渣打中国货运指数(同比,6个月移动平均)

全国发电量增长率在2009年3月出现了回升,但4月的前三个星期又出现下降,这可能预示着经济回升并不那么强劲。这个现象从渣打中国工业活动指数也可以得到反映。渣打中国工业活动指数是一项综合性的指标,由工业品产出、渣打中国货运指数、银行信贷增速和主要商品进口量按一定的比例和方法糅合而成。该指数与官方GDP存在一定的相关性,从经验上看该指数可以较好预测经济发展趋势。比如从图3中可以看出,经济活动指数在1997年年底剧烈滑坡之后,于1998年反弹。2003年至2004年初期,经济活动指数明显加速上扬,不久之后受2004年上半年开始的国家宏观调控政策的影响,突然走低,此后在2005—2007年又重拾升势,官方GDP数据也显示出同样的走势。

2008 年以来经济活动指数增速放缓，尤其是进入下半年，指数降至自 1994 年以来最低的水平。最近几个月，渣打中国工业活动指数小幅反弹，显示中国经济活动有企稳迹象，但仍保持低位运行，这也表明中国经济难以快速回升。

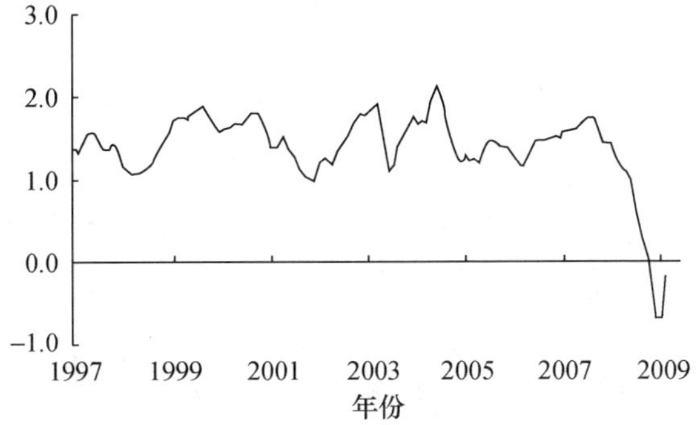

图 3　渣打中国工业活动指数（同比，3 个月移动平均）

二、投资现状及前景

固定资产投资名义增速保持稳定，但在 2008 年实际增速放缓，尤其是建筑安装类投资。主要原因包括土地开发审批更加严格，银行信贷紧缩，房屋成交量萎缩使得开发商现金流压力加大。已出台的房地产扶持政策旨在鼓励普通、改善型住房消费，以及帮助低收入家庭解决住房问题（未来三年将投入 9 000 亿元用于保障性住房建设），并未拓宽中高端房地产开发商的融资渠道，表明政府高层不希望再次推高房价。

鉴于预算投资仅占政府主导投资项目的一小部分，所以很难估算政府投资和私人投资所占比例。我们假定 2009 年预算投资增加 30%（去年为 20%），并假定“资金乘数”由近几年的 3 倍（1 元预算投资可带动 3 元的社会投资）升至 2009—2010 年的 4 倍，进而估算了政府投资和私人投资的比例，如图 4 所示。我们发现，所有的投资增长都来源于政府主导的投资，私人投资活动在萎缩，今年政府主导的投资规模将上升约 60%。即使不是全部，其中绝大部分项目将由银行贷款提供融资。

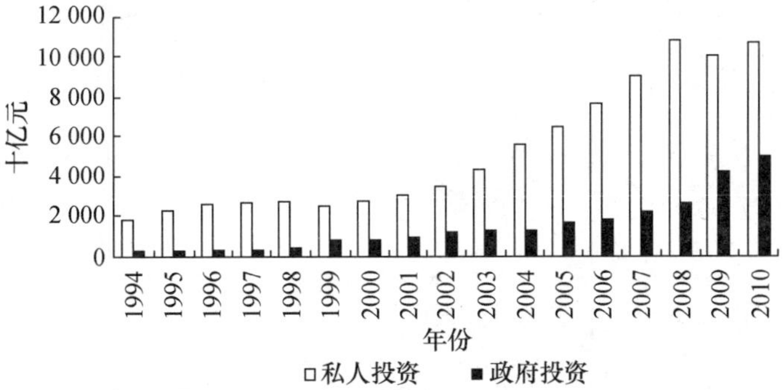

图 4　对政府投资和私人投资的估算

1998—1999 年私人投资急剧下降，当时的投资也是主要由政府主导，随着经济逐步回暖，私人投资也逐步复苏，但目前我们尚未看到民营企业投资企稳的迹象。此外，近期机械设备进口快速下滑令人担忧，如图5所示，2009年3月下降了25%左右。一般地说，投资增加往往带来设备进口增加，为什么现在机械设备进口还在下降？这令人费解，或许可以解释为民营企业投资尚未回升，或者是机械设备进口与出口行业有关，出口下降导致机械设备进口下滑。

图5　机械设备进口实际增长率(同比，三个月移动平均)

三、消费现状及前景

消费是个非常关键的问题。近年来，消费以每年12%—13%的速度增长，主要推动力量为城镇职工收入强劲增长、1998年取消福利分房制度以及大城市股市和房地产市场显现的财富效应。近期的零售额数据表明消费增长仍然强劲，基本上没有受到金融危机的影响，似乎能够在一定程度上缓冲出口和投资增速下滑的影响。但是，分析消费问题时会面临一些数据问题。官方零售额数据既包括私人消费，也包括政府和企业的团体性消费，而且我们认为还包括了零售业库存。总体而言，消费增速随着收入增长放慢和资产价格下挫而放慢，但没有崩溃。

决定消费的是收入和信心。2009年一季度可支配收入涨了11%。从中央银行和统计局发布的信心指数(见图6)来看，最新公布的3月的未来收入信心指数已经开始反弹，而消费信心指数还是截至2月的，预计3月也会反弹，所以信心问题已经有所好转。但是影响消费的最根本问题不是信心而是收入。

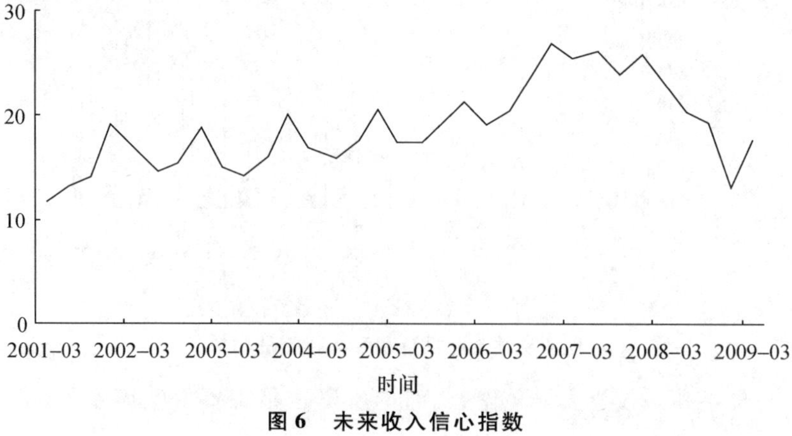

图6　未来收入信心指数

大部分中国人还是农民。农民的收入由两部分构成：一是打工收入，一是农产品销售收入。食品价格下跌对农民收入有不利影响。农民工工资在最近三四年每年增长10%—20%，在农村家庭所有收入中占比30%—50%，但是今年估计工资增长率应该差不多是零。虽然说失业的问题不是特别严重，但是工资会有所下降或者无法增长，这也会影响到消费。如果中国再搞一个经济刺激计划，那么投资已经差不多够了，我们要担心的是消费问题，具体可以采取以下措施来解决：

一是大规模投入资金完善城乡医保体系。当然目前医保投入已较过去增加很多，但仍然不够。新医改方案确定了大的框架，但技术细节和筹资方案仍未敲定。

二是承诺将大部分国企红利在透明的基础上转移至公共支出领域。目前正在试行将央企净利润的5%—10%以红利的形式转移至财政部。但企业并不情愿让出更多红利，对这笔资金由谁来监管的问题也仍在讨论。央企红利分配及转移支付的任何较大推进，能够迅速对家庭消费产生巨大刺激作用，并可抑制部分企业可能过度投资的冲动。

三是降低各类群体个人所得税率，简化个税课税模式。降低企业和个人的社保缴费额，由国家承担更多社保费用。目前企业和员工支付的社保缴费相当于工资成本的42%，实属负担过重。如果降低社保缴费，或降低个人收入所得税率，可以提高职工的实际工资水平。

四、出口前景

与投资、消费不同的是，出口前景不容乐观。目前为止尚未看到美国与欧洲经济已经见底，它们还在紧缩之中。2009年头两个月（1—2月），出口实际增长率为-21.5%，进口实际增长率为-22.1%。欧洲（占中国出口的27%）已取代美国（占20%），成为中国最大出口市场，排在欧美之后的是亚洲（19%）、中东、非洲和拉美（后三地占总出口的18%）。由于欧洲PMI指数仍然远远低于50，美国对中国的进口仍然在下降，预计中国出口今年将负增长10%—12%。

中国经济多少靠外需多少靠内需？这是一个很基本很重要的问题。直接将进出口和GDP进行比较不能说明问题，要回答这个问题我们就必须找出每个行业的附加值情况，看每一个出口品的国内附加值是多少、国外附加值是多少。通过其他学者的研究，我们知道，2006年中国GDP差不多70%靠内需、30%靠内需，美国90%靠内需、10%靠外需，新加坡40%左右是靠内需、其他的都靠外需。所以中国在美国和新加坡的中间，肯定要受到危机的影响，但是上述影响可以克服。

从各产业附加值结构（见图7）来看，全球经济下行对中国出口更为不利。在部分行业，如计算机，只有不足10%的附加值是在中国创造的；而在其他行业，如化工行业，80%的附加值是在中国创造的。在经济下行的环境下，这种构成是有问题的，因为经济放缓给计算机行业带来的冲击远小于对基础化工行业的需求冲击。

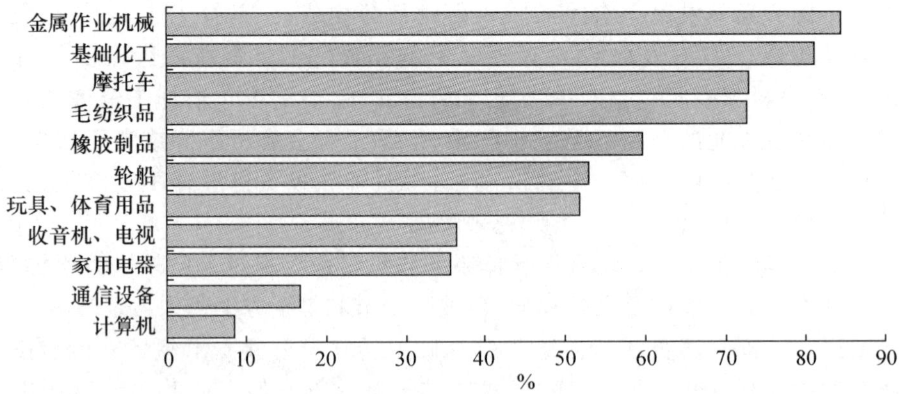

图 7 各产业附加值

资料来源:美国关税委员会(UTTC),欧洲央行,渣打银行全球研究部。

五、货币和财政政策前景

人民银行已将 2003 年以来外汇流入量的 80% 进行了对冲,这项庞大的工程阻止了恶性通胀的发生,但也使央行资产负债表恶化。最近对冲操作有所放松,允许更多资金回流至货币市场,拉低了境内市场收益率。

最近几个月新增贷款创造历史新高,其中既有短期贷款,也包括 40% 左右的中长期贷款(见图 8)。短期贷款当中可能有一些虚假贷款,但是大部分新增贷款应该是真实的。问题是现在这些贷款到哪儿去了? 大部分中长期贷款应该是投入到了基础建设、公共建设项目,而民营企业拿到的很少。

在现行中国财政体制下,地方承担大量事权,而中央获得大部分财权。当前土地收入迅速下降,同时某些收入如公路收费等取消,因此当面对财政刺激配套资金任务时,地方政府转向寻求银行贷款。可以说,商业银行再次背负了财政体系的部分重担。

财政政策目前为止可以说是比较保守。财政收入已经是负增长,今年财政收入增长 8% 的目标还不知道能不能达到。财政支出增长率已经 25% 了。今年财政赤字差不多有可能达到 GDP 的 3%,明年可能会更多一点。中国现在不是财政政策刺激计划,而是用银行的钱来刺激经济。大部分刺激经济的钱不是来自财政而是来自银行,长期来说这肯定会带来一些风险。

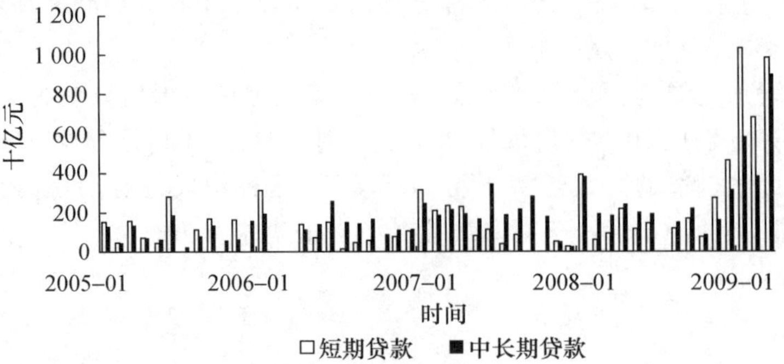

图 8 新增贷款

总体来说,中国经济会慢慢恢复。从支出法 GDP 增长来源看(见图 9),短期内主要靠政府支出和投资拉动,消费也会带来增长,但消费对经济增长的促进作用可能不像以前那么显著,主要原因是收入增长放慢,同时净出口对经济增长的贡献也将下降。

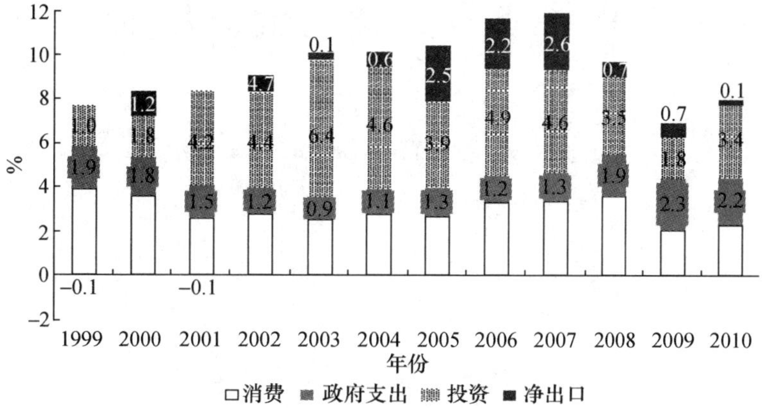

图 9　各增长来源对支出法 GDP 的贡献比

企业负债率支持信贷高增长*

宋国青

北京大学中国经济研究中心教授

2009年一季度贷款大幅度增长的情况引起了很多关注，特别是对于贷款高增长的可持续性有很多疑问。这些问题是下面讨论的主要内容。另外，目前经济是否回升以及统计数据是否不一致也引起了广泛的关注，下面的讨论从这个方面的问题开始。

一、当前经济表现

过去4个月工业生产迅速恢复，不过3月的大幅度回升可能包含特殊因素的影响。据一些报道，由于需求疲软企业开工不足，今年春节后许多农民工返回工作地的时间显著晚于往年。这样的春节假期延长相当于将一部分本来会发生在2月的生产活动推迟到3月，从而导致2月生产水平偏低而3月偏高。

根据出口及发电量等数据，推测上述因素可能导致3月的工业增加值相对偏高2个百分点。所以，剔除这个因素影响后，3月的规模以上工业增加值同比增长率为6.3%，未调整为8.3%。将这部分增加值加到2月，然后做季节调整，结果如图1所示。

对于工业增加值快速回升的统计数据，很多分析者表示了怀疑。从发电量数据和其他一些情况来看，工业增加值同比增长率显得过高。尽管工业生产的结构变化可以在一定程度上解释工业增加值和发电量增长率的偏差，但从数量上完全解释仍然存在困难。另外，一季度全国增值税同比下降2.4%的数据也可以作为参考。因为第三产业的同比增长率仍然比较高，其增值税应有相当增长，这意味着工业增值税同比下降幅度很大。不过这里有税率调整的影响，也难以给出很确定的结论。

图2给出了调整后的规模以上工业增加值指数和调整后的发电量指数，前者与图1相同。发电量是按同样的方法调整，即下调了3月的发电量并将下调部分加到2月然后再做季节调整。从图2可以看出，发电量和工业增加值变化的不一致更主要发生在2008

* 中国经济观察第17次季度报告会（2009年4月25日）。

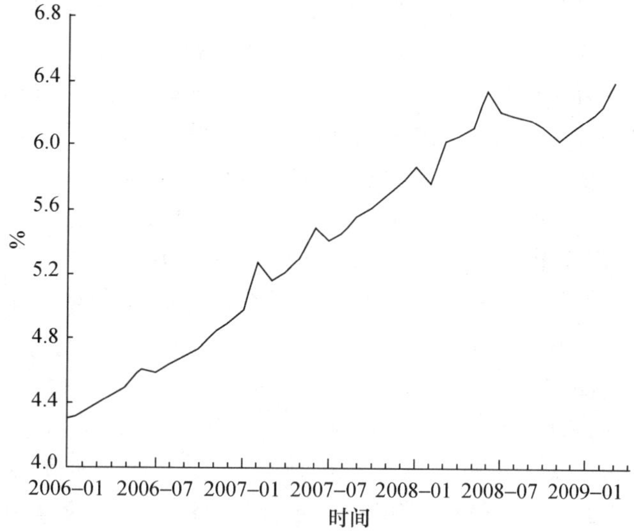

图 1　调整后规模以上工业增加同比增长率

年 7 月到 11 月。事实上,发电量的同比增长率在 2008 年 7 月和 11 月分别为 8.1% 和 -9.6% ,4 个月跌去了 17.7 个百分点,而工业增加值的同比增长率只跌去了 9.3 个百分点。从 2008 年 11 月以来,发电量的增长快于工业增加值的增长。

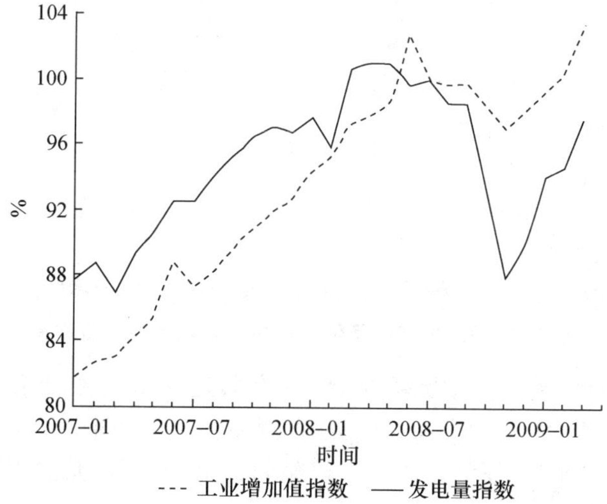

图 2　调整后规模以上工业增加值指数和发电量指数(2008 年 7 月为 100)

假如说工业增加值的统计有误差,统计数据比实际偏高,那么从发电量来看,这个误差在 2008 年 7—11 月越来越大,而 2008 年 11 月以来越来越小。按照这样的假设,过去 4 个月工业增加值的环比增长率比统计数据显示的更高。所以,如果工业增加值的真实的同比增长率确实比统计数据低,则过去几个月的经济回升速度比统计数据显示的更强。这样,从环比的角度看,统计数据倒有可能低估了实际增长。

考虑到投资品价格下降的情况,一季度的固定资产投资增长率高得让人吃惊。由此也导致了生产法 GDP 和投资消费顺差看起来不一致的问题。首先一点是,由于进口价格同比大幅度下降，名义贸易顺差的增长主要来自贸易条件的改善，按不变价格计算的贸易顺差同比大幅度下降。除此之外，有很多分析认为存货下降。但是，从目前看到的数据还难以确定全国存货的变化情况，一些存货价值量的变化可能在很大程度上是由于核算价格的变化引起的。在没有直接数据的情况下，存货大幅度下降只能作为一个假设，而另外一个假设是月报季报的固定资产投资数据有很大的偏差。

季调后出口额在3月比2月大涨6%，这可能主要是由于前述春节假期调整引起的。从国际经济情况看，现在出口没有大幅度增加的基础。不过，由于目前的出口额已经比去年8月的最高水平下跌近三分之一，出口额下跌将继续减小甚至反弹，出口下跌对总需求的负面影响将减小甚至消失。

图3是季调后商品住宅销售额与未经季调的居民中长期消费贷款增量。季调后商品住宅销售额今年3月恢复到2 500亿元，相当于2007年8月的历史最高水平。居民中长期消费贷款增量由于历史数据不足没有进行季节调整，其主要部分是住房抵押贷款，3月也接近历史最高水平。商品住宅销售额与个人中长期消费贷款增量表现一致，从不同侧面反映购房需求回升。

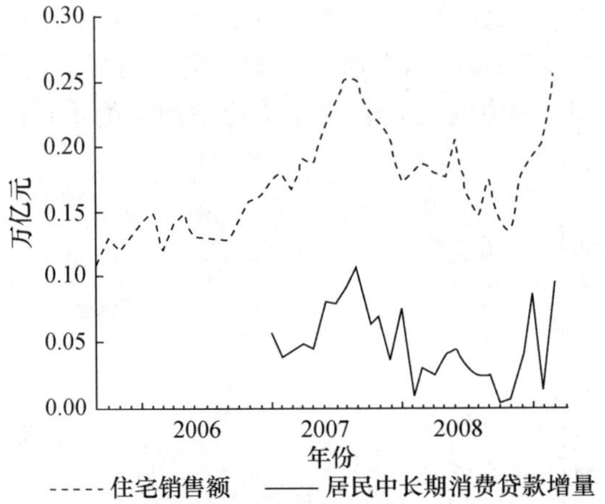

图3　季调后住宅销售额与居民中长期消费贷款增量

利用以上住宅销售额和贷款数据推算，月度归还房贷的数量为上月末房贷余额的2.3%，算术年率为27.6%；当月新增房贷额占商品住宅销售额59.4%，即实际首付比例为40.6%。目前，房贷增加额没有住宅销售额回升显著，原因是随着房贷余额的增加每月的还贷数量迅速增加。

过去5年，商品住宅销售额近8万亿元，而目前的个人房贷余额仅3万亿元。这反映个人归还房贷的速度非常快。按上述估计，平均还完贷款的时间只有三年半。一个原因是高收入阶层首付比例高，还贷周期短。其次是银行存贷款利差较大使得借贷者尽量设法提前还贷，包括寻求亲友支持。再是个人收入增长速度相当快。这些情况也说明银行房贷的安全性是非常高的。

二、信贷快速增长及原因

过去几个月贷款快速增长,3 月贷款增加了 1.9 万亿元。贷款快速增长预示总需求将很快回升。1 月贷款数据公布时,贷款的真实性引起了广泛的猜疑,但过去几个月企业活期存款大幅度增加,显示企业利用票据融资套利并不是贷款增加的主要原因。

在央行没有利用信贷额度进行数量控制时,贷款数量由银行和企业决定,主要受到三个宏观经济变量影响:一是企业的资产负债率,二是当前的投资回报率,三是对未来的宏观经济预期。

上一次通货紧缩于 1997 年开始到 2003 年结束,共经历了 5 年时间。这一次仅 5 个月就已经发生了明显改变,虽然 CPI 还在下跌,工业生产环比已经大幅增长。从数据看,现在与 1998 年相比有两点不同:一是企业负债率,二是企业投资回报率。图 4 报告 1998—2010 年规模以上工业企业负债率和税前净资产收益率(含税),其中 2009—2010 年为预测值。

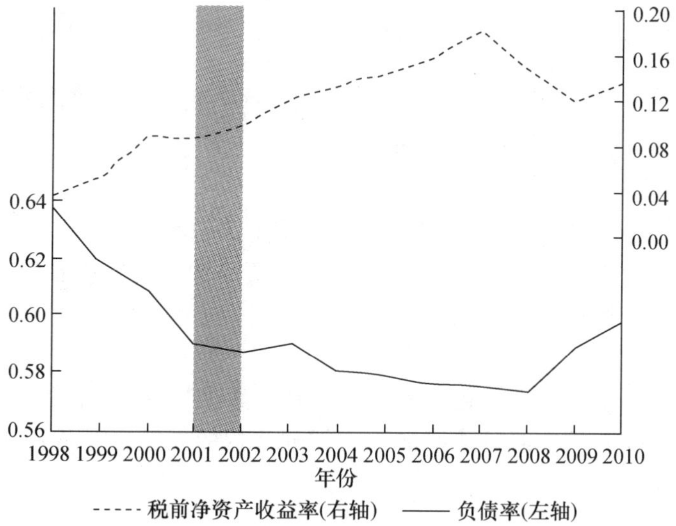

图 4　规模以上工业企业负债率和税前净资产收益率

首先看规模以上工业企业负债率。1998 年的负债率是 64%,本身不算很高,但当时企业在账面负债之外还有隐性负债。很多企业尤其是国企没有留下充足的退休基金安排退休职工,尽管不在财务报表上反映,银行在给企业贷款时会考虑到这一点。算上这一部分负债,那时的负债率要高得多,很多企业是负资产,因此商业银行不愿意给企业贷款,导致信贷收缩。后来经过一系列调整降低了企业负债率,包括进行债务重组成立资产管理公司处理银行不良资产,2001 年企业负债率降到 57%。此外,通过财政直接安排退休职工工资降低了企业的隐性负债。

另一个关键指标是企业投资报酬率。1998 年税前净资产收益率是 4%,税后净资产收益率约 3%,而当时银行贷款利率是 9%。在这样的条件下,投资和信贷自然萎缩,经济几乎确定会进入通货紧缩。后来贷款利率多次下调，到2001年降到6%以下。加上债务重组，2001年企业净资产收益率恢复到9%以上，税后近7%，略高于贷款利率。

表1比较了2009年4月与2002年4月的部分有关信息。现在与2002年企业负债率基本相当。2002年企业负债率为58.8%，去年企业负债率为57.4%，预测今年59%。但现在的企业投资报酬率明显好于2002年。2002年企业净资产收益率是9.6%，去年净资产收益率是14.6%，预测今年11.7%。

表1　2009年4月与2002年4月部分信息比较　　单位：%

	2002年	2009年
上年企业负债率	59.1	57.4
当年企业负债率	58.8	59.0*
上年净资产收益率	8.5	14.6
当年净资产收益率	9.6	11.7*
前2月企业利润同比增长率	-10.8	-37.3
3月M2同比增长率	14.5	25.5
一季度GDP同比增长率	7.6/8.9**	6.1
预测当年GDP增长率	几乎全部低于8.0%	部分高于8.0%

注：* 作者估计。

** 7.6%为当时公布的增长率，8.9%为GDP数据调整后根据年度数据推算的增长率。

另外，从对经济预期看，2002年市场普遍认为经济增长不到8%。目前平均为8%左右。

2002年企业贷款增长出现了"前低后高"的情况，一季度同比增长11%，四季度上涨到13%。其他年份贷款增长"前高后低"的一个重要原因是信贷控制。现在与2002年相比，企业负债率相当、投资报酬率更高、宏观经济预期更好。如此看来，银行和企业没有理由不增加贷款。

一季度贷款的高速增长可能包括了一些特殊因素的影响，主要是财政支持的投资项目快速立项引起了配套贷款的迅速增加。这部分贷款的高速增长或许不能保持，但其他贷款还会较快增长。

复苏与调整——中国经济展望*

汪 涛

瑞银证券首席中国经济学家

本文主要包括五方面内容:一是中国经济复苏动力,二是在世界经济持续疲软的情况下中国经济复苏能否持续,三是房地产投资能否持续复苏,四是货币政策调整,最后讨论中国中长期发展所面临的挑战。总之,中国这一轮经济下滑没有十年前那么严重,但是中长期发展的挑战不见得小于那个时候。

一、中国经济的复苏动力

中国经济复苏有多快?从二季度GDP同比增长率7.9%看,似乎还没有达到保八目标,所以社会上流行经济回升未稳这样的说法。但环比增长年率我们估计已经达到17%。这不是企稳,而是强劲反弹。全年增长“保八”基本没有悬念,我们将今明两年经济增长的预测从两年都是7.5%调高至2009年增长8.2%,2010年增长8.5%。上调预测不仅仅是因为二季度经济回升本身,而是因为带动经济复苏的动力非常强劲。

经济强劲复苏的最重要原因是信贷扩张。今年上半年新增贷款7.4万亿,保守估计2009年全年新增贷款9.5万亿元,杠杆化速度是前所未有的,信贷占GDP比例今年将大幅提高(图1)。信贷大幅增长带动投资猛烈增长。固定资产投资名义增长率和实际增长率最近几个月大幅提高。本轮经济下滑前中国在资产负债表、信贷周期方面状况良好,信贷占GDP比例在2003—2007年间持续下降,投资减小了对银行资金的依赖,因此危机时可以反周期操作,快速增加杠杆率。此外,中国经济并不是像很多人想象的那样是出口导向型的,内需占有相当比重。

与信贷刺激相比,财政刺激的力度要小很多。今年3月全国人大会议把财政赤字定在占GDP 3%以内,3%的财政赤字带动不了目前的经济增长。目前经济增长主要依赖信贷刺激。

---

* 中国经济观察第18次季度报告会(2009年7月25日)。

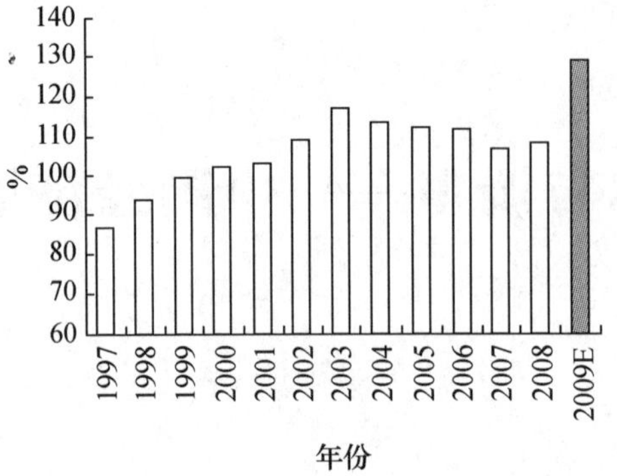

图 1　信贷占 GDP 比例

让我们上调 GDP 预测的另一个重要因素就是房地产投资的复苏已经开始。我们去年年底就预测房地产投资会今年中期复苏,而现在这个步伐比我们原来估计得要快一点。

目前增长复苏主要在依赖政府刺激,市场驱动的投资需求不高。工业企业利润增长率在过去几个月大幅下滑。同时贸易持续负增长,出口仍在下降,前景不容乐观。

二、经济复苏能否持续?

既然目前复苏的主要驱动力是政府的刺激和银行信贷的支持,那么关于经济复苏能否持续的疑问也主要来自两方面。一是外部风险,世界经济有可能复苏缓慢,那样的话政府刺激能否持续带动增长?二是信贷扩张的速度不可能持续下去,而信贷增长过快也可能引起经济大起大落。经济增长是不是会必然随着信贷增长减速而下滑?

我认为中国经济的复苏是可以持续的。第一,信贷方面。上半年信贷扩张的速度无法持续下去,但也没有必要持续下去。中国的信贷从来都是前快后慢。另外,与政府投

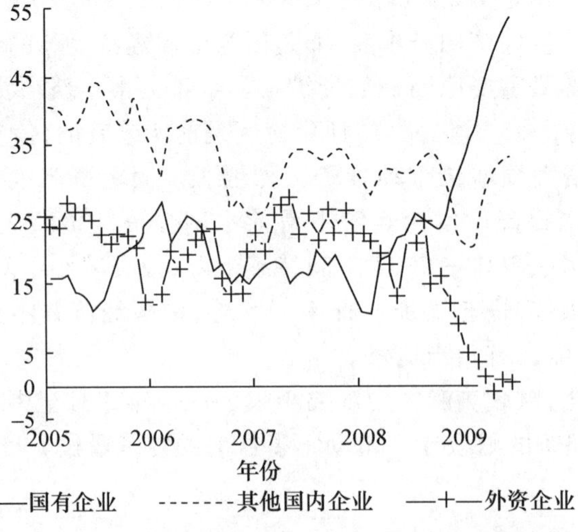

图 2　三类企业固定资产投资同比增长率 3 个月移动平均

资有关的投资会有一个滞后的溢出效应。图2中不同类型企业投资数据显示,非国有企业投资增速反弹落后于国有企业,但也已经开始反弹。外资企业投资增速继续下滑,不是因为缺少信贷,而是因为跟出口联系紧密,没有订单。而且,随着刺激政策的效果显现,经济活动增加,企业的利润在年底应该开始反转,从下跌转为回升,由自留利润融资的投资会增加。信心的加强也会带动民间投资。

第二,在基础设施之外,支撑近期国内需求的关键是房地产投资持续复苏。房地产投资不仅占固定资产投资20%以上,还有很长的产业链,比如钢筋水泥等建材,以及耐用消费品等。我们估计国内钢铁需求中房地产占40%,基础设施另外占10%以上。图3显示,钢铁生产的需求和国内房地产建设有很强的相关性。房屋新开工面积6月开始反弹。我们预计房地产的投资将持续增长,它是衔接政府基建投资可能放缓与外需持续疲软的最主要力量。

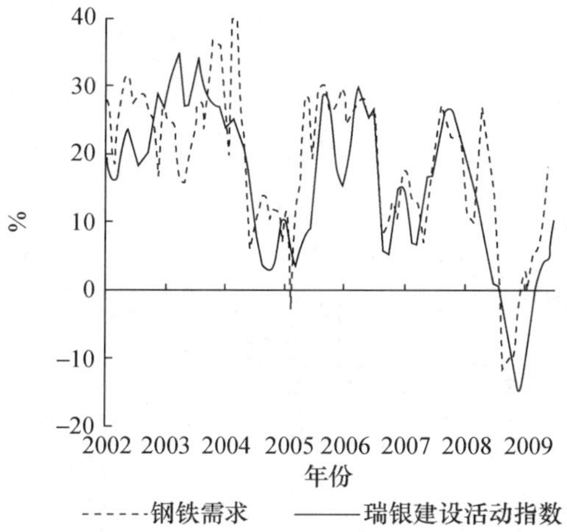

图3　钢铁需求与瑞银建设活动指数同比增长率

三、房地产投资复苏能否持续?

我们认为房地产投资是可以持续的。

我们从去年年底开始预测今年下半年房地产投资会开始反弹,这不是预测房价会上涨,而是预测主要包括保障住房和大众性住房的房地产投资、开工建设会开始反弹。这是因为我们当时做了一个深入的分析,得出了一些认识,那就是:(1)房地产行业不存在全国范围内的供给过剩,城镇人口中的中、高收入阶层对于普通住宅有着强劲的潜在需求;(2)在银行和居民部门,房地产相关负债的规模有限;(3)政府将调整政策,以刺激房地产业的发展。图4显示存货与销售面积之比处于历史正常水平。图5显示房地产相关贷款占贷款比例基本保持平稳。

事实表明,政府的确改变了之前的政策,刺激房地产投资,这包括降低房贷利率、首付比例、税费,降低开发商的自有资金比例,以及放松信贷管制等。与此同时,还出现了两个新情况:一是最近的信贷增长很快,带动了销售和房价反弹,包括相对高端的房地产市场销售反弹势头非常强劲。因此我们认为高端住宅建设也可能已开始反弹，虽然力度仍较弱。二是地方政府为实现经济增长目标，也在推动房地产建设活动，有些可能已超出了中央政府关于增加低端保障性住房建设的要求。同时，旧城改造也为房地产市场创造了需求和供应。

目前房地产市场的复苏不是由个别城市特有的，而是全国性的。投资增长和销售增长在地区上不吻合，可以佐证投资与开工的反弹并不是完全由销售带动的。销售旺盛的城市集中在东部城市，包括北京、上海，而房地产建设增长最快的基本在中西部。这应该和地方政府在“保八”时大力鼓励旧城改造等措施有关。我们相信未来几个季度房地产建设活动将持续复苏，这将有助于衔接基础设施建设投资快速增长与出口需求不振之间的缺口。

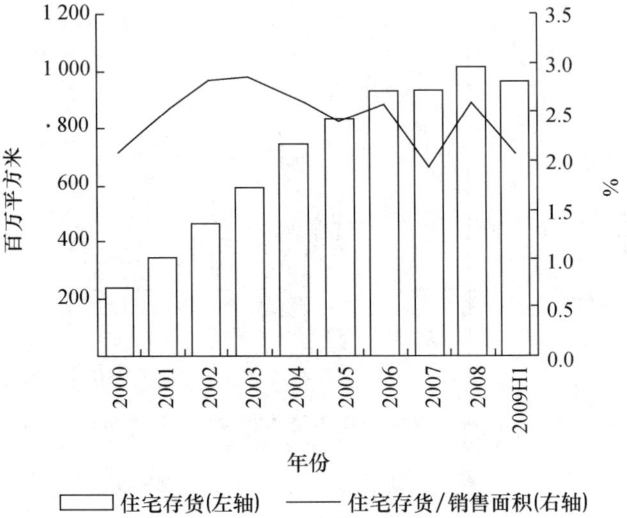

图 4　住宅存货及与销售面积比例

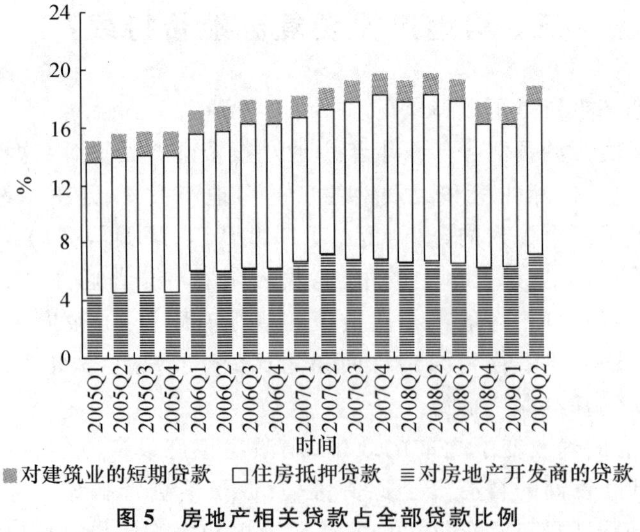

图 5　房地产相关贷款占全部贷款比例

当然，房地产投资的持续依然存在着风险。目前的供给和需求之间仍然存在很大的错配。供给集中在高端，未来需求发展最有力的可能是大众化住房。如果政府能够引导房地产投资从高端住房向大众化住房发展，可以把供需结合起来形成可持续的城市化建设。

另外，流动性泛滥可能造成资产泡沫，房价上涨过快反而可能抑制自住型的需求，鼓励投资性购房。并且，现在为保增长加速城市化建设，确实可以带动投资增长很快，但超前发展可能会降低中长期发展空间。

四、货币政策调整

我认为宏观政策，尤其是货币政策已经进入新阶段。

信贷扩张在短期内能够拉动经济复苏，但信贷扩张过快可能导致经济波动增加。由于贷款中有很多是地方政府支持的准财政贷款，过快增长可能导致资源错配和不良贷款增加。

另外一个风险是，信贷刺激过度会造成资产市场泡沫。经历外需冲击后，实体经济的投资需求明显不足，这时并不是完全靠信贷就能够推动经济增长回到以前水平。中国和美国情况不同。美国是金融体系出问题，造成它没有资本发信贷，影响到实体经济。中国是实体经济需求受到影响，政策刺激可以拉动一部分内需，但是信贷刺激过度会造成资产市场泡沫。

对于通胀我们认为短期风险不大。由于全球需求不足压低了核心的制造业产品价格，加上食品和大宗商品价格比去年仍有下跌，目前 CPI 仍是负增长，近期 CPI 压力不大。但流动性泛滥可能会引发资产价格出现泡沫。信贷扩张大大提高了通胀预期，加上部分信贷财政化，流动性扩张后很难靠央行加息或提高准备金率收回来，增加了中期通胀风险。

虽然短期内没有通胀的风险，但我们认为增长的复苏和对信贷过快的风险的担忧，使货币政策已经从极其扩张转变为适度宽松。货币政策的新阶段已经来临，由“上规模”转为“调结构”模式，加强监管，利用“窗口”指导。“降息”、“降利率”和积极鼓励增加贷款的扩张政策已经结束。然而，增长的目标还没有实现，国际形势仍有许多不确定性，加上通胀风险较小，我们认为短期内不会出现明显的政策紧缩。前几天政治局会议也称继续坚持适度宽松的政策。我们认为今年可能不会加息。在这种情况下，今年新增贷款很可能超过 10 万亿。贷款是先行指数，固定资产投资还会增长，今明两年“保八”没有太大疑问。

五、中长期发展的挑战

中国经济中长期发展主要面临两点挑战。一是存在结构性失衡，消费偏低、过分依赖投资拉动。二是面临对能源和环境的挑战。

消费占 GDP 比例在 21 世纪以来持续下降。消费不足的原因包括居民储蓄率较高，而储蓄率高的很重要原因是社会保障不健全。但有一个讲得比较少的、我认为是最重要的原因,是居民收入提高不快。居民收入占 GDP 比重和居民消费一样,呈下降态势。跟居民收入占比下降相反的是生产盈余占比上升(图 6)。居民储蓄占 GDP 比重在过去八九年没有太大变化,而企业储蓄所占比重增长得非常快(图 7)。

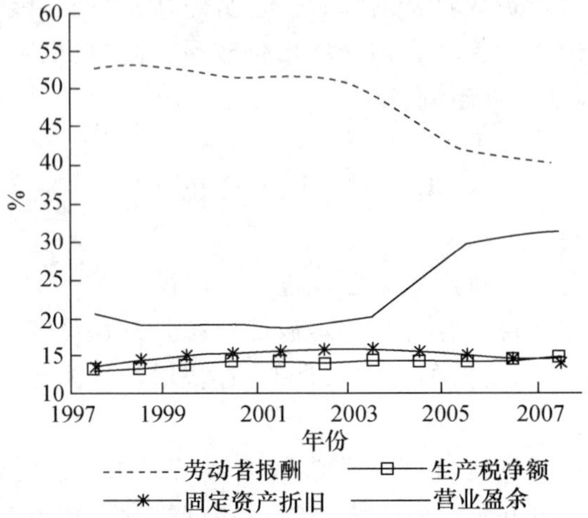

图 6　收入法 GDP 构成

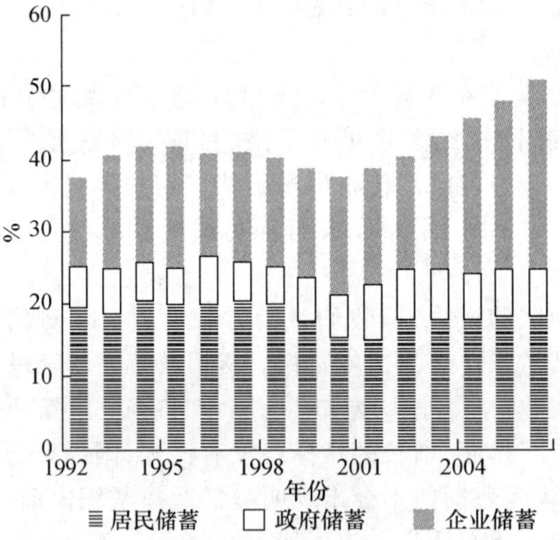

图 7　储蓄构成

消费和储蓄相对份额变化和中国重化工业发展模式相联系。这一模式是资本密集型的,非农就业相对增长缓慢,获得回报更多的是资本而不是工人。高投资、高储蓄的循环既对资本有需求,又增加资本供给,加上国有企业不分红,就压低了利率(资金成本)。

长期来说,产能扩张不可能永远超过国内消费扩张,否则会出现结构性顺差,需要国外来吸收。在中国经济越来越大的时候,必须国外市场需求也越来越大才可以吸收,而这容易引起贸易保护主义抬头。

刺激国内消费需求是中长期增长持续的关键。提高居民收入需要改变增长模式,加大服务业的发展，调整资源、能源、资本要素的相对价格，提高国企分红，增加对居民收入的再分配，改善中小企业从资本市场和银行融资的渠道。此外，需要加强社会保障体系，包括养老、医疗、失业、扶贫，发展消费信贷市场，以降低储蓄、增加消费意愿。

中国经济中长期面临着前所未有的能源和环境的挑战。中国人均能耗、油耗目前是发达国家的零头。但是中国不可能走发达国家的老路，中国人口比 OECD 国家总和还多，要在几十年内完成发达国家在一二百年实现的工业化和城市化，对能源有巨大压力。

和能源问题连在一起的是环境问题。煤在中国占能源消耗的70%，一半以上的煤用于发电，新增电厂仍以燃煤为主，目前年均消费25亿吨。燃煤每年产生2 000多万吨二氧化硫排放，对城市造成严重污染，比如中国半数以上城市颗粒排放超过美国标准的两倍，40%的流域受到酸雨影响。此外碳排放在全球造成气候变暖。能源消耗和环境污染是中长期经济发展的瓶颈，必须改变增长模式。

中国经济展望——资产价格通胀的重现*

孙明春

野村证券中国区首席经济学家

对于中国经济的展望,通胀不是问题,经济增长也不是问题,资产价格才值得重视。上述看法和很多人一样,但具体原因不同。

本轮经济大幅波动的主要原因不是出口下跌。实际上,出口是中国经济四个引擎当中最不重要的一个。外需对中国经济的影响没有大家想象的那么大。这么说可能很多人都不同意,我来讲讲为什么。过去 19 年里中国 GDP 平均增长率是 10%,其中净出口的贡献是 0.8 个百分点,内需是 9.2 个百分点。当然,净出口低估了出口对经济的影响,但即便将净出口的贡献扩大四倍,仍然只能解释经济增长的 30% 左右。

我认为本轮经济下滑(从 2007 年二季度 GDP 同比增长 14%,下滑到 2009 年一季度的 6.1%)的主要原因是库存的变化。首先发生的是 2007—2008 年上半年大规模的存货积累,继而发生的是 2008 年下半年到今年二季度大规模的存货消耗。通过比较国家统计局公布的生产法 GDP 增长率和我个人估测的最终需求增长率,可以发现 2007 年全年和 2008 年上半年产出的增长率远远超过了最终需求的增长率,换句话说,很多东西生产出来并没有被最终消耗掉而是放在仓库里。原因之一是经济增长相当强,需求旺盛,从供应链管理角度来讲应该增加存货。原因之二是从 2007 年下半年开始全球出现了商品价格猛涨,迫使很多企业不得不大量积累原材料,因为如果下个月买就要多付 10% 或者是 15% 的成本。原材料库存不断增长,直至企业借不到钱或者仓库里放不下。我们做了很多企业调查,结论基本一致,在 2008 年上半年商品价格处于最高点时,原材料库存可用 7—8 个月,而以前都是 2—3 个月即可。2008 年下半年商品价格下调,下游企业停止购买原材料,完全用库存,上游企业突然发现自己的需求没有了。大家记得清楚的话就知道去年上半年最缺的东西就是去年下半年供应最多的东西。

两个月以前国家统计局副局长许宪春在国家统计局网站上发表了一篇文章,讲中国支出法 GDP 和生产法 GDP 的关系。根据这篇文章,今年一季度 GDP 增长是 6.1%,与去

---

* 中国经济观察第 18 次季度报告会(2009 年 7 月 25 日)。

年同期相比,存货调整导致 GDP 增长率下降了 7 个百分点,而净出口的影响是 -0.2 个百分点。如果没有存货调整,我们一季度的 GDP 增长率应该是 13%。国家统计局综合司的郭同兴也撰文指出,从去年 6 月到今年 1 月、2 月,工业增加值增长率下降了不到 13 个百分点,其中内需的影响是 10 个百分点,而外需的影响是不到 3 个百分点。这些文章验证了本人的看法。

官方采购经理人指数(PMI)同样显示了库存调整因素的重要性。PMI 里面有产成品库存指数,也有原材料库存指数。在 2007 年和 2008 年上半年,产成品库存没有怎么积累,在此期间,原材料库存指数一直高于产成品库存指数,原材料库存大规模增加。2008 年下半年,需求下滑,产成品库存有所增加,而原材料库存大规模下降。

图 1 显示,目前的原材料库存指数已经回到了 2005—2006 年的平均水平。从这个角度看,存货调整已经基本结束了。即便出口不复苏,我们经济增长也不会太差,不应该低于 8%。从就业角度看,8% 的经济增长率是远远不够的。我们每年新增非农劳动力 1 500 万左右,而 8% 的经济增长率所带来的新增就业机会只有 500 万左右。从这个意义上来讲,我们对政府的刺激政策是非常支持的,我们看到其效果也是非常明显的。

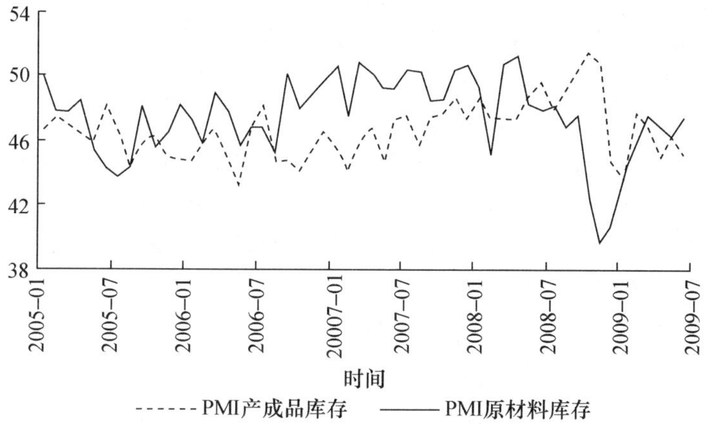

图 1　分指标 PMI 库存指数

实际上刺激政策已经远远超过了原定的计划,其规模不止 4 万亿。需要注意的是,4 万亿投资是今明两年计划的总和,扣除政府出资 1.2 万亿后,需要银行贷款 2.8 万亿,而今年上半年新增贷款已经七万多亿。现在固定资产投资名义增长率是 35%,仅次于 1992—1993 年,经过价格调整后的实际增长率不见得比 1992—1993 年低。1993 年固定资产投资名义增长率是 62%,当时通胀率是 22%,投资实际增长率是 40% 左右。现在我们处于通货紧缩时期,投资实际增长率要高于名义增长率。在目前的情况下,我们面临的投资增长可能是 20 年来甚至是 30 年来最快的,这时担心经济增长实在是没有必要。现在要讨论的是它的负效应是什么?

现在银行贷款和货币供应量的增长率都是接近 30% 或者超过 30%,这是 1995 年以来没有看到过的现象,即使是需要搞宏观调控的 2004 年和 2007 年都相形见绌。这里将 M2 增长率减去 GDP 名义增长率后的值定义为过剩流动性指数。如图 2 所示,在 1993 年,M2 增长率高,但 GDP 名义增长率也高,过剩流动性指数才是 4%,1994 年还是负的,而今年过剩流动性可能是 20%，这是二三十年来没有见到过的现象，不是一般意义上的流动性过剩。

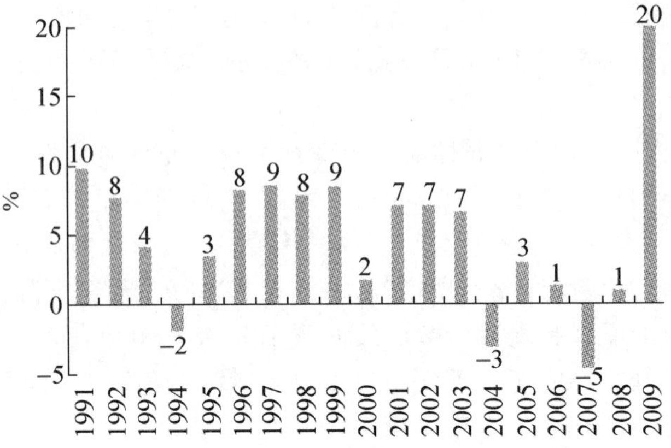

图 2　过剩流动性指数

更大的问题是新开工项目比以往大很多，不是一年就能完成的。如图 3 所示，今年上半年新开工的投资项目在数量方面增长了 40%，在计划投资额方面增加了 90%。在今年贷款支持下，这些项目第一期投资已经完成。但是明年、后年甚至大后年还需要二期投资、三期投资甚至四期投资。如果让这些项目做完，货币就要继续宽松；如果不让做完，那将来还贷肯定有问题。这么大规模的新开工项目会倒逼比较宽松的货币政策。即使政府下定决心严格紧缩，货币供应局面也不会有太大的改变。1993 年的宏观调控是 20 年来最厉害的一次，全国每个城市都会看到烂尾楼，而且不止一个两个，但是 1994—1996 年 M2 增长率仍然高达 35%、30%、25%。从预测角度看，即使有严厉的政策，明年、后年甚至于大后年的货币供应可能还会相当宽松。

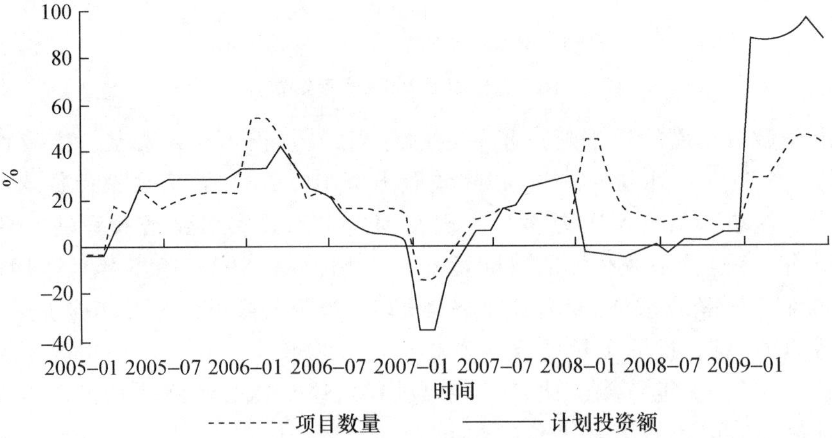

图 3　新开工投资项目同比增长率

这样的流动性最后会导致什么样的结果？根据历史数据，如图 4 所示，当年新增银行贷款在年底以前差不多 70% 会变成老百姓的储蓄存款。今年新增贷款估计会到 10 万亿，明年至少也是 10 万亿，后年还要 10 万亿。相应地，储蓄存款将增加 21 万亿，也就是

3 年之内翻一倍。再加上低通胀、高增长提供了基本面支持与温和的政策环境，所以资产价格通胀的风险相当高。今年到目前为止，全国平均房价涨幅已经超过 20%。股价也上涨了很多，但是从市盈率来讲股票市场有问题还有一点早，可以说我们刚刚踏入泡沫。

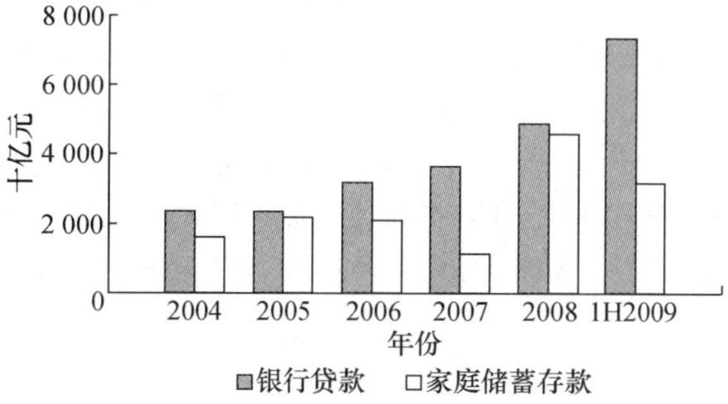

图 4　我国历年银行贷款和家庭储蓄存款增加额

资产价格通胀应该会进而推动经济增长，因为财富效应可能会促进消费，繁荣的房产市场可能会刺激房地产投资。经济增长更加强劲为投资者增添了参与泡沫的理由。我们相信资产价格通胀将会至少再持续 6—12 个月，并且可能会比 2007 年的泡沫还要更大。

以下是政策建议：

（1）尽可能压缩新开工项目的审批，严格控制新开工项目的数目和金额。

（2）对于已批准但尚未开工的项目，尽可能地推迟项目的开工期，引导固定资产投资项目的有序开工。

（3）严格控制新增贷款总规模，必要时可重新启动贷款额度管理，尽可能地将全年新增贷款控制在 8 万亿以内，最多不超过 10 万亿。

（4）在当前资产价格刚刚出现泡沫苗头的初期，及时地向市场释放一些政策调控的信号，比如对银行进行窗口指导、要求各地方政府适度控制投资规模和节奏、明确宏观经济政策从宽松转向中性、在条件成熟时及早加息、增加土地供应、上调印花税，等等。这些信号应该可以延缓资产泡沫的膨胀，尽管它们不可能阻止泡沫的进一步扩大。

（5）抓住有利时机积极扩大国内资本市场的广度和深度，疏导过剩流动性从单一的股票和房地产等资产类回流到有真正融资需求的实体经济中，包括加快 IPO 的步伐、抓紧推出中小板市场、加大企业债券市场的发行力度、开发为中小企业融资的债券品种或其他可能的金融产品（扩大中小企业的融资渠道，摆脱单一的通过银行贷款的模式），以及开发并推出有关房地产投资信托基金（REIT）或其他产品（改变投资者单一的买房投资的形式，从单一的通过房价上涨获利扩大到通过房租、房价等多种渠道获利），等等。

（6）通过上述渠道，虽然流动性仍在中国经济体系中，但是防止了流动性过度地集中在股票二级市场和房地产市场中以及风险过度集中在银行体系中，使许多流动性通过非银行渠道流入到银行通常不愿触及的实体经济中（如中小企业和高风险的高新科技企业）。这不但会降低资产泡沫和银行坏账的风险，也给渴求资金的非主流企业提供了宝贵的融资机会。

(7) 利用有利时机尽快推动经济和金融体制的改革，加快金融市场的开放，通过允许更多的国外机构在国内发股发债、鼓励并放松企业对外投资的管制、放松国内机构和个人对外金融投资的管制、加快人民币国际化的进程(包括国际贸易的人民币结算)等多种渠道将国内的过剩流动性输出，缓解国内资产价格膨胀的压力。

总之，政府应该果断采取措施，调整宏观经济政策，以防止资产泡沫的过度膨胀。坦率地讲，即便现在采取措施，也已经有些过晚，因为投资和信贷的膨胀已经过快过大。不过，如果采取果断和得当的措施，我们完全有可能在泡沫膨胀的过程中通过持续、稳定和快速的经济增长、不断拓宽和深化的资本市场，以及进一步的经济体制改革和金融市场的开放来逐步化解或舒缓这一泡沫，而且有可能借此机会进一步推动和深化中国经济和金融体制的改革和开放。

治理产能过剩问题(1999—2009)*

卢 锋

北京大学国家发展研究院经济学教授

产能闲置超出合理界限导致所谓产能过剩,是市场经济环境下经常发生的现象。我国20世纪90年代告别短缺经济后也面临产能过剩问题。市场竞争度提升与经济发展过程中控制污染、技术升级和结构调整诉求相互作用,使得产能过剩在我国表现形态更为复杂。在我国体制转型背景下,产能过剩必然引发政府更多关注和干预,晚近十来年有关部门多次集中治理产能过剩,使之成为影响产业政策以及宏观调控走向的关键因素之一。

什么是产能过剩?产能过剩发生和调节机制是什么?我国转型追赶背景下产能过剩发生机制和治理方法有何特点?有关部门十多年来不断治理产能过剩措施的成效如何?系统探讨上述问题,有助于更好认识我国现阶段经济成长机制和规律,对改进完善相关政策也应有现实借鉴意义。

CCER中国经济观察研究组对这个课题进行专题研究,本文粗略介绍初步结果,后续报告将提供更详细分析和数据。本文依次考察几个问题:首先对产能过剩定义、功能、调节、我国高频发生根源等问题进行一般讨论,然后观察晚近十余年政府有关部门几次集中治理产能过剩情况,接着从准确识别困难、干预手段分类评估等方面对产能过剩治理政策加以探讨,最后简略评论如何标本兼治产能过剩难题。

一、概念定义和度量识别

对广泛使用的产能过剩概念给出一个适当定义并非易事。产能过剩以特定产品和部门为对象,应属微观经济现象,然而在微观经济学标准理论基础上定义这一概念存在困难。经验研究通常采用就事论事(ad hoc)方式,提出某种工作性定义作为概念依据。依据这一理解,本文把产能过剩定义为主要发生在工业部门的闲置富余产能超过某种合

* 中国经济观察第19次季度报告会(2009年10月24日)。

理界限现象,通常伴随价格下降和利润减少以至持续亏损。

本文定义包含三个要点。一是以“闲置产能”作为定义基础。一定程度产能闲置对市场经济正常运行具有积极功能。例如一定程度闲置产能有助于调节和平滑需求波动,发挥类似于合理库存的调节功能。一定程度产能闲置剩余,对于保证较高竞争程度从而提升消费者福利、实现市场经济优胜劣汰机制具有促进作用,构成充分发挥市场竞争机制的一个因素。在宏观总量周期变动过程中,库存调整需要通过产能闲置程度变动加以实现,产能闲置率变动对于库存调节具有蓄水池功能。

二是以“合理界限”作为定义关键。产能过剩定义实质困难在于,这里所谓合理界限并不存在某种具有普适性的“黄金分割率”标准,而是要在逻辑分析和经验研究基础上,通过适当观察指标加以区分和识别。我们采用两阶段识别方法:首先在对产能闲置/利用率区段进行划分基础上,利用静态产能利用率指标进行初步识别;然后结合价格走势、财务盈亏、需求增长等方面情况,对是否存在产能过剩提出比较严格识别和判断。

三是以“工业部门”作为主要对象,暗含两方面排除含义。一是服务业和农业的能力配置及其与产量或需求的关系,通常不采用产能过剩等概念表述。二是宏观总量分析场合通常也不采用产能过剩概念。总供给大于总需求不称作“总产能过剩”而称为“总需求不足”,是现代宏观经济学以至马克思主义政治经济学的基本分析视角,两个称谓具有本质不同的理论含义。在宏观总量大体均衡前提下,产能过剩部门与产能不足行业可能同时存在,因而产能过剩本质上是部门性和微观性问题,而不是总量性与宏观性问题。

产能利用率和闲置率之和等于100%。利用特定时期静态产能利用率识别产能过剩,首先对其不同区间特点及其合意程度提出大略界定。借鉴相关经验参数,图1对不同区段产能利用和闲置率提出一个初步分类。产能利用率以左端为0右端为100,闲置率则相反以右端为0左端为100,共划分为八个性质不同区间:产能利用率30%以下即闲置率70%以上为产能极度过剩,利用率在30%—60%之间为产能严重过剩,60%—75%为显著过剩,75%—80%为轻度过剩,80%—85%为基本适度,85%—90%产能显著不足,90%—95%为严重不足,95%以上为产能瓶颈状态。

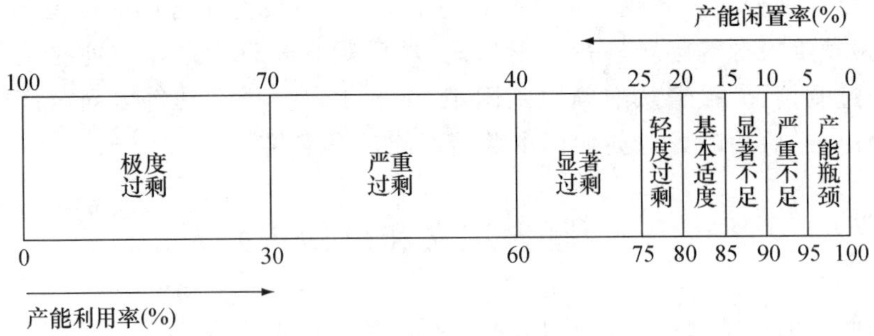

图1　静态产能利用率区段属性界定

不同行业静态产能利用率合意界限可能显著不同,因而对图1划分方法不应机械解读。另外静态产能利用率偏低是识别产能过剩的必要条件而不是充分条件。假如特定产品或部门产能利用率偏低,然而其价格没有下降反而上升,行业利润指标没有恶化反而改善,对这类行业仍不宜断定为产能过剩。

另外识别产能过剩还要适当结合市场需求增长方面的信息。产能利用率统计值通常采用当期(如特定年份)数据计算的静态值,企业配置产能受企业家对未来预期影响。如果未来需求增长较快,静态产能利用率较低可能是为未来需求预留产能结果。国外有关计量模型研究发现,不同行业长期行业利用率与市场需求增速存在显著反向关系。

考虑价格走势、财务盈亏、需求增长信息对鉴别产能过剩的认识价值,识别产能过剩时可采取包括"单指标-弱识别"与"多指标-强识别"两阶段过程。首先利用静态产能利用率指标得到"疑似产能过剩"的弱识别结论,然后结合价格走势、财务盈亏、需求增长等多方面情况,对是否存在产能过剩提出比较严格的强识别推断。

二、发生根源与调节机制

产能过剩基本发生根源包括两方面因素。一是预期偏差因素。微观投资主体总是具有盈利预期,从事前视角看应满足投资决策与其盈利目的一致性的广义理性条件。但是受到信息和其他条件约束,可能出现事后看来预期偏差和失误。如果由于事先预期失误导致事后看投资过高则可能出现产能过剩。二是沉没成本因素。投资形成固定资本,由于资产专用性等原因部分变成沉没成本,难以通过变现回收其原有价值。这时当市场条件发生不利变动后,虽然价格和利润已下降到无利可图,然而由于难以很快退出不得不继续经营,从而面临产能过剩困境。

上述两要素发生机制在现实经济环境中可能有不同展开途径与实现方式。如产品生命周期可能为上述机制发生作用提供现实背景。新产品创新初期阶段,投资盈利机会令人鼓舞,大量资本投入到这一领域。然而后续发展过程中,可能会出现新的改进型产品取代原有产品,新产品市场普及导致老产品市场萎缩,从而导致老产品产能过剩。

又如特定产业随着内外部经济环境和相对竞争力演变出现一次性比较优势转移,在开放环境中不再具有维持最低盈利的竞争力条件,这时大批企业面临退出压力形势并往往伴随产能过剩现象。国外经验表明,应对这类产能过剩甚至可能需要政府一次性救助政策施以援手,帮助行业进行结构调整。

"总需求不足"并非"总产能过剩",不过在总需求严重不足的宏观经济衰退时期,很多工业部门平均产能利用率下降,企业面临价格和利润下降等市场和经营困难,宏观紧缩周期背景会加剧产能过剩问题。

除了市场经济引发产能过剩一般原因,我国由于发展阶段与体制转型特点,可能会更多面临产能过剩问题困扰。在高速增长过程中,未来市场规模快速扩张,企业不仅要解决如何用库存调节应对市场波动问题,还要通过追加投资来竞争未来市场需求。这一竞争过程对利用市场配置资源机制具有不可替代的积极功能,然而企业在猜测未来市场需求过程中,可能因为预期偏差或后续形势变动发生误判,增加产能过剩发生概率。

观察人士认为,我国体制转型环境也可能促成较多产能过剩问题。例如地方政府较多干预经济,有可能加剧投资过度和产能过剩问题。重要部门垄断体制改革滞后和过度管制背景下,非国有企业投资领域受到较多限制,结果在可以进入部门更可能出现过多投资并导致产能过剩。市场经济体制尚未完善,企业退出存在较多困难,市场性兼并重组受到较多限制，也会加剧产能过剩压力。

市场经济派生产能过剩的同时，也为调节化解产能过剩提供有效机制和手段。一是价格下降调节。在需求弹性不为零值假设下，价格下降增加需求并消化部分过剩产能。因而价格下降既是产能过剩识别指标之一，也是市场经济调节产能过剩标志之一。二是市场范围调节。全球化环境下各国产品相对竞争力是影响市场份额的长期最重要因素。其他条件给定，特定部门产能过剩和价格下降会提升其国际相对竞争力，并通过进口替代或出口增加扩大市场范围，一定程度调节或缓解产能过剩。三是企业退出调节。如果产能过剩部门价格调节过程造成持续亏损，在沉没成本较低情况下面临预算硬约束的企业会较快退出，存在沉没成本条件下价格降低逼近可变成本时企业最终会退出。退出减少产能并缓解产能过剩。

政府在应对产能过剩方面也承担相应职能。对宏观周期运行中总需求不足加剧工业产能过剩问题，政府实行扩张性货币和财政政策促进投资和消费增长，在提升总需求同时兼具治理产能过剩功能。政府也可以设计针对性产业政策加以干预。如通过发布有关行业市场供求和产能利用信息，提示产能过剩风险。对正经历高速城市化和工业化国家来说，产能快速扩张往往伴随污染排放压力增大，政府加强环保排放监管客观上具有一次性抑制产能过剩的效果。对比较优势大范围动态转移伴随的产能过剩，可能需要政府实行救助政策推动结构调整。

综上所述，治理产能过剩，市场机制发挥基础性作用，总量宏观政策客观具有化解产能过剩作用，各类产业政策发挥辅助作用。

三、我国治理产能过剩简介

随着我国经济20世纪90年代告别短缺经济，早先一些部门过量库存积压演变为产能过剩问题。新世纪初年我国经济进入大国开放追赶新阶段，高增长背景下一些行业产能过剩现象或潜在过剩风险随之发展并引发政府高度关注。上述背景下，有关部门先后多次集中治理产能过剩，下面简略考察有关情况。

1. 世纪之交第一次集中治理

20世纪90年代中期治理严重通货膨胀政策取得成功，然而由于东南亚金融危机冲击以及国内经济多方面深层矛盾发展，我国经济1997年年末开始面临持续多年通货紧缩困扰。在总需求不足以及其他结构性因素作用下，一些部门产能利用率下降并面临价格走低、经营亏损和过量库存积压问题。面对宏观通货紧缩和部分行业产能过剩形势，政府实行一系列应对政策。一是坚持人民币汇率不贬值，同时实行积极财政政策，发行特殊国债投资基础设施扩大内需。二是通过“抓大放小”加快推进国有企业改革，组建资产管理公司剥离银行坏账并加快推进银行改革。三是大张旗鼓治理生产能力过剩和重复建设。

第一次产能过剩治理措施大体分三类。一是对库存压力严重的行业限制产量以减缓库存压力，二是对某些被认定为产能过剩行业强行淘汰部分落后产能。纺织业压锭是淘汰产能的突出事例，到1999年完成压锭1 000万指标和分流120万员工预订目标。此外，煤炭、冶金等部门的"小厂小矿"成为减产利库和淘汰产能措施实施力度较大的部门。三是采用各类限制投资方法预防重复建设从而避免未来产能过剩加剧。1999年8月公布制止工商投资领域重复建设首批目录，涉及钢铁、有色、煤炭等17个行业，共201个项目建设被制止。一些行业制定三年不上新项目禁令，如1999年年初国家电力公司表示今后3年内不再开工常规火电项目，同年国家有关部门决定今后3年内不准上粗铜冶炼、电解铜、铜铝加工材和镁冶炼等新建项目。

2. 2003—2006年前后集中治理

这一时期形势特点在于，生产率革命以及城市化工业化加速推动我国经济成长进入新阶段，一些上游行业出现罕见增长，同时内需外需增长强劲使总需求面临挥之不去的过快扩张压力。给定本币汇率稳定目标，运用利率等参数型工具调节总需求受到较大制约，抑制投资增长成为这一时期治理产能过剩的重头戏。

如有关部门2003年年底制止钢铁行业盲目投资政策文件指出，到2003年年底，我国钢铁生产能力将达到2.5亿吨，目前在建能力约0.8亿吨，预计到2005年年底将形成3.3亿吨钢铁生产能力，已大大超过2005年市场预期需求。当前钢铁生产能力过剩的矛盾日益突出，国家和各地原则上不再批准新建钢铁联合企业和独立炼铁厂、炼钢厂项目，确有必要的，必须经过国家投资主管部门按照规定的准入条件充分论证和综合平衡后报国务院审批。对电解铝投资也有类似管制措施。

2005年11月有关部门发文，依据对铜冶炼行业投资形成产能与原料供应预测，推断该行业存在盲目投资问题并提出多项制止措施。2005年12月发布《促进产业结构调整暂行规定》和《产业结构调整指导目录》，列举"鼓励、限制和淘汰三类"行业和投资项目目录。产能过剩被确定为限制类项目的指标之一，并对列入限制类的200多个投资类别禁止新建投资项目。

2006年3月发布加快推进产能过剩行业结构调整文件，文件指出部分行业盲目投资、低水平扩张导致生产能力过剩，已经成为经济运行的一个突出问题。文件认为钢铁、电解铝、电石、铁合金、焦炭、汽车等六个行业产能已经出现明显过剩，水泥、煤炭、电力、纺织等四个行业目前虽产需基本平衡，但在建规模很大，也潜藏着产能过剩问题。文件从严控投资项目、淘汰落后产能、促进兼并重组提出治理措施。

3. 最近启动新一轮治理

在全球金融危机和国内宏观紧缩形势下，政府从去年年底开始转而实行大力度刺激经济政策。2008年年底直至2009年上半年典型扩张性宏观政策执行过程中，若干部门产业振兴计划仍一直提示抑制产能过剩目标，然而贯彻政策重心更多落在如何促进这些行业市场增长方面。随着总需求V形回升态势基本明朗，超量货币信贷增长引发市场通胀预期，2009年8月26日国务院常务会议研究再次强调治理产能过剩问题，要求重点加强对钢铁、水泥、平板玻璃、煤化工、多晶硅、风电设备等行业发展的指导。

8月25日，工业和信息化部召开《2009年中国工业经济运行夏季报告》发布会，强调钢铁、水泥、电解铝等行业产能过剩问题突出，认为造船、化工、平板玻璃等行业也都存在较为严重的产能过剩问题，太阳能、风能等新兴产业重复建设、无序上马的问题也不容忽视。9月十部委发布抑制产能过剩和重复建设文件，列举钢铁、水泥、平板玻璃、煤化工、多晶硅、风电设备、电解铝、造船业、大豆压榨、大型锻造等十来个部门产能过剩表现，并采取抑制投资等多方面治理措施。

四、产能过剩部门识别问题

观察十余年政策实践可以看出，我国治理产能过剩不仅针对狭义产能进行干预，而且包含控制污染排放以及推进技术和产业结构升级等多方面调控目标。另外因应经济成长和体制转型阶段性问题以及宏观经济形势特点，产能过剩治理与国企改革转制目标具有呼应关系，并与总需求管理和调控通胀等宏观目标存在联系。总体看来，我国治理产能过剩实践在实现多重目标方面取得积极成效，同时也存在或面临一些困难和问题。下面分别从产能过剩对象识别以及治理措施分类评估方面进行初步考察和探讨。

准确识别产能过剩是有效治理的前提，然而观察有关治理文件和措施具体内容，有关部门在识别产能过剩对象部门方面可能存在问题。为深入考察这一问题，我们系统整理改革开放以来四十多个工业部门产能利用数据，后续报告将借助这些数据更系统考察识别准确度问题。本文因篇幅限制，侧重从钢铁业个案和市场预测误差方面初步讨论这一问题。

十余年产能过剩治理中，钢铁业经常被看作产能过剩部门典型，甚至居于首当其冲地位。钢铁业产能过剩到底多严重？对这个事实判断问题，需要结合经验证据进行实证考察。依据两阶段识别方法，首先观察静态产能利用率情况。

图 2 报告几组来源不同的钢铁业静态产能利用率数据。一是统计局数据，结果是1995—2008 年 14 年间钢铁业静态产能利用率平均值为 86.3%，1999—2008 年 10 年间平均为 85.7%，上述时期曾经出现两个年份达到 100% 的统计产能利用率，也有两个年份出现低于 80% 的产能利用率，即 2004 年 78.6% 和 2008 年 75.9%。二是中钢协数据，可能是该协会大中型会员企业产能利用率数据，2001—2007 年产能利用率高达 93%。三是调控主管部门有关文件提到的三个年度数据，与统计部门数据计算结果比较，一个更高，

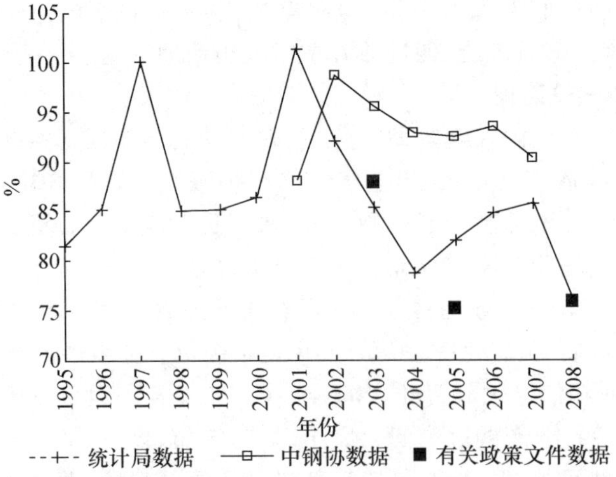

图 2　我国钢铁静态产能利用率估计（1995—2008）

一个较低，一个相同。从这些数据看，过去十多年钢铁业产能利用率确存在下降趋势，个别年份可能存在轻度产能过剩，然而长期总体看产能利用率较高，因而长期静态产能利用率数据并不支持我国钢铁业持续大范围存在严重产能过剩的判断。

依据两阶段识别思路，如果某种产品长期严重产能过剩，其价格应当大幅下降。图3和图4报告过去十多年我国六种主要钢材价格数据，显示钢材价格确实存在大幅波动，然而从趋势上看并未下降反而不同幅度显著上升。例如过去十多年间中厚板价格趋势值上升一倍多，一般认为过剩最严重的低端线材和螺纹钢价格趋势值也上升超过七成，增幅最低的热轧无缝管价格趋势值也上升近一半。考虑同期工业品价格指数上升不到两成，各类钢材实际价格相应有不同程度上升。因而钢材价格走势数据也不支持钢铁业持续大范围存在严重产能过剩的判断。

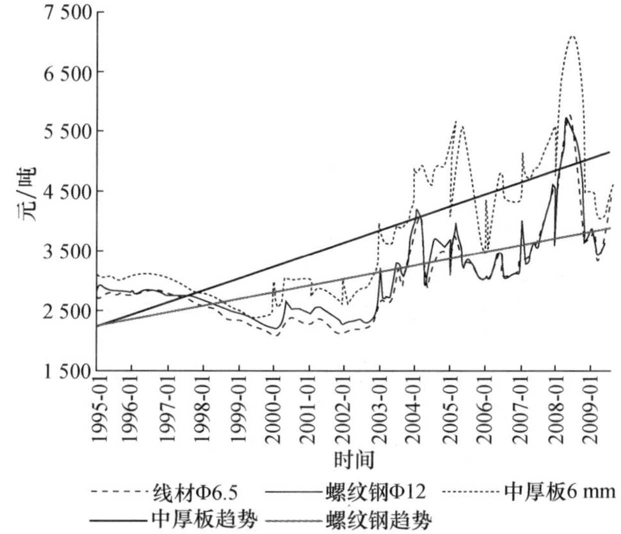

图3　线材、螺纹钢、中厚板价格及其趋势（1995年1月—2009年8月）

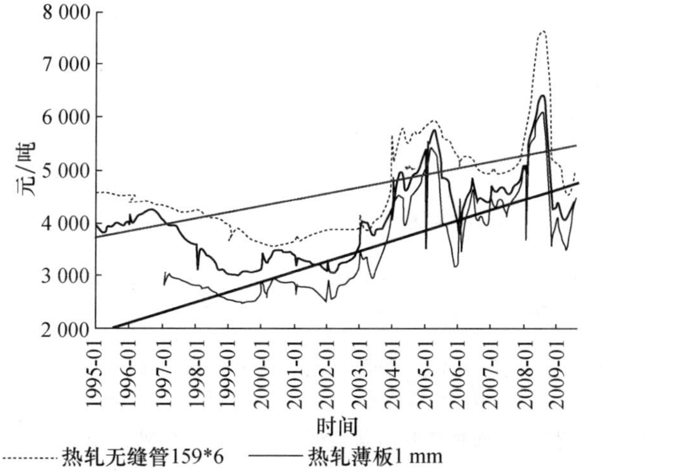

图4　热轧无缝管、热轧薄板、热轧卷板价格（1995年1月—2009年8月）

从钢铁部门长期盈利情况看，我国工业部门利润率晚近十多年呈现强劲增长态势。图5同时报告整个工业部门以及钢铁为主的黑色金属冶炼及压延行业权益和资产利润率指标数据。数据显示钢铁业与工业部门资本回报率近年绝对水平比较接近，不过20世纪末利润率处于低谷时，钢铁部门利润率比工业部门整体水平低得多，因而钢铁业晚近十余年利润增长幅度大大高于工业部门。图6报告黑色金属部门国有和非国有企业利润增长情况，数据显示除个别年份外非国有企业资产和权益利润率都显著高于国有企业，说明钢铁部门非国有企业赢利能力较高。利润数据仍不支持我国钢铁业持续大范围存在严重产能过剩的判断。

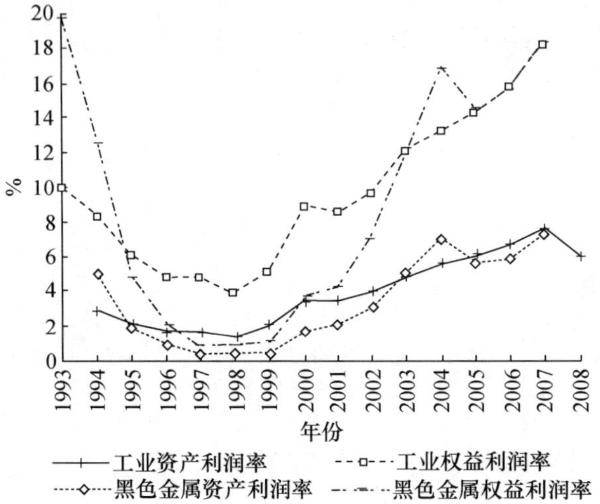

图5　工业与黑色金属冶炼业利润率(1993—2008)

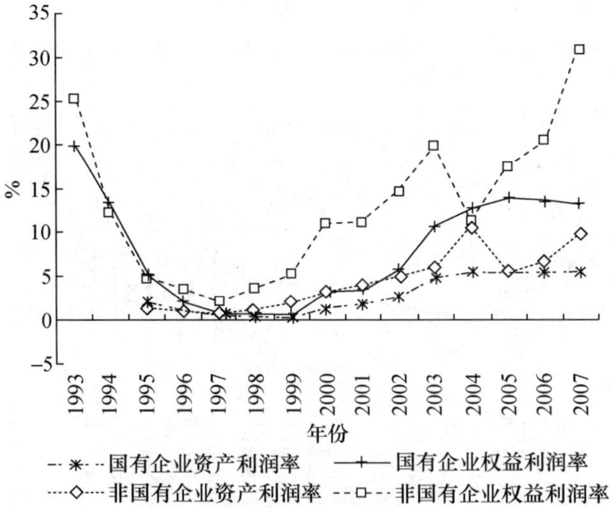

图6　黑色金属冶炼业不同类型企业利润率(1993—1997)

治理产能过剩文件经常批评钢铁等部门盲目投资。图7报告钢铁部门每吨平均利润额变动与投资增长数据。我国钢铁业吨钢平均利润额从20世纪90年代初期300多元，一路下跌到90年代末不到10元低谷，与图5和图6报告的资本回报率数据同样显示，世纪之交我国钢铁业整体确实面临严重财务困难。然而进入新世纪后吨钢利润水平持续改善，上升到近年300元上下水平，与20世纪90年代初景气时期大体接近。随着吨钢利润额持续回升，钢铁部门投资额也从世纪之交每年300多亿元的较低水平上升到2007年1890亿元。鉴于一段时期吨钢利润与投资增长之间存在明显正向关系，不断指责钢铁业盲目投资似乎也令人费解。

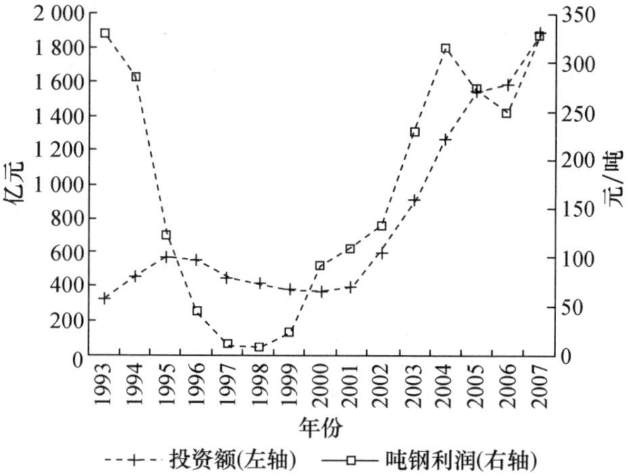

图7　钢铁部门吨钢利润与投资额(1993—2007)

晚近十余年我国钢铁年产量从1亿多吨激增到5亿多吨，对我国城市化工业化高速推进发挥了不可或缺的支撑作用。作为世界经济史范围仅见的大国钢铁业崛起事例，其展开实现过程无疑会在要素投入保障、供应链协调、污染排放竞争格局以至国际经贸关系方面带来矛盾和问题，应对这些方面也需要政府指导、协调和帮助。然而对钢铁部门是否存在严重产能过剩问题，仍需结合经验证据进行实事求是的评估。归纳上述结果，无论从静态产能利用率看，还是从钢材价格走势看，抑或从利润变动看，虽不能排除短期、局部、少数企业存在产能过剩可能，然而总体并不支持我国钢铁业过去十年来长期存在普遍严重产能过剩的判断。

有关部门通过预测未来需求和产能利用率推断未来产能过剩面临更大困难。晚近十来年国内需求结构向“车房路”方面转变，产业国际相对竞争力提升向机械装备行业群转变，结构演变伴随对上游原料等重工业品需求跳跃性提升。1999—2008年我国钢铁、电解铝、平板玻璃表观消费量增长2—3倍甚至更高。面对这样历史罕见的需求变动，有关部门在预测需求基础上制定产业管制政策难免出错。表1汇集有关调控文件提供的预测推断未来产能过剩的六个事例，在已有检验数据的四个事例中，全部存在预测值低估消费和市场实际增长的单边误差。

表1　有关部门预测市场走势及其检验情况若干事例

预测信息来源	预测意见	实际情况	检验结果
2002年4月计委、经贸委《关于制止电解铝行业重复建设势头的意见》	“十五”末期国内电解铝的生产能力将达到680万吨，与预测的“十五”期末（2005年）我国电解铝年需求量550万吨相比，过剩130万吨。	2005年电解铝产量781万吨，消费量774.85万吨。	对两年后需求预测值比实际值低估40%。
2003年11月发改委等五部门《关于制止钢铁行业盲目投资的若干意见》	预计到2005年年底将形成3.3亿吨钢铁生产能力，大大超过2005年市场预期需求。	2005年钢铁产量3.5亿吨，消费量为3.4亿吨，产能4.3亿吨。	对两年后产能预测值比实际消费量低3%，对两年后需求预测“大大”低估。
2003年11月发改委等七部门《关于制止电解铝行业违规建设盲目投资的若干意见》	按目前发展态势，2005年年底电解铝产能将超过900万吨，远远超过2005年全国电解铝预计消费量600万吨水平。	2005年消费量为775万吨，产能1 079万吨。	对两年后消费预计值比实际消费量低29.2%。
2005年11月发改委等部门《关于制止铜冶炼行业盲目投资若干意见的通知》	目前在建、拟建铜冶炼项目总能力205万吨，预计2007年年底将形成370万吨铜冶炼能力，远远超过全国铜精矿预计保障能力和国际市场可能提供铜精矿量。	2007年消费量为399万吨。	消费量“远远超过”有关部门对两年后原料供应能力预测值。
2009年3月《钢铁产业调整和振兴规划》	2009年我国粗钢产量4.6亿吨，同比下降8%；表观消费量维持在4.3亿吨左右。到2011年，粗钢产量5亿吨左右，表观消费量4.5亿吨左右。	尚无数据。	待检验。从1—10月产量和消费数据看，预测值很可能再次低估。
2009年9月发改委等十部委行局会《关于抑制部分行业产能过剩和重复建设引导产业健康发展的若干意见》	目前在建项目粗钢产能5 800万吨，多数为违规建设，如不及时加以控制，粗钢产能将超过7亿吨，产能过剩矛盾将进一步加剧。	尚无数据	由于文件没有说明发生产能过剩具体时点，因而难检验。

需要指出，对我国这样正经历转型发展的巨型经济体，统计数据准确度存在某种问题并不奇怪，预测指标出现偏差更难以避免。就误差影响而言，即便预测数据有误差，如采用透明方式提供给受众参考，仍会有积极借鉴意义。然而如果作为针对企业决策的强制性管制措施依据，这类偏差就可能通过不适当管制措施对经济运行带来不利影响。下面分类考察治理措施会进一步探讨这一问题。

五、治理措施分类评估探讨

从几次集中治理情况看，有关部门采用多种方法应对产能过剩，对这些具有不同经济属性的措施手段，有必要分门别类评估和探讨。

1．发布信息和提示风险的干预措施

有关部门通过公布特定部门供求信息和提示风险进行引导和干预。有关文件经常对不同行业供求关系现状和趋势提出评估预测意见并强调产能过剩风险。提供信息服务早就被确定为治理产能过剩的重要措施，如2003年中共中央《关于完善社会主义市场经济体制若干问题的决定》就指出："国家主要通过规划和政策指导、信息发布以及规范市场准入，引导社会投资方向，抑制无序竞争和盲目重复建设"。2006年国务院有关文件也指示："有关部门要完善统计、监测制度，做好对产能过剩行业运行动态的跟踪分析，建立定期向社会披露产品供求、产能规模、价格变化等相关信息的制度，引导市场投资"。

行业性产能利用和供求关系等方面的统计数据，作为"信息产品"在数据收集、处理和提供方面具有很强规模经济属性，在消费利用方面则具有非竞争性经济特征，另外政府部门在观察问题视角方面可能具有某种特点和优势。考虑这些因素，政府有关部门提供信息和分析意见，不仅符合经济合理性原则要求，也是市场经济下政府发挥服务功能的体现。如果限于对企业等市场当事提供参考或警示，而不是作为强制性管制依据，这类服务或干预应属于有益无害，多多益善。

如果把提供信息服务看作服务型干预，这方面干预实际不是过多，而是在数量和质量都似嫌不足。例如政府大规模治理产能过剩已十年有余，然而无论是统计部门还是产业政策部门，在产能利用率数据常规性系统发布方面似乎没有明显改进，对产能过剩问题提供专题研究成果或对有关政策成效提供分析报告则更属罕见甚至付诸阙如。从这个侧面看，有关部门似乎恰恰在它有可能发挥特殊信息优势的领域作为不够。

2．污染、排放、安全等外部效应管制措施

引入有关行业安全标准、排放污染控制、资源能源消耗等方面管制要求，是治理产能过剩组合措施中的重要手段。例如1999年调控钢铁部门总量锁定重点控制对象是污染严重、能源消耗高、产品质量差的小电炉、小转炉、小高炉、小焦炉、小轧机等"五小"生产设备和生产线。同年制定的制止重复建设目录，"禁止投资"对象包括"污染环境、浪费资源严重的项目"。2006年再次集中治理产能过剩，把环境保护、安全生产等市场准入条件作为严格控制新上项目依据。同年出台控制钢铁工业总量措施，在"淘汰落后生产能力"部分指出，按照有关法律和政府文件法规，关闭一批"浪费资源、污染环境和不具备生产条件的落后生产能力"。最近十部门抑制产能过剩文件对钢铁企业的吨钢综合能耗、耗用新水量、粉尘和二氧化硫排放量提出具体管制目标。

从经济学常识看，在企业成本不能内生化的外部性场合，市场价格和竞争机制配置资源结果，会出现与社会利益不一致的市场失灵问题。这时政府实施监管减少直至消除外部性对资源配置影响是必要与合理的。我国经济处于快速增长和追赶阶段，产业成长重心向上游原料能源和装备制造等重工业部门移动，排放污染压力随之加剧。另外近年国际社会控制碳排放呼声日高，环保问题在国际政治经济领域中相对重要性提升。因而政府加大控制排放和环保政策力度的方向是正确的，实施适当管制措施是必要的。

对这类措施也可以提出两点探讨。一是如何统筹发展和环保关系问题。控制排放和污染，建设环境友好型和资源节约型和谐社会，是一个贯穿经济发展全过程的长期工作,需要制定适当标准并循序渐进地有效实施。二是与治理产能过剩关系问题。提高环保排放标准,客观上具有抑制产能增长效果,因而二者存在某种联系。然而从政府管制合理性依据角度观察,环保排放监管本质在于应对外部性与市场失灵,与产能过剩或产能不足并非存在必然联系。因而需要结合建设完善法制社会进程,逐步过渡到主要通过法律手段实现环保排放安全等功能性监管要求,从而与产能过剩等产业政策目标和执行相对独立。也就是说,逐步建立健全成熟监管体制后,即便产能不足也不放松环保等监管标准,产能过剩时也不刻意拔高标准。

3. 技术标准、企业规模等管制措施

治理产能过剩还经常包括引入有关技术标准、设备规格、企业规模等方面的管制干预措施。如1999年制止重复建设目录中,"禁止投资"对象包括"低水平重复建设严重,造成当前生产能力过剩,需总量控制的项目;工艺技术落后,已有先进、成熟工艺和技术替代的项目"。2006年治理产能过剩,把"技术、规模等标准,提高准入门槛"作为"严格控制新上项目"依据。同年有关部门调控钢铁工业文件,对2007年重点淘汰的高炉、转炉、电炉提出具体规定标准。政府部门借助行政力量推动企业兼并重组,也是实现做大规模目标的方法之一。

对这类管制措施必要性需要区分两类情况探讨。如果低规格设备导致污染排放加剧,那么应当依据环保排放管制标准加以限制甚至禁止。如果特定设备和技术不符合安全要求,也应从安全角度提出管制措施。这时管制措施必要性与合理性来自上述市场失灵概念基础上确定的环保排放安全等功能性监管要求和目标,而并非来自技术水平和企业规模等市场属性特征。

是否有必要超越环保排放和安全等功能性监管标准,由产业政策部门额外独立对企业技术和规模选择进行管制?这个问题可以探讨,笔者认为基本没有必要。因为具有经济合理性的技术和规模选择,是由技术存量、要素禀赋结构、投入品相对价格等经济参数决定的,并且受制于市场需求条件变动,在市场经济条件下应当允许企业依据主客观条件自主决策。只要企业决策对环保安全不构成显著外部性影响,政府不宜采用行政手段过多管制。例如上述文件曾把"工艺技术落后,已有先进、成熟工艺和技术替代的项目"作为"禁止投资"对象。试想如果这类管制要求真得强行实施,企业真的不顾发展阶段条件一律用所谓"先进"技术替代"落后"技术,我们有可能重复脱离发展阶段和比较优势而片面追求技术赶超的失误,经济发展可能再次面临欲速则不达的不利局面。

4. 限制产量和淘汰产能等管制措施

限制产量和淘汰产能也是治理产能过剩措施选项。如1999年要求全国钢产量比上年实际产量压缩10%,由有关部门将国家总量控制目标分解到企业。纺织业压锭1 000万更是淘汰产能突出事例。2006年治理产能过剩,对水泥、铁合金、钢铁、焦炭等行业规定具体量化淘汰标准。

对这类措施此也需区分不同情况探讨。一种情况是对无法达到安全、排放标准的设备和产能,确有必要依据相关功能性监管目标加以限制,特殊情况下可能需要强行淘汰以防范禁而不止。这类管制本质上仍属于调节外部性成本范畴,合理性依据可在环保安全监管原理基础上加以阐释。

另一种情况是在企业产权和退出机制改革滞后背景下，产能过剩压力很难通过市场机制正常调节和释放，这时一次性采用限产和淘汰产能等干预措施暂时缓解矛盾和压力也是必要的，运用得当甚至可能成为推进必要改革的配套措施。第一轮治理产能过剩时纺织压锭措施可看作这类情况。孤立观察很难理解强行撤除销毁1 000万纺锭的合理性和必要性，然而从体制转型角度看，强行压锭对解决当时纺织业国企改革面临富余职工下岗分流难题具有"可置信"和"策略行动"含义，因而对推动纺织业以至整个国企战略重组以及建立退出机制具有重要意义。对这类淘汰产能举措，应结合其设计背景全面评估，避免认识片面性。

然而也应看到，利用行政力限制产量和淘汰产能，毕竟不能长期替代市场经济机制作用，本质上应是权宜性甚至一次性手段。同时应着力深化企业和社保体制等方面改革，为充分利用市场价格、竞争、退出机制调节产能过剩创造条件。因而在采用这类措施时，应防止短期手段长期化，警惕一次性措施经常化，避免落入行政干预管制行为定式后淡忘了深化改革的目标和使命。

另外在识别落后产能时也应力求科学和审慎，防止脱离我国经济发展阶段市场客观条件，片面追求高新技术工艺，把本来具有市场需求产品的生产能力看作过时与落后并加以淘汰。以钢铁为例，有关部门近年以钢材结构比例作为目标大加调控，然而这次刺激经济反倒使得调控目标设计中被抑制和淘汰的普通建筑材料逆市走俏。这类事例提示我们，行政部门制定压缩淘汰目标，需要给市场力量多留一点空间，避免由于"知识的自负"导致好心办错事结果。

5．限制、禁止企业投资管制措施

当期投资形成未来产能。由于担心产能增长超过预测需求导致未来产能过剩，有关部门采用各种措施广泛限制和禁止企业投资，构成十余年来治理产能过剩的重要手段之一。这类措施影响范围广泛，操作方式多样而透明度较低，产生根源和执行效果复杂，尤其需要深入研究和探讨。

在治理产能过剩概念下，限制和禁止企业投资措施种类多样，比较常用方法大体有三类。一是在产业政策目录框架内，通过把产能过剩部门和产品确定为"限制类"对象实施投资管制。如1999年《工商投资领域制止重复建设目录》禁止投资对象包括"低水平重复建设严重，造成当前生产能力过剩，需总量控制的项目"，涉及17个行业共201项内容。2005年《产业结构调整指导目录》包括鼓励、限制和淘汰三类部门，涵盖几十个基本行业和上千种投资类别。"低水平重复建设比较严重，生产能力明显过剩"是确定限制类行业和投资类别的标准之一。《目录》规定对属于限制类的新建项目，禁止投资。投资管理部门不予审批、核准或备案。凡违反规定进行投融资建设的，要追究有关单位和人员的责任。

二是针对特定时期和特殊形势，从严控制特定部门或所有投资项目。例如，2006年6月有关部门发文要求"严格审查各类拟建项目。对各类拟建项目，各级发展改革部门要按照国家产业政策、发展建设规划和市场准入标准严格审查，严格执行项目审批、核准、备案等程序；国土资源、环境保护等部门要按照土地管理、环境影响评价等规定从严把关"。同年有关部门发文要求严格控制钢铁工业生产能力。对2003年有关调控文件下发后仍继续违规审批和建设的项目,各部门要按照有关规定,从严查处。最近发布钢铁、有色金属产业振兴文件,都强调要从严掌握投资项目审批、严格控制总量、严格执行准入标准和备案制来严格控制新增产能。

三是"三年不准上项目"这样高强度管制措施。如 1999 年有关部门要求各地坚决制止重复建设,3 年内不再批准新建炼钢、炼铁、轧钢项目,3 年内不再开工常规火电项目。2006 年抑制产能过剩文件规定,"今后三年停止审批单纯扩大产能的焦炭、电石项目"。"今后三年原则上不再安排新的现代煤化工试点项目"。"今后三年原则上不再核准新建、扩建电解铝项目"。今年颁布若干部门产业振兴计划,再次规定"不再核准和支持单纯新建、扩建产能的钢铁项目"。"今后三年原则上不再核准新建、改扩建电解铝项目"。

如何理解和评估这类投资管制措施的合理性与适当性？首先需再次明确一点:这里讨论的投资管制干预,是指独立于环保、排放、安全监管要求,出于治理现实和预期产能过剩目标对企业投资决策采取的限制和禁止措施。笔者认为,从以下几方面考虑,对这类投资管制必要性与合理性需要反思探讨。

一是从市场经济基本原则看,谁来投资、投资什么、投资多少,基本应属于市场配置资源问题,政府应在尊重产权和竞争规则前提下,给予企业比较完全的投资决策权,给予金融机构和金融市场比较充分的融资选择权。企业和市场投资决策只要不违反有关法律规范,只要不存在环保、安全、垄断等方面有损社会利益的问题,行政部门就不宜过多干预。

二是从我国经济体制基本设计理念方针看,2003 年中共十六届三中全会发布《中共中央关于完善社会主义市场经济体制若干问题的决定》,其中规划"深化投资体制改革"方针时指出:"进一步确立企业的投资主体地位,实行谁投资、谁决策、谁收益、谁承担风险。国家只审批关系经济安全、影响环境资源、涉及整体布局的重大项目和政府投资项目及限制类项目,其他项目由审批制改为备案制,由投资主体自行决策,依法办理用地、资源、环保、安全等许可手续"。这一方针体现了充分尊重企业投资决策权的立场取向,总结了几十年市场化取向体制转型的实践经验,凝聚了学界业界这一领域长期探索探讨形成的共识性看法,对投资管理具体政策无疑应具有指导意义。过多干预企业投资决策可能不利于真正贯彻落实这一方针。

三是从政府转变经济管理职能和完善市场竞争秩序角度看,由于过多管制投资与市场经济基本原则不尽一致,有关部门过多承担这方面干预活动,不利于更好行使推动改革促进发展的基本职能。过多投资干预难免鼓励"跑'部'进京"现象,不利于政府职能积极转变。投资行政管制由其性质决定,执行过程难免透明度较低,容易出现灰色区域问题,甚至客观上助长寻租行为。采用紧急查处个别重大案例方法强行压制投资,如果案例查处和执行发生偏颇,还会对中央基本政策方针可信度带来潜在负面影响。

四是从行业运行和成长稳定性角度看,如果有关部门基于不准确预测限制投资,可能导致后来市场供不应求并反转刺激投资超常增长,于是又被看作盲目投资并追加严厉调控,结果干预政策偏差可能放大市场波动。如 1999 年决定三年不上火电项目,与几年后电力部门遭遇产能瓶颈,不少地方出现"停三供四"甚至"停四供三"局面或许不无联系。又如第一次治理产能过剩时抑制钢铁投资,后来经济景气出现后钢铁供不应求,

2003 年钢材进口量飙升到 3 700 多万吨，刺激钢铁业投资“补课性”较快增长，结果又被看作盲目投资受到强势调控。应当指出，这些部门投资和市场波动是由多方面因素决定的，然而有关部门干预投资实际效果如何确实也有探讨余地。

五是从宏观经济稳定性角度看，总需求不足和通货紧缩会加剧产能过剩，通常情况下投资增长是推动宏观经济走出通缩的关键因素之一。这时如果因为治理产能过剩大张旗鼓限制企业投资，客观上不利于通过投资增长走出通货紧缩。世纪之交我国通货紧缩延续多年，是国内外多方面因素交织作用的结果，大力严控投资可能也是原因之一。去年年底总需求不足加剧产能过剩，政府实行一揽子刺激经济计划，鼓励投资和消费以扩大内需，比较符合宏观经济周期运行规律。当然如何做到刺激措施适度，如何适时退出并趁势改革建立完善开放宏观调节体制以更自如地应对总需求波动，则是需要探讨的新问题。

六是从政策自身目标实现程度看，由于这类政策与市场经济基本规则不尽符合，各方利益关系难以理顺，因而有关措施难以得到切实贯彻执行。如有关部门披露，在有的重点被调控部门，数年间绝大部分投资项目没有按照治理政策要求进行核准审查。粗略观察面上整体情况，虽然十余年来接二连三大举治理产能过剩和限制投资，然而所谓产能过剩问题似乎并未得到明显根治。这也从一个侧面提示，有关部门行政管制如果不符合市场经济规律要求，可能会增加经济运行交易成本，反而难以取得政策设计效果。

六、过多投资干预现象根源探讨

在尊重产权和企业决策权一般原则得到普遍接受和认同的市场经济环境中，行政部门在环保排放、安全等功能性监管要求之外，长期对很多部门领域企业投资频繁进行干预管制，构成我国经济开放追赶阶段的一个新现象。如果说这类干预与市场经济基本原则不尽吻合，经验证据显示实际效果也未必合意，那么如何理解这类现象长期存在的根源？

过多投资干预的一个可能原因，是我国经济快速增长过程中，环保排放、安全等功能性监管执行力培育和提升比较滞后，而由于历史原因我国主管投资和产业政策部门的政策设计和执行能力超强，产业政策干预或许有助于较快实现最低限度功能性监管目标。这类解释或许能说明短期投资主管部门数量干预行动，然而在十余年长期范围内，上述功能性部门本身应有足够时间提升各自行政管理执行力，实际观察我国环保安全等职能部门监管执行能力也实际快速提升，因而上述观点对投资主管部门长期干预行动解释作用比较有限。

学界对我国投资高速增长一直有不同看法，其中不乏批评观点，或许可以看作投资主管部门频繁干预投资的认识依据。对此可以从两个层面讨论。我国经济快速追赶阶段投资增速和投资率确实比较高，经济生活中确实存在某些可能影响投资的扭曲性因素。不过综合思考各方面情况，我国现阶段投资是否真得“过高”，仍需要仔细探讨。前两年我们系统研究资本回报率时曾专门考察这一问题，基本看法是，对我国投资是否总体增长“过快”以及多大程度“过快”，可能不宜简单依据投资增长率绝对水平等单个指标加以判断，而要结合投资成本和收益情况全面考察。考虑我国投资回报十余年强劲增长趋势，考虑过去十多年我国要素市场扭曲显然并未显著加剧，并且扭曲因素还会从相反方向影响投资，因而投资增速过高程度可能要远远低于流行观点所认定或假定的水平。

即便存在投资和总需求增长过快问题，也应主要通过利率等货币政策以及财政等总量政策工具加以调节。对特定高排放高能耗和资源密集利用的"两高一资"部门的投资过快，则应更多采用上述纠正外部性影响监管措施加以应对，不一定需要频繁采用数量控制政策应对。对这方面问题，总起来看应在"搞对价格、管好货币、放开投资"基础上，主要通过宏观总量工具加以调节，避免过多直接调控管制投资。

另外过度干预投资可能与我们对宏观和宏观调控概念界定过于宽泛有关。现代市场经济条件下，市场机制对资源配置发挥基础性调节作用，政府在反垄断、应对外部性、提供公共品、调节收入分配以及实现宏观稳定目标发挥重要管理干预职能。就宏观稳定干预而言，对象应基本限于经济总量关系，主要采用间接性和参数性调节手段。如果对宏观与宏观调控概念理解过于宽泛，把对特定部门增长和产品供求干预都看作是宏观调控，有可能助长行政干预扩大化和任意性倾向，不同程度发生宏观调控微观化偏颇。

还可以借鉴政治经济学分析方法，从有关部门维护国有企业既得利益方面加以解释。在国有企业仍占较大份额然而私营企业已具备较强进入和竞争能力的部门行业，在位国有企业可能会影响投资主管部门政策以维护其支配地位。系统观察我国不同工业部门产能利用率数据可以发现，国有垄断部门产能利用率最高，民营企业支配的高度竞争性部门利用率最低，中间是钢铁这样国有企业仍占支配地位然而民营企业已有可能进入和竞争的部门，后者也正是治理产能过剩政策重点实施的部门。在这类国有与民营企业竞争激烈并且民营企业往往具有较高盈利能力行业，有关部门在治理产能过剩题目下严控投资，客观上可能具有抑制民营企业作用，通过行政力量在这类行业兼并重组也往往有利于巩固在位国有企业地位。

最后，笔者认为过度投资管制与开放宏观总需求管理政策架构有待建立和完善有关。由于人民币汇率体制必要改革迟迟未能实质性推进，由于钉住汇率派生动态低估通过"车马效应"限制利率等货币政策工具利用，使得我们难以更为灵活地采用总量性和参数性调节手段应对结构变动冲击影响。结果在面临宏观失衡压力时便不得不采用行政手段打压投资，以求勉强维持高速增长所需要的起码宏观均衡。宏观工具缺位"倒逼"投资干预越位的理解思路，直指深化改革完善开放宏观管理体制架构的必要性和紧迫性。

为此亟待总结晚近十余年开放宏观经济运行和政策实践经验，系统探讨外需与总需求关系、动态产能过剩与投资增长关系，加深认识我国大国转型追赶阶段开放宏观经济规律。要加快推进相关改革，建立完善与我国经济追赶目标相一致的大国开放宏观政策体系架构，以避免在"价格没搞对、货币没管好"情况下，不得不采用产业政策管制投资手段应对总需求失衡。考虑我们在实质性退出钉住汇率制上仍面临巨大认识障碍和行动困难，完善开放宏观政策体制架构将是一个真正具有挑战性的问题。

七、小结与政策建议

市场经济条件下，一定程度产能闲置承担正常必要功能，产能闲置超过合理界限才导致产能过剩。由于预期偏差和沉没成本存在，产能过剩是市场经济的常见现象，并且通过价格下降、市场范围变动、企业退出等方式进行自发调节。政府宏观反周期的总量宏观政策对总需求不足派生产能过剩具有附带治理作用，审慎设计的产业政策也可能发挥积极效果。

应对我国追赶转型阶段产能过剩是一个挑战性难题。晚近十余年有关部门多次集中治理产能过剩并取得不少成效。把治理产能过剩与特定阶段排放污染监管目标以及推进国企改革目标结合起来，提供了我国转型期产业政策干预的新鲜经验。另一方面，在如何提高产能过剩部门识别准确性方面，在如何界定治理政策合理性与必要性方面，特别是在是否需要产业政策部门超越环保等功能性监管目标进行广泛投资管制方面，有关政策也存在或提出不少需要探讨的问题。

标本兼治产能过剩问题还需要多方面工作配合。首先需要通过推进改革为市场机制调节产能过剩创造更好条件：破除垄断和扩大准入为民间投资提供更广阔平台，更好发挥价格调节功能和资本市场兼并重组功能，增加劳动力市场灵活性并推进社保改革减少企业退出困难。

政府部门应加强改进有关统计工作，定期发布信息提示行业产能过剩风险。与建立“两型社会”目标相一致，应通过制定和执行适当环保排放和能耗水耗标准进行干预。政府产业政策部门应放弃审批功能，强化服务功能，深化自身改革。应逐步减少超越环保等功能性监管目标之外的投资管制和审批核准干预，更好贯彻执行 2003 年中共中央体制改革决定的有关基本方针。

改进治理产能过剩的深层困难在于，投资干预越位与开放宏观政策工具缺位具有内在联系。因而要研究开放宏观经济规律，建构管理开放宏观经济的体制和政策框架，关键是要改革汇率政策从而更好发挥汇率调节国际收支作用，改革利率政策从而更好发挥利率调节总需求作用，避免在“价格没搞对、货币没管好”情况下，不得不采用产业政策工具管制投资应对总需求失衡。这是我国经济在开放发展道路上面临的又一个真正具有认识和行动挑战性的难题。

中国经济有望步入新一轮较快增长
——2010年中国宏观经济展望*

连 平

交通银行首席经济学家

本文重点阐述了2010年中国宏观经济走势，主要围绕四个方面问题：一是对经济回升态势的评述；二是探讨金融环境是否支持经济的进一步回升；三是揭示经济发展可能面临的一些问题；四是关于未来货币政策的建议。

一、经济回升有望持续

从三驾马车看，明年经济回升趋势有望延续。随着世界经济逐步复苏、国际市场进一步恢复，出口将继续改善，预计明年出口将实现正增长并且增速达到15%左右。此外，明年政府将加大刺激消费的力度，加上就业形势好转、资产价格上升带来的收入效应和财富效应，明年消费有望保持平稳较快增长，预计社会消费品零售总额增长约17%。从投资来看，今年投资相当高，明年还能不能维持相对比较高的增速？总体来看，这种可能性还是存在的。具体来说，中央政府的投资项目还会继续实施，同时最近一个时期以来企业信心得到增强，企业投资逐步复苏。最近有媒体报道显示工业企业利润已经出现明显好转，第四季度投资可能会有大幅度增长。考虑到今年新开工项目投资大幅增长惯性作用，明年投资仍然会保持比较高的增速。因为今年大批的新开工项目已经推出了，增长速度在80%以上(见图1)，和去年相比，就像是生了一大批孩子总得要喂奶吧，明年他们还要成长，所以还得保证他们的需求，这些项目还需要很好地运行和发展。商业银行今年大量的信贷投入到这些项目当中，中长期信贷比重比较高，这些项目继续运行可以保证未来对投资有比较大的拉动作用。

投资要进一步保持比较高的增速，消费出口也需要比较高的增长，这个时候人们所关心的就是金融环境能否支持？流动性状况怎么样？这是经济能否回升的第二个方面的问

* 中国经济观察第19次季度报告会(2009年10月24日)。

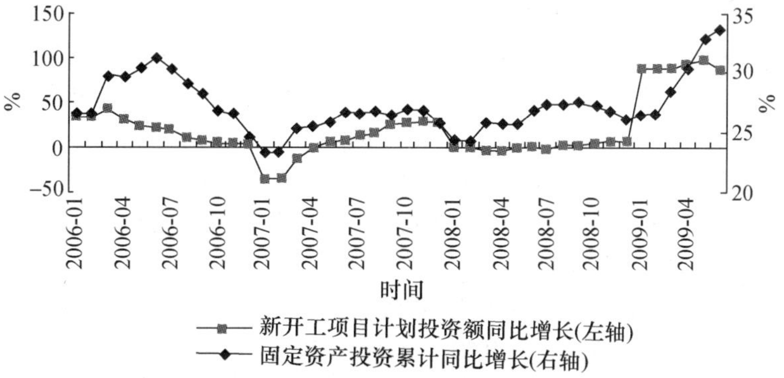

图 1　新开工项目计划投资额与固定资产投资累计同比增长

题。从信贷增长情况来看,明年不会出现大幅度萎缩,流动性仍将较为宽裕。首先是刚才所讲的投资需求,我们大概做了一个测算,从今年固定资产投资新开工项目计划投资额来看,按照每年新增对公中长期贷款占前一年计划投资总额的 20% 计算,明年新增对公中长期贷款约 3.5 万亿。再考虑到出口复苏,私人投资回暖,明年总贷款需求会在 8 万亿以上。

投资保持较快增长对信贷是有需求的,但是明年信贷增长本身是不是会存在一些制约因素?最近股市进一步发展对居民存款增速有影响,现在银行存贷比有所上升,银行资金来源面临一定挑战。上半年信贷快速增长导致银行业的总体资本充足率有所下降,部分资本充足率偏低的中小银行贷款增长将受到限制,当然,如果他们资本补充问题能够得到解决的话,问题就不会太大。此外,银监会最近下发《关于完善商业银行资本补充机制的通知》的管理规定,对银行信贷也会产生一定制约作用。但是这个制约作用有多大,我们觉得还不会造成很大的负面影响。目前金融机构总体贷存比是 67%,在这一轮信贷大规模投放之前贷存比是 61%(见图 2),67% 离监管上限还有比较大的空间。1997、1998 年银行贷存比都在 70% 以上,个别商业银行在 90% 以上,出现这种现象是因为 1992 年之后在当时刺激政策引导下商业银行连续五年高速进行信贷投放,2003—2007 年是中国第二个两位数增长的周期。前一个两位数增长周期是 1993—1997 年,那段时间信贷高速投放,到了 1997 年遇到亚洲金融危机,这个时候正需要信贷继续投放,但是商业银行能力非常有限,而且已经积累了许多不良资产。因此,在分析这一轮经济复苏问题的时候,第一要考虑目前中国的经济基础,第二要考虑到政策刺激力度,第三要考虑

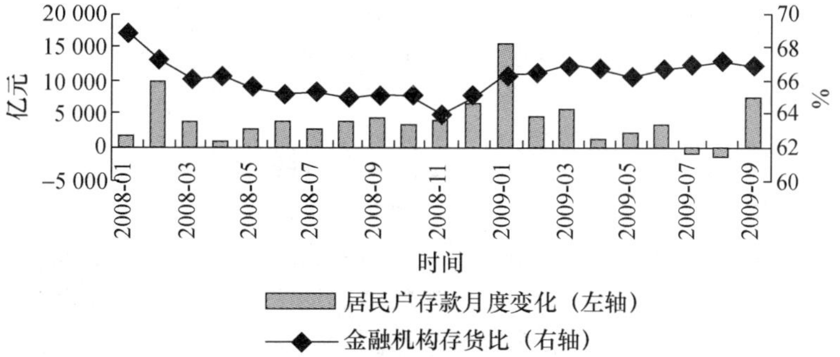

图 2　居民户存款与金融机构存贷比

到金融能不能支持。尽管上一轮积极财政政策并不比这一轮财政政策弱,但是金融支持力度比这次差得多,这次金融支持力度很大是由于银行存款比较多、贷存比比较低。

按照今年年末人民币存款增长27%、贷款增长33%计算,假设明年贷款增长20%、存款增长15%,则明年年末贷存比约为71%,离监管最高上限75%还有一段距离。如果说对明年信贷增长更乐观一些,假设增长25%,新增贷款10万亿的话,因为存款和贷款相互之间有一个逻辑关系,所以存款预计将增长17%,贷款多放之后会创造出派生的存款,存款增速也相应加快,所以明年贷存比有可能达到73%,这样还是不会碰到75%的上限。最近银监会关于商业银行次级债附属资本包括混合债的问题出台了一些规定,即2009年7月1日之前所发的次级债不计入整个资本当中,这一块对商业银行影响是非常大的。当前这一块占商业银行资本的0.6%,这个0.6%相对应的是银行4万亿的资产,如果说剔除掉的话也就是说这4万亿按照贷存比进行计算是2.4万亿—2.8万亿银行贷款需要补充资本。次级债在银行资本充足率当中占的比重规定上限是不超过核心资本的25%,折算下来就是八分之一,即12.5%的比例,目前整个次级债水平还没有达到12.5%,所以目前要执行的关于资本充足管理办法对银行业影响比较小,当然对以后还是有一些影响,对整个银行业的稳健运行还是有好处的。

从金融支持角度来看,明年直接投资还是可圈可点,今年上半年IPO暂停,整个上半年非金融部门股票融资额不到一千亿,较去年同期大幅度减少1 470亿元。随着股市回暖,新股发行从6月开始重新启动,截至目前,两市首发募集资金总额超过千亿元,明年股市IPO、再融资将继续大幅增长,预计明年非金融部门股票融资额五千到六千亿元,接近2007年的水平。在有关金融促进经济发展的政策中,发展债券融资是一个重点,今年上半年,非金融部门通过发债融资5 864亿元,是去年同期的5倍,2010年随着债券市场的进一步发展和完善,预计这一趋势将继续。此外,近期外汇占款持续攀升,9月外汇占款比较高(见图3),虽然在未来会有一些波动,但总体趋势还会继续发展。

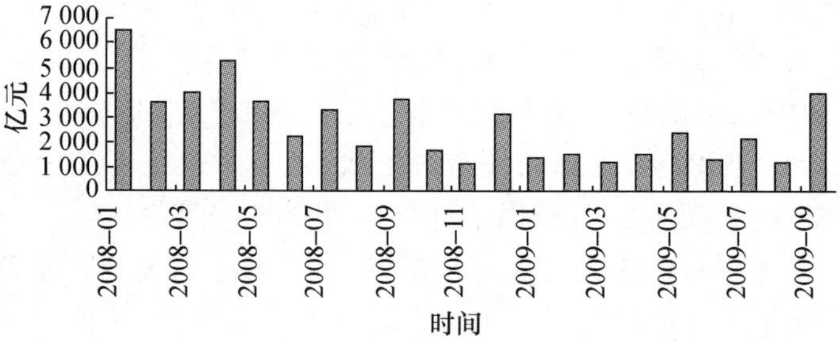

图3　外汇占款月度变化(2008年1月—2009年9月)

二、经济运行中的隐忧

总体来说,未来金融环境还会比较宽松,实体经济运行总体上也会好于今年,但是明年还是有一定的隐忧和不确定性。最近一些媒体和有关专家都做了相关探讨,这里就提供几个参考指标。一个是到9月末M1增速达到29.5%,并超过M2形成倒剪刀差。一个是猪肉价格反弹(见图4)。再就是国际大宗商品价格也开始出现明显回升。最近我也发表过几篇关于明年物价及通胀压力的文章，主要表达了一个看法，即在目前国内流动性非常充裕以及国际流动性也非常充裕的情况下，中国经济一旦较早较快速度回升，必定会成为资金追逐的对象。现在国际大宗商品周期，国内的“猪周期”、粮食价格周期以及货币周期都碰到了一块。因此，对于明年物价上涨的压力，不能够掉以轻心，可能这是明年我们会遇到的一个比较大的问题之一。

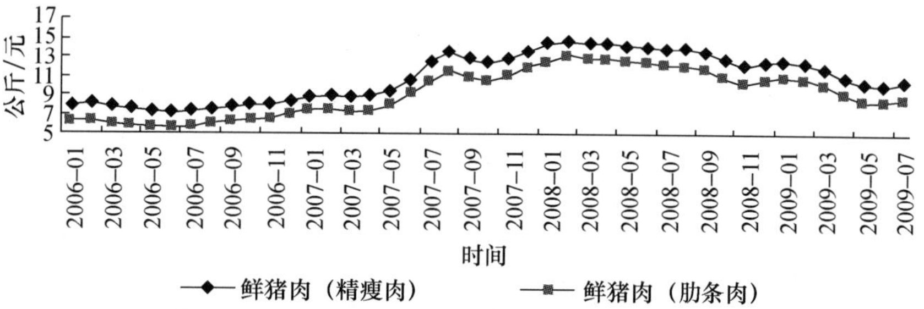

图 4　猪肉价格

再一个隐忧就是资产价格，今年以来资产价格持续上升，房地产市场在今年一、二季度开始明显回暖，M1 和股价、房价之间的关系是非常一致的（见图 5），M1 迅速上升预示着未来股价房价也会朝着这个方向发展，可能程度稍微有一些不同，如果说政策的适当干预可能对此有所影响，但是趋势还是比较明朗的。还有一个隐忧就是受到我国经济率先复苏、资产价格上涨、人民币升值及升息预期的推动，近期新增外汇储备中不可解释部分增多，外汇占款明显增加，境外资金流入比较明显，量在不断扩大（见图 6），这样一来，可能会对明年我们整个经济金融环境产生新的压力。如果问这个压力过大我们是不是能够接受？对于资本流入，应该说大部分发展中国家还是比较欢迎的，有的国家是求之不得，当然如果流入过多泛滥了，对这些国家的经济也是有打击的，会带来一系列的后果。

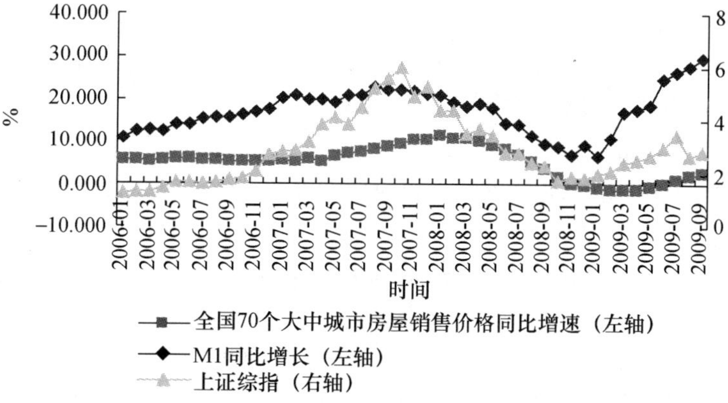

图 5　M1 与股价、房价的关系

现在重点阐述一下资本流入的问题。在 2005—2007 年，国家外汇储备迅速上升，外汇占款总量比较大，尽管做了很多对冲，但是在这几年中由于种种原因对冲力度也不是很大，没有把所有流入的资金都对冲掉，对冲比例还是比较有限。在这种情况下，大量资金流入中国，对货币政策带来了很大压力。但是这一轮经济迅速下滑之后政策出台我们

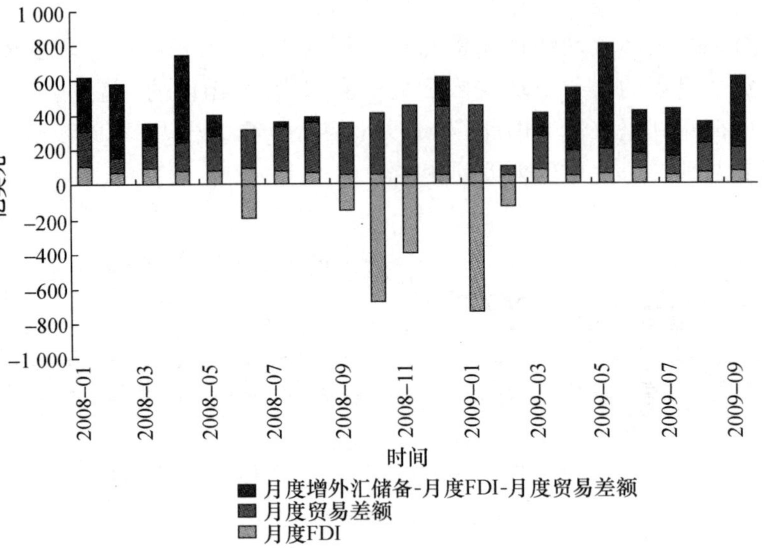

图 6 外汇储备结构分解

又看到了一个现象,就像刚才提到的积极财政政策,刺激政策是一揽子刺激计划,最后就要看金融支持有没有这个能力。这次我们看到在政策推出之前,2008 年年底的时候商业银行贷存比 61%,存款非常多,银行有很多钱,当时有人说可能会惜贷,我说不可能,商业银行为什么要惜贷,政府还有财政资金注入,银行为什么不贷呢,为什么有钱不赚。这个情况跟 1998、1999 年完全不同,那两年是惜贷,商业银行是苦于没有掌握大量存款可以对实体经济进行贷款,当时银行内部管理流程制度标准跟现在是大相径庭,那时候钱收不回来就再办一次贷款把时间重新往后延,在现在这是不允许的,必须收回再贷。所以当时来看不良资产并没有多少,但事实上很多资金都是收不回来的,所以为什么后来国有商业银行有 40% 以上的不良资产,就说明大量的资金是陷在泥潭里边了。而这次完全不同,这次的钱哪里来的? 其中有一部分就是 2005—2007 年大量外资流入兑换人民币,一直存在商业银行内部,所以商业银行存款非常充足,即使发放了 8 万多亿以后,现在贷存比也不过 67%。未来资产价格上涨、境外资金流入以及物价水平上涨会有相互推动的关系,上涨拉动资金进一步流入,进一步流入推动进一步上涨,最后对物价上涨会有一个推动。

三、货币政策展望

明年经济回升态势有望持续,同时也有三方面的隐忧,国际大宗商品价格可能会在未来一段时间出现较大幅度上升,在这种情况下政策是有收紧需求或者说压力,但同时也要看到经济回升还不够稳固和平衡,中间还有很多问题要加以解决,所以在这种情况下过度紧缩政策尤其是货币政策肯定也是不可取的。为此,预计明年政策将适度收紧并趋于稳健,可能是采取稳健的货币政策。明年 M2 增速预计在 21% 左右,M1 增速略高,为 23% 左右,人民币贷款余额增长可能在 20% 左右。再简单参考一下历史货币政策基调的变化,从 1997 年到现在 12 年过程中发生了很多变化,感觉比较强烈的就是适度从紧后来变成适度宽松，事实上是极度宽松（见表1），最近有了一些微调。这个过程当中我们得到的货币政策经验是什么？当经济迅速下滑的时候政策的调整速度非常快、力度非常大，很短时间当中基本到位，但是在经济走向逐步过热，即增速逐步走高这个阶段中，政策却是相对比较缓慢的，即使加息力度也不会太大，可能更多采用的是市场上流动性的管理，也就是我们通常所讲的数量型工具。总体来说，明年不会出现两次探底，运行当中主要风险在于前面的隐忧可能会发展成为现实，这是最大不确定性，这会给货币政策带来收紧压力。如果收紧提高汇率，用人民币升值等手段来抑制可能出现的经济过热，那么可能会进一步导致境外热钱的流入。在经济全球化高度发展的今天，经济过热往往是内外部因素共同作用的结果，内部流动性相对比较容易控制，而外部资本的流入则防不胜防，给宏观调控增大压力与难度。

表1　1997年以来我国货币政策基调变化

时间	货币政策基调
1997—2002	稳健的货币政策，事实上偏宽松
2003—2006	名义上保持稳健，事实上稳中趋紧
2007年1月—2007年12月	适度从紧
2008年1月—2008年9月	从紧
2008年9月—2009年6月	名义上适度宽松，事实上十分宽松
2009年6月—	回归适度宽松本意，微调

关于货币政策的建议，主要有以下几点。第一，要根据存贷款情况、外汇占款情况、金融体系流动性状况灵活进行公开市场操作，总体基调应该是逐步从宽松走向收紧，走向中性和稳健。其实宽松的提法在中国有货币政策以来可能是第一次，通常是稳健或者是适度从紧。第二，对于银行存款准备金率，我们建议也是小幅度调整，可以实行差别性调整。第三，信贷总量控制这个做法太硬没有灵活性，不宜采用，但是可以通过窗口指导方式做合理引导。第四，要慎用利率这个手段，在上一轮调控当中已经出现了问题，考虑到利率提升和美国利率之间有一定差异，会推动境外资本流入，上一轮宏观调控在后期阶段我们发现利率工具已经基本不用了，而主要用数量型工具。这一次我个人认为美国利率未来虽然也会上升，但是目前美国利率跟我们还是有差距，所以我们不一定要跟美国同步，要根据自己的需要调整，尽可能审慎地用这个工具，因为利率一提高有利差，利率水平比较高，再加上人民币升值预期，必定会带来境外资本加速流入。第五，人民币汇率应该保持基本稳定，上一轮的经验或者说教训，就是在逐步升值过程中有了这么一个预期，境外资本不断加大力度，所以应该把这个预期管理好，使得人民币基本保持稳定，当然不排除出现波动，但应该成为一个常态，这样有力地控制好未来升值预期，使国内经济在相对能够掌控的环境中运行。

宏观调控下的增长减缓*

宋国青

北京大学国家发展研究院教授

题目中的"增长减缓"主要指今年三季度经济增长有所减缓。首先讨论三季度经济增长情况,其次看内外需变化和货币增长关系,然后讨论通货紧缩和潜在生产能力关系,最后对货币政策作一点探讨。

一、三季度经济增长情况

首先看发电量,图1是季调后发电量。发电量在2008年11月跌至最低点,今年前三个季度增长按年率算是23%,比过去十年发电量平均年增长率12%高出近一倍。今年GDP同比增长率也在快速回升。与发电量环比增长率保持较高速度不同的是,三季度GDP环比增长比二季度大幅减缓。发电量和GDP之间经常存在一定差别,比如去年四季度发电猛跌时GDP下降较慢。这次刚好相反,发电量下跌比GDP慢一些。

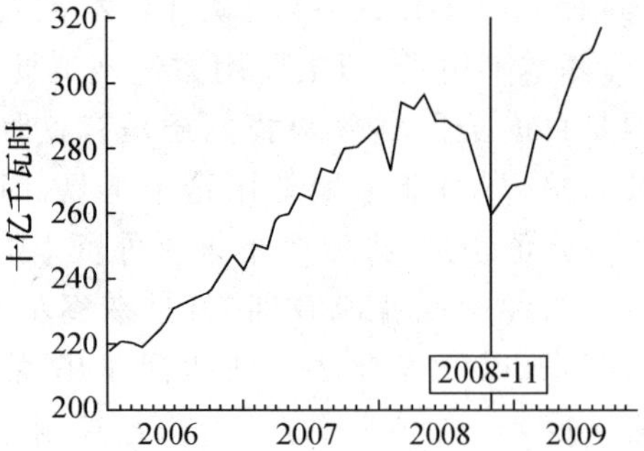

图1　季调后发电量(2006年1月—2009年9月)

再看物价指数。图2四类价格指数包括食品、非食品两类CPI指数和生活资料、生产资料两类PPI指数。其中,CPI食品价格指数和PPI生产资料价格指数8、9月大幅上

* 中国经济观察第19次季度报告会(2009年10月24日)。

涨。按季环比增长率计算，二季度是通货紧缩，三季度是通货膨胀。通货膨胀相对经济增长有一段时间滞后——二季度经济增长率最高时价格下跌，三季度经济增长减缓时价格上涨。照此推算，三季度经济增长减缓，所以四季度价格上涨速度可能降低，甚至出现通缩。目前已经公布的10月前几周的价格也在下跌，与此一致。

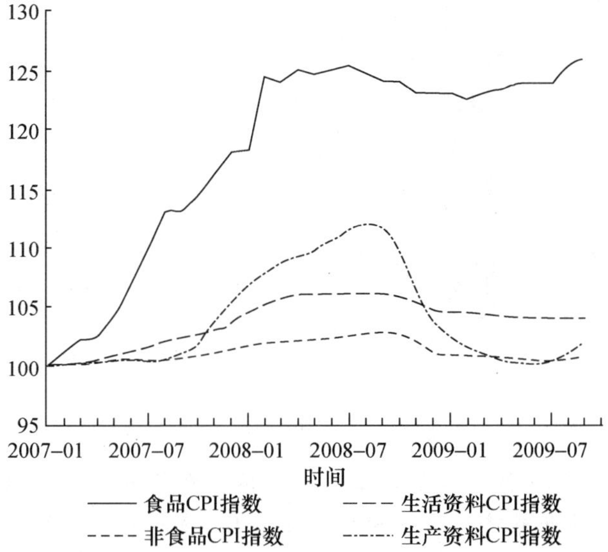

图2　季调后四类价格指数（2007年1月—2009年9月;2007年1月=100）

另外，三季度价格上涨可能不仅仅是投资者实际需求变化的结果，或许包含了未来通货膨胀预期的变化。10月价格下跌也包含了对未来货币紧缩的预期。

二、顺差、内需与货币增长

今年前三季度顺差猛烈下跌。图3是货物贸易顺差占GDP比例。货物贸易顺差占GDP比例在1998年亚洲金融危机后曾大幅下跌，五个季度中下跌近4个百分点。而这一比例今年二季度一个季度就下跌4.5个百分点。

贸易顺差绝对量出现更大幅度下跌。贸易顺差名义额一季度同比上升50%，二季度变为同比下降40%。同比增长率在一个季度内下跌90%。由于去年贸易顺差占GDP比例7%左右，顺差同比增长率下跌90%，会导致GDP同比增长率减少6—7个百分点。

总需求或名义GDP可以分成内需和外需两部分。现在的情况是，外需大幅下跌，GDP增长率基本保持平稳——二季度名义GDP环比增长年率大约14%—15%。这说明内需增长极其强劲。二季度内需增长率按年率算30%左右，其中消费增长相对稳定，投资（包括固定资产投资和存货投资）增长率大约50%。与投资高增长相联系的是货币信贷高增长，上半年货币信贷增长按年率算是40%左右。也就是说，如果今年上半年没有增加7万亿贷款，没有投资的高速增长，GDP就不会达到现在的增速。为保持GDP平稳增长，就要增加货币信贷弥补外需下跌。

担心货币信贷增长太快的一个原因是新增贷款没有用在实体经济。从投资高增长

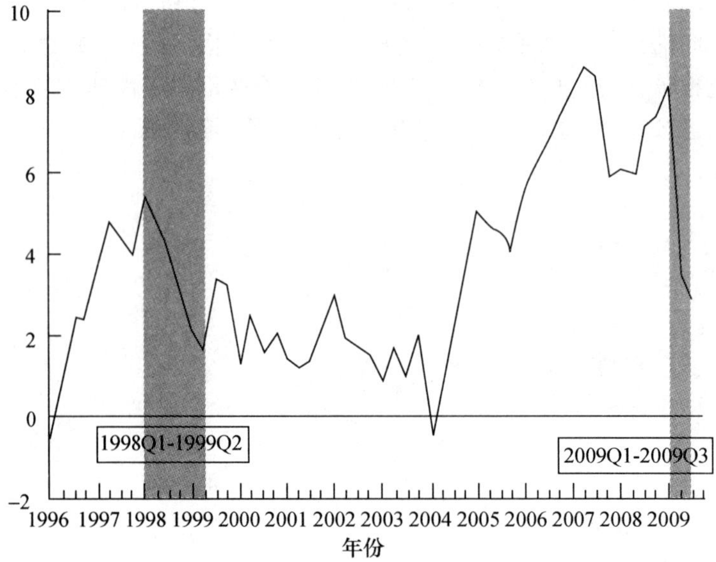

图 3　货物贸易顺差占 GDP 比例(1996Q1—2009Q3)

的情况看,新增贷款基本上用在实体经济。从物价上涨角度看,也很难说货币增长太多。三季度 CPI 和 PPI 两个价格指数平均起来环比上升 3%—4%。3%—4% 的通货膨胀率,可以说稍微高了一点,但不能说高得太厉害。并且其中可能包含了一点预期因素,如果没有预期因素,可能更低一点。

图 4 是名义 GDP、内需和货币名义额。今年以来内需增长和货币增长一致,两者增速都高于名义 GDP 增长速度。

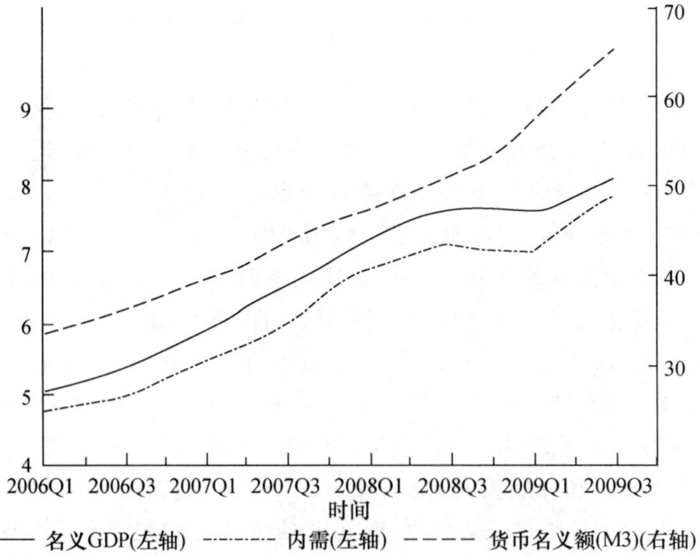

图 4　名义 GDP、内需与货币名义额(2006Q1—2009Q3;万亿元)

图 5 用更长时期的历史数据说明货币增长与名义 GDP 增长和内需增长的相关性。

上图是货币增长率和内需增长率关系，下图是货币增长率和名义 GDP 增长率关系。尽管 GDP 季度统计数据可能存在一些误差，相对而言，货币解释内需比解释总需求更好。

另外补充一点。货物出口增加在通过海关之前表现为存货增加，在统计上仍被算作内需增加。今年出口大幅萎缩，与出口生产有关的存货投资也大幅下降。这部分存货下降虽被统计为内需下降，实际上因出口下跌引起。如果将这部分存货下跌从内需中剔除掉，二季度内需增长会更高。因此，对应内需高速增长，货币高速增长并不算多。

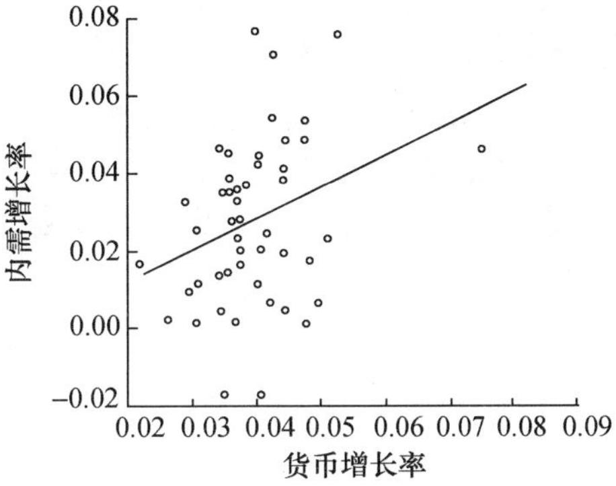

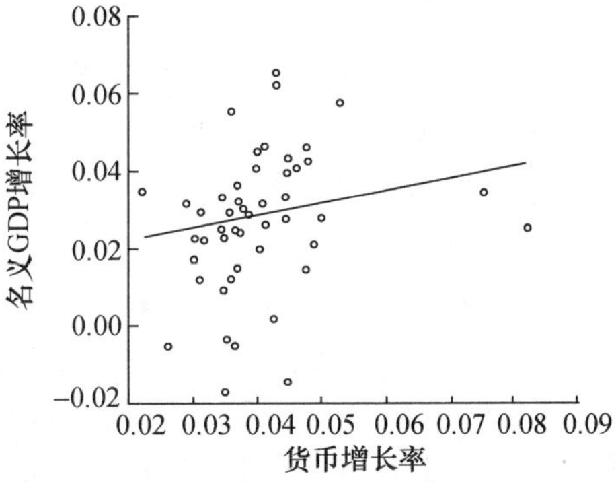

图 5　货币和名义 GDP、内需关系（1997Q1—2009Q3）

三、通货紧缩与潜在生产能力关系

现在看四季度可能出现零通胀甚至轻微通货紧缩，说明三季度生产相对不足，生产能力没有充分发挥，打个比方就是“大马拉小车”。一般而言，通货膨胀率达到 2%—3% 是正常运转，通货膨胀太高是透支未来体力，通货紧缩则是生产能力没有充分发挥。三季度生产相对不足是因为三季度控制信贷限制企业生产，而不是企业生产能力不够，也不是企业不想生产。

有很多分析认为货币政策应该调整，甚至认为货币政策调整对需求不会有太大影响，主要考虑上半年新增贷款中可能有水分。这些贷款中可能确实存在水分，比如一些贷款可能超出了项目投资所需资金。从投资增长情况看，投资增长与贷款增长一致，如果有部分贷款未被用于投资，数量不会太大。另外从贷款者角度，提前贷款会遭受利率损失。未被用于投资的资金通常只能存为活期存款或投资债券市场，收益率大大低于贷款利率。但从事后看，提前贷款做法并非不合理。在宽松货币政策收紧的情况下，提前贷足资金保证了后续投资的顺利进行。

从潜在生产能力角度，三季度“大马拉小车”或四季度出现轻微通货紧缩，可以看成一个正面消息。因为如果现在通货膨胀压力上升了，接下来就该“踩刹车”了。正因为现在还是通货紧缩，下一步才会“踩油门”。目前在“大马拉小车”生产能力没有充分发挥的情况下，经济增长速度已经很高。如果明年能够正常发挥，经济增长会更高。因此，在给定经济增长的前提下，通货膨胀越低说明潜在增长能力越高。长期的经济增长速度最终取决于潜在生产能力的提高，好比运动员跑马拉松，最终成绩不是看某一段路跑得快慢，而是取决于平均速度。跑太快可能透支下一段体力，但跑太慢也会白白浪费体力。

今年四季度经济情况主要取决于货币政策。现在信贷政策在当季就会对需求产生很强影响。由于对年度信贷总额的限制，不排除四季度的信贷比三季度更加紧缩的可能。由于货币政策会考虑年度信贷额度，所以上半年贷款多了，下半年就要压缩。但是元旦以后就没有了年度信贷额度约束。

四、关于宏观调控

这次宏观调控的及时性比过去有所改进。过去往往等到同比通货膨胀率明显上升才开始调控，用环比增长率衡量可能是通货紧缩急剧加深才开始宏观调控。这一次是在PPI同比增长率仍在大幅下降时就开始调控，这在过去30年是头一次。尽管调控程度可以进一步斟酌，超前性已经大为改进。

及时性改进主要有三方面原因。首先，货币主义观点被更多人认同。货币贷款指标过去并不像现在一样被关注。最早的信贷数据不是月报，而是季报。季报数据没有太多人看，只有专门研究人员才会关注，并且能够找到的是两年前的信贷数据。现在市场关注贷款每旬、每周增加了多少，甚至月末当天贷款多少。重视货币指标是货币主义者的特点。其次，管理部门开始注重环比指标，而不只是看同比指标。这次宏观调控的一个重要依据是二季度GDP环比高速增长。另外，管理部门不再过于注重投资增长率和投资率，而是更全面地判断。

但是，宏观调控方式仍然存在一些问题。首先，货币政策应当“该紧即紧，该松即松”，不必过度强调短期货币政策的稳定性，更不能允诺货币政策的稳定性。货币政策没有必要追求出乎预料。货币政策透明一致是提高公众信心的重要环节。其次，利率杠杆仍然是宏观调控的最优选择，准备金率次之，再次为信贷额度。用改变银行资本充足率作为短期货币政策工具人为增加不确定性，负面影响太大。货币政策最好采用公开透明的杠杆。最后，资本充足率最好作为一个长期政策工具使用。如果需要调节，可以给几年时间慢慢调。现在银行利润丰厚，在资本市场融资不难。如果一边银监会要求提高资本充足率，另一边证监会不准发行股票，银行就会为难。另外，银行的安全性本身就是标准，给定资本安全标准，就不需要再进行数量控制。不同杠杆应当发挥不同作用。

6　2010年四万亿刺激收效之后

2010年中国经济走入"偏热区间"*

李迅雷

国泰君安证券首席经济学家

本文围绕2010年中国经济走入偏热区间的问题阐述四方面观点。一是讨论2010年美国经济下半年强于上半年的经验证据；二是说明中国经济将步入"过热区间"的基本观点；三是解释中国长期增长的动力与障碍；四是评论政策调整问题。

一、2010年美国经济下半年强于上半年

2009年四季度美国GDP出现5.7%的正增长，增速超出预期。从美国GDP分项贡献看，私人消费拉动经济增长1.44%，私人投资拉动经济增长3.8%，净出口拉动经济增长0.5%，政府消费支出贡献为0。其中2009年四季度存货投资拉动经济增长3.4个百分点，这是GDP增速超预期的主要原因。然而，从三大主要行业的库存水平看，2009年四季度仅批发业库存水平有小幅上升，而制造业、零售业库存水平与三季末基本持平，库存水平的小幅变动似乎难以解释存货投资在四季度对经济增长的显著贡献。这其中的关键在于，对GDP增长起贡献的并非存货变动本身，而是存货变动的变动，或者说新增存货的变动。

从20世纪70年代以来美国经济历次衰退复苏的经验看，90年代以前美国的企业投资基本随经济同步复苏，但在90年代以后的两次复苏中，企业投资的复苏滞后经济复苏1年左右。由于本轮美国经济的复苏始于2009年三季度，不出意外的话，美国企业投资将从2010年三季度开始强劲增长。企业投资的低迷是美国失业率迟迟未降的主要原因。

从就业的行业结构看，2009年四季度美国服务业已经出现了就业的净增加，而制造业仍在继续裁员。根据图1制造业与服务业新增就业经验数据，服务业就业随经济同步复苏，而制造业就业晚于经济复苏1年才开始增长。正是因为企业投资在20世纪90年

---

* 中国经济观察第20次季度报告会(2010年2月27日)。

代以后的滞后性,使得美国失业率的下降在90年代以后滞后于经济复苏。由此推测,本轮经济复苏一年以后失业率也将见顶回落,预计2010年上半年美国的失业率将在10%左右徘徊,并从2010年三季度起逐季下降。

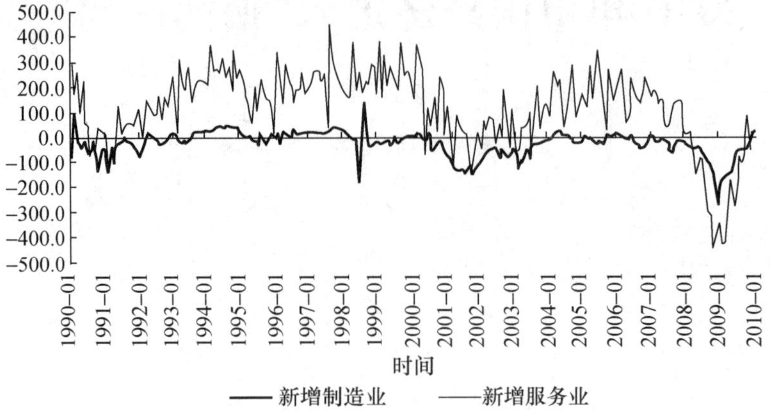

图1　制造业与服务业新增就业

未来失业率如果下降,那么将加速消费增长的速度。从历史数据看,消费实际增速与失业率的变动息息相关,只要失业率的上升幅度在0.5%以内,消费就能正增长。因而虽然2009年三、四季度失业率仍在上升,但由于升幅有限,因而消费能够连续两季正增长。如果失业率在2010年下半年下降,那么消费的当季增速可能达到5%。

综合上述因素,预计2010年美国的投资将实现平稳交替,对经济增长的贡献在1.5%左右,其中上半年的投资依靠存货周期拉动,下半年的投资依靠企业投资与房地产投资拉动。总体而言,美国经济增速在2010年将蓄势待发,其中上半年经济在存货扩张支撑下保持3%左右增长,而下半年在企业投资扩张、失业率下降、消费上升刺激下将达到4%以上增长。

二、中国经济步入"偏热区间"

在美国经济增长超预期的情况下,中国出口增长也可能在意料之外。一方面,美国一月的零售额环比增速达到0.5%,预示着中国2月的出口将有良好表现。而如果失业率下降带动美国消费超预期,那么中国的出口也有可能在外需刺激下超预期。另一方面,我们估算美国经济如果增长1个百分点,那么将提升中国出口增长率10%,按照上述对美国经济增长的预测,预计2010年中国出口的增速可能达到30%左右。

2010年我国固定资产投资不太可能下降。固定资产投资目标一旦确定就很难改变,4万亿刺激计划中,中央财政拿出1.18万亿,去年大概用了4 875亿,还有5 900亿左右,固定资产投资比去年的规模还大。由于固定资产投资中的大项目在去年上马了,今年要压缩难度比较大。如果投资按照平均三年一个周期测算,去年投了30%,今年投40%,明年应该投30%,那么今年就应该是投资力度最大的一年。中国的反经济衰退政策措施除了财政支出的积极扩张外,最主要体现在信贷及投资政策方面,一旦中央政府对投资审批以及风险控制放松再加上宽松的信贷政策，其结果必然是投资的高增长，从而也会在短时期内有效刺激经济回升。

在私人投资仍不够活跃的情况下，固定资产投资的增长受制于政府主导的公共部门投资的增长，而公共部门的投资明显对信贷更加依赖。预计 2010 年货币供应量 M2 实际将超过政府确定的 17% 增长目标，增速至少超过 19%，对应贷款余额增速 19.4%。对应三种货币增长目标 17%、19% 及 20%，新增贷款额将达到 68 498 万亿、76 413 万亿及 84 426万亿，我们估计 2010 年的新增贷款量将达到 7.6 万亿元左右。如果 2010 年新增贷款为 7.6 万亿元，与此对应的固定资产投资名义增长率大概是 28.39%，预计 2010 年中国 GDP 增速将达 10.5%，其中消费贡献 4.5 个百分点，投资贡献 5 个百分点，出口贡献 1 个百分点。因此，2010 年 GDP 增速将处于 10% 以上的过热区间。

经济过热将带动物价上涨，预测 CPI 均值达 3%，通胀上升超出预期。因此，加息周期或会开启，但是否会呈现上半年紧下半年松的局面？从 2006 年加息周期启动的经验看，第一次加息的时间是 4 月 28 日，距离 4 月 20 日公布 2006 年一季度经济过热的数据恰好一周。预计 2010 年一季度的 GDP 增速在 11% 以上，经济进入过热区间，因而从理论上看，在 2010 年 4 月下旬可以启动加息，但实际发生加息的时间估计会推迟。因为两会将继续保持适度宽松货币政策不变。过早加息意味着货币政策的转向，与现有政策不符。故个人判断加息将视经济增长的情况，滞后实施。2010 年可能加息两次，提高 54 个基点。另一方面，外汇占款持续上升预示准备金率进入上行周期。近年来的经验显示外汇占款的持续上升往往意味着准备金率的上行周期，预计准备金率在年内上行频率在 4 次以上。

三、中国经济长期增长的动力与障碍

中国正处于第一阶段向第二阶段的过渡期。与上一轮经济高速增长周期相比，中国经济增长潜力将会有所下降，这表现为 GDP 增长速度将下一个台阶，但仍会维持一个较高的增长速度。中国与全球其他国家相比仍具有相对较强的竞争力，但出口增长速度很难明显高于全球出口平均增速，这一阶段可能会维持 10 年左右。即从目前到 2020 年，中国 GDP 平均增速可能达到 6%—8%，出口份额将在 10% 左右。从支出的角度来推算收入，统计局的收入统计或许低估了我国居民的实际家庭收入，特别是最富裕阶层的收入。以 2008 年为例，居民收入总额就应该从 13.7 万亿元调整到 18.4 万亿元，足足被低估了 4.7 万亿元。低估的收入以及刺激政策，促使了金融危机下汽车销售的高增长，加上政府消费的逆势增长，社会消费品零售总额的实际增速达到了历史高位。

城市化是未来中国经济增长的动力，城市化将推动重工业化快速发展。重工业化自 2009 年下半年起再度加速，2010 年中国制造业增加值将超过美国，成为全球制造业第一大国。重工业增长速度大大超过轻工业增长速度，但在 20 世纪 80 年代、90 年代都是轻工业增长快于重工业的增长，为什么 2000 年以后重工业的增长会超过轻工业呢？主要原因还是在于城市化，城市化需要解决“住行消费”，但在改革开放之初主要解决的是“衣食消费”。未来中国经济增长并不缺乏内需,中国内需来自中国的城市化。目前中国城市化进程比较慢,这和以前计划经济体制有很大相关性,未来社会体制的调整会促进城市化的快速发展。

然而,中国经济长期增长也存在明显阻碍因素,中国教育支出占GDP比重大幅落后于其他国家,中国医疗卫生占GDP比重也远远落后于其他国家,大幅提高教育、医疗卫生等方面的投入才能实现内需型增长。未来中国还有人口老龄化问题,还有城乡收入差距、地区收入差距等问题。经济增长是好事,但它还有副作用,这个副作用就体现在收入差距恶化。收入差距恶化程度远远比国家统计局抽样调查来得严重,我们研究发现,2008年居民可支配收入被低估了4.7万亿,主要是富人拿了更多的钱,导致收入差距更加悬殊,城镇收入差距在20倍以上。

四、政策反思:调结构还是改体制

从1995年开始我国强调要转变经济增长方式,调整经济结构,要从外延的扩张到内生的发展,目前中国政策从优先发展战略到均衡发展战略,区域振兴政策已经变成“普惠制”。然而,中西部和东北地区多年来不断增长的固定资产投资却没有带来GDP的同比增长。中国东部只有国土面积的1/5,却创造了一半以上的GDP。不平衡发展是经济增长的常规,全世界1.5%的土地产生了一半以上的GDP,平衡发展注定要失败,成功的案例并不多。

中西部地区仅仅通过修建高速公路来吸引产业资本是远远不够的,中西部地区至少有一半以上的城市存在规模过小的问题,就连东部一些城市也不例外,规模过小导致产出率的下降。虽然目前中国的交通状况已经有了很大的改观,城市与城市之间的距离越来越近,但经济学上的距离不等同于地理学上的距离,它应该是衡量商品、服务、劳动力、资本、信息和观念穿越空间的难易程度。从投入产出比的角度来看,西部地区、东北地区、中部地区投入产出比都是比较低的,而如经济增长率最高的内蒙,以及最有竞争力的珠江三角洲,投入产出比在4倍左右。

根据上述逻辑,中国应该走城市化道路而不是城镇化道路。根据世界银行的统计,中国百万城市人口的占比和大城市化率是非常低的,不仅低于印度、印尼等人口大国,更是远低于日本、韩国等与中国文化相近的东亚国家。未来中国的超大城市人口将进一步集聚,如上海的人口有可能从现在的2 000万增加到4 000万,对当地的房地产业和其他相关行业的拉动是非常可观的。人口现象的延续时间,将长于人口红利出现拐点的时间,使得中国的经济增长持续性更好,对内需的拉动作用会在今后逐步提升。因而要加速城市化进程,提高中国大城市化率。

然而,无论发展城镇化还是城市化,中国调结构战略已经贯彻了15年,还是调不下来,主要原因在于体制问题。中国最近一轮大规模的体制改革是在1994年,如物价和汇率双轨制的并轨、财政分税制的实行,如今看来,这对于我国经济的持续高速发展和中央财政能力的加强,都立下了千秋功业。如今经济要步入良性循环,实际上又面临着制度的瓶颈。因此,我们不能够只讲调结构,应该关注如何改体制。比如本次人大会议,发改委要公布“2009 年国民经济及社会发展计划执行情况和 2010 年国民经济及社会发展的计划”,这种提法在新中国成立初期到现在近 60 年间都没有什么大的变化,表明中国政府依然是经营型政府,不完全是服务型政府。因而,在体制方面如果不做调整,从地方到中央各级政府都以 GDP 增长率作为首要目标,那么我国的收入差距拉大等结构性问题将很难发生根本性改观。

目前有轻度通胀倾向*

宋国青

北京大学国家发展研究院教授

题目的意思是，目前一方面有通胀倾向，另外一方面通胀压力暂时并不大。这样说是基于，从通胀对货币滞后的时间和其他情况看，去年上半年贷款货币高增长带来的通胀压力已经相对充分释放了。下一步通胀如何走，已经和去年的情况关系不大，而是取决于今年以来的需求。内容包括两部分。首先对最近 M1 同比高增长的现象进行分析，然后讨论当前宏观经济形势。

一、M1 同比高增长

2009 年以来，M1 货币供应量同比增长率猛烈上升，今年 1 月高达 39.0%，超出过去十来年平均增长率的两倍多。M1 在 1994 年达到过 30% 的增长率，但稍后的通货膨胀率高达 20% 以上。如果用历史上 M1 和通胀的关系预测通胀，其结果将远高于当前水平。

相比之下，M2 同比增长率尽管上升，但幅度比 M1 小得多。图 1 是 M1 和 M2 的同比增长率。2008 年年底以来，M1 同比增长率从最低 6.6% 上升至接近 39.0%，M2 同比增长率从接近 14.7% 上升到最高不到 30%。M1 的波动远高于 M2。

图 2 是 M1 的同比增长率和环比增长率。过去一年 M1 同比增长率急剧上升，环比增长率的表现却大不相同。环比增长率最高是在 2009 年 3 月。2009 年 3 月比 2008 年 12 月环比增长年率超过 60%。所以，现在 M1 的同比高增长其实是同比增长率这个度量本身的问题引起的。从环比变化情况看，去年下半年 M1 增长率将近正常。现在的环比通货膨胀情况与去年下半年的 M1 环比增长是基本一致的。

---

* 中国经济观察第 20 次季度报告会(2010 年 2 月 27 日)。

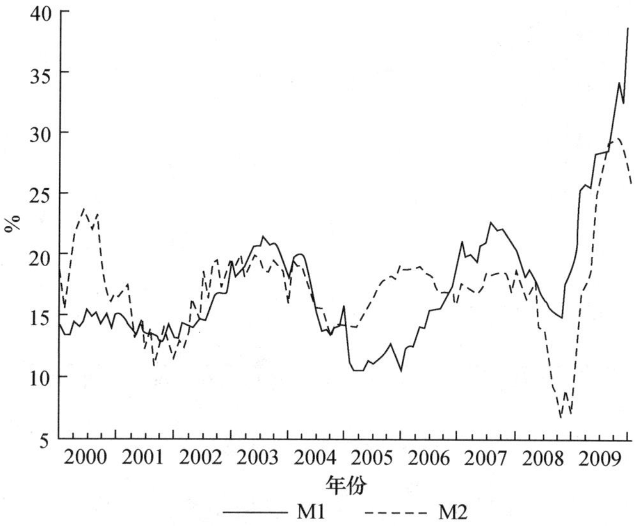

图 1　货币同比增长率

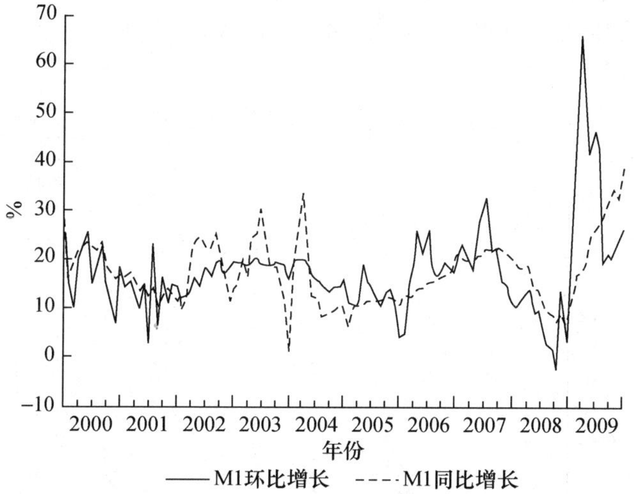

图 2　M1 环比增长率与同比增长率

为了避开增长率指标的“即期问题”，我们考虑 M1 相对 M2 比例。图 3 是季节调整后 M1 相对 M2 比例。2004 年以来该比例出现了大幅波动。过去波动一般情况下都比较小。

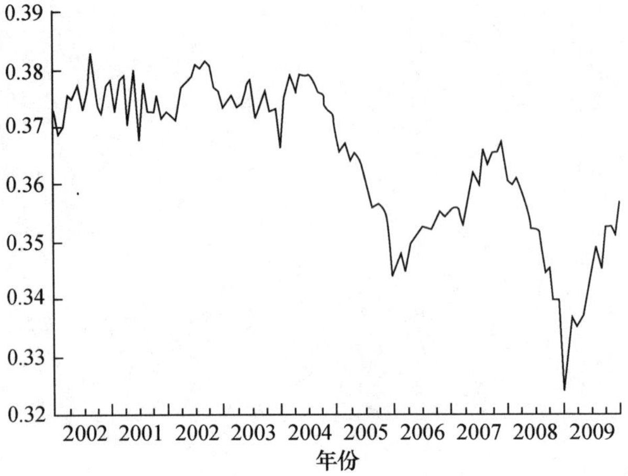

图 3　M1 相对 M2 比例

M1 相对 M2 比例上升有两种可能，一是企业把定期存款变成活期存款，二是居民的储蓄存款变成企业活期存款。图 4 将 M1 相对 M2 比例和居民储蓄存款相对 M2 比例放在一起比较。可以看出，过去几年 M1 相对 M2 比例与居民储蓄存款相对 M2 比例之间具有显著的反向变动关系。最近 M1 相对 M2 比例大幅上升是因为居民储蓄存款相对下降。

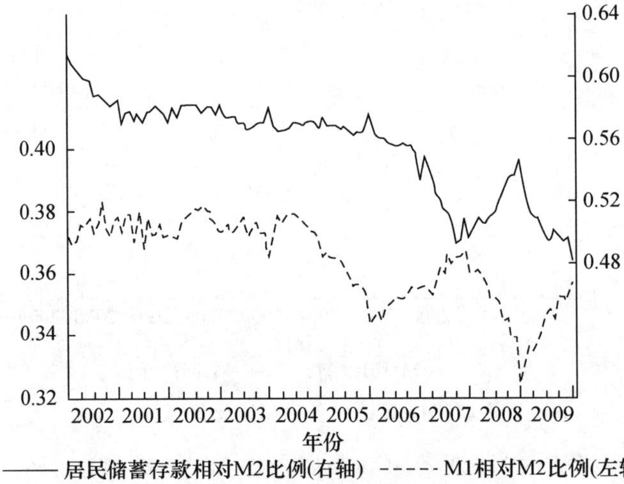

图 4　居民储蓄存款和 M1 相对 M2 比例

上一次居民存款比例的低点发生在 2007 年 10 月，正是房屋销售的高点。2009 年年初居民存款比例的最高点也是房屋销售最冷的时候。2009 年下半年，尽管货币紧缩，但房屋销售猛涨，居民存款比例减少。因此，M1 相对 M2 比例的大幅波动主要是因为住房销售发生变化。居民购买住房，居民货币转到企业手中，其中大部分成为活期存款，计入 M1。图 5 是 2005 年到 2009 年 11 月的商品住宅销售额（年底数据口径有调整），住房销售变化与 M1 相对 M2 比例的波动基本一致。

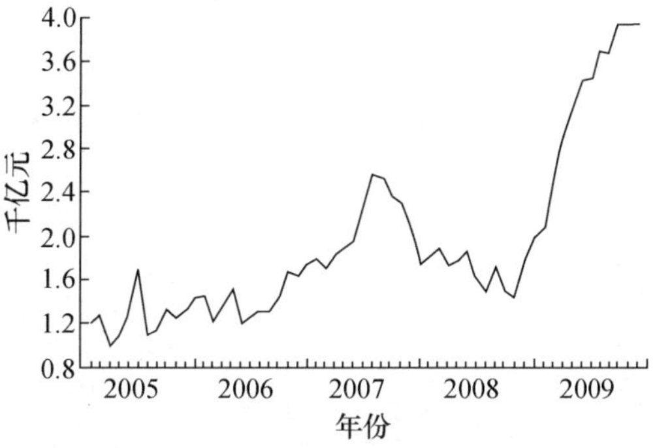

图 5　季调后商品住宅销售额

住房销售增长起到了增加货币的作用。2009 年上半年货币扩张却没有出现通货膨胀的一个原因是住房销售不高(但不是最主要的原因);2009 年下半年货币紧缩却没有出现通货紧缩的一个原因是住房销售猛涨。

货币对于企业和居民具有不同的效果。对于企业,决定支出的是流动性,企业不能用厂房购买货物,必须用现金或活期存款。对于个人来说,决定消费的主要约束是总财富或总资产,资产结构的影响相对较小。拥有更多存款还是拥有更多房产对个人消费行为影响不大。

居民买房将存款转变为房产,总资产不发生变化,消费并不减少。另一方面,居民买房导致企业存款增加,会增加企业流动性和支付。因此居民买房会导致总需求增加,其效果相当于增加货币供给。从这一角度,居民持有的房产也可以计入货币,构成更广义的货币指标。

货币定义是一个复杂的问题。决定居民消费的主要是总资产数量,不论持有货币还是房产,还是持有债券、股票,财富效应都一样。资产结构对消费的影响很小。这样说居民的所有财产包括房产、债券、股票等都可以算成价值储藏意义上的货币。

住房销售与 M1 相对 M2 比例反向变动有两点含义。第一,楼市景气和信贷反向变化在很大程度上起到了平滑企业货币的作用。如果楼市与信贷总是反向关系,那居民买房对于货币当局的信贷政策就起到了稳定作用。但这样的结果可遇不可求。总的来说,楼市和信贷同方向变化可能性更大。所以去年的剧烈的信贷数量波动最好下不为例。

第二,从目前的信贷和住房销售情况可以很好地预测 M1,却难以用来预测股市。尽管楼市和股市同向变动可能性比较高,但原则上股市调整更加灵活,楼市受到首付约束以及一些政策的影响。

二、当前宏观经济形势

接下来讨论当前通货膨胀等问题。图 6 是季调后 CPI 指数。2009 年 12 月季调后 CPI 环比上涨年率达到 8.7%,1 月下跌 2.8%。过去半年 CPI 增长折年率 2.8%,是比较温和的通胀水平。由此来看,去年第四季度特别是 12 月高通胀主要由天气异常所致,出口强劲增长也起到一定作用。

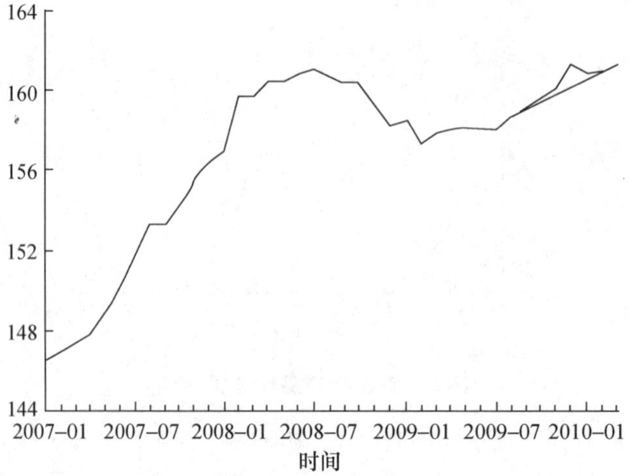

图 6　季调后 CPI 指数

图 7 是 M3 和 CPI 三个月环比增长率。从它们之间的过去关系看,货币增长引起通胀上升大约有五六个月的时差,通胀不会滞后太长时间。从这个角度看,2009 年上半年货币高增长对 CPI 的冲击已经充分释放。2009 年下半年的总需求增长率并不很强,年底一些价格上涨可能是预期年后货币高增长的结果。几年下来,年初信贷货币高增长年底紧缩已经成为规律,这导致企业在年底囤货。

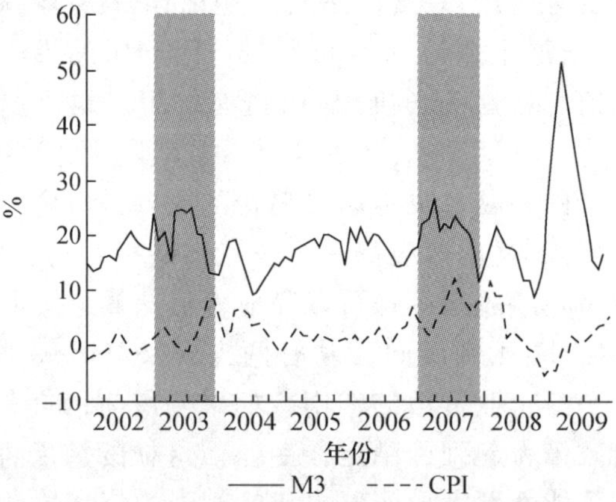

图 7　M3 和 CPI 三个月环比增长率

从内需和外需关系看,由于今年贸易顺差很可能增长,如果要保持总需求平衡就需要投资增长率比上年下降。今后通胀与货币之间的关系将可能会恢复到 2008 年以前的水平。一季度信贷增加 2.5 万亿可能偏多了一些,但不是太严重。具体还要看出口和住房销售的情况。目前的一些报道显示住房销售比较疲软,这有紧缩效果。但是情况可能随时变化,特别是住房销售是很难预测的,需要随时根据住房销售和出口情况调整货币供给。总的看来,全年增加 7 万亿贷款可能稍嫌偏多,但不是显著太多。

从同比通胀看,现在正步入负利率,从环比通胀看,早已经是负利率。但是,利率政策在很大程度上是主观的事情。另外,货币政策每次调节利率的幅度很小。债券市场上可能会关注利率的很小的变化,但利率的变化和通货膨胀率的变化相比起来非常小,几乎可以忽略。这并不是利率的作用不大,仅仅是幅度问题。

2010年中国宏观经济形势*

余永定

中国社科院世界经济与政治研究所原所长

本文结合经济理论和经验数据，从消费、投资及进出口角度对2010年中国宏观经济形势进行分析，并给出相关政策建议。

一、经济预测的不确定性

基于经济学训练和多年的经验，我过去对宏观经济走势的判断相当有自信心。但自从前年下半年以来，我不太敢谈中国宏观经济形势了。2008年9月以后全球经济形势的急转直下及其对中国经济冲击的严重程度是我没有预料到的。经济形势的发展具有很大不确定性，难于预测。当时雷曼兄弟突然倒闭，随后美国经济急剧下滑，对中国经济形成巨大的冲击。中国政府面临的问题由如何抑制通货膨胀和资产泡沫突然转为如何克服需求不足导致的通货紧缩。

我原来的判断是，尽管美国经济形势不好，尽管外需减少对中国经济增长会有比较严重的冲击，但是中国出口和净出口对GDP增长起码应该是正的，结果却并非如此。从出口的角度来看，根据我所的计算结果显示，2009年出口的直接和间接影响加起来对GDP的贡献应该是 -6.5%，而今年出口对GDP的贡献应该是1%左右。按照这个逻辑，出口对GDP的贡献从 -6.5%转变到1%，总共是7.5个百分点，因而，中国经济形势变化很大程度上取决于中国出口状况到底如何，但这一点又恰恰是最难预测的。到现在为止，尽管3月出现逆差，但出口状况还不错，下半年到底怎么样还有待观察。

总体来看，很难准确估计今年的经济形势。经济学家希望外推，但重要的恰恰是预测转折点。实际上很多经济现象或者经济变化属于所谓的"随机游走"，例如股市的当日变化就遵循"随机游走"，是不可预测的。因而，对于经济学家来说，最重要的是考虑几套方案，"兵来将挡，水来土掩"。如果经济完全按照线性规律变化，经济预测就不困难。但

* 中国经济观察第21次季度报告会（2010年4月25日）。

这样一来,经济学家的作用也就不大。实际上,经济变化是非线性的,预测未来经济的发展对经济学家是非常严峻的挑战。

关于中国经济形势的分析,目前不少研究机构的报告在方法上是存在问题的。主要是缺乏完整的结构。比如,一个方程组有五个变量,但只给出了四个方程式,结果是解不出来五个变量到底是什么。即便给出了2010年中国经济增长的预测数,也只能说是拍脑袋(当然,拍脑袋也是一种方法)。但是,至少对经济学家来讲,应该有完整的结构。宏观经济形势判断相关的变量都应该看到,基本的逻辑框架应该非常清楚。国际货币基金组织等一些比较好的研究机构都采用这种分析方式,接下来的分析将在这样一个分析框架中进行。

二、2010年中国消费、投资与出口的增长预测

从总量上看,2010年一季度经济增速同比达到11.9%,增长速度比去年四季度快了2.2个百分点。未来几个季度经济增长的判断需要把总需求结构分解开来,对GDP构成每个部分都分析一下,结合目前掌握的资料对未来发展趋势做出判断,最后再得出一个总的结论。我接下来的分析有一个前提假设,即中国经济受需求约束,如果目前已经是明显的过热,那么分析方法就应该有所调整。总而言之,从理论上讲,第一步应该对中国潜在经济增长速度有比较清楚和明确的认识,然后再分析总需求的增长速度,再进一步分析物价变动,等等。下面我利用王志浩先生绘制的图示进行分析。在此向王先生致谢了。

首先,在所有宏观经济总量中,消费是最稳定的,短期内不会有很大变化。中国今年从社会消费品零售额来看,2009年消费增速比去年可能会略高一点,但不大可能会发生很大变化。图1数据显示2010年以来消费需求名义增长呈上升趋势,但实际增长速度有所下降。中国的消费需求是以社会消费品零售额衡量,无法确切反映居民消费的增长,希望统计局提供居民消费(同政府消费支出分开的居民消费)的季度数据。改革开放30年了,为什么经济学家的这点起码的要求都不能得到满足呢?除了看统计数据进行外推之外,还需要从消费理论做进一步分析。我读博士学位时曾推导过一个消费函数。根据这个消费函数,中国居民的实际消费需求受实际收入、实际财富、物价水平、通货膨胀预期、利率、储蓄目标等因素影响。在其中,实际收入起主导作用。目前中国所出现的种种变化,大多数是有利于居民消费增长的。我的判断是,在不出现大的外部冲击条件下,今年消费增长速度会有所增加,但不会有明显变化。当然,我也不能排除这样一种可能性:统计数字并未反映真实情况,实际消费需求比统计数字所反映的要强劲许多。

预测居民消费增长趋势,还要把政府可能出台或撤销的刺激政策考虑进去。例如,去年影响中国消费比较重要的因素是汽车消费,这跟特殊政策有关系,政策取消后消费可能会减少。中国还是发展中国家,仍然有很大的增加消费需求的空间,这一点与日本的"消费饱和"经济存在较大的差异。日本专家认为现在日本消费处于饱和状态,怎么刺激都很困难。日本著名经济学家藤田昌久(Masahisa Fujita)认为日本经济的增长点是"姑娘经济",姑娘每个礼拜都要换样式,钱包、皮鞋、口红三天或者一个礼拜换一回,这种

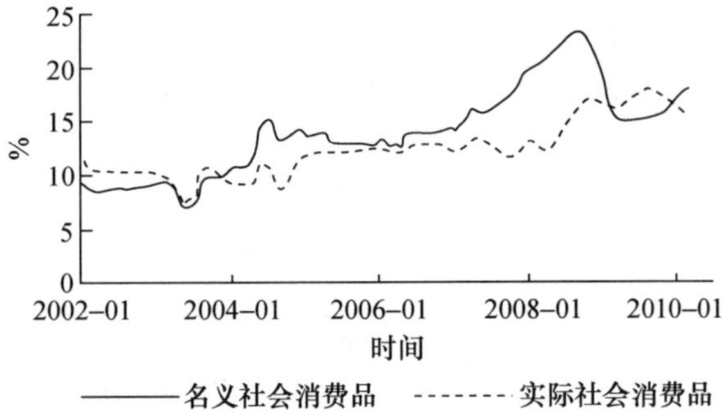

图 1　名义与实际社会消费品同比增幅

资料来源:CEIC,Standard Chartered Research。

消费需求非常大。从供给角度看,中国的消费增长在相当程度上还取决于是否有新的产品,新的供给能创造新的需求,比如现在的 iPad 出来了,这种供给创造了需求。

总之,今年消费需求增长速度应该是有所提高,情况应该比较好。但中国目前还没有新的制度性、技术性或者其他因素使得消费可以突然快速上升。所以今年消费增长速度比去年略高一点,当然,也不排除略低一点的可能性,但大致稳定应该是比较肯定的。

其次,今年固定资产投资增速应比去年有明显下降。理论上讲,投资增长速度变化是一个资本存量的二阶导数问题,不是速度问题,更不是水平问题。能够推出一个投资函数来解释投资速度的变化。我曾通过一个二阶微分方程解出一个投资函数,该函数显示投资增速受需求缺口的影响。具体因果环节是:需求缺口变化影响物价水平,物价变化影响企业利润增长速度,而企业利润增速影响企业投资。如果通过计量方法算出投资函数的有关参数,就可以利用该函数推断投资的增长。如果经济是比较市场化的,那么影响投资增长速度最重要的是对于需求缺口的预期。企业对需求缺口的判断很大程度上决定了投资增速。然而,中国的情况非常特殊,中国的投资需求可以认为是无限的,因为地方国有企业可能不管效率好不好,只要有钱就要投资。因而,投资增速可以表示为可获得信贷增速的函数。

利用投资函数预测投资增速可能过于复杂、远水不解近渴,判断固定资产投资增长趋势需要结合辅助性观察变量。首先,图 2 新增项目的数据显示,2008 年 11 月以后中国经济快速回升的重要因素是新增项目上升很快,但 2009 年中国领导人表示 2010 年基本上不上大项目,因而,今年新增项目增长很少,由此导致固定资产增速下降。其次,从制造业和基础设施角度看,今年比去年高峰时段有较大幅度的下滑,基础设施和制造业投资的未来趋势是下降的。此外,从钢铁来看,2008 年雷曼兄弟倒台之后钢铁业受到的冲击最为明显,去年钢铁产量在 9、10 月急剧下降,下降路径与波罗的海单散指数高度相关,后者从一万多点降到两千多点,前者也几乎是自由落体。现在钢铁增幅出现了冲高回落,这也从一个侧面表明投资下降的趋势。最后,从政府政策来看,近期中央出了一系列新的政策,房地产投资可能会受到比较大的影响,房地产投资在中国总投资中比重一直是 1/4 到 1/5,房地产投资增速下降将拉低投资增幅。总体来看,今年固定资产投资增速应该比去年有比较明显的下降。

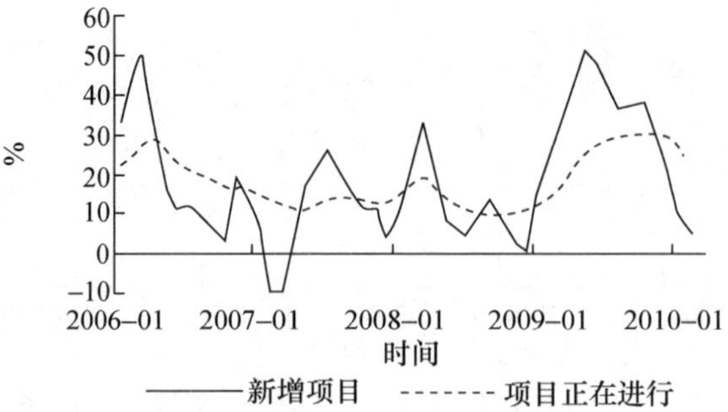

图 2　新增项目数同比增幅

资料来源：CEIC, Standard Chartered Research。

再次，政府支出增速下降的趋势比较明显。政府支出是分析财政对经济增长影响的主要指标。目前来看，尽管财政税收出现了逐步上升的现象，但中国政府支出增长速度下降的现象比较明显，赤字也表现出逐步缩小的趋势。当然，如果经济出现波动，财政仍然具有刺激经济增长的较大的空间，因为目前中国的债务负担率处于较低的水平，财政状况仍然比较健康，一旦出现问题，中国的财力足以支持第二个财政刺激计划，以应对经济增长的波动。

最后，净出口是总需求中最难预测部分，需要区分出口与进口。2009 年中国的贸易顺差仅为 1 981 亿美元，远低于 2008 年的 2 970 亿美元。2010 年 3 月，中国更是多年以来首次出现月度贸易赤字。名义贸易顺差增长率是负的。这是因为中国进口价格大幅度上升，中国的贸易条件在恶化。如果把它折成实际值，中国进出口增长是正的，这跟去年有很大不同，去年是负的，这是影响今年中国经济变化的很重要的因素。未来出口能否增长，这很大程度要看世界经济增长的情况，虽然中国政府做了很大努力，使出口目的地分散化，特别是向发展中国家增加出口等政策措施已取得一定的成绩。

然而，影响出口的最关键因素还是美国。美国的贸易逆差已经有了比较明显的减少，从趋势看美国的贸易逆差还将继续减少，这就意味着中国出口到美国的环境会越来越困难，我去年 11 月在中国银行的讲座中提出 2010 年是中美贸易摩擦年。从奥巴马政府的立场来看，最重要的政策就是推进出口，这是一箭双雕的政策，既能促进美国经济增长，又不至于使美国经常项目逆差进一步扩大从而使美元地位不稳。美国目前正在实行这个政策，因而中国的出口环境可能变坏。尽管美国经济可能恢复，而且增长率有望达到甚至超过两个百分点，但美国从去年四季度到今年一季度增长很大程度上跟存货有非常大的关系，因而未来美国经济能否持续增长仍然是一个不确定的问题，可能未来美国还有重大问题要暴露出来。这可能跟欧元区近来出现一些意外的事件有些类似，欧元区较长时间被认为是比较健康的，但当希腊等国伤疤被揭开之后我们才发现欧元区的问题。像希腊这样的国家，据说自报是亿万富翁的全国就几个人，可实际上他们有好多都是亿万富翁，他们根本不报税，偷税漏税。总的来看。美国和欧洲经济的未来仍然充满不确定性，在这种情况下，中国能否保持比较好的出口增长，应该是值得存疑的。世界经济与政治研究所宏观分析小组认为，随着中国经济增速与全球经济增速之差逐渐缩小，以及贸易条件的逐渐改善（例如人民币升值），中国进出口同比增速将会逐渐趋于稳定；2010年3月的贸易赤字仅是暂时现象，很快中国将重新回到持续贸易顺差的状态。2010年净出口对中国经济增长的贡献将由负转正。

关于出口的分析，通常分为加工贸易和一般贸易。目前来看，中国加工贸易有了恢复，这跟全球经济复苏有关。然而，近年来贸易差额出现了一个新现象，就是2008—2009年中国贸易差额和加工贸易联系减弱，出口减少并没有伴随着进口下降，因为相当大的进口与加工贸易无关，而与我国大量固定资产投资相联系。固定资产投资的大幅增长，导致进口下降的幅度比出口加工贸易下降的幅度小得多。从今年情况看，中国大量进口原材料商品导致大宗商品价格又快速上涨。从这个角度应该强调的是，中国应该转变经济增长方式，不能不管进口而不顾代价地促进出口，这是赔本买卖。今年中国进口的原材料、能源大幅度上升，价格也大幅度上涨，对中国来讲意味着贸易条件的严重恶化。在这种情况下，进口越多越说明中国经济结构有问题，必须要改正，否则中国经济增长很难持续。

三、结　　论

总体来看，今年净出口贡献有望转正。世界经济与政治研究所宏观分析小组的结果显示，2009年出口对GDP的总贡献为-6.5个百分点，2010可能会有1个百分点的正贡献，今年对去年增长中出口的贡献将为7.5个百分点。此外，今年消费贡献可能有所增加，投资贡献有所减少，政府开支将出现下降。出口和固定资产投资的不确定性都较大，但最大不确定性还是出口。美国的经济增长速度和对进口的吸收能力都应打上问号。综合起来，如果一切正常，那么今年经济仍将保持较高增长率。然而不能排除一个可能性，即如果外部环境出现变化，那么经济增长速度可能又会掉下来。

尽管如此，有一点是非常重要的，中国已经能够忍受低一点的经济增速，特别是由于一系列结构性变化，经济增幅降到7%—8%并不会造成严重问题。政府应该有意识降低对经济增长速度的期望。实际上“十一五规划”也隐含着经济增长速度低于8%的目标值。尽管我们一直在说8%是合适的经济增长速度，但从来没有试图去实现这一目标。政府应及时推进一系列改革，哪怕今年经济增长速度下来了也不应改变要做的一系列调整，包括利率、汇率。需要指出的是，零利率政策、负利率政策对中国经济损害非常巨大，持续下去会耗尽未来的发展潜力。

对余永定教授“2010年中国宏观经济形势”演讲评论*

周其仁

北京大学国家发展研究院教授

我要着重评论余永定教授发言文字稿中这句话,“过于宽松的货币政策是中国在保增长的同时结构问题进一步恶化的重要根源”。虽然刚才余教授演讲中没有特别强调这一观点,这一命题点出了观察现阶段我国经济形势的一个非常重要题目。不管今年忙什么,其实跟去年成功应对金融危机冲击保增长所支付的代价有关。天下任何事情不可能没有代价。中国是高度出口依赖的经济,出口在2008年10月以后出现50个百分点的跌幅,但中国在应对这个冲击方面实现了“保8”甚至“超8”。保增长很成功,但我们还来不及庆祝,为这种成功付出的代价现在却已显现出来。因此,我要评论的上面这句话很重要。

去年中国确定实施积极的财政政策和适度宽松的货币政策,但实际执行的是极度宽松的货币政策,我跟余教授在这一点的看法是相同的。我在去年发表评论时就说到这一点。因为去年一季度就放出4.5万亿的新增信贷,年终共新增9.5万亿的信贷资金,在GDP增长速度回落的背景下,货币信贷供应这么大一定会给未来宏观稳定埋下问题。现在不是总结如果再出现这个情况怎么应对的时候,而是要关注已经放出的货币在市场当中如何表现的问题。

谈到结构恶化,我的理解是通常在经济增长比较快的时候才会恶化。调结构应在经济增速比较低的时候调,2007年、2008年本来是一个很好的时机,结果我们错过了。国民经济结构调整一定要有收缩部分,但我们并没有出现这种情况,包括沿海出口部门,尽管出现农民工返乡现象,但工厂还在,企业订单恢复后就把农民工再招回来,结果是工人来不及回来就出现了“民工荒”,这个架构没有多大的变化。

近几年宽松货币政策基本上是“被动”的,不过去年过度宽松货币政策“被动、主动”两个因素都有。2003年以来货币政策宽松的主要原因是被动因素。不是因为财政动机

---

* 中国经济观察第21次季度报告会(2010年4月25日)。

要求多发基础货币，而是有一个稳定汇率的目标，同时又让央行用基础货币实现这个目标。要守住汇率目标，央行就需要每天在外汇市场上大量收购，结果释放过量基础货币，之后派生一通调控忙碌。最早提出维持钉住汇率大有问题的两位经济学家，一位就是余永定教授。2003 年 9 月他发表文章指出这一点，批评当时升值恐惧症，认为维持中国宏观经济稳定要增加汇率灵活性。文章还谈到日本 1985 年的“广场协议”并不是直接导致日本后来麻烦的根本原因，其间还有一个政策转换因素更重要，就是当日元升值的时候，日本国内货币政策担心经济紧缩而松得过头。另外一位就是宋国青教授，他 2003 年 9 月完成一个长篇研究报告，认为针对宏观经济稳定走出通货紧缩形势下，调整汇率是当时宏观政策所有问题的“纲”。

我同意他们的分析。现在货币环境的“松”跟传统不一样。1995 年中国通过了《中华人民共和国中国人民银行法》，把财政窟窿通过银行透支的做法给制止住。1993 年中国 CPI 冲到 24%，固定资产投资规模比上年增长 62%，这种局面导致了非常严厉的宏观调控和紧缩。一会儿紧一会儿松，这对经济平稳增长、稳定的预期、行为长期化、对政府和市场及企业的关系的影响巨大。现在这个问题并没有解决，也不因为美国发生金融危机就解决了，这个问题随着美国经济的复苏留了一个尾巴。

目前西方经济确实在复苏，只不过这个复苏跟就业之间脱节，所以西方政要都不敢说退出。其实他们已经看到退出的代价，如此扩张的赤字政策、零利率政策一定会带来问题。然而，西方国家的就业跟全球化有关系，因为中国和其他经济体“海平面”在上升，西方国家资本出来跟我们的要素结合，但很贵的劳动力却留在国内，没办法很快短期内找到工作，出路要不发展更先进的技术产业，要不降低工人福利和工资，要不就是贸易保护主义。现在来看，奥巴马政府有这个倾向，利用美国全球收益加上财政赤字把社会保障网搞得稳固一点，将全球化过程当中受到损害的工人通过更好的社保体系“兜”起来，同时将社保支出费用往后推。

中国去年过于宽松的货币政策一定有后果，这个后果会不会带来今年所谓“二次探底”？我是很怀疑，我认为货币捂来捂去一定要在市场上表现出来。现在看不到消费有很大的下降趋势，房、车去年都起到很大作用，车市现在还“火”着。行业协会估计今年可能会有 1 600 万—1 800 万辆的销售，这当然跟财政政策有关，修了这么多路车放上去正好可以跑。再看其他领域，旅游、航运、航空，市场即便不像去年那么旺，但是仍然维持增长。投资新开工项目实际上很难查，我们一宣布新开工项目不能再上了，报上来的新开工项目也就减少了。其实，新老开工项目是分不清楚的，一个项目可以拆开报，也可以把多个项目合在一起报，这个事情要当心。

基本经济分析就是，如果负利率，那么贷款需求非常旺。你在东面摁住了，它还会从西头冒出来。因而，我同意过量宽松货币政策会恶化我们的结构，会使把我们多年“喊口号”的调整增长方式继续“喊下去”。如果过于宽松的货币政策已经执行，那么除非采取相当有力的政策，否则货币会在市场当中蔓延。我们看到这块出问题却盖这块的时候，它很可能在向别的地方延伸。现在很多人说政府管房地产是好消息，这个部门购买力可能过了，这种观点在某种程度上有一定道理。但可能捂了东边很多人往西边走，这样就造成两头都很忙。

货币像一团有黏性的流体一样，在市场当中一个包一个包地鼓下去，所以讲到底还是要把货币看成整个牛鼻子，把其他价格看成牛腿，牵牛还是要牵牛鼻子。牛鼻子就是汇率机制要增加灵活性，对货币发行机制和货币供款机制这两种功能要做恰当区分。如果中国还继续维持汇率目标也没有关系，另外用财政基金购买外汇，不要让央行用基础货币购买外汇，这样分开后汇率目标真实代价就提上日程。现在央行用基础货币买外汇，很隐蔽，整个社会认为这是无本生意，实际上扭曲很大。要根本实现中国宏观经济平稳运行，让市场发育得更好，让企业和政府管制的关系变得更为平稳，最终还是要牵牛鼻子，还是要在汇率、利率这些问题上更大胆地改革，使之更符合社会主义市场经济要求。如果做不到这一点，只好被动地抬牛腿。牵牛鼻子很容易，抬牛腿很麻烦，抬一条腿是没有用的，你得把四条腿全抬起来它才能挪步。但是中国经济的腿可多了，今天抬这条明天抬那条，就会过度损耗政府、民间、产业、企业、个人的资源。

对周其仁教授评论的回应

余永定

中国社科院世界经济与政治研究所原所长

其仁的评论我是同意的，我们俩的区别是时段的问题，就是什么时候发生，宽松货币政策的问题迟早要发生，这在理论上肯定对，但是货币政策有时滞问题。日本近年来实行超宽松货币政策，但经济并没有出现通货膨胀反倒是通货收缩。中国现在 M2 对 GDP 的比已经 200%，这在世界各国中是独一无二的，从理论上讲中国早就恶性通货膨胀，结果是等了二十年恶性通货膨胀也没有出来。因此，我在货币发行量与通胀关系的理解上比其仁要保守一点。

然而，货币究竟跑到哪里？前一段跑到股市、房市，居民也可以增持货币，货币流通速度下降了，至少在一段时间内，货币供应的增加可以不导致物价的上涨。此外，价格指数有很多主观随意性，为什么买车算消费而买房就不算消费呢？如果把这些因素考虑进去，那么现在已经是通货膨胀，而且是相当恶性的通货膨胀。当然，由于资产价格的易变性，纳入价格指数是困难的。

此外，央行干预外汇市场的问题确实很重要，日本等很多国家外汇属于财政部管，央行只是在财政部的授权下干预外汇市场，积累外汇储备所调集资金都不像中国那样增加基础货币。日本财政部发金融票据，通过票据把钱先给收集上来，然后再用于买美元外汇，这是事前冲销，但中国是事后冲销。中国的冲销方法就是发行央行票据。票据冲销是有可持续性问题的。但美国金融危机爆发后，这事就被搁在一边了。

这里我给大家一些相关的数字。根据美国政府问责局公布的数据，2007 年美国人均负债（包括或有债务、隐性债务）是 44.5 万美元，而人均收入是 3.5 万美元，3.5 万背 44.5 万的债，美国以后能还得起欠中国的债务吗？目前中国积累了两万多亿外汇储备，其中至少一万五千亿是美元外汇储备。除非中国永远不动用这些外汇储备，这么大的外汇储备在兑现的时候会出现大问题。美国最近有一个视频，意思是说中国人知道美国人根本还不了钱。奥巴马会跟美国人说“我们（美国人）要勒紧裤腰带而把钱还给中国”吗？结果是满场哄堂大笑。另一方面，克鲁格曼还指责中国把美国的经济搞糟了。愚蠢的事情不要继续做下去了。

短期需求疲软*

宋国青

北京大学国发院中国宏观经济研究中心

现在我们看到经济增速迅速下降。关于这里的原因有两种主要的看法,一种看法认为主要是供给方面因素发生了变化,一种看法认为主要是总需求疲软引起了变化。

如果变化的原因主要是供给方面,那么与过去总需求疲软引起的变化相比,通货膨胀率的下降幅度会相对比较小或者不下降甚至还会上升;若是需求疲软导致经济增速下降,根据过去的经验,在经济增长下滑以后一段时间,通货膨胀率就会下降。以下将主要讨论上半年经济波动中的一些现象,包括经济增长、通货膨胀和工资利润的一些情况。讨论所针对的问题是,这些波动是否隐含了影响潜在生产能力和工资份额长期变化的因素。

一、二季度经济下滑

按公布的同比增长率数据估计,二季度 GDP 环比增长率折年率约为 8%,倒也不算太差。不过,如果用工业增加值指数来估计月度变化,情况要更差一些。2002 年以来规模以上工业增加值的平均增长率超过了 15.0%,而二季度内各月工业增加值的增长年率约为 4%(见图 1)。按此推算月度 GDP 的环比增长年率可能只有 5%—6%。

考虑到可能的数据误差和计算误差,这里用发电量和钢材产量与工业增加值指数做比较。如图 2 所示,规模以上工业发电量已经在 5、6 月持续两个月负增长了。又如图 3 所示,规模以上工业钢材产量波动的高点是在去年 11 月前后。今年年初到现在,钢材产量相对其线性趋势在跌,6 月更是较大幅度绝对下跌。这一下跌可能有部分来自房地产调控对预期的影响,对现实即期需求的影响可能并没有图形所反映的那么严重。但由于存货减少没有很好的数据,所以也只能是推测。

---

* 中国经济观察第 22 次季度报告会(2010 年 7 月 24 日)。

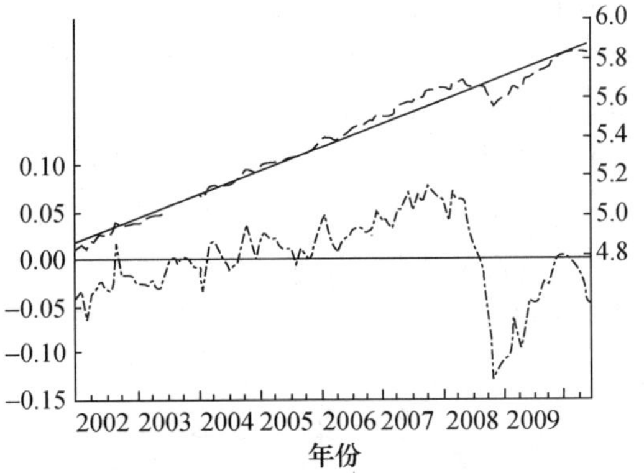

图 1　季调后规模以上工业增加值对数及其线性拟合

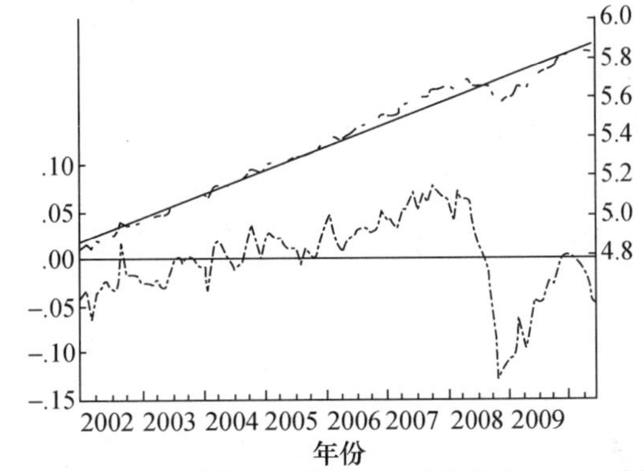

图 2　季调后规模以上工业发电量对数及其线性拟合

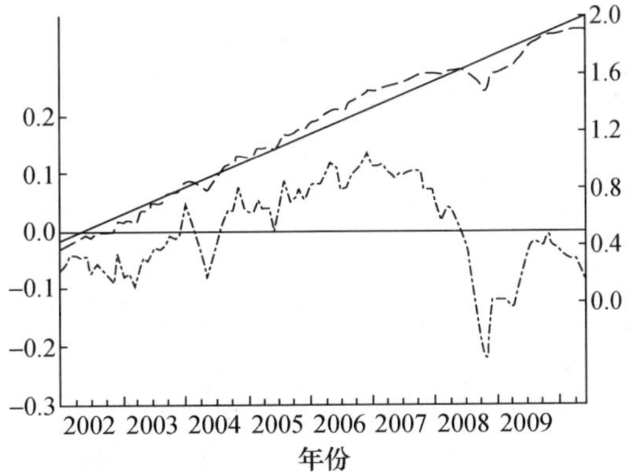

图 3　季调后规模以上工业钢材产量对数及其线性拟合

从各指标相对线性趋势的短期波动看，钢材产量明显领先，发电量居中，工业增加值尾随其后。波动幅度也依此次序递减。从 2007 年到现在，钢材产量、发电量与工业增加值的关系一直很强。这一关系说明，固定资产投资需求波动是基本的波动动因。虽然出口的波动也重要,但在样本期内的拐点附近,投资波动更大。今年上半年以来这一系列变化正显示了固定资产投资增速在非常快地下滑,环比增长率可能到了非常低的水平。

这又联系到对2008年年底经济波动的解读。对2008年年底经济的迅速下跌,很多分析强调是受外部金融危机的影响,但从数据上看,至少中国是某种程度上的发起者,而不仅是最后的接受者。事实上,中国的固定资产投资下滑在先,2008年上半年进口就下跌了,下半年才是出口下跌。这一情况的含义是,中国紧缩总需求会产生全球性影响,而对外部世界的影响又会反过来影响自身。这是2008年年底经济下跌应该考虑的一个经验。

二、通货膨胀压力未现

统计局公布6月CPI同比增长率比较低,算下来CPI环比增长率也很低,所以看上去二季度经济下滑好像主要是需求变化的影响。但到了7月,一些信息显示物价又涨得很快,这就是要考虑的一个问题了。

图4报告了商务部每周公布的食用农产品价格指数。这个指数和CPI的食品价格指数波动相当一致。最近的数据显示,从3月到5月食用农产品价格上升很快,并在5月达到了局部顶点。之后在5月月内食用农产品价格有明显下跌,在6月到达局部低位后,从6月下旬开始回升,并在7月上旬上涨很快。一些日度数据显示,这些天食用农产品一天一个价,涨势很凶。所以,一方面经济增长率迅速下跌,另一方面看上去通货膨胀率又回去了。

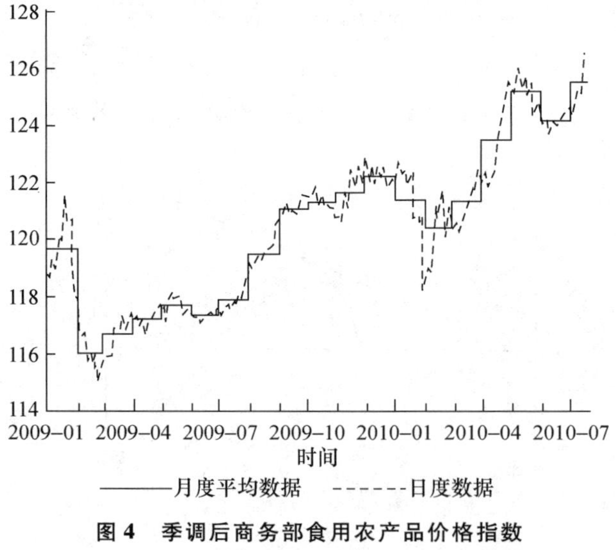

图4 季调后商务部食用农产品价格指数

注:季节调整未调整春节因素。因季节调整需要周度数据平摊为日度数据,最后数据日期是7月18日。

不过,同样看商务部报告的生产资料价格指数,情况有所不同。如图5所示,生产资料价格指数于今年4月达到局部峰值后就一直在下跌。但是最近的日度数据显示部分生产资料价格反弹。

消费价格中需要特别考虑的因素是,鲜菜价格的月度波动很大。天气变化对鲜菜价

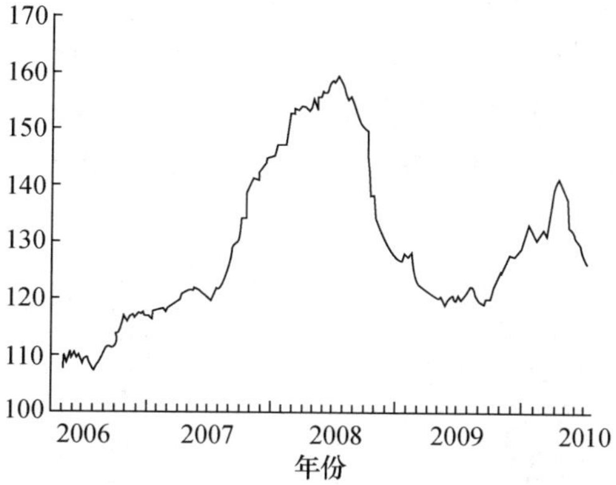

图 5　季调后商务部生产资料价格指数

格的影响很大，明显的例子是 2008 年 2 月和 2009 年 12 月雪灾导致鲜菜价格猛烈上升。根据 2000 年以来的数据，季调后鲜菜价格的月度波动可以解释近 50% 的食品价格波动和约 40% 的 CPI 波动。今年 4—5 月季调后 CPI 的上升和 6 月的下跌其实主要是由鲜菜价格波动引起。

对 CPI 中的食品价格指数简单做一个处理，把鲜菜价格从中拿掉，得到剔除了鲜菜价格的食品价格指数。如图 6 所示，剔除了鲜菜价格后，食品价格指数平滑多了。在这一基础上再估计 6 月的通货膨胀情况。按统计局公布的数据计算，6 月通货膨胀环比下跌了大约 0.2%，按年率算就是下跌了 2%。拿掉鲜菜价格后，6 月通货膨胀按年率算就是环比上升了 2%，再加上鲜菜价格长期趋势偏高的部分，这个年率为 2.6%。因此，可认为 2.6% 的年率就是 6 月剔除了异常波动的 CPI 通货膨胀年率。

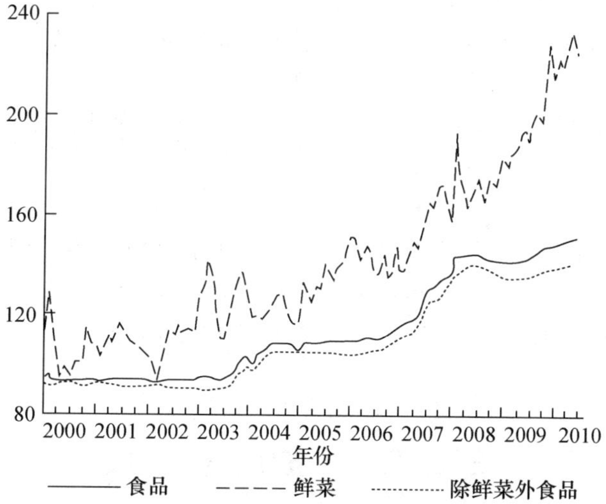

图 6　季调后 CPI 成分：食品、鲜菜和除鲜菜外食品价格指数

按截止 7 月 18 日的商务部数据并考虑到后面的上升，估计 7 月 CPI 同比上升 3.2%—3.3%。照此按年率算，7 月季调后 CPI 比 5 月上涨 1.2%—2.0%。由于 5 月和 7 月的鲜菜价格都比较高，这个通胀率非常接近于目前的非蔬菜 CPI 通货膨胀率。

所以,伴随着经济增长率的快速下降,通货膨胀率环比已经开始下跌。去年高的时候接近5%,现在正快速下降到1%—2%。考虑到滞后因素的影响(见图7),尤其是7到8月还有水灾等情况,到了9月通货膨胀环比上仍有可能很低,通货膨胀上升压力并未显现。从这一角度看,二季度经济下滑是总需求波动引起的变化。

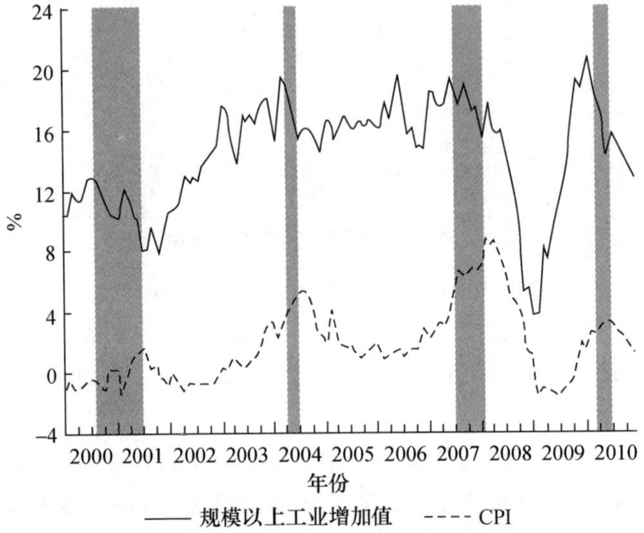

图7 规模以上工业增加值和CPI同比变化率

注:6月和以后为预测,阴影表示工业同比下降CPI同比上升的"滞涨"时期。

近期粮食价格上升的情况也受到很多关注。季调后CPI中的粮食价格在今年上半年快速上升。仔细看来粮食涨价主要发生在今年3、4月,其中4月1.5%的涨幅最大,6月已降到0.9%。其他数据显示7月粮食销售价格涨幅不大。粮食价格受实现产量与预期产量、进出口和库存的影响。非政府控制库存的变化与通胀预期有很大关系。今年3—5月粮价快速上升可能主要是由于当时预期产量下降(因西南旱灾)和通货膨胀预期上升所致。

另外,CPI粮价同比上升率在4月开始超过10%,而今年小麦保护价仅比去年上升3.5%。由于小麦大规模收购是季节性的,在收购开始时粮商的挂牌价格参考了保护价而收不到合适的数量,随后收购价迅速上升。这个情况不能认为粮食收购价格在6月大幅度上升。粮食的社会收购价格包括农贸市场价格基本与CPI粮价同步上升,6月比5月没有明显上升。

三、工资份额尚未上升

最近讨论较多的一个情况是工资上升。一些分析将工资上升和CPI上升联系起来,认为劳动力供给相对短缺,甚至出现了或者将很快出现一个意义上的拐点。这个看法的一个含义是长期的经济增长率会受到影响甚至很大的影响,另一个含义是工资的相对份额可能会上升。对这个长期趋势我没有什么怀疑。二三十年后劳动力"短缺"会对中国经济增长产生巨大的影响,出现持续一段时间的经济负增长都是可能的。不过这个趋势对短期有多大影响是另一回事情。

如图7所示,在紧缩导致的需求增长率快速下跌过程中,有几个月时间会出现生产同比下降而CPI同比上升的假滞涨。这个情况对工资也存在。图8报告了城镇单位平均劳动报酬和CPI的同比增长率,都是季度数据,其统计口径延续了原来的职工概念,没有包括私营企业,所以会有一些偏差。从图上看,工资和CPI的涨幅基本上是同期波动。2001年由于有下岗职工的统计问题,情况不是很清楚,之后就比较清楚了。由于价格变化滞后于生产,CPI的同比增长是在最近或者稍晚一点出现高峰,工资同比增长率的高峰可能也就出现在这一段时间。这就导致经济增长率下滑但工资增长率反而上去了。不过这种变化现在只能理解为一种波动时差导致的差别,没有依据认为发生了长期趋势的变化。

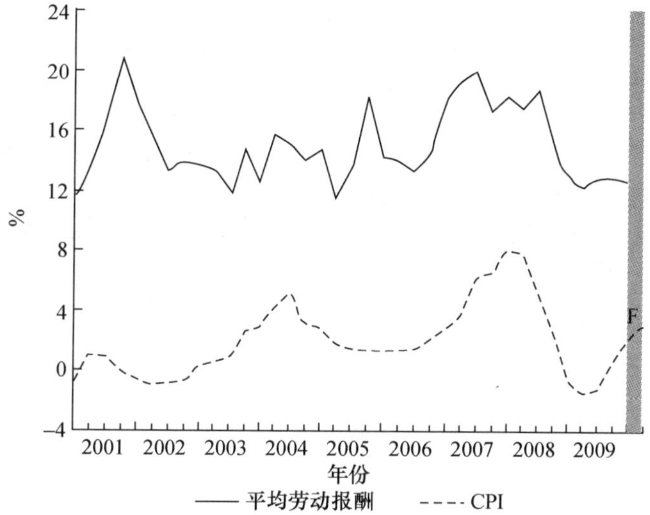

图8 城镇单位平均劳动报酬和CPI同比增长率

另外,根据统计局的报告,今年一季度和上半年城镇居民人均名义工资性收入同比增长率均为9.7%,加上人口增长并扣除价格上升因素,较大幅度低于二产、三产GDP的实际增长率。这方面的数据也不支持工资大幅度增长的估计。

除了工资数据外,工业利润方面的情况还可以作为佐证。从同比数据看,规模以上工业企业利润总额1—2月同比增长119.7%,3—5月按累计数据推算同比增长68.4%,而名义工业增加值①1—2月同比增长26.6%,3—5月同比增长25.2%。另外,图9报告了季调后规模以上工业企业利润及其环比增长年率。利润在过去5个季度的环比增长年率依次为308.9%,157.6%,90.6%,26.2%和23.7%。对应的,最后1个季度名义工业增加值②的环比增长年率(3—5月比1—2月)仅为15.3%。所以,无论从同比还是环比看,利润都远远高于企业纯收入的增长率。其原因很多,利息、折旧等因素都有影响。

① 其中,一季度指1—2月,二季度指3—5月,余类推。

② 按可比价工业增加值和工业品出厂价格指数估算,用以近似总需求。

但考虑这些因素以后，还是能推算出来工资的增长率并不高。换句话说，至少在工业里面，利润份额还在上升。之后如果经济再下滑，由于工资涨幅有所滞后，利润份额可能会有所下降。但这是短期波动中的现象，并不代表长期趋势。

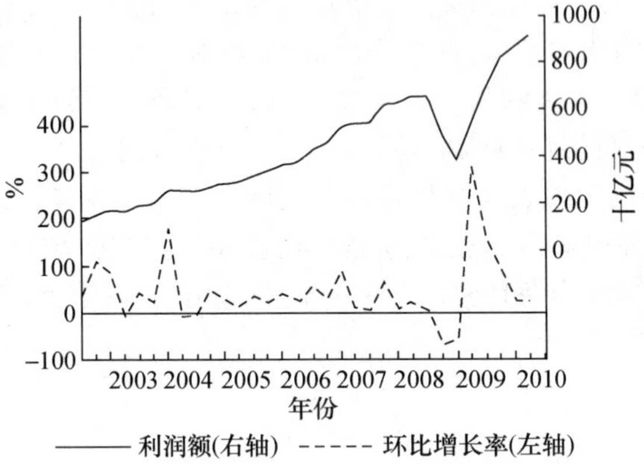

图 9　季调后规模以上工业企业利润及其环比增长年率

因此，从短期波动的角度看，现在发生的情况与历次宏观调控总需求相对疲软过程中出现的情况一样，目前还没有看到明显的供给面变化。天气异常算供给方面的变化，但这是短期的。因控制能源消费而停止了一些生产，也可以说是供给方面的变化，目前还没有看出对总量的明显影响。

宏观调控下的中国经济*

曹远征

中银国际首席经济学家

围绕宏观调控下的中国经济的主题，我将从五个方面展开讨论，即当前宏观经济运行的基本特征、中国经济是否会出现二次探底、中国经济快速回落的风险、中国宏观经济政策趋向及建立可持续增长的基础。

一、两难局面——当前宏观经济运行的基本特征

当前宏观经济运行基本特征，最重要的是从决策层传导出来的两难问题，即今年7月4日新华社刊登了《六大两难问题考验宏调》，文章阐述了当前的宏观复杂形势，揭示当下两难问题。一是人民币升值若过快会面临出口恶化，就业困难，而不升值又会面临巨大的国际压力；二是既要增强出口对经济的拉动，也不能走过去一味扩大出口的老路；三是要提高劳动者收入，但相应的企业成本也会增加；四是房地产调控不可半途而废，但房地产大萎缩也对经济不利；五是节能减排要上调资源价格，但当前物价需要控制；六是宏观政策退得过早有二次探底的风险，退得太晚又会加大通胀压力。

怎么理解这一两难局面呢？众所周知，2008年爆发金融危机以后各国都采取了相关刺激政策，目前世界宏观指标在改善，但失业率依然居高不下，世界各国经济复苏及政策力度出现结构分化。对于中国而言，经济保持9%以上的增长率，在危机之后迅速恢复，从一定程度上说，中国的经济并没有金融危机，只不过是出口下降使得中国经济出现适度调整。

出口的变动对中国经济会产生较大影响的原因在于，中国经济具有明显的出口引领特征。图1是中国GDP增长贡献分解。数据显示，20世纪90年代特别是自1996年中期后，中国逐步开始走向出口导向性经济，在中国加入WTO后，出口对GDP的贡献不断加大，反映在宏观经济运行上是出口引领。这特别突出地表现在出口和投资的相互关系

---

* 中国经济观察第23次季度报告会（2010年10月23日）。

上:不是出口增长带动民间投资,就是出口下降迫使政府扩大投资。

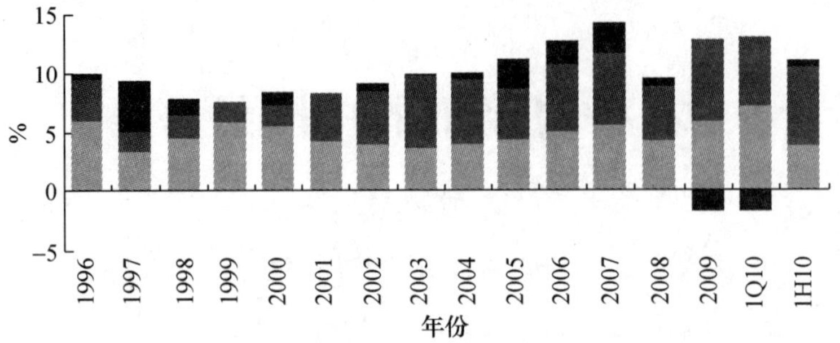

图 1　中国 GDP 增长贡献分解

可以从几次出口波动来观察政府投资与出口的关系。首先是亚洲金融危机爆发后的 1998 年,中国出口随之萎缩。1998 年出口总额为 1 838 亿美元,仅增长 0.5%。由于出口不振,民间投资意愿低迷,全年非国有投资呈现负增长,在这种情况下,中国采取了刺激投资的政策,今年全社会固定资产投资 28 457 亿,增长 14.1%,其中国有经济投资 15 662 亿,增长 19.6%。

其次是宏观经济过热前的 2005 年。中国加入 WTO 后,出口开始大幅增长,2005 年已达 7 620 亿美元,增幅为 28.6%。出口的快速增长带动了民间投资热情。当年非国有部门投资增速超过 30%,全年全社会固定资产投资 88 604 亿,增长 25.7%,而国有部门投资增长仅为 17.5%。

图 2 是中国出口与投资的关系。数据显示,在国际金融危机爆发后的 2009 年,全年出口 12 016.7 亿美元,下降 16%。民间投资再现低迷,国有部门再次成为替代民间投资下降的中流砥柱,增长超过 35%,而全年全社会固定资产投资达到 224 846 亿,仅增长 30.1%。国有部门投资增长率不仅再次远高于非国有部门,而且也高于全社会平均的投资增长率,出现了“国进民退”现象。

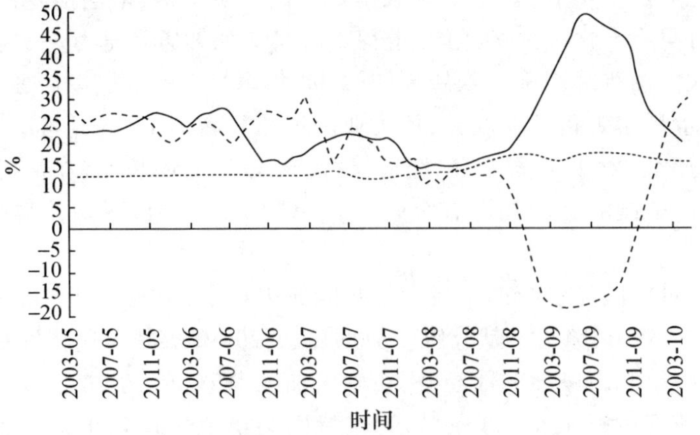

图 2　中国出口与投资的关系(3 月移动平均)

上述经验表明,投资并非是拉动经济增长的独立自变量,而是依附于外需的因变量。在消费增长恒定时,出口扩大带动非国有部门投资,拉动了 GDP。当出口下降,为拉动经济和应对产能过剩,国有部门就必须扩大投资。长期形成的出口导向型经济结构决定了短期宏观经济运行的出口引领特征,并日渐形成了宏观经济政策的路径依赖,呈现出宏观经济政策被迫锁定于出口波动上。以刺激或者是控制投资作为应对波动的手段,而使用的工具主要依赖于国有部门的投资进退。

2010 年上半年,消费品零售商品总额增长 18.5%,超过 2005 年以来平均 16.2% 的增长,在消费高位运行的同时,出口持续攀升,由 2010 年一季度的 28.7% 上升到二季度的 40.9%。贸易顺差在一季度已扩大 76.7% 的基础上,再扩大 18.3%,但投资在缓慢回落,由 2009 年第四季度的 26.2% 回落到 2010 年第二季度的 24.8%。总体上看,2010 年上半年 CPI 平均在 3% 以内,而 GDP 同期为 11.1%,目前经济仅在向合意区间靠拢。在这样的情况下,中国宏观经济就面临目前的两难问题。如果未来出口加速增长,很可能经济就会面临 2005 年过热的问题,如果出口大幅下滑,经济可能面临二次探底的风险。这就是宏观经济在最近时间一直犹豫不决的核心原因。

二、出口引领——中国经济不会出现二次探底

对于未来中国经济走势的判断,我认为不会二次探底,这主要源于出口将保持较快增长。首先,欧洲债务危机带来的财政、信贷紧缩可能影响部分国家复苏进程,但欧洲地区经济分化明显,新兴市场强劲复苏和法、德等发达国家经济持续回升将支撑我国对欧出口实现较快增长。

其次,人民币对欧元升值将影响部分商品竞争力,但中国出口中服装、玩具等轻工制品和电子产品占 25% 和 30%,相比 15% 的欧元贬值幅度,中国在劳动密集型产业上的成本优势仍十分明显(见表 1)。今年出口实现较高增长与去年基数较低有关。当然,未来三年,全球经济将步入再平衡期,长期以来累积的不平衡问题或有所缓解,美国依靠资产泡沫和过度负债拉动消费的旧有模式将难以为继,中国出口的平均增速将有所回落。

表 1　中国对欧出口商品结构　　单位:%

2009 年	欧盟 27 国		葡萄牙		西班牙		希腊		意大利	
	同比	占比	同比	占比	同比	占比	同比	占比	同比	占比
总值	-17.3	100.0	-20.1	100.0	-34.0	100.0	-13.8	100.0	-22.6	100.0
机电产品	-15.4	45.1	-13.5	41.6	-47.1	30.5	-25.4	21.9	-10.8	33.4
纺织品及原料	-6.2	14.3	14.1	12.8	-6.0	20.3	-22.2	10.3	-9.3	21.5
家具、玩具、杂项制品	-16.5	10.6	8.7	7.9	-23.9	10.3	-25.8	10.5	-17.6	7.4
贱金属及制品	-48.3	5.4	-67.3	7.0	-58.4	7.5	-52.6	5.8	-67.0	6.8
化工产品	-18.9	3.5	-35.6	4.1	-23.7	5.2	-15.6	2.3	-19.9	4.1

（续表）

2009 年	欧盟 27 国		葡萄牙		西班牙		希腊		意大利	
	同比	占比	同比	占比	同比	占比	同比	占比	同比	占比
鞋靴、伞等轻工产品	-6.0	3.5	6.7	4.2	-7.6	5.3	-13.2	5.2	-12.2	4.5
运输设备	-3.2	3.2	-33.7	2.9	-24.8	1.6	64.9	30.1	-6.1	3.8
塑料、橡胶	-18.0	2.7	-14.3	3.3	-23.5	3.3	-22.1	3.1	-23.0	2.9
光学、钟表、医疗设备	-11.3	2.4	2.8	2.8	-20.1	2.6	-9.0	1.6	-18.8	4.0
皮革制品、箱包	-16.5	2.3	-6.2	2.7	-19.4	3.7	-24.7	2.6	-17.2	4.8
陶瓷、玻璃	-21.7	1.7	-16.8	2.4	-31.0	2.3	-33.2	2.6	-26.0	2.2
纤维素浆、纸张	-5.6	1.0			-3.2	1.2	-19.0	1.4	-16.2	0.9
木及制品	-28.4	0.9	-40.2	1.2	-41.5	1.0	-44.5	1.0	-33.0	1.0

另一方面，受近期信贷紧缩、房地产调控和投资放缓影响，下半年进口增速将明显回落。预计下半年贸易顺差将明显恢复，全年贸易顺差达 1 500 亿美元以上，但仍低于 2007 年和 2008 年水平。总体来说，今年上半年中国出口已恢复并超过 2008 年同期水平 5.8%，其中对东盟、印度、澳大利亚等新兴市场出口率先复苏，2008 年同期高出 15% 以上，即使下半年有所放缓，按照高于 2008 年 5% 水平计算，全年出口同比增速仍然可以达到 25% 以上。

从更长时段来看，由于要素市场改革滞后，中国商品低成本优势尚能维持一段时间，加上生产率和商品质量提高，预计未来中国在全球出口中市场份额有望进一步提高。参照出口拉动型经济体出口历史，假定未来五年全球出口能够保持 2000—2009 年 8% 左右的平均增速，而中国在全球出口中份额年均提高 0.4 个百分点，那么中国出口未来五年年均增速将为 12% 左右，仅为 2001—2008 年平均增速的一半，而中国在全球出口中占比将从 2009 年的 9.6% 提高到 2015 年的 12% 左右。

三、投资波动——中国经济快速回落的风险

在消费和出口高位运行的情况下，GDP 的波动主要取决于投资。如果投资继续维持高位，经济有可能过热，通货膨胀率升高；如果投资降速过快，则 GDP 快速下滑。2010 年上半年，我国城镇固定资产投资增速平均为 25%，增速尽管逐月有所放缓，但程度不大，由一季度的 25.6% 放缓到二季度的 24.8%。增速仍然稳定，原因在于大规模基础设施工程仍在建设中，政府投资仍在维持。但民间投资仍未明显跟进。

历史经验表明，中国的民间投资主要发生在两个部门，出口部门和房地产部门。在出口形势一定的情况下，鉴于房地产在经济生活中的地位，房地产投资波动对 GDP 波动的影响值得关注。

房地产对中国经济的作用不仅仅由于它对 GDP 的影响，更重要的是它对产能过剩也

有重要的影响。它对上游的影响包括：黑色金属、有色金属、建材、非金属矿，它的销售收入跟这几个行业的销售收入密切相关。从下游来看：在家具制造、电器、机械和建材收入方面，跟它的销售高度相关。换而言之，房地产并不在于房地产行业对 GDP 的贡献有多大，而是在于这个行业如果出现问题会对五十多个行业造成影响，从而造成宏观经济的扰动。中国的房地产不仅仅开发性资金是来自于贷款，而且它的销售也依然有贷款，房价的变动会对它的资产质量产生严重影响。

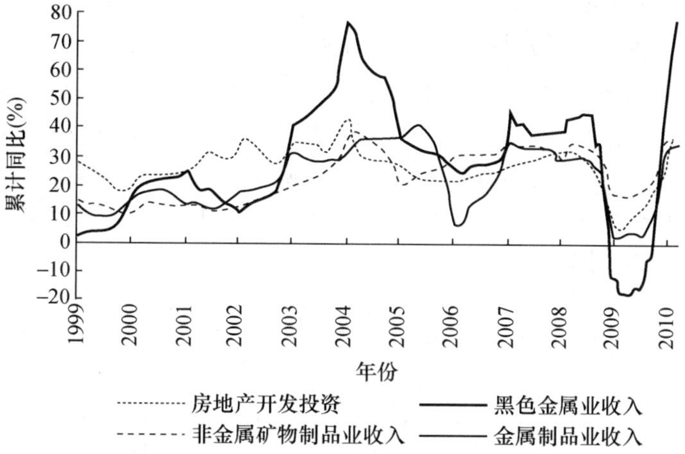

图 3　房地产投资与上游相关行业收入(3 月移动平均)

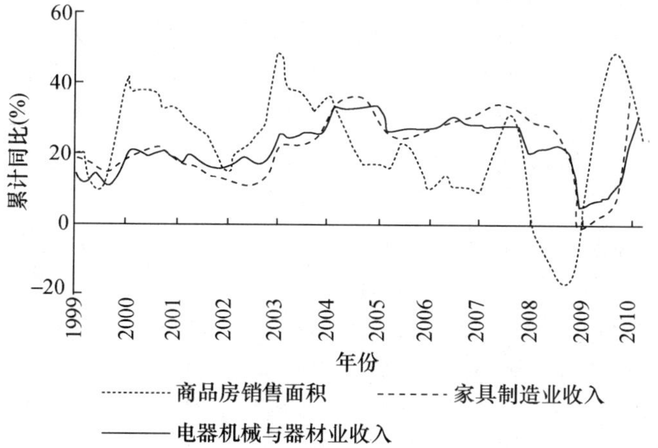

图 4　房地产投资与下游相关行业收入(3 月移动平均)

在目前的财政体系下，地方收入很重要的一个来源是“卖地收入”。中国的财政收入大概是这样的：中央政府收入占 70%，地方政府占 30%；但是中央政府的支出只有 20%多，而地方政府的支出占了 80%。如果没有财政转移支付，地方政府的资金缺口很大。如果房价或者是卖地收入下降，对地方财政的影响是非常之大的。正因为这样房地产不仅仅是对 GDP、某些上下游产业，而且对金融、财政都有重要的影响。于是各方面天天在关注房地产问题。

就目前的房地产调控来看，可以归结为三个方面。一是目前的政策是治标不治本的政策。这个政策固然有效,但是维持持久性有困难。二是目前的政策寄希望于一点,即调整市场结构,寄希望于政府能不能如期完成它的保障性住房系统计划。今年政府准备580万套住房,就是相当于新房60%。通过这样的提供,会改变市场结构。现在市场基本上是以售为主的市场,要解决住房需求就只有去买房子。保障房的建设是改变这个市场结构,使这个市场变成租售并重的市场。三是保障房计划能否顺利实施?尤其是头一年的计划能否顺利实施?很多人认为由于GDP在下滑,为了保增长,政府在松这个阀门。另一方面认为这是宏观调控,一定得坚持下去,因此无论情况多糟糕,政府都得把刹车踩得紧紧的。但是最近的情况发生了变化,9月中央政府要求580万套住房全部开工,开工要完成90%以上。而且地方财政有困难的,中央财政将提供专项资金。地方政府提供土地,中央政府负责资金配套。如果这个计划在三年中间能够持续下去,那么它能缓解很多的问题。除了房价的问题,还有五十多个部门所谓的产能过剩风险也会被消化相当大的一部分。综合上述因素,预计全年房地产开发投资同比增速仍达到20%以上,其中保障性住房投资是重要支撑。

四、稳定增长——中国宏观经济政策趋向

从短期看,在出口增长和房地产投资回落的情况下,中国经济已基本具备稳定增长的前景,从而短期宏观经济政策方向不会有重大改变;但是,如果世界经济复苏乏力且房地产投资下滑严重,或者如果通货膨胀开始高企,仍需要宏观经济政策,尤其是货币政策有所微调。从长期经验看,我感觉中国的宏观政策目标处于一个走廊。如果GDP增速低于一个数值,比如8%,可能财政收入上会有困难,企业可能会出现亏损。但同时增长速度也不是越高越好,因为速度高到一定程度通胀必然会产生,而当通胀超过5%,宏观经济不稳定就比较明显。所以,8% GDP增长和5%通货膨胀率二者之间构成一个不太精确的走廊。

从长短期结合起来看,中国经济不正常下滑的风险主要集中在房地产调控、地方融资平台清理和节能减排三项政策的相互叠加上。与此同时,中国经济正面临通货膨胀预期上升的风险,这需要处理好经济增长、通货膨胀与结构调整的关系。目前中国经济已出现稳定势头。今年9月,PMI重回52%以上。与此同时,中国工业企业利润稳定增长。

2009年下半年,中国经济开始恢复增长,为防止经济过热,对贷款的增速开始进行控制,除有规模限制外,准备金有所提高,央票对冲力度加大。与控制贷款增速相适应,货币供应增速开始下降。图5是货币供应量,数据显示,M1由2009年四季度的32.35%,回落到2010年二季度的24.6%。同期M2由27.68%,回落到18.5%。与此同时,货币乘数也开始下降。因而,2010年CPI涨势放缓,全年有望处于政府控制目标3%以内,但新涨价因素明显加强,主要体现在农产品上。同样,PPI尽管涨势趋缓,但工资上涨压力的成本推进作用加强。

当然,目前一年期存款利率低于CPI,一年期贷款利率低于PPI,尤其是低于原材料上涨幅度,通货膨胀预期加大。目前流动性仍较紧张,但正在缓解中。随后流动性过剩的压力将再次显现。

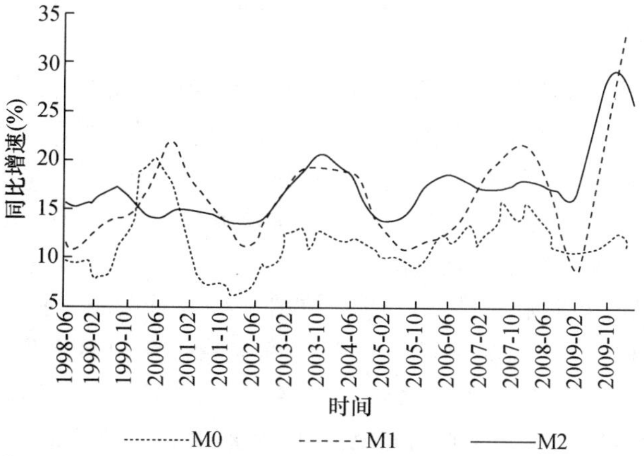

图 5　货币供应量(6 月移动平均)

综合来看,尽管 6 月多项经济指标出现超预期下滑或意味着"拐点"出现,但仍在合意区间。从未来看,无论从控制通胀压力还是推动经济转型,针对房地产和节能减排的调控政策短期难以放松。在供求结构和土地财政问题未根本解决之前,抑制需求政策将成为短期内达到房地产调控目标的唯一有效工具。

由于下半年通胀压力仍然存在,多数月份 CPI 同比在 2.25% 以上,第三季度同比甚至会在 4% 左右,长期负利率压力使得利率调整的可能性仍然存在。事实上,无论对基准利率采取怎样的动作,市场利率已在不断上升,如民间借贷利率上升、贷款利率上浮以及通过产品设计使存款成本提高。从这一点来看,我们预计基准利率将呈现上升趋势,不排除 2010 年四季度加息的可能性。

五、结构调整——建立可持续增长的基础

在过去三十余年中,中国进行双重转轨:即由传统的高度集中的计划经济转向市场经济,由传统的农业经济转向工业经济,出现了经济高速增长。这一转轨过程是由改革开放推动的。使中国的经济体制和工业化进程都与世界接轨,从而成为最大的开放经济体。从未来看,中国经济仍处于转轨之中,其长期趋势性增长因素——工业化和城镇化仍在继续。受这一趋势因素推动,中国经济仍能维持较高的增长率。

但与此同时,工业化和城镇化已步入中后期,经济增长的收敛趋势已经开始。从较长时期来看,2009—2011 年将是中国经济承前启后的重要时期,政府为应对金融危机所实行的大规模刺激政策将逐步退出,欧美的消费需求在实现了恢复性增长之后将进入平稳增长期,中国政府为了实现经济和政治的长治久安必须理顺房地产市场,中国这个过去几年一直被视为全球经济增长发动机的国家必须在较短的时间内寻找到新的经济增长点,这项工作任重道远。

结合外部环境来看,未来世界经济将进入低速增长,预示着出口导向必须转向内需扩大。此外,剩余劳动力不再充裕,意味着低成本制造不再具有持续竞争优势;人口红利趋于消失,意味着投资驱动经济增长能力减弱;节能减排成为世界性趋势,意味着资源消

耗性经济难以维持。因此,结构调整不得不为,结构调整将成为未来十年中国经济成长的主基调。

尽管市场仍在担心房地产后续政策,但事实上政府的工作重点已转移至节能减排和淘汰落后产能。这意味着中国政策基调已从应对危机的四万亿刺激转向推进经济结构调整。“十一五”时期,中国在经济增长方面远远超过设定的目标,而在节能减排任务完成方面却面临巨大压力。同时,中国社会保障体系建设滞后于城市化进程,而服务业发展也落后于工业化尤其是重工业化进程。

显然,中国未来将不遗余力推进节能减排和淘汰落后产能工作,与此相关的资源品价格改革以及资源税、消费税和出口退税等改革有望很快出台。作为结构调整组成部分,中国对战略性新兴产业的支持也将进一步强化。下半年多个新兴产业规划将先后出台。与日本、韩国不同,中国在工业化完成之前,已然面临人口老龄化挑战。未富先老的压力要求中国必须加快城镇化和工业升级进程。

2010年四季度经济展望*

陆 挺

美银美林证券中国经济学家

本演讲围绕对2010年第四季度经济的预测展开，具体分析对中国经济四季度经济增长率和通货膨胀率的看法，并就投资、贸易等朗润预测常规指标及政策面情况进行点评。

一、四季度经济增长和通胀被低估

看朗润预测报告的市场对四季度的看法，我总体感觉是整个市场可能低估了四季度的GDP增长，也低估了四季度的通胀。

过去几个月有一个指标特别重要，就是工业生产增速。从6月以来，工业生产同比增速一直在13—14之间。为什么说这个数字很重要？因为我们在研究或者判断宏观经济形势时常被基数效应或者说"翘尾因素"所困扰。今年以来，翘尾因素毫无疑问是最困扰宏观判断的东西。

图1报告了采购经理人指数和工业生产增速。可以看到，工业生产同比增速这一指标的起伏特别大，最低点出现在去年1、2月，是3.8%。最高点出现在今年1、2月，大概是20%出头。但今年1、2月工业生产同比增长20%多点没有任何意义。为什么这样讲呢？因为这个数字主要由翘尾因素导致，但它对之后的预测造成很大的迷惑。

实际上在去年年底今年年初时候，市场把这个翘尾因素估计得太低，这就使得今年年初全球对中国GDP增长的预测明显过高，最高有11%多，或者10.8%、10.5%等，预测区间大概在10.5%到11%之间。

到了4、5月份，由于欧洲债务危机全球出现了"二次探底"的风险，中国这方面出台了房地产调控政策，工业生产、GDP增长率几乎都直线下滑。图1显示，工业生产同比增速从年初20%出头一路下滑到16%—17%，然后到14%—15%、13%—16%。这一系列

* 中国经济观察第23次季度报告会(2010年10月23日)。

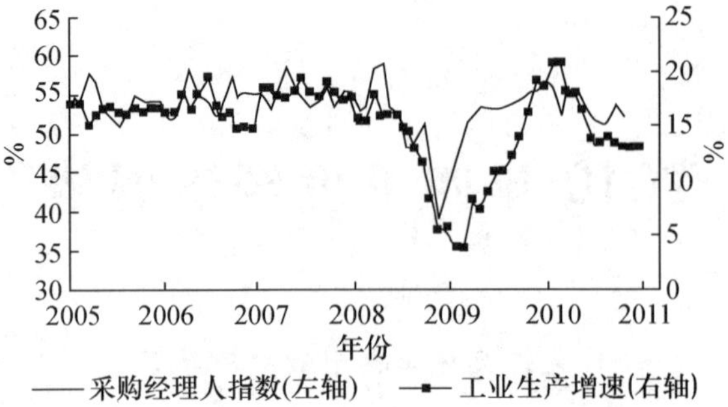

图1 采购经理人指数和工业生产增速

因素使得市场对中国 GDP 的预测开始下调。这就出现了一个新情况:到了6、7月,整个市场对中国 GDP 和工业生产的预测明显下调过头。这是我对中国整个经济数字的一个判断,也是对市场预测的一个判断。

为什么我们要了解市场预测呢?因为真正影响和决定这个市场走向的,实际上是市场预测和实际数字之间的一个差别。我们可以看到,中国主要的一些资产价格如股票价格在上半年出现明显下行,但在7月底的时候开始触底反弹。无论是A股还是H股,情况都很接近,只是A股的波动更大一些。之所以7、8月的时候出现回弹,其中有很多种原因,有采购经理人指数回弹的作用,更重要的是大家开始意识到之前下调 GDP 和工业生产数字明显是过于悲观了。

大家一开始对下半年过分悲观,除了房地产调控以后对投资信心不够等基本面因素外,还有可能是预测者在计算翘尾因素时存在误差。在之前的一段时间里,很多人在预测 GDP 增长和工业生产时都用一个很简单的方法,而且是非常行之有效的方法。譬如,用18%减去去年同期 GDP 增长的数字大概就能得到今年的数字。像去年一季度 GDP 同比增长率没调整前是6.2%,今年一季度是11.8%,基本上就是18%减去6.2%。对工业生产增速,大概是用25%减去年同期增速这样的办法。这个办法到了今年下半年,尤其是对四季度就不管用了。一个深层次的原因是2008年下半年经济下滑使得去年四季度的很多数字都比较高,直接用这个办法会低估下半年经济增长。

二、对四季度经济增长和通胀的看法

从6月到9月,工业生产的数字明显平稳了,一直在13%到14%之间。我们可以做一个比较简单的判断,接下来如果中国经济比较稳定的话,那么四季度的工业生产增速应该在什么样的位置呢?我认为基本上是在13%左右。可能会有人问,是不是还有翘尾因素?应该说,现在基本上没有翘尾因素了,因为去年中国经济是最早复苏的。

那么,四季度 GDP 增长应该是什么情况?我个人看,基本上可以肯定是在9%以上,很可能是9.3%、9.4%左右。全年 GDP 的增速可能是多少呢?我们去年7月的预测是,今年全年达到10.1%的增速,明年大概是9%。但按我现在的判断,今年10.1%肯定不止,10.2%、10.3%的可能性更大一点。今年国家统计局算全年统计的 GDP 数字有点怪。

以前计算全年 GDP 增速时,每个季度权重是不一样的,但今年似乎是把几个季度的数字进行算术平均。事实上,如果把一季度的权重放低的话,全年 10.1% 的增速也还是有可能的。

接下来会发生什么呢?我之前写过一个报告,在 10 月我们会看到新一轮对中国今年全年和四季度经济增速的上调。为什么呢?朗润预测做的调查是关于四季度预测最新的调查,这次平均是 8.9%,而之前中位数大概在 8.5% 左右,而且 8.2%、8.3% 不在少数。

再来看通胀。我认为朗润预测中各机构预测的中位数对通胀的看法是偏乐观的。四季度平均的通胀很有可能高于三季度。今年分析通胀,我最先看是蔬菜价格。最近蔬菜价格波动的确很大,从去年 11 月开始突然往上涨,到 2 月时基本上涨了 20%,到 5 月又开始大幅下滑。本来觉得今年的 CPI 没有什么问题,尤其是在 5、6 月连续下跌了 30% 以后,但没想到的是 7、8 月蔬菜价格又开始反弹,并且一直持续到"十一"黄金周。

那么,接下来是蔬菜价格会怎样发展?会不会出现类似 5、6 月那样的大幅下滑?如果出现那种情况,今年保 3% 是可以的。但如果没有,保 3% 就没有可能。如果 10 月不出现蔬菜价格的大幅下滑,CPI 的高点就会出现在 10 月,而且是接近于 4%。假定之后中国的天气比较正常,那么通胀之后会从 4% 左右下降到 3.6%、3.7%,然后到 12 月也许能到 3.3%、3.4% 这样的水平。

我们现在的判断是:蔬菜价格会往下,但是不可能再出现 5、6 月那种大幅下滑的情况。这里面一个很重要的原因是,蔬菜价格上涨是有结构性因素的,不能完全归结于自然灾害或者天气因素。就我个人的一些体会来讲,我是 20 世纪 90 年代末从北大毕业到美国去的,当时在北大的食堂里,做学生的感觉就是蔬菜很便宜,要吃个鸡肉、鸡腿什么的特别贵。到了美国食堂才发现,鸡肉、鸡腿特别便宜,蔬菜非常贵。为什么会这样?原因是美国的人工贵。蔬菜是劳动密集型的,而鸡肉是资本密集型的,所以蔬菜在美国更贵。那么我们对中国的一个判断是,所有劳动密集型产品的价格会涨得越来越快,因为中国的人口在发生变化,中国年轻劳动力从绝对数量上讲在过去 10 年是下降的。以前之所以没有感觉到这个压力,是因为中国农村有大量的剩余劳动力。但剩余劳动力总有一天会枯竭,现在到中国农村去,真正从事农业劳动的年轻人是非常少见的,尤其是男性青年劳动力非常少。这就注定了我们的蔬菜价格会以比资本密集型的其他所有产品包括粮食价格更快的速度上涨。

10 月 21 号国家统计局公布,中国农民工工资前 9 个月平均涨了 18.7%。我觉得以后中国蔬菜价格的增速与这个速度不会相差太远,因为蔬菜从开始种植到最后卖基本上用的都是农民工。

明后年通胀会怎样?我觉得中国 CPI 在接下来几年回到 3% 以内基本上是不太可能了,大概在 3.5% 到 4% 之间。这里面有各种各样的原因,结构方面的及货币方面的。

三、中国不会出现投资需求不足

投资是判断中国宏观基本面时很重要的一个数字。市场在4、5、6月时对投资很悲观,认为房地产投资会下滑很多。但我们当时判断,投资不会下滑很多,因为我们认为中国今年宏观政策的一个特点是宽财政、紧货币。而4月的房地产调控一部分是打压房价,另外一部分则是推进保障房建设。我认为这是来真的,原因有二,一是政治的角度,二是人口的角度。

从政治角度来讲,接下来两三年是政治交接班的两三年,政府一定不会允许房地产存在大的泡沫,但另一方面又希望经济能够平稳增长。一手要打压地产,另一手为了防止对经济的负面影响,就需要推进保障房建设。另外,保障房建设也是考虑民生,从政治上来看,现在是一个很成熟的时机。

从人口角度来讲,过去很多年地方政府最愿意做的事情是招商引资,但商也好资也罢跟工人的选择没有太多关系,因为我们有很多的廉价劳动力。但随着年轻劳动力的枯竭(注意不是整体劳动力的枯竭),在企业从东部往西部的转移过程中,稳定的劳动力供应逐渐成为对于地方而言最重要的事情。那么,怎么样才能够有稳定的劳动力供应呢?现在地方政府已经认识到,城市化加保障房有可能是稳定年轻劳动力最有效的办法。

这说起来可能是有点超前的想法,但其实有些地方政府,尤其是像重庆这样的地方政府,已经开始实施这样的战略选择。所以我们说,人口结构的变化客观上会推动中国城市化和保障房的建设。如果保障房今年真的能够建成580万套,那我们没有太多理由担心中国今年投资需求的不足。

总的来讲,我认为中国投资增速在过去几个月非常稳定,折算下来至少是24%左右,去除通胀大概是19%—20%。过去几个月钢铁生产同比是直线下滑,这也是一些分析员对中国经济一度非常悲观的原因,但粗钢的生产,如图2所示,一直是大起大落。真正要看中国现实的投资需求,不能看钢铁,而应该看水泥。因为水泥生产就是要消费,它不太好储存;但钢铁生产后储存半年一年没有太大问题。图2显示,水泥生产量在过去几个月基本上是10%—15%这样的增速。

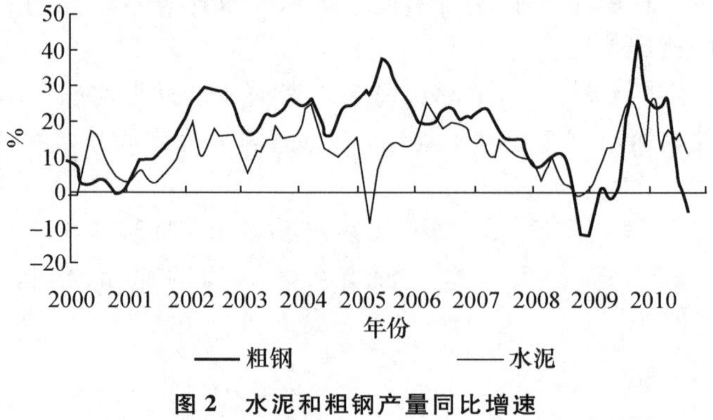

图2 水泥和粗钢产量同比增速

从前瞻性角度看，现在除了保障房建设外，由于是“十二五”开始，大家对新兴战略性产业很热情，这方面也有可能会带动很多投资。很多人可能觉得新兴产业不需要很多投资，但事实可能未必如此。它们消耗的钢铁、资源等方面投入可能不多，但是真正的投资规模还是很大的。

四、其他情况

外贸方面，主要还是要判断海外经济怎么样，因为出口是国外需求的东西。人民币升值固然重要，但短期内我相信不会升太多。海外经济总体判断不会太糟糕，我们预测今年美国经济增长可能是在2.6%左右，明年美国经济会更好一点，大概是3%。总的来讲，全球经济可能会有很多波动，同时有一个相对危机之前较低的增长率。

在这个判断基础上再结合其他因素，中国出口在今后几年若以美元计的话，增速大概略高于10%，换句话说，现在的出口高增长本身并不可持续。过去的三个季度，出口达到30%多的增幅，9月也是25%左右的增速，这里面有低基数的原因，它本身并不可持续。四季度出口增长率大概会在15%—20%之间，保守一点取中间值就是18%左右。

对最近的这次加息，我认为加息首先体现了高层决策者对经济增长的看法，接下来中国可能会有比较好的增长速度，高于9%，另一方面，通胀压力比以前想象要大。这两点可能是促使决策层加息的主要原因。

就全球情况看，未来几年发达国家和发展中国家很可能出现脱钩现象：发达国家可能面临低增长和低通胀，而新兴市场国家则可能面临高增长和高通胀。

总需求快速回升*

宋国青

北京大学国家发展研究院教授

本次演讲包括两方面内容。首先讨论近期总需求增长快速回升，经济周期大大缩短的特征。然后讨论近期经济增长偏低、通胀率较高现象，并从潜在生产能力变化和结构性变化等角度对这一现象进行解释。

一、总需求增长快速回升

目前经济回升比预想更快，总需求达到略微偏强程度。7 月高层有一些表态，强调“平稳较快增长”，并用到“前提条件”这样的词，等于是把“平稳较快增长”放在前提了。这可能就是一个适度放松的信号。

在过去半年，中国经济经历快速下跌和上升。图 1 是用工业增加值和工业品出厂价

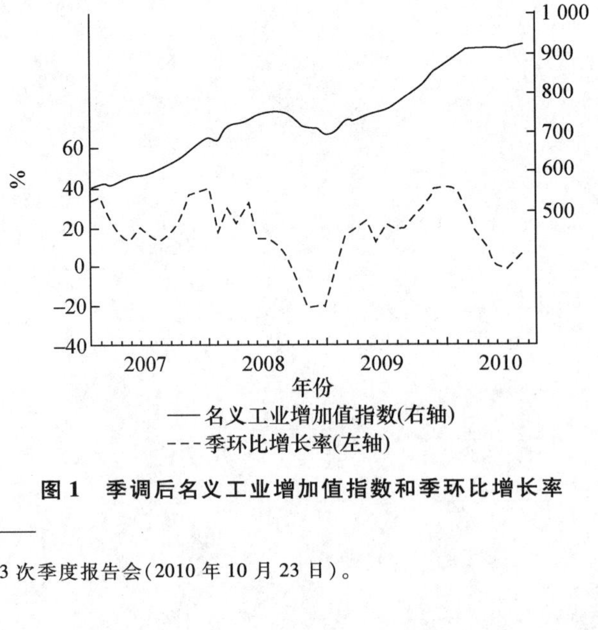

图 1　季调后名义工业增加值指数和季环比增长率

* 中国经济观察第 23 次季度报告会(2010 年 10 月 23 日)。

格计算的名义工业增加值经过季节调整后的指数。这一指数5—7月环比增长为负,8月迅速恢复到正常水平,9月略低,可能受假日因素影响。通货膨胀率则已达到较高水平,7—9月CPI环比增长年率平均为4.5%。

房地产方面,商品房销售额5—8月大幅下滑,9月迅速回升。房地产投资一直保持较高增长。前几个月可能还担心房地产调控和控制地方政府融资平台不良贷款会导致总需求疲软,但8月以来贷款强劲增长,说明地方政府资产负债情况仍然可以支持基础设施投资适度增长,总需求不足危险已降低。

最近几年总需求波动"周期"大大缩短。过去平均8年经历一个周期,现在8个月就可能经历一个周期。今年前3个季度,总需求经历了由过强到严重疲软再到偏强的转变。过去由总需求波动引起经济周期的现象正在消失,总需求可能将越来越趋向随机过程。

二、通胀与经济增长关系新变化

通货膨胀率有些出乎预料。前几个月认为CPI同比增长率7—8月会达到顶点,现在看来10月CPI同比增长率仍有可能继续上升。我在二季度"朗润预测"中对三季度CPI的预测是2.8%,与三季度实际值3.5%相差0.7个百分点,这在过去几年的预测中算是比较大的预测偏差。

按照以往经验,3%以上的CPI差不多对应11%—12%的经济增长率,但是现在经济增长率并不高,两个月以前经济甚至偏冷,而7—9月CPI环比增长按年率算已经达到4.5%。按照过去的经济增长率趋势推测,三季度实际生产水平还略低于潜在生产能力。那么如何看待当前经济出现了经济增长率偏低、通胀偏高的局面?

第一个解释是通胀与经济增长的关系发生了转变,或者说潜在生产能力比过去降低。过去多年,中国经济一直有显著的菲利普斯曲线关系。经济活动水平相对潜在生产能力比较高的时候,或者稍晚一些时候,通货膨胀率显著偏高;而通货紧缩总是伴随着显著偏低的经济活动水平。

2003年以来,季度GDP对趋势偏离,最高是2007年偏高2%,最低是2009年一季度偏低2%,里外相差4个百分点。月度CPI同比增长率最高8.7%,最低-1.8%,相差10.5个百分点。按照这一关系,GDP偏差1个百分点引起CPI同比增长率变化2.5个百分点;或者反过来,压低CPI同比增长率1个百分点导致GDP损失0.4个百分点。

目前通胀率趋于4%,比长期通胀趋势2.5%高1.5个百分点。按照1个百分点CPI对应0.4个百分点GDP的关系推算,CPI偏高1.5个百分点意味着GDP比潜在增长率高约0.6个百分点。

2002—2009年GDP平均增长率10.7%。根据菲利普斯曲线关系剔除通货膨胀率波动的影响,估计目前潜在生产能力的增长率较2002—2009年均值低约1个百分点。另外劳动年龄人口增长率下降会导致潜在生产能力增长率出现逐年轻微下降趋势的因素。

另一个可能的解释是经济中的一些结构性变化带来了通胀压力,其中最重要的结构性变化是近期的住房销售下滑。

房屋销售的变化会引起储蓄存款的波动。由于房屋价值很高,即使按照30%的首付比例计算,购房会花去大量储蓄存款。图2是居民储蓄存款比12个月以前的增加额。2008年住房销售疲软伴随了银行储蓄存款大幅度增加,而这一次住房销售出现疲软的同时,储蓄存款并没有增加太多。

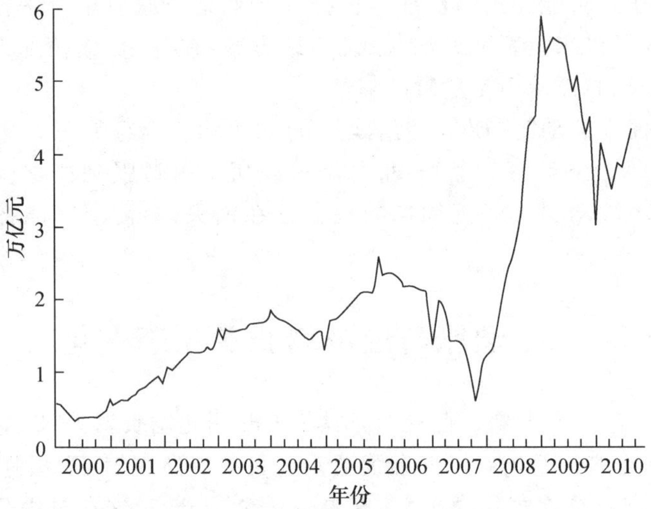

图2　居民储蓄存款12个月增加额

买房、买股票和消费、储蓄存款之间存在此消彼长的关系。房屋销售疲软对消费有刺激效果,但是月度消费只能看消费品零售额,而零售额数据与最终的年度消费数据有一定差别,现在从数据上还难以验证。

房屋销售疲软导致消费增加现在只是一个假设。如果假设成立,那么总需求将会增加。因为商品房存货增加本身是存货投资,再加上消费增加,两方面共同作用扩张了总需求,这对高通胀率也可能有一些贡献。这就意味着,现在其实没有多大基本面变化。这个假设什么时候验证呢?要等到房屋销售正常以后,看消费需求是否还这么旺。如果仍是这样,就说明这个假设有一些问题,但如果消费能稍微回落一些,就说明这个假设是有合理性的。

其他因素包括劳动力供给出现结构变化。最近低收入者收入增长较高,不过利润和工资情况反映工资总额增长率并不高,可能是低收入者收入增长率较高,而其他人收入增长率不高,从这个角度来讲,是出现了结构性变化。农民工出现供给"短缺",其他就业供给仍然充足,特别是新毕业大学生就业仍然比较难。

另外,食品价格和非食品价格的相对变化反映食品需求相对增长较快。蔬菜价格大幅上涨还反映了农村劳动力相对短缺。不过食品价格波动受更多因素影响,包括粮食存货以及进出口情况,而存货波动则更为复杂一些。

总体上看,现在还难以确定潜在生产能力变化和结构性变化对通胀率较高影响的贡献,但从目前通胀情况看,潜在生产能力变化可能更为重要。

7　2011 年经济增速减缓

货币增长有所抑制及货币度量的一些问题*

宋国青

北京大学国家发展研究院教授

这次演讲主要包括如下几方面的内容。首先从GDP、通胀以及货币信贷的角度对当前中国宏观经济形势做点评,认为当前的生产活动仍然较强而并非出现所谓结构性的强烈转折,货币政策则仍然趋紧。其次,就央行最近提出的社会融资总量概念及相关货币度量进行深入分析,认为无论是社会融资总量,还是一直以来使用的M2货币度量口径,从预测价格水平等宏观经济指标上表现都较差,需要加入一些本应包含在内的成分。最后,再次强调"货币管内需"的命题,并由此指出中国流动性概念的国际意义。

一、生产可能很强,货币政策趋紧

中国去年全年GDP和通胀走势呈现低增长高通胀的特点,许多研究认为这是因为出现刘易斯拐点,即支撑中国长期增长的人口红利的消失,劳动力供给不足所致,并因此认为当前央行不应制定太紧的货币政策。但这一供给面的因素可能并非是导致去年低增长高通胀的主要原因,因为长期劳动力不足不太可能是短期内突然发生的。

年底生产不足的原因可能要考虑到去年下半年以来因"十一五"规划节能减排和亚运会所导致的企业停产等偶然因素。当然,人口红利变化的影响到底多大,还需要进一步看1月和2月的生产情况。由于现在统计局没有公布相关数据,所以只能用一些行业数据做初步推算。这些行业数据显示今年1月的生产活动可能很强,从而佐证了去年年底节能减排等偶然因素的抑制作用是引起低增长高通胀的主要因素。

按照上述逻辑,如果去年年底的生产主要是被人为压低,那么元旦过后压力消失,就应该出现高增长低通胀的结果。但是1月的PPI出现暴涨,这点和生产强劲恢复的情况相悖。造成这种不一致的原因可能有两个:一是1月统计局对CPI和PPI的权重进行调整,部分统计因素可能导致PPI的异常,因此不能用去年年底和1月的数据进行简单比

* 中国经济观察第24次季度报告会(2011年2月26日)。

较;二是全球大宗商品价格上涨,美国强劲恢复,以及市场方面预期未来几个月中国总需求很强等因素也可能使得PPI上升较快。具体这两方面原因哪个更占主导,还需要看2月的数据。

就货币信贷而言,1月贷款增速显著放缓。考虑到银行年末控制、年初突击放贷所产生的人为"季节性"因素和企业发奖金等正常的季节性因素,一万亿出头的贷款数量在去掉这些季节性因素影响后其实数量不大[①]。贷款的月环比增速可能低于10%甚至低于5%,而货币的增长率也很低。即便考虑外汇占款,货币月环比增速和贷款也差不多。

综合信贷和货币的情况,当前的政策是从紧的,甚至可以说隐隐约约看到了通胀下行的迹象,因为一般来说,不超过10%的月环比信贷和货币增速只要能够持续三个月就基本可以扭转通胀上行的趋势,而现在已经紧缩两个月了。只要央行在3月继续保持当前的调控,通胀应该就可以管住。

当然现在因为缺少一些关键的数据,管住通胀的说法也只是初步判断,不排除发生意外情况的可能性。特别是考虑到今年的外需可能因为美国经济复苏而增长很快,以及全球性食品价格上涨等因素,从紧的货币政策持续更长一点时间也许更为合适。

二、社会融资总量和M2的货币度量方法存在遗漏

央行最近开始关注社会融资总量这个概念,关注的原因可能是为了更好地制定货币政策,对货币和流动性总量有更好的监控。考虑到目前表外融资方式发展迅速,这一概念的提出有其积极意义。但无论是社会融资总量的概念,还是一直在使用的M2的货币口径,虽然定义本身清楚无误没有问题,但是就其宏观经济的含义来说,这两个指标在口径上似有不妥之处。

社会融资总量和货币这两种定义方式是一枚硬币的正反两面,从发行方角度看就是融资,从持有方角度看就是货币,因此二者理论上必须是相等的[②]。现在定义的社会融资总量实际上是国内融资总量,对外汇占款没有纳入统计。这样的定义本身没有问题,但是考虑到融资和货币的对等关系,有一块钱的货币创造就意味着有人拿到这一块钱(即融资),那么,外汇占款作为央行的融资可能也需要纳入社会融资总量的范畴。

M2的货币统计口径也有遗漏之处。一些股市里的资金(非保证金)没有计入到这个口径中。这一遗漏可能是历史原因造成,因为当时定义M2时还没有股票市场,后来即使有了规模也很小。直到2000年股市规模很大后才加入了保证金,但是仍然有许多股市的资金没有被统计[③]。M2定义上的问题导致该指标在预测通胀和总需求方面有时候表现很差,甚至不如M1。当股市出现很好的行情,如1999年的5·19行情和2007年的大

---

① 用计量软件进行季节调整选择参数的时候需要一些主观考虑,如果用软件默认的参数进行季调就可能歪曲真实的"季节性"因素,因为软件无法区分上述两种季节性。

② 同时也需要注意到存量和流量的对应关系,因为这里社会融资总量是流量,而货币余额是存量。说二者相等当然必须都是流量或者都是存量。另外,流量指标的波动往往很大,所以用存量指标进行统计更好,不会造成市场上对流动性的过度担心。

③ 加入这部分资金的M2指标暂定义为M2_a,以区别于更大口径的M3,即所有商业银行和非商业银行的存款总和。

牛市时，M2 指标因为没有统计许多股市的资金从而没有给货币当局提供很好的预警信息，导致宏观调控滞后。当 2008 年出现月同比 8.7% 的通胀后才进行调控为时已晚。因此，在 M2 指标中加入一些本应该加入的部分，可以明显改善其预测 CPI 和 GDP 的效果，而且央行应该有这些相关的数据，在现实操作上应可以做到。如果对 M2 的统计口径进行修正，同时在社会融资总量的概念中包括外汇占款，那么这两个变量就实现了对等。

而就当前的流动性总量而言，虽然表外贷款、债市以及股市融资等增长很快，但是如果考虑到外汇占款在去年的大幅度下降，全社会流动性可能并没有央行担心得那么严重。作为全社会流动性两个最主要的成分，国内信贷和国外净资产在很多时候呈现的是此消彼长的关系（如图 1）。

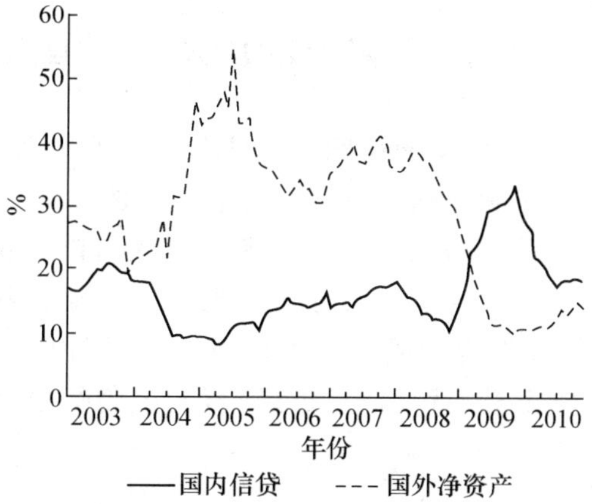

图 1　国内信贷和国外净资产同比增速

从图 1 和图 2 中都可以看到，从 2004 年下半年开始到 2008 年年中，国外净资产（即外汇占款）增速很高，这段时间内，如果国内信贷被压制，那么通胀就不会起来，反之就会上升很快，这分别对应 2004 年到 2006 年的平稳通胀以及 2007 年到 2008 年的高通胀时期。2004 到 2006 年外汇占款和国内信贷的走势基本相反，当时通胀就不高；从 2007 年开始，国内信贷反而和外汇占款同向移动，高通胀就不可避免；2008 年发现通胀问题时再

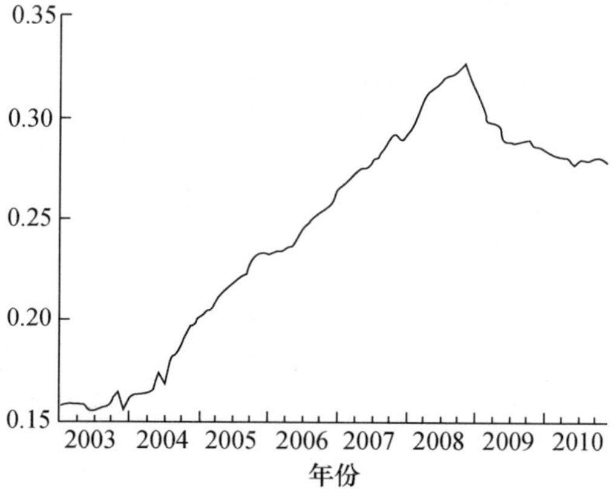

图 2　国外净资产占国内信贷和国外净资产总和的比例

进行调控,加上货币政策半年的时滞,正好和当年的国际金融危机叠加到一起,导致2008年年底和2009年年初的相对衰退。

因此,只要保证外汇占款和国内信贷这两大块是此消彼长的关系,通胀就能够基本平稳。在当前外汇占款大幅度下降的前提下,对表外贷款等创造货币的次要成分不需要过于担心。为了使这两大块总和保持稳定,同时考虑到外汇占款自身的外生性(汇率弹性低以及可用杠杆少),央行在制定货币政策时就需要利用贷款来对此进行对冲。

至于M3的统计口径,暂时还不知道其预测效果如何。但是初步测算的结果表明,在M2_a的基础上考虑加入一个按照发行价格计算的流动性总量的指标,可能在预测通胀等指标上表现较好。

三、货币管内需和中国流动性的国际意义

最后再次强调一下货币管内需的命题。虽然各项总量金融和货币指标在预测2009年的数据时表现都很差(货币和流动性指标高速增长但是CPI没有起来),但这是因为同时期的外需大幅度下跌,总需求增长较为平稳所致。就出口本身来说,一方面它是总需求的一部分即外需,另一方面因为出口会导致外汇流入从而引起货币发行,因此还会进一步派生新的需求。在货币管内需成立的条件下,中国国内流动性的提高有其国际意义,因为流动性提高后内需上升,就可以通过进口(对其他国家而言是外需)的渠道影响到它们的总需求。

2011年二季度宏观经济分析：嬗变——穿越刚性*

魏凤春

中信建投证券研究所首席宏观分析师

魏凤春博士从周期视角观察市场运行，从财政视角分析政策实施，讨论2011年二季度宏观经济运行态势。中国经济自2009年二季度进入新的长达十年的中周期。2009年二季度至2010年三季度经济增长依赖于政策外生刺激。2010年10月至2011年4月，经济运行呈现内生性增长特点，市场力量主导周期上行，经济维持惯性增长。自2011年5月，市场将呈现刚性，刚性之下必须谋求突破，突破之后会形成未来的主导产业。魏博士对未来两个季度宏观形势的判断是：经济维持惯性增长，随后环比增长逐季回落，通胀仍将在高位徘徊。

一、市场惯性：被动库存转向主动库存

什么是市场惯性？简言之即是企业由被动库存转向主动库存。2010年10月至今，市场经历三个阶段：2010年10月至2011年2月为被动型库存减少期，供不应求是常态，因此价格快速上升，企业积压库存被消耗；2011年3月至5月为过渡期，供需趋于平衡，企业盈利能力上升受到抑制，但利润达到最高点，因此仍有扩张冲动，自2011年5月将进入主动型库存增加阶段。随着企业继续扩大产量乃至建设新的产能，成本约束凸显，此时必须寻找能够与之匹配的新需求。在这一阶段，新需求的不可测性使得企业盈利面临的不确定性增大。

魏博士用四点事实支持上述论断。一是2011年一季度资本支出方向符合中周期主导产业：先进服务业、铁路运输和制造业投资增速均在30%左右；单纯从制造业看，超过制造业整体投资增速的子行业包括化纤、电器机械、通信和仪器仪表。

---

* 中国经济观察第25次季度报告会（2011年4月23日）。

二是资本支出周期向上趋势明显，但高峰将过，之后可能面临回落。从固定资产投资季调环比指标看，2010 年 12 月是固定资产投资的环比高点，之后环比回落。从固定资产投资环比与固定资产投资周期之间的关系看，环比大致领先投资周期 3—4 个月，这意味着 3 月前后是固定资产投资周期的高点（见图 1）。同时固定资产环比大致领先工业增加值环比 1—2 个月，据此判断，4—5 月可能是工业生产周期的高点。

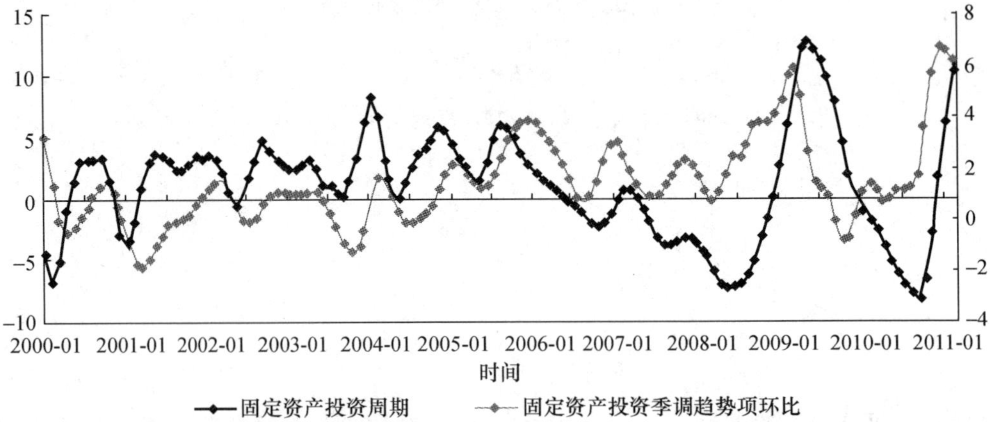

图 1　固定资产投资周期与固定资产投资环比走势

资料来源：Wind，中信建投研发部。

三是资本支出周期仍将延续，但动力减弱。水利与铁路投资可以期待，就全年而言，投资主导的增长模式难以改变，预计今年固定资产投资将达 24% 左右；保障性住房建设已由地方政府领导的“军令状”变成“委任状”时，保障房投资进度和 1 000 万套的建设规模应有保障，将进入建设高潮期。

四是库存开始增加，工业品价格下滑。2011 年一季度工业品滞销率在连续下降后逆转向上（见图 2），一方面意味着产量的持续扩大，另一方面意味着工业品的供求已经达到了新的均衡点。同时工业品价格 PPI 的环比增速持续走低（见图 3），与 CPI 的走势相比，PPI 的上行高度也相对较弱，这表明在供需平衡的背景下，工业品价格上涨的市场基础其实很薄弱。

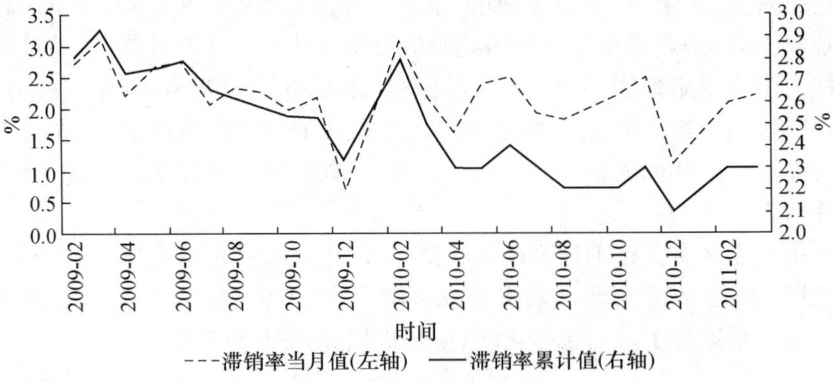

图 2　工业品滞销率走势

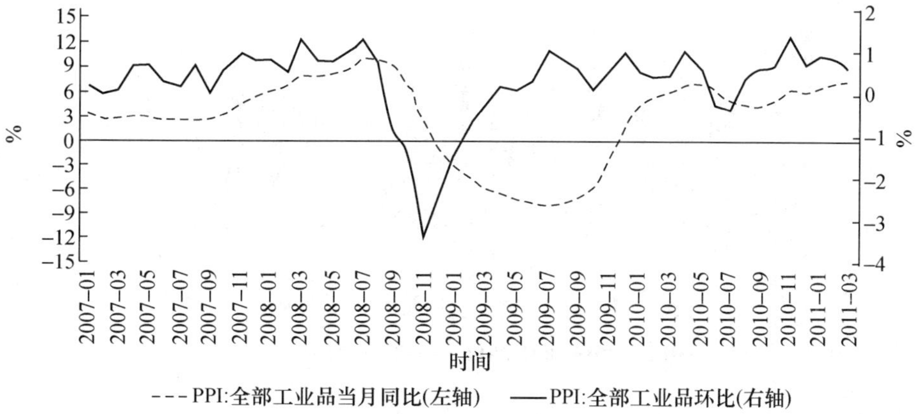

图 3　工业产品价格增幅

资料来源:Wind,中信建投研发部。

二、市场刚性:成本约束与需求约束

虽然在短时期内经济仍将保持惯性增长,但市场未来将面临成本和需求两重约束。成本约束主要表现在原材料和人工成本上涨。2009—2010 年,原材料成本最低涨幅都达到约 15%,电子行业约为 35%,餐饮业更是高达 100%(见图 4);人工成本增长更快,最低涨幅为 20%,大多数行业的涨幅在 30%—40%之间(见图 5)。成本约束的原因之一是信贷管制。信贷管制背景下,一方面融资利率攀升,民间融资利率普遍高于企业毛利率,形成金融部门对产业部门利润剥夺,这是寻租强化的表现。据中信建投对浙江地区的调研结果显示,2008 年浙江地区民间贷款利率峰值为 156%,而目前个别已达到 180%。另一方面贷款标准明显提高,这主要体现在对押品要求上。从北京的典当行可以明显看到,房地产与汽车抵押率降低了半成到一成,例如公寓的抵押率从 2 月的 65%下降至 4 月的 60%;黄金抵押率最高,稳中有升(见图 6)。成本约束的原因之二是价格管制,管制范围从日用品转向可选消费品,从零售商转向生产商,在稳定压倒一切的政策背景下,企业无法通过正常的提价转嫁成本。

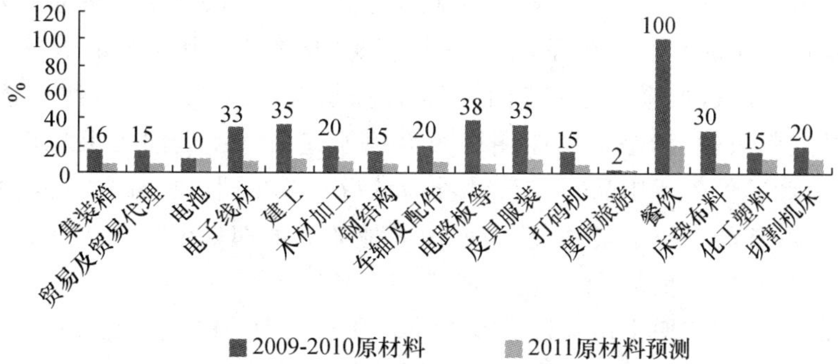

图 4　2010 年与 2011 年原材料价格同比增长

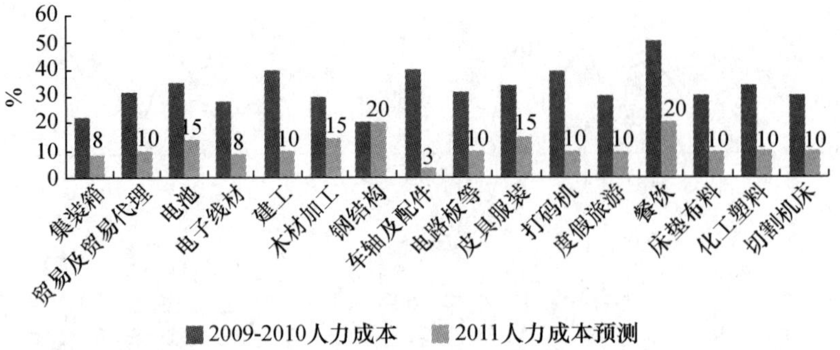

图 5　2010 年与 2011 年人工成本同比增长

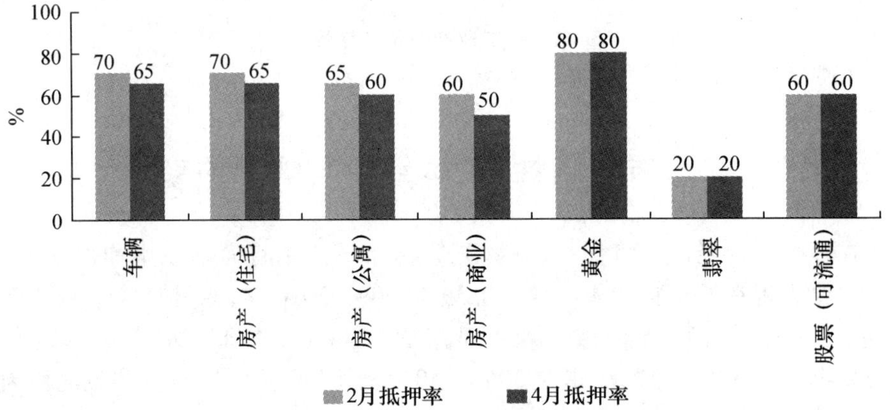

图 6　各类押品的抵押率

资料来源:Wind,中信建投研发部。

需求约束可从国内外两方面分析。魏博士对国内需求不是特别乐观,也不是特别悲观。在金融危机期间,中国经济增速和居民人均可支配收入增速大幅下滑,社会消费本应该应声而落,但是在政府积极宏观政策的强烈刺激之下,社会消费逆势上扬:除了金银珠宝类和石油产品,国内消费普遍透支。然而自 2010 年下半年以来,随着通胀水平不断高企,政府宏观政策由扩张转为紧缩,社会消费规模与增速则快速下滑。但是,消费低迷同样不会一直持续,今后消费将逐渐回归常态,原因之一是收入决定消费,收入增速高于社会消费品零售总额的时间一般不超过两个季度(见图 7);从消费自身运行规律看,环比持续下滑一般不超过四个季度(见图 8)。目前这两个条件均已达到。原因之二是政策对消费的外生刺激,尤其是保障性住房的大规模建设。民众购入保障房后需要装修,购买家具、电器和其他生活用品,从而直接扩大消费需求;同时民众在解除住房的后顾之忧后,消费者信心和能力也会增强,从而增加其他商品的即期消费。因此,可以预见消费增速已经见底,出现向上反弹,但不会恢复至前三年的繁盛局面。

在国外需求方面,魏博士持谨慎乐观态度。美国 2 月 CPI 已突破 2% 目标值,环比也连续保持 0.5 个百分点的增幅,短期内仍有加速上涨趋势(见图 9)。4 月 7 日基于通胀目标制欧洲已先行加息 25 个基点,美国退出量化宽松政策也是大势所趋。最大的担忧

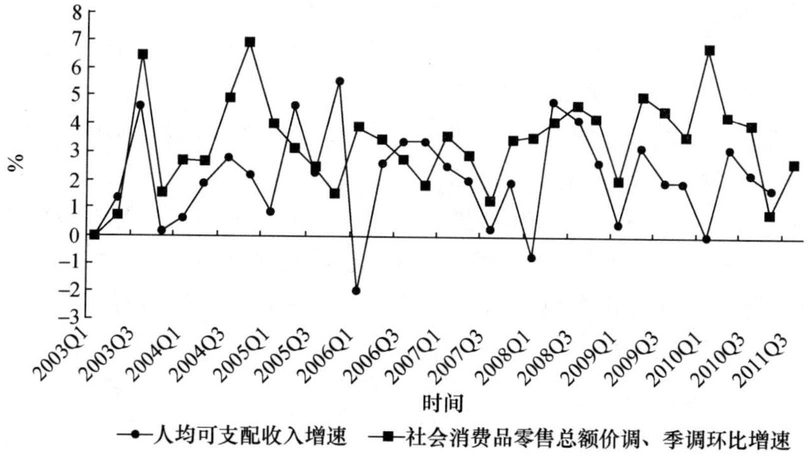

图 7　人均可支配收入增速和社会消费品零售总额增速

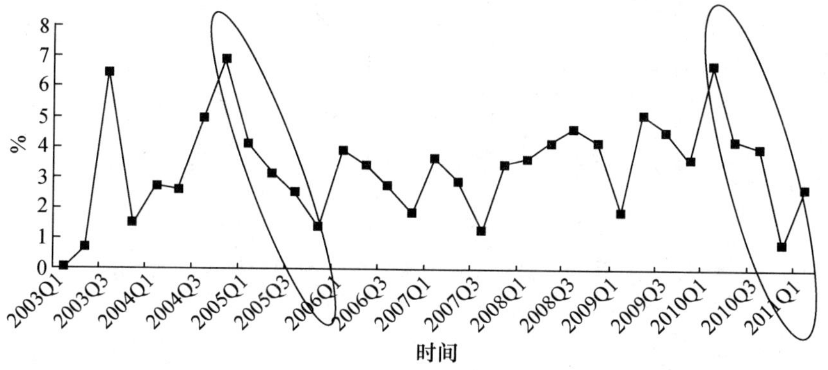

图 8　消费增速

资料来源：Wind，中信建投研发部。

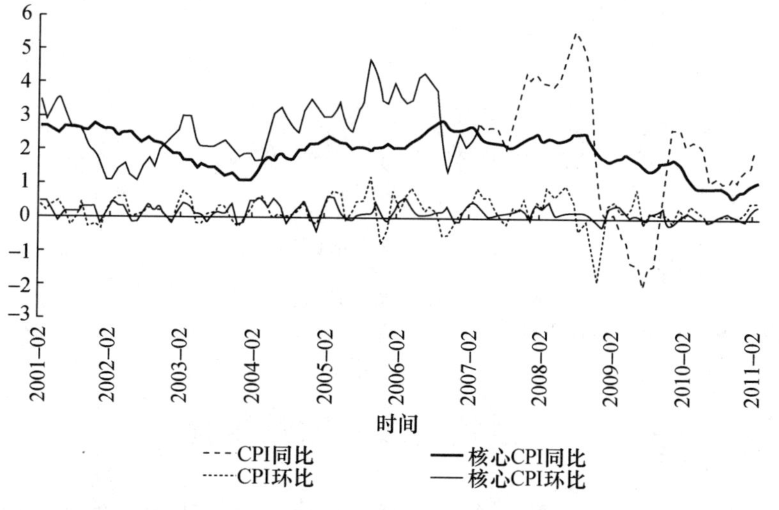

图 9　美国 CPI 同比与环比走势

资料来源：Wind，中信建投研发部。

在于日本,震后制造业与服务业下滑,可能拖累世界经济复苏步伐。从中国的贸易顺差看,二季度通常是从低谷开始走高的时期,预计今年也不例外。全年贸易顺差虽有主动缩减的态势,但净出口对经济增长贡献的主动权在我国。

基于上述的成本需求分析,可以做出两个判断。在微观层面,2011 年企业的利润中枢将下移。一季度主营业务利润率从 13.7% 上升至 13.9%,但净利润率却从 6.9% 下降到 6.8%(见图 10)。全年企业盈利增长率将在 20%—25%,低于去年 38% 的增长水平。在宏观层面,二季度同比增长将保持惯性上升,但环比有所回落(见图 11)。未来市场的修复是依靠政策推动还是市场自身的力量?魏博士认为,政府放松紧缩政策的可能性不大,市场修复仍主要靠自身。

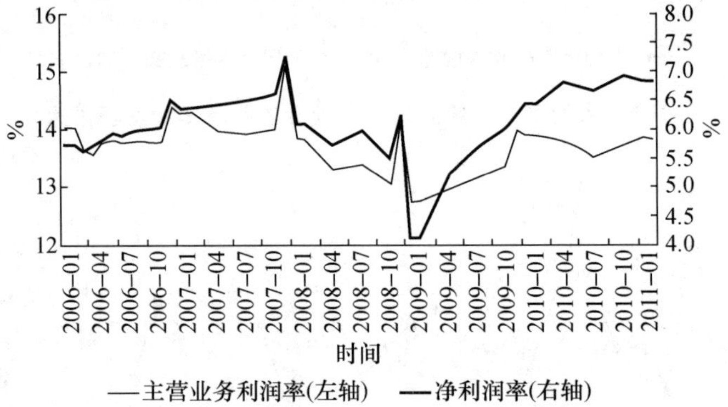

图 10　企业主营业务利润率与净利润率

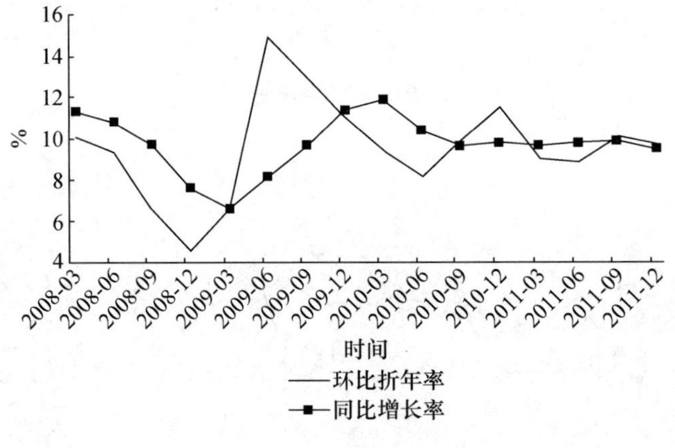

图 11　GDP 同比与环比增长率

资料来源:Wind,中信建投研发部。

三、过渡期政府政策走向

过渡期的政府政策走向主要取决于政府对通货膨胀的态度。魏博士认为政府的态度是通胀已成为慢性病,不能一夜之间彻底解决,而社会稳定才是首要目标。通胀形成有四方面的原因:刘易斯拐点到来后劳动力成本上升,城市化进程中农产品供给紧平衡,生产效率的提高与要素价格的上涨在时间和进程上的不匹配,以及政府希望借由通胀解决财政困难。在通胀成为慢性病、稳定力压一切的背景下,政府不能集聚全部力量打压通胀,只能将通胀控制在可承受的范围之内,即政府可以承受各利益集团因通胀而对其施加的压力。为此政府采取了如下措施:对大众集团保障民生,对权贵集团提高要素价格如煤价和电价,对政治稳定性影响较弱的中产集团则要求承担较多通胀成本。

魏博士对过渡期货币政策走势做出四点判断:一是保证信贷需求,适当提高利率,以非对称加息为宜;二是加强总量调控,社会融资总量进入操作层面,协调配合各部门和各市场的融资量;三是升值加快可能性高;四是准备金率继续上调。过渡期财政政策则将逐步由积极转变为稳健。

在政府力求稳定的形势下,在增长方面投入的力量就会减弱。据估算,2011 年政府为了维稳而多增加的财政支出将高达 3 372 亿元,其中包括国防支出、保障房建设支出、新农合支出等(见图 12)。与此同时,中央政府主动将赤字率从 2010 年 2.76% 下降至 2011 年的 2%(见图 13),不再继续负债扩张,减弱了公共风险扩散可能性,也说明中央政府不太可能通过财政扩张政策刺激经济增长。而地方政府则没有财力刺激经济增长。保障性住房从“投名状”变成“杀威棒”,惩戒作用大于激励作用时,地方政府压力陡增,但经费紧缺,无奈之下,只能谋求变通,地方政府与民间资本相结合,形成增长动力。

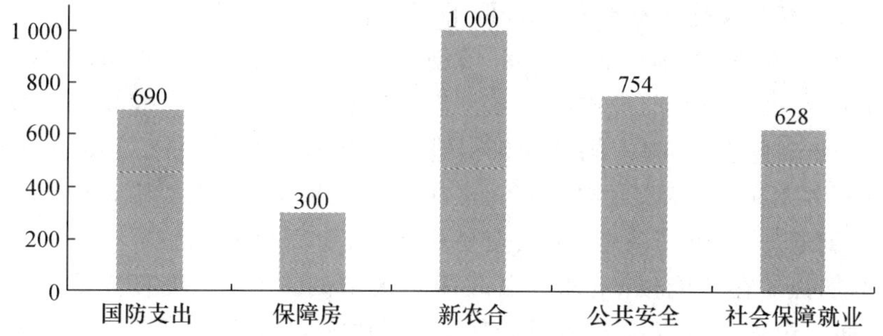

图 12　2011 年相关公共支出较 2010 年的增加额

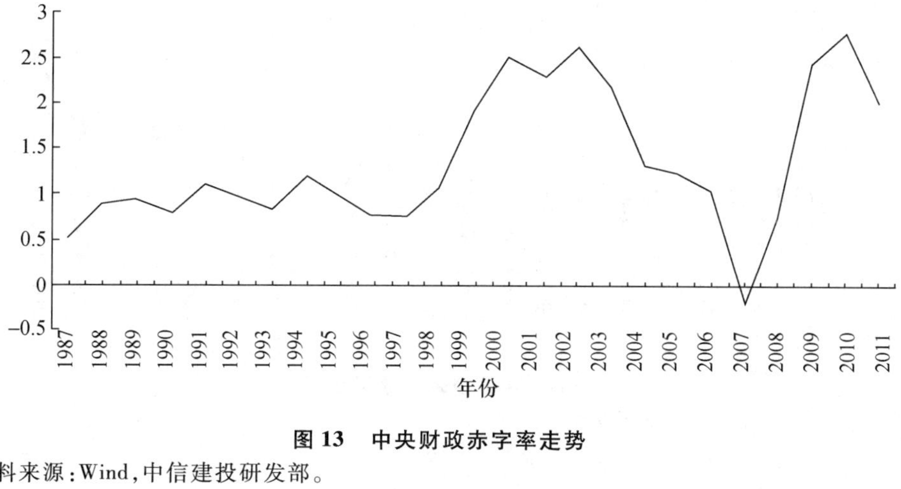

图 13　中央财政赤字率走势

资料来源:Wind,中信建投研发部。

四、穿越刚性:政府创新与市场创新

中国经济如何通过创新突破成本约束与需求约束,穿越刚性?在经济中周期中,企业会不断面临多方面的约束:过渡刺激形成的通胀与泡沫,公权侵占私权,国际市场收缩,内生性增长放缓,资本回报边际递减和劳动力成本边际上升等。创新的作用即在于消除这些约束,打破僵局,加快经济复苏。创新有三要素:目标是创新的动力;财政约束是创新的能力;而领导者作为创新的发起者和组织者,是创新活动的灵魂与核心。中国的创新领导者最主要是企业家和官员。政府官员即将面临换届,在换届过程中需要权衡利与仕孰轻孰重,为了获取稳定现金流和完成上级指派的任务,政府的创新便是资源整合。整合资源的方式包括:(1) 对地方金融机构的整合,政府积极牵头中小银行的重组和改制,并以上市为目标,发达地区鼓励民间资本参股甚至控股;(2) 对地方企业的整合,扶植龙头企业,鼓励新兴产业,给予优势企业土地、金融乃至节能减排方面的优惠措施,促进企业和产业集中,推动企业上市;(3) 对能源的整合,这主要出现在中西部地区,以山西的煤矿资源整合为样本,地方上收资源权,然后通过将资源注入当地上市公司等方式获取现金流;(4) 对内外资源的整合,寻求与中央、央企、外地大型企业、权贵等外部资源合作,适当让渡利益,解决地方的资金约束、土地约束和行政管制造成的制度约束;(5) 对医疗、教育和文化等社会保障资源的整合。

除了政府创新,穿越刚性还需要市场创新,包括三类。一是技术创新,提高产出效率,以期消化成本。据计算,中国的技术扩散指数已达到1.77%,表现出明显加速的特征(见图14)。金融危机时期,中国从国外引进大量技术,如高铁、汽车和纺织技术等,技术扩散加快;日本大地震之后,日本企业无法在国内恢复生产,技术势必也会向中国进行转移。二是组织创新,打通产业链,降低交易成本,从而固化成本。这主要表现为行业的整合和垄断的加强。在节能减排、地方财政压力大增的背景下,政府会帮助企业实施实际上的垄断,通过限量保价以提升利润。三是商业模式创新,以更合适的盈利模式转嫁经营成本。创新的结果从微观上说是形成主导产业,从宏观上说是化解增长乏力的系统性风险。

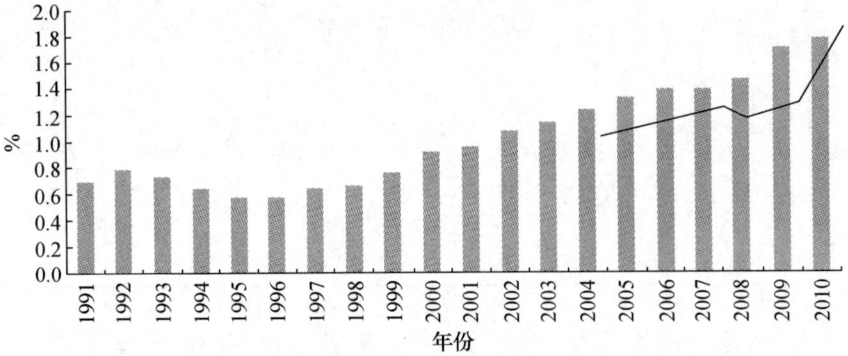

图14 中国技术扩散指数走势

资料来源:Wind,中信建投研发部。

高油价对中国经济和投资的影响*

苏　畅

申银万国证券研究所首席分析师、宏观研究部联席总监

苏畅博士主要从四个方面对石油价格对中国经济和投资的影响作了阐述。首先他总结了2011年一季度宏观经济数据的一些矛盾，就未来几个季度内宏观经济的走势作了大致的判断，认为中国经济增长速度可能会在第二季度进行调整，之后出现回升，而不是一直保持在目前的较高水平。由于未来油价的走势与这一判断的关系非常密切，因此他在第二部分讨论了可能影响油价短期走势的主要因素，其中包括全球大宗商品需求、欧美央行货币政策指向目标、美元汇率的技术因素以及当前供给面的不确定性。这些因素都是短期内影响油价的重要因素，苏博士认为近期暂时还很难说油价已经见顶。在第三部分，苏博士从中周期的视角论述了能源问题对中国未来增长可能造成的制约，并在最后简要介绍了今年申万研究所建议投资者所应该采取的投资策略。

一、短期经济走势、数据矛盾和油价

现在对2011年度中国宏观经济走势的判断，业界基本有两种看法。一种观点认为GDP环比增速基本保持稳定（如图1虚线所示），另一种认为GDP环比增速会先经历一个向下调整的过程、然后开始回升（如图1实线所示）。如果是第一种情况，那么未来几个月内的CPI都将在5%左右的高位运行；如果是第二种情况，那么走势就和去年非常接近，因为去年二季度GDP环比增速的回调，特别是汽车行业的生产回调是非常显著的，可以认为是一个去库存化过程。我们虽然无法确定知道未来属于哪种情况，但是我们倾向于认为，生产出现回调的可能性更大。

导致我们无法确定地知道走势的一个重要因素是一季度数据中出现了诸多不匹配甚至矛盾的现象：PMI指数在第一季度出现了显著的回调（图2左），显示生产活动减弱，PMI分项中也显示出订单量的下降，但是发电量却出现了强劲增长（图2右）；微观层面

* 中国经济观察第25次季度报告会（2011年4月23日）。

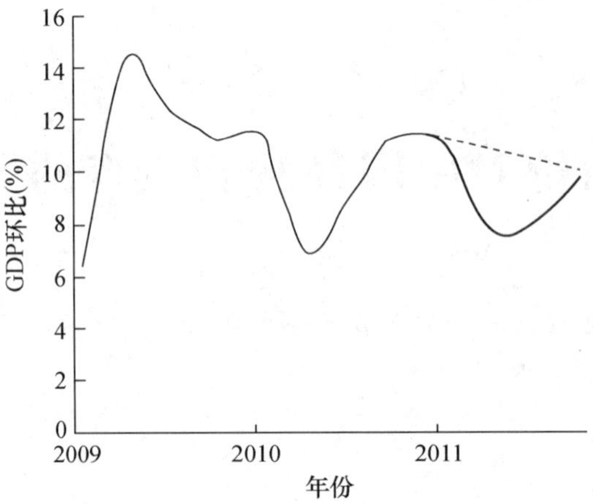

图1　2011年宏观经济形势判断

资料来源：申万研究所估计。

上，企业数据之间也相互矛盾：潍柴动力的重卡订单情况比较差，库存水平比平均值高，而三一重工等企业的工程机械销售情况却相对较好；投资和货币信贷的矛盾最为明显：一季度的货币信贷紧缩程度很大，社会融资总量也少增长了几千亿，同时民间融资成本也显著上升；但是在如此大的投资压力下，房地产开发投资的同比增速却达到了34%，整体固定资产投资的增速也小幅反弹；最后，对保障房建设来说，虽然普遍预期今年的保障房建设投资将成为维持投资增速的中坚力量，但是我们实际了解到的情况是，有的保障房开发商从去年项目开始，到现在还没有获得过政府的资金支持，而且尽管两会提出让保险资金进入保障房投资，我们从个别保险公司了解到的情况却是他们也不愿意出资，认为保障房的建设项目是鸡肋。

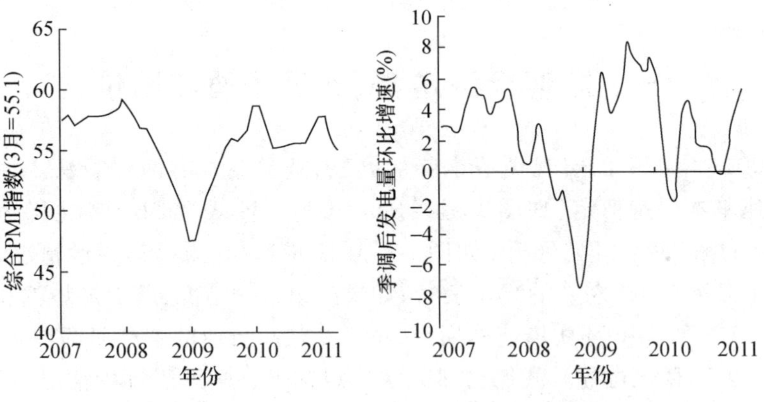

图2　综合PMI指数3个月平均值和季调后发电量环比增速

资料来源：申万研究所估计，CEIC。

反映一季度内需是否强劲的另外一个因素是进口。一季度5种大宗商品进口额增长很快，好像显示内需很强，但是要注意到的是，其中进口量的增长只有10%多一点，而5种大宗商品的进口价格平均却上升了30%（图3）。这和2003、2004年的情形是不同的，当时进口的强劲表现在进口量的上升。这说明内需其实并不是非常好，也就是说二季度的 GDP 环比走势更有可能还是会出现回调。

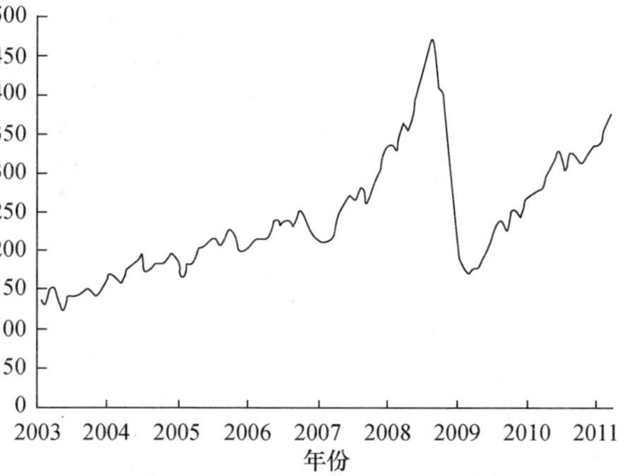

图 3　5 种主要大宗商品进口量进口均价

资料来源:申万研究所估计。

综合以上信息,考虑到货币和信贷的紧缩以及融资成本非常高的现状,未来的投资如果要增长压力非常大;而进口的增长实质上价的增长大于量的增长,也很难说内需很强劲;如果消费没有出现大幅度的增长,那么可以认为更有可能看到的 GDP 环比走势将是图 1 中实线所示的情形。如果内需下来了,那么 CPI 也就会略微有所缓和。我们初步判断,2011 年的 CPI 会落在图 4 所示的实线与虚线之间(实线对应的就是图 1 中 GDP 环比出现实线所示的情形,通胀水平会随着内需走弱而下降,虚线对应的是图 1 中虚线的情形,表示内需一直很强,通胀维持在较高位置运行)。

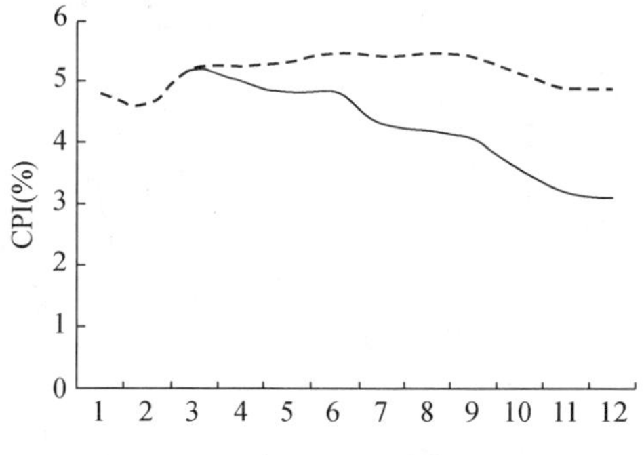

图 4　2011 年 CPI 可能落入区间

资料来源:申万研究所估计。

但是即便是做出了这样的初步判断,也需要注意到油价的影响。油价对中国经济的短期影响主要通过两个途径实现:一是通过影响通胀预期来影响国内的通胀以及央行的货币政策;二是通过影响美国和发达经济体的需求,间接地对中国产生影响。第一种途路径的佐证之一是 2010 年下半年以来 4 次成品油价格调整和加息基本都是在同一个月内进行(图 5),这说明油价可能影响到国内的通胀预期,从而迫使央行在货币政策方面也要有所考虑。

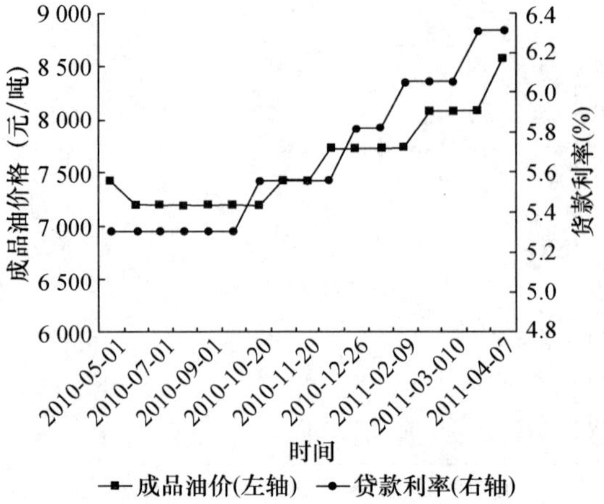

图 5　中国成品油价格和贷款利率

资料来源：Wind。

第二种途径的逻辑在于，因为在美国等发达经济体对石油的需求中，许多部分是刚性需求（如自驾或乘车用油），这部分的需求很难因为油价的提高而减少，因此油价的上升就导致这些国家的居民在其他可选消费上的支出降低，从而内需会受到挤压，经济就容易发生衰退（现在已经看到一些这方面的趋势）。为了验证这一逻辑，我们将美国历史上利率与油价的序列，按照按揭贷款支出和能源支出在美国居民消费中的比重（分别为 20%多和 8%—9%）进行加权，合成为一个指数。每当这个指数接近或超过 6，就会出现经济衰退（图 6）。现在这个指数已经超过 5，因此我们认为，美联储退出量化宽松货币政策还为时尚早，加息的可能性也不大（后面还会从核心通胀的角度提供这一判断的另一个根据）。上述两方面的渠道，都有可能对年内通胀以及 GDP 的走势造成影响。

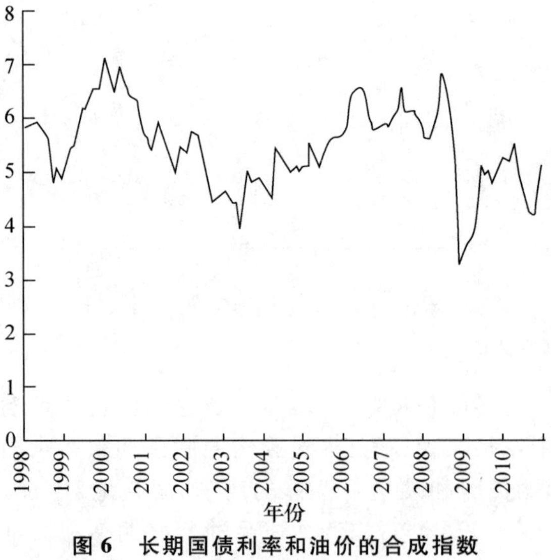

图 6　长期国债利率和油价的合成指数

资料来源：St Louis 联储（美联储下设分支机构），申万研究。

二、当前油价是否已经见顶？

第一部分已经谈到了油价对中国经济短期走势的可能影响途径，当前油价是否已经见顶就是一个非常重要的问题。我们从以下几个不同的方面对此进行讨论。我们认为，国际油价短期内还难以言“顶”，对油价未来的走势还需要保持相当谨慎的态度。

首先，全球工业生产已经超过了长期趋势水平。尽管美国的工业生产很弱，但是受到以中国为代表的新兴经济体推动，全球工业生产指数已经超出趋势两个多百分点（图7左），同时我们编制的发达经济体扩散指数也处于高位（图7右），显示发达经济体增长也是很强劲的。新兴经济体和发达经济体的这种强劲需求是推动油价以及全球通胀水平的基本面因素。

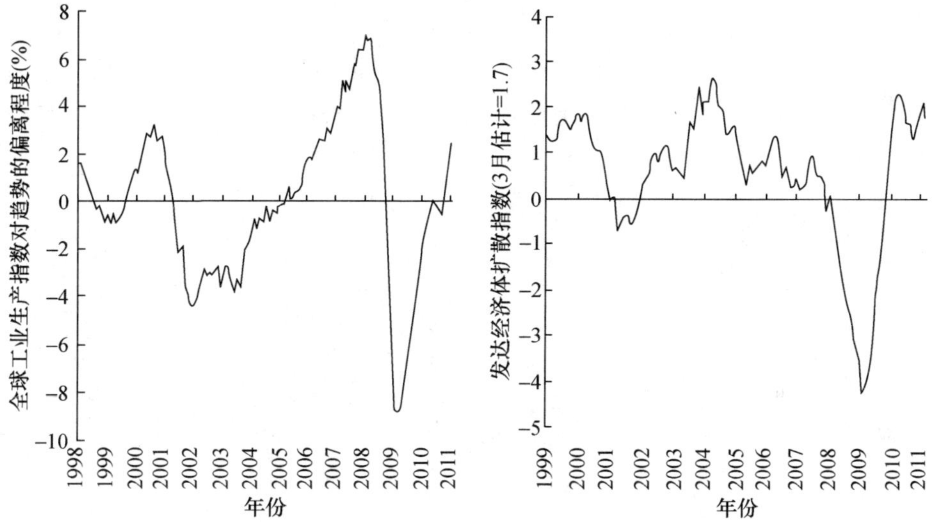

图7　全球工业生产指数对趋势的偏离、申万计算的发达经济体扩散指数

资料来源：荷兰经济政策研究局以及申万研究所估计。

其次，考虑主要央行的货币政策未来的可能性。目前欧洲央行已经先于美联储加息，需要注意的是二者对目标通胀的定义是不同的。欧洲央行钉住的是名义通胀，美联储钉住的是核心通胀。核心通胀比名义通胀少统计了诸如能源和蔬菜等一些农产品的价格，这些价格波动较为频繁的商品不是核心通胀的统计范围。美国1990年以来的历史数据显示的情况是没有明确证据显示名义通胀能够传导到核心通胀（图8）。

伯南克认为，如果名义通胀上升要传导到核心通胀水平，需要经过通胀预期上升和薪酬上涨两个环节。密歇根大学对居民5年的通胀预期调研显示当前美国居民的长期通胀预期基本还是在正常状态，并没有因为美联储实行了两轮定量宽松货币政策而出现很大幅度的上升（图9），加上目前美国的失业率还是很高，因此我们预计美联储钉住核心通胀的政策不会改变。近期标准普尔刚刚下调美国主权债务评级展望，美国财政方面削减支出的压力可能很大，为了缓和财政紧缩的冲击、保持对经济的刺激，美国货币政策可能维持在低利率水平更长的时间，美联储短期内是不太可能加息的。

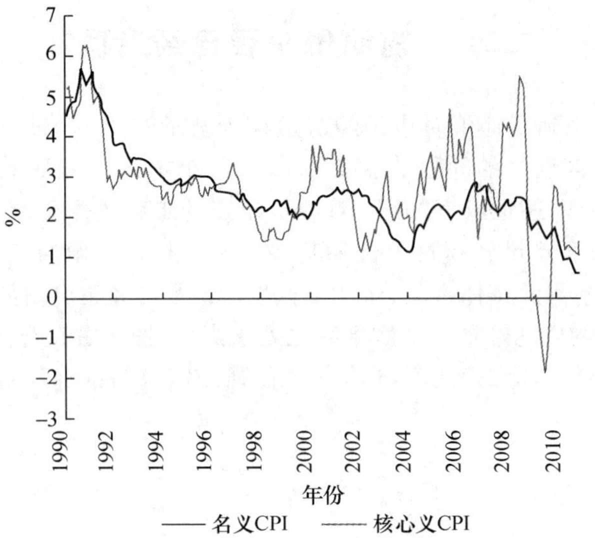

图 8　美国核心通胀和名义通胀

资料来源：St Louis 联储。

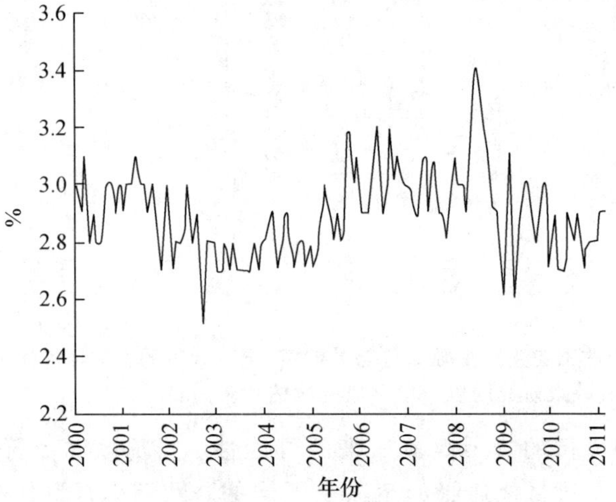

图 9　密歇根大学调查的居民 5 年通胀预期

资料来源：Bloomberg。

这里还要提及的一点是，像欧洲央行这样盯住名义通胀的做法其实也是有争议的。2008 年上半年，全球大宗商品价格上涨，欧洲名义通胀大幅上升，在 2008 年夏天欧洲央行还进行了一次加息，但是紧接着发生金融危机，欧洲经济在环比上的波动比危机发源地美国还要严重。此时欧洲央行才被迫紧急扭转自己的利率目标，降低利率到 1% 的水平。而如果欧洲央行钉住的是核心通胀，由于 2008 年核心通胀变化不大，那么利率就不会有这么大的起伏，经济所受到的冲击也会更小。

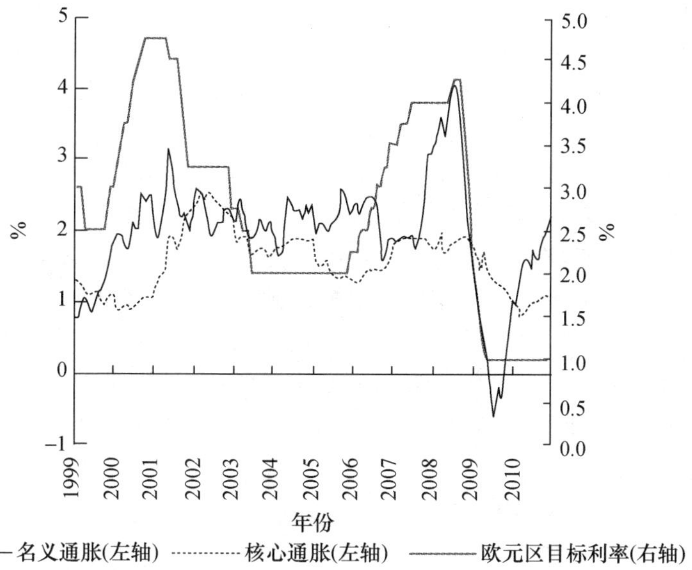

图 10　欧洲央行在 2008 年年中的利率政策变化

资料来源:Bloomberg 及申万研究。

对油价持怀疑态度的第三方面的证据是美元汇率可能仍然会持续贬值(这一点也和上面美联储和欧洲央行货币政策的分歧有关)。从技术分析的角度看,美元 DXY 指数[①]已经跌破支撑线(图 11 左),美元对欧元的汇率也已经向上冲破阻力位(图 11 右),按照技术面的经验判断,美元可能还会贬值一段时间。这个趋势会因为美联储可能在相当长时间内不加息而得到加强。虽然市场预期在 5、6 月 QE2 结束后美联储可能开始紧缩,但是到时候大家会看到联储的资产负债表会在 QE2 结束后的 3 个月甚至更长一段时间内

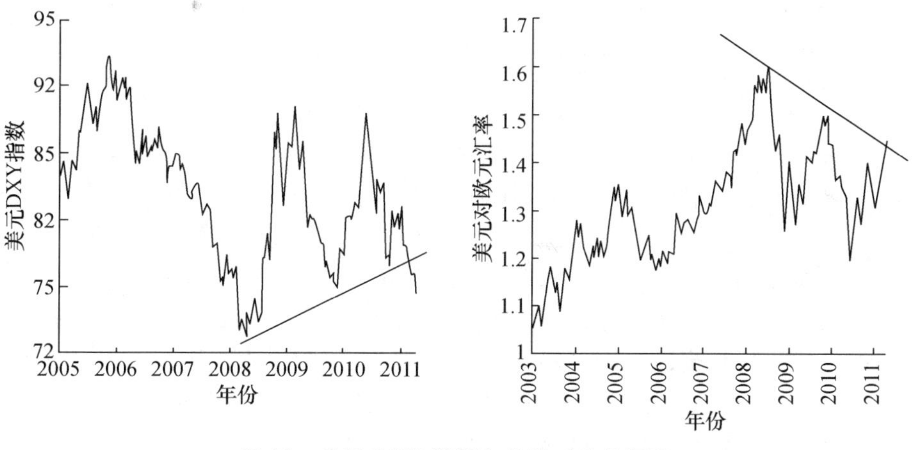

图 11　美元 DXY 指数和美元对欧元汇率

资料来源:大智慧及申万研究。

---

① DXY 指数是外汇市场投机操作所用的一个指数,其走势和常用的美元指数 USDX 基本相同,计算方法也是用美元对主要货币的汇率按照一定的权重进行加权计算,只不过 DXY 指数更加常用于外汇市场短期投机操作。DXY 指数降低表示美元贬值。

保持稳定,因此即便美元在5、6月小幅反弹,之后还是会继续走弱,除非联储之后表露出明显的紧缩意图。考虑到欧洲也无法承受对美元升值太快的后果,我们预期5、6月过后,DXY指数可能会到达72左右,也不会下滑太多。同时,如果人民币真的像目前的传言所说会出现一次性升值的话,就必然会推高欧元,而美元的贬值会加速。综合这些技术面和政策面的因素,我们认为"大宗商品价格现在已经见顶"的说法还为时尚早,投资者还需要非常谨慎,很有可能是在看空的时候,市场继续上涨。

最后一个因素是近期内的原油供给危机,这也表明短期内油价以及大宗商品价格可能不会见顶。借鉴历史上中东北非等石油输出地区的政治冲击的经验(表1),我们认为今年的WTI高点可能在120美元,也就是比现在的水平还要高一些,并且见顶的时机可能要到7、8月才能看到。现在的情形和去年比非常相似,当时大家都预期后半年通胀会下去,但没想到后来通胀不仅没降反而上升。因此,我们对当前油价已经见顶的说法还需相当谨慎。

表1 历史上石油供给危机对油价的影响

	日期	产能损失	原油价格涨幅 第一年比危机年	原油价格涨幅 第二年比危机年
运河危机	1956	10.0%	8%	8.4%
阿拉伯石油禁运	1973	7.5%	168%	188%
伊朗革命	1978	7.0%	51%	152%
两伊战争	1980	6.0%	67%	64%
第一次海湾战争	1990	9.0%	25%	10%
第二次海湾战争/委内瑞拉	2003	4.0%	19%	59%
利比亚危机	2011	<2%		

资料来源:EconBrowser及申万研究。

三、中周期中能源供给不足的影响

以上说明了油价对短期中国经济的影响,以及我们对油价未来走势的初步判断。从中周期的视角来看,中国未来的投资还将快速增长,对能源需求巨大,能源供给的瓶颈将是一个非常重要的问题。在这个大背景下,油价在长期内还是会有走高的趋势。

"十二五"规划可能仍然是把投资作为经济增长的主要动力(图12)。很多人基于此认为现在是系统性的买入时点,因为后续几年中国经济将处于中周期中的扩张阶段。但是油价对这轮扩张的影响仍然需要引起注意。我国人均能源消费水平和其他发达国家如法国、日本以及新兴经济体韩国和印度相比,尚处于起步阶段(图13)。我国未来对能源的依赖还是很强,因此不可避免地会受到油价升高的影响。

中国尚未完成城镇化过程,而国际数据显示,城镇化过程和原油消费是正相关的。图14是PIRA Energy Group做的城镇化率与石油消费的关系,基本是线性的。这也说明我国未来对石油的需求量非常巨大。现在的人均原油消费同比增长达到5%,就是一百多万桶石油。按照这个增长速度计算,全球石油供给能否跟上还很难说。

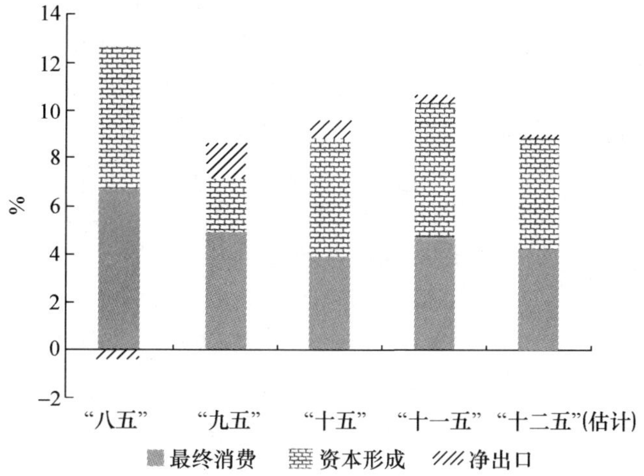

图 12　三驾马车对 GDP 增长的贡献

资料来源:GGDC 及申万研究。

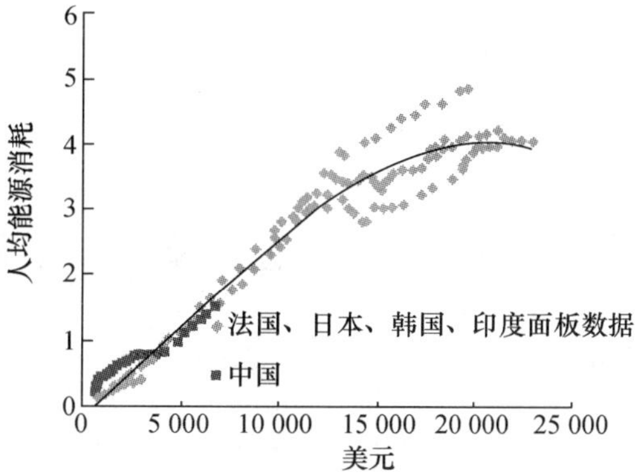

图 13　人均能源消费与人均 GDP——跨国比较

资料来源:GGDC 及申万研究。

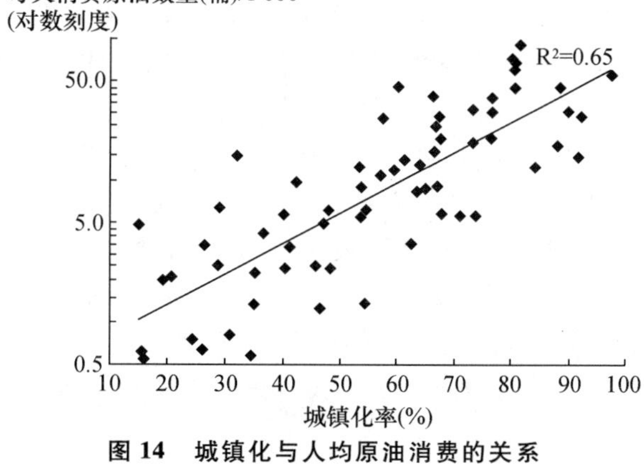

图 14　城镇化与人均原油消费的关系

资料来源:PIRA 及申万研究。

石油供给如果无法跟上，紧接着就是油价的大幅度上涨。观察油价的历史数据(图 15)可以看到，油价的大幅度升高都和经济衰退有关。现在中东北非政治局面动荡，这也对石油供给造成不利影响。可能的解决出路是发展其他的替代能源，但是这些也需要时间去尝试。石油的问题如果解决不了就会导致较高的大宗商品价格，这样一来通胀预期就会很强，政府在制定政策的时候就不好把握。如果实行紧缩则可能需要牺牲就业来稳定通胀，而通胀下来后放松紧缩政策，商品价格还会继续反弹。这就可能使得未来的经济周期变短，并且波动更大，这对投资者来说是很不利的。

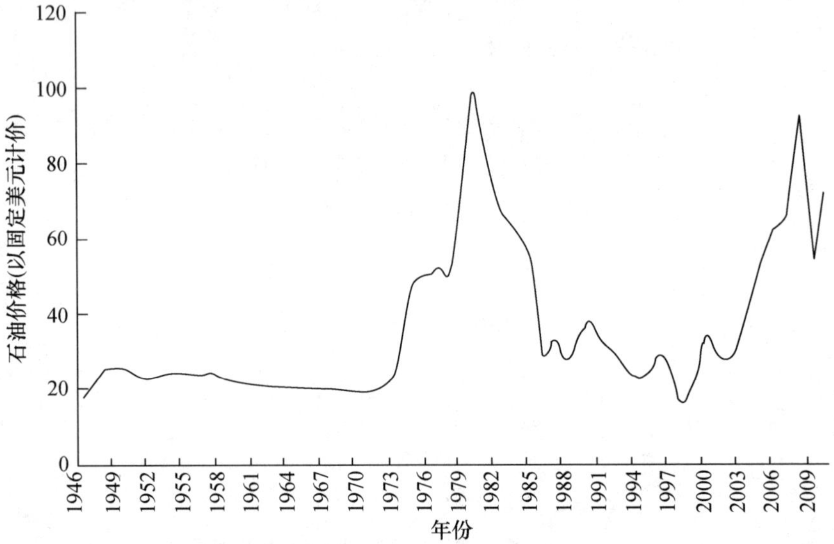

图 15　全球石油价格

资料来源：Inflation Data 及申万研究。

四、2011 年度投资策略简介

今年的投资策略和上述对油价走势的判断密切相关。对油价的判断直接影响到对未来几个月内 GDP 和 CPI 走势的判断，而这又会影响到财政政策从而影响到股市。综合各方面因素，我们比较看好房地产、金融等周期性行业。

在实施积极财政政策的背景下财政支出从两个方面来提振股市：一个是直接拉动配套资金，促进更多项目的投资，使得内需增强；另一个是财政资金从央行进入商业银行，改善了资本市场上的流动性。这可以从观察前三年财政支出与收入比的变化(图 16 左)、季调后的财政支出与收入比(图 16 右)以及同期股市的表现中得到佐证：2008 年 11 月 A 股反弹，2008 年 12 月财政支出最高；2009 年上半年财政支出很大，股市很好；2010 年上半年股市很差，下半年财政支出力度起来后，6—11 月股市开始好转。

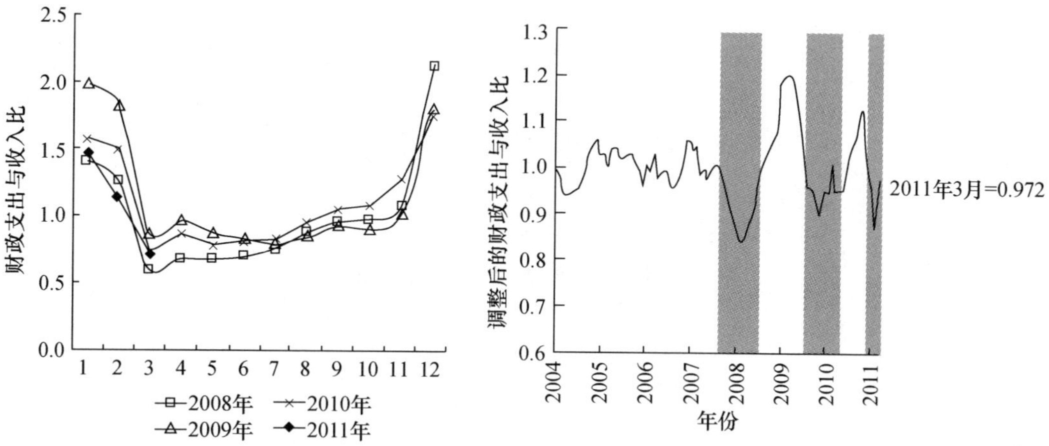

图 16　财政支出与收入比——季度趋势和年度趋势

资料来源:CEIC 及申万研究。

今年的财政政策窗口可能和前几年类似,在第三季度财政支出会有所提速。这是因为 12 个月滚动的财政赤字(图 17)显示,过去 12 个月累计的财政赤字为 4 000 亿,而今年预算赤字是 9 000 亿,即便是最后只执行 7 000 亿的财政赤字,还是有一个很大的财政刺激的空间。而决定是否出现财政刺激政策的主要因素就是能否看到二季度 GDP 的放缓,以及从此导致的通胀缓和。如果能看到,那么财政支出很有可能出现提速,股市就会有反应,二、三季度的情形就会出现类似于去年和前年的时间窗口。基于这些因素,我们看好金融等周期性行业。

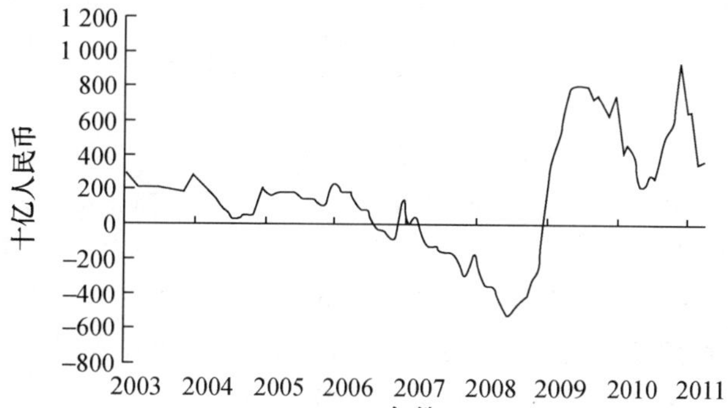

图 17　12 个月累计财政赤字(滚动计算)

资料来源:申万研究估计。

经济增长的长周期*

宋国青

北京大学国家发展研究院教授

宋国青教授首先就贸易条件对国民生产和收入的影响做简要评论，提出其影响应从短期和长期两方面来衡量利弊。之后着重从供给波动方面分析潜在经济增长率是否下滑的问题，提出非农就业份额增长率波动是影响短期潜在经济增长率波动的重要因素。从短期潜在经济增长率波动来看，现在的经济增长率可能只是处在周期性波动的谷底。而剔除非农就业份额增长率波动后，长期潜在经济增长率尚未看出明显下降趋势。考虑到劳动力增长率长期来看每年下跌 0.1 个百分点，未来每年的潜在经济增长率可能下滑 0.1—0.2 个百分点。

一、从短期和长期看贸易条件的影响

贸易条件变化对国民生产和收入的影响可从短期和长期两方面来衡量利弊。举例来说，倘若美国每年减少 7% 的贸易赤字，同时中国每年加息 5%，那么带来的直接后果是铁矿石、铜、石油等大宗商品出口国，譬如沙特阿拉伯、澳大利亚、俄罗斯，会面临国民生产总值与国民收入的剧烈下降。而对中美两国而言，短期来看，GDP 会下降，但国民收入可能不跌反涨，这是贸易条件变化短期内对于国内生产和收入的差别性影响。

长期来看，资源价格低可能导致资源出口国减少生产方面的投资与生产量，从而对中美两国长期的国民生产总值与国民收入都产生负面影响。因此，贸易条件变化带来生产和收入两者变化的弹性系数应该从短期、长期两方面来计算。

二、增长通胀组合出现“相对滞胀”

中国的增长通胀组合去年下半年以来出现显著的“相对滞涨”现象。2004—2006 年是中国经济增长和通胀的黄金组合，这三年的 GDP 增长速度分别为 10.1%、11.3% 和

* 中国经济观察第 26 次季度报告会(2011 年 7 月 23 日)。

12.7%。考虑到通胀的半年滞后效应,这三年对应的通胀率分别为3.2%、1.4%和2.4%。相比起这一黄金组合,去年下半年以来的增长通胀组合非常差。2010年的GDP增速为10.3%,大致对应的是2011年6月的通胀,达到6.4%。相对于黄金组合时期,经济增速下降了约1个百分点,但CPI却高了近4个百分点。

简单剔除超常通胀对经济活动水平的影响,潜在GDP的增长速度在2005—2006年接近12.0%,目前只有9.0%左右。特别是在2011年二季度,GDP环比增速跌到8.0%以下,而CPI的环比和同比通胀率仍在上升,已处于显著的"相对滞涨"局面。①

近期"相对滞胀"局面形成主要是由于供给面出现变化,即经济增长速度出现下滑。以煮饭为例,饭稀薄的程度代表增长通胀组合的表现,水代表需求面大小,即货币量,米代表供给面情况,即经济增长速度。近年来看到饭稀了,央行引入社会融资总额的概念想说明当前情况下是水变多了。但与历史相比,饭稀的主要原因还是由于米少了。下面我们要研究的是米为什么变少了,即经济增长速度缘何下滑。

没有疑问,过去三十多年的经济增长速度总要降下来,问题是什么时候发生变化,以多快的速度下降。估计长期的经济增长速度,相对比较确定的变量是劳动供给和资本存量。由于即使未来一段时间的投资增长率下降,资本存量的增长率将仍然相当高。因此,我们下面主要从劳动供给层面进行分析。最近讨论得比较多的人口红利或刘易斯拐点理论都是从劳动力供给角度进行分析。短期潜在经济增长率下降是比较确定的现象,而根据人口红利或刘易斯拐点理论,潜在经济增长率将从此以后一直处于比以前低的水平上。本文在此给出的解释则是短期潜在经济增长率的下降可能只是一个周期性现象,由供给方面的周期性波动引起。而长期潜在经济增长率是否下降还不能确定,最多每年由于劳动力增长率的下降而下滑0.1—0.2个百分点。

三、就业人数及其增长率不足以解释潜在经济增长速度下滑

首先分析就业人数、就业增长率和人口抚养比的变化对经济增长速度的影响。图1报告1978—2015年的就业人数和就业增长率(2011—2015属于预测数据)。②图2报告1970—2009年的就业增长率与抚养比的变化。多年来我国城镇登记失业率很低且稳定,农村没有失业率概念,所以总的就业人数接近于劳动力数量,与经济活动人口的变化相近。由此就业增长率与抚养比的变化大致是反向的。

从图1可以看出,1990年前后我国出现了就业增长率的显著下降,2011年前后出现就业人数的绝对下降。我国的劳动力数量增长在20世纪80年代很高,按未调整数据,80年代(1979—1989年)就业的年平均增长率为3.0%,调整后为3.9%。1990年前后就业增长率跌得很快,90年代(1989—1999年)的就业年平均增长率大约为1.1%。2000

① 对于近期CPI通胀率数据分析,我们不应当简单剔除猪肉价格上升的影响。目前猪肉价格同比涨幅很高,主要是目前肉价过高,但也有去年同期肉价偏低的影响。另外,目前蔬菜价格环比涨幅很低。对于一些食品价格的大幅波动,适当打折是可以考虑的,完全剔除有问题。

② 因1990年人口普查时就业数据存在调整,所以此处报告的结果中,1990年以前的数据是根据原统计数据、2000年人口普查数据及其他相关数据估计得到的。

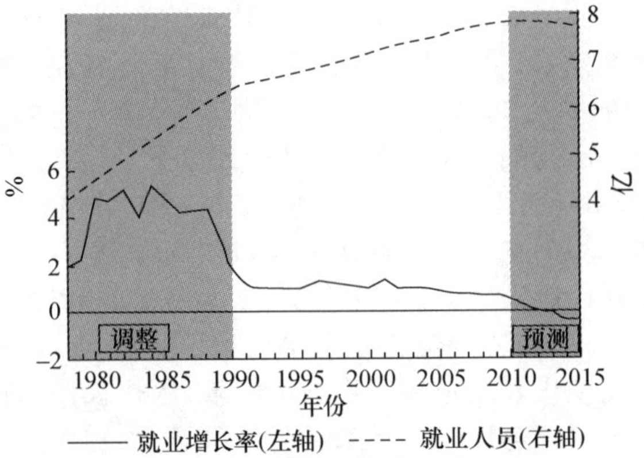

图 1　就业人数及其增长率

年以后就业增长率不足 1%，近十年的就业年平均增长率大约为 0.67%。我国现在的就业增长率要低于美国，美国的就业增长率还在上涨，但我国的就业增长率一直在下降，这两年就业数量的绝对值也开始下降，即就业增长率由正转负。从就业数量来看，这两年可能是历史上的一个高点，今后 50 年内也不会出现更高的就业量。这里需要强调的是，就业绝对量的拐点出现在现在，就业增长率的拐点出现在 1985 年前后。

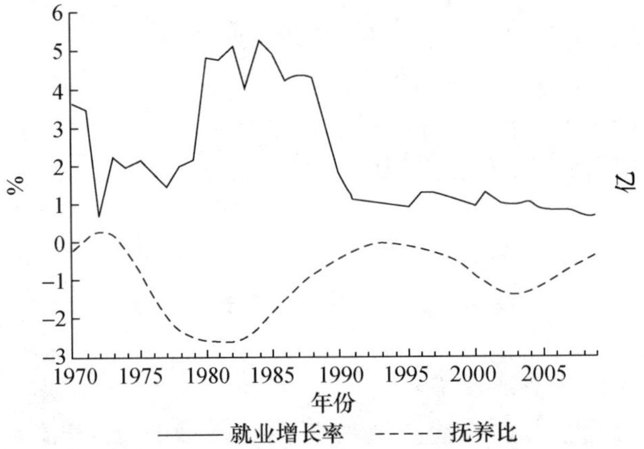

图 2　就业增长率与抚养比的变化

给定其他情况，影响经济增长速度的应当是就业增长率而不是其绝对水平，计量分析结果显示，在 1990 年以前到 2010 年的样本中，GDP 增长率与就业增长率没有关系，但 1992—2010 年的样本中两者相关，人口抚养比的变化与 GDP 增长率在不同时期都没有关系。

从国际经验上看，跟中国大陆劳动力转移情况比较相似的是中国台湾地区和韩国。与它们相比，大陆人口红利下降晚了约十年。台湾地区、韩国的生育率下降在 20 世纪 60、70 年代，由于进城高峰引发；大陆的生育率下降在 70、80 年代，由计划生育政策导致，比之晚了约十年。然而，大陆经济增长的高点比台湾地区、韩国晚了约三十年。台湾地区、韩国的经济增长高点在 60、70 年代，与人口红利的时间点是契合的，而大陆的经济增长高点在 1990—2010 年这二十年，比之晚了三十年，且与就业增长率的变化无契合点。

扣除 1985 年以前农业改革对经济增长的贡献，1985 年就业增长率的拐点没有对经济增长速度形成可以观察到的负影响主要可能有两方面的原因。其一，1985 年以后出现了城市经济改革和与此相关并对经济增长影响重大的农民进城即城市化。其二,大量年轻劳动力进城积累的非农业劳动工作经验对生产率的提高起了很大的影响。

综上,很难简单从劳动力人数或人口红利角度给出潜在经济增长速度显著并将快速下降的结论。然后,鉴于目前没有推动经济增长速度上升的其他因素,从劳动力数量和估计的人力资本增长率下降的角度可以认为潜在的经济增长速度已经或将要下降,只是下降的速度无法确定。在这一长期判断基础上,下面将通过非农就业份额这一变量提出供给周期的理论来进一步解释短期潜在经济增长率的问题。

四、非农就业份额变化影响短期潜在经济增长率

非农就业份额增长率的周期性变化是短期潜在经济增长率波动的一个重要因素。首先看图 3 报告的经过滤波处理的农业就业份额数据。上图给出了 1987—2010 年农业就业份额的情况,并通过 HP 滤波分离出了农业就业份额的趋势和波动。①

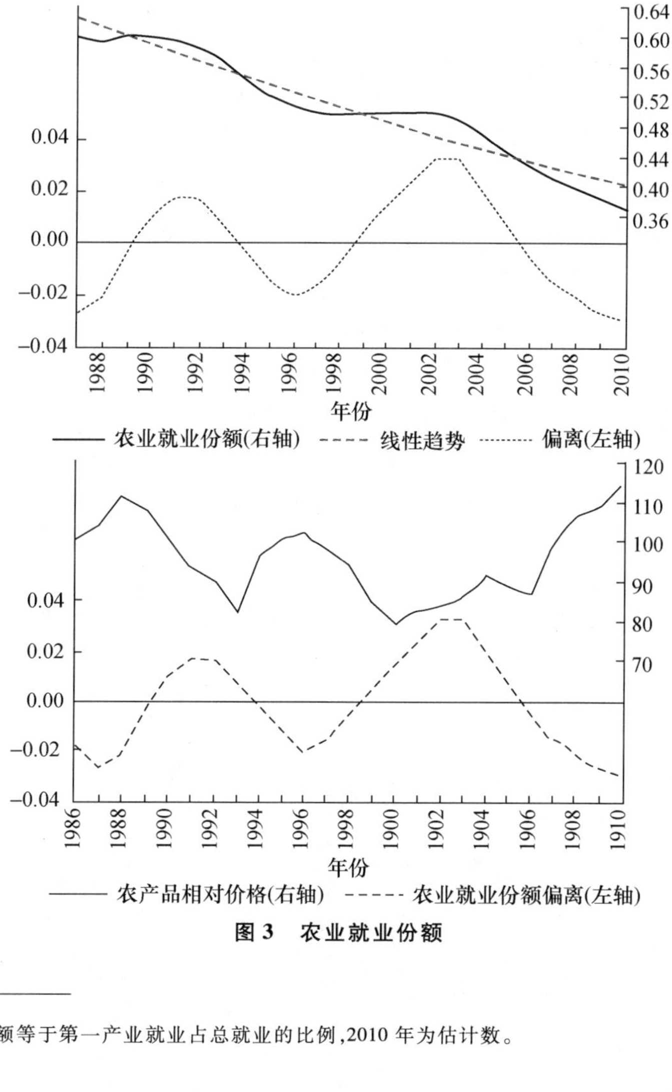

图 3　农业就业份额

① 农业就业份额等于第一产业就业占总就业的比例,2010 年为估计数。

从图 3 可以看出,2004 年以来,农业就业份额快速下降,对应地,非农就业份额快速增长。究其原因,主要是 2003 年及以前农业就业相对过度。图 3 的下图给出 1986—2010 年的农业就业份额和农产品相对价格。其中一个容易理解的故事是,农业就业份额下降,即农民少了,于是农产品涨价。反之,农产品的相对价格上涨,农民对这个信息如何反应在此处不加以详述。

图 4 报告未经任何技术处理的 GDP 增速与农业劳动份额变动图形。可以看出,农业劳动份额增长率对过去二十多年的经济增长速度有很重要的影响。农业就业份额增长率下降时,经济增长速度上升;反之,农业就业份额增长率上升时,经济增长速度下降。

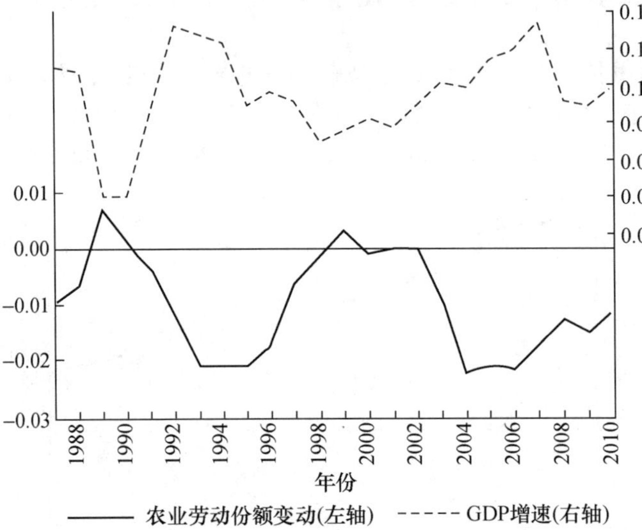

图 4　GDP 增速与农业劳动份额变动

为获得短期潜在经济增长率,以下采用两种方法去除需求方的波动:第一,HP 滤波;第二,先计算通胀率对经济增长率的贡献,再将这个作用从经济增长率中剔除。首先来看用 HP 滤波方法处理的 GDP 增长率和非农就业份额增长率的关系(见图 5、图 6、图 7)。图 5 显示的是 GDP 的 HP 滤波过程,滤波之后的 GDP 趋势线可以认为把短期的小的需求

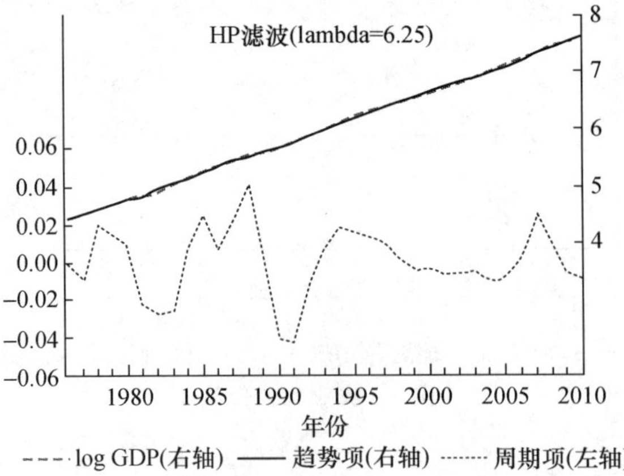

图 5　GDP 的 HP 滤波结果

方面的波动都抹掉了。图6显示的是用图5中GDP趋势计算差分得到的经济增长率，有明显的周期现象。值得注意的是，HP方法有产生“假周期”的可能，需要通过其他情况进行再判断，而这里的这个周期现象不像是数据处理造成的，这个周期即本文想要强调的“长周期”现象。图7中将经过HP滤波处理的经济增长率和非农就业比例变化两个时间序列放在一起，可以看出两者很很强的正相关关系，即非农就业份额的周期性波动引起GDP剔除货币波动因素之后的周期性波动。

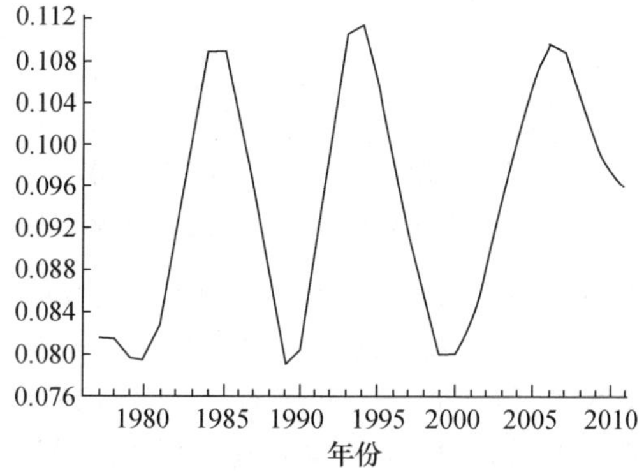

图6 HP滤波后的GDP趋势差分(经济增长率)

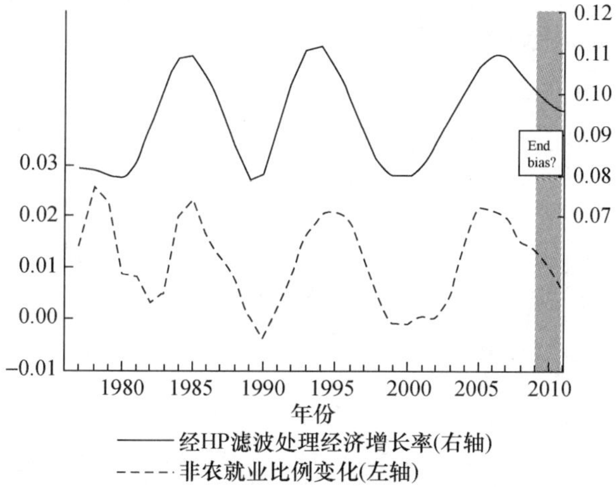

图7 长周期A

下面看用计量方法剔除通货膨胀影响之后的短期潜在增长率与非农就业份额增长率的关系。考虑用通货膨胀率、利率、就业变量来解释GDP或工业生产的水平和增长率。在回归中用到了两个样本，较大的样本是1987—2010年，较小的样本是1992—2010年。前者中总就业对GDP没有影响，后者中有影响。在两个样本中，名义利率和通货膨胀率的影响都是符号相反、大小相近，说明通货膨胀率和名义利率的影响是通过影响真实利率实现的，二者关系如图8所示。①

① 名义利率用当年1年期存款的日均利率，通胀率用下年度的CPI。所有增长率和真实利率都是通过对数计算的。农业就业份额的变化是份额的差分。

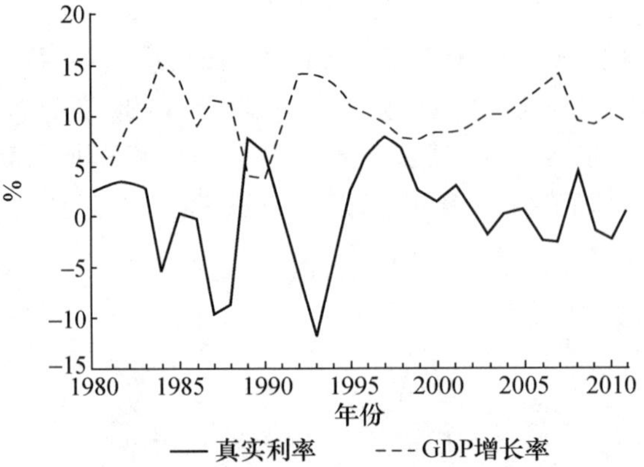

图 8　真实利率对 GDP 增长率的影响

在回归得到系数之后，假定就业如实际过程，而通货膨胀率和利率为常数（等于样本均值或长期趋势），由此得到的 GDP 水平成为消除通胀率波动影响的 GDP 水平，或短期潜在生产水平。在两个样本中，估计的真实利率对 GDP 增长率的影响几乎相等，这里用 1992—2010 年的样本的估计结果，GDP 增长率对真实利率的弹性为 -0.257，样本期内真实利率均值接近 0，并将结果向前外推到 1987 年，向后外推到 2011 年。这里用到 2011 年的名义利率和 2011—2012 年的通胀率，后者估计为 4.8% 和 3.0%。按照短期潜在生产水平的计算方法，我们得到图 9。

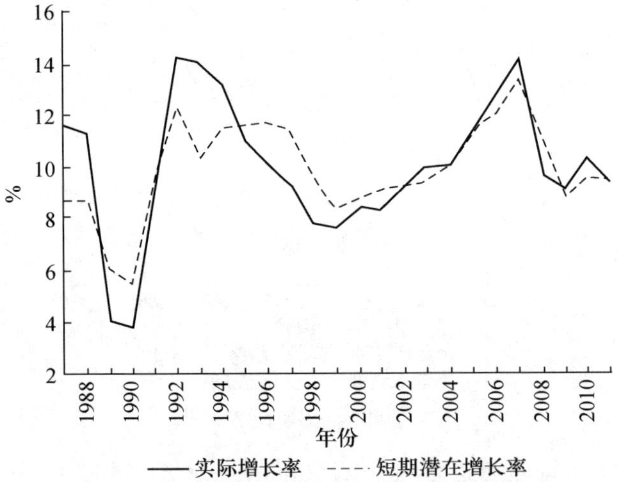

图 9　GDP 短期潜在增长率和实际增长率

图 9 中实线是实际增长率，虚线是短期潜在增长率。2006 年 GDP 实际增长率为 12.7%，真实利率是 -2.3%；2010 年 GDP 实际增长率为 10.3%，真实利率是 -2.4%。剔除真实利率的影响后，2006 年短期潜在增长率为 12.0%，2010 年短期潜在增长率为 9.6%，2011 年估计为 9.3%—9.5%。2010 年比 2006 年下降了 2.4%，平均每年下降 0.6%。这个下降速度从长期来看将会影响全球商品价格。0.25% 是一个临界点，中国短期潜在增长率每年的下降速度如果超过 0.25%，对全球商品价格会产生显著的负影响。图 10 给出了 1987—2011 年的短期潜在增长率和非农就业份额增长率。

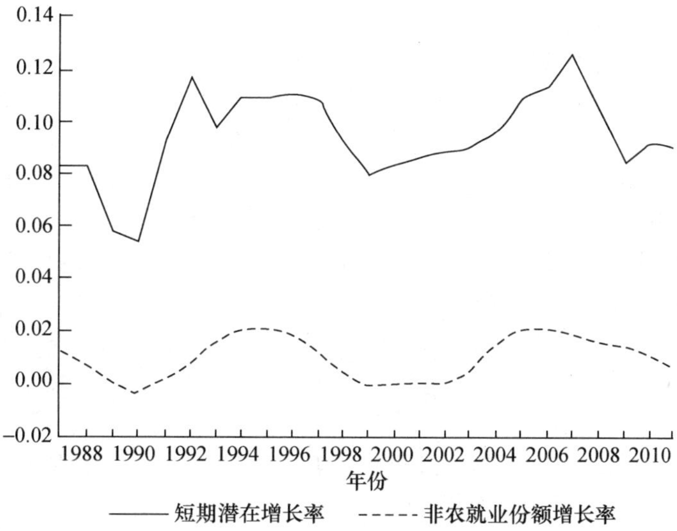

图 10　长周期 B

图 10 和图 7 的区别即在于对 GDP 增长率的处理方法不同。其中依然可以看到非农就业份额的周期性波动引起短期潜在增长率的周期性波动。从短期潜在经济增长率来看，现在的经济增长率下滑可能只是处在周期谷底所致。

五、长期潜在经济增长率

在估计完通货膨胀率、利率、就业变量对 GDP 增长率的影响之后，假定总就业即劳动力供给如实际过程，而通货膨胀率和利率等于长期趋势，就业在农业和非农业之间的分配比例等于其长期趋势，由此达到的 GDP 水平称为长期潜在生产水平，亦即在短期潜在生产水平中剔除非农就业份额的周期性波动影响（见图 11）。

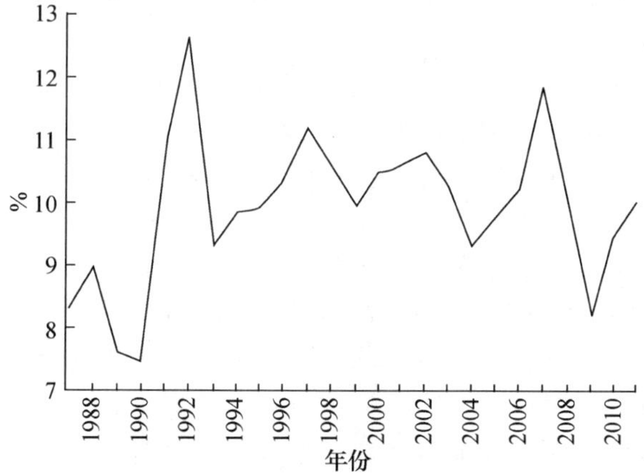

图 11　GDP 长期潜在增长率估计

图 11 给出了 1987—2011 年的 GDP 长期潜在增长率。图中有几个异常点：1989 年、1990 年、1992 年、2007 年。1989、1990 年时，由于价格双轨制、牌价等因素，价格度量存在扭曲，所以通货膨胀数据有问题，进而导致图中 1989、1990 年数据的异常。1992 年的数

据也可能是由于前面数据的后续影响导致。另外,2007 年 GDP 长期潜在高增长率主要和当时的股市有关。2007 年实际 GDP 增长率为 14.2% ,其中第三产业增长率就为 16% ,这主要得益于金融和房地产的相关行业收费,如佣金、印花税等。图中 2005 年的长期潜在增长率不到 10% ,2006 年略微超过 10% ,2010 年约为 9.6% 。

最后来回答最初提出的问题:GDP 长期潜在增长率的下滑到底是周期性的还是长期的? 从图 7 和图 10 中,可以认为存在 GDP 潜在增长率下滑只是一个周期性低谷的可能,但不是很确定,需要今后几年的观察。另外,考虑到劳动力增长率的下滑,且在 1992—2010 年的样本中,劳动力增长率对 GDP 增长率的影响大约在 0.8%—1.3% ,所以简单来看,未来几年全国劳动力增长率下降几个百分点,GDP 增长率也下降几个百分点,幅度可能再略微放大一点点。目前劳动力增长率每年下降 0.1% ,GDP 增长率略加放大,每年下降 0.1%—0.2% 。

这里提出,影响 GDP 增长率的因素除了真实利率(或通货膨胀率)、就业量增长率外,非农就业份额增长率的周期性波动对 GDP 增长率的周期性波动有重要影响。于是最后就存留两个问题:其一,非农就业份额增长率的周期性波动如何解释;其二,非农就业份额增长率如何影响 GDP 增长率。下面就这两个问题进行一些简单的讨论。

非农就业份额增长率的周期性波动,主要强调的是波动,但可以包含变量的序列自相关等情况。从数据上看,自 1985 年农业改革基本完成以来的 25 年,农业就业份额的大幅度波动还不到 3 个完整的周期。宏观经济景气状况包括农产品比价是影响农业就业份额的最根本原因,特别是在 2000 年前后的数年通缩中,农民转移近于停滞,农业就业不降反升。但是,较小的宏观经济景气周期对于农业就业份额的变化几乎没有影响。一个原因是就业只有年度数据,如 2008 年那样上半年超景气下半年严重通缩的情况在年度数据中得不到反应。另一个原因是,农民转移与农业生产周期有关。在宏观经济周期远长于农业生产周期时,前者显著影响就业,否则会有很大不确定性。最后,城乡转移的成本相当高,不可能对持续时间很短的宏观景气波动做出充分反应。另外,农业就业份额的波动也有不同于宏观经济景气波动的部分,存在非常强的自相关性,这可能是由于与信息有关的示范效应和其他情况。

非农就业份额增长率的波动影响 GDP 增长率的波动主要有以下几方面因素。第一,农业生产的周期相对比较长,农民转移时,导致最终产品的供给发生变化。在农产品形成最终供给给市场的产品前,其半成品在理论上也计入 GDP,但只是存货,于是当一个农民完成了农产品的生产而进入工业生产时,农产品供给增加,新进入产业的供给也增加,但是农产品存货相对减少了。在相反的情况下,如果一个服务业的就业者回乡种地,离开的生产供给立即减少,而农业方面增加的只是半成品存货。所以,当大量农村劳动力进城工作时,即使不考虑不同产业生产率的差别,最终产品的市场供给也会增加,而当转移相对减缓时,最终产品的供给会减少,导致较高的通胀。例如目前的情况,猪肉价格大涨可能导致一些本来会进城工作的农民推迟进城而增加猪肉生产,养猪业的半成品应当增加较多,但猪肉还没有显著增加,这样的效果是短期的。第二,由于农业税轻,工业税重(特别指间接税),而劳动者比较的是各种税后的净收入,所以均衡情况下,同等劳动投入在农业的边际生产率会低于工业和第三产业。在农业劳动份额超常下降的情况下,GDP 增速会比较高。

政策引导通胀回落*

彭文生

中金公司首席经济学家

一、国内流动性是否偏紧?

关于目前国内流动性是否过紧,学界和业界都还颇有争论。我们认为判断国内流动性是否过紧要从货币增长速度和货币存量两个方面共同加以考察。

从货币增长速度看,数据显示当前 M1 和 M2 增速明显下降,尤其是 M1 增速基本上到了 8.9%(见图 1)。判断货币增速是否下降太快取决于两点:一是对货币的定义能否准确反映流动性指标,这涉及银行表外业务发展对 M2 能否准确反映社会广义流动性产生的影响。今年银行表外业务发展,在一定程度上影响了 M2 对社会广义流动性的准确衡量。但因为最近监管机构加强了监管,银行业务由表外向表内转化非常明显,最近 3 个月人民银行公布贷款增长速度可能有一些高估金融部门对非金融部门的贷款支持。因此用 M2 衡量社会流动性所存在的失真在减少。另一方面,判断 M2 增长快慢与否还

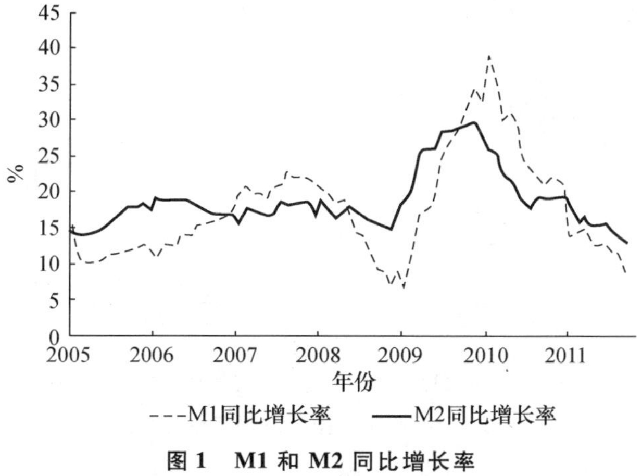

图 1　M1 和 M2 同比增长率

* 中国经济观察第 26 次季度报告会(2011 年 7 月 23 日)。

取决于潜在经济增长率。由于人口结构的变化，潜在经济增长率放缓，合意 M2 增长水平也要相应下调。

从货币存量角度看，由于2008 年和2009 年信贷大幅度扩张，M2 存量已是 GDP 的 1.8 倍。但事实上 M2 存量流动性也是变化的，这取决于利率水平和投资者风险偏好水平。如果将现金视为一种资产，根据经典资产组合理论，同样 M2 存量，利率水平越高，人们更愿意以活期和定期存款持有货币，从而使 M2 流动性降低，这也解释了图 1 中 M1 增速下降快于 M2 增速。投资者风险偏好水平同样可以影响 M2 存量流动性。同样 M2 存量，当投资者风险偏好水平比较大时，理性投资者愿意配置更多风险资产，减少对货币资产的需求，从而使 M2 流动性降低。目前国际形势、国内紧缩、经济放缓以及最近民间借贷发生的风险事件都有可能导致投资者风险偏好有所降低，从而增加流动性需求，增加目前 M2 存量流动性。

总而言之，从货币供给看目前流动性整体紧缩，增速有明显下降，但同时潜在经济增长水平也可能由于人口结构原因而下降，这使得合意流动性增速下降，从而在一定程度上缓解目前整体流动性过紧态势。从货币需求角度看，投资者风险偏好变化还取决于未来经济走势。整体来看，我们认为目前国内货币条件还是存在明显紧缩趋势，国内货币政策基调不变但会有一些微调，以防止流动性过紧，或者狭义广义货币增量增速下降过大。

二、中国经济硬着陆风险

从历史角度看，我们认为过去十几年中国经济硬着陆大概有两次，一次是 1998 年，一次是 2008 年年底。如图 2 所示，这两次都是 GDP 增长在短期内从 10% 以上大幅下滑至 7% 以下。这两次经济硬着陆均和国际形势有关，第一次是亚洲金融危机，第二次是全球金融危机造成外部需求大幅紧缩，国内消费信心、投资信心均受挫。

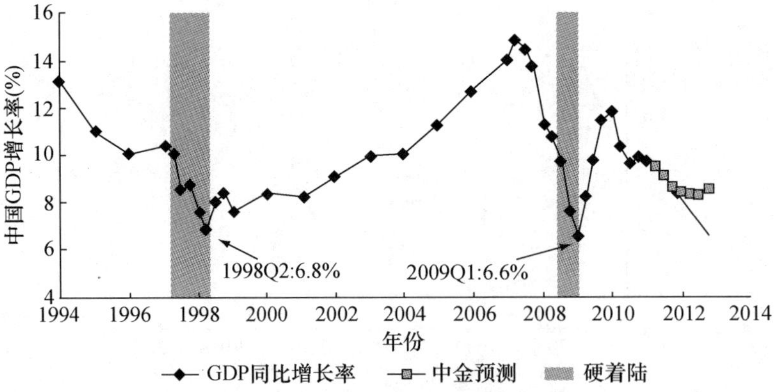

图 2　近两次中国经济硬着陆经历

从外部需求看，如图 3 所示，目前外贸顺差占 GDP 的比例只有 3%—4%，比高位时期 7%—8% 有明显降低，中国经济对出口的依赖有明显降低，即使再发生类似 2008 年年底出口幅度大幅下降的情况，其对中国经济影响也会有明显减弱。

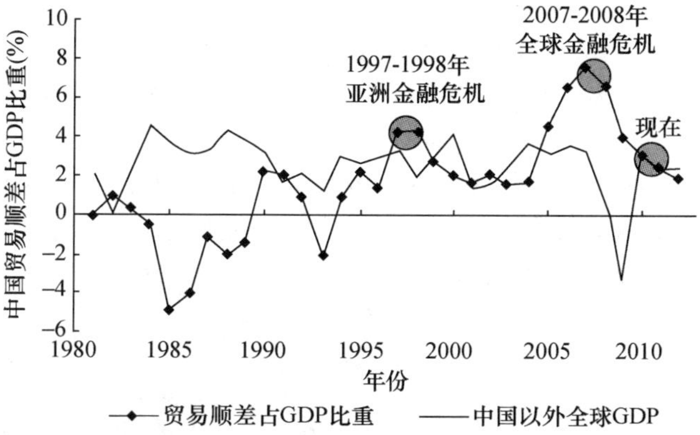

图 3　中国贸易顺差和全球 GDP

另外,一系列数据显示美国经济好于预期,全球经济二次衰退可能性在降低,但欧洲经济仍较复杂。欧洲一揽子计划对金融市场有所安慰,但在短期内难以根本性地解决问题。从实体经济来讲,欧洲经济还在恶化而且会继续恶化,因此欧洲明年进入衰退的风险很大。总体来讲,外部需求导致中国经济硬着陆可能性比较小。

分析中国 20 世纪年代中国经济波动,通货膨胀失控进而导致政策急剧紧缩是一个重要原因。从目前经济形势看,此轮通货膨胀更多是由货币和总需求拉动。如图 4 所示,经济增长放缓,通货膨胀也就回落,从而减轻了滞涨可能性。因此,为应对通货膨胀而实施大幅紧缩政策从而导致经济硬着陆的可能性降低。

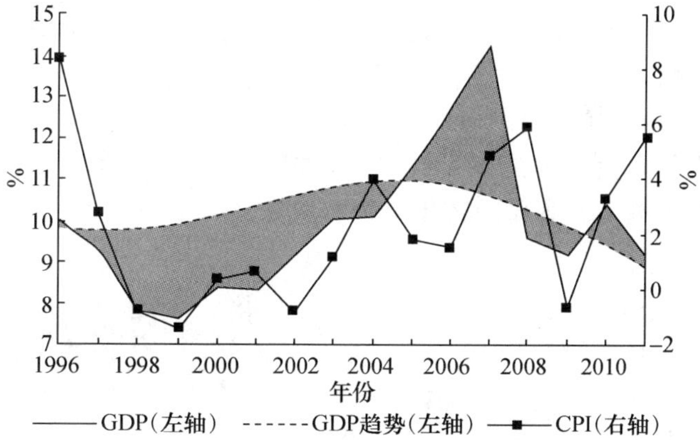

图 4　通货膨胀风险

三、房地产市场与宏观经济

在政府垄断土地供给前提下,房地产市场并非一个真正的市场。房价地价大幅攀升的一个重要原因就是政府垄断土地供给,并靠出卖土地获得收入。因此,政府必须加强对房地产干预,以解决中低收入家庭的合理住房需求。中国香港地区房地产市场的例子更说明了住房市场复杂性,不能只靠房地产市场解决住房问题。香港地区是全球公认最自由的市场，但一半左右的香港人住在政府提供的廉租房、公租房和限价房中。

如果只靠市场力量驱动，房地产市场泡沫风险非常大，这是由中国人口年龄结构变化决定的。我们将年龄在25—64岁的人口定义为生产者，将25岁以下和64岁以上的人口定义为净消费者。按照这样定义，如图5所示，中国从20世纪90年代初期的短缺型经济变成过剩型经济的一个重要因素是人口年龄结构的变化。生产者相对于净消费者比例大幅上升，这一人口年龄结构导致中国储蓄率大幅度提升，从而投资需求强劲拉动中国经济快速增长，而房地产投资则是投资需求中重要组成部分。

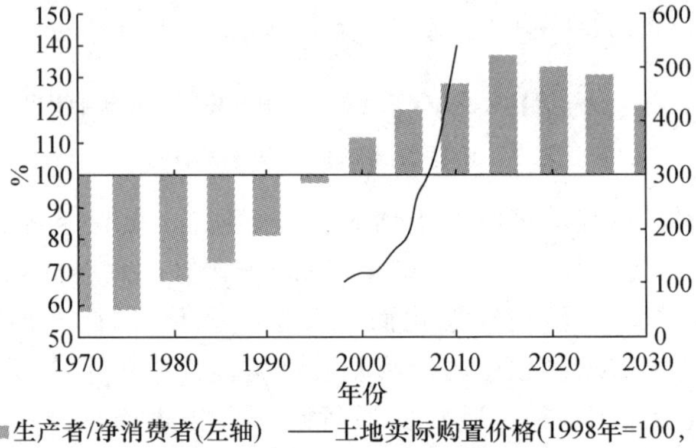

图5　中国房地产泡沫风险

给定过去十年中国平均2%的温和通货膨胀背景，货币政策相对于资产价格过于宽松。短期内，为刺激经济增长而放松货币政策并未导致恶性通货膨胀，货币政策回旋余地比较大。但长期累积风险非常大。这主要体现在房地产上。中国土地购置价格随着人口结构变化有大幅度上升，从国际比较看，如图6所示，美国生产者超过净消费者在时间上比中国早十年左右，随后美国房价也伴随着人口年龄结构变化出现了大幅上涨，一定阶段后美国房价的大幅下跌是有目共睹的。图7显示日本情况也是类似。因此影响中国经济未来几年的最大宏观风险还是房地产泡沫。

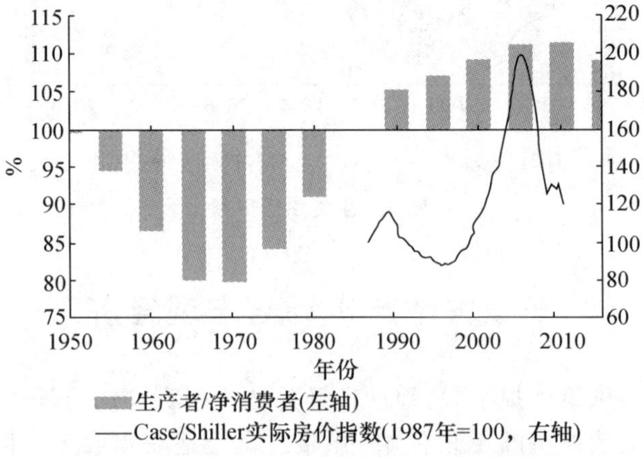

图6　美国房价走势与生产者/净消费者变动

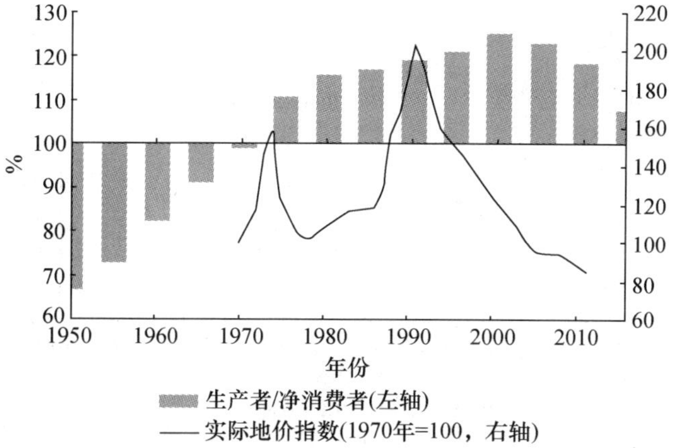

图 7　日本房价走势与生产者/净消费者变动

我们认为房地产和宏观经济关系要从短期和长期两个角度分析。从短期看，房地产价格波动主要通过影响房地产投资需求、进而影响到总投资需求和 GDP 增长，这是短期经济周期影响。另外，由于中国城乡二元经济结构，农村居民无法从城镇房价上升中获得利益，从而加剧中国贫富分化和城乡差距，而在已经完成城镇化的国家，如美国和日本，房价上升能使大部分人受益，社会分化不是那么厉害。从长期看，房价过快上升不利于未来城镇化并改变了代际财富分配。再过十几年，也许中国经济面临的问题就是社会财富过多集中在老年人手里，不利于社会资源分配和创新精神。因此一个比较理性的房地产干预政策应该平衡调整房地产对经济的短期影响和对中国长期经济增长潜力影响。由于房地产投资下降导致的短期经济波动可以通过政策支持其他方面投资而加以弥补。

四、硬着陆后的政策应对手段

上述的外部需求、通胀失控和房地产市场风险是导致中国硬着陆的重要风险因素，其中以房地产市场风险为最重要宏观风险因素。但我们认为即使经济增速下降比较快，宏观政策干预仍有空间。我们从财政政策和货币政策两方面加以说明。

图 8 显示过去十年政府税收占 GDP 比例不断上升，而最终消费支出占 GDP 比例则逐年下降。如果中国经济发生硬着陆，政府则可以通过放松财政政策，通过减税来帮助消费者和民营企业。

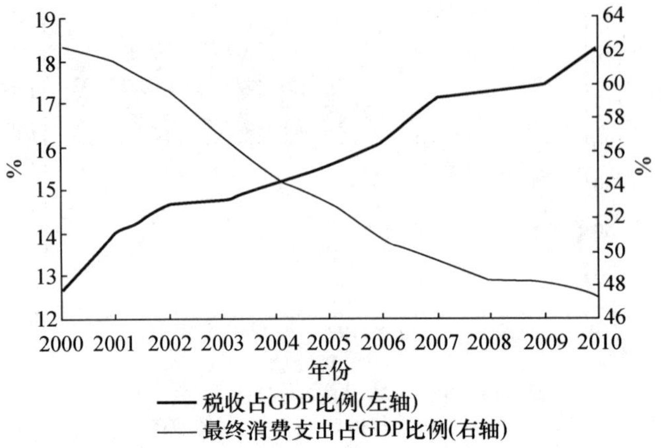

图 8　税收和最终消费支出占 GDP 比例

货币政策也有空间,但面临货币总量规模过大限制。图 9 显示目前银行存款准备金率处在历史高位,因此有很大的下调空间以应对可能的经济硬着陆。

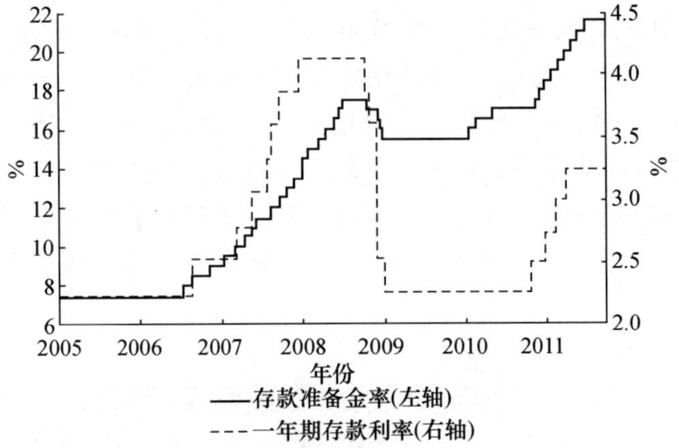

图 9　存款准备金处于历史高位

同时,图 10 显示尽管货币增速大幅放缓,货币存量相对于 GDP 仍然很大。在经济好转和风险偏好增加情况下,投资者流动性货币需求减少,即使给定货币供给,整个经济的流动性也会放松。从这个意义上讲,货币政策要平稳一点,不应该再出现 2008 年和 2009 两年那么大刺激力度。

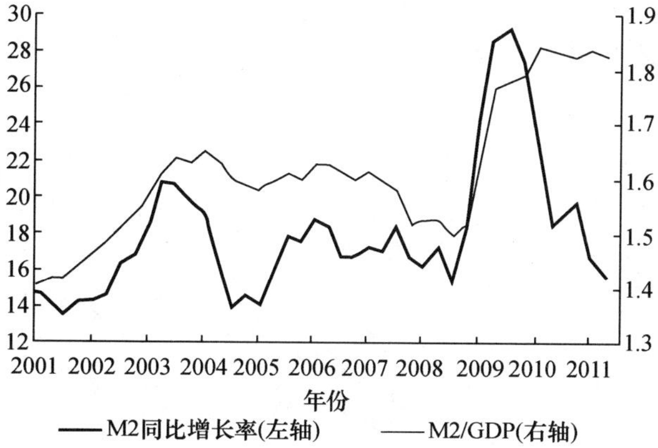

图 10　M2 同比增长率和 M2/GDP 变动趋势

五、慎防人民币短期大幅升值

我们认为人民币短期内不宜大幅升值。因为多大幅度的升值才能消除进一步升值的预期有很大的不确定性。更重要的是,汇率变化牵动国内货币政策,可能加剧国内信用扩张、资产泡沫的风险。

这方面日本和德国过去的经验教训值得借鉴。图 11 显示广场协议后,日元和德国马克在其后五年对美元大幅升值,幅度差不多,都超过 40%。但日本和德国的经济表现却截然不同:德国温和增长,日本经济热度高于德国,最终在 20 世纪 90 年代初泡沫破灭。

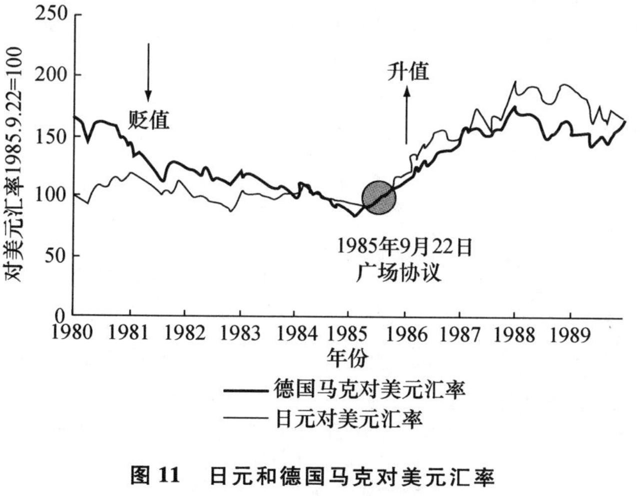

图 11　日元和德国马克对美元汇率

有效汇率在两国内部货币政策制定进而在两国经济表现中发挥重要作用。欧洲货币体系 1979 年正式启动,加强了联合浮动汇率机制,德国马克成为欧洲货币锚,也就是德国在欧洲的主要贸易伙伴货币汇率钉住马克。而日本在亚洲的贸易伙伴货币汇率则钉住美元。所以,对美元同等幅度的升值给德国出口造成的影响比日本小,相应的对国内货币政策支持增长的压力也较小。这一点体现在名义有效汇率的变动上。图 12 显示广场协议后到 1989 年年底，马克的名义有效汇率升值 17%，而日元的有效汇率上升 35%。

图 12　日元和德国马克对美元名义有效汇率

如果看实际有效汇率，这个衡量贸易竞争力的一个更准确的指标，则德日两国差别更大。图 13 显示德国马克的实际有效汇率在 20 世纪 70—80 年代二十年间没有明显的上升趋势，比较稳定，而日元实际有效汇率上升超过 100%，且伴随大幅波动。

所以，我们认为不能仅仅依据德国马克和日元在广场协议后对美元升值幅度相同而低估汇率快速升值的负面影响，尤其要关注国内货币政策由于出口疲弱而过度宽松的风险。人民币升值有利于控制通胀，不利于出口，两者都为内部宽货币制造了环境，在一段时间，似乎通胀温和，增长受出口放缓影响不大，但往往增加了国内信用过度扩张、资产泡沫的风险。因此，国内宏观经济政策仍需谨慎，既要增加人民币汇率灵活性，也要防止人民币实际有效汇率大幅升值。

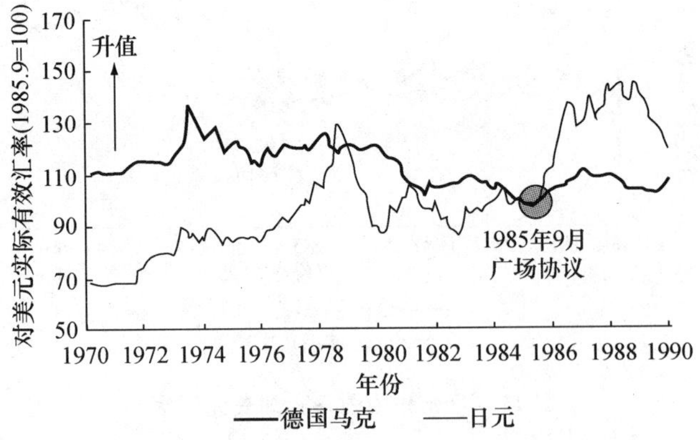

图 13　日元和德国马克对美元实际有效汇率

8　2012 年经济增速下行破八

通货膨胀:货币决定与国际传导*

宋国青

北京大学国家发展研究院教授

宋国青教授从货币供应和国际传导两个角度解释本轮通胀。主要结论是货币供应不仅影响国内需求,同时也通过国际传导影响国内供给,从而使得近年来通货膨胀对货币供给量的弹性远小于1。政策含义是接下去的货币政策制定需要预期国外的经济形势,并重新估计货币政策对通胀的调控作用。

一、货币供应量对通胀解释力的变化

首先,货币供应量对通货膨胀率直接影响近期变弱。图1给出2000年以来的货币供应量(M2A)①和通货膨胀率变化情况,实线表示货币供应量的月同比增长率,虚线表示CPI的月同比增长率。2008年6月以前,货币供应量同比增长率对通货膨胀率影响显著,2000年1月到2008年6月,按交叉相关系数的最大值算,货币同比领先通胀7个月,解释力达到70%—80%。然而,2009年货币同比增长率最高水平发生在一季度,到2010年四季度的高通胀有7个季度的时间差,关系显著异于前期。

其次,总需求和通货膨胀率对货币弹性近年显著减小。在20世纪90年代,名义总需求对M2的弹性估计为1.7,特别在1994年的高通胀转变为1999年的通缩过程中,甚至通货膨胀率对M2增长率的弹性也大于1。总需求和通货膨胀对以货币数量变化为结果的宏观调控非常敏感,可谓宏观调控"四两拨千斤"。今年以来宏观调控似乎变成了"千斤拨四两"。货币猛烈紧缩,总需求和通胀率变化相对比较小。1996年以来M2同比增长率最大值为2009年11月的29.6%,2008年下半年以来CPI同比增长率最大值为2011年7月的6.5%,即使认为这两者之间有因果关系,通货膨胀率对货币增长率的弹性也显著小于历史水平。

---

* 中国经济观察第26次季度报告会(2011年7月23日)。

① M2A = M2 + 其他存款性公司对其他金融性公司负债未计入M2部分 + 存款型公司债券

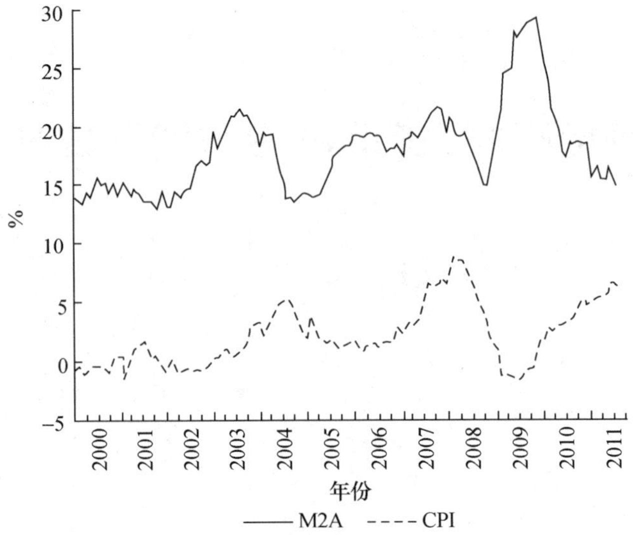

图 1　货币供应量与通货膨胀率月同比增长率

货币供应量统计口径的调整也无助于提高货币供应量对本轮通胀的解释力。2007年由于部分进入了股市的资金没有计入 M2 统计范围,所以直接用 M2 解释通胀效果不佳,但调整之后的货币供应量对通货膨胀率解释力有显著提升。而今年以来,其他存款性公司负债未计入 M2 部分其实增长率更高,导致经调整的 M2 增长率甚至略高于 M2,所以调整货币供应量口径对于解释本轮通胀率作用微弱。

二、通货膨胀率表现出国际传导

国内通货膨胀率和进口价格涨幅存在很强的相关性。图 2 给出了 2000 年以来的工业品生产价格和进口价格月度同比增长率变化情况,实色表示进口价格同比增长率,虚色表示工业品生产价格同比增长率。图中可以看出两者存在很强的相关性,变化趋势一致。举例来说,国际原油价格上涨,国内的成品油价格也上涨,铁矿石价格也如是。图 3将消费者、生产者价格取均值,与进口价格同比增长率情况比较,结论和图 2 无区别。这两个物价指数与 GDP 平减指数的区别在于服务的计算,而服务在进口中占的比例很小,所以此处没有用 GDP 平减指数。

对这个相关性可能的一个解释是大国效应,即国内货币供给和名义投资增加,引起国内价格上升,同时导致进口需求和进口量增加,再引起进口价格上升。如果这个逻辑成立,那么国内通胀和进口价格通胀都是由国内货币供给决定的。但这不能说明国内通胀和国际通胀之间有因果关系或者传导关系。甚至于即使进口价格变化领先于国内价格变化,也不能说明两者的传导或因果关系,只能说明“出口转内销”比“国内直销”的速度快。

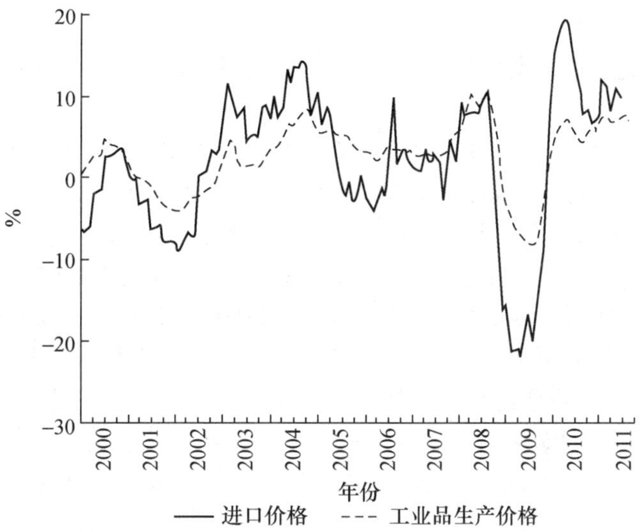

图 2　工业品生产者价格和进口价格同比增长

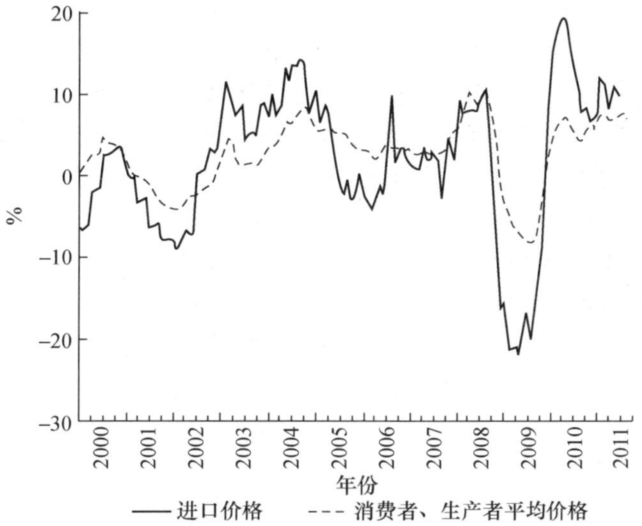

图 3　消费者、生产者平均价格和进口价格同比增长

从更多的数据分析来看，中国货币供给是决定大宗商品国际价格的一个重要因素甚至主要因素。但世界其他经济的影响也很重要，不能说国内通胀与进口价格通胀的关系完全是通胀的出口转内销，即现象上的通胀国际传导是存在的。国际传导会使本国央行货币政策失去很大的独立性。

通胀国际传导的一个简单逻辑是，按一价定律，可贸易商品的国内外价格变化是接近一致的。在固定汇率情况下，国内外通货膨胀应当接近一致。而在浮动汇率情况下，有部分研究证实，大的通胀传导可以被屏蔽掉。如 20 世纪 80 年代，美国通胀率较低，而拉美国家由于发行了过量货币承受恶性通货膨胀，但拉美通胀不会传导到美国去，这是因为拉美通胀厉害后货币就贬值了。不过，对于比较小的通胀，浮动汇率也还是难以完全屏蔽的。

三、通货膨胀同时受货币供应量和国际传导影响

通货膨胀国际传导受本国货币供给影响。假设货币决定总需求,那么给定总供给和货币,即给定总供给和总需求,进口价格的相对上升必然导致不可贸易商品和服务价格的相对下降。就是说给定企业和家庭的总支出,一部分商品的价格上升了,在价格弹性小的情况下,这部分支出增加了,购买其他商品的支出必然减小,导致其他商品的价格下降,即国际传导对通胀无影响,通胀由当前货币量决定。例外的是,对家庭而言,如果进口商品的价格弹性很小,可能导致支出的变化,但这是由储蓄率变化实现的。在这个意义上,即使给定总供给,当前的货币不能决定当前的通胀。但在较长时期,储蓄相对变化的空间小,平均而言通货膨胀率还是由货币决定或者在很大程度上由货币决定。

通胀由货币供给和国际传导同时决定。考虑一个小国开放经济,有两种产品,一是国际交易成本为零的可贸易品,二是国际交易成本为无穷大的不可贸易商品。该国汇率固定在低估本币的水平上,同时关闭民间资本市场,政府无限量收购外汇。假如国外通货膨胀率上升,国内货币供给不变甚至减小,由于国外的商品价高,于是国内可贸易产品全部出口,没有进口,净出口增加,国内产品供给减小。在这种情况下,虽然政府实行紧缩政策,但由于国内供给减小,仍然可能产生通胀,至少通胀对货币供给增长率的弹性小于1。通过这个渠道,产生了通胀的国际传导,但这传导是通过固定汇率和供给量的变化实现的。反之,货币供给较大幅度增加,伴随国外通货膨胀率降低,也可以通过净出口减小带来国内供给量上升,从而只导致较小幅度的通胀。

以我国为例来看货币供给和国际传导对通货膨胀的作用。我国汇率固定,可以预期在国内通胀低于国际时,顺差增大,国内供给减少;国内通胀高于国际时,顺差减小,甚至产生逆差,国内供给增加。图4给出了2000年以来货币供应量M3与国内供给量同比增

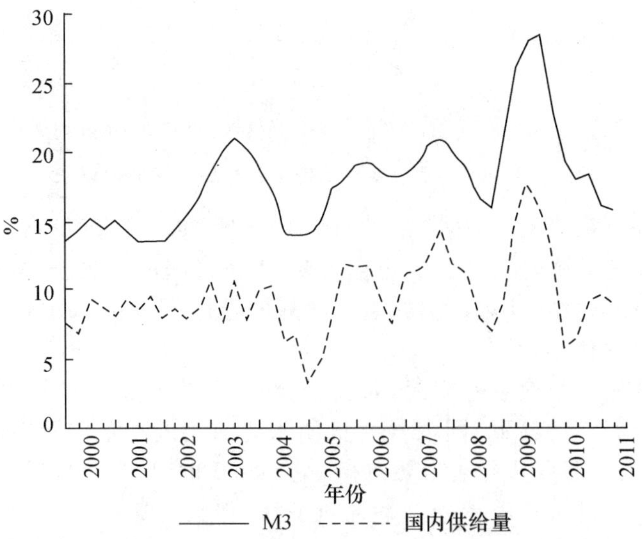

图4　货币供应量和国内供给同比增长

长率的变化情况[1]。其中国内供给等于 GDP 减去货物出口加上货物进口,三者都按不变价计算,货物进出口为海关口径贸易量。其中,2000—2005 年按 2000 年价格计算,2006—2011 年按 2005 年价格计算。

图 4 显示,2004 年下半年以前货币供应量对国内供给影响不大,但之后的影响越来越强。可能是因为中国进出口占世界其他经济 GDP 比例近年来持续大幅度上升,因此国际传导作用越来越强。具体来看,2009 年国内货币供给增加,但由于外需严重下滑,企业出口转内销,增加了国内供给,所以即使 2009 年货币量大幅增加,也没有通胀显现。2011 年,国内货币政策紧缩,即内需减少,但外需走强,贸易顺差导致国内商品供给大幅减少。图 5 中,2011 年二季度出口正常,进口减小,这个缺口就形成了国内供给的减少。因而虽然国内货币紧缩,但依然出现了通货膨胀。

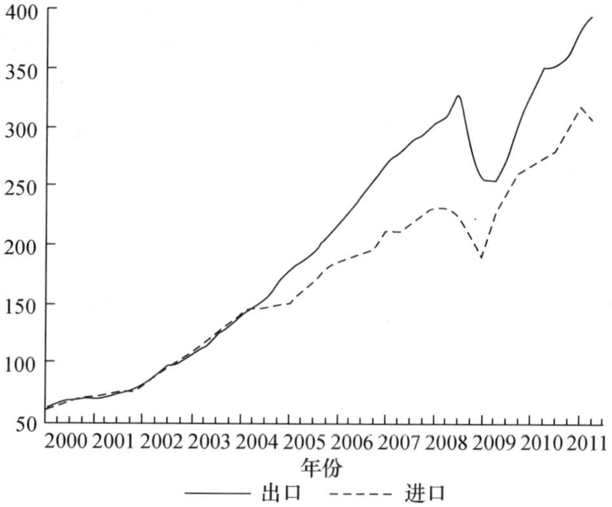

图 5 货物进出口数量指数(2005 年不变价)

四、对经济形势分析和宏观政策的含义

通货膨胀受到货币供给和国际传导双重影响这一事实对我国当前经济分析和政策制定有重要意义。如果接下来外部经济相当疲软但不发生短期的猛烈衰退,那么目前情况对中国非常有利,甚至可能出现一波持续时间比较长的高增长。

外部经济的疲软首先有利于抑制商品价格,改善或相对改善中国的贸易条件,增加国内供给,为内需的较快增长提供资源条件。2010 年三季度从实行紧缩转向实行较为宽松的货币和财政政策,很快就引起了通胀上升,被迫再次紧缩。其中的一个重要原因是那时的外部经济还比较强,美国还寄希望利用财政赤字迅速改变内需疲软的困难。而在全球经济较高增长的同时,商品价格也随之迅速上升。当前情况和那时不同,眼下外部经济比较弱,如果中国实行和 2010 年三季度相当的政策,并根据外部经济情况适时调

① M3 与前文 M2A 内涵一样,只是表达不一样。

整,结果会大有不同。另外也由于农产品价格上升,农业生产投入有所增加,目前农产品价格已经开始趋于平稳。

如果外部经济发生了近似2008年那样的猛烈衰退,中国可能出现一段时间的通货紧缩。这主要是由于现在对2009年的扩张政策有很多负面评价,因此难以再像之前那样在短期内猛烈扩张银行信贷。对2009年政策比较负面的评价主要来自对地方政府融资平台大量贷款可能产生较多坏账的担心,另外也有观点认为目前的通货膨胀在相当大程度上与当时的信贷扩张有关。不过后一点相对并不重要,因为如果出现了通货紧缩,对通胀的担心很快就会减弱。

即使发生了一段时间的低增长和通货紧缩,在总体上和从稍长时间来看对中国其实是好事情。2008年以来进口额与GDP的比例平均为23.3%,进口价格跌10%意味着相当于GDP 2.3个百分点的净财富收入。2009年二季度的进口价格同比下跌了18.7%,三季度出口价格同比下跌8.5%,净得益是贸易条件改善约10%,财富增加了相当于2.3个百分点的GDP。2009年GDP同比增长率最低为一季度的6.5%,相对潜在增长损失约为2.5个百分点。但因为之前两年经济显著过热,本就该减慢增长速度。按年度数据算,2009年比上年贸易条件改善近10%,由此带来的国民收入增加超过GDP2个百分点,而GDP增长率减慢最多1个百分点。出现这个结果的原因是,GDP增长速度很快恢复而贸易条件恢复慢。从财富的角度看,全球经济衰退对中国的好处更大。不过这是就社会总体而论的,不同社会群体的得益损失并不一样,而利润工资受到的影响差别就更大。

对当前宏观经济的几点看法*

汪同三

中国社会科学院学部委员、原数量经济与技术经济研究所所长

目前,三大发达国家经济体都存在着问题。美国经济复苏乏力;日本则经历了地震、海啸和核泄漏事故,使得日本去年经济增长几乎为零;欧洲则发生了国家主权债务危机。世界经济形势将如何演进？其对中国经济又有哪些影响？中国经济面临着怎样的困难呢？中国社会科学院学部委员,原数量经济与技术经济研究所所长汪同三分别从当前世界经济形势和中国经济所面临的问题两个方面进行分析,并对以上问题进行解答。

一、未来世界经济走势

世界经济正遭受两场危机的影响,第一场是美国金融危机,其余波犹在;第二场是欧洲主权债务危机,它正在肆虐全球经济。发达国家三大经济体都出现了问题。各大经济预测机构也相继下调对世界经济增长的预测值,对 2012 年世界经济形势的判断是比较悲观的,并且其悲观程度还在不断加深。这体现为各家预测机构纷纷调低其对世界经济增长的预测值。

世界银行对 2012 年世界经济增长的预测值为 2.5%,低于 2013 年的 3.1%;国际货币基金组织对 2012 年世界经济增长的预测值为 3.3%,低于 2013 年的 3.9%;同样,联合国对 2012 年世界经济增长的预测值也低于 2013 年的预测值。这些具体的预测值虽然有差异,但反映的趋势是基本一致的,即 2013 年世界经济形势要好于 2012 年世界经济形势(见表 1)。这与 2011 年这三家机构所做的经济预测类似。在 2011 年年初,这三家机构都预测 2012 年会比 2011 年好,到了年中,它们又变调了,认为 2012 年可能和 2011 年差不多,到了去年年底今年年初再做预测的时候,它们又都表示 2012 年世界经济形势不如 2011 年。现在它们又普遍乐观表示明年会比今年好,希望这些机构今年的预测能够准确一点。然而,要做到预测准确也不容易,因为未来的世界经济形势将会十分复杂,特别是

* 中国经济观察第 28 次季度报告会(2012 年 2 月 25 日)。

欧洲主权债务危机结局的不确定性更是添加了复杂性。

表 1　国际机构对世界经济增长的预测　　单位:%

	世界经济		中国经济	
	2012 年	2013 年	2012 年	2013 年
世界银行	2.5	3.1	8.4	8.3
国际货币基金组织	3.3	3.9	8.2	8.8
联合国	2.6	3.2	8.7	

欧洲主权债务危机的结局为什么难以预料呢？从逻辑上分析,欧元本不应该存在。无论是哪一种货币,人民币也好、美元也好、日元也好或者欧元也好,其本质也就是一张纸,它之所以能成为货币是因为它具有两个条件。第一个条件是它具有信誉,谁有信誉民众就相信谁。第二个条件是它必须具有权威性,比如,一张人民币背后是中华人民共和国政府,一张美元背后是美国政府,一张日元背后是日本政府,但是欧元背后又是哪一个政府呢？所以欧元从诞生之日起就先天不足,它虽然具有可信性,但是它缺少权威性。一旦遇到困难和危机,需要货币的权威性起作用时,欧元的先天不足便暴露无遗。

那么怎么解决这个问题呢？要不出现一个强权者,由他来将欧洲统一起来,这样欧元背后便有了一个政府,权威性自然而然便得到了解决;要不就将欧元区解体。然而,政治家都是短视的,他们认为欧元区解体所带来的麻烦比现在想办法维持它的麻烦更大,所以他们采取很多措施在维持着欧元区。即便欧洲主权债务危机的最终结果难以预料,但是短期而言,人们的普遍共识是世界经济下行风险将明显增长,全球经济确实存在着二次探底的危险。这其中有两个原因。首先,美国经济的复苏力度是历次经济周期中最弱的。从图 1 中可以看出,与 1975 年、1982 年和 1991 年的经济衰退相比,2009 年这次经济衰退对美国经济影响更为严重,经过了两年,经济的复苏水平远不及 1975 年和 1982 年的复苏水平,略低于 1991 年的复苏水平。

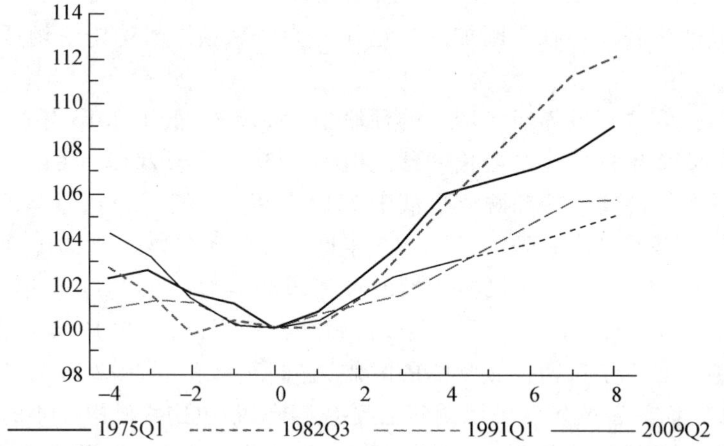

图 1　美国历次经济衰退前后相对低谷的季度 GDP 水平的比较(低谷 =100)

从图 2 报告美国就业恢复的历史数据来看,也可以发现此次美国经济复苏乏力。在

1980 年，美国就业只用了 11 个月便得以恢复；在 1973 年的经济危机中，美国就业用了 16 个月便得以恢复；在 2001 年的经济衰退中，美国的就业用了 28 个月就得到了恢复。之前就业恢复时间最长的一次是 1990 年，用了近 31 个月，而此次金融危机爆发后，美国的失业率在 36 个月以后仍然居高不下，丝毫看不出有恢复的迹象。

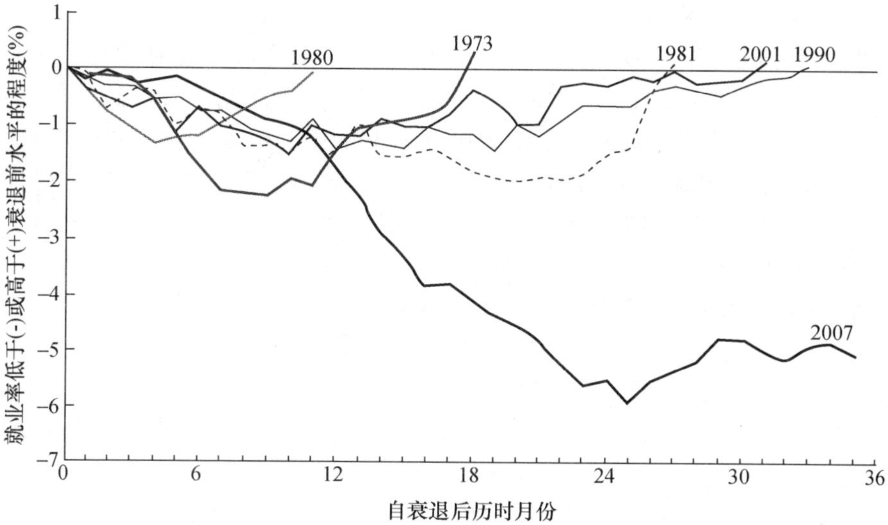

图 2　美国历次经济衰退后就业变化的比较

其次，欧洲主权债务危机的严重程度超乎预期。希腊、葡萄牙、爱尔兰、西班牙和意大利五个国家的财政赤字、国债占 GDP 比值以及国债利息率均居高不下，同时这五个国家的债务总额也较高，分别为 3 520 亿欧元、1 740 亿欧元、1 750 亿欧元、7 370 亿欧元和 19 110亿欧元。欧洲所有国家的债务总额高达 83 000 亿欧元，相当于中国外汇储备的 2 倍多。由此可见，依靠中国来解决欧洲主权债务危机是不可能，真正能够解决欧洲主权债务危机的还只能是欧洲国家自身。欧洲国家难道真的没钱吗？显然不是。当前世界经济的情况十分奇怪，富人成了债务人，相反穷人倒成了债权人。富人的富裕体现在他们的财富上，他们的资产是可以变现的，只不过他们现在不愿意失去其富人的地位，不愿意变现所拥有的资产。作为欠债的富人归根结底还是富人，而拥有债权的穷人，归根结底还是穷人。解决当前危机需要富人出让其财富。

二、中国经济面临的“一难”——通胀压力犹在

在当前世界经济的复杂形势下，中国经济又面临着怎样的困难呢？中国经济面临着“两难”。其中“一难”便为物价难题，通胀压力犹在。之前我国遭遇的通货膨胀主要是需求拉动的通货膨胀，现在则主要是成本推动的通货膨胀。这与我国国力增强是有关的。西方发达国家有效需求往往不足，但是它们也会出现通货膨胀。它们的通货膨胀并不是由需求拉动的，而主要是由劳动力成本上升导致的。现在这种情况也在中国出现了。一方面这使我们很苦恼，出现了一种新的通货膨胀形式，以前我们没有遇到过，在处理成本推动的通货膨胀上经验不足；另一方面我们也挺骄傲，这说明我们国家已经强大

了起来。劳动力成本上升所形成的成本推动型通货膨胀需要我们在未来的实践中不断积累经验，学会如何应对这样的通货膨胀。

2012年以及未来一段时间中国还存在通货膨胀的压力，保持物价水平基本稳定的任务依然繁重。这其中有三个原因。第一个原因是成本推动的刚性因素表现得越来越明显。劳动力成本在不断提高，农民收入水平也在提高，国务院今年就发布了提高今年稻米收购保护价的规定，提高幅度在10%以上；此外，土地价格也居高不下，这是和财政体制相关甚至和政治体制相关。成本推动的刚性因素是未来出现通货膨胀问题的一个主要原因。

第二个原因是西方国家应对危机的手段仅剩下量化宽松政策。它们的财政政策、财政状况已经极度恶化，财政赤字占GDP比重远远超过3%，不可能再通过财政政策挽救经济。同时，利率也低到了1%，缺乏进一步下降的空间。西方国家最后也只剩下直接的货币政策——量化宽松政策，长期来看量化宽松政策必然为中国带来输入性通货膨胀。

第三个原因是中国货币政策仅仅是对货币增量进行控制，中国货币存量依然巨大。2010年，中国从适度宽松的货币政策转变成稳健的货币政策，这种政策调整结果对抑制通货膨胀的进一步恶化产生了非常明显的积极作用。然而，解决的问题也仅仅是货币增量，货币存量规模依然较高。稳健性的货币政策并不能使M2和GDP的比值在短时期内发生显著改变，所以中国还存在通货膨胀的可能性。2011年甚至未来一段时间内保持价格总水平基本稳定的任务依然十分繁重，需要防止物价出现反弹。

三、中国经济面临的“二难”——经济增速减缓

中国经济面临的“二难”是中国GDP增速减缓。自2010年第四季度以后，季度GDP增速表现出逐季减缓的趋势（图3），月度固定资产投资增长率也有轻微下降（图4），社会消费品零售额增速虽然比较平稳，但是考虑价格因素之后也呈现出下降的趋势。

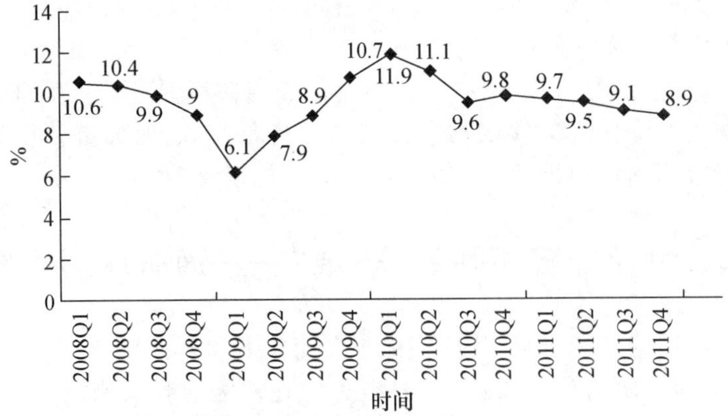

图3 中国季度GDP增长率

从图5报告的中国对外贸易情况来看，进口增速略微上涨，出口增速则呈现出下降的趋势，进出口总额的增长幅度也略有下降，这均预示着中国经济增速有放缓的势头。中国经济增速的放缓既有被动的外部冲击因素，也有中国主动进行宏观经济调控的因素。

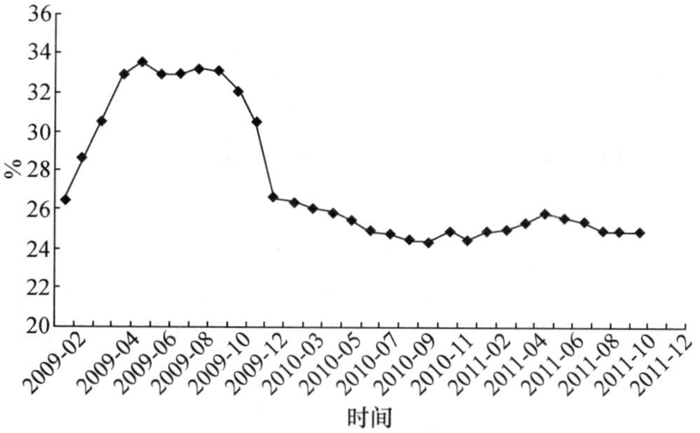

图 4　中国城镇固定资产投资增长率

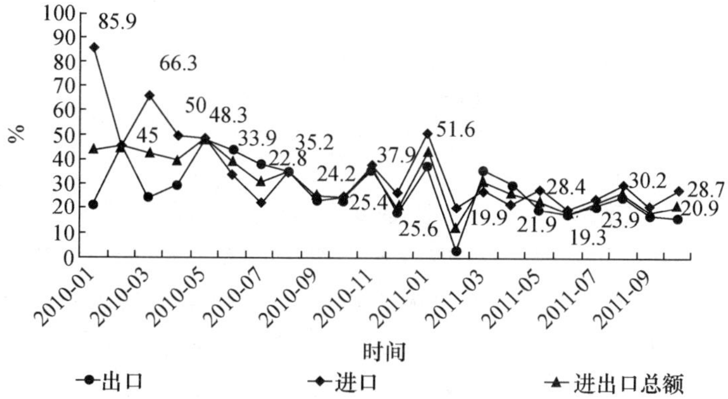

图 5　中国外贸增长情况

中国经济增速放缓主要受两方面因素影响。一方面，中国的经济发展面临着复杂的世界经济形势，欧美国家的财政状况不断恶化，财政赤字继续上升，政府债务也在增加，欧美国家的政府不得不痛苦地实行紧缩政策。保守判断，即使欧美经济不出现衰退，其经济复苏也将十分艰难和缓慢，世界经济在较长时间内依然会是萎靡不振的状态。中国面临的外部环境在恶化，这对中国的出口有很大影响。中国的出口增速以及外贸顺差增速都在减慢，今年中国提出的外贸进出口增长的预期指标只有 10%，为改革开放以来最低的水平。

另一方面，为了进一步落实十七大提出的转变经济发展方式和调整经济结构的战略任务，加强和完善宏观调控的预期目标，也是要使经济增速稳步回落至合理区间，将经济增长速度维持在一个适度的水平。此外，自 2010 年以来，为了控制货币供给流动性过多助长价格上涨，适度宽松的货币政策已调整为稳健的货币政策。这种政策的结果必然是在抑制通货膨胀的同时波及生产，使得一些企业特别是中小企业资金产生困难，经济增长会出现进一步的下降。这导致通货膨胀压力受到抑制的同时，经济增速也有所减缓。

在 2012 年，中国既要保持增长速度又要保持物价稳定，如果一定要为这两个目标排序的话，"稳增长"还是应当放在第一位。应对复杂多变的世界经济形势的一项重要对策便是以不变应万变，全力保持宏观经济的又好又快发展。

内生性紧缩可能性不大*

宋国青

北京大学国家发展研究院教授

宋国青教授就近期重要宏观经济指标进行调整和解读，提出当前宏观经济出现内生性紧缩可能性不大。内生性紧缩指银行在头寸宽裕的情况下不愿意多投放信贷导致的过度紧缩。2011年三季度形势很严峻，四季度显著改善，目前风险又稍微增加，不过现在比去年三季度情况要好很多。从去年四季度到现在的情况看，简单的货币政策调整可能就能解决问题。但调整不及时和力度不够导致一段时间偏紧的风险仍然存在。退一步说，即使发生了一段时间的内生性紧缩，通过更为广泛的政策调整也能解决问题。

一、工业生产回调

2011年三季度，由于房地产需求控制以及存房较多，房地产投资出现不景气。地方财政比较紧张加上负面舆论的影响，基础设施投资增长面临压力。国外如欧洲出现经济衰退影响国内出口。当时部分人士对市场有悲观预期，但宋国青教授在当时预期内生性紧缩可能性不大，经济表现能够回调。半年时间过去，现在可以基于过去发生了的情况来看当时的预测，结果虽然不能完全证实这一推测，但经济发展的进程与预期是一致的。

从生产方面来看，工业生产从去年四季度开始回调。2011年四季度，10月的工业环比相当弱，后两个月特别是12月的环比相当高，季节调整后季度GDP环比增长年率约为9.0%。根据发电量数据，另外参考PMI数据和工业品价格数据，结合过去几个月和1月的货币与贸易数据推测，季节和春节调整后2012年1月工业生产相当强，预测2月可能略弱，3月近一步放缓。3个月平均仍可达到13%左右。这段情况与2008年年底2009年年初的情况十分类似，当时工业生产在2008年12月开始回涨。

上述现象可以从发电量数据中找到佐证。统计局不报告1月的发电量数据，此处关于1月的数据来源于媒体报道，暂时存疑。图1中实线表示对统计局公布的发电量数据

---

* 中国经济观察第28次季度报告会(2012年2月25日)。

做季节和春节因素调整，虚线表示对统计局公布的发电量做修正后再做季节和春节因素调整。其中，修正主要是由于2010年要求节能减排，导致年底公布的发电量数据偏低。从图1中可以看出，发电量在2011年10月以前有5个月时间在绝对下降，但统计局公布的工业产值和GDP环比增长率在二、三季度均不低。两者数据走势似乎存在不一致的地方。然而，用其他间接方法计算的二季度工业环比增长年率不到5%，加上能耗强度和大宗商品价格下跌的影响，发电量在这几个月时间内的负增长还是可以理解的。

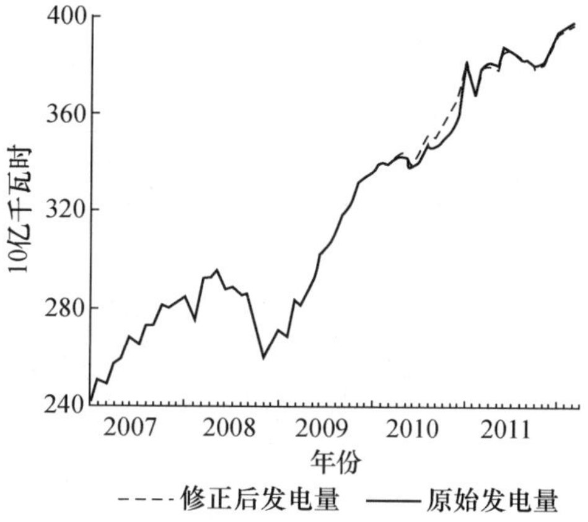

图1　季节和春节因素调整后发电量

发电量在2011年10、11月见底后，12月份大涨。从2012年的情况来看，公布的发电量同比下降7.5%，看着很糟糕。但经过季节和春节因素调整后，1月发电量同比增长2.8%。修正的数据经过季节和春节因素调整后，1月发电量同比增长2.7%，而环比则大涨，年率达20.2%，1—2月发电量累计同比增长5.2%。2010年四季度统计局公布的发电量同比增长率为9%，修正后的数据同比增长率约为5—6个百分点，显示发电量从去年四季度开始一直处于回调的阶段。发电量的数据从另一个侧面显示工业生产从去年四季度开始回暖。

二、总需求走强，出口风险仍在

信贷和出口从2011年四季度开始回升（图2、图3）。图2中，由于M2统计口径发生变化，根据其他的银行数据对M2环比不可比因素进行了调整。此外，2011年货币供给存在一个情况，每个季度末M2增长较快，到下一个月又回调，可能存在表内表外转账的问题。因此，进行了季节和春季因素调整后，计算M2的三个月增长年率来去除这一问题。

从图2中看出，2011年4—6月，M2月环比增长年率平均降到10.1%，三季度仍然相当低，但10—12月大幅回升至17.4%。剔除季节春季因素影响后，1月比12月M2近于零增长（这一点可能受到表内表外问题影响），1月比11月的平均增长年率为12.8%。图3中虚线表示季节和春节因素调整后货币出口额的数据，2011年三季度出口下降，四季度恢复到较强增长，特别是1月调整后出口增长非常高。总体来看，2011年二到三季度总需求很弱，10 月以来总需求环比增长率很高。

出口很强的情况下，货币增长率 13% 就可以保证总需求增长；出口略微减弱，14%—15% 的货币增长率也足够。2012 年 1 月与 2011 年 11 月相比，货币增长年率为 12.8%，且出口增长也很高，内需外需合起来总需求没有太大问题。但其中存在的风险是，最近数据显示美国经济走强，但德国日本依然比较弱，中国 1—2 月的信贷收缩可能对其他经济体产生紧缩效果，出口有下降风险，再考虑到房地产投资问题，12.8% 的货币增长率就略微偏低。

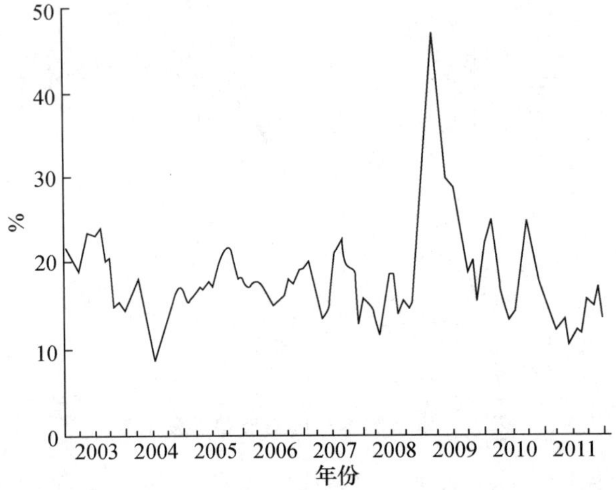

图 2　季节和春节因素调整后 M2 三个月增长年率

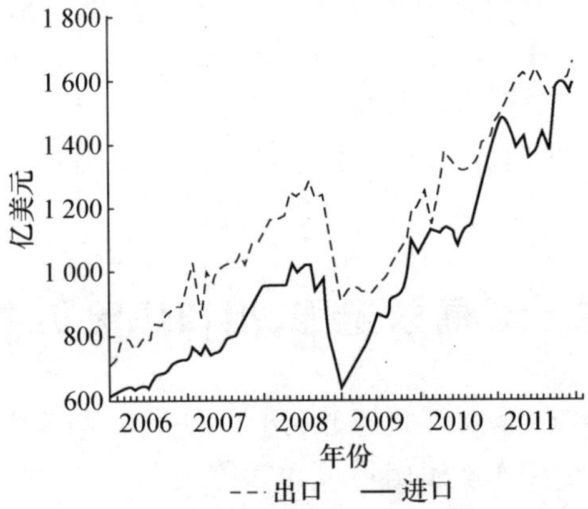

图 3　季节和春节因素调整后进出口名义额

三、中国对世界影响增强

近来的两轮经济变化过程中，中国经济首先回升，引导世界其他经济体走出低谷。2008 年年底，全球经济黯淡。11 月市场上各方人士对中国经济也不看好，虽然当时提出 4 万亿的刺激计划，但资金从何而来，具体如何实施，没有任何计划，在当时的情况下鼓励的作用远大于实质。然而，中国的信贷投放在11月止跌，12月大涨，工业生产也从12月开始回调，之后的几个月连续上涨。事后来看，中国的工业生产从2008年12月开始回调，紧跟着韩国工业生产从2009年3月回暖，美国在2009年7月出现上行趋势。今年春节以来，伴随中国经济回暖，欧洲股票大涨，欧元升值。

上述现象背后隐藏着一条规律，近年来全球其他经济体回暖的信息都是从中国开始出现的。相对地，在之前很长的时间里，美国作为世界上独一无二的经济体，如果发生波动，会对其他经济体都产生影响。因此，金融大鳄的公司都是在美国注册的，他们仔细研究美国的经济变化，等待时机从美国或是其他经济体中获利。其中或许还有一些美国制度优越方面的因素，但最重要的原因是美国是当时信息的源泉。这两轮经济波动过程中，信息源离开了美国，出现在了中国，这或许也解释了近来金融大鳄们遇到的困难和问题。

如何解释信息首先出现在中国？这背后的故事是什么？我们从图3、图4中找到答案。中国进行宏观调控，引起内需发生变化，进而对中国进口造成影响，于是世界其他国家的出口发生变化，最后再回来影响我国的出口。

图3中实线表示季节调整后的货币进口额数据，从中看到，2008年上半年进口强，下半年进口暴跌，且进口比出口跌得多，这对全球经济有负面作用。同年7月，欧洲进口收缩也很厉害，两者共同作用下，美国发生了经济危机，之后再回来影响中国的出口。2011年前3季度中国进口额下跌，美国、欧洲经济都出现了衰退，四季度进口回升，其他经济体也回暖了。同样，从图4中可以看出这两轮经济变化中，中国顺差的起起落落领先世界经济。中国顺差扩大，世界经济萧条，逆差扩大，世界经济回复。

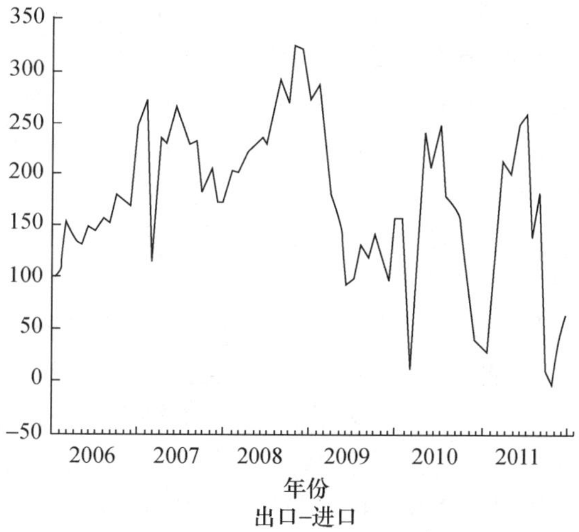

图4　中国顺差对世界其他经济体的影响

四、货币政策有必要进一步放松

2011 年年底开始的经济回暖很大部分获益于第四季度宽松的货币政策,12 月时财政政策贡献更大。今年 1—2 月信贷投放偏紧,主要原因是商业银行头寸不足,根据是银行间市场利率居高不下。环比通胀从 2010 年年末 2011 年年初的 10% 左右下降到目前的 0 左右(剔除春节影响),在内生性紧缩风险依然存在的情况下,银行间利率未见明显下降,可以认为货币政策不合适,降准和公开市场操作的总力度不够。

银行间市场利率和货币供给松紧程度的关系比较复杂,取决于其他因素的影响。简单说来,银行间利率偏低不一定表示信贷宽松,但该利率偏高确实表示信贷较紧。换句话说,企业面临的信贷紧张状况可以伴随着银行间市场的高利率或者低利率。在信贷额度成为有效约束的情况下,可以形成银行钱松贷款难求的结果。2005 年时,因为银行资本金约束,银行头寸宽松但信贷货币供给相当紧,银行间利率很低但货币政策很紧。反之,2009 年上半年各种贷款约束显著放松,银行间利率直逼超额准备金利率。当前情况下,贷存比在边际上不构成大的约束。大银行贷存比本身比较低,小银行如果受此约束而不能增加放贷,可以在银行间市场拆出资金,这将导致银行间利率下降。

从合理性的角度考虑,目前货币政策进一步放松是必要的,有三个层次。(1) 通过降低准备金率和央票运作增加商业银行头寸,或许这一步就可以解决问题,希望不小。(2) 降低基准利率,目前可以观望。(3) 扩大地方融资能力,增加基础设施投资。目前的地方融资平台贷款到期问题,本来就应当通过展期等方式解决,不算在内。

从预测的角度看,目前央行和其他方面对通胀的担心还不小,增加商业银行头寸力度偏小,可能导致一段时间的轻度偏紧。等到 CPI 同比显著下降以后情况会明显变化。但是这里有风险,货币偏紧再加上国际上的问题导致出口疲软,两头一起来,再简单放松货币政策包括降息可能还不行。加上政府换届问题,出现一段时间的内生性紧缩的风险还存在。不过并没有太大的问题。

最后谈下社会融资总额数据的问题。社会融资总额一方面有定义和统计的一些问题,与货币或者流动性概念不一致,如没有包括外汇占款。但目前的货币指标有遗漏,不全面,都存在一定问题。另一方面是使用中的问题,或者含义问题。货币定义本身有一些潜在的假设,比如说,一个企业或者家庭不太会同时持有债券和负债(时期结构问题引起的另论),如果有的话,其比例也是比较稳定的。如果同一个企业的债权和债务在较短时期内大量增加,就要考虑其中存在的重复计算问题。在 2011 年,“委托贷款”增加了 1.3 万亿,同比多增 0.4 万亿,就有值得思量的地方,其中可能有不少来自有银行负债的企业(企业从银行借钱,再借给银行贷给其他企业,使用时有问题,利率歪曲的结果)。从目前公布的有限数据看,难说社会融资总额在预测总需求方面比现有的货币指标更好。可能比较实用的做法是参考社会融资总额,最好能有进一步的分析。

当前宏观经济形势和宏观调控政策取向*

范剑平

国家信息中心首席经济学家兼经济预测部主任

范剑平主任分别从当前中国宏观经济形势和宏观调控政策取向两方面谈了自己的见解。他认为当前中国经济运行总体平稳。工业生产平稳增长,结构调整积极推进,农业生产形势较好,夏收作物长势好于常年,进出口贸易基本平衡,财政金融平稳运行,市场信心持续趋稳,制造业采购经理人指数连续4个月上升。从整体的经济走势来看,中国经济的基本面较好,经济增速处于合理的区间,经济发展具备很大潜力,宏观调控政策具有较大回旋余地。通过一系列计算经济指标领先滞后关系的计量方法,范剑平主任筛选出由若干个重要领先指标合成的经济运行的先行指数,以此来判断中国经济运行的拐点,这也是经济形势分析与预测工作的重要环节。

一、当前宏观经济形势分析

欧盟国家要加入欧元区必须要遵守《马斯特里赫特条约》提出的两个条件,即所谓的国际上关于财政安全的两条警戒线:第一条是年财政赤字率不应当超过3%;第二条是累计债务负担率不应当超过60%。美国次贷危机发生以来,中国累积债务负担率并没有超过60%,但是如果将地方政府债务计入其中,那么中国的年财政赤字率将超过3%。这是近年中国经济扩张的主要力量,货币政策只是配合财政政策的扩张。2011年,由于地方政府债务引起了社会的高度关注,国际社会也认为地方政府债务将是引发中国硬着陆的导火索。但是,2011年中国的年财政赤字率便从前两年较高水平收缩到3%以内。紧缩的财政政策的结果便是经济的紧缩。

紧缩的财政政策包括了对房地产市场的调控。2011年9月以来,受到房地产市场调控的影响,房价出现停涨和回落的趋势;12月,全国70个大中城市中,新建商品住宅价格持平或下降的城市有69个。2012年一季度,全国房地产开发企业土地购置面积同比增

* 中国经济观察第29次季度报告会(2012年4月28日)。

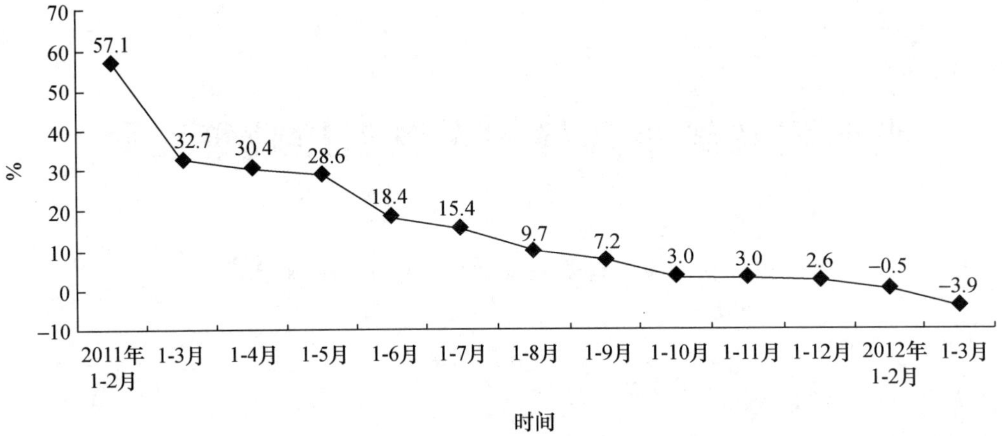

图 1　全国房地产开发企业土地购置面积同比增速

速下降 3.9%，而去年同期为增长 32.7%，如图 1 所示。然而，全国固定资产投资增速并没有大幅减少，2012 年一季度，固定资产投资运行相对平稳，同比增长 20.9%，和去年全年 23.8% 的增速相比，仅下降了 2.9 个百分点。政府对房地产市场大力度的调控也并没有使房地产投资快速下降，相反，在保障房建设的拉动下，2012 年一季度，房地产投资增长率仍然达到了 23.5%，较去年仅下降 4.4 个百分点。值得注意的是，地方融资平台受到了严格控制增量这一政策的影响，基础设施投资同比增速下降了 2.1%，这进而导致了与之相关的装备制造业在 2012 年一季度增长率只有 9%，低于 2012 年一季度工业增加值增长率的 11.6%。

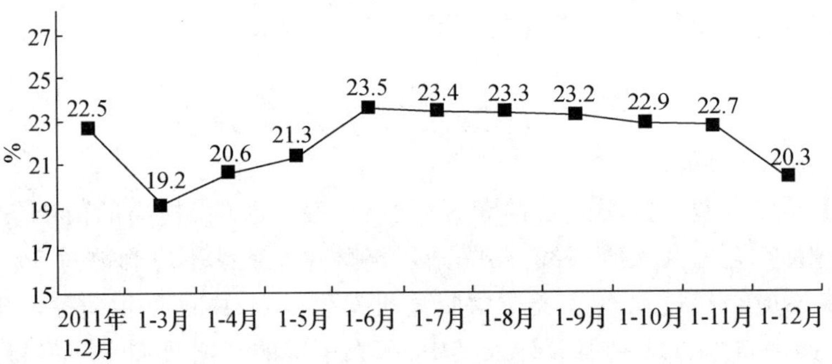

图 2　固定资产投资资金来源增速

2012 年一季度，中国工业进入去库存阶段，相关行业生产收缩，工业增加值增速下滑，如图 3 所示，规模以上工业增加值同比增长 11.6%。2012 年 3 月当月工业增长速度为 11.9%，比 2012 年 1 至 2 月回升 0.5 个百分点。其中重工业减速尤为显著，一季度增长为 11%，轻工业增长为 13.2%。大部分周期性行业，如钢铁、水泥、汽车、电力以及铁路、船舶、航空航天和其他运输设备制造业增幅都不超过 10%。按照以往经验，中国作为一个工业化和城市化加速的国家，重工业增长率应该高于轻工业增长率近 3 个百分点，此时所出现的情况在历史上是罕见的。这背后的原因便是地方政府的财政紧缩。

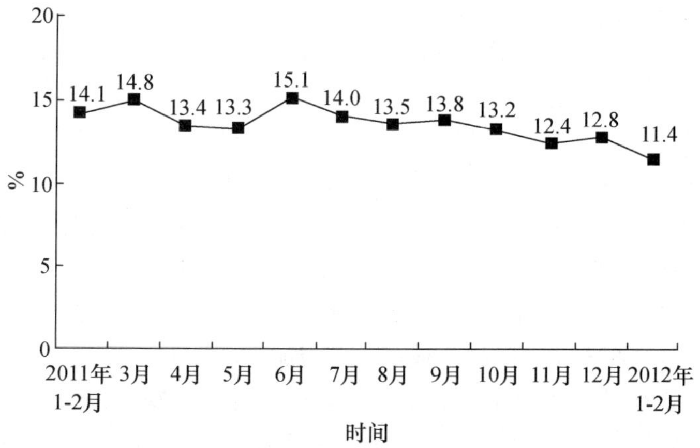

图 3　规模以上工业增加值同比增速

另外，为了抑制通货膨胀，2010 年四季度开始的加息和提高存款准备金率等货币紧缩政策到 2011 年三季度结束，政策紧缩造成的货币供应量增速下降持续到 2012 年 1 月，M2、M1 的增速都达到紧缩周期最低点。2012 年 2 月这些数据开始回升，表明政策紧缩期将要结束。从 2011 年四季度开始，货币政策已经开始出现预调和微调，中央银行下调了两次存款准备金率，货币面紧缩的状况发生了变化。但是 2012 年一季度 GDP 增长率仍然在下滑，中国经济正处于一个自发收缩的阶段。

二、拐点指标的构建和分析

经济数据存在一定的规律，它们大致可以分为三类（见表 1）：经济一致指标、经济先行指标和经济滞后指标。有一些数据属于经济一致指标，它代表当前经济的景气度；有一些数据属于经济先行指标，它可以超前反映经济的状况；还有一些数据属于经济滞后指标，它的变动落后于当前的经济走势。经济一致指标主要由 6 个子指标构成，即工业增加值、发电量、固定资产投资总额、财政收入、狭义货币量和出口总额；经济先行指标也由 6 个子指标构成，它们包括汽车产量、粗钢产量、固定资产投资本年施工项目投资累计增速、金融机构各项贷款、美国先行合成指数和产成品库存；经济滞后指标由 3 个子指标构成，它们分别是工业企业产成品资金占用、社会消费品零售总额和全国居民消费价格指数。

表 1　经济预测指标分类

先行指标	一致指标	滞后指标
1. 汽车产量	1. 工业增加值	1. 工业企业产成品资金占用
2. 粗钢产量	2. 发电量	2. 社会消费品零售总额
3. 固定资产投资本年施工项目计划投资累计增速	3. 固定资产投资总额	3. 全国居民消费价格指数
4. 金融机构各项贷款	4. 财政收入	
5. 美国先行合成指数	5. 狭义货币量 M1	
6. 产成品库存	6. 出口总额	

经济先行子指标选择的理由有以下几点：经济先行子指标中的汽车产量和粗钢产量反映的是支柱产业的发展，支柱产业的发展可以带动其他行业的发展；固定资产投资本年施工项目计划投资累计增速指标反映的是一国的投资需求，对于中国而言，出口是一致指标，消费是滞后指标，而投资中的一部分属于先行指标；金融机构各项贷款反映的是一国的货币政策情况，对于中国而言，货币供应量是用存款计算，与货币供给量相比，贷款具有更强的领先性；美国先行合成指数的选择是考虑到中国对外依存度很高，而美国又是中国出口的一个主要市场；最后一个是产成品库存，它的变动反映了市场景气程度。需要注意的是，产成品库存指标是一个逆转指标，其他5个指标增长率越高表明经济景气度越好，而经济景气度越差，企业产成品库存便越高。

根据2012年2月经济景气监测报告，2012年2月，一致指标和先行指标均继续小幅下行，综合警情指数数值降为39，已经进入了经济趋冷的浅蓝灯区。但是，到了2012年3月，先行指标中有2个指标是下降的，4个指标是回升的。固定资产投资本年施工项目计划投资累计增速、粗钢产量仍然处于下降趋势，但是产成品库存、美国先行合成指数、汽车产量和金融机构各项贷款都已经开始回升。综合来看，3月中国的先行指标终于止跌企稳。根据现有研究，中国先行合成指标的滞后期是4个月，因此3月先行指标出现止跌企稳说明一致指标需要等到7月才会止跌企稳。先行指标的变化表明2012年一季度的经济增长并不会是全年最低点，经济的明显回升需要等到三季度以后才会出现。这一轮的经济回升仅仅是财政政策和货币政策的放松所带来的短暂周期性回升。这并不意味着中国此轮经济调整期已经结束。

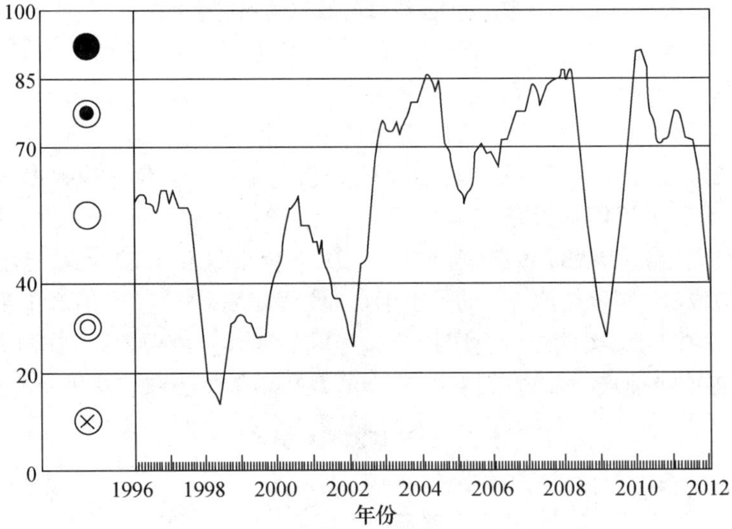

注：●表示过热，⊙表示趋热，○表示正常，◎表示趋冷，⊗表示过冷。

图4　综合警情指数

三、宏观调控政策取向

宏观调控政策要灵活微调，有保有控，坚持稳中求进，正确处理保持经济平稳较快发展、调整经济结构和管理通胀预期三者的关系。政策当局应当加强政策储备，预留政策空间，做好应对困难和挑战的准备，牢牢把握经济工作的主动权。货币政策要兼顾促进经济平稳较快发展、保持物价稳定和防范金融风险，更加注重满足实体经济发展的合理资金需要。继续加强和改善宏观调控，并加强总需求管理，及时预调微调，进一步提高政策的针对性、灵活性和前瞻性。

货币政策预调和微调使得贷款在2012年3月出现了明显的放量，增加了1.01万亿，但是贷款结构存在问题。当前，中长期贷款在2012年一季度有所减少，而短期贷款及票据融资则有所增加。如果在2012年二季度和三季度继续以这样的结构和速度向外放贷，那将会是非常危险的，因为短期贷款的投机性很强，它对中长期的经济发展并不是有利的。下一阶段，提高企业中长期贷款的需求是十分必要的。短期而言，一个解决措施便是加大基建投资在建项目，尽量满足其续建投资需求，以此保证中长期贷款比例的上升。政策当局需要把握好政策紧缩和宽松的力度，在把贷款放出去的同时，也要考虑贷款期限的结构。此外，政策当局也不能因为地方政府债务风险问题，而长期采取紧缩的财政政策。中国中央政府和地方政府与希腊政府的一个最大区别在于，中国中央政府和地方政府举债是进行基础设施建设，当前建设的基础设施将会成为未来子孙的优质资产，而希腊政府举债则是用来提高人民福利水平。从这个角度而言，中国政府的债务问题完全可以通过经济发展来解决，逐步地消化债务，没有必要采取短期非常苛刻的紧缩政策来解决政府的债务问题。

对于房地产调控，未来应当继续坚持房地产调控政策不动摇，进一步巩固房地产市场调控成果。具体而言，在房地产需求方面，应当全力支持首套置业的消费性购房需求；在供给方面，应当推进保障性安居工程建设，完善公租房、廉租房的配套设施，增加对中低价位中小户型普通商品住房的有效供给，达到短期稳定经济增长、长期防止房价反弹的目的。

在投资方面，政府应当鼓励民间投资，促进经济由政策刺激向自主增长转变，加快出台鼓励民间投资发展的具体措施，切实扩大准入范围，切实降低准入门槛，取消不合理的限制。此外，政策当局还要保持适度投资规模，优化投资结构，重点抓好在建和续建工程，确保国家已经批准开工的在建水利、铁路、重大装备等项目资金需求。充分发挥中央投资在优化结构、改善民生等方面的积极作用，支持农村基础设施、科教文卫以及生态环保、自主创新和战略性新兴产业等领域建设。最后，还需要确保国家重大在建续建项目资金需求，有序推进“十二五”规划重大项目按期实施。加强农村和西部地区基础设施、城市市政工程、铁路、节能环保等建设，并加强中西部承接产业转移示范区建设。

财政政策和货币政策在下一步预调和微调中并不存在过度宽松的条件，并且政策调整要把握好资金借贷结构，使得资金能够尽量满足中长期贷款需求。当前，企业为应对劳动力、能源、环境成本上升压力，在采用工业自动化智能化设备取代人工和采用先进节能减排设备取代高耗能高污染设备方面有巨大设备更新改造需求，商业银行要对企业技术改造项目重点予以信贷资金支持，各级政府应安排部分财政资金予以贴息，对使用国产先进设备的项目可实现更大力度的支持。如果中长期资金能够更多地应用于企业的固定设备投资，使企业用机器设备取代人工或者取代以前高耗能设备，那么中国将会看到进入新一轮经济增长期的曙光。

周期正在消失*

宋国青

北京大学国家发展研究院教授

宋国青教授根据近一段时间的经验观察和数据分析，提出中国经济的周期性正在消失，逐步走向一个周期越来越不明显甚至更接近于随机波动的过程。同时，他认为目前的通货膨胀水平和经济增长速度不是一个理想的组合，虽然通胀还算温和，但经济增速偏低，对此，他给出一些可能的解释。鉴于近年来社会融资的变化对货币度量提出新的挑战，宋国青教授应用银行间市场利率作为一个重要参考指标，提出从4月银行间市场利率看，目前货币政策如果想放松，仍有一定操作能力，尚未进入货币政策想放松而无法实现放松的内生性紧缩态势。这一分析的政策含义是要淡化经济周期，"走碎步"而不出现明显周期的调控最后导致的结果可能更好一些。

一、过去3个月温和通胀

过去3个月，中国经历了温和的通货膨胀。图1给出了2010年1月至2012年4月

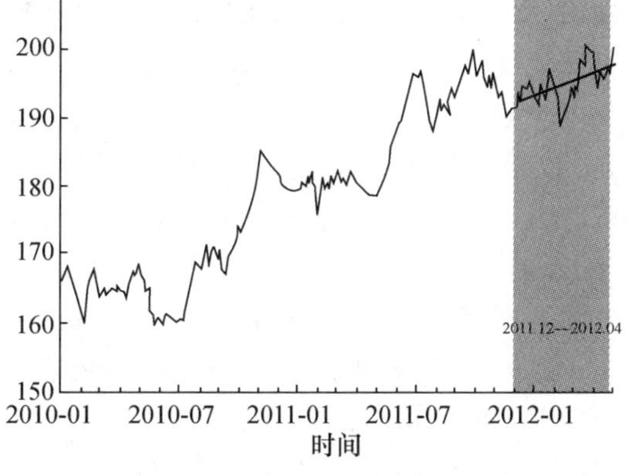

图1　季调后全国农产品批发价格指数

* 中国经济观察第29次季度报告会(2012年4月28日)。

的季调后的全国农产品批发价格指数的变化趋势图。图中可以看出,3 月,季调后 CPI 比去年 12 月按年率上升 3.5%,比去年 10 月按年率上升 1.7%。从季调后农业部农产品批发价格看,3 月农产品价格上升幅度大,3 月底迅速回落,主要是因为低温导致了菜价的异常波动。但是过去几个月猪肉价格持续回落也是阶段性的。考虑到这些情况,结合农产品批发价格情况看,估计过去 3 个月剔除异常波动后 CPI 通货膨胀率平均约为 3.0%。

从这些数据难以认为过去几个月的总需求和总体流动性显著过紧,也很难期望当前的货币政策显著放松。主流的货币政策宏观调控还是以控制通货膨胀在一个相对来说可接受的低水平为目标的。虽然有时候会提到保增长的目标,但并不是说要人为拔高经济增长率并把通货膨胀率打高。经济过热后再把通胀打下来可能会到达一个更低的增长水平,一里一外得不偿失。基于过去政策轨迹来看,现在说货币政策要怎么放,难度比较大。

二、一季度经济增速偏低及可能解释

如果经济增长率比较高的话,比如达到 9% 或 10%,那么 3% 的通货膨胀率就还算可以,但在目前经济增长速度很低的情况下,这个通胀就不是很理想了。根据统计局计算的数据,一季度 GDP 季调后比上季增长 1.8%,折年率 7.4%,这个速度是非常低的。而且今年是闰年,在 GDP 和工业增加值数据中看不出闰年的影响,但闰年本身对数据的影响比经济波动还大,多一天就是 91 天。不考虑节假日的变化就多了 1.1%,也就是说,1.1% 的经济增长就是这一天多出来的。就算没有闰年因素,单就这个 7.4% 的经济增长率来说,也不是很理想,因为这是在通货膨胀率从去年 11、12 月往下走了一波以后又反弹的基础上得到的。

一季度生产较弱,季调后一季度 GDP 是 2009 年二季度以来最低的。这个结果发生在去年四季度特别是 12 月货币供给较大幅度增加并且一季度出口环比增长强于去年下半年的情况下,有些出乎意料。宋国青教授对季度数据做季节调整后,去年二季度以来各季出口环比增长年率分别为 19.0%,4.2%,0.1% 和 7.2%。

从简单的菲利普斯曲线,即生产缺口与通货膨胀之间的关系看,GDP 潜在增长速度似乎已经大幅度下降。但是这个关系的不确定性相当大,估计的误差相当大。目前比较普遍的看法认为潜在增长速度已经有一定幅度的下降,但到底下降到什么程度仍然有不同的看法。另一方面,历史数据也显示,生产缺口和通货膨胀率的变化率也有较强的关系。环比的 CPI 通货膨胀率从去年一季度的很高水平下降到目前的较低水平,也会导致实际增长速度低于潜在增长速度。

另外还可能存在一些影响因素,譬如,1—2 月气温偏低或许对生产有轻微的负面影响。而目前推行的企业"一套表"联网直报是否对统计的增长速度有影响,暂时不是很清楚。从数据处理上看,统计口径变化相对好调整,但这类统计制度变化的影响并不太好估计。如果有影响的话,在开始的时候会对环比增长率产生比较大的影响,不过对同比增长率的影响会小一些。

虽然一季度整体生产较弱,但 3 月生产出现了反弹。从工业的情况看,季调后 3 月生产相比1—2月强劲反弹,季调后企业利润环比增长率也很高。从出口的情况看,1—2月出口合计非常弱,季调后3月比1—2月大幅增长。但如果从主要贸易伙伴的经济指标以及其他经济的出口情况看,出口在过去3个月的大波动较为异常。可以考虑的一些因素包括,低温天气对1—2月的生产有负面影响,1—2月工业生产弱而发电强。另外,在出口订单比较弱的情况下,一些企业选择延长春节假期,将部分生产转移到3月进行,所以对3月生产强劲反弹的可持续性存疑。目前可以估计二季度GDP同比会有所回升,但大幅反弹可能性不太大。

三、货币度量的挑战和银行间市场利率

近年来社会融资的变化对货币度量提出了新的挑战。过去几年,社会融资出现了很大的变化,特别是理财产品迅速发展,波动也比较大。这些变化有一定的金融创新的含义,也在一定程度上是利率缺乏弹性的结果。这些情况对货币度量和总需求预测来说是挑战。社会融资总量度量有重要的参考意义,但由于正式公布的数据序列不长,使用上仍然有一定困难。单从理论逻辑上比较不同货币度量指标的优劣有参考价值,但理论本身可能也有缺陷,更重要的是实证检验不同货币指标对于总需求的预测含义。

另一个情况是季末贷款和货币数量突增的现象时有发生。如果是季末最后几天信贷货币突增而在下月初迅速回落,季末数据可比性就存在问题。在这样的情况下,用日平均数据相对好一些。但波动很大的时候,日平均数据也不能准确反映有关信息。如果本季末和上季末异常波动的幅度相同,季度增量仍然提供有效信息,但从目前的公布数据中难以推测季末异常波动的幅度。照此,对单月特别是季末的贷款货币数据需要更多的分析。另外,监管部门根据新的情况对信贷度量做了一些规定,用意是增强有关数据的可比性和使其有利于调控,但是规则的变化本身也会引起数据的可比性问题。

过去的货币数量对于总需求有比较好的预测意义,部分是由于融资渠道单一,部分是由于贸易份额相对小并且波动相对小。随着金融创新的进展,货币度量和根据货币数量预测总需求的难度越来越大。但是在给定的情况下,通过更多分析相对提高预测效率仍然是可能的。

一个重要的参考是银行间市场利率。银行间市场利率低不一定反映可贷资金的充裕,在信贷额度控制的情况下可以出现银行头寸宽裕但信贷紧张的结果。但是,银行间利率比较高反映银行头寸比较紧,当然可贷资金比较紧。从2010年到现在银行间市场利率上升,在很大程度上反映银行调控信贷方式的改变。过去更多可能是信贷额度,而现在相对来说准备金率这些间接工具用得更多一些,所以银行间市场利率还是反映一些情况。

图2给出了宋国青教授用10天移动平均方法做的银行间市场利率走势图。这一方法不会改变大的方向。图中可以看出,相对而言,3月银行间利率比较低,当月信贷涨得也比较多,但4月有一定幅度上升,反映银行间头寸略紧一些。从推测的角度考虑,这个情况或许是出于对3月信贷增加较多的担心。根据目前的价格变化情况,保持对通胀的警惕是有道理的。而从积极的角度看,银行间利率高一点要比经济较差、信贷放不出去

导致银行间市场利率很低的情况要好很多。那种情况下，央行放无可放。现在数据上看银行头寸偏紧一些，如果哪一天认为需要多放一点，可以简单通过下调准备金率或者其他工具实现。

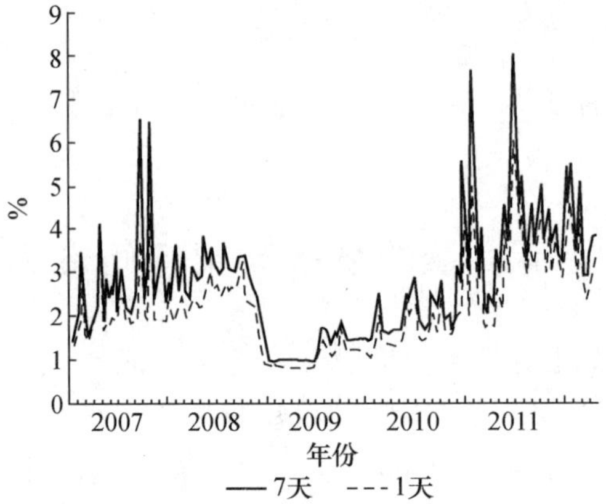

图2 银行间市场利率(10天移动平均)

因此，目前货币政策如果想放松，仍有一定操作能力，这不是说应该放或者想放松。由于房地产调控、基础设施融资以及外部经济问题，去年下半年很多分析对今年的货币供给和总需求增长很担心。这种担心主要针对货币政策想放松而无法实现放松的内生性紧缩情况。从过去几个月的信贷情况和银行间市场利率来看，通过简单货币政策调控货币供给仍有一定空间。这里的简单货币政策指准备金率、央票发行回收和其他日常变化的政策。在简单货币政策能够达到调控目标的范围内，一两个月的货币多少并不很重要，但货币度量问题的确也带来了一些不确定性因素。

四、周期不是必然的

中国经济的周期性正在消失。如果简单地从图形上来看，中国的经济走势好像有一个周期，但这个周期性虽不能说马上就消失，但至少是在淡化，逐步走向一个周期越来越不明显甚至更接近于随机波动的过程。现在宏观调控的频率比过去要快得多，过去一个周期平均是八年，现在看是一会儿起一会儿落，这是一个新的情况。

图3报告2000年以来季调后货物进出口额和顺差变化趋势图。图中可以看出，2008年年中以来，货物进出口额和贸易顺差的波动显著大于此前，这对宏观经济和宏观调控造成很大的影响。譬如出口相当于GDP的25%到30%，下跌10个点从需求角度来讲就是2个多点的GDP需求突然没了或者突然来了。部分由于进口价格的波动幅度大，进口额波动更大于出口额波动。从进口波动看，中国的影响明显是主动的，中国需求通过进口渠道拉动世界经济，出口也就跟着起来，内需外需涨跌都叠加在一起，增加了宏观调控的难度。

从贸易顺差的角度可以看到明显的周期，这个周期的波动反映宏观调控的频率比过去快得多。然而周期并没有必然性。出现总需求周期性波动的一个重要原因是信息和

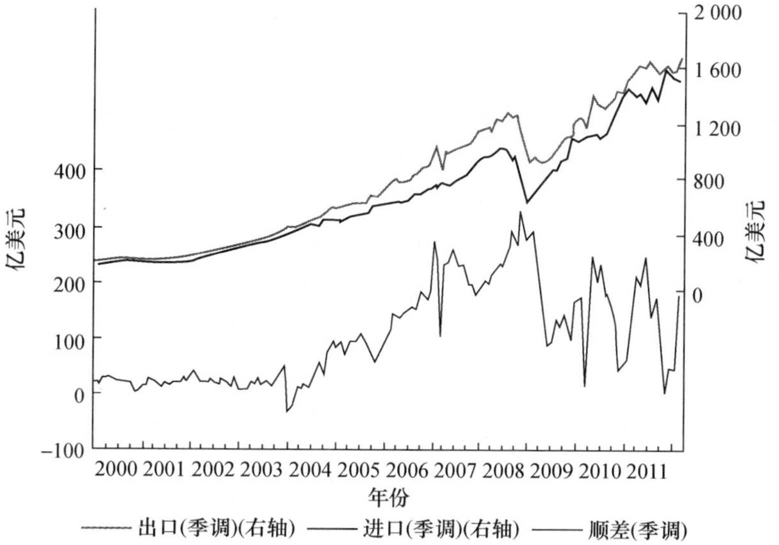

图 3　季调后货物进出口额和顺差

信息理解的滞后。事后看来,由于对于内需增强引起出口走强的效果注意不够,2010 年下半年放松有所偏过,导致了 2011 年二季度更严厉的调控。而注意到这样的情况后,当前政策微调更加小心谨慎。到目前为止,并没有出现 2010 年下半年那样一放就起、最终过度并再严厉紧缩的情况。目前,多方面的价格统计数据包括日度、周度的价格指数为宏观调控提供了更多的信息,宏观管理部门也在更大程度上使用新的方法处理信息,减小了各种滞后性的影响,这对于减弱周期性波动是有利的。不过,国外的变化和国内外互动的增强倾向于使不确定性增加。

按照银行间利率反映的情况推测,如果调控就这样走碎步或者双向波动,在不出现明显货币过多或过少的大前提下,紧缩而不出现明显周期的调控最后导致的结果其实比出现明显周期的情况更好一些。从短期预测的角度可能希望,根据过去的周期预测方法,仍能看到一放商品价格和股市就会涨而一紧缩商品价格和股市就会跌的情况,但这种情况会有变化。大起大落毕竟不是什么好事情,尤其对股市来说有风险。股票估值本来就不应当过分跟随短期经济景气,主要应是随机波动,而总的波动幅度在减小。总而言之,根据过去的周期经验预测经济景气包括商品价格面临新的情况,目前需要更慎重一些。

官方数据有问题时，如何观察中国经济*

王志浩

渣打银行大中华区研究主管

中国经济增长受到世界的广泛关注，但许多观察人士对中国官方发布的统计数据持怀疑态度。渣打银行大中华区研究主管王志浩分 GDP、投资、消费、就业和网络经济五部分，介绍了各种数据存在的问题，并分析如何利用各种数据监测中国经济运行状况。

一、GDP

中国 GDP 增长率数据的可靠性一直受外界质疑。为此，渣打银行最近几年一直研究如何利用各种经济数据监测中国经济，到目前为止，我们还没有完整的结论。国家统计局采集的数据是最多的，外界能够得到和使用的数据非常有限。我们可以看不同的指标。每个经济数据背后都有其故事，生成数据的样本、统计方法也各不相同。单个指标难以代表中国经济。你不能只看数据表面，比如发电量，据此猜测 GDP 增长。如果想得到一个清晰的画面，必须要将各种不同的数据放在一起，考虑多种数据，考虑每一种数据存在的问题。在今天的演讲中，我将向大家介绍我们的做法——不过不仅仅是提出一些生硬的结论，我还想提出一些问题和观点，期待大家的回应。

说到这里，现在存在着一种观点，认为中国 GDP 数据受官方调整较多，如果只看官方数据，容易得到中国没有经济周期的结论。这很奇怪。如图 1 和图 2 所示，经过季节调整和去趋势后，中国 GDP 经济增长率是一个平稳的时间序列。1998 年亚洲金融危机发生时，中国 GDP 增长率仍达到 7.8%，奇怪的是金融危机似乎丝毫没有影响到中国。疑点在于当增长疲软时，GDP 数据却还在加速增长。

我们还看到 2006 年和 2007 年中国经济高速增长时，中国 GDP 增长率令人惊异地保持稳定，虽然 GDP 数据在最初发布之后又向上修正。部分国外学者认为，中国政府有可能为了避免西方国家担心中国经济过快增长而低报 GDP 增长率，或许是数据太高会让国内一些人担心中国经济过热。总之，很多经济研究者（包括我们在内）认为，长期以来官方 GDP 数据是经过处理的。中国经济增长实际的波动性要大于官方数据。因此想了解

* 中国经济观察第 30 次季度报告会（2012 年 7 月 21 日）。

中国 GDP 增长情况需要配合其他数据。

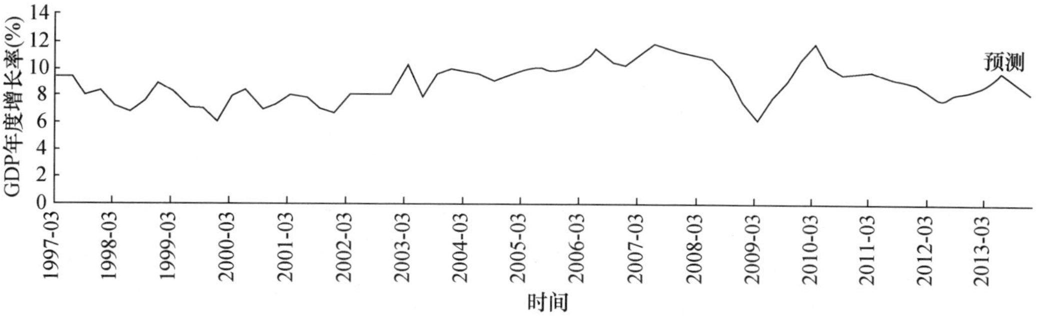

图 1　中国 GDP 年度增长率

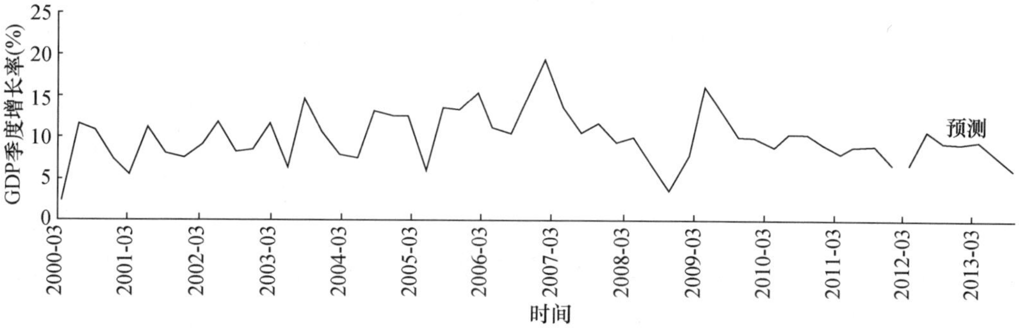

图 2　中国 GDP 季度增长率

发电量是帮助我们监测中国 GDP 常用的数据,或者至少能够监测 GDP 中相当大的一部分,因为工业在中国经济中的比重占到大约 50%,而工业依赖电力。2008 年前发电量和工业增加值波动非常一致,如图 3 所示,但之后两个数据的走势出现较大差异。在 2008 年年末的金融危机期间,发电量同比增长率 6 个月为负增长,而规模以上工业增加值增长只是略有滑坡,没有成为负数。有几种可能的解释。从较长时间看,工业在节能方面有所改善,但很难相信在这么短的时间里取得如此巨大的进步。一些研究者认为电力消耗大户重工业在危机中受到的冲击最大,但是,如果我们看轻工业的生产数据,就会发现重工业与轻工业之间的差距很小,因此对于这一解释也难以信服。我们仍然认为,当时的工业增加值数据是有问题的,这一点非常重要,因为工业增加值数据进入 GDP。

最近几个月,类似的事情又在发生:发电量疲软的速度快于规模以上工业增加值。但这一次又有一个新的问题:发电量数据是准确的吗?有说法称电力公司出于多个原因,高报发电量数据,包括受到来自地方政府的压力——如果人们认为发电量是衡量经济增长的良好指标,那地方政府愿意让它看上去好看一点。另外一种推测是上市电力公司希望让公司业绩显得相对健康。

发电量增长率显示 2012 年第二季度中国经济大幅度减速。但是如果发电量数据被高估,我们该怎么办?与发电量相比,货运量(包括公路、铁路和水运)和柴油产量或许更为可信。货运量也在 2008—2009 年危机期间剧烈减速,之后又大幅度反弹,此后货运量一直保持稳定增长。如图 4 所示,去趋势和季节调整后,2012 年以来货运量同比增速仍

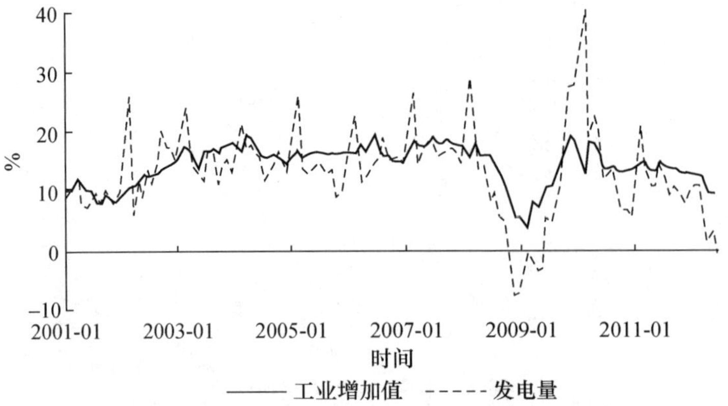

图 3　规模以上工业增加值和发电量同比增长率

在 12%—15% 的区间，这暗示 2012 年二季度经济减速非常温和。

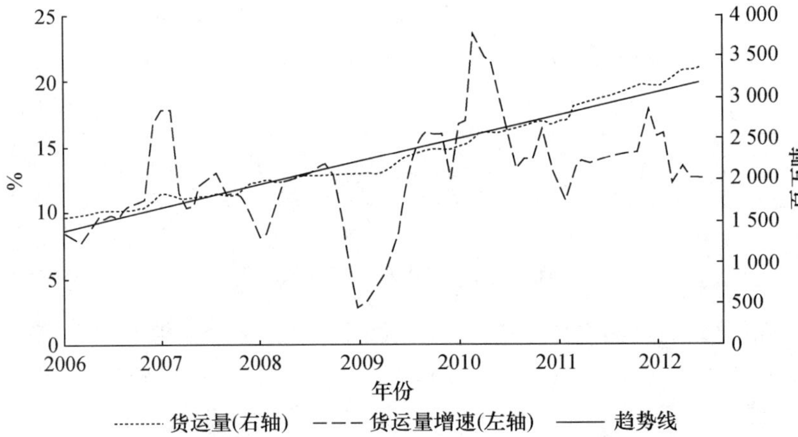

图 4　季调后 3 个月移动平均的货运量及其增速

另外一个我们愿意选择的能源类指标是柴油加工量。相对于汽油，柴油的加工量与净进口数据更能够体现出消费的状况（相对于工业）。我们没有使用石油进口数据，因为石油进口中一部分进入国家战略储备。相比之下，柴油和汽油没有库存量问题，可以反映经济的增量变化。柴油产量与工业、货运量变化和农业发展密切相关。从柴油产量的历史性趋势看，它能够较好地反映宏观经济的表现。例如，从 2007 年到 2008 年美国金融危机发生前，中国柴油产量非常快地上升；到了 2008—2009 年，柴油产量与发电量一样较大幅度减少，之后又强烈反弹，符合经济运行的经验事实。但 2012 年上半年柴油产量只有 2% 的增长，如图 5 所示，我们认为这或许反映了 2012 年上半年工业增长率下降。

汽油用量与消费的关系更密切。2008—2009 年消费的增长比工业活动稳定很多，汽油产量也更加稳定。2012 年以来汽油产量增长率高于柴油产量增长率，反映中国 2012 年消费状况比工业更为平稳。

因此我们喜欢以这两个指标来跟踪工业和消费。但它们也不是没有问题。虽然发展工业经济必须有货运量作为基础，货运使用柴油，但货运量和柴油产量（也包括发电量）不是增加值指标，不能真正代表 GDP。

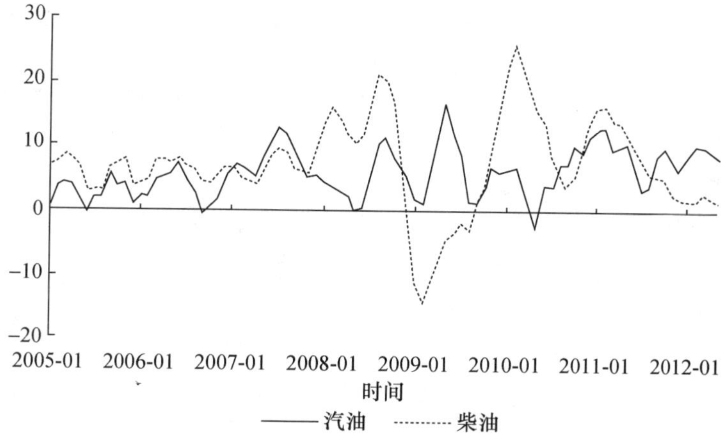

图 5　3 个月移动平均的汽油和柴油的加工量与净进口增长率

二、投　资

波动性大的投资是 GDP 增长波动的重要来源。找到一个合意的指标来反映真实投资变化非常重要。我们认为钢材产量和水泥产量可以从侧面检验官方固定资产投资数据是否合理,并可作为投资的风向标。在图 6 中, 2008 年钢材、水泥产量增长率明显下降,2009 年上半年大幅回升,我们认为这两个指标比固定资产投资数据(这个指标显得非常平缓)更加真实地反映了整体投资的状况。

我们认为,水泥产量指标可能优于钢材产量指标,原因是钢材产量受库存影响大,但水泥运输和库存的成本都很高,水泥的新增产量可直接反映今天的固定投资增量。钢材产量和水泥产量这两个指标都表明 2012 年上半年投资增长为危机以来最弱,但投资没有进入负增长状态。

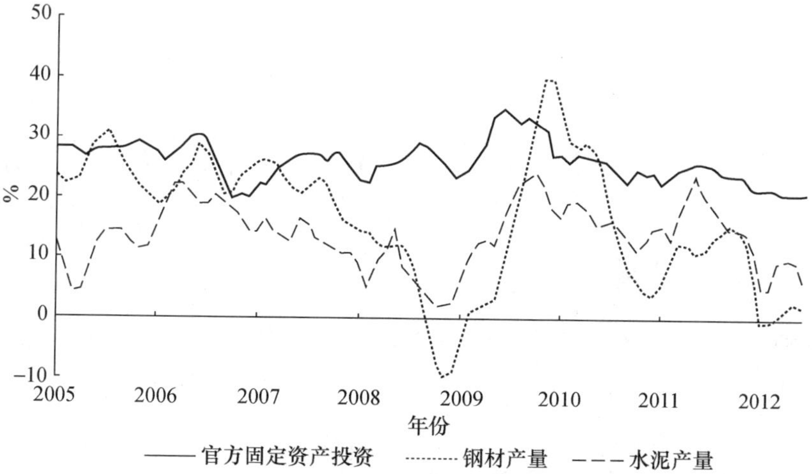

图 6　3 个月移动平均的水泥、钢材、固定资产投资增长率

鉴于投资对中国经济增长的重要性,以及中国的投资对于大宗商品价格的重要性,宏观经济研究者和市场分析者希望能够找到较好的投资活动领先指标,这比找到同步指标更难。

部分分析者建议使用建筑设备，例如将装载机和挖掘机的销量作为领先指标，它们的现期销售可能代表未来投资，因为项目实施需要购买装载机和挖掘机。但是我们的数据分析给出了相反的结论。装载机和挖掘机销量是官方固定资产投资增长率的滞后指标，而不是领先指标。实际情况是，企业往往在装载机和挖掘机完全折旧后才会更新装备，挖掘机销售量滞后于项目投资。

图 7 的装载机、挖掘机销量增长率与实际固定资产投资增长率两个时间序列的走势也支持我们的结论。

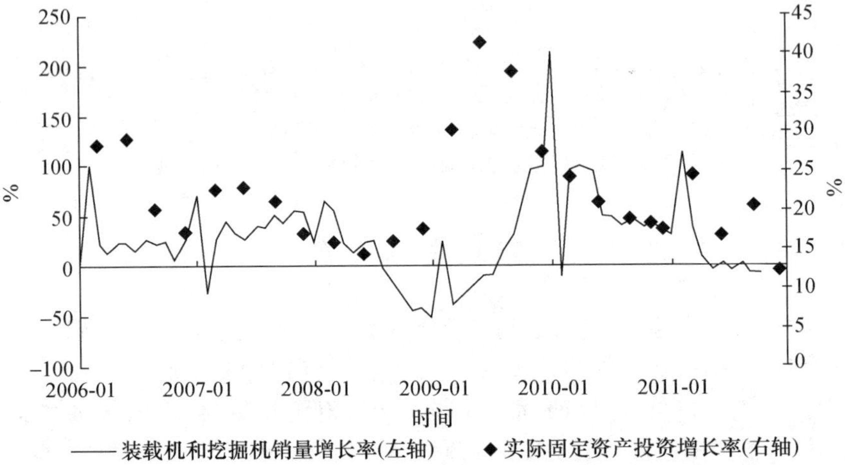

图 7　装载机、挖掘机销量增长率与实际固定资产投资增长率

我们认为在建工程项目总数或许能够作为固定资产投资的领先指标。理论上，一旦项目开工后的 3 到 6 个月内，实际活动应该会提高。图 8 中右边的图显示在建工程项目总数的变化情况。在建工程项目包括国有企业及非国有企业的所有项目。2009 年 4 万亿政策实施后，在建工程项目总数同比增长率明显上升，最高时达到 30%。2010 年以来

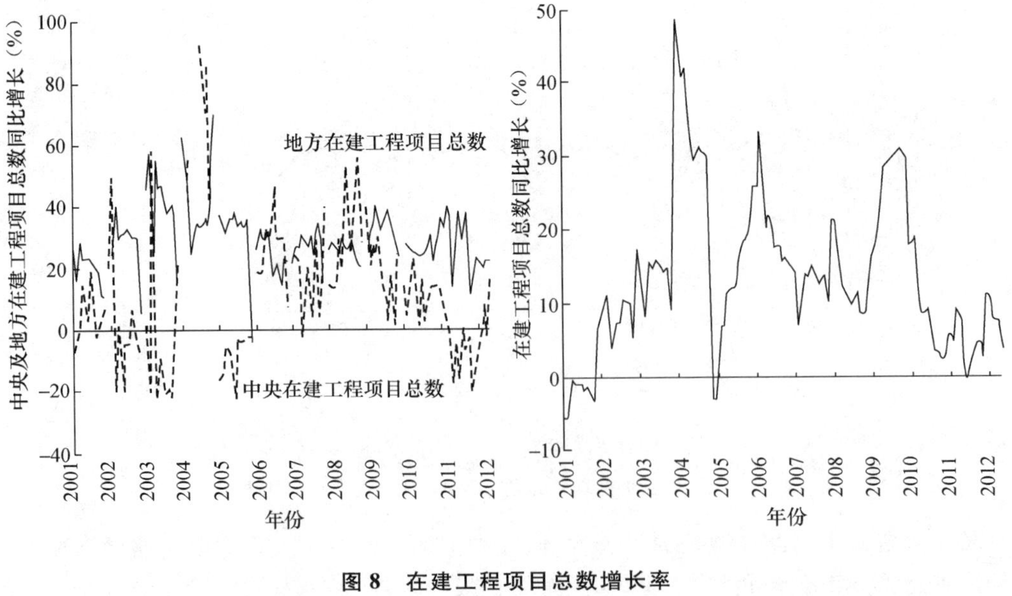

图 8　在建工程项目总数增长率

发改委放慢项目审批速度,在建工程项目总数同比增长率下降到10%以下,2011年有的季度甚至是零增长。2012年有一定程度的复苏,但当前的趋势并不很积极。从结构上看,地方在建工程项目增长率比中央的稳定。图8中左边的图显示中央及地方在建工程项目总数的变化情况。中央在建工程项目的特点是波动性大,且有很大的供应链效应。

目前地方政府资金比较紧张,银行给地铁、高速公路项目的贷款意愿下降,刺激经济政策主要靠中央项目推动。2012年后中央在建工程项目增长率明显反弹,反映了中央宏观调控的意愿,这让我们感觉实际政策正在改变以支撑经济增长。相比之下,地方在建工程项目非常平稳(即使2010年后也没有出现大幅度下降)。

当然,这一数据不能告诉我们项目的实际活动状况。2011年很多地方基建项目的融资非常紧张。不过近期地方政府融资平台已经稍微放松,建设部有资金供地方政府项目使用,并已经在输送给地方,这应该意味着实际活动已经开始增加。

我们认为预测固定资产投资最好的指标是实际贷款增长率,进而该指标还可以预测GDP增长率。相比名义信贷增长,我们更青睐实际信贷增长,因为我们认为企业能够获得资金的购买力是一个重要的考虑因素。近几个月,通胀下降增加了贷款量的实际购买力,因此实际贷款增长率其实明显反弹。我们也认为以这一方式衡量信贷比仅看每月新增贷款数据更好。

如果用水泥产量代表固定资产投资,实际贷款增长率很好地领先于投资。如图9所示,实际贷款增长率领先投资在2004年和2008年表现得很明显。实际贷款增长率反弹事实预示,未来水泥产量和固定资产投资量也会随之上升,这给下半年的稳定和U形反转带来希望。

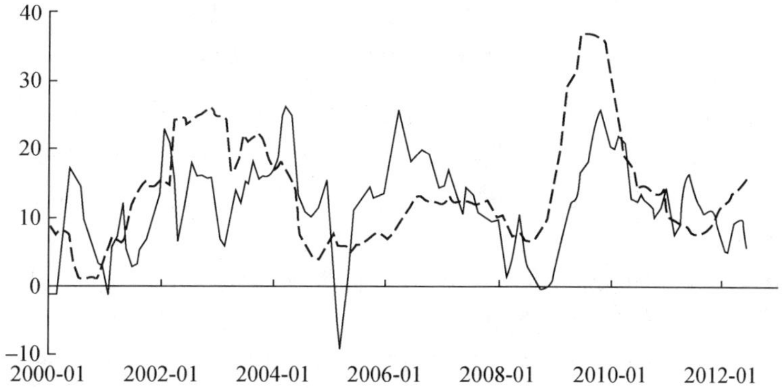

图9 水泥产量和实际信贷增长率

三、消　　费

很难找到一个合适的指标代表中国消费。消费分两类——商品消费和服务消费。在中国,服务业很难衡量——统计体系很难跟得上经济的变化和服务业的发展。估计服务业活动的统计对于国家统计局也是个难题。由于服务业消费数据匮乏,分析消费只能依靠非服务业的数据,如零售总额、城镇居民可支配收入(图10、图11)等。

在图10中,从名义值看社会零售总额增长率在2008年年初的一段时间里没有下跌,似乎没有对金融危机做反应。但是零售总额实际增长率在2008年出现明显下降,反映外需的负向冲击也影响了国内消费业。实际值和名义值背离的情况并不少见,中国很多现象如果只看名义数据会无解。2012年来零售总额实际增长率有所下滑,但是没有真正较大幅度放缓。家庭收支调查也存在挑战——高收入家庭低报收入和支出是最广为人知的一个问题。另外一个问题是当前的收支调查不包括非本地户籍的农民工收支,或者在统计归类上可能出现错误。据我们所知,国家统计局正准备采用新的住户调查方法以纠正这些问题。

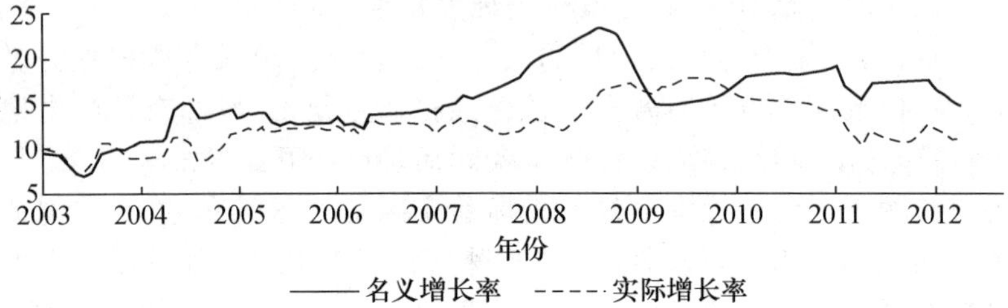

图10 包括政府和企事业单位采购的社会零售总额增长率

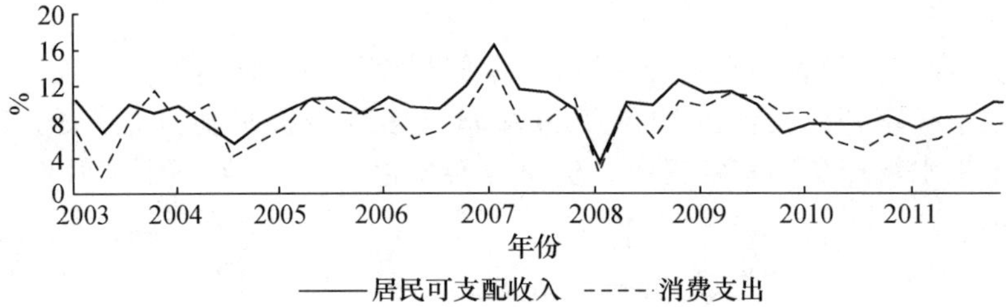

图11 城镇居民可支配收入和消费支出增长率

分析中国消费还可以参考一些产品销售额增长率,但不同部门情况差异很大。如图12左面的图所示,洗衣机国内销售量增长率为负,但出口增长率仍达到10%。这一点非常奇怪,除非你意识到洗衣机销售额在2009—2010年期间受到很大的政策提振,并且很多家庭的购买提前了。

肯德基在华销售量的数据也和洗衣机销售数据有一定的相似性。2012年上半年肯德基销售额增长放缓,但销售数据仍然非常积极。很有幸能够看到这些数据,因为目前很少有一家跨国企业公布中国市场数据,包括渣打银行,但是肯德基每季度都公布中国市场数据,为我们观察中国的消费提供了有益的参考。在图12右面的图中,肯德基销售增长率也明显放缓,二季度销售额增长率仅为10%。此外,肯德基工资上涨幅度也从18%下降到目前15%的水平。洗衣机销售额和肯德基在华销售额的数据都显示出中国消费下滑的趋势,但很难知道下滑幅度。显然其他行业和企业也发布数据,比如我们能够看到汽车销量、IT企业的游戏和广告收入和移动电话支出等。这些数据都能够给我们一些信息,但将这些信息放在一起,作一个整体的消费指数是我们还没有做的事情。

我们也将目光放在内地之外去跟踪中国的消费趋势。香港和澳门地区的数据也有助于分析中国内地的中高层消费情况。内地消费者贡献了香港零售额的30%,澳门赌场收入的一大部分也来自内地消费者,且这两部分收入属于中国内地的中高层消费状况。在图13中,香港零售额和澳门赌场收入同比增长率自2011年以来开始下降,且最近几个月

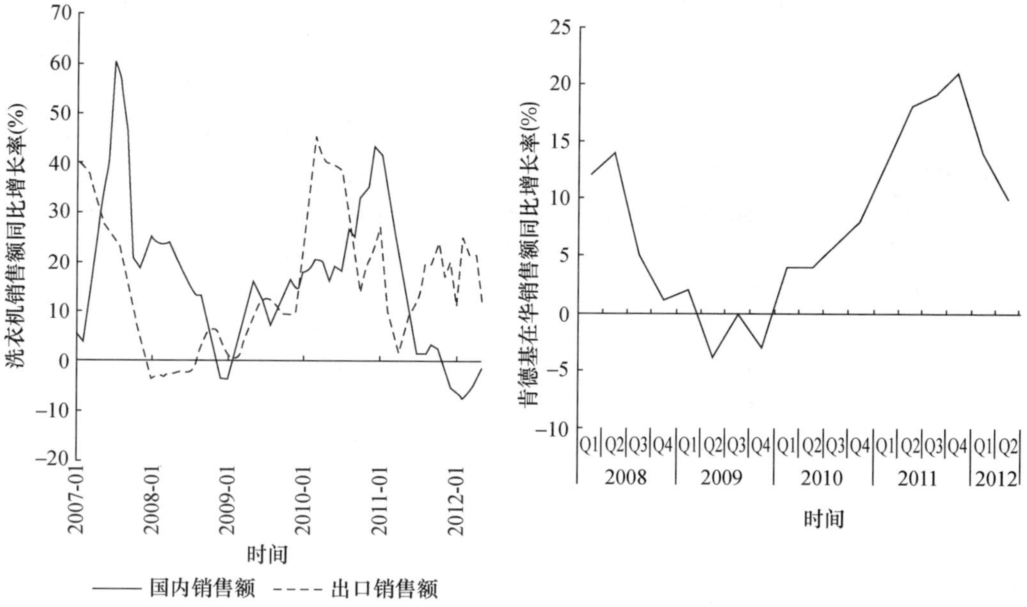

洗衣机销售额　　　　肯德基在华销售额

图 12　洗衣机销售额和肯德基在华销售额增长率

下降的幅度更加明显,这表明中国内地高端消费已经明显放缓。

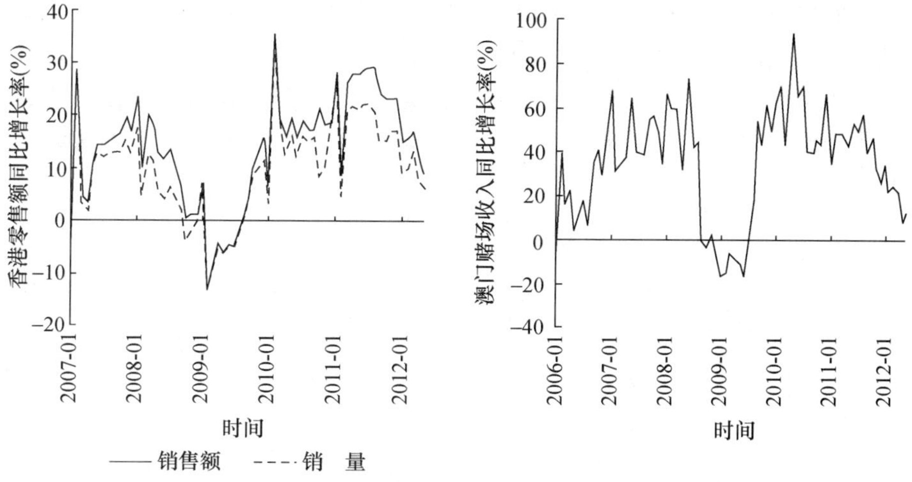

图 13　香港零售额和澳门赌场收入增长率

四、就　　业

就业滞后于宏观经济,经济减速时,企业到实在非常困难的时候才会裁员。同理,当经济周期开始转变,企业只有在确保经济真正复苏后,才开始招工。并且,在中国公开的就业数据有限,跟踪就业变化的难度也有所增加。城镇失业统计只涵盖那些为享受失业救济等进行失业登记的失业者,通常最容易失业的农民工没有被计算在内。

劳动和社会保障部经由100个城市调查得到的劳动力需求-供给比例能较好反映就业状况。在2008年大约两三千万农民工下岗,但由于农民工失业不在城镇居民失业的统计口径内,官方公布的数据低估了实际失业率。劳动力需求-供给比例指标却明确反映出金融危机给中国就业市场带来的负面冲击。在图14中,2010年至今劳动力需求-供给比例指标一直在100以上的区间,反映了中国劳动力市场的结构性变化——中国已脱离劳动力过剩的阶段,呼应了学界关于刘易斯拐点的讨论。2012年后劳动力需求-供给比例指标有所下降,和前面提到的投资、消费下降的事实相吻合。但整个就业市场,从宏观角度看仍然非常健康。

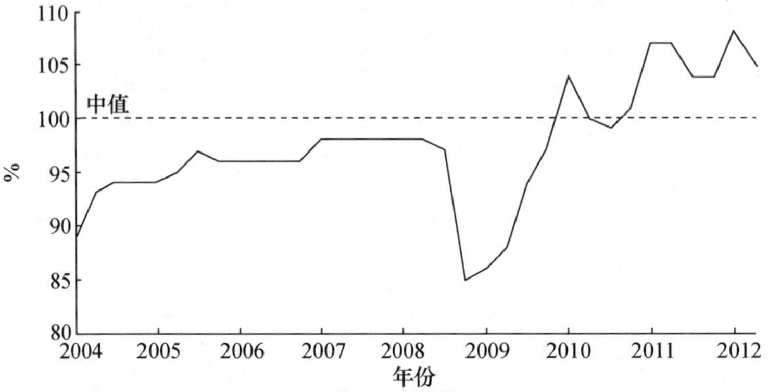

图14 劳动力需求-供给比例

国外常用的个人所得税增长率难以反映中国劳动力市场状况。在图15中,2012年后中国个人所得税增长率为负值,但税收增长率却出现反弹。造成两个指标走势不一致的原因是中国个人所得税政策调整。2011年年末,由于个税起征点调高,几百万人不需要缴纳个人所得税。如果不注意政策变化的影响,从个人所得税增长率的角度容易得到非常悲观的预测。但是由于很难准确知道到底多少人由于政策调整不再缴纳个人所得税,我们无法对数据进行调整。

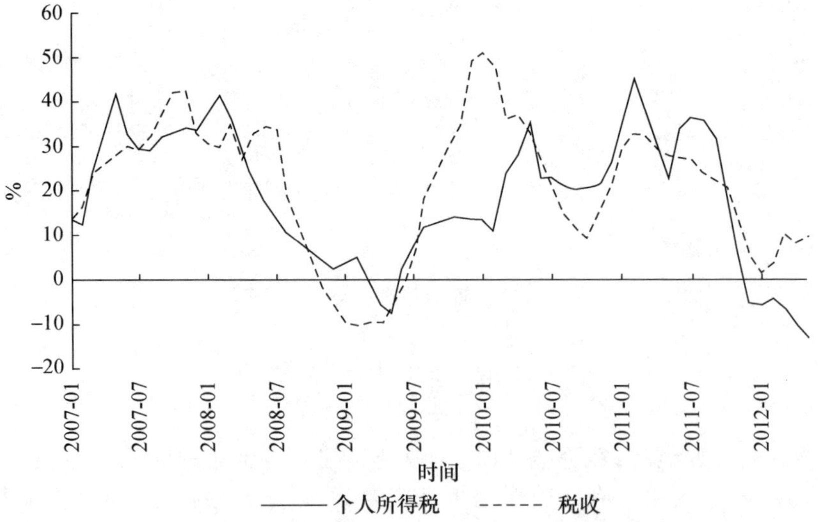

图15 三个月移动平均的个人所得税和税收增长率

我们认为,就业的最好的适时指标来自采购经理人指数(PMI)。因为这一指数直接来自企业。PMI是反映劳动力市场变化的很好指标。该指标分为制造业和非制造业两部分,月环比数据减去50后如果高于0说明就业增长,低于0说明就业减少。唯一的问题是,所有PMI只能告诉我们样本中的企业的状况,样本之外当然还有成千上万个企业,并且随时有新开的和倒闭的。

图16显示,目前制造业就业指数略减,非制造业就业优于制造业就业,增长速度也有所下降。同样,从整体看就业市场增长仍然是积极的。

有没有可能找到就业的领先指标?这对于决策者制定就业市场政策是非常有用的。我们认为原材料–产成品库存指数领先于PMI,可作为中国就业趋势的预测指标,至少在制造业。服务业的情况比较复杂,难以跟踪。将产成品与原材料分开应该能得到一个库存周期。当图17中的实线高于零时,暗示原材料正在增加,产成品正在下降(暗示需求旺盛);当实线位于零以下,企业产成品库存增加,不再购进原材料,企业需要降低产成品库存。当企业不得不经历去库存化时,企业更倾向于缩减用工量。图17显示,2008年和2009年

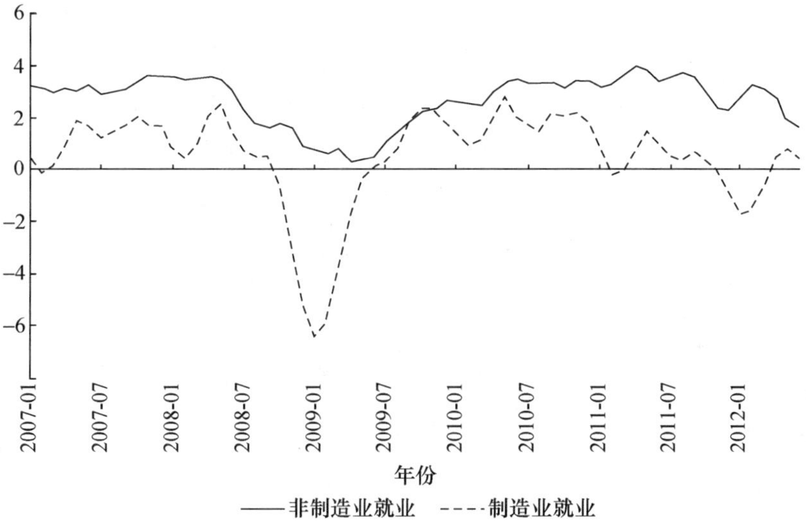

图16 PMI减去50

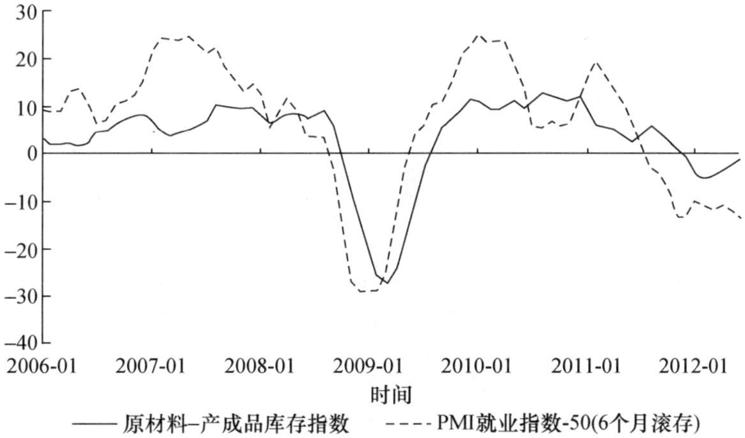

图17 制造业就业和原材料—产成品库存指数

原材料-产成品库存指标都有一定领先作用。最近原材料-产成品库存指数一直处于下降趋势,这表明中国工业企业生产还没开始反弹,因此就业增长率也可能还没开始反弹。

五、网 络 经 济

消费者信心和预期也影响未来经济的走势。谷歌在中国只占10%—15%的市场份额,但在搜索方式上能比国内引擎提供更多数据。谷歌把一定时期内热门搜索词的流行度做了区间从0—100的标准化处理,该指标可在一定程度上反映人们的心理变化。

如在图18中,2009年"经济复苏"的搜索频率远远高于"经济减速",因为人们感觉到经济开始复苏;但2011年后两者的关系发生过逆转,这反映了人们担心经济减速,觉得经济还没有开始复苏,不过认为出现经济危机的人也不多。

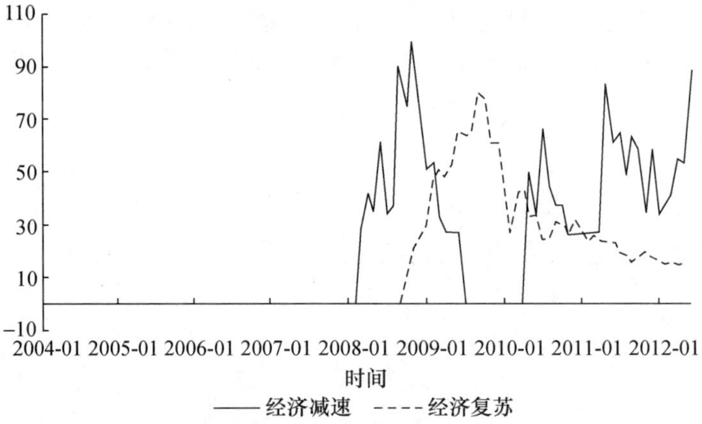

图18 一定时期内热门搜索词的流行度(0—100标准化衡量)

而在图19中,2008年和2009年"美国经济危机"和"中国经济危机"两个关键词的查询频率非常高。金融危机过后,2011年"经济危机"被"欧债危机"取代。

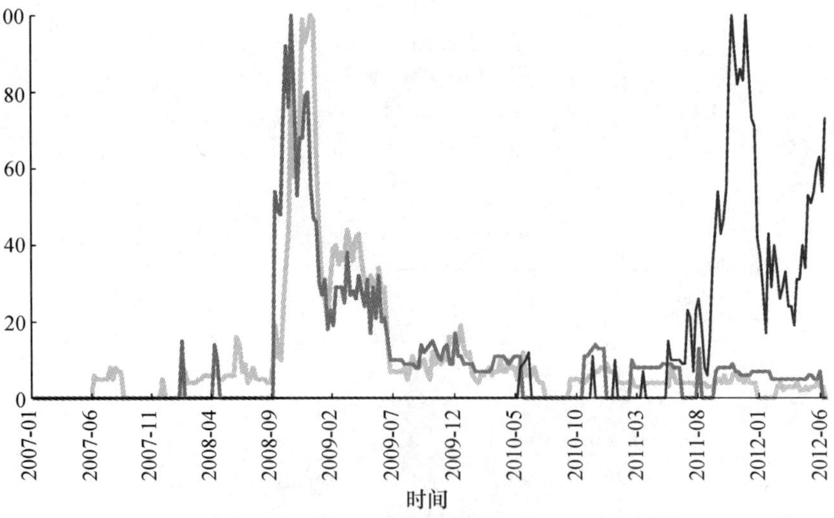

图19 较长时期内搜索词热门度(危机)

在图20中，2012年以来“通胀”和“猪肉”的查询频率很低，这反映人们对通胀预期并不强烈。

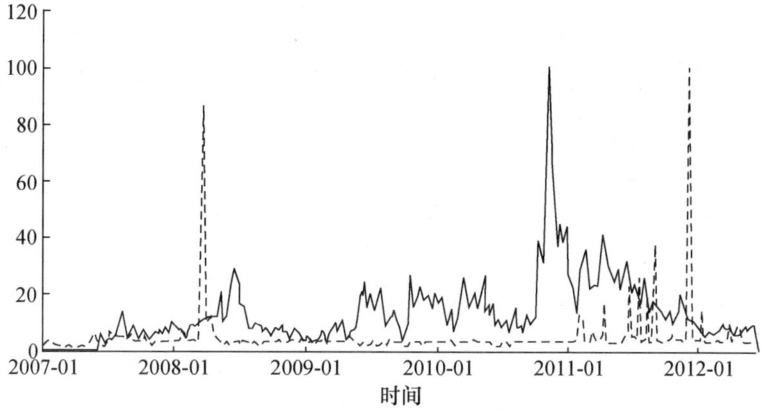

图20　较长时期内搜索词热门度(通胀、猪肉)

最后，在图21中，金融危机发生前很多人找“出国旅游”、“买车”，危机发生后几乎没有人查询“出国旅游”，但“买车”和“银行理财”的查询率仍很高，尤其是银行理财产品，这反映人们对买车和银行理财产品仍然非常有兴趣。

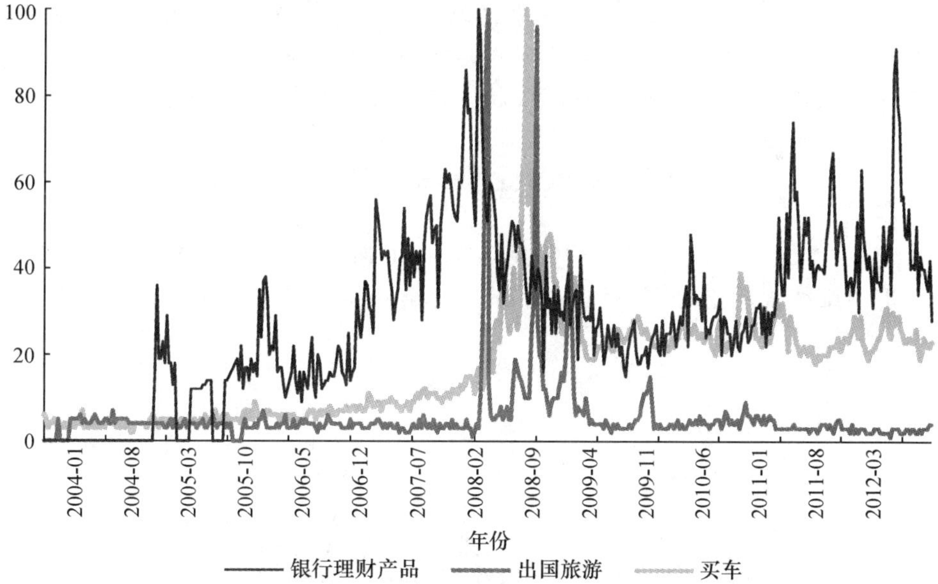

图21　较长时期内搜索词热门度(出国旅游、买车、银行理财)

总体而言，中国的GDP周期数据可能经过加工。货运量和柴油产量以及发电量数据能反映工业GDP增长。水泥产量、在建工程项目总数可以代表当前投资的变化；实际新增贷款可以预测未来投资的变化。消费的衡量没有统一的指标，各部门情况差异很大。对就业市场而言，劳动力供求比例以及PMI比较合理，而个人所得税可能是较不可靠的指标。谷歌热门搜索词的流行度指标可以反映人们的各种心理变化，可反映消费者信心和未来预期。

CPI 与 PPI 不同变化带来的难题*

宋国青

北京大学国家发展研究院教授、央行货币政策委员会委员

宋国青教授指出今年上半年内需疲软，可能会影响世界其他经济体，进而影响下半年的出口。工业企业投资回报率下降，部分可能已经接近目前的银行贷款利率，预期投资回报率较差使贷款需求受到负面影响。主要原因在于过去一年半，PPI 与 CPI 的比例大幅下降，导致工业企业收入相对于工资的增长率下降。贷款利率相对 PPI 偏高，存款利率相对 CPI 则难说偏高，利率调整面临两难局面。总起来看发生通缩可能性较小，但不能排除发生一个较短时期通缩的可能，合适的政策非常重要。

一、内需疲软，企业资产收益率下降

2012 年一、二季度内需疲软。内需用名义 GDP 减去海关口径货物贸易顺差名义额衡量，图 1 中细线表示绝对数，粗线表示季环比增长年率。按国家统计局的数据推算，

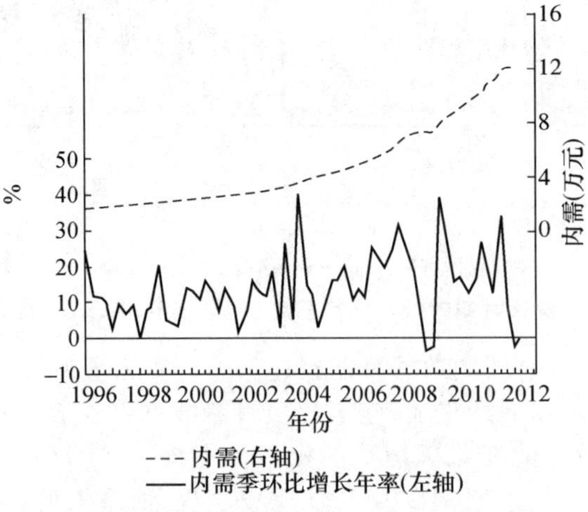

图 1 "内需"水平及环比增长率

* 中国经济观察第 30 次季度报告会(2012 年 7 月 21 日)。

2012 年二季度名义 GDP 比上年同期增长 10.1%。由于货物贸易顺差同比增长了 37.7%，估计名义内需即投资加消费的同比增长率在 9.1% 左右。这个增长率表面上看不算很低，但是季节调整后季环比增长年率要低得多(作者估计在 0 左右，图 1)。这个情况和投资品价格迅速下降的情况是一致的，说明内需特别是投资需求很弱。在上半年出口环比增长率相当强的情况下，总需求尚且疲弱，如果内需没有明显起色，出口增速再掉下来，总需求就会更弱。

内需疲软的情况下，出口可能会受到进一步影响。上半年出口顺差相对较强，反映出国内经济相比于国外经济较弱，可能是由于外部经济尚好，也可能是内部经济较弱导致。目前情况下，外部经济中欧债危机持续演化，而内部经济中内需很弱。中国的内需即国外的外需，内需弱导致国外经济外需弱，外部经济体增长乏力的情况可能进一步加剧，继而影响外部经济的内需。外部经济的内需即中国的外需，因此中国的出口可能由于国内内需疲软以及欧债危机的影响在未来一段时间下降。如果国内政策维持目前的力度，出口情况可能令人担心。如果能在预期到的情况下做相应政策调整，可能可以抵消部分影响。

总需求疲软的情况引起了企业利润的下降，工业企业资产收益率同比下降很多。图 2 给出规模以上工业企业权益和资产收益率季度数据，较高的粗线为净资产收益率(ROE)，较低的细线为资产收益率(ROA)。ROE 根据工业统计月报数据计算，等于工业企业期内年化利润总额除以期初期末平均净资产(总资产减去总负债)。其中，一季度为 1—2 月，二季度为 3—5 月，三季度为 6—8 月，四季度为 9—11 月，12 月的利润分摊到年内各月。ROA 根据 ROE 推算，将利息支出(负债乘以贷款利率)算作投资回报，二季度的 ROA 估计为 11% 多一点，可能由于低估贷款利率而低估 ROA。规模以上工业企业利润总额 5 月同比下降了 5.3%，而净资产同比增长了 14.9%，由此 ROE 同比下降了 17.6%。

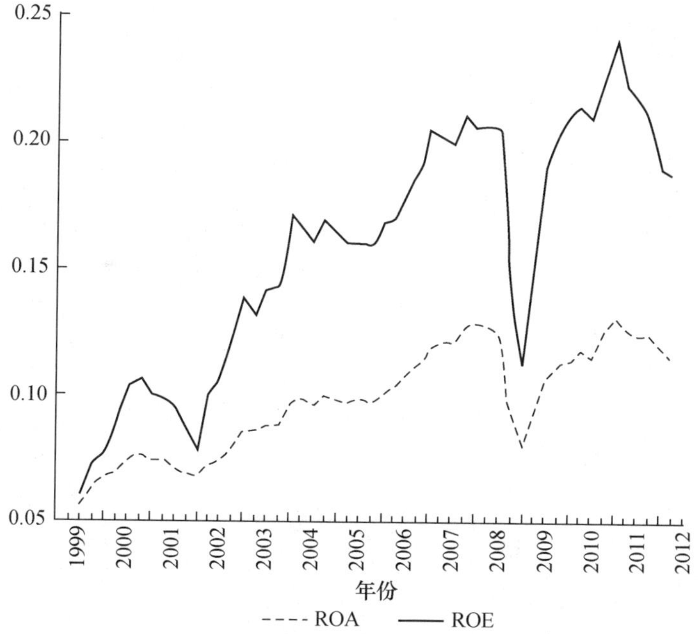

图 2　规模以上工业企业资产收益率

由于去年同期的净资产收益率很高，下降以后的水平总的看还相当高。

工业企业资产收益率下降反映出企业的投资回报率降低，企业面临困难。投资回报率与资产收益率的计算中还存在些误差，主要是由于煤炭、石油等资源类企业利润的一部分实际上是资源的租，并不是投资的回报。过去企业占用的土地大部分也没有计入成本，利润中也含有土地的租。扣除这部分收益后，投资回报率会大幅度下降，从实现值来看，大约在10%左右。此外，不同企业利润率差别很大。考虑到这些，可能相当多企业的扣除资源租金和所得税以后的总资产收益率即投资回报率接近于银行贷款利率，有的甚至更低。内生性通缩可能在这样的情况下发生。在投资回报率不及贷款利率的情况下，企业就不向银行贷款，只利用自有资金进行投资。如果进一步自有资本投资回报率不及存款利率，那么企业就会停止投资。目前看，企业的预期投资收益率比较差，工业企业贷款需求和投资意愿受到负面影响。

二、PPI和CPI不同变化带来难题

工业企业资产收益率下降的主要原因在于工业品相对价格在过去一年半时间里持续下降，并由此引起了生产增长率的下降。图3中较高的粗线表示总资产收益率（ROA），较低的细线表示工业品相对价格，用PPI和CPI的定基比指数比例衡量。工业品相对价格在过去一年半时间里有相当大幅度下降，虽然比2000年前后的通缩时期要高一些，但是跟2006—2007年比在下跌。对工业企业来说，工业品价格上升对工业利润的贡献是正的，但是CPI上升对工业企业利润的贡献是负的。因为CPI上升里面很大一

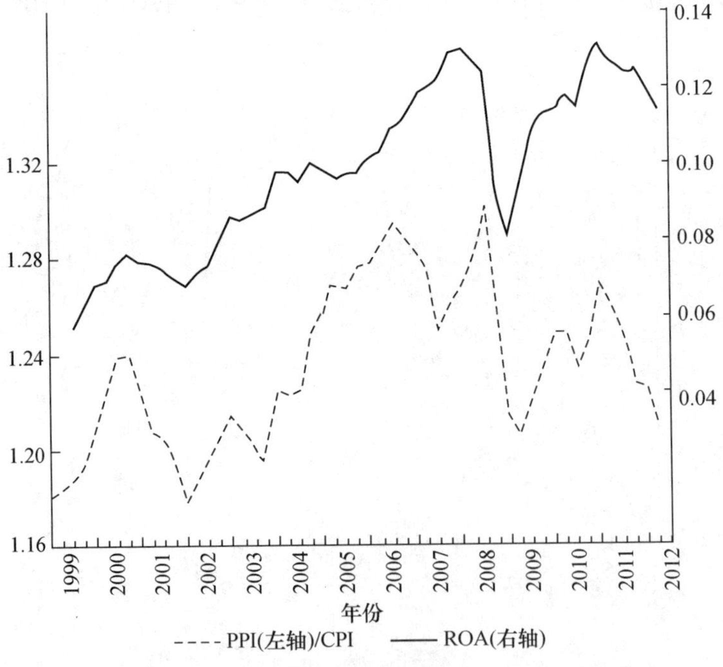

图3　规模以上工业企业总资产收益率与工业品相对价格

部分是食品价格上升，如果持续时间长，那么农业生产收益会比较高，从机会成本的角度会推动工资上涨，进而导致工业利润下降。不过，在短期内由于工资黏性或者偶然因素的影响，农产品价格上升不一定导致工资的相应上升和利润下降。明显的例子是2007年猪肉价格大幅上升并没有引起工业利润的下降。所以CPI与工资的增长率在短期里关系不显著，但长期有较强的正相关关系。在过去一年半，PPI与CPI的比例大幅下降，一方面导致工业企业收入相对于工资的增长率下降，另一方面对利率下调带来压力。

从企业角度来看，贷款利率相对于PPI偏高。6月PPI同比下降2.1%，过去3个月季调后PPI下降年率为3.8%。即使按2.1%的价格同比下降率，目前超过6.0%的平均贷款利率也偏高。过去9年，工业品生产者价格平均每年上升3.4%，一年期贷款的基准利率平均6.0%。从目前情况看，过去3个月PPI的下降速度仍然会持续一段时间，所以

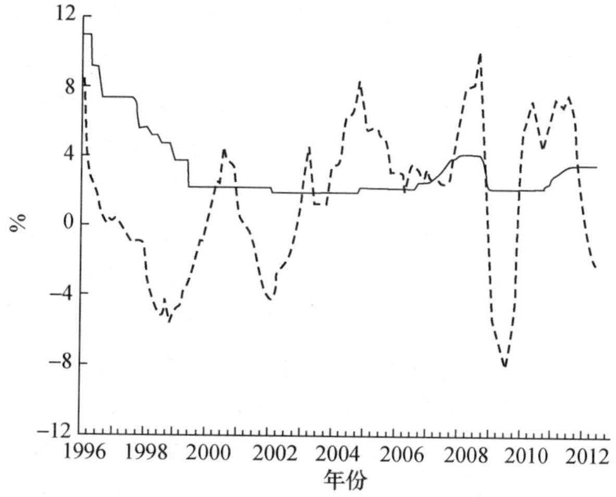

图4(a) PPI同比变化率与一年期存款利率

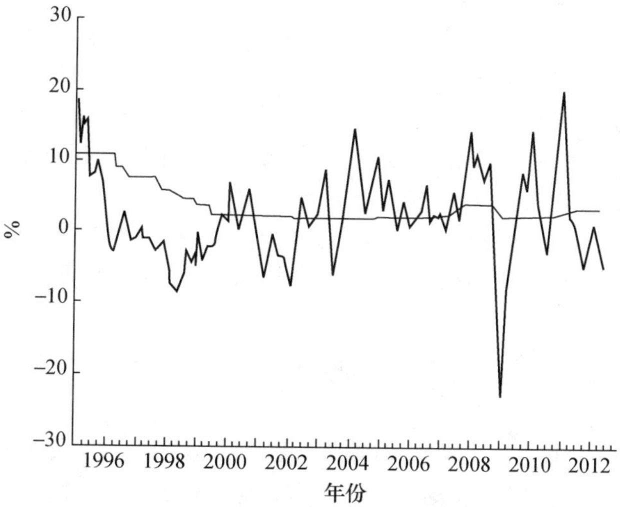

图4(b) PPI三个月变化年率与一年期存款利率

预期的贷款真实利率仍相当高。当前贷款利率相对于 PPI 偏高的情况虽然远远没有 1996—1998 年严重,但是与 2002、2003 年以来的情况相比算是比较差的。2008 年年底的情况非常严重,工业品价格大跌,但是持续时间短,现在的持续时间长一些。按目前的情况,如果没有其他方面的重要约束,这样的利率水平也还可以维持。但是房地产投资和基础设施投资受制约较多而比较弱,未来的出口环比增速还可能下降,再加上企业还受很多行政调控的约束,贷款利率明显偏高。此处的偏高并没有隐含说中国均衡利率水平是多少,而是与历史情况相比较来看。均衡的利率水平到底应该是多少,这是一个需要进一步研究的问题。按中国经济增长的潜力,均衡的利率水平应当是比较高的。但是均衡利率水平受各种因素影响,包括行政调控等约束,不是仅仅从经济增长速度这样一些指标就能够推算出来的。

从居民角度来看,存款利率相对于 CPI 难说偏高。6 月 CPI 同比上升 2.2%,过去 3 个月季调后 CPI 上升年率为 1.1%。不考虑最近国外农产品价格大幅上升情况,预期未来一段时间 CPI 环比年率可能在 1.0%—2.0%。这样,目前 3.0% 的一年期存款利率意味着 1%—2% 的预期真实利率。从社会投资回报率的角度看,考虑到正常融资成本,这样的真实利率不但不高,还可以说偏低一些。真实利率偏低不仅有收入分配方面的问题,而且对经济结构有很大负面影响,特别是导致了对房地产的投资性需求,成为房价过高的主要推动力。在更早的时候,真实利率过度偏低还导致了农民大量存粮,引起粮食和其他农产品价格的大幅波动。

所以目前的利率,从企业角度看嫌高,从居民角度看并不高。造成这个情况的原因是 CPI 与 PPI 的差别。按 6 月的同比上升年率,CPI 比 PPI 高 4.3 个百分点,按过去 3 个月的环比上升年率均值,CPI 比 PPI 高 4.9 个百分点。如此看来,利率调整有左右为难的感觉。

市场决定的利率是资金供求均衡的结果。由于储蓄对利率的弹性小而投资对利率的弹性大,目前情况下完全由市场决定的利率会有下行的倾向。但是,由于需求疲软,贷款风险增加,利率下行的空间也不大,仍然会在短期形成贷款真实利率偏高的结果。持续一段时间以后,就业和工资也得到调整,真实利率逐步回归到长期均衡水平。从这个角度看,即使现在完全放开利率,也会出现一段时间的需求疲软和增长较慢的结果。

另外一个难处是,过去多年的真实利率一直偏低,对储蓄者很不利。如果现在较大幅度下调利率,从消费者角度考虑不合适。如果考虑到财政税收方面的可能性的话,政策调整的余地就大多了。至少在短期内,一个可能的选择是利率随通胀变化情况小调,这样导致的贷款真实利率偏高和企业困难的问题通过减轻企业税负来缓解。

三、食品相对价格与工业品相对价格

PPI 和 CPI 差别大的情况如果长期持续,也意味着潜在的经济增长速度和长期均衡的真实利率下降。从发达经济长期的情况看,工业生产者价格相对于消费者价格是下降的,主要是因为服务的价格相对上升。对我国来说,在 2007 年以前几年,伴随着 PPI 相对于 CPI 上升,工资份额快速下降而利润份额上升。现在情况可能已经发生了变化。剔除短期景气波动影响以后，工资份额可能停止下降甚至轻微上升。与这个情况同时发生的是 PPI 与 CPI 的比例逐步回归到长期趋势。

不过过去一年多 CPI 和 PPI 的变化差别更多是短期波动的结果，导致 CPI 上升的主要原因是食品价格上升而不是服务价格上升，而食品相对价格的变化具有明显的向长期趋势回归的倾向。现在看来，食品相对价格有回落的倾向。这意味着过一段时间 CPI 和 PPI 变化的差别会缩小。首先是环比变化的差别缩小，再过些时候才有同比变化差别的缩小。到那个时候，利率调整的困难就会减小。中间这段时间是比较困难的，经济增长速度低一些，企业压力大。

CPI 中食品价格和农产品生产者价格高度相关（图 5），绝大部分通货膨胀波动就是农产品价格的波动。从农产品价格的变化来看，农产品和 CPI 比价的上升并不是必然的。1985—2012 年农产品比价的大 U 形变化主要是由于经济增长速度和同时发生的城市化进程。另外，全球经济景气的变化导致的石油价格变化也对农产品相对价格的变化有重要影响。次一级的农产品相对价格的变化主要是受宏观经济景气变化的影响。特别是在 1988 年和 1994 年前后，因为真实利率大幅度偏低导致农民增加存量引起粮食价格大幅度上升。长期平均的真实利率偏低导致农民存粮在很长时期内大幅度增加，还有政策因素导致的政府管理的存粮也在后来大幅度增加。最后在通货紧缩期间，真实利率显著偏高引起农民快速减少库存，同时政府存量也在快速消化。这段时间粮食价格大跌。在 2002—2003 年走出通货紧缩后，粮食价格恢复性上升。

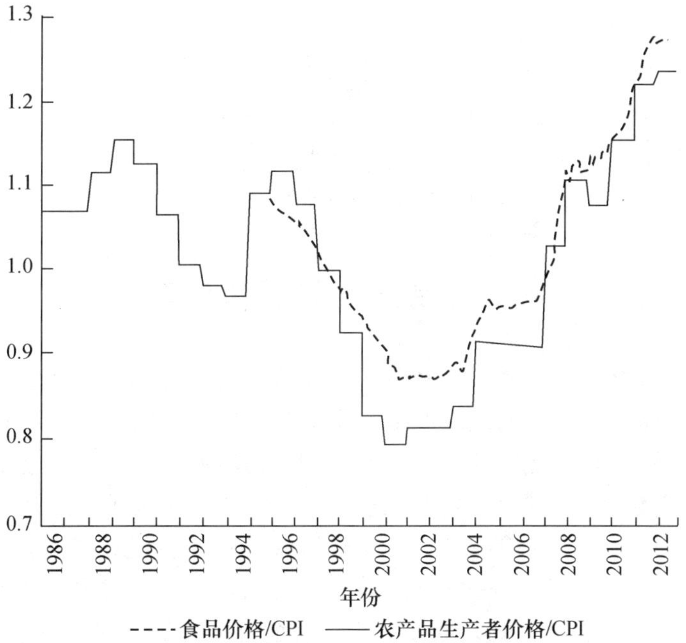

图 5　农产品相对价格和食品相对价格

在 CPI 和 PPI 大致同步变化时，通货膨胀情况是比较清楚的。在两者有较大差别特别是食品价格波动主导 CPI 波动的情况下，宏观调控主要看当前 CPI 的做法存在改进的余地。

在对食品价格的社会预测中,过去两年多少有追涨杀跌的影子。一方面问题是与理论、方法有关,也有金融工具多样化引起的货币度量方面问题。另一方面是信息问题。既然食品价格对宏观政策的影响是如此之大,增加在农产品和食品生产供给方面信息搜集和处理的投入就很值得。关于社会农产品库存特别是政府农产品库存的信息披露也很重要。此外从图 6 中可以看出,食品价格的波动有趋势自回归现象,某段时间食品价格高了会在之后一段时间下跌,预测中的追涨杀跌有待商榷。具体地,食品价格的波动幅度、回归速度都需要仔细分析,简单看数据是存在趋势自回归的(注意图 6 中端点误差很大,仅作为参考)。

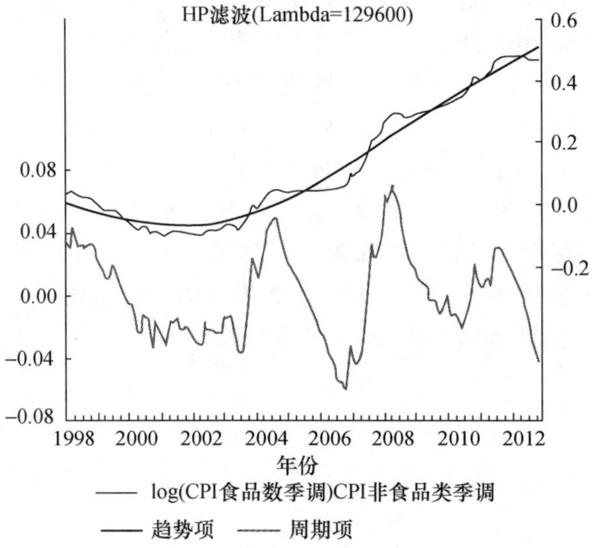

图 6 食品相对价格的短期波动

四、贸易条件和经济增速

由于大国效应,中国经济增长减慢会带来商品价格下降和贸易条件的改善。贸易条件受到经济增速影响,主要通过进口价格变化引起。中国经济高增长的时候引起进口高增长,带动资源价格进而自己的进口价格上升,贸易条件恶化,反之改善。所以经济高增长效益的一部分会转移给资源出口国。这个情况在 2006 年以前比较弱,2007 年以来非常显著。部分是由于中国影响日益增大,部分是由于其他主要经济问题频发引起内需疲软。图 7 中,4—5 月,贸易条件(出口价格/进口价格)同比分别改善了 5.0% 和 4.0%。按此估计,贸易条件改善在二季度大约导致了 1 个百分点同比意义上的国民收入增加,即贸易条件调整后的国民收入同比增长率约为 GDP 增长率加 1 个百分点。2002—2007 年,贸易条件恶化大约导致了平均 0.5 个百分点的国民收入损失,所以一里一外是 1.5 个百分点。按 2006 年以来的情况估计,GDP 相对于趋势水平高 1 个百分点大约导致 2.0 个百分点的贸易条件恶化,意味着 0.5 个百分点的国民收入损失,反之亦反。不过这是在国内外经济波动很大情况下的短期效果,长期效果完全不同。

一段时间经济增长速度下降带来的贸易条件改善能在相当程度上抵补GDP的损失。所以增长速度略低一点如果能带来一定程度的其他方面的改善,未必不是好事情。但是在此调整过程中社会不同方面的损益差别很大。短期内企业受损比较大,时间长了企业的损失也会通过就业和工资传导到居民。

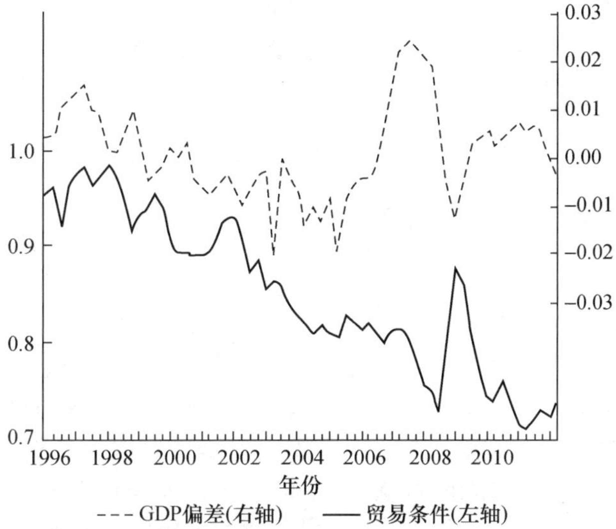

图7 GDP偏差和贸易条件

目前看来,下半年的总需求会比较弱,同比的经济增长速度维持在目前水平,同比的CPI通胀率继续下降,发生通缩可能性较低。10年前的通货紧缩,最主要的是企业负债率高,特别是国企对退休和下岗职工的隐性负债很大,这样背景下真实利率大幅度偏高情况持续了一段较长时间。目前不同于过去,但是房地产调控是新情况,还有其他一些偶然因素。适时适度的政策调整非常重要。考虑到企业的负债率和其他情况,以及货币政策和财政政策调整的余地,较长时间持续通缩的可能性不是很现实,短期轻度通缩的可能性虽然不大但也还存在。

中国经济的长周期和短周期*

梁　红

中金公司董事总经理

梁红博士从长周期和短周期两个视角分析中国经济未来几年的增长前景，指出当前中国经济减速是长周期和短周期因素叠加的结果，未来几年中国经济增长率低于8%可能会是常态，但改革能通过释放全要素生产率提高经济增长率。梁红博士反思了2009年、2010年的经济刺激政策造成的影响，指出依靠金融加杠杆方式拉动经济并没有提高投资的效率，反而使中国经济积累了一定的风险，如今在政策收缩时很多企业陷入困境。在现有的资源配置体制和机制下，如果还继续拉动政府主导的投资增长，拉升中国经济整体的杠杆率，不但不能提高经济增长率，而且会加剧资源错配，进一步积累系统风险。

一、经济增长减速:周期性和非周期性因素叠加

从长周期来看，中国经济增长将会减速。中国经济过去30年维持了平均10%的年增长率，其与别国最大的区别在于全要素生产率的贡献非常巨大，这一贡献按不同算法在3.6%—3.8%之间，如图1所示。这30年中国全员劳动生产率的提高可分为两部分，一部分是人均资本的积累导致的人均劳动生产率提高；另外一部分就是全要素生产率的提高，其中很重要的就是改革红利。

改革开放以来中国全要素生产率的三次高峰都与改革红利有关。如图2所示，第一次高峰的出现是由于20世纪80年代的改革开放和家庭联产承包责任制，第二次是因为邓小平南方谈话之后的城市工业的一些改革，最近一波的效率提高得益于我国加入WTO，以及这前后的国企改革、金融改革。目前上一次改革红利已基本释放，中国经济潜在增速处在下行区间。一方面，2008年以后，中国潜在的生产效率降低，投资效率低下，成本提高；另一方面，2012年左右，中国一胎化政策开始对人口增速有非常明显的影响，如图3所示，可能也会对潜在增速产生不利影响。因此从长周期来看，中国经济增速下行的可能性较大。

---

* 中国经济观察第31次季度报告会(2012年10月27日)。

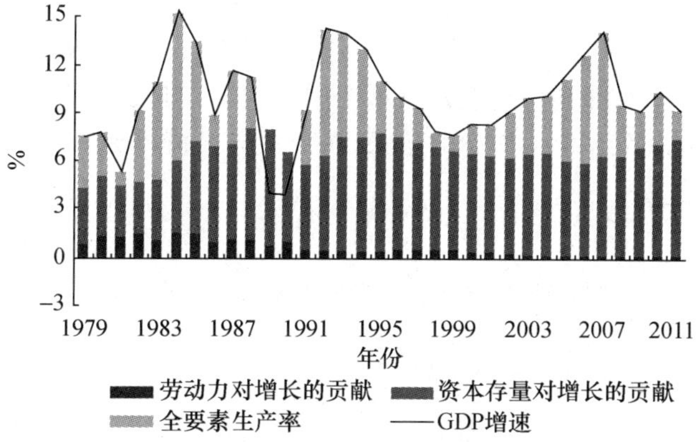

图1　中国经济增长要素贡献分解

资料来源:CEIC、中金公司研究部 。

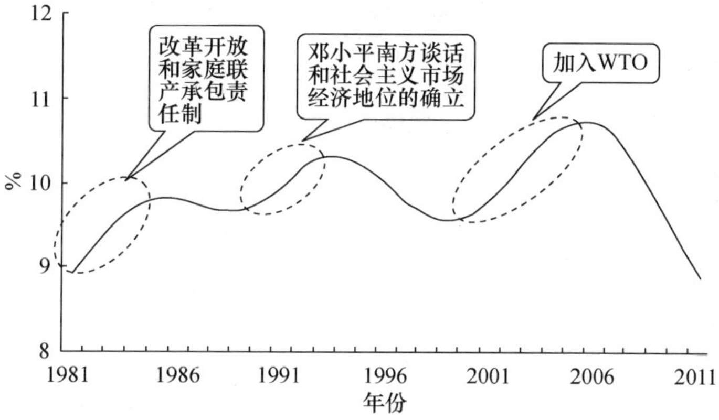

图2　中国GDP增长率与若干重大改革事件

资料来源:CEIC、中金公司研究部 。

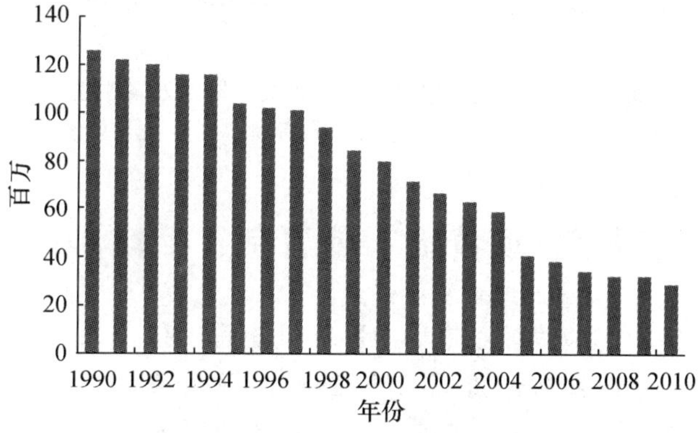

图3　中国农村可转移劳动力

资料来源:CEIC、中金公司研究部。

假如进入21世纪以来中国潜在增长率是8%,而过去10年增长率平均为10%,那么从短周期来看,未来有几年经济增速在8%以下将会很正常,如图4、图5所示。另外,对于8%是不是目前一段时间的潜在增长率也有较多讨论,目前较悲观的证据更多。未来两三年内,增长放缓可能难以避免,但是改革空间还很大,对资源配置低效率的机制进行改革之后会重新释放出全要素生产率的增长,从而促进经济增速的回升。

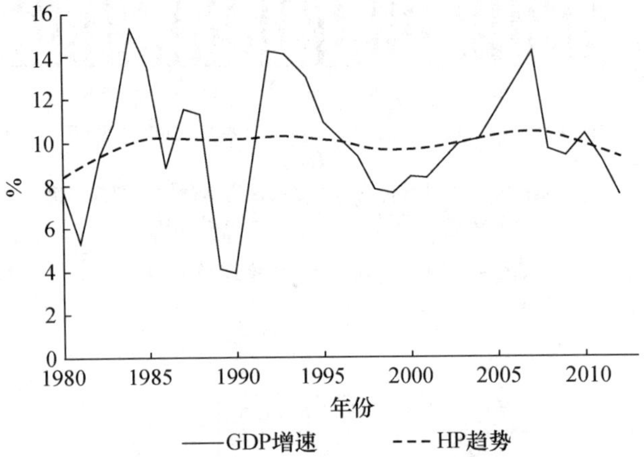

图4　中国GDP增速及HP趋势

资料来源:CEIC、中金公司研究部。

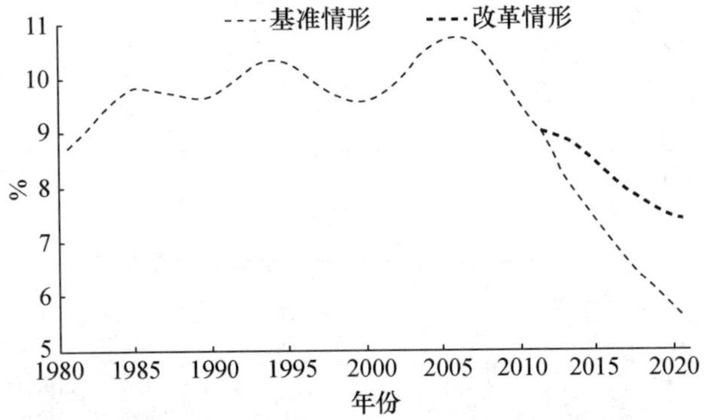

图5　不同情形下的中国GDP未来增速及预测值

资料来源:Lee and Hong (2010)、CEIC、中金公司研究部。

二、短周期:软着陆?硬着陆?继续加杠杆?

未来2—3年经济增速的放缓对市场的影响可能超出很多人的预期。由于长周期和短周期因素叠加,如果按照往次经济周期的经验,数年前以20%—30%高速增长很多年的企业,未来几年即使面临负增长,也属正常。GDP增速下滑对一些行业产出下滑影响的弹性可能非常大。工业增加值同比增长率从2002年到2011年的14%—18%的同比增长率,降低到10%以下,这对电力、原材料等的需求变化影响非常大。

假如潜在增长率下降,而政策还把经济增长目标定在8%、9%,并以过去的方式拉动经济增长，会造成怎样的后果？对比2009年、2010年的大规模经济刺激与2003年的信贷膨胀后经济在微观层面的表现，最大的不同在于2009年、2010年依靠信贷扩张的经济刺激明显加大了中国的金融杆杠，但企业的投资回报却没有好转。

以国内贷款/GDP，或(国内贷款 + 非金融债)/GDP衡量的中国整体杠杆率在一年内都提高了20个百分点。如果有影子银行、民间信贷等方面可靠的时间序列数据，计算出的杠杆率会更高。上次经济刺激的一个问题是总规模太大，原本5万亿新增贷款足够保持经济8%的增长率，但2010年新增贷款却高达近10万亿贷款，并且还发行了约2万亿公司债、企业债。

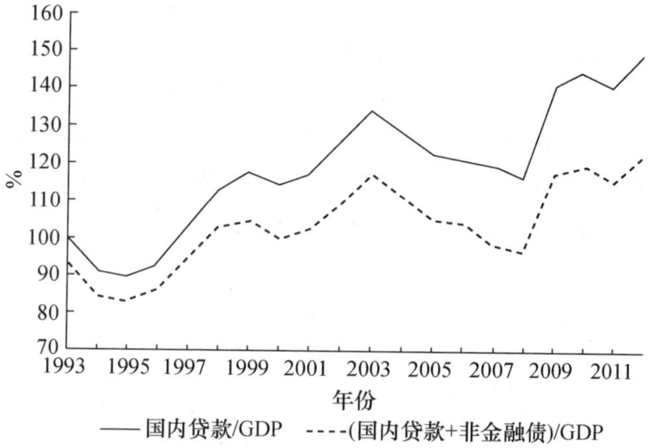

图6　2009年以来中国整体杠杆率

数据说明：来源于CEIC、Wind、中金公司研究部。

这种放债速度加以中国的金融体系和微观基础，结果是很低的资源配置效率。在目前试图平缓杠杆的过程中，从资产负债率、净资产收益率和企业利润增速等指标来看，企业的情况并不乐观。相反，2003—2007年，企业的资产负债率逐步下降，当时微观层面要

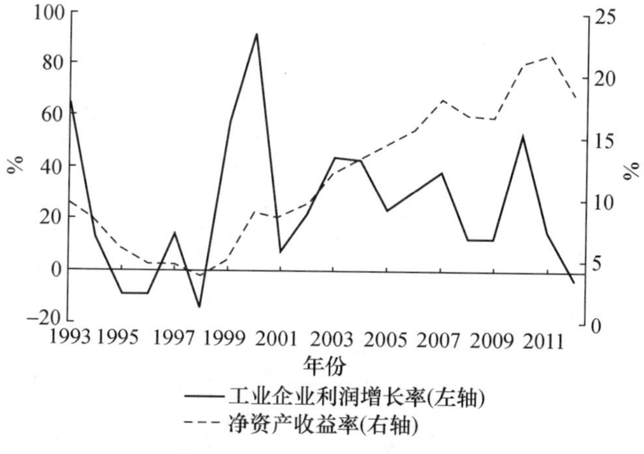

图7　企业投资回报率

数据说明：CEIC、中金公司研究部。

求的投资扩张和信贷增加是有较高投资回报支撑的，不需要快速增加杠杆率来维持企业投资回报，因此那时中国没有明显的投资过剩。但是2009年、2010年杠杆率提高之后，政府在2010年、2011年以来希望把杠杆率平缓下来，却对企业层面带来很大影响。这几年企业盈利下降，应收账款率上升，投资回报率下降，很多企业的资产负债率已达到80%以上。如果在现有情况下继续加大经济的杠杆，短期内企业盈利可能企稳，但是中国不可能无限提高杠杆。如果考虑到影子银行等未纳入统计的融资手段，中国目前的杠杆率已经非常高。以中国目前的经济体量和较高的经济增速，如果再以2009年、2010年的速度提高杠杆率，中国出现较大系统风险的可能性将会提高。如果出现问题，再拿4万亿恐怕不足以解决问题。

同时，企业的现金流也很吃紧。有些企业会计意义上的回报减低，甚至亏损正在发展为现金流亏损。如图8所示，以M1/M2为指标进行观察，从长期来看，由于居民金融财富的增加（主要是放在银行的存款），这一比例有下行的长期趋势，但这个指标还表现出很强的周期性，每次宏观经济偏紧的时候，这一比例都会有较大下滑。现在央行释放较多流动性，外汇流出也有所缓解，但是微观层面上钱还是很紧。这一方面是因为上一

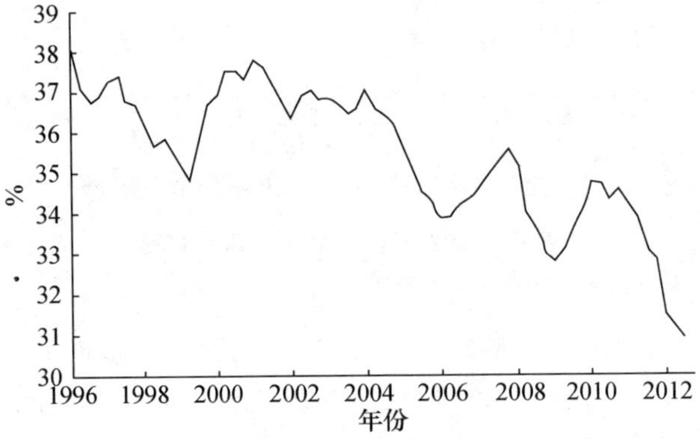

图8　中国$\frac{M1}{M2}$比例

资料来源：CEIC、中金公司研究部。

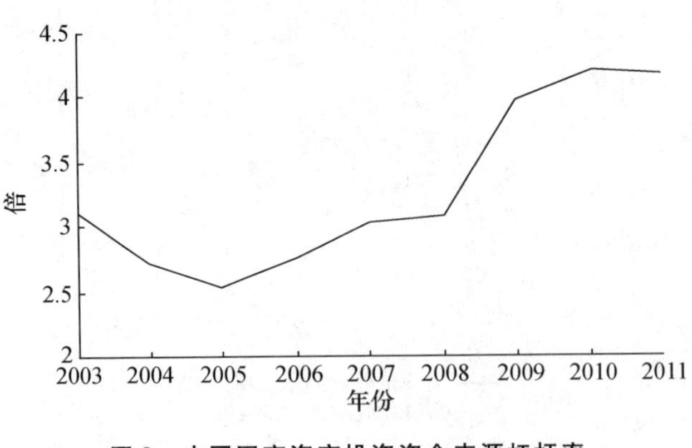

图9　中国固定资产投资资金来源杠杆率

资料来源：CEIC、中金公司研究部。

轮刺激摊子铺得太大,另一方面是因为支持2009年、2010年的大项目,不断出现银行系统担心的以新还旧滚资产。看上去资产质量没有问题,但这种行为挤出了很多应该给更有效的行业和企业的贷款。

2009—2010年经济刺激政策产生的另一个问题是,中国主要不是通过财政赤字的手段而是使用银行信贷的途径来刺激经济,这种刺激经济的方式虽然速度较快,但目前看来影响了银行给资源配置较为有效的企业贷款融资的能力。一种可以考虑的处理方法是在适当时候把上次经济刺激时的政策性贷款跟银行做一个划断,使银行给正常企业的融资功能较快得到恢复。

三、总　　结

第一,从今年开始,经济增长低于潜在增长率的情况可能会持续一段时间。经济既面临消化劳动力、原材料、金融、财政等成本的压力,也面临金融系统消化坏账的压力。这不仅是去库存的周期,可能也是一个去产能的周期。2009年、2010年的大规模投资整体效率比较低,随之扩大产能的一系列行业面临去产能压力。

第二,这些压力会表现在名义收入增长明显放缓、许多与高速投资相关的板块出现负增长等方面,中国将可能面临资产价格通缩压力,包括信用事件也会出现。

第三,这些经济增长的负面因素只能靠提高微观的效益来根本解决。提高微观效益的手段既包括利息、租金、税收等成本的降低,资源配置效率的提高(尤其是金融系统风险的控制和化解),也包括体制的改革等。中国金融系统的杠杆不能继续提高,这里所说的杠杆既包括银行信贷,也包括所有的债券扩容。

第四,在现有的资源配置的体制和机制下,政府主导的投资效率在加速恶化。这表现在政府在加大投资、提高杠杆的同时,投资回报率却在下降。继续拉动政府主导的投资增长,拉升中国整体的杠杆率,只会加剧资源错配及系统风险。

中国经济:下一轮增长靠什么*

李迅雷

海通证券首席经济学家

李迅雷先生主要就中国当前与未来经济增长问题展开议题。他用“去库存步入后期,去杠杆还在前中”来概括当前中国经济状况,同时他还认为中国经济增长今后仍要靠投资来拉动,最后提出了下一轮经济增长要靠改革来推动的观点,并分析改革的逻辑次序。

一、去库存步入后期,去杠杆还在前中

谈到当前的短期经济走势,普遍认为第四季度经济会迎来反弹,去库存还是在去,但是一方面去得不太彻底,另一方面去库存的时间比上几次都要长,表明中国经济的消化能力有些转弱。从国际环境来看,中国经济在第四季度至明年年初反弹主要是国际环境的好转。如图 1 所示,美国经济的长期困扰显然难以消退,但第三轮量化宽松政策

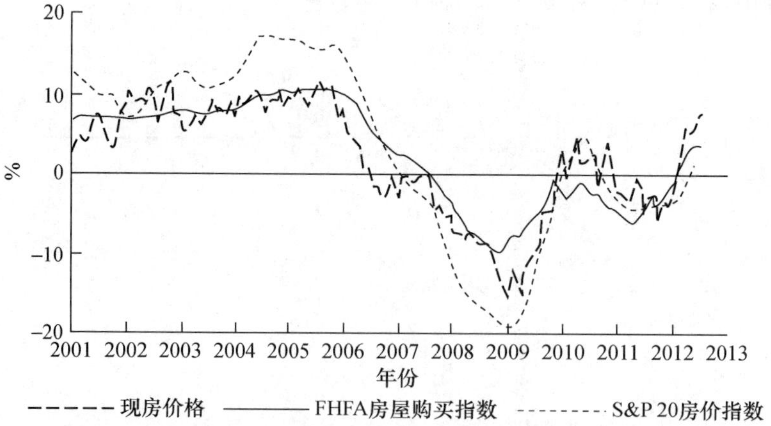

图 1　美国现房价格、FHFA 房屋购买指数、S&P 20 房价指数同比增长率

资料来源:Datastream,HTI。

* 中国经济观察第 31 次季度报告会(2012 年 10 月 27 日)。

(QE3)的推出、就业数据的好转、消费增速的回升为中国经济在外需上带来一些正面刺激。接下来等到明年年初,大家又在担心财政悬崖问题,最终解决方案应该也是各方妥协的结果。所以,财政悬崖问题的解决方案也不可能愚蠢到把美国经济推向深渊,但明年美国经济减速的概率较大。

从国内来看,为了稳增长,实现全年7.5%的目标,政府会继续加大投入,第四季度的增速的回升应该是没有任何悬念的。如图2和3所示,从今年地方财政支出增速处于高位、城投债发行量明显增加可以看出,无论是财政投入的增大还是直接融资规模的扩张都支持了经济不出现硬着陆的假设。

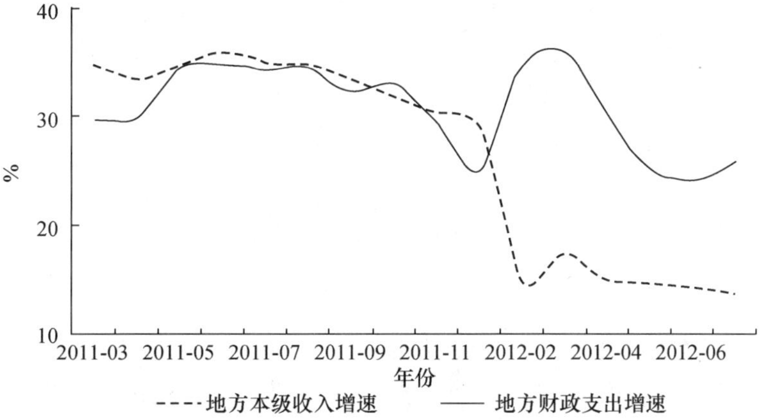

图2　地方财政收支增速

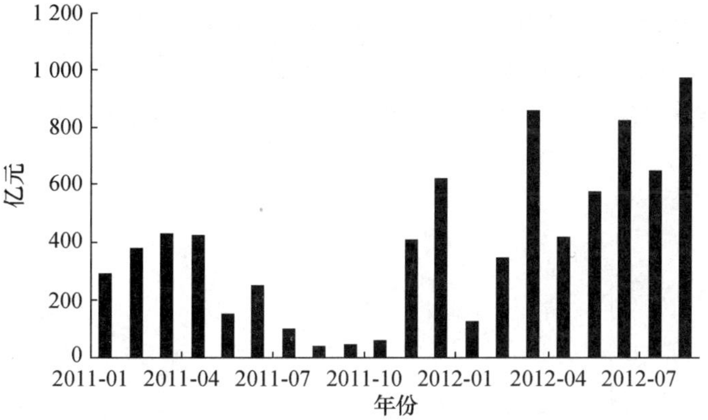

图3　城投债发行量

如图4所示,从9月数据来看,工业增加值增速与发电量增速继续背离,但和工业用电量增速走势一致。从历史经验看,经济增速变化基本上应该是与通胀变化同步的。在7月CPI创新低之后,估计11月的CPI环比应该会略有回升,CPI逐步回升,那么GDP的回升应该也是会出现的。对于中国经济来讲,短周期应该是个低点,但是长期下行压力也是大家达成共识的。对于未来GDP走势,或许会呈现两个特征,一是今年年末至明年年初经济会保持反弹的趋势;二是明年年中走势比较难确定,这里有增长乏力的因素,但是明年年底还是会略有回升,这会与通胀回升同步。中周期回升没有那么快是因为相对于较灵活的短期逆周期政策手段，中周期的调整时间会延后，需要一个更长的时间过程。从经济增长理论角度来看，长期增速下行是经济走向成熟的表现，亚洲的日本、韩国、中国台湾地区在经历了高增长之后普遍下了台阶，中国经济是否也到了下台阶的阶段？总的来说，中国步入了重工业化的后期，经济面临结构性调整的长期压力，同时又受到经济周期性因素减速的影响，尽管短期经济有回升迹象，但长周期下一个台阶求增长已无悬念。

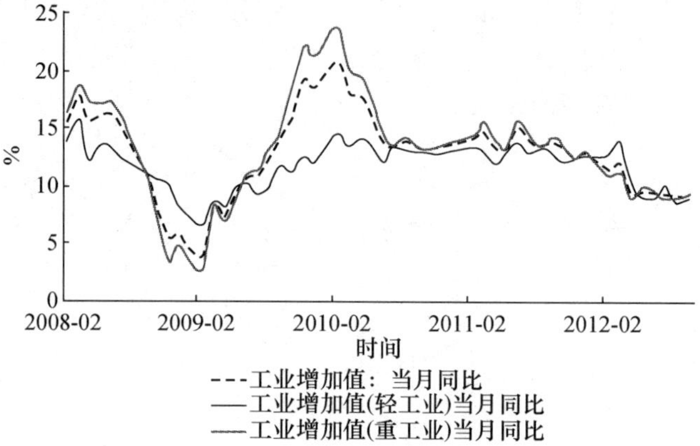

图 4　工业增加值当月同比增速

如图 5 所示，从钢铁业产量看，中国粗钢产量增速在 2005 年达到历史最高水平，之后逐步回落，这或许表明中国已步入了重工业化的后期。因为从日本和韩国的例子看，粗钢产量增速的回落都与重工业增速的回落相一致，在这一发展阶段，伴随着企业资本回报率的下降，劳动力短缺导致的劳动报酬上升，制造业的盈利水平会下降。劳动力报酬占 GDP 比重的上升，无论是在韩国还是在日本都发生过，而工业化后期的资本报酬率则相应下降。如果一个国家经济增长不是以企业的盈利增长作为保证的话是不可持续的。如图 6 所示，2009 年起，城镇最低收入 10% 群体的收入增速明显加快。

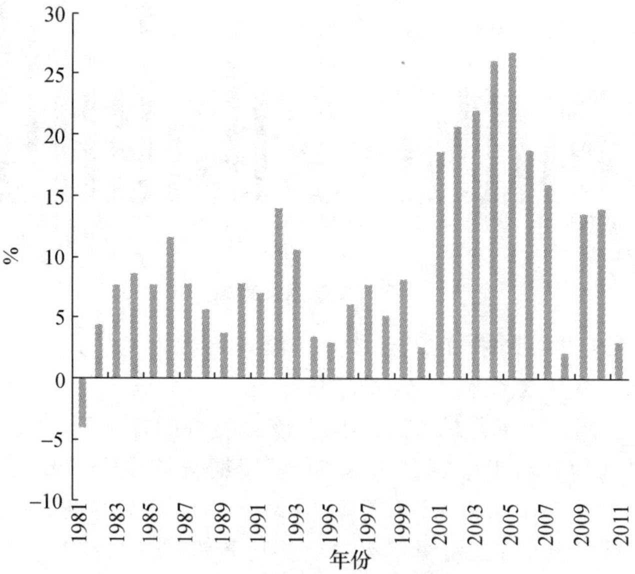

图 5　中国粗钢产量增速

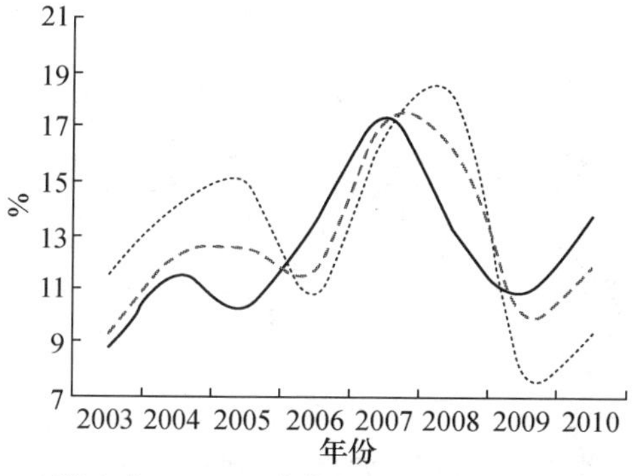

图 6　高中低收入户收入增速

近年来，在提到中国经济面临的调整压力时，讲到最多的是库存，但是卖方分析普遍都把经济反弹的时间提前了，曾预测经济在二季度或三季度反弹，实际上四季度才反弹，反弹力度究竟多大，还要等结果，而且现在看来去库存是不能完全去干净的，因为从政策层面来讲还是会有稳增长的要求的。当今全球各经济体大都无一例外地采取逆周期的宏观政策，而顺势彻底改革、下决心调整经济结构的案例不多。与此同时，去杠杆的压力依然存在。如图 7 所示，虽然与发达国家相比，我们国家、居民和企业的整体杠杆水平并不高，但是债务水平的增速非常快，同样还是存在去杠杆的压力。

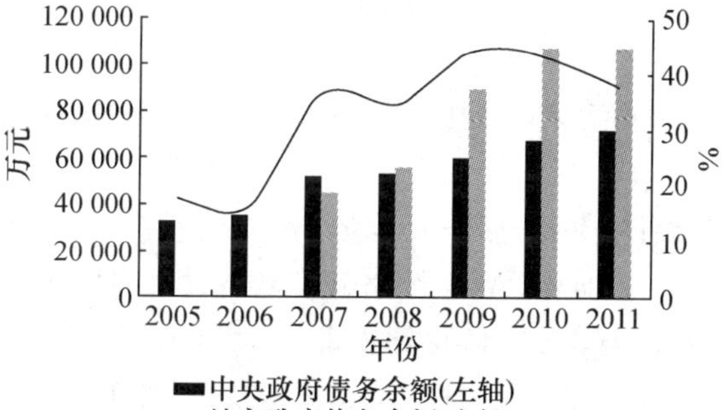

图 7　中国政府债务占 GDP 的比例

如图 8 所示，像船舶、钢铁等比较困难的行业以及像制造业、建筑业、批发零售、交通、仓储、邮政等行业都存在去杠杆的压力。有统计数据显示，今年 1—7 月全国国有企业资产负债率为 64.6%，比上年同期提高 0.7 个百分点；有人说 2011 年中国企业负债占 GDP 比例达 107%，几乎是世界上是最高的。负债占 GDP 比例是不是超过百分之百还是有争议的，但是从目前工业企业的债务水平来讲的话，今年确实比去年同期有明显上升，企业债务水平还是偏高。如图 9 所示，房地产行业也在去杠杆，而银行过去很多年盈利增长在百分之二三十，明年可能有负增长或者零增长，银行业也将面临去杠杆压力，所以中国经济增速下台阶应该没有什么悬念。

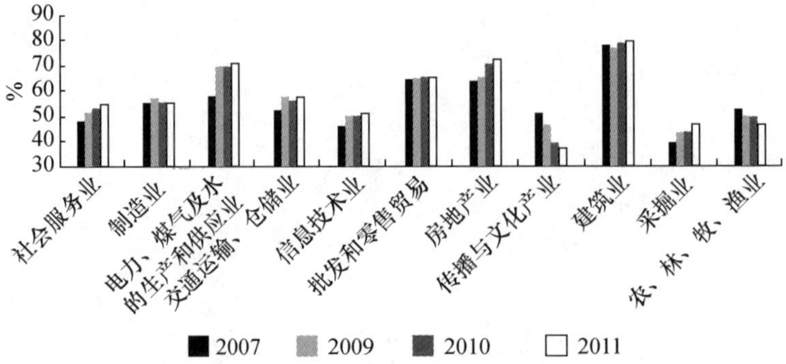

图 8　主要行业的资产负债率变动

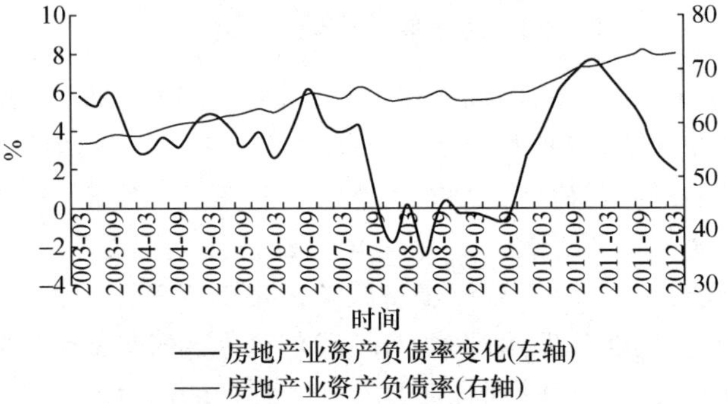

图 9　房地产业资产负债率变动

二、中国经济增长今后仍靠投资拉动

那么今后中国经济靠什么增长？个人认为还是靠投资拉动,面对如此庞大的经济规模,创新驱动还只是个玩具发动机,整体经济还是要靠投资这架重型起动机拉升。中国能否摆脱中等收入陷阱？乐观的方面,我觉得北京大学国家发展研究院是不是可以研究中国经济增长中的“勤劳”因素。第二次世界大战之后摆脱中等收入陷阱、步入高收入国家和地区的有日本、韩国、新加坡、中国台湾地区和中国香港地区,均属于儒家文化圈,勤劳为本,且都避免了中等收入陷阱。德国在欧洲也是以勤劳著称。国家人口计生委《中国流动人口发展报告 2012》中披露,2.3 亿流动人口的工作时间普遍较长,平均每周工作 54.6 小时。中国人每周平均工作时间是 45 小时,相比之下,美国人平均约为 40 小时,而欧洲国家则平均只有 37 小时。如图 10 所示,在女性就业率方面,中国比欧美国家都要高,这方面是值得研究的,在发展经济中勤劳要素跟经济增长具有相关性。

谈到投资拉动为何仍然是中国经济继续增长的主要手段,其理由是中国人均拥有的资产规模非常低,另外的依据是城镇化率水平较低。现在的主流说法是城镇化是未来拉动中国经济增长的最大内需,中国过去三十年的增长确实是个城镇化的过程,这个城镇化的依托是工业化,中国工业化的优势在于低成本,因为中国有大量的廉价劳动力从农村转移到城市。那么,未来还能够有多少劳动力转移到城市？这是需要量化的。换句话说,假定每年 1% 的城市化率的提升还能够提升多久？这涉及统计问题。我最近有篇文

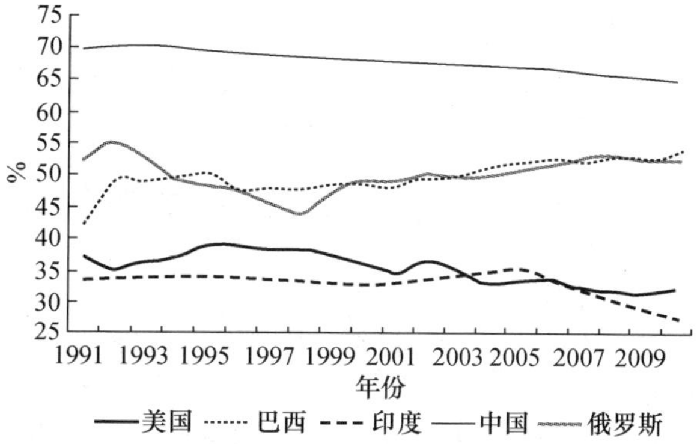

图 10　女性就业比例

章把农村还有多少劳动力转移到城镇做了一个分析，当然，这篇文章会有争议。2009 年以来，我做了很多计算，凡是我直觉上认为国家统计局提供的数据有问题的，我都做了重新计算，包括城市化率、城市居民可支配收入、居民储蓄率、固定资产投资总额等。现在中国有多少农民，按国家统计局的数据估算 2011 年我国农业劳动人口为 2.66 亿，而我的估算值为 1.7 亿左右，比国家统计局整整低了 1 个亿。这意味着现在可转移农民的数量不多了，今后也就是 4 000 万到 6 000 万，这样的话，城镇化的持续时间就非常有限了，到 2020 年可能就差不多了，即现在就已经步入到城镇化的晚期了。城镇化的早期肯定是刺激经济增长，因为成本低，不仅是劳动力薪酬低，而且还不用为劳动力提供必要的公共产品或支付社会成本；中期也能够拉动中国经济增长。到了晚期是不是一定还能拉动中国

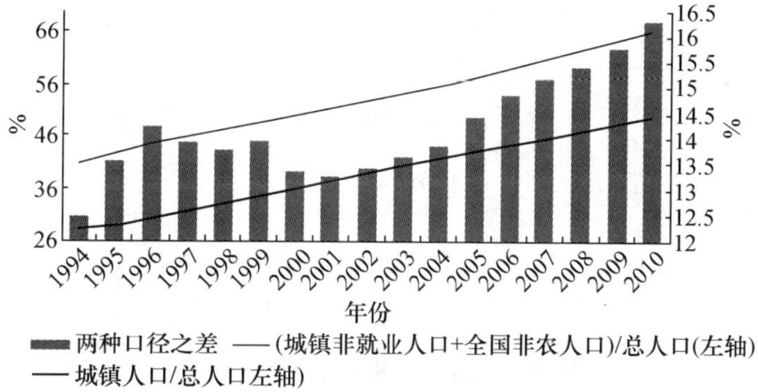

图 11　两种统计口径下的中国城镇化率

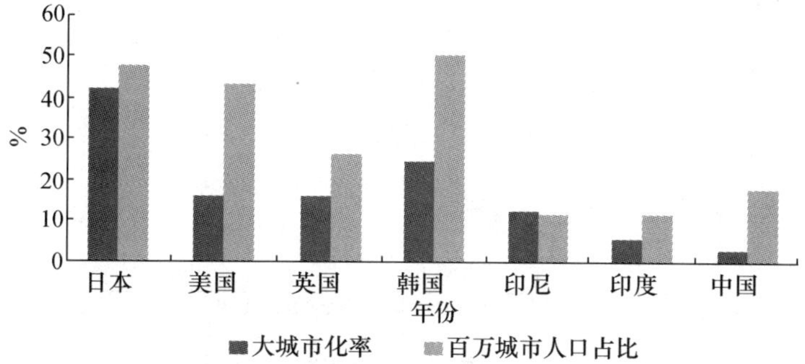

图 12　各国城市化率比较(2005)

经济增长？是不是会有阻碍中国经济增长的可能性？因为到了晚期劳动力成本大幅度上升，再加上为这些劳动力所要支付的社会成本也会大量增加，从而增加政府部门的债务水平，这或许会对我们经济的增长产生一定的阻力。

三、下一步增长靠改革：改革的逻辑顺序

现在说中国经济转型通过内需拉动，那么内需怎么形成？这不是喊一个口号就可以的，包括我们收入分配制度的改革，怎么能够让农民工收入提高，这不是行政命令可以实现的，也不是主观愿望可以实现的。

在我看来，中国经济转型的标志是中国企业利润率水平的上升。如图 13 所示，刚刚公布的全球 500 强上榜当中，非金融企业平均利润率中国为 2.9%，这表明我们 GDP 对应企业盈利水平是很低的。这样的粗放增长模式在未来很难使财政收入持续增加，从而经济转型也很难实现。所以，要提高企业的经营业绩。首先可以通过降低企业成本来提高企业业绩，这就需要金融改革，比如说直接融资，如大量增加发债规模等，这有利于降低企业融资成本。如图 14 所示，我们可以看到美国 20 世纪 80 年代时的情况，信贷占比下降、债券占比上升，企业融资成本得到有效降低，这只是金融改革必要性的一方面。另一方面，通过打破垄断放松管制，利率市场化，金融管制放松等，让企业走出去在全球范围配置资源和资产，提高企业收益率。所以，从改革的次序来看，应该先进行包括产品创新、打破垄断、放松管制在内的金融改革，这主要是出于提高我国企业利润率的考虑。

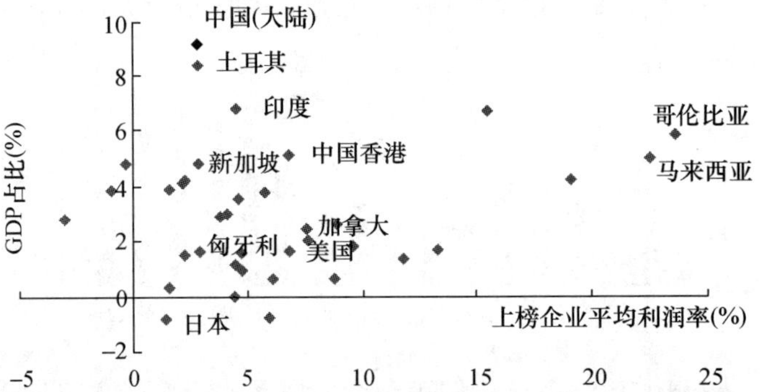

图 13　各国 GDP 与对应全球 500 强上榜非金融企业平均利润率

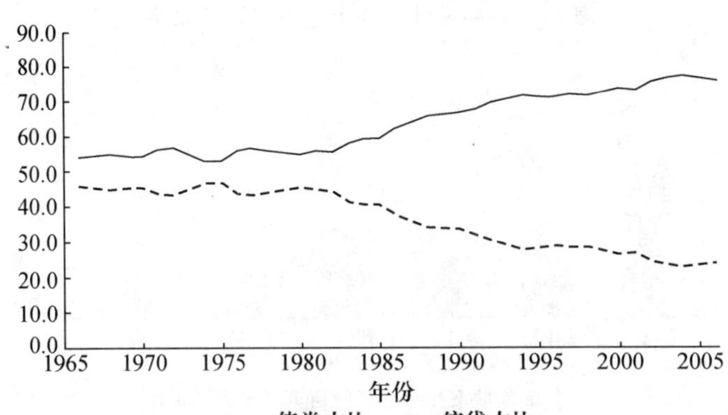

图 14　美国债券和信贷存量占比

除金融改革之外，当前最需要做的就是加速“国退民进”，因为未来中国的投资不是靠政府投资，而是要靠民间投资。如图15、16所示，实际上，现在我国民间投资在固定资产投资总额中的占比是62%，已经不低了。其实，民间资本在中国经济当中所发挥的作用越来越大，今后力度还要进一步加大。在“国退民进”的过程中，当政府的财政收入减少、负债总额增加的时候，只有变卖国有资产来增加民生服务方面的支出。2008年我做过中国政府资产负债表，发现变卖国有资产为民生这个逻辑是成立的，大规模变卖恐怕在今后也是要做的，毕竟我们现在中国政府是目前全球最有钱的政府，因为它的净资产规模全球最大，所以变卖资产是比较现实能够实现的。民间投资担当主角也可以有一些政策，这在明年财税改革中也会讨论到。综合以上几点，未来可以通过降低民间融资成本、扩大社会融资渠道，打破金融垄断，结构性减税以及开放民间资本的投资领域等措施来加快“国退民进”步伐。

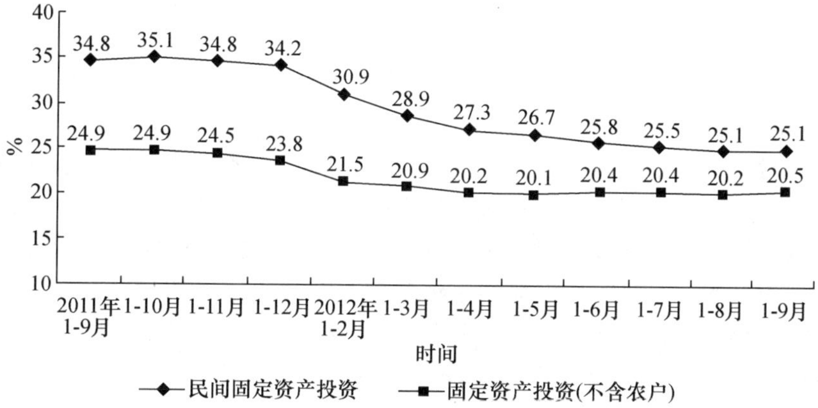

图15　固定资产投资与民间固定资产投资增速

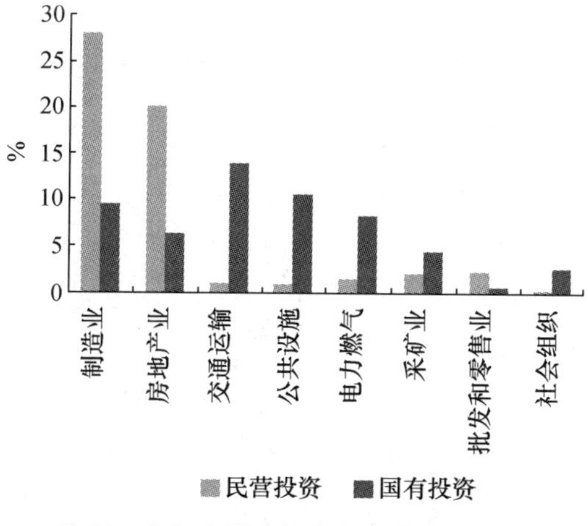

图16　各行业国有投资与民营投资占比

从逻辑上来讲，我们提出改革的步骤是与改革难易程度相关，往往是最难改的放在后面，相对容易改的放在前面，所以明年可能还是在财税改革方面会有举措，毕竟政府换届之后这方面还是要推动的。

居民收入逆周期*

宋国青

北京大学国家发展研究院教授、央行货币政策委员会委员

近两年在较高通货膨胀的宏观背景下，消费者对于通胀的厌恶、对于GDP的冷漠，以及对于投资的担忧，与企业界的态度差别很大。这一态度差异具有国民收入统计方面的依据。从收入分配看，居民收入逆周期，企业利润份额顺周期。即持续一段时间的高增长可能带来通胀的上升，导致居民收入增长率的下降，引起公众的情绪和对宏观政策的负面评价，进而导致宏观政策调整滞后于经济信号。然而逆周期只是在短期波动剧烈的时候才存在，如果低增长低通胀持续一段时间，居民收入增长率也会降下来。所以从较长的时间段来看，居民收入仍然是顺周期的。

一、居民收入逆周期

从图1看，城镇居民人均可支配收入的实际同比增长率和GDP的同比增长率在

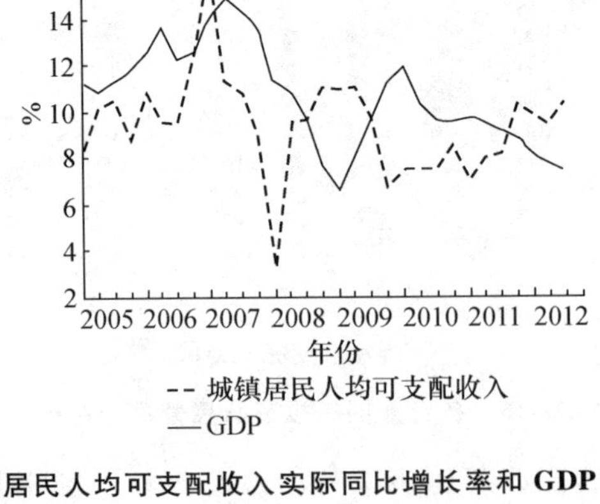

图1　城镇居民人均可支配收入实际同比增长率和GDP同比增长率

* 中国经济观察第31次季度报告会（2012年10月27日）。

2008 年以来显著反向变化。由于 GDP 和居民收入调查的口径差别,这两个指标本身不是在包含的意义上严格对应的。例如,居民收入包括股票交易损益,而 GDP 则不包括此类财产价格变化的结果。2007 上半年居民收入增长率很高,在一定程度上是由于股市大涨。除了这种定义上的差别之外,统计中存在这样那样的误差,特别是高收入家庭的调查收入倾向于偏低,会影响居民收入增长率和 GDP 增长率的可比性。不过误差的比例在短期没有太大变化的话,增长率的变化就不受影响。当然这一点也不是很可靠的,还是应当尽可能从其他数据中进一步确定。

图 2 显示,规模以上工业企业利润总额占名义 GDP 的比例与名义 GDP 的增长率有非常强的正相关性,简单说就是利润份额是顺周期的。这里考虑名义 GDP,包含了通胀率顺周期的情况。在不考虑滞后等细节的时候,说到一个变量顺周期可以理解为与真实 GDP 正相关,也可以理解为与名义 GDP 正相关。名义的劳动收入、利润和财政收入都是顺周期的,这一点没有问题,但是利润份额顺周期有更强的意思。财政收入份额也是顺周期的,只有劳动份额是逆周期的。再分配中的变化对这样的周期性没有大的影响。

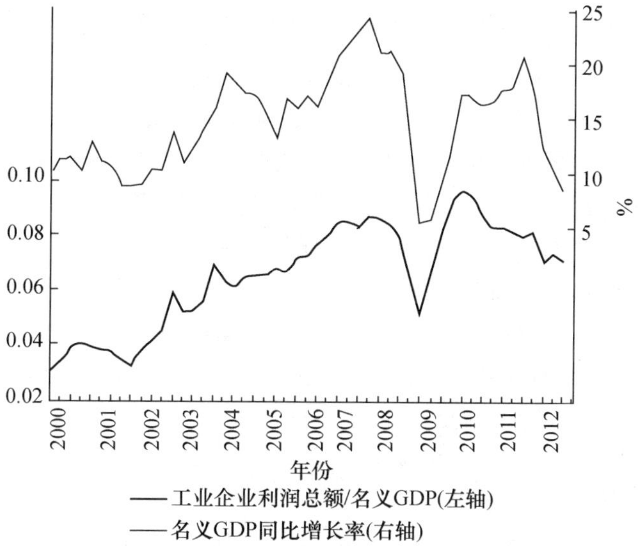

图 2　规模以上工业企业利润总额占名义 GDP 的比例与名义 GDP 同比增长率

利润份额顺周期的情况在其他经济中也存在。由于给定的固定资产折旧率和一般的工资黏性,以及借贷利率的事先决定,企业利润对于经济景气的弹性一般来说都比较大。中国的情况更进一步加强了利润的弹性。一是很大的国有部门包括政府和企业的就业和工资对于短期经济景气的反应很差,再是利率显著缺乏弹性。后者在企业负债率比较高的情况下影响更大。

修订后的资金流量表提供了可支配收入分配的一些情况。图 3 显示,住户可支配收入的份额在 2000—2009 年的 10 年里总的来说在显著下降,但也包含与名义 GDP 反向变化的短期波动。特别在 2009 年,当名义 GDP 达到多年最低增长率的时候,住户收入的份额反而上升。在 2010 年和 2011 年,由于企业利润和财政收入的高增长,住户收入的份额应当显著下降。

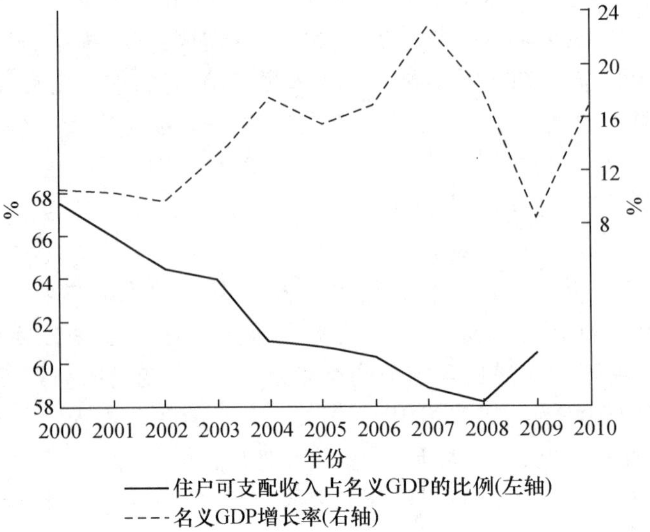

图 3 住户可支配收入占名义 GDP 的比例和名义 GDP 增长率

不过,居民收入份额与名义 GDP 的短期反向变化并不必然导致居民实际收入增长率与实际 GDP 增长率的反向变化。后者比前者更强。从前者到后者,需要几个有关的弹性达到一定的量值。这包括通胀率对 GDP 增长或缺口的弹性,利润和劳动收入对于名义 GDP 的弹性以及再分配中的一些情况。主要参考工业利润和名义 GDP 的关系,再考虑通胀率对 GDP 的弹性,可以认为图 1 中的情况是可能的。

但是考虑到通胀的滞后,居民实际可支配收入与 GDP 的同期反向变化关系仍然难以成立。在需求扩张引起高增长的早期,通胀还没有起来,居民收入份额虽然下降,但绝对的增长率仍然上升,这导致了真实收入增长率上升。在晚些时候,CPI 通胀率上升,居民真实收入增长率才开始下降。所以应当存在一个滞后的负相关关系。这里,CPI 通胀率特别是食品通胀率的变化,与更多的变量有关,难说有一个确定的滞后时间,在一些情况下,就可能出现同期负相关的结果。

最近几年劳动年龄人口增长率下降,这早晚会导致利润率的下降,但是否会影响到利润和劳动收入的份额并不很确定。从其他同类型经济的情况看,经济增长率显著下降的过程确实伴随着劳动报酬份额的上升。这是一个比较长时期的变化趋势,在短期内难以产生很显著的影响以至达到使居民收入和 GDP 增长率反向变化的结果。最近两年的情况,可能仍然是以周期性变化的影响为主,但劳动收入份额的长期趋势可能已经发生并产生了一定的效果。

二、通胀对金融资产本金的影响

在简单的收入会计方法中,金融资产收益的计算可能产生歪曲。将表面收益计为金融资产的收益,在通货膨胀情况下对于本金的损失没有考虑。在 1988 年和 1994 年两次高通胀中,居民金融资产遭受了很大的损失,住户收入调查数据没有反映这方面的情况。

过去10年的通胀率平均水平显著低于早先，但是居民金融资产与收入的比例显著上升了。1987年年末，居民储蓄为当年GDP的25.5%，到2010年，这个比例上升到了77.2%。所以，尽管2011年的5.4%的CPI通胀率大幅度低于1988年的18.8%，储蓄存款因通胀导致的损失相对于收入水平却是接近的。在金融资产迅速增长的情况下，居民对通胀越来越敏感。

图4显示了一个很简单的估计结果。首先根据城乡人口和住户调查的人均收入计算居民总收入，其中城镇为可支配收入，农村为纯收入。这样计算的总量是有一定误差的。不仅可支配收入和纯收入口径上不完全可比，而且推算中城乡人口数也存在问题，还有城乡收入的可加性也不尽然（考虑购买力平价问题）。限于数据问题，这里只考虑了居民的储蓄存款，用上年末的储蓄存款和当年的CPI通货膨胀率计算储蓄存款的本金损失，按当年价格计算。这里只考虑本金的损益，因为利息收入已经计算了。最后再将这一项从前面计算的居民总收入中减掉，对结果按CPI做调整。如此估计肯定有多方面的漏洞，只能作为一个参考。不过在通胀率变化很大的年份，存款损益的变化很大，各种误差会相对变小。特别应当注意的是，跨度很大的对比误差比较大，近年来居民金融资产多样化，储蓄存款的重要性相对下降了。

图4中的结果是，用年度数据如此调整的居民收入增长率和GDP增长率在同期是轻微负相关，当年收入增长率和上年GDP增长率的负相关更强一些。由于年度数据样本小，不确定性是比较大的。从图中可以看出，负的相关性主要来自GDP增长率波动大的时候，在1997—2002年的通货紧缩期间，GDP增长率持续偏低，情况就不一样了。就最近几年的情况来说，2009年是居民收入增长率最高的，2010年最差（2012年是估计数）。由于是增长率，2009年的收入增长率高部分是由于上年通胀高而存款损失大，2012年的情况也是这样。

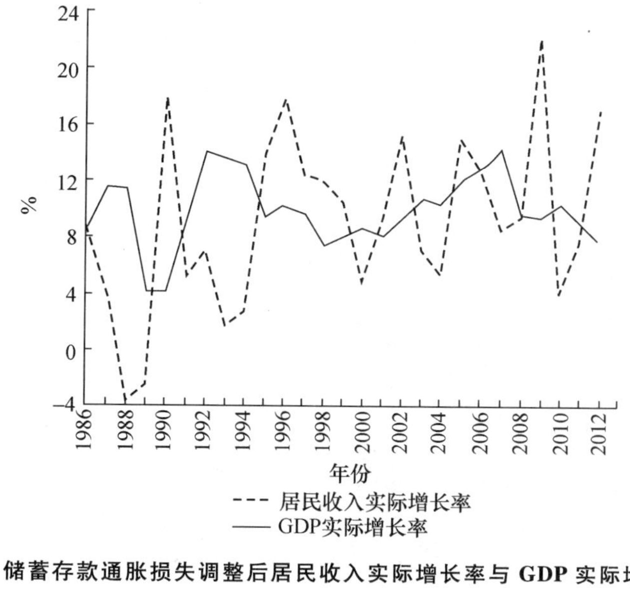

图4　储蓄存款通胀损失调整后居民收入实际增长率与GDP实际增长率

需要强调的是,逆周期只是在短期波动剧烈的时候才存在,如果低增长低通胀甚至通缩持续一段时间,居民收入增长率也会下来。所以从较长的时间段来看,居民收入仍然是顺周期的。

三、反通胀舆论的影响

在过去两年,基于较高的通胀,对于宏观政策上刺激需求的倾向或者可能性有不少批评,而本来就存在的对投资高增长的担忧进一步增强,对 2008 年年底的“4 万亿”政策的负面评价也在增加。这样的舆论可能对今年以来的宏观政策产生了相当的影响。尽管很多企业感受到了严重的困难,盼望政策宽松,但消费者更担心政策宽松引起通胀回头。回顾过去,同样的情况在 1988 年前后和 1994 年前后的高通胀时期也出现过。

这里的分析是希望从收入分配的角度来理解企业界和消费者群体的不同感受。消费者对于通胀的厌恶、对于 GDP 的冷漠、对于投资的担忧,与企业界的态度差别巨大。考虑到居民收入逆周期的情况,对问题的理解也许有助益。当然,与总量上收入份额波动相关的,还有收入分配差距扩大的问题以及其他一些问题。居民收入逆周期只是很多问题中的一个。

这样来理解,过去治理通胀有时候在一定程度上“矫枉过正”是有基础的。持续一段时间的高增长可能带来通胀的上升,导致居民收入增长率的下降,引起公众的情绪和对宏观政策的负面评价。如果没有收入分配方面的积极调整,可能性很大的政策选择就是保持一段时间的紧缩,直到有所过度。这或许就是一种被动调整。

在被动调整开始的一段时间,居民收入增长率比较高。但是,如果在 GDP 增长率比较低的情况下,调整持续时间太长,对企业和财政收入挤压太过,就可能导致内生的通货紧缩。1996—1999 年,在主动紧缩和被动紧缩中,调整后居民收入增长率显著高于 GDP 增长率,导致了企业的很多困难,最后产生了大规模的下岗和银行坏账,居民收入增长率也随之降下去了。

9　2013 年习李新政初年经济形势

中国经济的“新常态”*

王　庆

中金公司董事总经理

王庆博士以中国的储蓄为根本出发点，分析了中国经济的“过去式”，结合人口结构发生的变化指出了中国经济的“新常态”，最后从杠杆率、债务水平、利率等方面分析全球发达经济体的特征，并提出中国将面临的挑战。

一、中国经济的“过去式”

要分析中国经济的“新常态”，首先不妨描述一下它的“过去式”，如图1所示，这里我用比较直观的方式来跟大家一起探讨中国经济的“过去式”是什么？中国经济的“过去式”可以理解为2007年以前的状态，总体来讲有三个特征：一是经济增长速度比较快；二是通货膨胀率很低；三是资产价格上行压力持续存在。理解这一现象以及中国经济过去十年、十五年甚至更长一段时间诸多宏观经济现象的重要出发点就是中国的高储蓄。如果假定中国储蓄给定的话，实际上使用方式只有三种：第一是形成境内有形资产，第二是形成境外有形资产，第三是形成境外金融资产。因此，在给定储蓄的情况下，我们面临的问题是如何在这三种资产类别中分配的问题。

在境内，储蓄自然会形成境内有形资产。中国的高储蓄造成了较高的境内有形资产，也就是较高的投资水平，而高投资会形成高增长，但是在中国高经济增长伴随的不是相对较高的通胀而是相对较低的通胀，这与经济学经典教科书上的理解是不太一样的。对这一现象的理解可以从总供给和总需求的框架来考虑，当投资扩张时，总需求曲线向右发生移动，自然会带来经济的扩张以及通货膨胀压力的上升，但投资一旦形成就会形成产能扩张，总供给曲线也会向右移动（这一点是中国经济跟其他成熟经济体非常不一样的地方），正是由于总供给的快速的反应速度和反应能力造成了中国经济高增长伴随的相对较低的通胀。所以，在分析中国宏观经济问题时，不能简单地假定总供给曲线是

* 中国经济观察第32次季度报告会（2013年3月2日）。

不变的，甚至是垂直的，即使是在中短期。

关于另外两类资产，虽然金融危机以来我国一直鼓励对外投资，但是由于获得境外有形资产的难度较大，所以储蓄更多地体现在境外金融资产上。在外汇资本账户管制的情况下，中国对外金融资产集中体现为外汇储备的积累，这从国家整体来讲是对外金融资产的积累，但同时也形成了对内流动性的创造。换句话说，从国家整体来讲有对外金融资产，但是就每个居民个体、企业个体并没有形成境外金融资产，而是把手中美元卖给央行然后由央行进行对外投资。所以，一方面国家整体形成对外金融资产，另一方面对每个个体不形成境外金融资产，这就造成了内部流动创造，产生流动性过剩的现象，具体体现在货币的增速很快。

同时，我们的资本市场并不发达，尤其体现在证券化产品供应比较弱（无论股票还是债券市场），这就形成了资产价格的上升压力，因为多出来的流动性需要寻找投资机会。但是，金融性质的投资机会由于不发达市场的存在形成了不对称，于是中国经济的"过去式"的根本特征表现在较高经济增长、相对较低通胀和资产价格上行的压力。但这并不是说资产价格短期内必然上行，因为短期压力形成资产价格泡沫，泡沫到一定程度会破裂，而这种压力并没有消除，也许随着泡沫的破裂进一步压力产生，或者压力从股市转移到债市或者房地产市场以及其他类资产商品价格上，包括大宗商品、古董等。

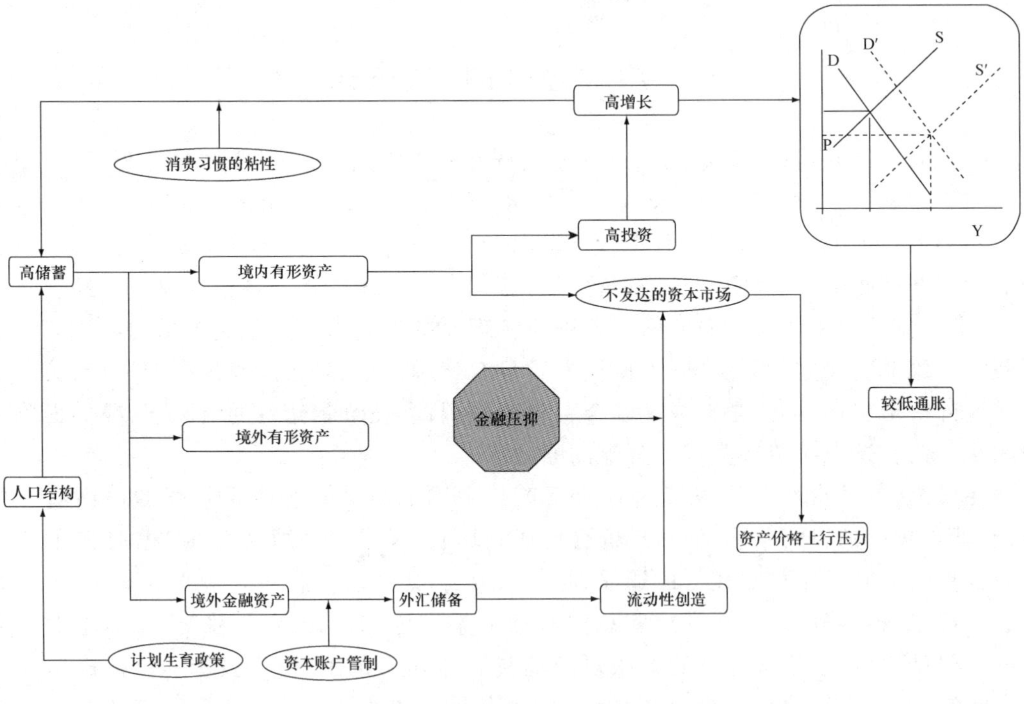

图1　中国经济的"过去式"

之前的分析都是假设储蓄是给定的，但实际上它并不是给定的，影响储蓄的一个很重要的因素就是人口结构。人口结构在很多国家都可以用来解释储蓄，但在理解中国经济系统以及对储蓄的影响时，可将其作为政策变量或外生变量，这是因为计划生育政策。

计划生育政策相当于在中国社会中执行了一个伟大深远的社会实验，这个实验改变了人们的基本行为，改变行为必然表现在人口结构变化和宏观层面上对储蓄率的影响。这个变化导致人口结构演进在中国发展比其他国家快很多，其他国家人口老龄化要花几十年上百年的过程，中国三五十年就完成了。此外，人们消费习惯难以改变，尤其体现在整个改革开放过程中受益最多的群体，我们这一代以及父辈他们收入和经济实力增长很快，但是消费行为变化比较慢，这也是造成高储蓄的一个重要因素。我理解中国经济的“过去式”一个很重要的出发点就是高储蓄，而高储蓄很重要的解释变量就是计划生育政策。

在这样一个宏观经济特征和政策制度环境中，最突出的特点表现为“金融压抑”。政策制定者面对这样一个环境，实现经济增长和控制通胀对他们来说并不是难事，难点在于如何抑制资产价格上升的压力以及可能产生的对金融系统的威胁，于是产生了“金融压抑”。具体体现在通过对利率、汇率、金融机构、金融产品的管制，使得资金使用上受到严重限制，以防止由资金使用自由化引起的对资产价格上行压力必然带来的泡沫以及泡沫可能对金融系统的影响，这既是中国经济的“过去式”的特征，也是政策制度的特点。

二、中国经济的“新常态”

近些年来，中国经济已经发生深刻的变化，尤其是人口结构发生了巨大变化，从而形成了中国经济的“新常态”。计划生育政策本身并没有发生变化，但是政策带来人口结构的拐点已经出现，如图2所示，进而造成储蓄率停止上升甚至下降，储蓄率下降自然会引起境内有形资产、境外有形资产、境外金融资产积累放缓，以及投资增速放缓、GDP增速放缓。投资扩张本身会形成需求增加和通货膨胀压力，但是供给反应不再那么迅速，使得经济出现相对较低的增长伴随着相对较高的通胀，这是中国经济“新常态”的一个很重要的特点。

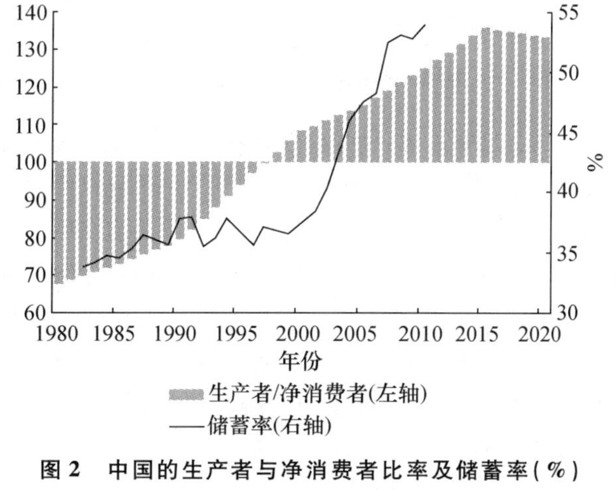

图2　中国的生产者与净消费者比率及储蓄率(%)

在境外金融资产积累方面，储蓄率下降会减缓境外金融资产积累，加之资本账户管制，外汇储备的积累和流动性创造也会相应减少。过去两年我国外汇储备积累速度明显放缓，去年几乎没有新增长，由外汇占款产生的流动性创造也很少。同时伴随着中国资本市场进一步发展，有价证券供给大幅度增加，使资产价格上行压力减弱。

所以，中国经济“新常态”主要特征就是GDP增长速度放缓，相对较高通货膨胀率，资产价格上行压力减弱，如图3所示。此外，造成储蓄率下降的另外一个因素是新一代人的消费习惯开始发生变化，出现了所谓“月光族”一代。这是我所理解的中国经济“新常态”的特征，根本出发点还是来自于中国储蓄率可能发生的拐点，储蓄率拐点来得这么快、这么急是因为储蓄的变化本身很大程度上是人口结构的函数，人口结构又是政策变量的函数，从而使得政策变量变化比较大。

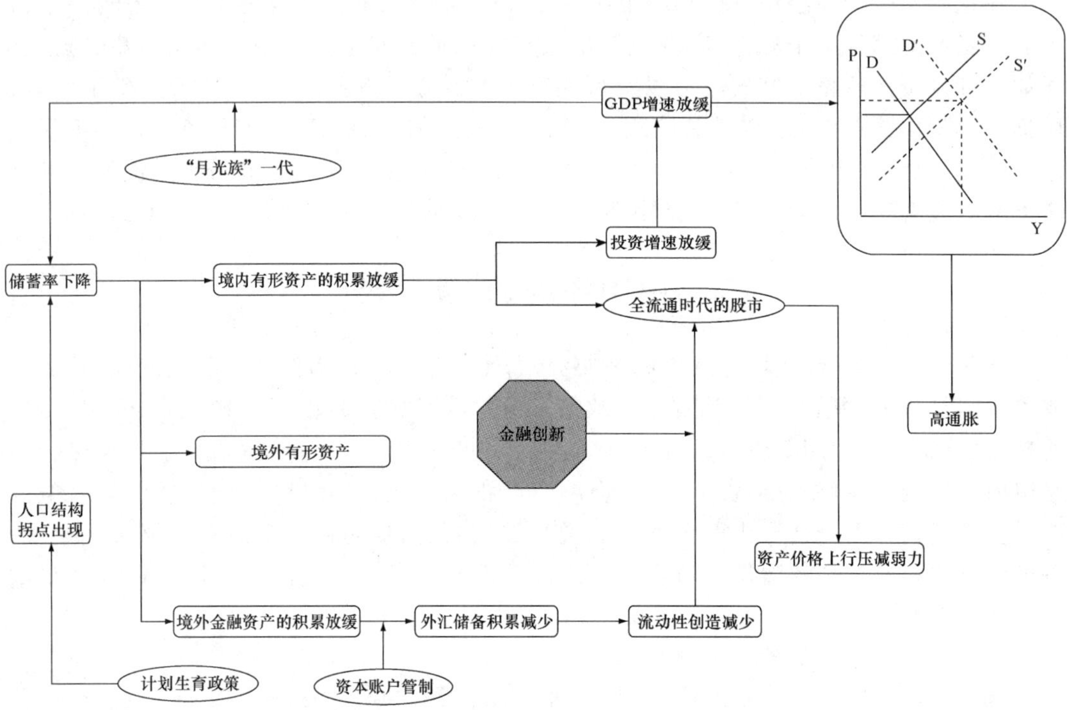

图3　中国经济的“新常态”

由于宏观经济变量发生上述变化，使“金融压抑”不再成为必要条件，同时在储蓄率放缓、投资增长速度放缓的情况下，要实现同样速度的经济增长必须提高投资质量，提高投资质量就要提高金融中介的效率，这种效率在原有“金融压抑”下是无法实现的，于是就有了“金融创新”的需要，从而出现了对利率、汇率、金融机构、金融产品创新的要求。“金融创新”主要体现在金融中介的多样化、金融产品的多样化，也会表现在金融资本价格的上升，也就是利率的上升，最近两三年信托产品的出现使得资金价格已经在明显上升了。由于“金融创新”管制放松，资本市场价格管制越来越松，资金将逐渐开始体现它的机会成本，这也是中国经济的“新常态”。

三、全球发达经济体的特征

如果中国经济表现这样一个“新常态”的话，那么全球发达经济体又会有什么特征？

我们说在这场危机过程中是发达国家,尤其是欧、美、日发达经济体有去杠杆化的过程,但是三大经济体杠杆率是上升的,各国非金融机构负债水平持续上升,如图4所示。我们说的去杠杆化是非公共部门,私营部门的杠杆率停止上升甚至有所下降,但是整个经济系统本身杠杆率在上升,因为公共部门杠杆率上升速度非常快,所以整体负债水平是在上升的。从利息支出占GDP的水平和利息支出占整个债务规模的比例来看,发达国家整个系统负债水平在上升,但是负债单位成本在下降,也就是利率水平有一个非常长期的、迅速的下降,尤其是在危机以来,这使得在负债水平上升的同时,负债成本在下降,如图5、图6所示。

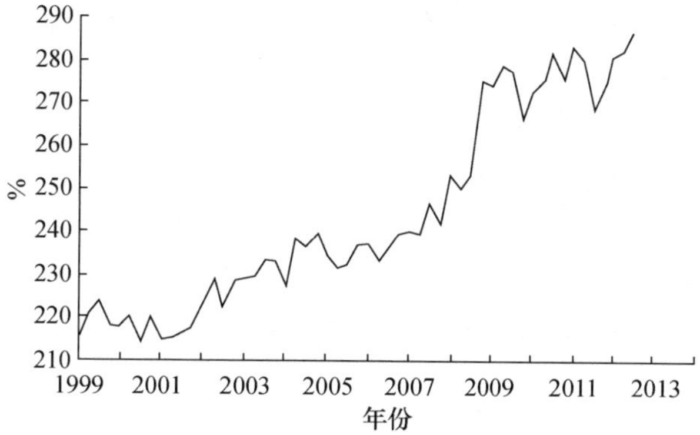

图4　G3杠杆率持续上升

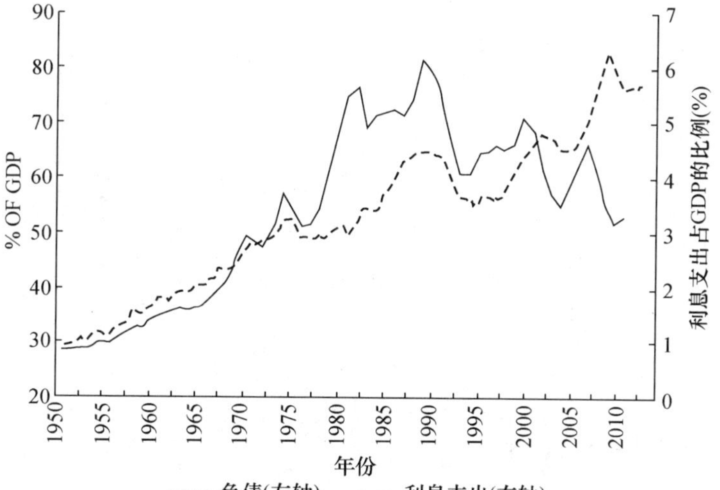

图5　G3杠杆率和债务成本

注:* 利息支出指非金融机构负债的利息减去应负利息(**imputed interest**)。

但是我们看到,在整个发达国家系统中一个重要的变化是杠杆率上升,杠杆率上升最重要的一部分是公共部门的杠杆率上升。图7显示发达国家中财政融资需求主要有两块,一块是财政赤字,另一块是借新债还旧债。深色部分是借新债还旧债部分,浅色是财政赤字,这意味着每年这些发达国家通过市场融资的规模非常大。以日本为例,每年通过市场融资相当于55%以上GDP的规模,其他国家也超过了20%。这些融资都是市场化行为,如果市场利率上升的话,将会使这些发达国家的财政状况迅速恶化,因为这些国家已经在财政问题危机中挣扎。

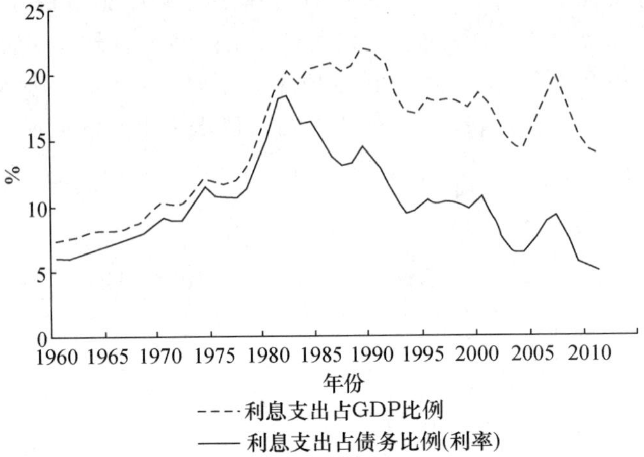

图6　G3利息支出占GDP比例数及占债务比例

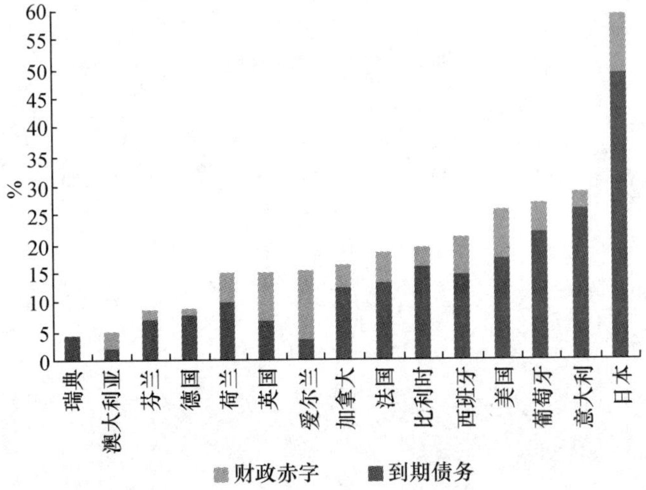

图7　G3到期债负及财政赤字

注:国际货币基金组织为2012财年。

所以,危机后发达国家经济系统最重要的特征表现为:一是负债率很高,尤其是公共部门的负债率更高;二是无法承受利率上升可能带来的负担。如果利率上升,财政将出现严重问题,将会再度开始新一轮危机的过程。所以利率是不能上升的。如果利率不能上升,利率在实际中就不会上升。观察欧美日十年期国债收益率的走势(如图8,日本以1992年第二季度为起始,欧美以2008年第二季度为起始),给我们一个启示,未来欧美国家的长期利率很可能会寻着日本这样一个利率的趋势,也就是说欧美国家在后危机时代如果有常态的化,最明显的特征是利率将长期走低,因为它们无法承受高利率,高利率将会带来一系列问题,尤其是财政问题。

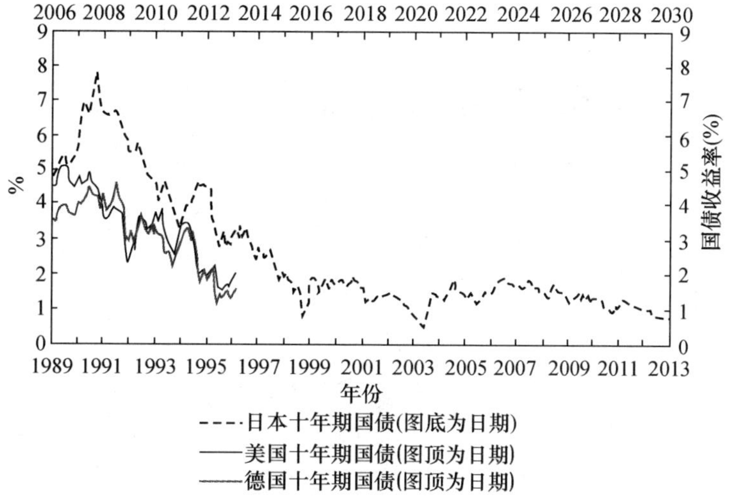

图 8　日美德十年期国债收益率

四、中国经济面临的政策挑战

当前以及未来相当一段时间,中国的外部政策环境就是发达国家依赖"金融压抑"维持低利率,鉴于这样深刻的结构变化,中国将不得不依赖"金融创新"来提高金融中介的质量,然后提高投资质量和经济增长质量,甚至维持一定的增长速度,这必然意味着利率水平要走高,这就形成了挑战。从政策上来讲,这将使得央行上调利率空间变小,否则会形成进一步的资本流入压力以及汇率上升压力(这将不得不依赖于进一步的资本账户管制来解决);从对市场的影响来看,境内金融创新必然带来金融成本上升,尤其是中长期利率上升,同时由于外部环境的约束,又抑制了中央银行调整利率,尤其是上调利率的空间,从而在资本市场中将会体现为中国债券市场收益率曲线的陡峭化,债券市场的陡峭化本身将会带来很多投资交易机会,由于中国资本市场不发达,不能直接通过这个判断做投资,但是这样一个变化对于判断市场变化甚至个人投资都是有帮助的。如果短期利率持续偏低,长期利率走高,一般情况下应当做空短期负债做多长期负债,也就是借短贷长。但在实际中如果靠贷款买房,实际上是做空长期做多短期,从这个意思上来讲,似乎不太说得通。另外,短期利率偏低对股市也是有帮助的。如果出现短期利率持续偏低,长期利率走高这种趋势性变化,而且这种变化长期存在,从交易本身而言似乎炒股比买房更合适。

货币产出比与资本产出比*

宋国青

北京大学国家发展研究院教授

2003—2009 年,M2 与 GDP 的比例有所下降,最近又恢复上升,引起了普遍的关注。这里从长期趋势和短期波动两个角度考察货币产出比的变化,长期考虑的要点是将货币产出比和资本产出比联系起来。从目前的情况看,储蓄余额与产出的比例还将在很长时期内持续上升。在贸易顺差与产出的比例不快速上升的前提下,资本产出比也将在很长的时期内持续上升。如果股权融资和债权融资的比例没有很大的变化,全社会负债余额与产出的比例也将持续上升。进一步,在银行融资占比没有很大变化的情况下,货币产出比还将上升。目前,企业债权融资增长率比较高,但股权融资增长缓慢,银行融资的比例还难以很快下降,所以货币产出比很可能还将上升一段时期。

一、货币产出比与宏观经济波动

这里货币产出比是指货币与名义 GDP 的比例,其中货币可以用 M2 来衡量,也可以加入其他渠道的资金,甚至可以用更广义的流动性指标。图 1 中处于较高水平的是年末 M2 与当年名义 GDP 的比例,较低水平的是年末 M2 与来年名义 GDP 的比例。图中可以观察到两个现象,其一,2003—2009 年年末 M2 与当年名义 GDP 比例有所下降,最近又恢复上升;其二,M2 与当年 GDP 的比例和 M2 与来年 GDP 的比例的走势有时候并不一致,例如 1992—1993 年两条曲线就出现了明显的喇叭口形状。

对于近来货币产出比的上升,一种观点将其看作货币多发的标志。在名义 GDP 总量已给定的情况下,如果年底的货币供给超常增加特别是出乎意料的超常增加,货币与已经形成的当年 GDP 的比例确实会上升,并且对以后的通货膨胀有预测含义。从这个意义上来讲,用年末 M2 与当年 GDP 来衡量货币是否超发有一定的合理性,但这里要考虑怎样区别正常增加和超常增加。

---

* 中国经济观察第 32 次季度报告会(2013 年 3 月 2 日)。

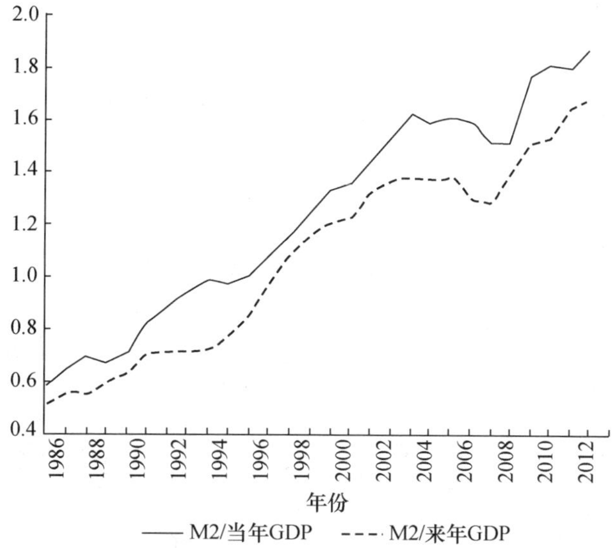

图 1　年末 M2 与名义 GDP 比例

注:2013 年名义 GDP 是按 11.8% 的名义增长率预测的。

资料来源:年末 M2 数据取自《中国统计年鉴 2012》、《中国金融年鉴 1992》和人民银行网站。

按照产出和通货膨胀对货币供给滞后的时间来考虑,年末货币对名义 GDP 影响的大部分在下一年内释放出来。对这一点,不同看法的差别还是很大的,有的看法会认为货币的影响持续更长时间。显然,通胀与货币冲击滞后的时间和利率等变量有很大的关系。这里先不考虑更加复杂因素的影响,从平均的意义上考虑滞后的时间。如果不认同货币冲击在一年内将基本释放的估计,可以考虑两年释放的假设,将上面的指标换成年末 M2 与下两年名义 GDP 均值的比例或者甚至与下下年名义 GDP 的比例。总之,考虑一个足够长的滞后时间,其间货币冲击的效果相当充分地释放了,这样的货币和滞后的名义 GDP 的比例按说应当是中性的,与期初货币的多少没有关系。实际情况如何要看具体的数据。

这里重点考虑 1997—2002 年通货紧缩的情况。按年度数据和一年滞后考虑,期初的货币量用 1996—2001 年年末的数据。在 1999—2000 年,国债余额高速增长,股市反常繁荣、流入股市的资金量很大,其中部分已经计算在 M2 中,部分没有包括进去。考虑到这些情况,这里在 M2 的基础上加上各年国债余额和股市融资累计额(按成本价计算)得到加项 M2(M2 +)。因为数据问题,这样的度量仍然没有包括进入股市二级市场但没有统计在 M2 中的部分。从图 2 中可以看到,M2 + 与 M2 衡量的货币产出比的走势大致一致,但 M2 + 的增长率在 1996—2002 年间显著高于 M2。

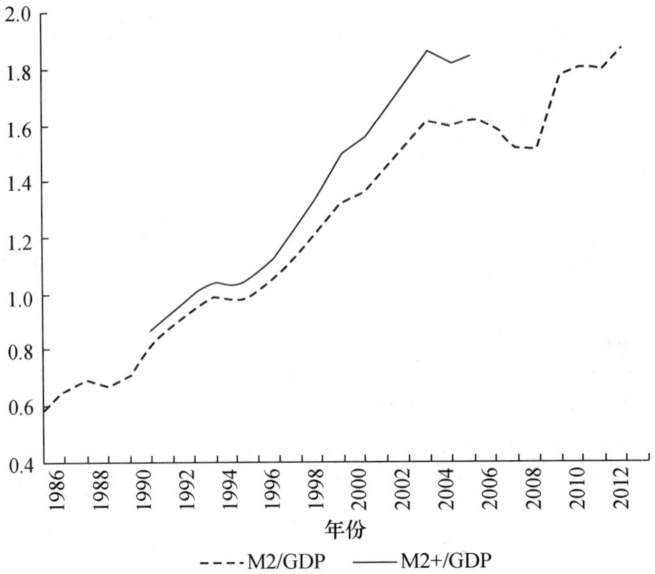

图 2　年末加项 M2 与名义 GDP 的比例

注:加项 M2(M2+)是 M2 加上国债余额和股市融资累计额,考虑到国债余额口径的变化,未用到 2005 年以后的数据。

资料来源:国债余额和股市融资数据来自历年《中国统计年鉴》。

图 3 显示了年末加项 M2 与来年名义 GDP 比例的变化率。从图中可以看到,1996—1997 年,通货紧缩开始时,货币产出比的年涨幅超过 13%。在 1997—2001 年的通货紧缩期间,M2 的增长率降到了多年的最低水平,即使加上另外两项,增长率也是多年的低水平。这也正是通货紧缩发生的直接原因。从名义增长的角度看,货币偏少,但货币产出比在这五年间的平均涨幅却是最高的。背后的原因在于,通货紧缩时,真实利率比较高,导致货币流通速度减慢。在相反的情况下,如 1993 年年末货币增长率相当高,但来年名义 GDP 的增长率更是大幅度上升,货币与来年名义 GDP 的比例反而相对下降了。在真实利率大幅度偏低的情况下,货币流通速度加快,具体表现为消费倾向上升,企业存货和农民存粮增加。这些情况说明,货币数量和滞后的名义 GDP 的比例甚至可以是反周期的,即名义货币越多货币的比例越低。

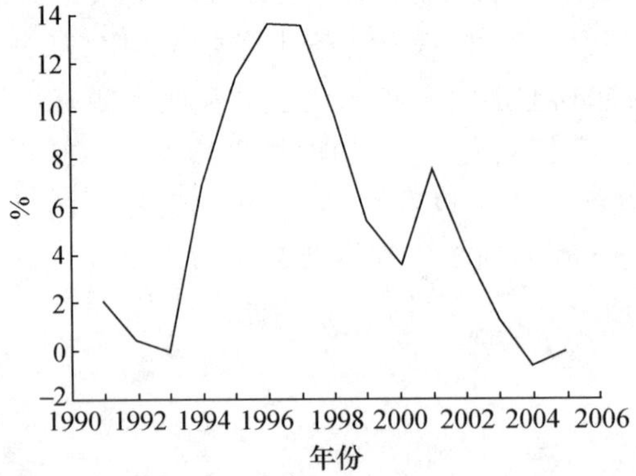

图 3　年末加项 M2 与来年名义 GDP 比例的变化率

为了进一步说明较长期内货币供给与货币产出比的关系，图4展示了1986—2011年货币增长率与货币产出比增长率的情况。图4中可以看到M2增长率与货币产出比增长率在整个样本中呈现弱的正相关，这主要是由于样本期内两个增长率都有下降的趋势。考虑到趋势变化，两个增长率在同期大致上是不相关的。其背后有多种可能的原因，包括近年来社会融资多样化发展快，简单货币指标难以充分反应情况；年度数据特别是年末时点数据有多种问题；出口的大幅波动特别是2008—2009年的变化对于货币产出比有大的影响；通胀对需求冲击的反应时间并不确定，在很短时间内价格黏性可以导致货币比例与货币数量增长率的正相关。考虑到种种可能的问题，倾向于认为货币增长率与货币产出比增长率有一个负的相关性，也就说，在货币加速供给的情况下，名义GDP的涨幅比货币增长率上升的幅度大，货币产出比反而下降。

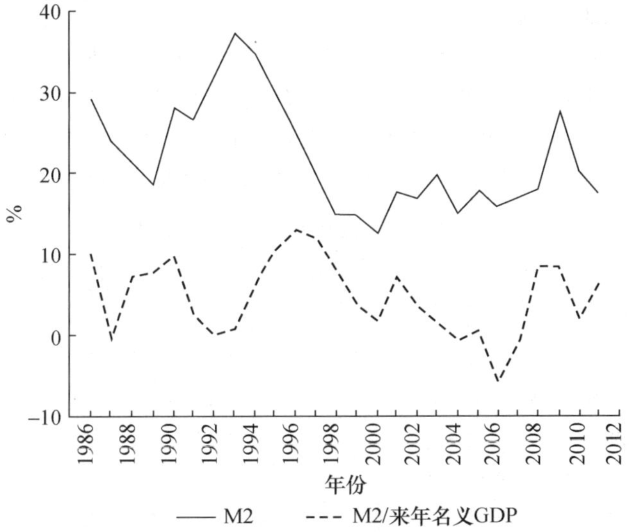

图4　货币增长率与货币产出比增长率

这样的情况在图1中有所反映。如前所述，年末货币与当年名义GDP的比例较快上升可以作为货币多发的一个简单度量，如1992—1993年的情况。当用来年名义GDP的时候，货币的比例反而相对甚至绝对下降了。这就构成了图1中两条曲线不同走向形成的喇叭口。

但是，从较长时期来看，两条曲线的走势是一致的。这个一致的趋势是由另外的因素决定的，与名义货币的多少关系不大。如果认为这个趋势的水平过高或者增长率过高而用简单控制货币数量的办法去解决，实际上改变不了甚至可能越控制越高，就如1997—2002年通货紧缩期间那样。

二、货币产出比、负债产出比与资本产出比

给定贸易顺差和社会融资结构这些变量，货币产出比或者更广义的流动性产出比的长期趋势与货币或者流动性的多少没有多大关系。这样考虑的话，理解和预测中国货币

产出比的长期趋势就有很重要的意义。在20世纪80年代和90年代,对于货币产出比的上升,比较普遍的看法是认为与体制改革和经济转型有关。但是,过去十多年并没有很大的体制变化,继续用体制变化来解释货币产出比的上升就越来越牵强了。这里考虑用资本产出比的变化来解释。

资本产出比指资本存量与GDP的比例。全社会资本存量并没有直接的统计数据,很多研究者根据历年的投资和估计的折旧率以及期初资本存量来估计一段时间内资本存量的变化。显然,不同的参数会导致估计结果的差别。不过,在投资占GDP比例上升持续很长时间的情况下,固定折旧率的大小不影响资本产出比的上升。正是从这个角度考虑,这里给出了一个简单估计的结果。要强调的是,不同折旧率对估计的资本产出比的绝对水平有相当大影响,但对过去10年资本产出比的增长影响不大。这里是强调资本产出比的变化而不是其绝对水平。

图5展示了1978年到2012年资本产出比的变动情况和到2030年的一个说明性预测。这里也不是要严格预测未来的绝对水平,而是说,资本产出比在未来20年的上升几乎是确定的事情。1978年到2011年,GDP平均每年增长9.9%,按固定资产投资价格指数缩减的固定资本形成平均每年增长11.8%,这导致资本产出比的显著上升。图中给出的估计是从2.1倍上升到3倍左右。对这里的分析来说,2.1倍和3倍这些绝对数字并不重要,重要的是资本产出大幅度上升了。图5阴影部分估计的思路是,GDP增长率比2012年稍微恢复以后再下降,到2030年下降到5.0%,固定资本形成占GDP的比例从2013年的46.0%下降到2030年的34.0%。这是假定了一个作者认为的最快下降速度。按这些数字换算,固定资本形成的增长率在2030年下降到2.6%这样一个极低的水平。从图5可以看到,即便按照这样一个很低的投资率估计,资本产出比仍会一直上升到2030年的3.5倍之后才会缓慢下降。

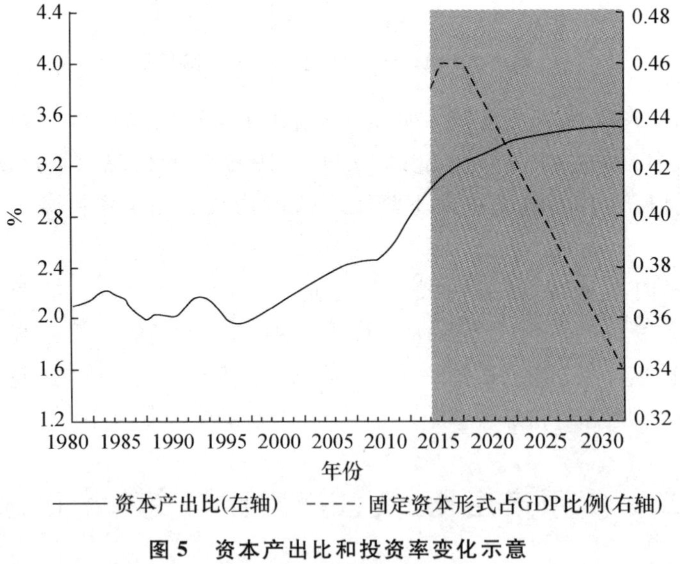

图5　资本产出比和投资率变化示意

注:阴影区域为估计值。资本存量指支出法GDP中固定资本形成按固定资产投资价格指数缩减并经5.0%的几何折旧率累积的结果。1978年的资本存量按资本产出比2.1倍算(资本存量都指年末值)。阴影区域的估计方法见正文。

这个示意性说明的要点是区别存量和增量的不同变化。就资本产出比而言,假如说GDP的增长率不变,投资率也不变,资本产出比会趋向达到一个稳态水平。如果期初的水平大幅度低于或高于这个稳态,那么调整的过程会相对长,可能是好几十年还有显著差距。所以,目前中国的投资率之高在大国历史上是超一流的而且持续了很多年,但未必意味着目前资本产出比的绝对水平也比其他国家高或者高很多。正是由于这个原因,在当前水平与稳态有很大差别的情况下,增量的比例和存量的比例差别很大,增量资本产出比的概念有它的用处,但不能直接从其中推存量的资本产出比。同样的道理,中国家庭的储蓄率也是超一流的,并且持续了很多年,但中国家庭储蓄存量(不算房价上升引起的储蓄)与收入的比例目前仍然比较低。

一个有关的问题是,资本产出比的上升是否意味着投资效率的下降或者投资太多?首先,例如在2007年以前的十多年,资本产出比的下降伴随着劳动生产率的快速增长,全要素生产率的增长率可能还是上升的。就像乘客排大队等出租车,可以说出租车的使用率非常高,但如何评价社会效率是另一回事情。从人等车变成车等人,车的使用率下降了,仅此而已。然后,就算真的效率下降了,比如说全要素生产率或其增长率下降,本身也不意味着应当怎么做。就投资而言,需要考虑的是投资的未来边际生产力和资本的机会成本。

资本的来源有一部分是投资主体的自有资金,其他部分则通过融资。如果公司分配了其全部利润再融资,利润不分配或者不全部分配的话也可以考虑虚拟分配和虚拟融资,对其他生产者也这样假定,那么社会融资总额和按成本价计算的资本存量恒相等(折旧在计算利润时已经处理)。这样,资本产出比上升就意味着社会融资总额与产出的比例上升。不考虑虚拟融资的话,如果实际融资与总资本的比例稳定,那么实际融资与产出的比例也会上升。就目前的情况来看,总融资或更广义流动性与社会总资本的比例不下降的可能性很大。单就货币而言,银行融资占比的变化是很重要的因素,但几年内不太可能发生很大变化。因而,在资本产出比将持续上升的情况下,货币产出比或者更广义的流动性产出比下降的可能性不大。

另一方面,如果股权债权融资比例不变并且融资与总资本比例不变,也即资产负债率不变,资本产出比的增加会导致负债与收入(GDP)的比例上升。所以资产负债率和负债收入比(或负债产出比)的不同变化是可能的。这里有三个变量,一是总资产,二是其中的负债,三是GDP。只要总资产与GDP的比例上升,就可以发生负债与总资产的比例不变甚至下降而负债与GDP的比例上升的情况。目前的情况大致上是这样,全社会负债收入比即社会总债务与GDP的比例在上升,而负债率即负债与总资产的比例没有明显变化。

提高股权融资的比例当然可以降低负债率,可能但不一定降低负债产出比。在这个方面,适当借鉴国际经验有一定道理,但还是要更多根据具体情况考虑。特别是由于股市融资面临其他方面的问题,社会负债率并没有多大选择空间。

剔除短期经济景气的影响,投资报酬率上升的趋势可能已经发生变化。根据韩国、日本等国家的经验,高增长以后产出中利润的份额会有显著下降,在资本产出比继续上升的情况下,投资报酬率面临双重的下降压力。无论是政府还是企业,都需更加注重长期的投资报酬率。

接受更低一些的经济增速*

潘向东

中国银河证券首席经济学家

潘向东博士主要对今年乃至明年的短期经济形势进行了分析，认为中国应该接受更低一些的经济增速。日前，国务院一改过去的基调，将强调“稳增长、控通胀、调结构”改为“稳增长、控通胀、防风险”，因此潘博士也主要从经济增速回落、预防金融风险和分析政策导向三个方面对宏观经济形势进行探讨。

一、经济增速回落

潘博士回顾了近五年的中国经济增长路径，认为这是一条“非常态”的路径。面对2008年的金融危机，政府于2009年实行强力刺激政策，经济开始复苏。然而，2010年决策当局担心经济二次探底，于当年6月、7月再次振臂一挥，对经济进行了第二次刺激。如果说第一轮“四万亿”的刺激计划是担心经济失血过多休克而进行的注血，那么2010年在经济已经回升并且全球经济形势并不那么乐观的背景之下，进行第二轮刺激就是一个失误，并且产生了相当大的后遗症。当时潘博士将这种状况描述为“棘轮困境”，正如棘轮只能往前运行不能退也不能停，一旦后退将面临崩溃的情形一样，如果还不接受这种潜在增长率的下降，继续透支经济刺激工具的话，那么再应对未来冲击，政府将没有留有余地的政策工具再来维持经济体的平稳，这样很容易造成经济体的崩溃。

值得高兴的是，2010年经济刺激以后，通货膨胀随之而来。在这种困境之下，2011年政府再次进行宏观调控，并且在当年的中央经济工作会议上，决策当局首次把经济增长目标调整为7.5%，而不是之前的8%，这就标志着决策高层开始接受潜在增长率的下降。潘博士用陈平老师“混沌经济学”的概念，将此后的中国经济增长称为“混沌增长”，它主要有三个特征。第一，经济增速的运行轨迹很难预测。2012年，很多经济学家预测一季度经济探底，结果没有，二季度再说探底，又一次预言错误，实际上直到三季度经济

---

* 中国经济观察第33次季度报告会（2013年4月21日）。

才真正探底。这正是因为决策当局也不清楚中国经济的潜在增长率究竟是多少，因此在经济运行中不断与市场反复博弈，接受经济运行的结果，再推出一些政策。直到三季度，政府认为不能接受经济增长率低于7.5%，才开始再次进行投资和货币刺激。在这样不断调整的过程中，要准确预测经济运行轨迹是相当困难的。第二，经济确定地呈现不断下台阶的走势。去年全年经济增速已经下降到7.8%，预计今年经济增速也将低于大家的预期，甚至这种趋势会持续到明年。第三，经济运行系统处于非稳态，导致某些宏观经济数据超乎预期。比如，今年一季度所有经济学家都预测经济增速在8%以上，甚至达到8.5%，结果增速仅有7.7%，这种现象如何解释？主要因为混沌增长表现为经济的非稳态，这种状态可能会延续3至5年。在目前这种混沌的经济增长状态下，要期盼新一轮的经济增长周期，就必须依靠制度改革，即中央政府进行大幅度的制度释放。

梳理了整个经济运行状态之后，潘博士认为这并非"朱格拉周期"或者"基钦周期"，而是完全基于非稳态下的经济周期。目前来看，今年一季度经济增速再次回落到7.7%，尽管从各种指标来看，经济增长并不令人忧虑，然而假如没有进一步的政策刺激的话，二季度是不是还会继续往下走呢？比如，目前PMI的表现还在50以上（如图1所示），库存也处于相对稳定的状态，但如果从结构来分析，可以更加确定地认为未来经济增速将再次回落。

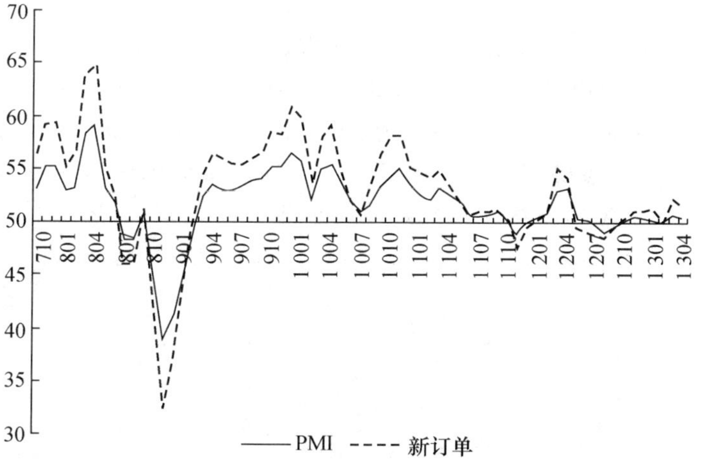

图1　制造业PMI季节性回升力度较弱

资料来源：国家统计局、中国银河证券研究部。

首先，这一轮经济回升，即自去年三季度以来的回升，主要是由投资带动的。去年三季度以来，整个项目审批速度加快，导致中央投资不断回升，带动了整个投资的回暖，另外房地产投资也出现回稳。然而，另一方面，地方投资有所回落，很遗憾的是，制造业投资也仍然不断走低。总而言之，这一轮投资回升主要由两个方面推动，即中央投资和房地产投资。

其次，这一轮消费的回升，也与房地产回暖密切相关。八项规定之后，国民经济中的餐饮收入出现了快速回落，然而总体消费并未下降，主要得益于房地产相关的产业得到企稳回升。去年二季度以来，房地产价格已经出现回升趋势，不仅表现为同比上升，也表现为环比上升,如图2所示。这一方面与我们的货币政策相关,另一方面也与中央对房地产调控力度减弱密切相关。在这种经济形势下,中央颁布"国五条",这就意味着中央并不认可房价的回暖,中央的"不接受"预示着政策的调整。随着国五条的推出,房地产作为促进经济回升的动力大打折扣。

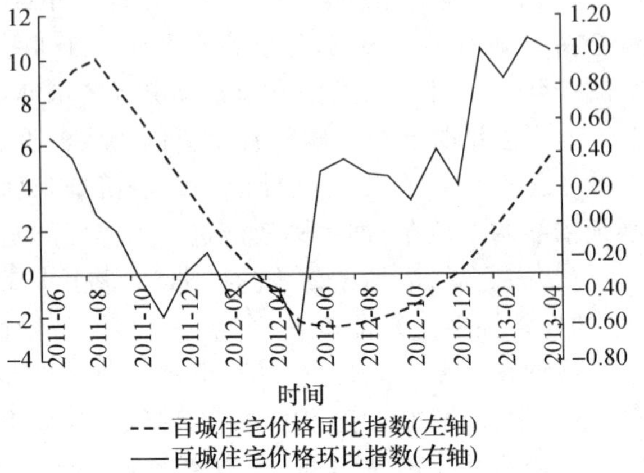

图2　百城住宅价格指数

资料来源:CEIC 中国银河证券研究部。

最后,出口相对稳定,1月、2月出口处于正常,3月进入稳态。1月、2月,中国出口最快的地区是香港,1月增长88%,2月增长30%,3月增长90%多,而对过去香港出口的平均增速折算并拟合回归发现,一季度出口增速只有10%左右。那么究竟什么导致香港的出口增速快速回升呢?主要有两个原因:第一,深圳前海保税区出现骗取出口退税补贴的现象,其中1月出口增速高达587%,2月又达到300%;第二,热钱通过贸易的途径进入到中国国内,这种方式不可持续,它对实体经济的影响也没有数据表现出来得那么大。

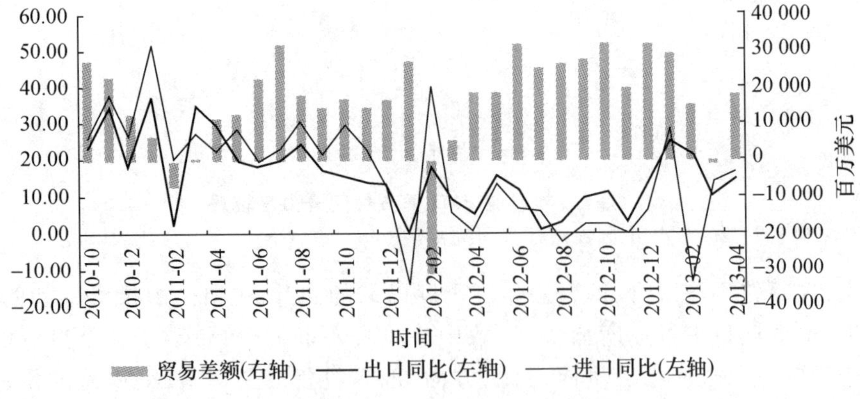

图3　进出口同比增速及贸易差额

资料来源:CEIC 中国银河证券研究部。

鉴于出口相对稳定,经济增长更多地依赖于投资本身;而投资增加主要集中于中央投资和房地产投资,其他变化不大,制造业投资甚至还在回落过程中,因此潘博士建议接受更低一点的经济增速。一方面,房地产投资刺激的后遗症目前已经显现,不仅表现在房地产价格持续攀升，更是吸引社会资源都往这个方面累积，导致经济结构出现畸形。另一方面，随着去年四部委对地方投资的规范和目前财政收入的下降，中央投资的持续性也受到质疑。因此，在这种背景之下，接受更低一点的经济增速是合理的。另外，从决策当局角度来看，宏观调控的控制指标也应该进行调整。过去，政府一直把经济增长和物价水平作为调控目标，然而从就业角度来说，目前压力已经缓解，不需要为了促进经济增长再动用刺激手段来扭曲经济结构。单纯从人口因素来看，1987 年，我国的新增出生人口为 2 500 万左右，1995 年下降到 2 000 万，无形之中就减少了 500 万。与此同时，人口结构也在不断发生变化。因此，如果按照过去的方法来折算潜在增长率，可能会出现许多问题，与其这样，还不如接受经济增长的这个动态过程。重新计算的过程，需要将经济增速与物价水平进行再次拟合，即多大的失业率对应多高的通货膨胀率。宏观调控中，政府应该紧盯失业率，只有就业市场出现了问题，才考虑是否动用刺激政策，如果没有，就应该接受更低一些的潜在增长率。政府应该将宏观目标从过去强调增长和物价改为失业率和物价。

二、预防金融风险

另一个重要的方面是预防金融风险，这有很强的现实依据。从金融数字来看，社会总融资规模很高，去年达到 15.7 万亿，今年一季度又达到 6 万多亿，增长相当迅速；M2 增速达到 15.2%，而今年的目标是 13%，针对实际 GDP 7.7% 的增速，M2 增速达到 15.2% 的水平意味着超常规的货币宽松政策。假如要实现全年 M2 增速 13% 的目标，那么未来将面临偏紧的货币政策。

从结构来分析，可以发现这些数字背后还存在一些问题。新增贷款中，中长期贷款占比有所回升，其中居民贷款增速较快。一季度新增贷款 2.76 万亿，比去年同比多增了 2 949 亿，但是住户贷款比去年同期多增加 4 750 多亿。因此，假如剔除住户部分，去年新增贷款不增反降。实际上，住户贷款是与房地产密切相关的，房地产一季度成交额同比增长 60% 多，市场吸收了大量的流动性。

住户的中长期贷款主要与房地产相关，如果说只是房地产吸收了大量的资金，那么还不足以提出预防金融风险的建议。需要预防的金融风险究竟何在？很重要的是，财政收入不断下降引发的还贷问题。2008 年到 2010 年的刺激政策导致了地方融资平台得到了快速扩张，审计署计算整个地方债务达到 10.7 万亿的规模。在财政收入下降的情况下，这么大规模的债务面临严重的还本付息问题。目前的解决办法之一是快速发行城投债，然而规模毕竟有限，去年才发行 1.2 万亿左右，相对于巨大的存量来说还是不足。另外，地方债也是解决手段之一，但是它的发行受到限制，每年也就是 2 000 多亿。在这两种方法都无法对当时迅速膨胀的地方融资进行还本付息的情况下，地方政府开始利用银行表外资产来弥补资金来源的不足，这导致在财政收入进一步下降的背景下，地方政府利用更大规模的发债来偿还过去的本金和利息，其实就是庞氏骗局。这在很大程度上就形成了今年一季度社会融资功能这么强大的情况下，实体经济却相当疲弱的局面。实际上，2012 年，银行表外资产已达到 10.7 万亿，银行大量发行理财产品，并相互之间购买，在金融系统中产生大量的流动性，但是这些资金都没有进入实体经济，所以6万多亿社会总融资规模推动的经济增长速度才只有7.7%，并且投资、消费、进出口都没有出现多大的变化。目前，金融市场上的这些交易需要巨大的成本，如果这些成本不能通过实体经济进行弥补，未来只会进一步放大金融风险。因此，从这个角度提出预防金融风险是非常必要的。

三、分析政策导向

最后，潘向东博士指出了一些政策动向，表明政策已经在发生改变。2012年12月31日，四部委发文《关于制止地方政府违法违规融资行为的通知》；2013年2月20日，国务院确定了五项加强房地产市场调控的政策措施；3月27日，银监会发布了《中国银监会关于规范商业银行理财业务投资运作有关问题的通知》；4月15日又下发了《关于加强2013年地方政府融资平台贷款风险监管的指导意见》。这些政策都是针对金融风险的防范，政策的推出也必然会制约地方政府的部分投资。由于监管加强，政府未来投资增速将面临回落，同时，房地产新政策推出也将影响未来的房地产交易和投资。实际上，一季度房地产新开工面积已经同比下降27%。鉴于拉动这一轮经济增长的主要固定资产投资未来都将面临回落，那么，经济增速也将面临回落。

财政政策的短期影响*

宋国青

北京大学国家发展研究院

去年9月开始的一波生产强劲反弹骤然转向，主要原因是内需剧烈收缩使得总需求从强劲恢复变为相当疲软。去年全年，财政支出前高后低，四季度相对紧缩量较大，财政赤字变化引起的内需变化没有得到关注，使得对今年一季度的预测偏高，考虑这个因素后的流动性指标支持一季度内需疲软的事实。

在总需求的预测方面，除了关注总量指标，货币结构也同样重要。其中，对居民货币需求的预测对预测消费需求和企业货币变化都有重要意义，在预测过程中要注意考虑其他资产对居民货币需求的影响。

一、财政赤字的短期影响

从历史数据看，工业增加值和GDP不受闰年因素的明显影响。即便如此，一季度工业和GDP也非常疲软，季调后GDP的增长年率仅有6.4%，名义GDP比上季增长年3.0%。从消费看，虽然限制公款吃喝、抑制高端消费确实导致社会消费品零售额中餐饮类增速较大幅度下跌，但GDP和工业增加值的影响幅度还需更多讨论。从去年四季度需求受到抑制开始，茅台这类高端酒可能因此要减产、压产，从而影响工业增加值，但餐馆消费的原材料是粮食，粮食有相对较长的生产周期，不会受到短期情况的影响。有一点影响的是猪，高端消费抑制可能影响猪的产量，但短期也不会有太大的影响。

从GDP的结构来看，三产中房地产销售可能比原来预测要强，限制高端消费对三产的影响比原来想象得弱，一强一弱相互抵消，所以说GDP预测的偏差应该主要来源于工业。上一季度"朗润预测"对工业增长预测的平均数是10.5%，结果实际值是9.5%。

3月季调后PPI环比为负，此前5个月平均轻微上升，再之前是大跌。CPI可能受冷冬和农业生产小周期影响，过去5个月环比年率平均达2.9%。目前来看，PPI环比有进

* 中国经济观察第33次季度报告会(2013年4月21日)。

一步下跌的倾向，CPI 同比、环比 4 月都会上升，后面可能有走平的倾向，但猪禽疫病带来很大不确定性。

总的来看，去年 9 月开始的一波生产强劲反弹骤然转向，转向原因是总需求从强劲恢复变为相当疲软。就报告数据来看，出口极强，3 月季调后出口比 1—2 月有所下降，但也只是从爆涨跌回到大涨，相比去年四季度仍是猛增。实际出口可能远逊于此，但不会很弱，应该说出口基本是比较正常的增长。所以剧烈变化的是内需。

3 月的进口数据波动比较异常。货物进口额同比增长 14.1%，季调后比去年 12 月增长 6.8%，折年率 30.1%。按过去的情况，进口的强劲增长意味着内需比较强。这与产量数据给出的信号很不相同。进一步看结构，机电产品和高新技术产品两项的进口占进口总额的 75.3%，两项合计同比增长 23.7%，但中国传统进口的大宗商品，包括原油和铜产品以及铁矿石同比下降 15.7%。传统大宗商品进口的数据与需求疲软的情况比较一致。再结合发电量等数据来看，一季度的疲软并不是限制公款吃喝造成的，主要还是大型钢铁等工业下跌导致的。3 月中国进口很弱，逐渐就引起商品价格的下跌。4 月以来商品价格较大幅度下跌，尤其是 4 月 15 日公布一季度经济数据后，商品价格大跌，很多股市也受挫。由于韩国出口初值数据公布早，股市率先下跌。过去，韩国股市领先于中国股市的情况也都一直存在。另外，今年 1—3 月 PMI 的数据看起来比较乐观，但内需却较弱，这可能与数据本身或与季节、春节调整问题有关。

上面的分析说明一季度的内需疲软，但用社会融资总量余额或社会融资总量余额加外汇占款衡量的货币数量的增长并未见显著变弱。图 1 使用的社会融资总量余额是在官方公布的增量的基础上，给定一个初始值推算得到的，由于时间已经比较长，目前初值造成的误差影响很小。

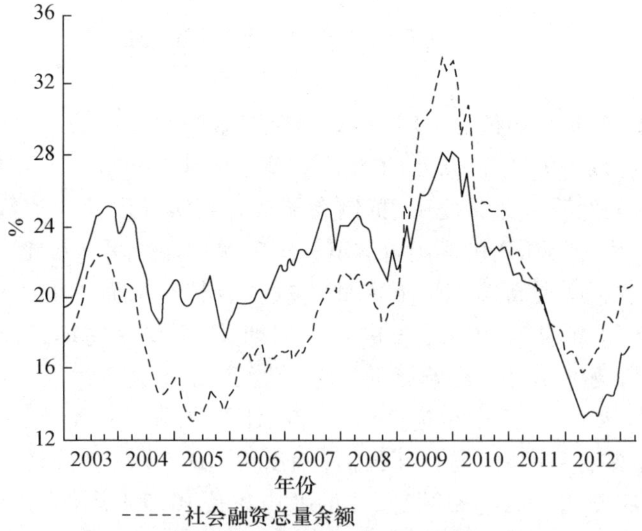

图 1　社会融资总量余额及社会融资总量余额加外汇占款同比增长率

图 1 中可以看到，今年 3 月社会融资总量余额的同比增长率比参考水平（2003—2008 年均值 17.8%）高 2.9 个百分点；社会融资加外汇占款余额的同比增长率比参考水平（2003—2008 年年均值 21.8%）低 3.4 个百分点，考虑到潜在经济增长速度有所下降的情况，货币数量增长率应当有所下降。但不管哪个指标，今年一季度的同比增长率都比去年年中显著的、均匀的回升。季调后两个序列的环比增长率也都无法说明一季度内需的下降。

图 1 使用的货币衡量没有考虑政府收支的影响。从历史数据来看（图 2），财政支出的波动非常剧烈。2012 年财政预算支出增长 14.1%，到 7 月累计支出同比增长 23.4%。在没有追加预算的情况下，四季度猛烈压缩支出。这里需要注意，由于 12 月财政支出数倍于 1—2 月，12 月的同比增长率低一点在 1—2 月很难补回来，因此简单看同比增长率会导致误解。

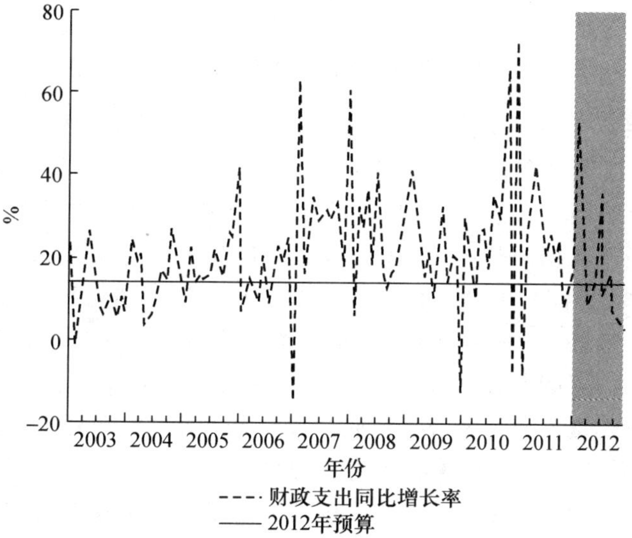

图 2　财政支出同比增长率

财政“年末突击花钱”的情况导致一般季节调整方法误差很大，看来这是财政赤字变化引起需求变化没有得到关注的重要原因。为此，进一步分析财政赤字的情况。考虑财政赤字与季节调整后财政收入的比例，这样做是希望分母是一个相对比较平稳增长的过程，计算出来的比例是一个稳态过程。从图 3 中可以看到，这个比例的最高点在 2008 年底推出四万亿计划的时候，那时财政赤字绝对量上可能并没有现在多，但是占季调后财政收入的比例很高。12 月财政赤字与当月季调后财政收入的比例在 2003—2011 年的 9 年里均值为 2.28 倍，2012 年为 1.16 倍，差了 1 倍还多；包括 2012 年本身在内的 10 年的平均数是 2.17 倍，也差了近 1 倍。2012 年 12 月季调后财政收入为 1.08 万亿元，差 1 倍意味着少了 1 万多亿。不仅如此，2012 年 6—9 月四个月的这个比例比 2003—2012 年平均数高 19.8%，相当于多 2 000 亿元，这样一对比，去年 12 月的财政支出紧缩绝对量看起来相当大。上述估计方法对比较期和参数的选择比较敏感，所以更准确地说是可以判断一个大幅度收缩的可能性。由此考虑加总的、衡量社会流动性的数据。

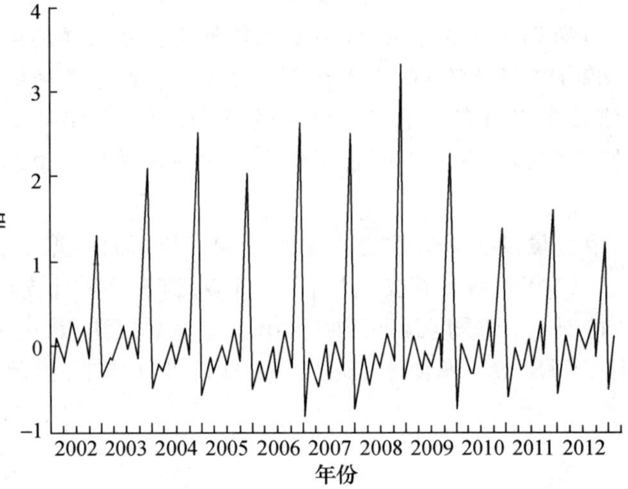

图 3　月度财政赤字占季调后财政收入的比例

这里主要使用两个序列来衡量社会流动性。一个是社会融资总量余额加上政府累计赤字的三个月环比增长年率。月度累计赤字根据财政部公布的月度收支报告中的数据,并以 2012 年年末国债余额 7.76 万亿元为序列的端点值构造得到。社会融资总量余额在官方公布的增量数据的基础上,按作者认为偏高和偏低两个余额初值计算得到,由于时间已经比较长,目前初值造成的误差影响很小。这一增长率在去年 8—10 月极高,年底有所回落(图 4)。从这一点来看,今年一季度的内需偏弱应该是可预见的。另一个序列是在上述两项的基础上加入外汇占款(这里有小部分重复计算),再计算三个月环比增长年率(见图 5)。这个增长率去年年底并没有显著高,但是 3 月数据比不加外汇占款的情况高多了,主要还是 3 月热钱增加较多的缘故。这里并没有完全确定的证据,只是说如果热钱的流动与短期套汇套利有关、和投资于正常贸易顺差形成的外汇占款有别,那看短期更多应参考社会融资加政府负债。

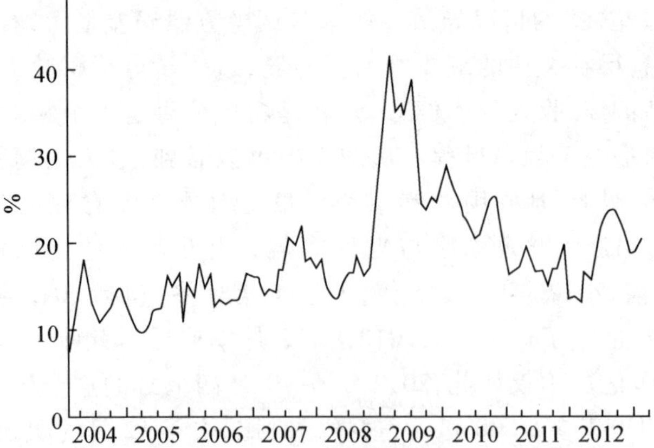

图 4　社会融资总量余额加政府累计赤字环比增长年率

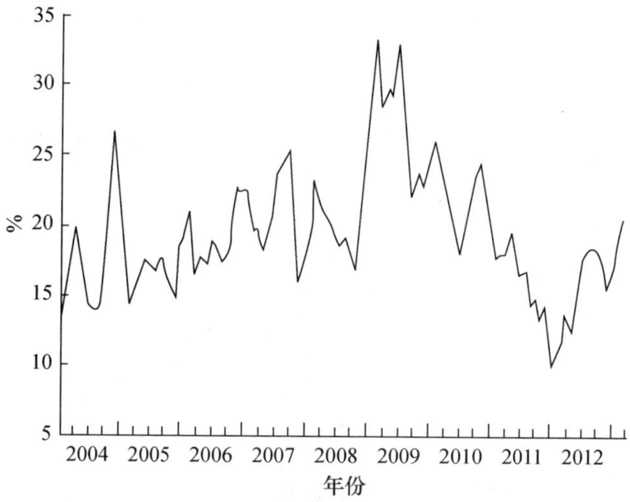

图 5　流动性总量环比增长年率

截至目前的分析,基本可以确定一季度的内需偏弱这一事实。但无论哪种度量都引出了一个重要问题:目前的社会融资总量余额或者社会融资总量余额加政府赤字,或者广义流动性的环比增长率都超过了 2004—2006 年的平均水平,考虑到潜在增长速度的下降,是否意味着货币过多和通胀压力?

更大的问题是,2008 年四季度各项指标并不是特别弱——图 6 中社会融资总量余额同比增长率在 2008 年年末稍低,但也比 2004 年高,比 2011 年也高不少,图 7 中的 M2 指标同样如此——但却出现了严重的需求疲软。有人说是由于外需不足、出口大跌导致 2008 年的疲软。这种说法与实际数据不符。2008 年四季度贸易顺差大增,绝对额是到

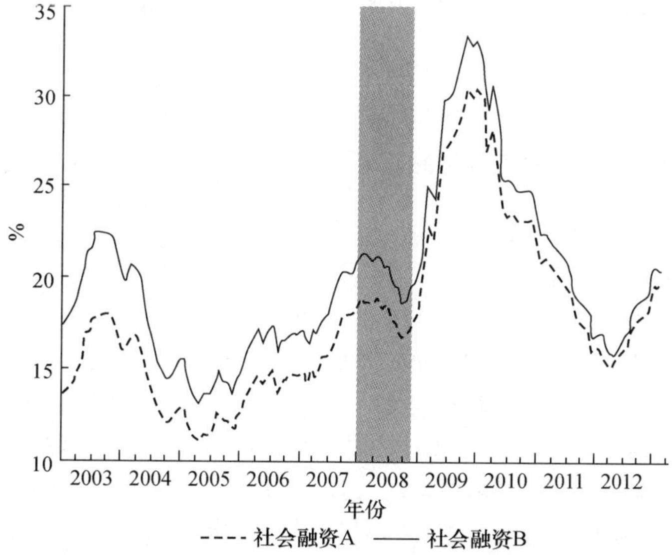

图 6　社会融资估计余额的同比增长率

注:这里是按作者认为的偏高(A)和偏低(B)两个余额初值计算的结果。要说明的是,初值的估计误差影响增长率的绝对水平,但对增长率的变化影响不大。另外,对增长率绝对水平的影响越来越小,因为初值相对越来越小。

目前为止的最高水平,因此是进口收缩猛于出口收缩,外需虽弱而内需更弱。

2007 年,社会融资总量的效果较好。图 7 中,2007 年 M2 增长率没有明显偏高,上半年甚至偏低,没有通胀迹象,由此导致了对通胀压力的严重误判,而社会融资总量余额则能很好说明后来的通胀,实际上社会融资总量余额环比增长率在 2007 年一季度就大幅偏高,由此看来 2007 年年初就应该着手开始宏观调控。

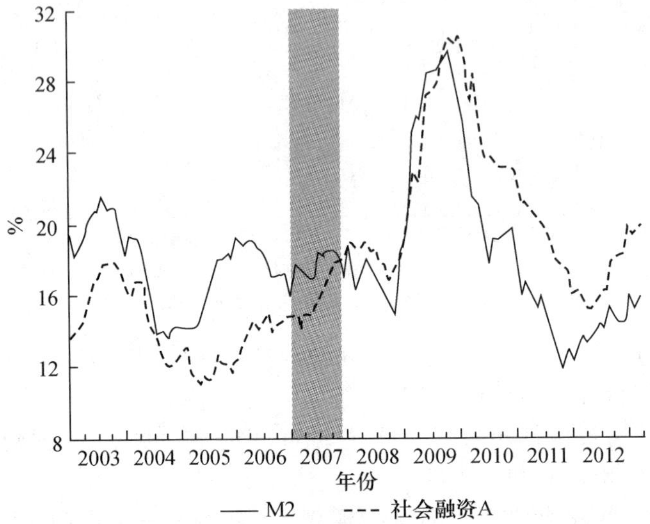

图 7 M2 与社会融资总量余额的同比增长率

二、货币结构与总需求

货币结构,也即企业和家庭持有货币的相对多少很重要。其中,预测居民货币需求不仅对消费需求预测有直接意义,而且可以进一步预测企业货币的变化。

对于企业而言,货币作为交易手段,与 GDP 的比例应该是稳定的。现在谈到 M2 一百多万亿,如果从交易手段的角度看,跟历史比确实很多。但是对于家庭而言,货币的作用则不同。银行储蓄存款与房子、股票,甚至字画、黄金等类似,在某种意义上都是储蓄的手段,因而要从储蓄的角度来考虑。

居民货币包括理财产品,与股票和房产有很强的替代性。大趋势上,居民持有货币在 M2 中的比例一直在下跌(图 8),1996 年的时候大概有 60%,现在不到 50%,个人的货币去了哪里?过去 10 年股市有两次大涨,一次是 2000 年前后,一次是 2007 年。股市一涨个人储蓄存款就减少,有一部分原因是居民把银行存款拿出来买了基金,基金再存到银行就不叫储蓄存款,甚至不进入 M2 的统计,这会导致漏算。这是统计上的原因,但更主要的可能还是财富效应。房地产销售情况、房价涨跌、股票涨跌,都会影响个人持有货币的倾向、消费倾向和储蓄倾向。图 9 中可以看到,居民持有货币比例的同比增长率与上证综指的同比增长率有较强的负相关关系——股市上涨时,居民持有货币的倾向、储蓄倾向下降,反之亦反。在这样的情况下,仅简单考虑货币总量,忽略货币的结构,可能会导致对总需求的预测产生偏差。就目前短期来看,个人储蓄存款比例在上升,但今年一季度住房销售同比高增长导致居民货币比例有所下跌、而企业货币比例有所提高。

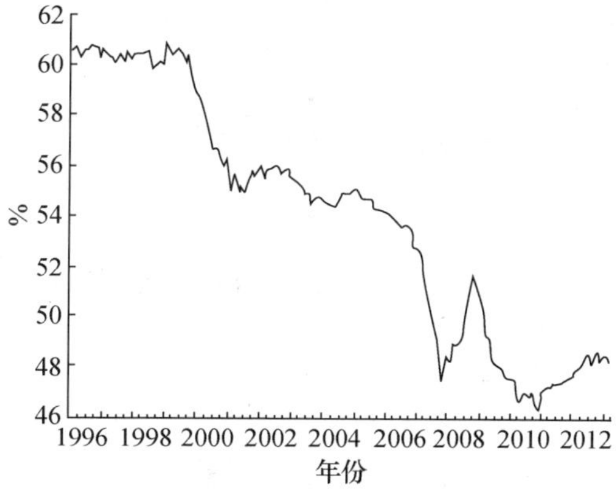

图8　季节和春节调整后居民货币在中比例

注:居民货币定义为储蓄存款与流通中现金之和。

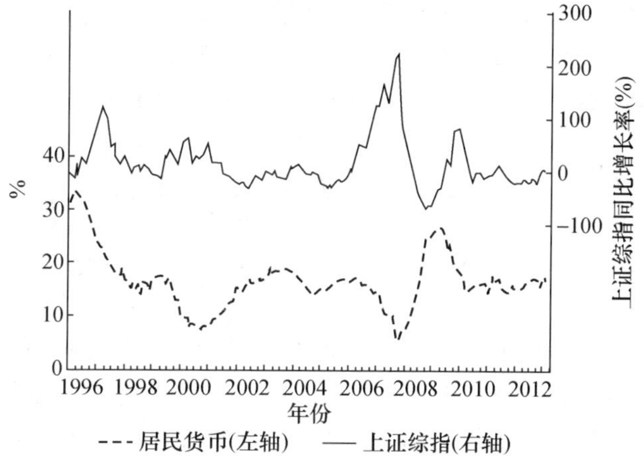

图9　居民货币比例同比增长率与上证综指同比增长率

三、小　　结

总结起来,对当前宏观形势有四点判断。首先,去年年末财政大幅度紧缩导致一季度总需求疲软,但今年一季度财政支出恢复正常增长,总需求疲软的情况可望改善。其次,总量流动性包括理财产品的增长率比较高,主要是居民货币资产增长率比较高。而除去居民金融资产外,企事业单位持有的流动性增长率不高。即使考虑到潜在经济增长率的下降,目前的流动性增长率不明显偏高。除农产品价格或有异常波动外,基本通胀水平可望持平。再次,一季度企业存款同比增长率较高,很大原因是住房销售同比高增长。住房销售增长率很可能较快降下来,对企业存款产生较大影响,应引起密切关注。最后,当前股市持续低迷有两个效果,一是股市资金中未包括在货币统计中的部分增长率较低,二是财富效应。货币政策应当密切关注这些变化。

转型代价如何*

程漫江

中银国际控股公司研究部主管

程漫江教授分析了经济转型可能面临的增速大幅下行风险。数据从多角度印证制造业转型是正在发生的事实,投资回报率与产成品价格显示近一两年内制造业将继续疲弱。政府需要调整政策加快服务业发展,促进经济转型,培育新的经济长期增长驱动力。

一、重新寻找驱动力

经济持续下行背景下,增长、转型和改革之间的政策目标选择问题成为普遍关注的焦点。广泛讨论的经济转型大致可以分为两类,一是从支出法 GDP 看,转型在于从投资驱动型经济模式向投资消费相对均衡发展模式转变。中国在未来 20 年内实现消费驱动型经济模式存在较大困难,但多方证据显示,现有投资驱动型模式难以持续,向投资消费均衡结构转变是必要的。二是从生产法 GDP 看,经济转型在于从制造业驱动型经济向制造业和服务业相对均衡发展转变,主要驱动力可能更依赖于服务业。这两类转型能否成功,决定着未来 20 年经济增长情况。今后 10 年经济能否保持 7% 的增长,未来 20 年能否保持 6% 的增长将取决于这几年结构调整进程。

第一类转型是支出法 GDP 下的结构转型。设定不同的转型情形,观察相应结果可以对转型代价有所认识。如表 1、表 2 所示。如果 2012—2020 年 GDP 名义投资保持 10% 的增速,结合其他假定,消费占 GDP 比例在 2020 年将达到 56% 附近,相较于现在 49% 的水平,年均增速约为 1 个百分点。如果此速度持续至 2030 年,消费占 GDP 比重将达到 61% 。虽然仍低于发达国家约 75% 的平均水平,但经济结构已经达到相对健康状态。而如果急速转型,假定 2020 年消费在 GDP 中比重提高至 65% ,名义投资增速则需要下降至 7% ,放宽假定至 2030 年消费在 GDP 中比例达到 65% ,名义投资增速需要下降至 9.3% 。投资增速过快下降可能对经济带来大的冲击,因为消费一定程度上受投资驱动,投资增速大幅下降会抑制消费。经济向合理结构转型应渐进完成。

---

* 中国经济观察第 34 次季度报告会(2013 年 7 月 20 日)。

表 1　不同情形下 GDP 结构

	假定情形	GDP 与分项名义值(亿元)				支出法 GDP 各分项占比(%)			生产法 GDP 各分项占比(%)			
		名义 GDP	投资	消费	净出口	投资	消费	净出口	第一产业	第二产业	第二产业:工业	第三产业
1980		4 593	1 600	3 008	-15	34.8	65.5	-0.3	30.2	48.2	43.9	21.6
1990		19 348	6 747	12 091	510	34.9	62.5	2.6	27.1	41.3	36.7	31.5
2000		98 749	34 843	61 516	2 390	35.3	62.3	2.4	15.1	45.9	40.4	39.0
2012		527 608	253 524	259 600	14 484	48.1	49.2	2.7	10.1	45.3	38.5	44.6
2020	2012 年后投资名义增速 10%,二产实际增速 5%	1 240 647	543 452	697 195	0	43.8	56.2	0.0	10.0	39.0	33.1	51.0
2030		3 612 595	1 409 574	2 203 020	0	39.0	61.0	0.0	10.0	32.3	27.4	57.7
2020	2020 年消费达到 GDP 的 66%,三产占比达到 60%	1 240 647	434 226	806 420	0	35.0	65.0	0.0	10.0	30.0	25.5	60.0
2030	2030 年消费达到 GDP 的 66%,三产占比达到 60%	3 612 595	1 264 408	2 348 187	0	35.0	65.0	0.0	10.0	30.0	25.5	60.0

表 2　不同情形下 GDP 各部分增速(%)

	假定情形	名义 GDP	实际 GDP	GDP 平减指数	名义投资	名义消费	一产实际增加值	二产实际增加值	工业实际增加值	三产实际增加值
1980—1990		15.5	9.3	5.7	15.5	14.9	6.2	9.5	9.6	12.2
1990—2000		17.7	10.4	6.6	17.8	17.7	3.8	13.5	13.9	10.2
2000—2012		15.0	10.2	4.4	18.0	12.7	4.2	11.1	10.9	10.8
2012—2020	2012 年后投资名义增速 10%,二产实际增速 5%	11.3	7.0	4.0	10.0	13.1	7.0	5.0	5.0	8.8
2012—2030		11.3	7.0	4.0	10.0	12.6	7.0	5.0	5.0	8.3
2012—2020	2020 年消费达到 GDP 的 65%,三产占比达到 60%	11.3	7.0	4.0	7.0	15.2	7.0	1.6	1.6	11.0
2012—2030	2030 年消费达到 GDP 的 65%,三产占比达到 60%	11.3	7.0	4.0	9.3	13.0	7.0	4.6	4.6	8.8

经济结构失衡事实上出现于2000年之后。2000年以前,经济结构相对合理,消费占GDP比重持续保持在60%以上,2000年依旧保持62.3%的比例,投资占比则只有35.3%。2000年以前,投资与消费增速相对均衡:20世纪80年代名义投资和消费年均增速均在15%附近,90年代则分别为17.8%与17.7%。2000—2012年名义投资年均增速达到18.0%,而名义消费增速只有12.7%,导致了结构失衡。特别是2008年以来,结构失衡加速。2012年,消费在GDP中比重下降至49.2%,投资则提高至48.1%。未来若回到相对均衡状态,消费需要持续高于投资的增速,而这需要政策进行方方面面的调整。

第二类转型是生产法GDP下的产业结构转型。2012年,中国第二产业占GDP比例45.3%,第三产业占比只有44.6%。服务业在经济中比重远低于发达国家与部分新兴市场国家。经济需要从制造业驱动到制造业与服务业相对均衡发展转变。其他条件不变,如果未来二产年均增速保持5%,2020年,二产占GDP比例将下降至39.0%,三产占比提升至51.0%;如果此速度持续至2030年,二产占比下降至32.3%,三产将提升至57.7%,基本接近发达国家水平。如果转型过于激进,假定2020年三产占GDP比例增加至60%,工业增速将下降至1.6%,基本接近零增长;放宽假定至2030年三产占GDP比例提升至60%,工业增速将下降至4.6%。经济产业结构调整是更为痛苦的过程。但根据上半年公布数据,我们欣喜地看到调整过程在加速。今年上半年第二产业增速7.6%,但是第三产业增速达到8.3%。如果未来服务业和制造业增速继续保持现有态势,经济转型还是有望实现的。

二、盈利能力、资本价值与资产质量

从实体经济情况看,制造业确实处于下降周期之中,未来几年可能继续调整。除统计局数据之外,从制造业盈利能力、资本价值以及资产质量等方面数据综合分析,会发现制造业问题在逐渐显现。首先,过去几年,制造业对资源占有度处于逐渐向下的过程中。从上市公司资本回报率(ROE)看,特别是2009年后,制造业ROE处于持续向下过程,而房地产等服务业行业ROE稳定,并有所上行。如图1所示,制造业子行业中,除个别例

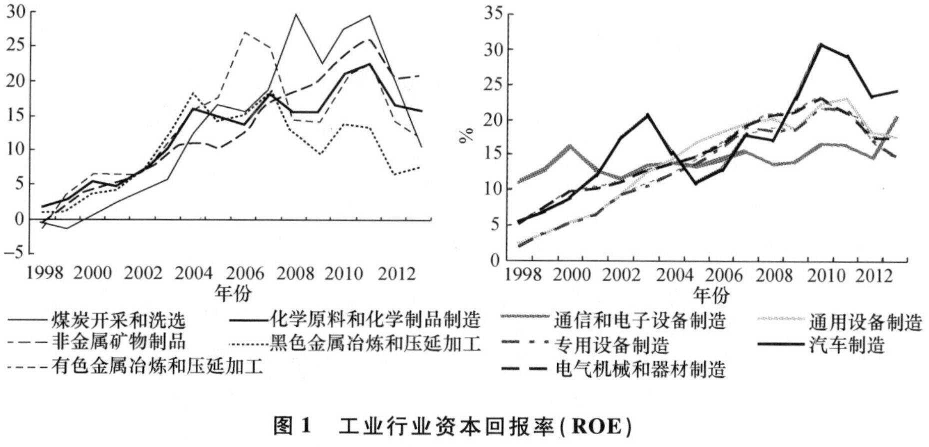

图1　工业行业资本回报率(ROE)

外，无论是上游资源型制造业，还是高附加值的下游高端制造业，2009 年后 ROE 均处于下行过程中。投资回报率决定资本流动方向，持续下降的 ROE 预示着未来制造业增速的下行，市场规律决定经济中制造业比例会越来越小。

其次，投资同样反映着制造业向下调整的趋势。虽然制造业在整个投资中比例依旧较高，但 2010 年以后，制造业投资增速处于持续下滑过程中。今年上半年中国制造业整体投资增速为 17.1%，增速不算太低。但由于其中土地成本较高，去除土地因素之后，制造业投资名义增速可能下滑更快。投资结构中，除部分制造业行业在总投资中比例较为稳定之外，大部分行业投资份额均出现下降拐点，特别是钢铁、石油化工等行业，2008 年以来明显下降。资金回报率与资金投向均显示制造业增长处于非常不利的状况。

同样，制造业产品价格也显示行业面临持续调整压力。如图 2 所示，2010 年以来，制造业产品出现持续通缩，即使电器机械、设备制造、交通运输等较为高端的制造业也不例外，PPI 长期处于零以下，通缩压力明显。现有资本回报率表现是相对滞后的指标，以产成品通缩观察未来资本回报率，制造业盈利可能在未来一两年处于加速下滑状态。

数据给出较为明确的结论，即中国制造业的转型是正在发生的事实，无论从成长周期、世界市场份额还是短期竞争力看，全面指标反映制造业处于下行进程中。政府需要对此有所反思，在此情况下，通过何种政策，政府才可以引导服务业获得较快发展，弥补制造业增速下滑对经济增长的负面效应。中国经济结构转型已经到达转折点，改革势在必行。

制造业转型冲击可能对宏观经济中资产质量带来一定风险。从资产负债率数据看，如图 3 所示，房地产是负债水平最高的行业，而电力等上游行业负债率也相对较高，但制造业处于相对合理水平，这至少部分降低了经济转型过程中的风险，工业企业利息保障倍数显示，制造业大部分行业均高于国际要求水平，钢铁等少数行业表现较差。制造业转型在中期对银行资产质量的冲击可能会较估计的为低。短期内，制造业内部钢铁、有色、石油石化等目前经营状况较差的行业资产负债率较高，如果这些行业情况继续恶化，

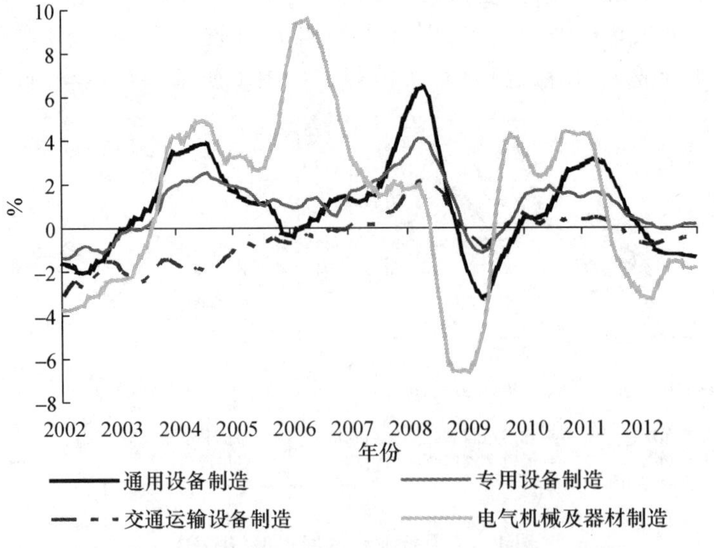

图 2　制造业下游行业 PPI 同比变化率

可能对银行资产质量形成一定压力。但总体来看，制造业整体负债状况相对健康，制造业转型对银行资产冲击应属可控。

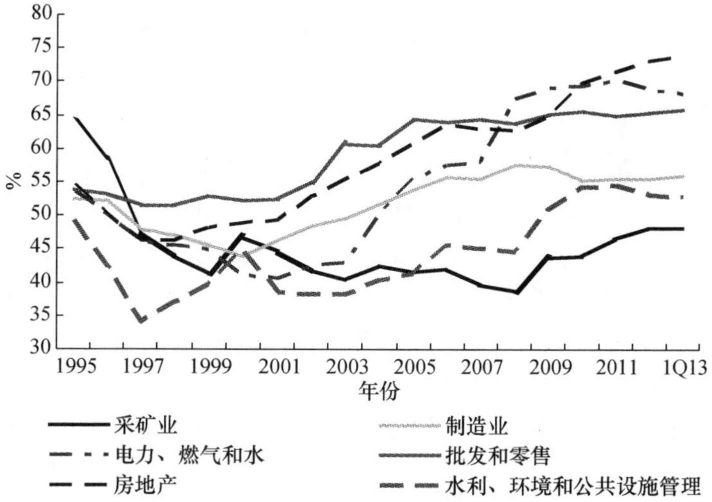

图 3　主要行业上市企业资产负债率

在宏观层面，银行的风险并不能因此低估。在银行业贷款结构中，制造业占比为25%。而可能暴露较大风险的在于占贷款30%左右基础设施与公共服务部分，这部分主要反映地方政府平台贷款情况。而房地产贷款中未来也可能存在一定风险。

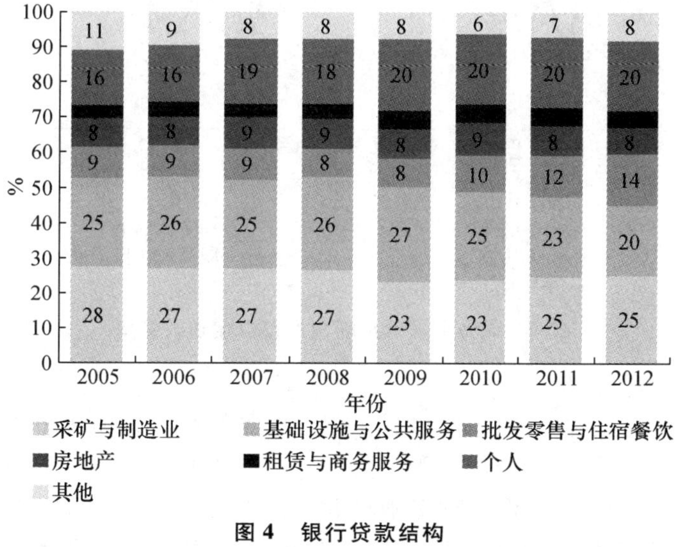

图 4　银行贷款结构

因此，如果政府采取措施加速制造业转型，对整体经济影响相对要更小。现任政府已经有所行动，如减少行政审批限制等，但依然远远不够。过去制造业之所以能够实现高度发展，政府在这个行业中较少的管制是其中重要原因。未来服务业要获得大的发展，担当起经济增长的主动力，政府需要做的最重要的依旧是简政放权，打破目前的行政垄断，减少服务业投资的障碍与困难。由于制造业转型持续，未来几年内经济重新找回增长动力只能寄希望于服务业。如果不进行相应的改革,中国经济增速可能难以保住7%。

三、人力资本升级与再配置

劳动力无法支撑现有经济结构,同样要求经济结构转型。目前经济中,蓝领工人供不应求。从分教育程度求人倍率看,职高、技校、中专学历是求人倍率最高的群体,今年一季度达到1.37,处于明显供不应求的状态。这从侧面说明,继续依靠制造业驱动经济增长是不可持续的。人口结构已不支持现有的经济发展模式。刘易斯拐点已经见到,低成本无限量劳动力供应时代即将结束。随着劳动供给的下降,劳动力成本也迅速攀升,劳动密集型产业已逐渐丧失优势,人口结构要求制造业做出相应调整。

求人倍率最低的为大学学历,虽然近期求人倍率有所上升,但总体上仍处于相对供过于求的状态。这也与每年大学生"求职难"的现状相一致。经济结构需要进行相应转型适应劳动力结构,大学学历的劳动力的目标市场显然是服务业。通过产业升级,迈向全球产业链更高端,使现有劳动力市场的结构性失衡有所改观。

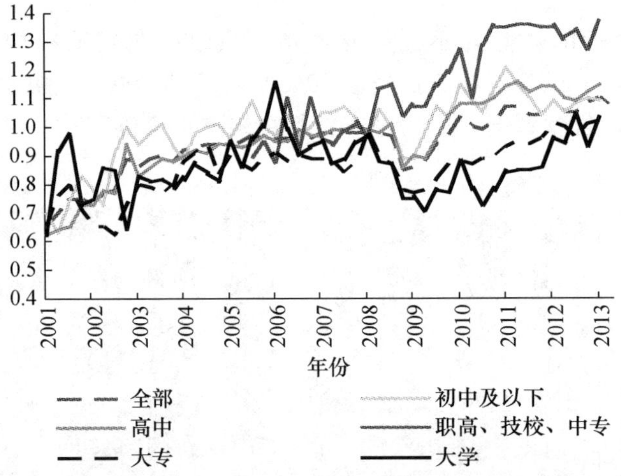

图5　城市劳动力市场按教育程度求人倍率

从劳动力分布来看,制造业仍占有相当比例,以后应该逐渐向服务业转移。2012年,城镇单位就业中制造业占比28%,而农民工就业中更是有35.7%集中于制造业,达9 300多万人。随着经济转型推进,产能过剩较为严重的行业如钢铁、有色、煤炭等,其劳动力需求会逐渐减弱,劳动力将逐渐向服务业转移。这与劳动力人口结构变化相一致,随着劳动力整体年龄逐渐提高,能够从事制造业的20—45岁劳动力数量将趋势性减少。这显示农民工就业结构亦需要进行相应调整,从目前的以制造业为主,逐渐向家政等服务业行业转移。

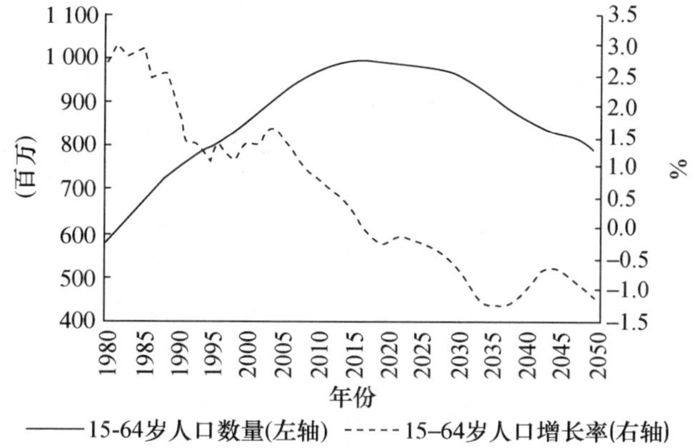

图 6　劳动年龄人口

无论从制造业目前状况、人口结构、资金成本等方面看,中国经济转型均正在发生。在此过程中政府应该有所为而有所不为。首先,政府应顺应转型的历史必然趋势,通过政策调整、国有企业改革等加速服务业发展,而对需要转型的制造业,政府做法应区别于过去十年,针对制造业新特点,转变政策方向方式,如支持企业走出去,支持企业由制造业企业向服务业企业转型,支持制造业创新推动劳动生产率提升,提高制造业竞争力等。政府同时需要扶持服务业发展,这个方面有很多讨论,但需要落实到具体措施,如真正放开民办医院设立、扶持民办教育机构发展等。

经济转型有内在的必然性,如果宏观政策不当,转型可能会夭折。制造业如不能成功转型,将在其他更低成本或更高生产率国家的竞争下丧失优势;而服务业如不能及时发展,经济增速可能面临大幅下行风险。无论从体制、企业成长还是过大政府干预等角度看,这种风险均难以忽视。例如,个人认为现有货币政策较为宽松,而房地产和地方融资平台基础企业的融资需求导致货币发行量虽然较大,但企业资金面仍然较紧。如果政府不能对此有所制约,将构成转型较大障碍。政策应该对经济内在转型需求顺势而为,而非选择上个十年“保八”类似的单一保增长方式。单纯的保增长的经济措施是不具有建设性的,相反,在短期内忍受一定的经济下滑,培育新的经济增长点,驱动广义改革红利,着力增加消费对经济增长的贡献,应该是未来政策的核心着力点。

放权解局——中国经济短期与中长期展望*

诸建芳

中信证券首席经济学家、董事总经理

诸建芳博士从短期和中长期两个角度探讨解决我国经济所处困局的方法。他首先从国际和国内经济形势出发，分析我国经济发展陷入困局的五方面原因，然后提出短期内解决困局的政策建议，即维持“社会可接受的最低增长”，最后提出了从中长期解决困局的政策建议，即通过放权改革促进经济转型升级。

一、中国经济所处困局

目前中国经济处于困局之中，这个困局可以概括为五个方面。第一，从外部来看，主要是由美国的因素导致。众所周知，2008 年全球金融危机从美国开始，给中国经济带来较大影响。目前美国经济状况正往较好方向转变，进入到实质加速好转的复苏状态。虽然美国经济好转了，但同样给我国经济带来冲击。

今年以来，全球经济喜忧参半，尽管增速有所提升，但不够强劲，如表 1 和图 1 所示。从数据可以看到，金砖国家和其他新兴市场经济表现都不是很好，如图 2 所示。发达经济体中，欧洲还是处于负增长状态，估计全年也将延续收缩状态，但从环比角度来看总体有所好转，如图 3 所示，预计下半年将比上年好一些。日本经济由于流动性大规模放松，处于刺激状态，因此短期经济增长没有太大问题，但从中长期来看，如果日本经济的结构性问题解决不了，那么最终经济增长的前景会存在问题，如图 4 所示。

* 中国经济观察第 34 次季度报告会(2013 年 7 月 20 日)。

表 1　2013 年全球主要经济预测

机构	预测时间	2012E	2013F
IMF	2013 年 4 月	3.2	3.3
	2013 年 1 月	3.2	3.5
世界银行	2013 年 1 月	3.0	3.4
	2012 年 6 月	2.5	3.0
OECD	2012 年 11 月	2.9	3.4
	2012 年 6 月	3.4	4.2
世界大型企业联合会	2013 年 1 月	3.2	3.0
	2012 年 11 月	3.2	3.0
中信宏观	2013 年 4 月	3.2	3.5

注:2012E 为估计值,2013F 年为预测值。

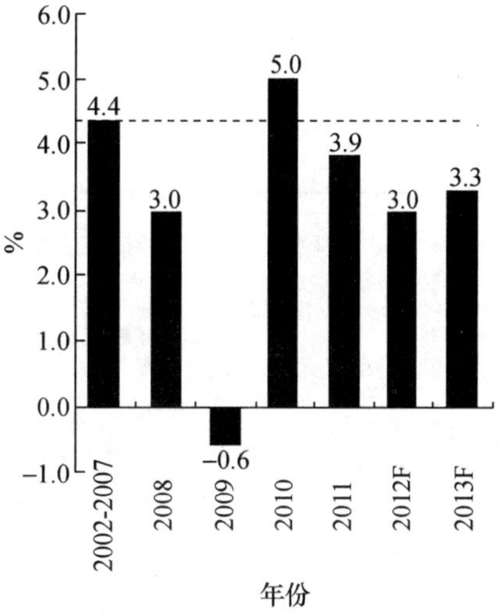

注:2012 年、2013 年值为 IMF、OECD、世界银行和 Conference Board(世界大型企业联合会)估计与预测均值。

图 1　2013 年全球经济表现及预测

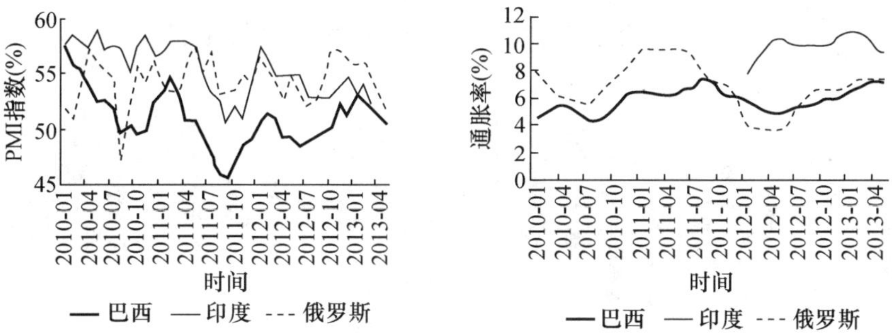

图 2　新兴经济体经济表现情况

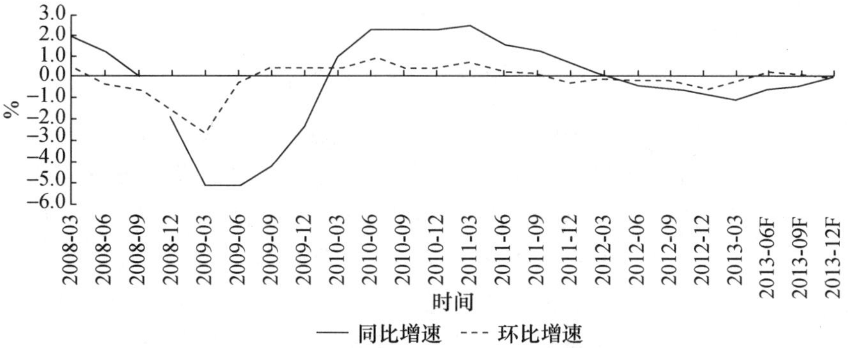

图 3　欧元区经济增速变化情况

资料来源:Bloomberg,中信证券研究部预测。

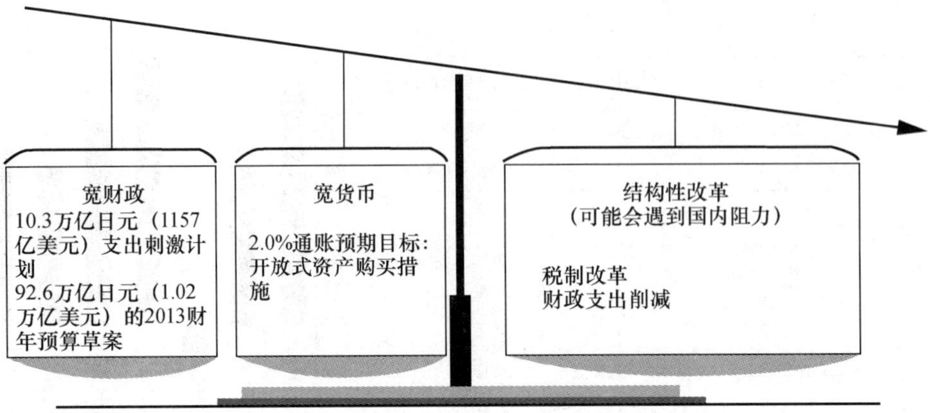

图 4　日本“安倍经济学”状况

发达经济体最核心的部分是美国。根据研究，美国经济很可能在下半年加速复苏，如图 5 所示。从全年来看，二季度表现相对较差，这跟美国财政自动减支、去杠杆有很大关系。QE 政策通过信贷、利率、汇率以及财富效应四个渠道对经济的刺激作用已经明显减弱。因此，QE 很可能提前退出，时间点大体为 9 月启动退出，并最终于 2014 年中期终止资产购买。它很可能会给全球经济带来新的影响或冲击。2008 年时美国是因为经济不好对全球经济产生冲击，这次是由于经济好转对全球经济带来影响。

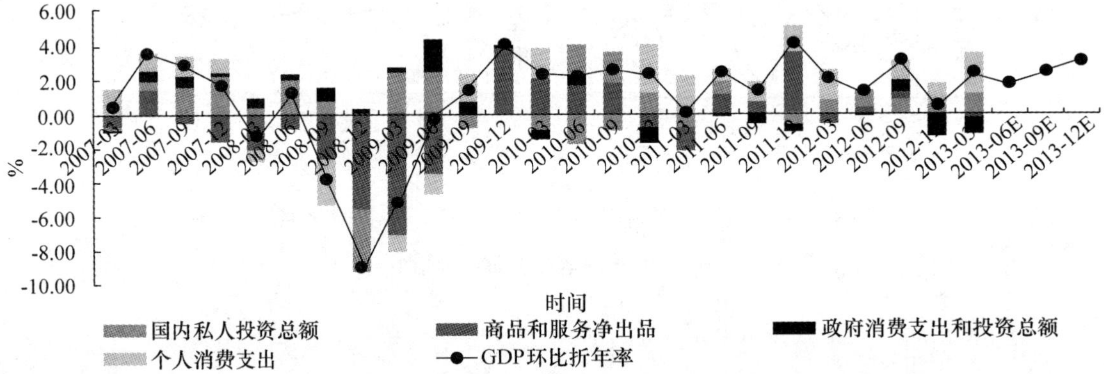

图 5　美国经济下半年增长增速预期

美国 QE 退出对中国的影响可以分为直接和间接两方面（如图 6 所示）。一方面，QE 退出可能直接促使我国资金流向发生变化，带来人民币汇率波动。另一方面，美国经济强劲增长，美元走强后，QE 退出会促使新兴市场的资金被抽走，进而给新兴经济体的金融体系稳定带来压力。为了留住这些资金，新兴经济体货币体系只能被动加息。而如果美元走强，大宗商品价格会受到一定的压制，这也将对资源国家的收入增长带来压力。因此，这些对新兴经济体的冲击又会间接地影响到中国经济，这是目前困局中的外部因素。

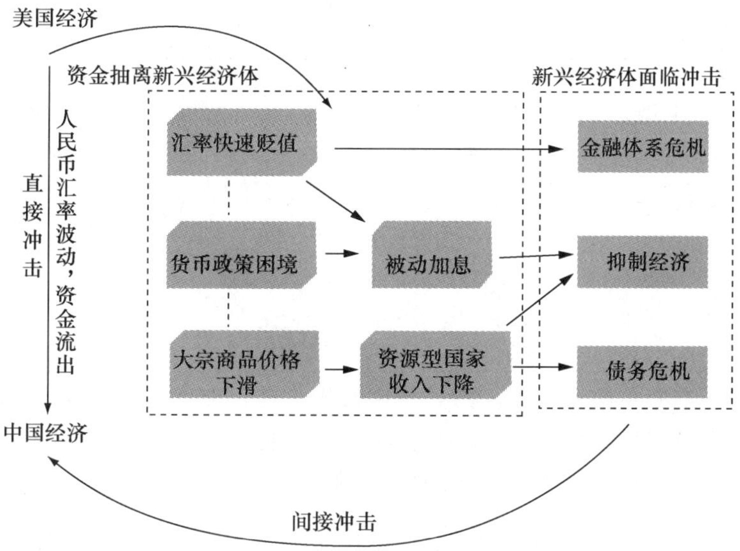

图 6 美国 QE 政策退出对中国经济产生的影响

困局的第二方面是 2011 年开始，中国经济增速持续下滑，如图 7 所示。今年二季度同比增速又进一步放缓，环比增速 1.7% 比正常状态低。总体看上去经济没有止住增速下滑的状态。

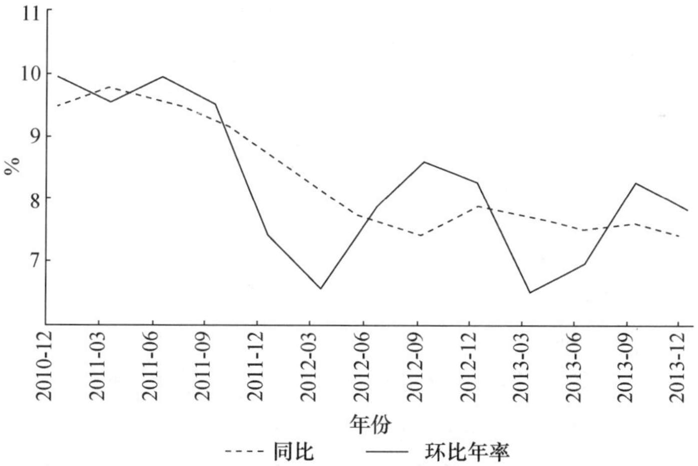

图 7 中国 GDP 同比和环比增长

更重要的是，目前经济运行缺乏动力和活力，如表 2 所示。从历届政府经济增长的贡献分解可以看到，从 20 世纪 80 年代至今，全要素生产率对经济增长的贡献在最近五年表现最差，而投资对经济的带动贡献最大。这有很大问题，因为效率处于降低状态，所带来的经济增长质量较差。

表 2　历届政府经济表现情况表

历届政府经济增长的贡献分解

	GDP 增速（%）	TFP 对增长的贡献（%）	要素对增长的贡献（%）	平均 CPI
1983—1987	12.0	5.9	6.1	5.6
1988—1992	8.5	2.0	6.5	9.9
1993—1997	11.5	5.1	6.4	13.4
1998—2002	8.2	2.9	5.3	-0.4
2003—2007	11.0	4.9	6.1	2.6
2008—2012	9.1	2.1	7.0	3.3

历届政府投资的增长效率

	资本形成增速（%）	GDP 增速（%）	资本形成增速/GDP 增速	平均 CPI
1993—1997	13.9	11.5	1.21	13.4
1998—2002	8.6	8.2	1.05	-0.4
2003—2007	16.1	11.0	1.46	2.6
2008—2012	14.1	9.1	1.55	3.3

困局的第三方面是产能过剩。图 8 列出我国产能过剩的变化情况，从 2003 年至今产能过剩的行业逐步增加，2003 年只有四个行业存在明显产能过剩状态，2012 年接近二十个行业发生产能过剩现象，出现结构性恶化趋势。

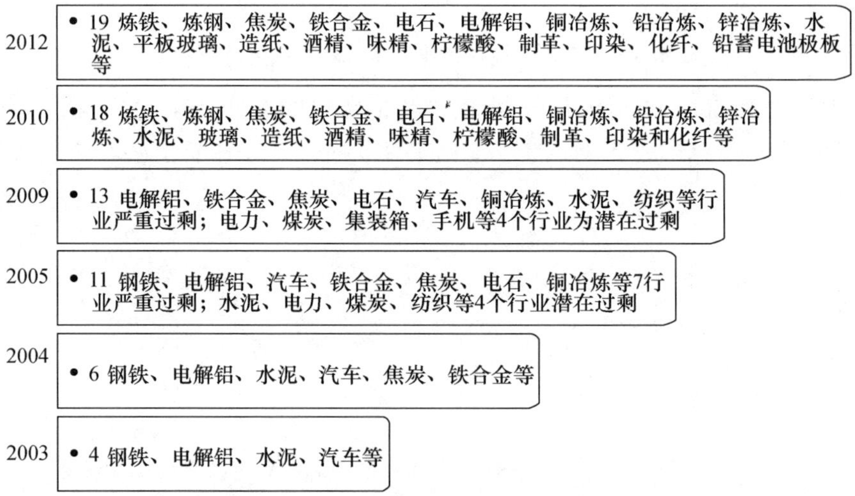

图 8　我国产能过剩的变化情况（2003—2012 年）

困局的第四方面是宏观政策调整回旋的余地减小。财政政策方面，虽然现在财政收入有 10 万亿元以上，如图 9 和图 10 所示，但支出很大程度是维持国家机器运转的刚性支出，能够调节的机动支出部分比较少。从财政收入增速来看，目前无法实现前几年百分之二十多的财政增速，今年财政要完成预算目标也有很大难度。货币政策方面，货币总量与 GDP 的比例正逐步抬高，如图 11 所示，目前已达 188%，在全球属于最高国家之一，如图 12 所示，进一步放松货币面临的压力很大。

困局的第五方面是短期三大需求存在问题。从出口来看，今年二季度表现非常差。全球经济下半年增长可能比上半年好，去年下半年出口基数也较低，因此下半年出口可能出现反弹，如图 13 所示。但由于全球经济增速并不强劲，中国一些低端出口行业也正逐步转移出去，中国与发达国家的产业互补性与过去有很大变化，因此预计发达经济体经济回升对中国出口的影响不会像过去那样显著。

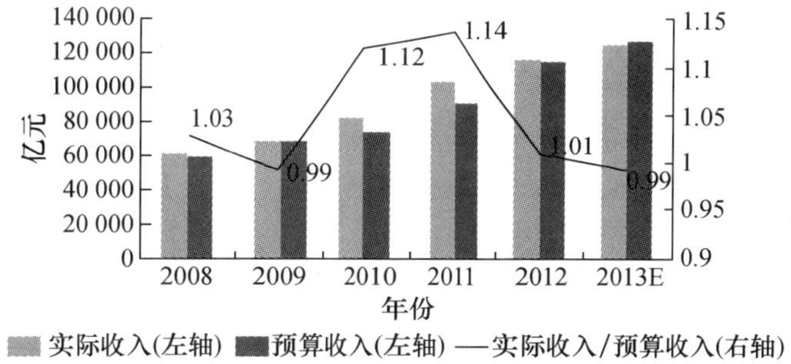

图 9　我国财政收入情况

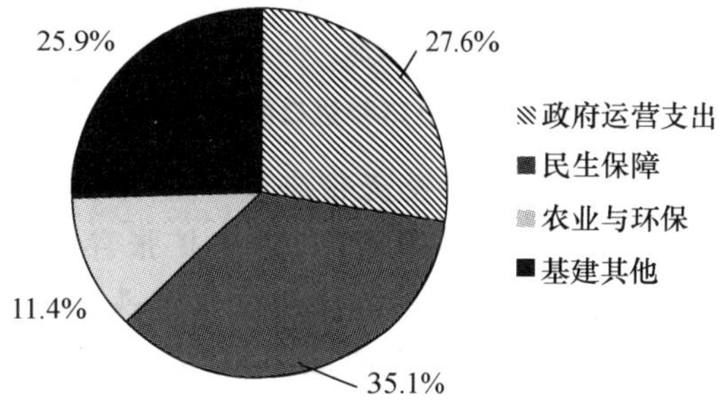

图 10　我国财政支出情况

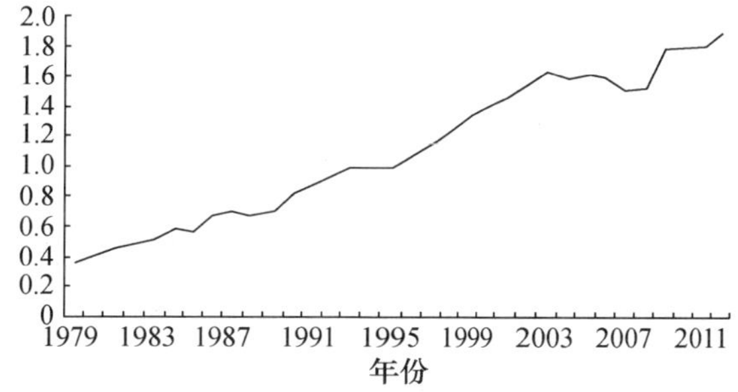

图 11　我国货币总量(M2)与 GDP 比值

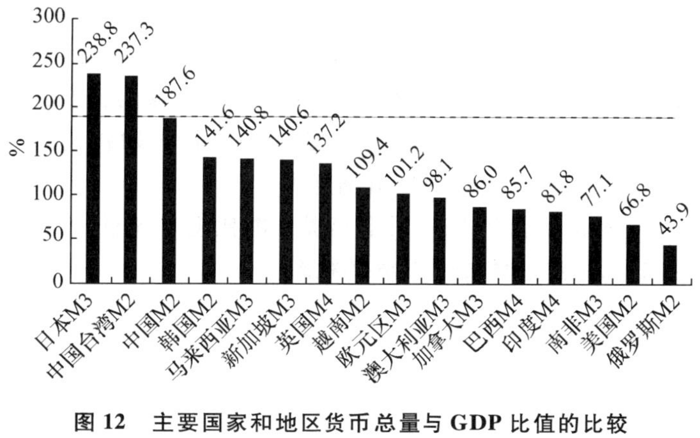

图 12　主要国家和地区货币总量与 GDP 比值的比较

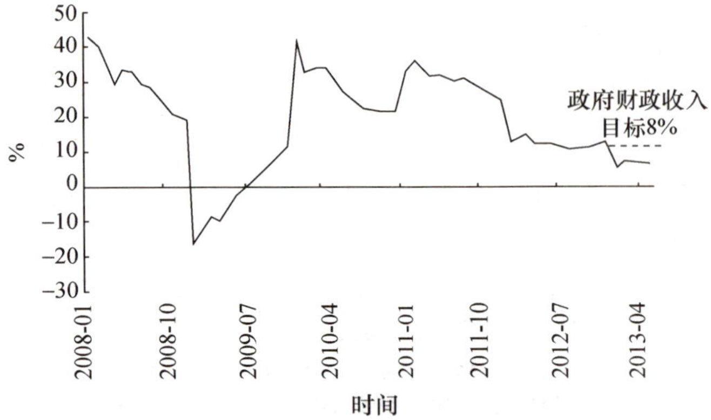

图 16　我国财政收入增速（累计）

货币政策方面，上半年处于较宽松状态，预计未来还会转到中性状态。下半年经济的基本面将不支持加息，也不支持降息。因为一方面房价对利率的调整存在制约，如图17 所示；另一方面在下半年的流动性依然宽松的情况下，央行需要回收流动性，如果降息将释放混乱信号。目前，政府已经宣布了利率进一步市场化的做法，贷款利率放开也是市场化之一，无论从价格机制进一步的改革或者说从实体经济融资成本角度来看，这都是合理的。汇率也会改变上半年持续上升的格局，下半年上升会有一定的放缓。随着美国 QE 政策退出的预期逐步强化和日元贬值到位，资金流入中国的动力将减少，由于资金流入导致的人民币升值的压力将减少，如图 18 所示。流动性下半年可能比上半年略微收紧，因为上半年是略松的状态，如图 19 所示。三季度到期的央票较多，而资金流入的规模将下降。三季度的流动性来源基本和二季度差不多，央行的政策导向是关键决定因素。

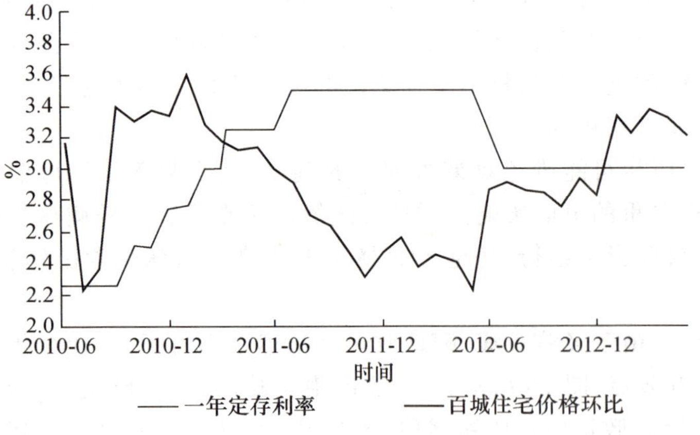

图 17　存款利率和房价

另外，我们要做比较多的中长期政策调整，这种调整对短期稳增长也有正面影响，我们概括为"以长代短"，即采取中长期政策调整，但是这种调整短期内对经济增长还有一定的支撑，比如棚户区的改造、金融八条中的信贷集中投到优先领域方面等。因此，这些政策的好处不但短期有一定支撑，而且中长期目标可以逐步达成，还不存在较多明显的副作用。

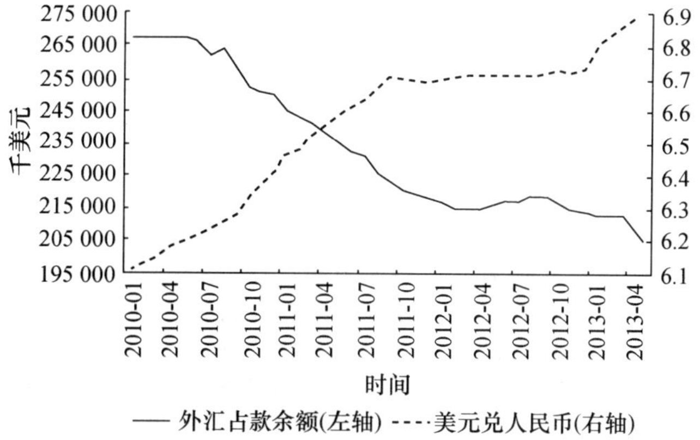

图 18　外汇占款余额与人民币汇率变化

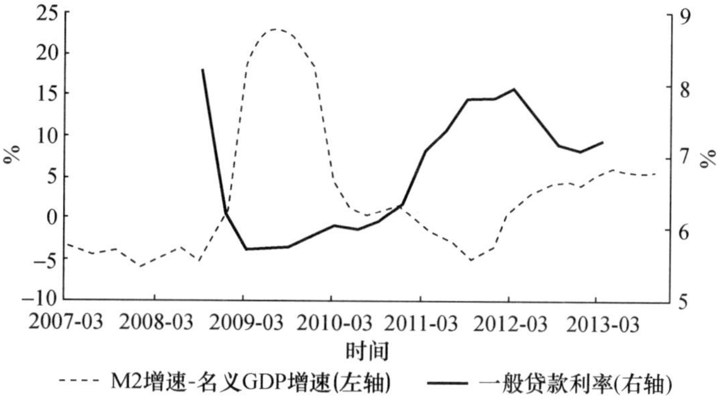

图 19　我国流动性和利率水平

三、中长期解局:放权改革促进经济转型升级

中长期来看,应该怎样摆脱目前的困境,并使经济可持续增长?最核心的出路就是改革,而改革最核心的内容就是放权,通过启动新一轮改革放权来重塑经济增长的关键性要素。过去三十年中国经济的高速发展是通过一轮一轮改革过来的,经济落到 8% 以下比较低迷的时候往往启动新一轮改革,目前又到了这样一个时期(如图 20、表 3 所示)。

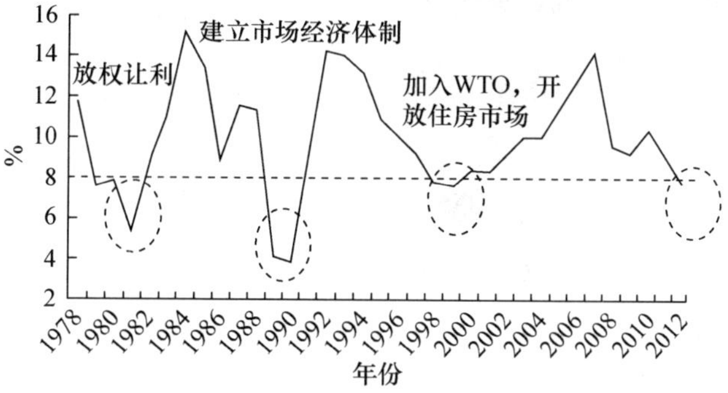

图 20　改革开放以来我国各次主要改革

从总需求预测的角度看利率*

宋国青

北京大学国家发展研究院教授

一、票据融资利率、银行间市场利率和存款利率

这里主要阐述如何从总需求预测角度观察利率。利率是传统货币需求函数的重要解释变量。我国由于利率管制,银行存款利率变动频率很低,这导致用月度、季度数据估计货币需求的一些困难。近年来这种情况发生了相当大的变化,由于影子银行或者说表外银行业务发展很快,企业和一些个人可以获得比银行存款利率高的利率。不过考虑到风险和其他因素,综合起来也并不比银行利率高很多。

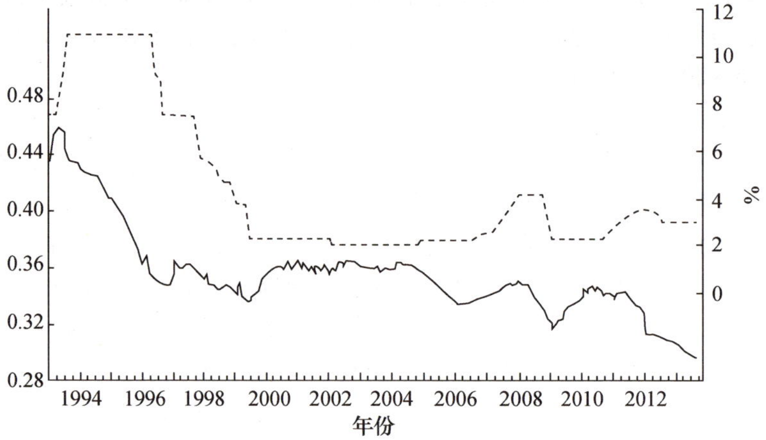

图 1　M2 与 M1 流通速度的比例(M1/M2)与一年期存款利率

利率对货币流通速度有显著影响。使用 M1 和 M2 月度数据进行季节调整可发现,M1/M2 从长期趋势来看一直在下降,2012 年以来下降更快(图 1),而 M1/M2 正好等于 M2 流通速度和 M1 流通速度之比,从图 1 可以看出,这一比率与 1 年期定期存款利率呈

---

* 中国经济观察第 35 次季度报告会(2013 年 10 月 20 日)。

明显负相关关系。可见尽管由于存款利率受到管制，变动频率很低，但从长期来看，即使不太变化的存款利率对货币流通速度影响也非常大。

在贷款利率上限放开后，基准贷款利率意义已经不大，寻找一个能够反映市场供求的均衡贷款利率十分重要。这里用票据融资利率作为贷款利率的一个近似测度。原则上，票据融资利率低于平均贷款利率，因为票据融资利率是短期利率，且进行票据贴现的企业信用较好。在偶然的情况下，票据融资利率会涨得很高，例如 2011 年票据融资利率曾经上涨到 9%（图 2）。短期利率的波动大于长期利率和平均利率是正常的情况。这里用银行间市场 7 天回购利率作为银行融资成本。2013 年二季度 7 天回购利率较低，但是“钱荒”后回购利率迅速上升，目前已有所回落。

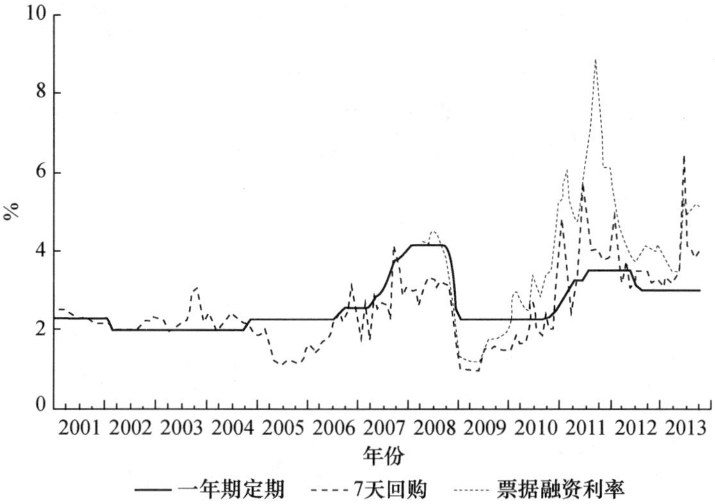

图 2　票据融资利率、7 天回购利率和一年期定期存款利率

注：票据融资利率数据始于 2008 年 4 月。

贷款利率的一个特点是与 CPI 相关性较好，而与 PPI 相关性不强，如图 3 所示。这主

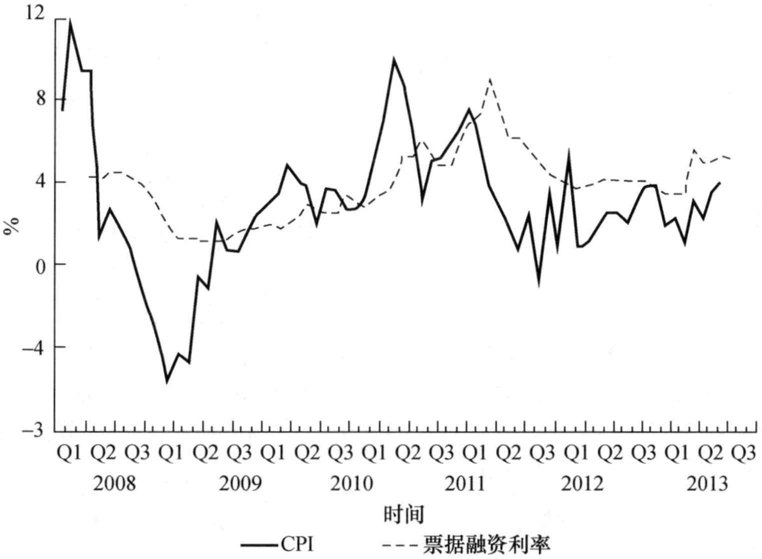

图 3　票据融资利率与 CPI

要是因为宏观调控基本上盯住 CPI，这种特点导致在 PPI 相对于 CPI 上升快的时候，工业企业面临较好的经营条件。2009 年下半年到 2011 年上半年，票据融资利率相对于 CPI 较低，而 PPI 上升较快，企业面临较低实际利率，后来情况反转。

二、利差分析

票据融资利率与一年期定期存款利率利差可作为存贷款利差近似指标来使用。如图 4 所示，2009 年一段时间存贷款利差为负，出现了“利率倒挂”。当时定期存款利率在 2% 以上，票据融资利率只有 1% 左右，银行间利率则接近等于超额准备金利率。银行从银行间市场融资的成本很低，但银行却以 2% 的利率吸收定期存款，以 1% 左右的利率进行票据融资。2009 年之后，存贷款利差开始增大，2011 年票据融资利率曾达到 9%，存贷款利差也达到了一个高点，之后开始回落。2013 年 5、6 月，存贷款利差很小，票据融资利率很低，企业面临的贷款成本较低，此时 CPI 也比较低，存款所获真实利率较高。但是 2013 年 7 月以后，存贷款利差开始上升，这次上升主要是由于票据融资利率的上升，而存款利率基本没有变化。

图 4 票据融资利率与一年期存款利率利差的变动

2009—2011 年存贷款利差扩大与 CPI 和 PPI 的相对变化情况有关。如图 5 所示，PPI 在上涨，但是 CPI 没有上涨。PPI 上涨意味着企业产品价格上涨，企业经营状况改善，企业贷款利率上升；而 CPI 不涨，政府不会进行宏观调控变动存款利率。贷款利率已市场化而存款利率没有变动，导致 2009—2011 年存款利率相对被压低，存贷款利差扩大。

存贷款利差可以分解为银行间利率与存款利率之差以及贷款利率与银行间利率之差。贷款利率与银行间利率之差是存贷款利差的重要组成部分，其中的贷款利率是银行收益，银行间利率可以看成银行的短期资金成本。这部分利差在 2010—2011 年波动很大，最高时候超过 5%，最低时候接近于 0。今年 4 月又出现一次大波动，当时银行间利率

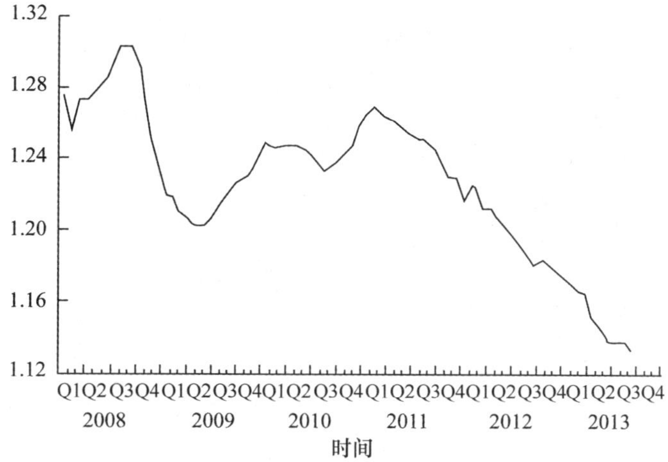

图 5　PPI 与 CPI 比例(PPI/CPI)的变动

很高,一段时间甚至高于票据融资利率,后来形成“钱荒”。现在这部分利差约为 1.5 个百分点左右,如图 6 所示。

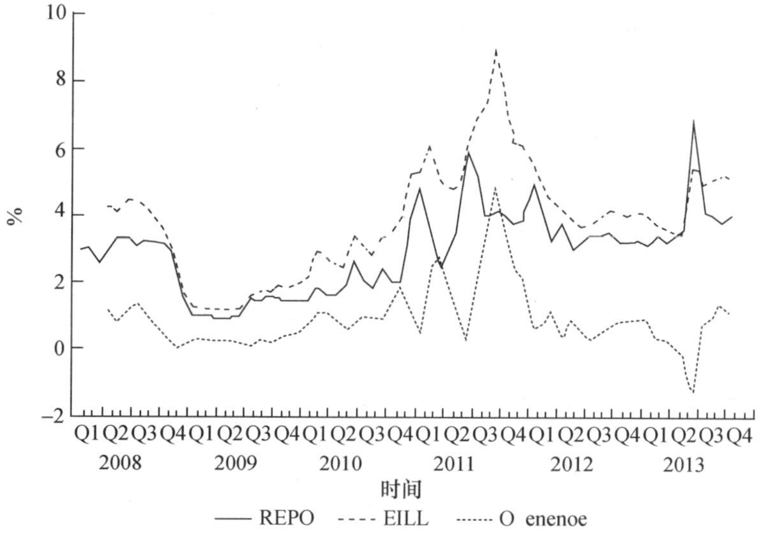

图 6　贷款利率与银行间利率的差

贷款利率与银行间利率之差的波动与宏观调控的不同方式有关。贷款数量控制可以直接导致贷款利率高于银行间利率,由此导致的贷款利率与正常贷款利率之差可视作信贷额度的价值。资本充足率如果构成有效约束,也能提高贷款利率与银行间利率之差,比如 2010—2011 年加强资本充足率约束,导致贷款利率与银行间利率差别扩大。另一种调控方式是提高准备金率,这会影响银行间利率与存款利率之差,但可能也会影响到贷款利率和银行间利率之差。分析时需要注意几种调控方式同时存在的情况。例如存款准备金率上调,推动银行间利率上升,但如果同时使用信贷额度或强化资本充足率要求方式调控,银行间利率可能下降,即银行资金成本不上升,但贷款利率上升,其与银行间利率的利差上升。

需要指出，是存贷款利差决定了银行间利率与存款利率之差以及贷款利率与银行间利率之差的范围，而不是相反。存贷款利差在这两个利差之间的分配由不同的宏观调控方式决定。近期银行间利率上升是表面现象，背后原因是7、8月投资增长拉动经济上行，三季度经济有所恢复，导致贷款利率上升，存贷款利差扩大。而央行6月以来继续保持调控，反映到银行间市场上的现象是银行间利率上行。